한 번에 합격, 자격증은 이기적

이렇게 기막힌 적중률

자격증 독학, 어렵지 않다!
수험생 합격 전담마크

이기적 스터디 카페

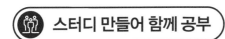 스터디 만들어 함께 공부

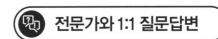 전문가와 1:1 질문답변

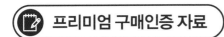 프리미엄 구매인증 자료

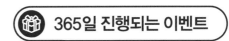 365일 진행되는 이벤트

이기적 스터디 카페

인증만 하면, **고퀄리티 강의가 무료!**

100% 무료 강의

STEP
1

이기적
홈페이지
접속하기

>

STEP
2

무료동영상
게시판에서
과목 선택하기

>

STEP
3

ISBN 코드
입력 & 단어
인증하기

>

STEP
4

이기적이 준비한
명품 강의로
본격 학습하기

영진닷컴 이기적 🔍

1년 365일 이기적이 쏜다!

365일 진행되는 이벤트에 참여하고 다양한 혜택을 누리세요.

EVENT ❶ 기출문제 복원

- 이기적 독자 수험생 대상
- 응시일로부터 7일 이내 시험만 가능
- 스터디 카페의 링크 클릭하여 제보

이벤트 자세히 보기 ▶

EVENT ❷ 합격 후기 작성

- 이기적 스터디 카페의 가이드 준수
- 네이버 카페 또는 개인 SNS에 등록 후 이기적 스터디 카페에 인증

이벤트 자세히 보기 ▶

EVENT ❸ 온라인 서점 리뷰

- 온라인 서점 구매자 대상
- 한줄평 또는 텍스트 & 포토리뷰 작성 후 이기적 스터디 카페에 인증

이벤트 자세히 보기 ▶

EVENT ❹ 정오표 제보

- 이름, 연락처 필수 기재
- 도서명, 페이지, 수정사항 작성
- book2@youngjin.com으로 제보

이벤트 자세히 보기 ▶

N Pay 20,000원
네이버페이 포인트 쿠폰

영진닷컴 쇼핑몰 30,000원

- N페이 포인트 5,000~20,000원 지급
- 영진닷컴 쇼핑몰 30,000원 적립
- 30,000원 미만의 영진닷컴 도서 증정

※ 이벤트별 혜택은 변경될 수 있으므로 자세한 내용은 해당 QR을 참고하세요.

필기 저자 **홍태성**

현 이기적 컴활 필기 저자 & 강사
현 강원교육과학정보원 SME
현 고용노동부 직훈 교사
현 이패스코리아 컴활 강의

컴활은 이기적

명품 저자진의 교재 & 강의로 빠르게 합격

실기 저자 **박윤정**

현 이기적 컴활 실기 저자 & 강사
현 이패스코리아 컴활 강의
현 경기도인재개발원 강의
현 서울데이터센터 강의

기억나는 문제 제보하고 N페이 포인트 받자!
기출 복원 EVENT

성명	이 기 적		수험번호	2	0	2	5	1	1	1	3

Q. 응시한 시험 문제를 기억나는 대로 적어주세요!

① 365일 진행되는 이벤트   ② 참여자 100% 당첨   ③ 우수 참여자는 N페이 포인트까지

영진닷컴 쇼핑몰
30,000원

N Pay

네이버페이
포인트 쿠폰   20,000원

적중률 100% 도서를 만들어주신 여러분을 위한 감사의 선물을 준비했어요.

신청자격 이기적 수험서로 공부하고 시험에 응시한 모든 독자님

참여방법 이기적 스터디 카페의 이벤트 페이지를 통해 문제를 제보해 주세요.
※ 응시일로부터 7일 이내의 시험 복원만 인정됩니다.

유의사항 중복, 누락, 허위 문제를 제보한 경우 이벤트 대상에서 제외됩니다.

참여혜택 영진닷컴 쇼핑몰 30,000원 적립
정성껏 제보해 주신 분께 N페이 포인트 5,000~20,000원 차등 지급

이벤트 페이지 확인하기 ▶

이기적이
다 드립니다

여러분은 합격만 하세요! **이기적** 합격 성공세트 BIG 4

저자가 직접 알려주는, **무료 동영상 강의**

저자가 직접 강의하는 도서 연계 강의를 100% 무료로 제공합니다.
도서 내에 수록된 QR코드로 편리하게 접속하여 바로 강의를 시청하세요.

구매 인증 자료 증정, **핵심 요약 & 모의고사**

도서를 구매한 분에게 핵심 요약 & 모의고사 PDF를 드립니다.
홈페이지 자료실에서는 따라하기 실습 파일을 다운받을 수 있습니다.

무엇이든 물어보세요, **1:1 질문답변**

혼자서 공부하다가 모르는 문제가 있다면 선생님께 물어보세요.
1:1 질문답변으로 시원하게 해결해 드립니다.

채점도 대신 해드리는, **자동 채점 서비스**

QR코드를 찍어 오픈된 모바일 답안지에 답안을 입력해 보세요.
자동으로 채점되고 오답은 해설이 제공되는 서비스입니다.

※ 이기적 컴퓨터활용능력 필기 도서를 구매하고 인증한 독자에게만 제공하는 혜택입니다.

이 모든 혜택 한 번에 보기 ▶

시험 환경 100% 재현!
CBT 온라인 문제집

편리한 학습을 돕는
글자 크기 변경 기능

글자 크기 100% 150% 200%

한 문제도 놓치지 않도록
안 푼 문제 수 확인

· 전체 문제 수 : 40 · 안 푼 문제 수 : 40

실전 시간관리 연습
제한 / 남은시간 표시

제한 시간 40분
남은 시간 38분 50초

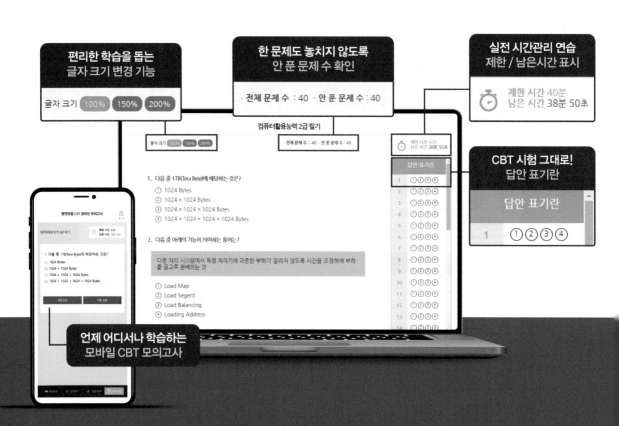

CBT 시험 그대로!
답안 표기란

답안 표기란				
1	①	②	③	④

언제 어디서나 학습하는
모바일 CBT 모의고사

이용 방법

STEP 1	STEP 2	STEP 3	STEP 4
이기적 CBT cbt.youngjin.com 접속	과목 선택 후 제한시간 안에 풀이	답안 제출하고 합격 여부 확인	틀린 문제는 꼼꼼한 해설로 복습

이기적 CBT 🔍

이렇게 기막힌 적중률

컴퓨터활용능력 2급
필기 기본서

"이" 한 권으로 합격의 "기적"을 경험하세요!

YoungJin.com Y.
영진닷컴

차례

출제빈도에 따라 분류하였습니다.
- 상 : 반드시 보고 가야 하는 이론
- 중 : 보편적으로 다루어지는 이론
- 하 : 알고 가면 좋은 이론

▶ 합격 강의
동영상 강의가 제공되는 부분을 표시했습니다. 이기적 수험서 사이트(license.youngjin.com)에 접속하여 시청하세요.

▶ 본 도서에서 제공하는 동영상의 시청과 PDF 자료는 1판 1쇄 기준 2년간 유효합니다. 단, 출제기준안에 따라 동영상 내용은 변경될 수 있습니다.

PART 02 스프레드시트 일반

별책 **기출공략집**

구매 인증 PDF

제1~5회 CBT 모의고사
시험지 + 정답 & 해설 PDF

시험장까지 함께 가는
핵심 요약 PDF

※ **참여 방법** : '이기적 스터디 카페' 검색 → 이기적 스터디
카페(cafe.naver.com/yjbooks) 접속 → '구매 인증 PDF
증정' 게시판 → 구매 인증 → 메일로 자료 받기

STEP 01 전문가가 핵심만 정리한 이론

출제빈도
섹션별 출제빈도를 표기하여 효율적인
학습 방향을 설정하고 반복 학습하세요.

빈출 태그
시험에 자주 출제되는
주요 키워드를 태그로 정리했습니다.

합격 강의 QR
동영상 강의를 QR코드로 바로
접속하여 시청할 수 있습니다.

다양한 학습 TIP
학습에 도움이 되는 전문가의
다양한 팁을 수록하였습니다.

STEP 02 기출문제로 이론 복습, 유형 파악

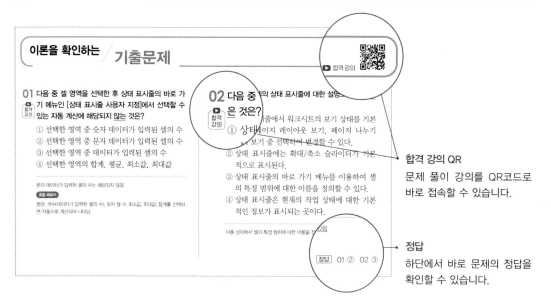

합격 강의 QR
문제 풀이 강의를 QR코드로
바로 접속할 수 있습니다.

정답
하단에서 바로 문제의 정답을
확인할 수 있습니다.

STEP 03 대표 기출 40선으로 빈출 문제 정복

참고 이론
해당하는 내용의 이론을 다시 학습할
수 있도록 위치를 표시했습니다.

합격 강의 QR
해당하는 동영상 강의를 QR코드로
바로 접속하여 시청할 수 있습니다.

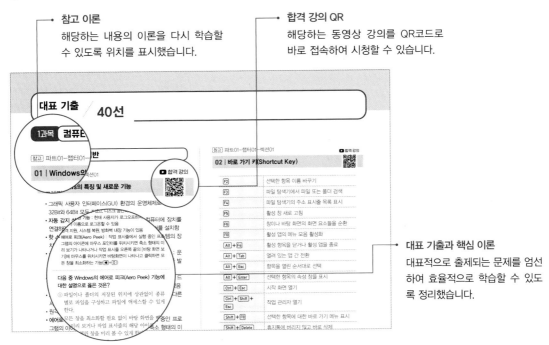

대표 기출과 핵심 이론
대표적으로 출제되는 문제를 엄선
하여 효율적으로 학습할 수 있도
록 정리했습니다.

STEP 04 2024~2023년 상시 기출문제로 실전 대비

합격 강의 QR
문제 풀이 강의를 QR코드로
바로 접속할 수 있습니다.

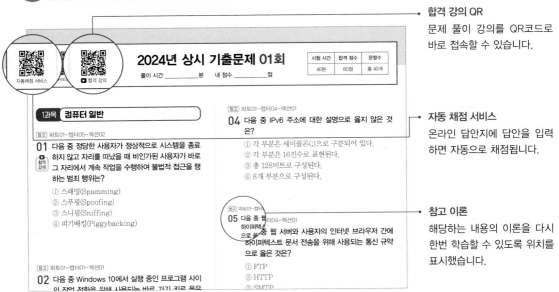

자동 채점 서비스
온라인 답안지에 답안을 입력
하면 자동으로 채점됩니다.

참고 이론
해당하는 내용의 이론을 다시
한번 학습할 수 있도록 위치를
표시했습니다.

STEP 01 응시 자격 조건

남녀노소 누구나 응시 가능

STEP 02 원서 접수하기

- license.korcham.net에서 접수
- 상시 검정 : 시험 시간 조회 후 원하는 날짜와 시간에 응시(21년부터 상시 검정만 시행)
- 검정 수수료 : 20,500원(인터넷 접수 수수료 : 1,200원)

STEP 03 시험 응시

- 신분증과 수험표 지참
- 2급 40분 시행
- 시험은 컴퓨터로만 진행되는 CBT(Computer Based Test) 형식으로 진행됨

STEP 04 합격자 발표

license.korcham.net에서 합격자 발표

01 응시 자격

자격 제한 없음

02 원서 접수

필기 : 20,500원, 실기 : 25,000원

(인터넷 접수 시 수수료 1,200원이 가산되며, 계좌 이체 및 신용 카드 결제 가능)

03 합격 기준

필기 시험	각 과목 100점 만점에 과목당 40점 이상, 전체 평균 60점 이상
실기 시험	100점 만점에 70점 이상(1급은 두 과목 모두 70점 이상)

04 합격자 발표

- 대한상공회의소 홈페이지(license.korcham.net)에서 발표
- 상시 검정 필기 : 시험일 다음날 오전 10:00 이후 발표

05 자격증 수령

- 휴대할 수 있는 카드 형태의 자격증 발급
- 취득(합격)확인서를 필요로 하는 경우 취득(합격)확인서 발급

형태	• 휴대하기 편한 카드 형태의 자격증 • 신청자에 한해 자격증 발급
신청 절차	인터넷(license.korcham.net)을 통해서만 자격증 발급 신청 가능
수수료	• 인터넷 접수 수수료 : 3,100원 • 우편 발송 요금 : 3,000원
수령 방법	방문 수령은 진행하지 않으며, 우편 등기배송으로만 수령할 수 있음
신청 접수 기간	자격증 신청 기간은 따로 없으며 신청 후 10~15일 후 수령 가능

* 취득(합격)확인서를 필요로 하는 경우 취득(합격)확인서 발급

06 출제 기준

- 적용 기간 : 2024.01.01.~2026.12.31.
- 컴퓨터 일반(Windows 10버전 적용)

출제 기준 상세 보기

컴퓨터 시스템 활용	운영체제 사용, 컴퓨터 시스템 설정 변경, 컴퓨터 시스템 관리
인터넷 자료 활용	인터넷 활용, 멀티미디어 활용, 최신 정보통신기술 활용
컴퓨터 시스템 보호	정보 보안 유지, 시스템 보안 유지

- 스프레드시트 일반(Microsoft Office 2021 버전)

응용 프로그램 준비	프로그램 환경 설정, 파일 관리, 통합 문서 관리
데이터 입력	데이터 입력, 데이터 편집, 서식 설정
데이터 계산	기본 계산식
데이터 관리	기본 데이터 관리, 데이터 분석
차트 활용	차트 작성, 차트 편집
출력 작업	페이지 레이아웃 설정, 인쇄 작업
매크로 활용	매크로 작성

PART 01 컴퓨터 일반 무조건 점수를 따고 들어가야 하는 컴퓨터 일반! 20문항

컴퓨터 시스템의 개요와 하드웨어, 하드웨어 운영에 필요한 PC 운영체제와 소프트웨어, 컴퓨터에 의한 처리 기능 외에 필수인 정보 통신과 인터넷, 그에 따른 정보화 사회와 컴퓨터 보안 및 멀티미디어에 대한 내용으로 구성됩니다. 자료의 표현과 처리, 기억 장치와 설정, 프로그래밍 언어 및 인터넷 개념과 서비스, 컴퓨터 범죄, 멀티미디어의 운용 등에서 출제 비율이 높은 경향을 보이고 있습니다.

01 운영체제 사용　　20%

빈출 태그　운영체제의 목적, 선점형 멀티태스킹, 바로 가기 키, 작업 표시줄, 레지스트리, 폴더 옵션, 휴지통, 기본 프린터, 스풀

02 컴퓨터 시스템 설정 변경　　10%

빈출 태그　개인 설정, 앱 및 기능, 접근성, 네트워크 개념, TCP/IP, 네트워크 명령어

03 컴퓨터 시스템 관리　　34%

빈출 태그　취급 데이터, 정보 처리 방식, 자료의 단위, 외부적 표현 방식, 제어 장치, 연산 장치, 레지스터, 캐시 메모리, 가상 메모리, 포트, 프로그래밍 언어, 시스템 최적화

04-1 인터넷 활용　　15%

빈출 태그　IP 주소, 기본 포트 번호, HTTP, 웹 브라우저, 검색 엔진, 프로토콜, FTP, 블루투스, 유비쿼터스, 인트라넷

04-2 멀티미디어 개념 및 운용　　10%

빈출 태그　멀티미디어, 쌍방향성, MP3 형식, 그래픽 데이터, 동영상 데이터, MPEG

04-3 정보 통신 일반　　4%

빈출 태그　반이중/전이중 방식, 버스형, 정보 통신망, 네트워크 접속 장비, 사물 인터넷

05 컴퓨터 시스템 보호　　7%

빈출 태그　저작권, 개인 정보 보호, 컴퓨터 범죄, 인터넷 부정 행위, 시스템 보안, 바이러스

PART 02

스프레드시트 일반 어려운 함수는 꼭 실습을 통해 학습하기!

20문항

엑셀에서 저장 가능한 파일 형식과 저장 옵션의 기능, 데이터를 입력하고 편집하는 방법이 자주 출제되고 있습니다. 함수를 이용한 결과값의 산출을 묻는 문제가 비중 있게 출제되므로 실습을 통해 익혀두는 것이 좋습니다. 아울러 필터, 부분합, 데이터 표, 데이터 통합의 기능, 정렬 및 피벗 테이블, 목표값 찾기, 차트 작성의 기본과 편집, 매크로 실행 방법도 높은 출제율을 보이고 있습니다.

01 스프레드시트 개요 6%

빈출 태그 스프레드시트, 빠른 실행 도구, 일반 옵션, 시트, 통합 문서

02 데이터 입력 및 편집 20%

빈출 태그 셀 포인터, 메모, 하이퍼링크, 채우기 핸들, 찾기, 사용자 지정 표시 형식, 조건부 서식

03 수식 활용 25%

빈출 태그 수식, 셀 참조, 이름 작성 규칙, 함수, 날짜와 시간 함수, 통계 함수, 문자열 함수, IF 함수

04 데이터 관리 및 분석 19%

빈출 태그 정렬, 자동 필터, 고급 필터, 텍스트 나누기, 그룹, 개요, 데이터 유효성 검사, 부분합, 데이터 표, 피벗 테이블, 목표값 찾기, 시나리오

05 출력 9%

빈출 태그 인쇄 미리 보기, 페이지 설정, 페이지 나누기, 화면 제어

06 차트 생성 및 수정 13%

빈출 태그 차트의 구성 요소, 꺾은선형, 원형 차트, 분산형 차트, 도넛형, 방사형, 이중 축 차트

07 매크로 작성 8%

빈출 태그 매크로 개요, 매크로 기록, 매크로 실행

CBT 시험 가이드

CBT란?

CBT는 시험지와 필기구로 응시하는 일반 필기시험과 달리, 컴퓨터 화면으로 시험 문제를 확인하고 그에 따른 정답을 클릭하면 네트워크를 통하여 감독자 PC에 자동으로 수험자의 답안이 저장되는 방식의 시험입니다.
오른쪽 QR코드를 스캔해서 큐넷 CBT를 체험해 보세요!

큐넷 CBT 체험하기

CBT 필기시험 진행 방식

본인 좌석 확인 후 착석 ➡ 수험자 정보 확인 ➡ 화면 안내에 따라 진행 ➡ 검토 후 최종 답안 제출 ➡ 퇴실

CBT 응시 유의사항

- 수험자마다 문제가 모두 달라요. 문제은행에서 자동 출제됩니다!
- 답지는 따로 없어요!
- 문제를 다 풀면, 반드시 '제출' 버튼을 눌러야만 시험이 종료되어요!
- 시험 종료 안내방송이 따로 없어요.

FAQ

Q CBT 시험이 처음이에요! 시험 당일에는 어떤 것들을 준비해야 좋을까요?

A 시험 20분 전 도착을 목표로 출발하고 시험장에는 주차할 자리가 마땅하지 않은 경우가 많으므로, 대중교통을 이용하는 것을 추천합니다. 무사히 시험 장소에 도착했다면 수험자 입장 시간에 늦지 않게 시험실에 입실하고, 자신의 자리를 확인한 뒤 착석하세요.

Q 기존보다 더 어려워졌을까요?

A 시험 자체의 난이도 차이는 없지만, 랜덤으로 출제되는 CBT 시험 특성상 경우에 따라 유독 어려운 문제가 많이 출제될 수는 있습니다. 이러한 돌발 상황에 대비하기 위해 이기적 CBT 온라인 문제집으로 실제 시험과 동일한 환경에서 미리 연습해두세요.

CBT 진행 순서

좌석번호 확인

수험자 접속 대기 화면에서 본인의 좌석번호를 확인합니다.

⬇

수험자 정보 확인

시험 감독관이 수험자의 신분을 확인하는 단계입니다.
신분 확인이 끝나면 시험이 시작됩니다.

⬇

안내사항

시험 안내사항을 확인하고, 다음을 클릭합니다.

⬇

유의사항

시험과 관련된 유의사항을 확인합니다.

⬇

문제풀이 메뉴 설명

시험을 볼 때 필요한 메뉴에 대한 설명을 확인합니다.
메뉴를 이용해 글자 크기와 화면 배치를 조정할 수 있습니다.
남은 시간을 확인하며 답을 표기하고, 필요한 경우 아래의 계산기를 이용할 수 있습니다.

⬇

문제풀이 연습

시험 보기 전, 연습을 해 보는 단계입니다.
직접 시험 메뉴화면을 클릭하며, CBT가 어떻게 진행되는지 확인합니다.

⬇

시험 준비 완료

문제풀이 연습을 모두 마친 후 [시험 준비 완료] 버튼을 클릭하면 시험 감독관의 지시에 따라 시험이 시작됩니다.

⬇

시험 시작

시험이 시작되었습니다. 수험자는 제한 시간에 맞추어 문제풀이를 시작합니다.

⬇

답안 제출

시험을 완료하면 [답안 제출] 버튼을 클릭합니다. 답안을 수정하기 위해 시험화면으로 돌아가고 싶으면 [아니오] 버튼을 클릭합니다.

⬇

답안 제출 최종 확인

답안 제출 메뉴에서 [예] 버튼을 클릭하면, 수험자의 실수를 방지하기 위해 한 번 더 주의 문구가 나타납니다. 완벽히 시험 문제 풀이가 끝났다면 [예] 버튼을 클릭하여 최종 제출합니다.

⬇

합격 발표

CBT 시험이 모두 종료되면, 퇴실할 수 있습니다.

이제 완벽하게 CBT 필기시험에 대해 이해하셨나요?
그렇다면 이기적이 준비한 CBT 온라인 문제집으로 학습해 보세요!

이기적 온라인 문제집 : https://cbt.youngjin.com

이기적 CBT
바로가기

Q **상시 검정 시험 일자 변경은 어떻게 하나요?**

A 상시 검정 시험 일자 변경은 접수 기간 내(시험일 기준 4일전)까지 총 3회 변경 가능하며, 홈페이지에서 변경하시면 됩니다.
〈변경이 불가능한 경우〉
1. 실기시험 접수 시 필기 합격 유효 기간이 지난 경우(시험 일자 기준), 2. 변경하려는 시험 날짜의 시험 기간에 수험 인원이 모두 찼을 경우, 3. 시험장 및 종목, 4. 해당 상공회의소에서 이미 시험장을 마감했을 경우, 5. 변경 등급의 자격증을 취득한 경우, 6. 수험료 반환을 신청한 경우, 7. 당해년도 접수 내역을 내년으로 변경할 경우, 8. 변경하려는 시험 날짜가 최초 접수일 기준 180일을 초과하였을 경우, 9. 변경 가능 횟수가 3번을 초과하였을 경우

Q **컴퓨터활용능력 필기 합격 유효 기간은 어떻게 되나요?**

A 필기 합격 유효 기간은 필기 합격 발표일을 기준으로 만 2년입니다. 예를 들어 컴퓨터활용능력 1급 필기를 2022년 12월 30일에 합격하시면 필기 합격 유효 기간은 2024년 12월 29일입니다. 본인의 정확한 필기 합격 유효 기간은 대한상공회의소 자격평가사업단 홈페이지(license.korcham.net) 회원 가입 후 [마이페이지-취득 내역]에서 확인할 수 있습니다.

Q **컴퓨터활용능력 필기 합격 유효 기간을 연장할 수 있나요?**

A 필기 합격 유효 기간은 국가기술자격법 시행령에 의하여 시행되는 것으로 기간의 변경이나 연장이 되지 않습니다.

Q **컴퓨터활용능력 상위 급수 필기를 합격 후 하위 급수 실기를 응시할 수 있나요?**

A 필기 합격 유효 기간 내에 상위 급수의 필기에 합격하시고 하위 급수의 실기를 응시하여도 되고 나중에 다시 원래 급수의 실기도 응시할 수 있습니다.

Q **상시 검정 발표는 언제인가요?**

A 〈상시 필기 검정〉
응시 일자의 다음 날 오전 10시에 발표가 이뤄집니다. 필기 합격 후 실기 접수가 가능하며, 최소 4일 전에는 원서를 접수해야 합니다.
〈상시 실기 검정〉
응시한 주를 제외한 2주 차 금요일이 합격자 발표일이며, 발표 예정 시각은 오전 10시입니다(한 주의 기준은 달력 표기와 동일합니다. 일~토).

Q **자격증 신청은 어떻게 하나요?**

A 자격증은 신청하신 분에 한하여 발급하고 있습니다. 자격증 신청 기간은 따로 없으며 필요할 때 신청하면 됩니다(단, 신청 후 10~15일 사이 수령 가능). 또한 자격증 신청은 인터넷 신청만 있으며, 홈페이지(license.korcham.net)의 자격증 신청 메뉴에서 가능합니다. 스캔 받은 여권 사진을 올리셔야 하며 전자 결제(신규 3,100원, 재발급 3,100원)를 하여야 합니다. 자격증 신청 시 수령 방법은 우편 등기 배송만 있으며, 배송료는 3,000원입니다.

Q 컴퓨터활용능력 자격증 취득 시 자격 특전이 있을까요?

A 컴퓨터활용능력 자격증 취득 시 자격 특전은 다음과 같습니다.
- 공무원 채용 가산점
  - 소방공무원(사무관리직) : 컴퓨터활용능력 1급(3%), 컴퓨터활용능력 2급(1%)
  - 경찰공무원 : 컴퓨터활용능력 1, 2급(2점 가점)
- 학점은행제 학점 인정 : 1급 14학점, 2급 6학점
- 300여 개 공공기관 · 공기업 등 채용 · 승진 우대

Q 컴퓨터활용능력 필기 합격 결정 기준과 과락에 대해 알고 싶습니다.

A 컴퓨터활용능력 필기 합격 결정 기준은 과목당 100점 만점에 매 과목 40점 이상, 전 과목 평균 60점 이상으로 한 과목이라도 40점 미만으로 나올 경우 과락으로 불합격 처리됩니다.

Q IT Plus 시행 과목 중 상공회의소가 시행하고 있는 워드프로세서, 컴퓨터활용능력을 가지고 있는 경우 관련 과목을 면제해 주나요?

A 예. 면제 조건은 IT Plus 과목을 1가지 이상 응시해서 Level을 부여 받은 자에 한해 면제 받을 수 있습니다.
면제 대상 종목은 대한상공회의소가 시행한 국가기술자격 워드프로세서, 컴퓨터활용능력 1, 2급입니다. 자세한 내용은 IT Plus 검정기준을 참고하시기 바랍니다.
※더욱 자세한 사항은 대한상공회의소 자격평가사업단 홈페이지(license.korcham.net)를 참고하시기 바랍니다.

컴퓨터활용능력 시험 공식 버전 안내

- 컴퓨터활용능력 시험 공식 버전 : Windows 10, MS Office LTSC 2021
- Office Professional 2021 : 가정이나 직장에서 사용하기 위해 한 대의 PC에 기본 Office 앱과 전자 메일을 설치하려는 가족 및 소규모 기업용을 위한 제품입니다.
- Office LTSC 2021 : 상용 및 공공기관 고객을 위한 Microsoft 365의 최신 영구 버전으로, 두 플랫폼(Windows 및 Mac)에서 모두 이용 가능한 일회성 '영구' 구매로 사용할 수 있는 디바이스 기반 라이선스입니다.
- MS Office Professional 2021 프로그램의 업데이트 버전을 사용하는 경우, LTSC 버전과 일부 명칭 및 메뉴가 다를 수 있습니다. 본 도서는 시험장에서 사용하는 LTSC 2021 버전으로 작성되었으며, 일반 사용자 프로그램인 MS Office Professional 2021의 업데이트 버전을 사용하고 계신 독자분들을 위해 본문에 Tip으로 두 프로그램의 차이점을 알려드리고 있습니다. 또한, 업데이트는 계속될 수 있으며, 이후 추가되는 업데이트로 인해 내용이 달라질 수 있음을 알려드립니다.

컴퓨터 일반

파트 소개

1과목은 컴퓨터 시스템 활용을 위한 운영체제 사용과 설정을 이용한 컴퓨터 시스템의 설정, 하드웨어와 소프트웨어의 컴퓨터 시스템 관리, 인터넷과 멀티미디어, 정보통신기술의 인터넷 자료 활용, 정보와 시스템 보안을 위한 컴퓨터 시스템 보호로 구성됩니다. 자료의 표현과 처리, 기억 장치와 설정, 프로그래밍 언어 및 인터넷 개념과 서비스, 컴퓨터 범죄, 멀티미디어의 운용 등에서 출제 비율이 높은 경향을 보이고 있습니다.

※ 운영체제는 Windows 10버전에서 출제됨

CHAPTER 01

운영체제 사용

학습 방향

운영체제 부분은 어느 한 부분에 치우치지 않고 다양한 문제가 출제되고 있으므로 전반적으로 이해 위주의 학습이 필요합니다. 개념을 이해한 후 기능에 대해 정확히 숙지하도록 하세요. 컴퓨터 실습을 통해 직접 따라 하면서 익히는 것이 좋습니다.

출제빈도

SECTION 01	상	29%
SECTION 02	중	15%
SECTION 03	상	31%
SECTION 04	하	8%
SECTION 05	중	17%

SECTION 01 Windows의 기초

출제빈도 ⑤ 중 하
반복학습 ① ② ③

빈출 태그 운영체제의 목적 • PnP • 선점형 멀티태스킹 • 점프 목록 • 에어로 기능 • 바로 가기 키

> **기적의 TIP**
>
> 운영체제는 매우 중요하므로 반드시 개념과 특징, 운영 방식을 전반적으로 파악해 두세요.

> **클러스터링(Clustering)**
> • 운영체제에서 두 대 이상의 컴퓨터 시스템을 단일 시스템처럼 묶어서 사용하는 기법
> • 클러스터는 하드디스크나 플로피 디스크상에서 기억 영역을 효율적으로 관리하기 위해 여러 개의 섹터를 하나로 묶는 단위로도 사용됨
> • 클러스터의 크기가 늘어나면 검색 속도는 느려짐

> **암기 TIP**
>
> **운영체제의 목적**
> 사람을 평가할 때는 "신사처럼 응해라"
> 신뢰도, 사용 가능도, 처리 능력, 응답 시간

> **기적의 TIP**
>
> 운영체제의 목적에서 신뢰도, 사용 가능도, 처리 능력은 높은 개념의 표현(향상, 증대)이 좋은 것이며, 응답 시간은 빠른 개념(단축, 최소화)의 표현이 좋은 것입니다. 높낮이의 표현에 주의하시면 됩니다.

01 운영체제(OS : Operating System)의 개요

1) 운영체제(Operating System)의 정의 23년 상시, 19년 8월, 18년 3월

컴퓨터 시스템의 각종 하드웨어적인 자원과 소프트웨어적인 자원을 효율적으로 운영, 관리함으로써 사용자가 시스템을 이용하는 데 편리함을 제공하는 시스템 소프트웨어이다.

2) 운영체제의 종류 16년 10월

MS-DOS, UNIX, Linux, OS/2, Windows 95/98, Windows NT, Windows Me, Windows XP, Windows Vista, Windows 7, Windows 8, Windows 10, Windows 11 등이 있다.

3) 운영체제의 목적(성능 평가 요소) 23년 상시, 18년 9월, 16년 10월

처리 능력(Throughput)	시스템의 생산성을 나타내는 단위로, 일정 시간 동안 처리하는 일의 양
응답 시간(Turnaround Time)	작업 의뢰 후 시스템에서 결과가 얻어질 때까지의 시간
신뢰도(Reliability)	주어진 문제를 얼마나 정확하게 처리하는가의 정도
사용 가능도(Availability)	시스템을 얼마나 빠르게 사용할 수 있는가의 정도

4) 운영체제의 발달 과정 17년 3월, 09년 2월, 07년 7월

일괄 처리 시스템 → 실시간 처리 시스템 → 다중 프로그래밍 시스템 → 시분할 처리 시스템 → 다중 처리 시스템 → 분산 처리 시스템

5) 운영체제의 기능 20년 2월, 18년 9월

• 초기 작업 환경을 설정하는 기능이 있다.
• 주기억 장치, 처리기, 주변 장치 등의 자원을 관리하는 기능이 있다.
• 입출력 관리 및 파일 관리 기능이 있다.
• 사용자에게 편의성을 제공한다.

6) 운영체제의 구성 24년 상시, 18년 3월, 17년 3월, 16년 10월

운영체제는 제어 프로그램(Control Program)과 처리 프로그램(Process Program)으로 구성된다.

① 제어 프로그램(Control Program) 12년 6월

감시 프로그램	시스템 전체의 동작 상태를 감독하고 지원하며 제어 프로그램의 중추적 역할을 담당함
작업 관리 프로그램	어떤 작업을 처리하고 다른 작업으로의 자동적 이행을 위한 준비와 처리를 수행함
데이터 관리 프로그램	주기억 장치와 외부 보조 기억 장치 사이의 데이터 전송, 입출력 데이터와 프로그램의 논리적 연결, 파일 조작 및 처리 등을 담당함

② 처리 프로그램(Process Program) 14년 10월

언어 번역 프로그램	• 원시 프로그램을 컴퓨터가 알 수 있는 기계어로 번역시키는 프로그램 • 종류 : 컴파일러, 어셈블러, 인터프리터 등
서비스 프로그램	• 시스템에서 사용 빈도가 높은 프로그램을 미리 개발하여 놓은 프로그램 • 종류 : 연계 편집 프로그램, 로더(Loader)★, 디버깅 프로그램, 정렬/병합 프로그램, 라이브러리 등
문제 처리 프로그램	• 컴퓨터 사용자가 필요한 업무에 맞게 개발한 프로그램 • 종류 : 급여 관리, 인사 관리, 회계 관리 등

🔵 암기 TIP

제어 프로그램
감작데
과일 중에 수박은 큰데, 감은 작데 – 감시, 작업 관리, 데이터 관리

🔵 암기 TIP

처리 프로그램
언서문
어서 문을 열어라! – 언서문 – 언어 번역, 서비스, 문제 처리

★ 로더(Loader)
로드 모듈 프로그램을 주기억 장치 내로 옮겨서 실행해 주는 소프트웨어

02 한글 Windows의 특징 및 새로운 기능 22년 상시, 21년 상시, 20년 7월, 16년 6월, 14년 3월, …

그래픽 사용자 인터페이스(GUI)	사용자와 컴퓨터 간의 상호 대화는 마우스를 이용하여 아이콘이나 메뉴를 사용하여 명령을 내리고 작업을 수행할 수 있음
선점형 멀티태스킹 (Preemptive Multi-Tasking)	• 운영체제가 CPU를 미리 선점하여 각 응용 소프트웨어의 CPU 사용을 통제하고 관리하여 멀티태스킹(다중 작업)이 원활하게 이루어짐 • 응용 소프트웨어의 CPU 선점이 통제되어 시스템의 안정성이 강화됨 • 작업 관리자(Ctrl+Shift+Esc)에서 문제를 야기하는 응용 소프트웨어(프로세스)를 강제로 종료할 수 있음
플러그 앤 플레이(PnP : Plug & Play)의 지원	자동 감지 설치 기능으로 컴퓨터에 장치를 연결하면 자동으로 장치를 인식하여 설치 및 환경 설정을 용이하게 하므로 새로운 주변 장치를 쉽게 연결함
핫 스왑(Hot Swap)	컴퓨터의 전원을 켠 상태에서 컴퓨터 시스템의 장치를 연결하거나 분리할 수 있는 기능
64비트 지원	• 64비트의 데이터 처리를 지원하므로 처리 속도가 빠름 • 32비트 프로세서는 x86, 64비트 프로세서는 x64로 표시함 • 32비트의 최대 메모리는 4GB, 64비트의 최대 메모리는 128GB(Home 버전)까지 지원됨 • 64비트 버전의 소프트웨어는 32비트 버전에서는 호환되지 않음
NTFS 지원	• 디스크 관련 오류의 자동 복구 기능과 대용량 하드디스크 지원 및 보안 강화(사용 권한, 암호화)로 특정 파일에 대한 특정 사용자의 액세스가 제한됨 • 파일 및 폴더에 대한 액세스 제어를 유지하고 제한된 계정을 지원함 • 하드디스크의 공간 낭비를 줄이고 시스템의 안정성이 향상됨 • 최대 255자의 긴 파일 이름을 지원하며 공백의 사용도 가능함 • 최대 파일 크기는 16TB이며 파티션(볼륨)의 크기는 256TB까지 지원됨 • FAT32 파일 시스템보다 성능 및 안전성 면에서 우수함 • 비교적 큰 크기에 유용하며 약 400MB 이하의 적은 볼륨에서는 효율적이지 않음

64비트는 최대 메모리가 버전에 따라 달라서 Windows 10 Home은 128GB, Pro와 Education은 2TB, Enterprise는 6TB까지 지원되므로 처리 속도가 빠름

■+, : 바탕 화면에서 임시로
미리 보기
■+D : 바탕 화면 표시 및 숨기기
■+M : 모든 창 최소화

점프 목록	• 자주 사용하는 자료(문서, 사진, 웹사이트 등)를 빠르고 간편하게 이용할 수 있음 • 작업 표시줄에 있는 프로그램 단추나 시작 메뉴의 프로그램의 바로 가기 메뉴에 최근 사용한 항목이 표시됨
에어로 피크 (Aero Peek)	• 작업 표시줄에서 실행 중인 프로그램의 아이콘에 마우스 포인터를 위치시키면 축 소 형태의 미리보기가 나타남 • 작업 표시줄 오른쪽 끝의 [바탕 화면 보기]에 마우스 포인터를 위치시키면 바탕 화면이 일시적으로 나타남(■+,) • [바탕 화면 보기]를 클릭하면 모든 창이 최소화되면서 바탕 화면이 표시되고 다시 클릭하면 모든 창이 나타남(■+D)
에어로 스냅 (Aero Snap)	• 창을 화면의 가장자리로 끌면 열려 있는 창의 크기가 조정되는 기능 • ■+←, →, ↑, ↓
에어로 쉐이크 (Aero Shake)	창의 제목 표시줄을 클릭한 채로 마우스를 흔들면 현재 창을 제외한 열린 모든 창이 순식간에 사라졌다가 다시 흔들면 원래대로 복원되는 기능(■+Home)
라이브러리 (Library)	여러 개의 폴더에 분산되어 저장된 위치에 상관없이 문서, 비디오, 사진, 음악 등의 기타 파일을 하나의 폴더처럼 구성하고 액세스가 가능함
장치 스테이지 (Device Stage)	• 스마트 폰, MP3 플레이어, 디지털 카메라 등과 같은 다양한 디지털 기기를 PC에 서 간편하게 연결하여 사용할 수 있는 기능 • [제어판]-[장치 및 프린터]를 선택하여 연결된 장치를 사용하며 상태 정보와 선택 가능한 메뉴 옵션은 각 장치마다 다르게 표시됨

한글 Windows 10에서 F8을 이용
한 고급 부팅 옵션은 더 이상 지원
되지 않음

03 한글 Windows의 시작과 종료

1) [시스템 구성]을 사용하여 안전 모드로 부팅 13년 3월, 08년 2월/8월, 05년 5월

• 안전 모드는 핵심(최소) 드라이버 및 서비스 집합을 사용하여 Windows를 부팅한다.
• 컴퓨터에서 예기치 않은 에러나 문제점이 발생한 경우 안전 모드로 부팅하여 문제
점을 찾을 수 있다.
• 안전 모드는 네트워크에 연결되지 않아 바이러스나 악성 코드 등에 감염될 우려가
없다.

★ Windows 검색 상자
■+S

방법 1	[시작(■)]-[Windows 관리 도구]-[시스템 구성]을 클릭함
방법 2	[시작(■)]-[Windows 시스템]-[실행]에서 열기란에 'msconfig'를 입력하고 [확인]을 클릭함
방법 3	[Windows 검색 상자]★에 '시스템 구성'을 입력한 다음 결과에서 [시스템 구성]을 클릭함

[시스템 구성] 대화 상자 [부팅]
탭의 부팅 옵션
• 안전 부팅
• GUI 부팅 없음
• 부팅 로그
• 기본 비디오
• OS 부팅 정보

• [시스템 구성] 대화 상자의 [부팅] 탭에서 [부팅 옵션]의 [안전 부팅] 확인란을 클릭,
체크하여 활성화하고 [확인]을 클릭한다.

- [다시 시작]을 클릭하면 검은색 바탕 화면 네 모서리에 '안전 모드'가 표시되면서 [안전 모드]로 부팅된다.

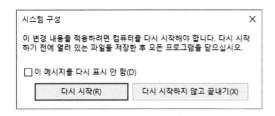

- 다시 [일반 모드]로 부팅하기 위해서는 반드시 [시스템 구성] 대화 상자의 [부팅] 탭에서 [부팅 옵션]의 [안전 부팅] 확인란을 클릭하여 해제하고 [확인]을 클릭한 다음 [다시 시작] 단추를 클릭하여 재부팅을 하면 된다.

[시스템 구성] 대화 상자 [일반] 탭의 시작 모드 선택
- **정상 모드** : 모든 장치 드라이버 및 서비스 로드
- **진단 모드** : 기본 장치 및 서비스 만 로드
- **선택 모드** : 시스템 서비스 로드, 시작 항목 로드, 원래 부팅 구성 사용

2) 멀티 부팅(Multi Booting)

- 여러 개의 운영체제가 설치되어 있는 경우 멀티 부팅이 가능하다.
- 이전 버전이 먼저 설치되어 있는 상태에서 별도의 파티션에 새 버전의 Windows 를 설치한다.
- 부팅 시 실행할 Windows 버전을 선택할 수 있다.
- [제어판]–[시스템]–[고급 시스템 설정]–[시스템 속성] 대화 상자의 [고급] 탭에서 [시작 및 복구]의 [설정] 단추를 클릭한다.
- [시작 및 복구] 대화 상자에서 '기본 운영 체제' 선택 및 '운영 체제 목록을 표시할 시간'과 '필요할 때 복구 옵션을 표시할 시간' 등을 설정할 수 있다.

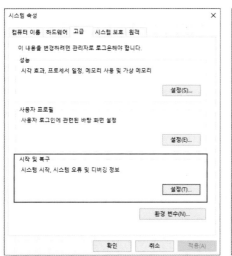

3) 한글 Windows의 종료 _{11년 3월, 10년 6월, 09년 4월, 07년 10월, 03년 5월}

① [시작()]의 [시스템 종료] 이용하기

- [시작(■)]-[전원(⏻)]을 클릭한 다음 [시스템 종료]를 클릭한다.
- 이 때 종료하지 않은 창이 있거나 저장하지 않은 파일이 있을 경우 저장 유무를 확인하는 대화 상자가 나타난다.

절전	PC가 켜져 있는 상태지만 저 전원 상태이며 절전 모드를 해제하면 열려 있었던 앱★은 이전 상태로 돌아감
시스템 종료	앱을 모두 닫고 PC를 종료함
다시 시작	앱을 모두 닫고 PC를 다시 시작함

② 바로 가기 키를 이용하여 종료

Alt + F4 를 누른 다음 [Windows 종료] 대화 상자가 나타나면 '시스템 종료' 상태에서 [확인]을 클릭한다.

- [사용자 전환], [로그 아웃], [절전], [시스템 종료], [다시 시작]★ 기능을 지원한다.

사용자 전환	앱을 닫지 않고 사용자를 전환함
로그아웃	앱을 닫고 로그아웃함

③ [시작(■)]의 바로 가기 메뉴를 이용하여 종료

- [시작] 단추(■)에서 마우스 오른쪽 단추를 클릭한 다음 [바로 가기 메뉴](■ + X)★에서 [종료 또는 로그아웃]-[시스템 종료]를 클릭한다.

- 바로 가기 키 : ■ + X , U , U

4) 한글 Windows의 종료 예약 및 취소

- [시작(⊞)]-[Windows 시스템]-[실행]에서 열기란에 'shutdown /s /t 1800'을 입력하고 [확인]을 클릭한다('shutdown -s -t 1800'도 가능).

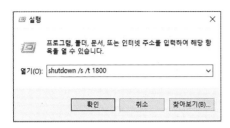

- shutdown /s /t 1800 → 30분 경과 후에 컴퓨터가 종료된다.

명령 및 옵션	기능
shutdown	컴퓨터 종료
/s	종료
/t xxx초	xxx초 경과 후 종료
/a	종료 중단

- 예약된 컴퓨터의 종료를 중단시킬 때는 [실행]★에서 열기란에 'shutdown /a'를 입력하고 [확인]을 클릭하면 컴퓨터의 종료가 중단된다('shutdown -a'도 가능).

★ 실행
⊞+R

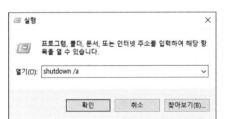

04 마우스 및 키보드 사용법

1) 마우스 사용법 04년 2월

마우스 동작	방법 및 기능
클릭(Click)	• 마우스 왼쪽 단추를 한 번 클릭했다 떼는 동작 • 아이콘, 폴더, 파일, 창, 메뉴 호출 등을 선택할 때 사용함
더블클릭(Double Click)	• 마우스 왼쪽 단추를 빠르게 두 번 클릭했다 떼는 동작 • 파일 및 폴더를 열거나 프로그램을 실행할 때 사용함
드래그(Drag)	마우스 왼쪽 단추를 클릭한 상태로 끌기하여 움직이는 동작
드래그 앤 드롭 (Drag & Drop)	• 마우스 단추를 클릭한 상태로 끌어다 놓는 동작 • 아이콘, 개체 등을 이동, 복사, 삭제하거나 창의 크기를 변경할 때 사용함

2) 키보드 사용법

———— 커서(포인터)의 모양은 [마우스] 속성의 [포인터] 탭에서 설정할 수 있음

[제어판]–[키보드]를 이용하여 키의 재입력 시간이나 반복 속도, 커서 깜박임 속도 등을 조절할 수 있다.

한글과 영문 입력	한글과 영문은 [한/영]을 이용하여 상호 변경하며 입력함
한자 입력	한글을 입력한 후, [한자]를 눌러 화면 하단에 표시되는 한자표를 이용하여 입력함
특수 문자 입력	Windows 응용 프로그램에서는 한글 자음을 입력한 후, [한자]를 눌러 화면 하단에 표시되는 문자표를 이용하여 입력함

▶ **키보드의 주요 Key 기능** 14년 6월, 05년 7월/10월, 03년 9월

주요 키	기능	분류
F1 ~ F12	운영체제 및 응용 프로그램에서 미리 정해진 기능을 수행함	기능키
Tab	화면상의 커서 위치를 일정한 간격으로 빠르게 이동시킴	이동키
Shift, Ctrl, Alt	다른 키와의 조합으로 특수한 기능을 수행함	조합키
Caps Lock	영문 대/소문자를 입력할 수 있음	
Num Lock	숫자키/이동키로 변환함(기본 값은 숫자키)	
한/영	한글/영문 입력을 전환함	토글키
Insert	삽입/수정 모드를 전환함(기본 값은 삽입)	
Scroll Lock	화면의 이동(Scroll)을 설정/해제함	
Print Screen	화면 내용을 클립보드(Clipboard)에 저장함	화면 캡처키

3) 바로 가기 키(Shortcut Key) 24년 상시, 23년 상시, 22년 상시, 21년 상시, 20년 7월, 19년 3월, 18년 3월, 15년 6월, …

분류	바로 가기 키	기능
기능키	F2	선택한 항목 이름 바꾸기
	F3	파일 탐색기에서 파일 또는 폴더 검색
	F4	파일 탐색기에서 주소 표시줄 목록 표시
	F5	활성창 새로 고침(Ctrl + R)
	F6	창이나 바탕 화면의 화면 요소들을 순환
	F10	활성 앱의 메뉴 모음 활성화
파일 관리	Ctrl + C	선택한 항목 복사(Ctrl + Insert)
	Ctrl + Insert	선택한 항목 복사(Ctrl + C)
	Ctrl + V	선택한 항목 붙여넣기(Shift + Insert)
	Shift + Insert	선택한 항목 붙여넣기(Ctrl + V)
	Ctrl + X	선택한 항목 잘라내기
	Ctrl + A	문서나 창에 있는 모든 항목 선택
	Ctrl + D	선택한 항목을 삭제하고 휴지통으로 이동(Delete)
	Ctrl + F4	활성 문서 닫기

기적의 TIP

바로 가기 키는 매우 중요하며 매 회 시험에서 등장하는 문제입니다. 실습을 통해 확실히 익혀두세요.

암기 TIP

• 한(1) 번만 도와줘
– ■ + F1 : 도움말
• 이(2)름 바꾸기
– F2 : 이름 바꾸기
• 인삼(3)을 찾아라
– F3 : 찾기
• 새(4)주소
– F4 : 주소 표시줄
• 오(5) 새로워라
– F5 : 새로 고침
• 육(6)순 잔치
– F6 : 요소들을 순환
• 열(10)매 모음
– F10 : 메(뉴) 모음 활성화

분류	바로 가기 키	기능
캡처	Print Screen	화면 전체 내용을 클립보드에 복사
	Alt + Print Screen	현재 사용 중인 활성 창을 클립보드에 복사
	⊞ + Print Screen	스크린샷 자동 저장
	⊞ + Shift + S	화면 부분의 스크린샷을 생성
종료	Esc	현재 작업을 중단하거나 나가기
	Alt + F4	활성 항목을 닫거나 활성 앱을 종료
	Ctrl + Shift + Esc	작업 관리자 열기([프로세스] 탭에서 [작업 끝내기]로 작업 종료)
	Ctrl + Alt + Delete	잠금, 사용자 전환, 로그아웃, 암호 변경, 작업 관리자
기타 기능	Ctrl + Z	액션 실행 취소
	Ctrl + Y	액션 다시 실행
	Ctrl + R	활성창 새로 고침(F5)
	Ctrl + F1	리본 메뉴 최소화
	Ctrl + Esc	시작 화면 열기(⊞)
	Ctrl + Alt + Tab	화살표 키를 사용해 열려 있는 모든 앱 사이를 전환
	Ctrl + 휠 단추 드래그	아이콘 크기 변경
	Alt + P	파일 탐색기에서 미리 보기 창 표시 및 숨기기
	Alt + Shift + P	파일 탐색기에서 세부 정보 창 표시 및 숨기기
	Alt + Tab	열려 있는 앱 간 전환
	Alt + Esc	열린 순서대로 항목 순환
	Alt + Enter	선택한 항목에 대해 속성 표시
	Alt + Space Bar	활성창의 창 조절(바로 가기) 메뉴★ 표시
	Alt + 밑줄이 그어진 문자	해당 문자에 대한 명령 수행
	Shift + F10	선택한 항목에 대한 바로 가기 메뉴 표시
	Shift + Delete	휴지통을 사용하지 않고 완전 삭제
⊞	⊞	시작 화면 열기(Ctrl + Esc)
	⊞ + A	알림 센터 열기
	⊞ + B	알림 영역에 포커스 설정(숨긴 아이콘 표시)
	⊞ + D	바탕 화면 표시 및 숨기기
	⊞ + Alt + D	바탕 화면에 날짜 및 시간 표시/숨기기
	⊞ + E	파일 탐색기 열기
	⊞ + F	피드백 허브를 열고 스크린샷을 생성
	⊞ + I	설정 열기
	⊞ + L	PC 잠금 또는 계정 전환
	⊞ + M	모든 창 최소화
	⊞ + Shift + M	바탕 화면에서 최소화된 창 복원
	⊞ + P	프레젠테이션 표시 모드 선택

★ 창 조절(바로 가기) 메뉴

분류	바로 가기 키	기능
⊞	⊞+R	실행 대화 상자 열기
	⊞+U	접근성 센터 열기
	⊞+V	클립보드 열기([시작]-[설정]-[시스템]-[클립보드]를 선택한 다음 '클립보드 검색 기록' 아래의 토글을 켜서 활성화함)
	⊞+.	바탕 화면에서 임시로 미리 보기
	⊞+마침표(.) 또는 세미콜론(;)	이모지 패널 열기
	⊞+F1	도움말 표시
	⊞+Ctrl+F	PC 검색(네트워크에 연결되어 있는 경우)
	⊞+Ctrl+Enter	내레이터 열기
	⊞+Pause	시스템 속성 대화 상자 표시
	⊞+←	앱이나 바탕 화면 창을 화면의 왼쪽으로 최대화
	⊞+→	앱이나 바탕 화면 창을 화면의 오른쪽으로 최대화
	⊞+↑	창 최대화
	⊞+↓	화면에서 현재 앱을 제거하거나 바탕 화면 창을 최소화
	⊞+Home	활성 바탕 화면 창을 제외한 모든 창 최소화/모든 창 복원
	⊞+Shift+↑	바탕 화면 창을 화면 위쪽 및 아래쪽으로 늘리기
	⊞+Shift+↓	너비를 유지하면서 활성 바탕 화면 창을 세로로 복원/최소화
	⊞+Shift+← 또는 →	모니터 간에 바탕 화면의 앱이나 창을 이동
작업 표시줄	⊞+S	검색 열기
	⊞+T	작업 표시줄의 앱을 순환(Enter를 누르면 실행됨)
	⊞+X	빠른 링크 메뉴 열기
	⊞+숫자	작업 표시줄에 있는 왼쪽 첫 앱(숫자 1에 해당)부터 실행
	⊞+Shift+숫자	작업 표시줄에 있는 왼쪽 첫 앱(숫자 1에 해당)부터 새로 실행
	⊞+Ctrl+숫자	작업 표시줄에서 숫자가 나타내는 위치에 고정된 앱의 마지막 활성 창으로 전환
	⊞+Alt+숫자	작업 표시줄에서 숫자가 나타내는 위치에 고정된 앱에 대한 점프 목록 열기
	마우스 휠 단추	작업 표시줄의 앱을 클릭하면 새로 실행
	Shift+마우스 왼쪽 단추	작업 표시줄의 해당 앱을 새로 실행
	Shift+마우스 오른쪽 단추	점프 목록 대신 바로 가기 메뉴나 창 메뉴 표시
돋보기	⊞+⁺	돋보기를 이용한 확대
	⊞+⁻	돋보기를 이용한 축소
	⊞+Esc	돋보기 끝내기
가상 데스크톱	⊞+Tab	작업 보기 열기
	⊞+Ctrl+D	가상 데스크톱 추가
	⊞+Ctrl+→	오른쪽에 생성된 가상 데스크톱으로 전환
	⊞+Ctrl+←	왼쪽에 생성된 가상 데스크톱으로 전환
	⊞+Ctrl+F4	사용 중인 가상 데스크톱 닫음

05 메뉴 및 창 사용법

1) 리본 메뉴 및 창 사용법

- 리본 메뉴는 Windows와 Microsoft Office Excel이나 Access 등의 소프트웨어에서 사용되는 새로운 명령 인터페이스 형식으로 쉽고 빠르게 명령 단추를 실행할 수 있다.
- 리본 메뉴는 여러 개의 탭으로 구성되며 각 탭은 명령 단추와 옵션으로 이루어진 여러 그룹으로 구성된다.

▲ 창 조절(바로 가기) 메뉴

❶ 조절 메뉴 단추	• 이전 크기로, 이동, 크기 조정, 최소화, 최대화, 닫기 작업을 수행할 수 있음 • 바로 가기 키 : Alt + Space Bar
❷ 빠른 실행 도구 모음	[속성]과 [새 폴더] 도구로 빠르게 실행할 도구임
❸ 빠른 실행 도구 모음 사용자 지정 단추	빠르게 실행할 도구를 사용자가 지정함
❹ 최소화	작업 표시줄로 작업 창을 최소화함
❺ 최대화	작업 창을 최대화함(최대화하면 ❒(이전 크기로 복원) 단추가 표시됨)
❻ 닫기	프로그램을 종료함(Alt + F4)
❼ 리본 최소화	• 리본 메뉴에 탭 이름만 표시하여 최소화하거나 확장함(Ctrl + F1) • 각 탭에서 마우스 오른쪽 버튼 누른 다음 [리본 메뉴 최소화]를 클릭함
❽ 탭	• 프로그램의 작업에 필요한 메뉴를 모아 놓은 것 • ⓓ [파일] 탭, [컴퓨터] 탭, [보기] 탭, [관리] 탭이 있음
❾ 명령 단추	• 명령 단추를 클릭하면 해당 명령 단추가 실행됨 • 명령 단추의 ▼을 클릭하면 명령 단추와 연관된 하위 명령 메뉴가 표시됨
❿ 그룹	• 각 탭을 구성, 명령 단추들을 그룹지어 놓은 것 • ⓓ [컴퓨터] 탭의 그룹은 [위치], [네트워크], [시스템]으로 구성됨

2) 바로 가기 메뉴

- 임의의 위치나 특정 항목을 선택한 후 마우스 오른쪽 단추를 클릭했을 때 나타나는 메뉴를 바로 가기 메뉴라고 한다.
- 바로 가기 메뉴는 선택한 항목에 따라 다르게 나타난다.
- 팝업 메뉴(Pop-Up Menu)라고도 하며, Shift + F10을 이용하여 바로 가기 메뉴를 나타나게 할 수 있다.

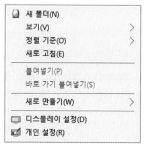

▲ 휴지통의 바로 가기 메뉴　　　　▲ 바탕 화면의 바로 가기 메뉴

06 대화 상자 및 도움말 사용법

1) 대화 상자

★ GUI
Graphic User Interface

- 그래픽 사용자 인터페이스(GUI)★ 환경에서 사용자로부터 명령이나 항목 이름, 설정 여부, 값 등의 입력을 받아들이기 위하여 운영체제 또는 응용 프로그램(앱)에 의하여 표시되는 특별한 형태의 창을 의미한다.
- 열기 대화 상자, 저장 대화 상자, 속성 대화 상자, 실행 대화 상자, 옵션 대화 상자 등이 있으며 유형에 따라 대화 상자는 다른 형태로 표시된다.

▲ [열기] 대화 상자

▲ [실행] 대화 상자

▲ [폴더 옵션] 대화 상자

▲ [휴지통 속성] 대화 상자

2) 도움말 및 팁 사용법

- [도움말]이나 [팁]은 바로 가기 메뉴를 이용하여 [시작 화면에 고정]하거나 [작업 표시줄에 고정]하면 필요할 때마다 쉽게 사용할 수 있다.

▶ 실행 방법

방법 1	[시작(⊞)]–[도움말]을 클릭함
방법 2	[Windows 검색 상자]에 '도움말'을 입력한 다음 결과에서 [도움말]을 클릭함
방법 3	[시작(⊞)]–[팁]을 클릭함
방법 4	[Windows 검색 상자]에 '팁'을 입력한 다음 결과에서 [팁]을 클릭함
방법 5	⊞+F1을 누름

07 프로그램(앱) 시작 및 종료

1) 프로그램(앱) 시작

▶ 실행 방법

방법 1	[시작] 단추(⊞)를 클릭한 다음 실행을 원하는 프로그램(앱)을 찾아서 클릭함
방법 2	[Windows 검색 상자]에 실행을 원하는 프로그램(앱)의 이름을 입력한 다음 검색된 결과에서 해당 프로그램(앱)을 클릭함
방법 3	[시작(⊞)]–[Windows 시스템]–[실행](⊞+R)에서 실행을 원하는 프로그램(앱)의 실행 명령을 입력한 다음 [확인]을 클릭함
방법 4	[파일 탐색기]에서 실행을 원하는 프로그램(앱)의 파일을 더블클릭하여 실행함

2) 프로그램(앱)의 종료 07년 2월

▶ 실행 방법

방법 1	[파일] 탭의 [닫기]나 [끝내기]를 클릭함
방법 2	창 조절 메뉴에서 [닫기]를 클릭하거나 더블클릭함
방법 3	창 조절 단추에서 닫기 단추(×)를 클릭함
방법 4	작업 표시줄의 실행 프로그램(앱)의 바로 가기 메뉴에서 [창 닫기]를 클릭함
방법 5	Alt+F4를 누름

※ Ctrl+F4를 누르면 프로그램(앱)의 문서 창 중에서 현재 문서 창만 종료함

3) 프로그램(앱)의 강제 종료 09년 2월, 07년 2월, 04년 11월

[시작(▦)]─[Windows 시스템]─[작업 관리자]를 클릭한 다음 [프로세스] 탭에서 응답하지 않는 프로그램이나 실행 중지를 원하는 프로그램이 있을 경우 해당 프로그램을 선택한 다음 [작업 끝내기] 단추를 사용하여 해당 프로세스를 중지할 수 있다.

이름	상태	43% CPU	42% 메모리	0% 디스크	0% 네트워크
> 📑 Activation Licensing Service		0%	0.3MB	0MB/s	0Mbps
> 📑 Activation Licensing Service(32...		0%	0.3MB	0MB/s	0Mbps
🔲 Adobe CEF Helper		0.6%	3.5MB	0MB/s	0Mbps
🔲 Adobe CEF Helper		0%	1.6MB	0MB/s	0Mbps
🔲 Adobe CEF Helper		0%	1.4MB	0MB/s	0Mbps
> 🔲 Adobe Genuine Software Integr...		0%	0.6MB	0MB/s	0Mbps
> 🔲 Adobe Genuine Software Servi...		0%	2.2MB	0MB/s	0Mbps
🔲 Adobe IPC Broker(32비트)		0%	2.2MB	0MB/s	0Mbps
> 🔲 Adobe Notification Client(32비...		0%	0.4MB	0MB/s	0Mbps
> 🔲 Adobe Update Service(32비트)		0%	0.5MB	0MB/s	0Mbps
🔲 Application Frame Host		0%	9.5MB	0MB/s	0Mbps
> 🔲 ASDF Service Application		0%	84.7MB	0MB/s	0Mbps
> 🔲 Bluetooth Radio Management ...		0%	0.4MB	0MB/s	0Mbps
> 🔲 Bonjour Service		0%	0.5MB	0MB/s	0Mbps
🔲 Casting protocol connection lis...		0%	1.5MB	0MB/s	0Mbps
🔲 CCXProcess		0%	0.1MB	0MB/s	0Mbps

작업 관리자
파일(F) 옵션(O) 보기(V)
프로세스 성능 앱 기록 시작프로그램 사용자 세부 정보 서비스

⌃ 간단히(D)   작업 끝내기(E)

01 다음 중 하드웨어 장치의 설치나 드라이버 확장 시 사용자의 편의를 돕기 위해 사용자가 직접 설정할 필요 없이 운영체제가 자동으로 인식하게 하는 기능은?

① 원격지원
② 플러그 앤 플레이
③ 핫 플러그인
④ 멀티스레딩

플러그 앤 플레이(PnP, Plug & Play) : 자동 감지 설치 기능으로 컴퓨터에 장치를 연결하면 자동으로 장치를 인식하여 장치 드라이버를 설치하므로 새로운 주변 장치를 쉽게 연결함

02 다음 중 운영체제를 구성하는 제어 프로그램의 종류에 해당하지 <u>않는</u> 것은?

① 감시 프로그램
② 언어 번역프로그램
③ 작업 관리 프로그램
④ 데이터 관리 프로그램

제어 프로그램의 종류 : 감시 프로그램, 작업 관리 프로그램, 데이터 관리 프로그램

오답 피하기

처리 프로그램의 종류 : 언어 번역 프로그램, 서비스 프로그램, 문제 처리 프로그램

03 다음 중 Windows의 에어로 피크(Aero Peek) 기능에 대한 설명으로 옳은 것은?

① 파일이나 폴더의 저장된 위치에 상관없이 종류별로 파일을 구성하고 파일에 액세스할 수 있게 한다.
② 모든 창을 최소화할 필요 없이 바탕 화면을 빠르게 미리 보거나 작업 표시줄의 해당 아이콘을 가리켜서 열린 창을 미리 볼 수 있게 한다.
③ 바탕 화면의 배경으로 여러 장의 사진을 선택하여 슬라이드 쇼 효과를 주면서 번갈아 표시할 수 있게 한다.
④ 작업 표시줄에서 프로그램 아이콘을 마우스 오른쪽 단추로 클릭하여 최근에 열린 파일 목록을 확인할 수 있게 한다.

에어로 피크(Aero Peek) : 작업 표시줄 오른쪽 끝의 [바탕 화면 보기]에 마우스를 위치시키면 바탕 화면이 나타나며 클릭하면 모든 창을 최소화하는 기능으로 바탕 화면 일시적으로 미리 보기와 열린 창 미리 보기가 가능함

04 다음 중 Windows의 바로 가기 키에 대한 설명으로 옳지 <u>않은</u> 것은?

① Ctrl + Esc 를 누르면 Windows 시작 메뉴를 열 수 있다.
② 바탕 화면에서 아이콘을 선택한 후 Alt + Enter 를 누르면 선택된 항목의 속성 창을 표시한다.
③ 바탕 화면에서 폴더나 파일을 선택한 후 F2 를 누르면 이름을 변경할 수 있다.
④ 폴더 창에서 Alt + Space Bar 를 누르면 특정 폴더 내의 모든 파일이나 폴더를 선택할 수 있다.

Alt + Space Bar : 활성 창의 창 조절(바로 가기) 메뉴가 표시됨

오답 피하기

Ctrl + A : 특정 폴더 내의 모든 파일이나 폴더를 선택

05 다음 중 컴퓨터 운영체제에 관한 설명으로 옳지 <u>않은</u> 것은?

① 운영체제는 컴퓨터가 작동하는 동안 하드디스크에 위치하여 실행된다.
② 프로세스, 기억 장치, 주변 장치, 파일 등의 관리가 주요 기능이다.
③ 운영체제의 평가 항목으로 처리 능력, 응답시간, 사용 가능도, 신뢰도 등이 있다.
④ 사용자들 간의 하드웨어 공동 사용 및 자원의 스케줄링을 수행한다.

운영체제는 컴퓨터가 작동하는 동안 주기억 장치인 RAM에 위치하여 실행됨

바탕 화면

▶ 합격 강의

빈출 태그 바로 가기 아이콘・작업 표시줄・시작 메뉴・시작 프로그램・레지스트리・작업 관리자

ⓞ1 바탕 화면의 구성과 설정 04년 5월

1) 바탕 화면의 기본 구성 요소

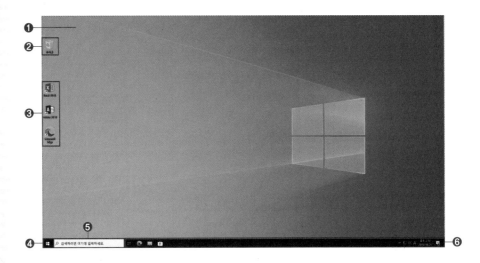

❶ 바탕 화면	설치된 프로그램(앱)의 실행과 작업을 위한 공간으로, 작업 표시줄, 창, 아이콘, 대화 상자가 표시되는 화면상의 작업 영역임
❷ 휴지통	삭제한 파일을 보관하기 위한 장소로 복원이 가능함
❸ 바로 가기 아이콘	프로그램(앱)을 보다 빠르고 간편하게 실행하는 기능을 가진 아이콘으로 화살표 모양 이 표시됨
❹ [시작] 단추	Windows의 다양한 프로그램(앱)과 사용자가 설치한 프로그램이 등록되어 있음
❺ 검색 창	모든 앱 및 프로그램의 검색부터 웹 정보까지 검색할 수 있음
❻ 작업 표시줄	현재 실행 중인 프로그램(앱)의 아이콘이 표시되며 작업 보기, 숨겨진 아이콘 표시, 시 스템 아이콘, 입력 도구 모음, 알림 센터, 바탕 화면 보기 등으로 구성됨

⊞+⑤
검색 창의 검색 상자 열기

2) 바로 가기 아이콘(Shortcut Icon) ┌─ 지름길 18년 9월, 17년 9월, 15년 3월, 11년 7월, 10년 10월, 09년 2월, 06년 2월

작업하고자 하는 프로그램(앱)을 보다 빠르고 간편하게 실행시킬 수 있는 기능으로, 바로 가기 아이콘의 왼쪽 아래에는 화살표 모양의 그림이 표시된다.

🅑 기적의 TIP

바로 가기 아이콘의 특징과 만드는 방법을 묻는 문제가 출제되므로 그에 대한 중점 적인 학습이 필요합니다.

① 바로 가기 아이콘(Shortcut Icon)의 특징

- 바로 가기를 삭제해도 원본 프로그램에는 영향을 미치지 않는다.
- 바로 가기는 여러 개 만들 수 있다.
- 바로 가기는 실행 파일에 대해서만 만들 수 있는 것이 아니라 파일, 드라이브, 폴더, 프린터 등 모든 개체에 대해 만들 수 있다.
- 바로 가기의 확장자는 .lnk이다.

② 바탕 화면에 바로 가기를 만드는 방법 20년 2월, 12년 9월

- 바로 가기를 만들 항목에서 마우스 오른쪽 단추를 클릭한 후 [바로 가기 만들기]를 클릭한다.
- 마우스 오른쪽 단추를 클릭하여 바로 가기를 만들 항목을 바탕 화면으로 드래그한 다음 [여기에 바로 가기 만들기]를 클릭한다.
- 바탕 화면에서 마우스 오른쪽 단추를 클릭한 후 [새로 만들기]-[바로 가기] 메뉴를 클릭한 다음 [찾아보기]를 이용하여 바로 가기를 만들 파일이나 폴더를 선택한다.
- 바로 가기를 만들 파일을 복사(Ctrl+C)한 다음 바탕 화면에서 오른쪽 단추를 클릭한 후 [바로 가기 붙여넣기]를 선택한다.
- 시작 메뉴에서 바로 가기를 만들려면 프로그램(앱) 항목에서 마우스 오른쪽 단추를 클릭한 후 [자세히]-[파일 위치 열기]를 선택하고 [파일 탐색기]가 실행되면서 선택되어 표시된 파일에서 마우스 오른쪽 단추를 클릭하고 [보내기]-[바탕 화면에 바로 가기 만들기]를 클릭한다.

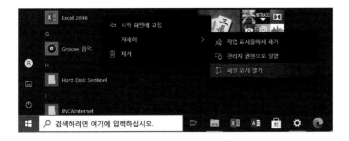

- 시작 메뉴에서 빠르게 바로 가기를 만들려면 프로그램(앱) 항목을 클릭한 다음 바탕 화면으로 드래그한다.

▲ 바탕 화면으로 드래그하여 바로 가기 아이콘 만들기

- 원본 파일을 삭제한 경우 바로 가기 아이콘은 실행되지 않음
- 원본 파일이 있는 위치와 상관없이 다른 위치에 만들 수 있음
- 하나의 바로 가기 아이콘에 여러 개의 원본 파일을 연결할 수는 없음

바탕 화면에 바로 가기 아이콘을 만드는 바로 가기 키
[파일 탐색기]에서 바로 가기를 만들 항목을 Ctrl+Shift를 누른 상태로 바탕 화면으로 드래그 앤 드롭함

바로 가기 아이콘의 [속성] 창
- 대상 파일, 대상 형식, 대상 위치 등에 관한 연결된 항목의 정보 확인
- 바로 가기 키 지정
- 바로 가기 아이콘에 할당된 디스크 크기 확인
- 만든 날짜, 수정 날짜, 액세스한 날짜 등을 확인

③ 바로 가기 아이콘 이름 변경하기

- 이름을 바꾸려는 바로 가기 아이콘에서 마우스 오른쪽 단추를 클릭한 후 [이름 바꾸기]를 클릭한다.
- 이름을 클릭하고 나서 잠시 후에 다시 클릭하여 이름을 바꿀 수도 있다.

3) 바탕 화면 아이콘 정렬/표시하기

- 바탕 화면 아이콘 정렬 : 바탕 화면에서 마우스 오른쪽 단추를 클릭한 후 [정렬 기준]에서 정렬할 기준(이름, 크기, 항목 유형, 수정한 날짜)을 클릭한다.

바탕 화면의 바로 가기 메뉴
- 바로 가기 키 : Shift + F10
- [보기]에서 아이콘의 크기(큰 아이콘, 보통 아이콘, 작은 아이콘)를 변경할 수 있음
- [보기]에서 아이콘 자동 정렬, 아이콘을 그리드에 맞춤, 바탕 화면 아이콘 표시 등을 설정함
- [정렬 기준]에서 아이콘의 정렬 기준(이름, 크기, 항목 유형, 수정한 날짜)를 변경할 수 있음
- [새로 만들기]로 바탕 화면에 폴더나 바로 가기, 텍스트 문서, 압축 파일 등을 만들 수 있음

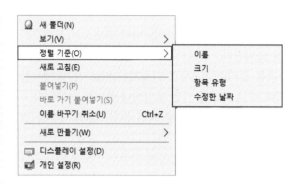

- 바탕 화면 아이콘 표시 : 바탕 화면에서 마우스 오른쪽 단추를 클릭한 후 [보기]에서 [바탕 화면 아이콘 표시]의 선택 여부에 따라 모든 바탕 화면 아이콘을 표시하거나 숨길 수 있다.

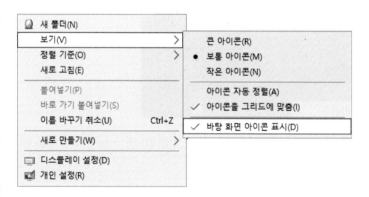

4) 바로 가기 아이콘 삭제하기

- 삭제할 바로 가기 아이콘에서 마우스 오른쪽 단추를 클릭한 후 [삭제]를 클릭하거나 Delete 를 누른다.
- 삭제할 바로 가기 아이콘을 바탕 화면에 있는 [휴지통] 아이콘으로 드래그한다.

02 작업 표시줄(Task Bar) 22년 상시, 18년 9월, 17년 9월, 13년 3월, 10년 3월, 09년 7월/10월, 08년 10월, …

- 현재 수행 중인 프로그램(앱)들이 표시되는 부분으로 응용 프로그램 간 작업 전환이 한 번의 클릭으로 가능하다.
- 시작 단추, 검색 창, 작업 보기, 작업 표시줄, 숨겨진 아이콘 표시, 시스템 아이콘, 입력 도구 모음, 시간/날짜, 알림 센터, 바탕 화면 보기 등으로 구성된다.

시작 단추는 작업 표시줄에 고정된 것으로 표시 여부를 설정할 수 없음

❶ 시작 단추	• 바로 가기 키 : ▣, Ctrl + Esc • 시작 메뉴가 표시되며 최근에 추가한 앱과 자주 사용되는 앱, 앱 목록, 사용자 계정, 설정, 전원 등이 표시됨 • 전원(🔌)에서 절전, 시스템 종료, 다시 시작이 가능함 • 시작 단추에서 마우스 오른쪽 버튼을 클릭하여 [앱 및 기능], [전원 옵션], [이벤트 뷰어], [시스템], [장치 관리자], [네트워크 연결], [디스크 관리], [컴퓨터 관리], [Windows PowerShell], [Windows PowerShell(관리자)], [작업 관리자], [설정], [파일 탐색기], [검색], [실행], [종료 또는 로그아웃(로그아웃, 절전, 시스템 종료, 다시 시작)], [데스크톱] 메뉴에서 필요한 작업을 수행할 수 있음(▣ + X (빠른 링크 메뉴 열기))
❷ 검색 창	• 바로 가기 키 : ▣ + S (검색 열기) • 원하는 검색어를 입력하여 모든 앱 및 프로그램의 검색부터 웹 정보까지 검색할 수 있음 • 작업 표시줄에서 마우스 오른쪽 단추를 클릭한 다음 [검색]에서 [숨김], [검색 아이콘 표시(🔍)], [검색 상자 표시] 메뉴에서 숨기거나 표시 방법을 설정할 수 있음
❸ 작업 보기	• 바로 가기 키 : ▣ + Tab (작업 보기 열기) • 현재 실행 중인 앱이 모두 표시되며 클릭하면 해당 앱으로 전환되어 표시됨 • 좌측 상단의 '+ 새 데스크톱'을 클릭하면 새로운 데스크톱(가상 데스크톱)이 추가됨
❹ 작업 표시줄	작업 표시줄에 고정된 프로그램(앱)으로 인터넷 등의 자주 사용하는 프로그램을 클릭만으로 빠르게 실행할 수 있는 빠른 실행 아이콘과 실행 중인 아이콘이 표시됨
❺ 숨겨진 아이콘 표시	• 바로 가기 키 : ▣ + B (알림 영역에 포커스 설정) • 클릭하면 숨겨진 아이콘과 기타 아이콘을 표시해 주며 작업 표시줄로 드래그하여 작업 표시줄에 추가할 수 있으며 반대로 사라지게 할 수도 있음 • 작업 표시줄에서 마우스 오른쪽 단추를 클릭한 다음 [작업 표시줄 설정]을 클릭하고 [설정] 창의 [작업 표시줄]에서 알림 영역의 [작업 표시줄에 표시할 아이콘 선택]을 이용하여 표시할 아이콘을 설정할 수 있음
❻ 시스템 아이콘	• 시계, 볼륨, 네트워크, 전원, 입력 표시기, 위치, 알림 센터, 터치 키보드, Windows Ink 작업 영역, 터치 패드, 마이크 등이 시스템 아이콘에 해당됨 • 작업 표시줄에서 마우스 오른쪽 단추를 클릭한 다음 [작업 표시줄 설정]을 클릭하고 [설정] 창의 [작업 표시줄]에서 알림 영역의 [시스템 아이콘 켜기 또는 끄기]를 이용하여 표시할 시스템 아이콘을 설정할 수 있음
❼ 입력 도구 모음	• 키보드의 한글/영문 전환, 한자 입력 등을 위한 도구를 표시함 • [시스템 아이콘 켜기 또는 끄기]에서 '입력 표시기'가 '끔'이면 나타나지 않음
❽ 시간/날짜	• 바로 가기 키 : ▣ + Alt + D (바탕 화면에서 날짜 및 시간 표시/숨기기) • 클릭하면 바탕 화면에 시간과 날짜가 표시되며 일정 관리도 가능함 • [시스템 아이콘 켜기 또는 끄기]에서 '시계'가 '끔'이면 나타나지 않음

❾ 알림 센터	• 바로 가기 키 : ▦+Ⓐ(알림 센터 열기) • [태블릿 모드], [네트워크], [노트], [모든 설정], [위치], [방해 금지 모드], [야간 모드], [VPN], [다른 화면에 표시], [연결] 등의 바로 가기 설정이 가능함 • [앱 및 다른 보낸 사람의 알림 받기], [잠금 화면에 알림 표시], [잠금 화면에 미리 알림 및 수신 VoIP 통화 표시], [화면을 복제하는 동안 알림 숨기기], [Windows에 대한 팁 표시], [새로운 기능과 제안 내용을 강조 표시하기 위해 업데이트 후와 로그인 시 때때로 Windows 시작 환경 표시] 등을 설정할 수 있음
❿ 바탕 화면 보기	• 바로 가기 키 : ▦+Ⓓ(바탕 화면 표시 및 숨기기) • 마우스를 위치시키면 바탕 화면이 나타나며 클릭하면 모든 창을 최소화함

• 작업 표시줄의 위치를 상하 좌우 자유롭게 배치시킬 수 있다.
• 화면의 반 정도(50%)까지 크기 조절이 가능하다.
• 자동 숨김 기능이 있다(작업 표시줄 설정에서 '데스크톱 모드에서 작업 표시줄 자동 숨기기'가 '켬'인 경우).
• 작업 표시줄을 이동하거나 크기를 변경하고자 할 때는 작업 표시줄의 빈 공간에서 마우스 오른쪽 단추를 클릭한 다음 [작업 표시줄 잠금]의 설정을 취소해야 한다.

바로 가기 키	기능
Alt+Tab	작업 전환 창에서 Tab을 사용하여 열려 있는 모든 앱 사이를 전환함
Ctrl+Alt+Tab	작업 전환 창에서 화살표 키를 사용하여 열려 있는 모든 앱 사이를 전환함
Alt+Esc	현재 실행 중인 다음 창으로 전환함(열린 순서대로 항목 순환)
▦+T	작업 표시줄의 앱을 순환함(Enter를 누르면 실행됨)

시작 메뉴의 점프 목록 또는 작업 표시줄에 최근에 사용한 항목 표시하지 않기
[설정](▦+Ⅰ)-[개인 설정]-[시작]에서 [시작 메뉴의 점프 목록, 작업 표시줄 또는 파일 탐색기 즐겨찾기에서 최근에 연 항목 표시]를 '끔'으로 설정함

• 작업 표시줄의 실행 중인 프로그램 위에 마우스 포인터를 위치시키면 작은 미리 보기 화면이 표시되고 작은 미리 보기 화면에 마우스를 올려 놓으면 화면에 창이 바로 표시되며 클릭하면 열리게 된다.

• 작업 표시줄 및 시작 메뉴의 앱에서 마우스 오른쪽 단추를 클릭하면 점프 목록이 나타난다.

1) 작업 표시줄 바로 가기 키

바로 가기 키	기능
Shift + 작업 표시줄 단추 클릭	작업 표시줄의 앱을 새로 실행함
Ctrl + Shift + 작업 표시줄 단추 클릭	작업 표시줄의 앱을 관리자 권한으로 열음
Shift + 작업 표시줄 단추를 마우스 오른쪽 단추로 클릭	작업 표시줄의 앱에서 바로 가기 메뉴나 창 메뉴 표시함

2) 작업 표시줄에 도구 모음 추가하기 21년 상시, 14년 3월

작업 표시줄의 빈 영역에서 마우스 오른쪽 단추를 클릭한 다음 [도구 모음] 메뉴에서 추가할 도구 모음을 선택한다.

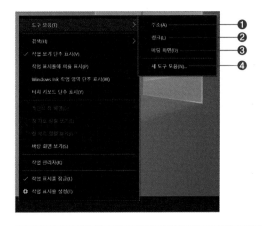

❶ 주소	웹 사이트의 주소를 입력하면 브라우저가 실행되면서 해당 사이트로 이동함
❷ 링크	저장된 북마크를 사용하여 웹 사이트에 빠르게 접속할 수 있음
❸ 바탕 화면	바탕 화면에 있는 프로그램이나 파일, 폴더를 선택하여 실행함
❹ 새 도구 모음	[새 도구 모음–폴더 선택] 창에서 자주 사용하는 폴더를 추가함

▲ 작업 표시줄에 추가된 주소, 링크, 바탕 화면, 새 도구 모음

3) 작업 표시줄에 프로그램(앱) 고정 및 제거하기

① 작업 표시줄에 프로그램(앱) 고정하기

방법 1	자주 사용하는 프로그램(앱)을 작업 표시줄에 고정시키기 위해서는 작업 표시줄에 고정시키려는 프로그램(앱)에서 마우스 오른쪽 단추를 클릭한 다음 [자세히]-[작업 표시줄에 고정]을 선택함
방법 2	작업 표시줄에 고정시킬 프로그램(앱)을 클릭한 다음 작업 표시줄로 드래그함

② 작업 표시줄에서 프로그램(앱) 제거하기

작업 표시줄에 고정된 프로그램(앱)에서 마우스 오른쪽 단추를 클릭한 다음 [작업 표시줄에서 제거]를 선택한다.

▲ [작업 표시줄]에서 마우스 오른쪽 단추 클릭

4) 작업 표시줄에 고정된 프로그램(앱)의 최근 항목 고정 및 제거하기 ^{19년 8월}

- 작업 표시줄에 고정된 프로그램에서 마우스 오른쪽 단추를 클릭한 다음 최근 항목에 있는 파일 중 고정을 원하는 파일에서 (이 목록에 고정)을 클릭한다.
- 고정된 항목이 생기면서 해당 파일이 고정된다.
- 제거할 때는 (이 목록에서 제거)를 클릭하면 된다.

5) 작업 표시줄 설정 ^{08년 10월}

방법 1	작업 표시줄의 빈 영역에서 마우스 오른쪽 단추를 클릭한 다음 [작업 표시줄 설정]을 클릭함
방법 2	[시작] 단추(■)에서 마우스 오른쪽 단추를 클릭한 다음 [설정]-[개인 설정]-[작업 표시줄]을 클릭함
방법 3	■+Ⅰ를 누른 후 [개인 설정]-[작업 표시줄]을 클릭함
방법 4	■+X★, N을 누른 후 [개인 설정]-[작업 표시줄]을 클릭함

★ ■+X
시작 단추에서 마우스 오른쪽 단추 클릭 메뉴 열기(빠른 링크 메뉴 열기)

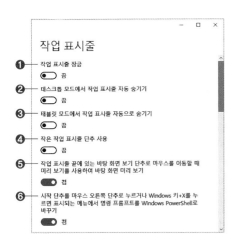

❶	• 작업 표시줄의 이동이나 크기, 도구 모음의 위치 및 크기 조절을 잠그는 기능 • 작업 표시줄의 빈 영역에서 마우스 오른쪽 단추를 클릭한 다음 [작업 표시줄 잠금]을 클릭하여도 됨
❷	데스크톱 모드에서 작업 표시줄의 자동 숨기기의 설정 여부로 작업 표시줄 자리에 마우스를 위치시키면 다시 나타남
❸	태블릿 모드에서 작업 표시줄의 자동 숨기기의 설정 여부로 작업 표시줄 자리에 마우스를 위치시키면 다시 나타남
❹	작업 표시줄에 작은 아이콘을 사용하여 나타냄
❺	'끔'으로 설정하면 바탕 화면 보기 단추를 이용한 미리 보기가 실행되지 않음
❻	'끔'으로 설정하면 [명령 프롬프트], [명령 프롬프트(관리자)]로 변경되어 표시됨

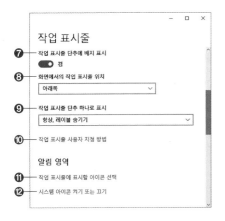

★ 배지(Badge)
앱에서 특정 작업이 발생하여 진행하고 있거나 발생해야 함을 알려주는 경고

★ 작업 표시줄에 단추 표시 유형
• 항상, 레이블 숨기기 : 기본 설정으로 레이블 없이 앱을 항상 단추 하나로 표시함
• 작업 표시줄이 꽉 찼을 때 : 여러 개의 창이 열려 있는 앱을 단일 앱 단추로 축소하여 표시함
• 안 함 : 각 창을 레이블이 있는 개별 단추로 표시하고 열려 있는 창의 개수에 관계없이 창을 하나로 표시하지 않음(열린 앱과 창이 많아지면 단추는 더 작아지다가 나중에는 스크롤됨)

❼	기본적으로 켜져 있으며 [알람 및 시계] 앱의 경우 벨 배지(🔔)★는 설정한 시간에 알려줄 것임을 나타냄
❽	• 화면에서의 작업 표시줄 위치를 설정함(왼쪽, 위쪽, 오른쪽, 아래쪽) • 마우스로 작업 표시줄을 원하는 위치로 드래그하여 변경 가능함
❾	작업 표시줄에 단추 표시 유형★을 설정함 • 항상, 레이블 숨기기(기본 설정) • 작업 표시줄이 꽉 찼을 때 • 안 함
❿	작업 표시줄 사용 방법에 대한 정보를 보여줌
⓫	작업 표시줄에 표시할 아이콘을 설정할 수 있으며 '항상 모든 아이콘을 알림 영역에 표시'하게 설정할 수 있음
⓬	시계, 볼륨, 네트워크, 전원, 입력 표시기, 위치, 알림 센터, 터치 키보드, Windows Ink 작업 영역, 터치 패드, 마이크 등의 시스템 아이콘의 켜기 또는 끄기가 가능함

03 시작 메뉴 14년 3월, 12년 3월, 08년 8월, 06년 7월, 03년 5월

• 모든 작업이 시작되는 곳으로 내 PC에 저장된 폴더와 파일, 프로그램(앱), 설정 등을 모두 시작 메뉴에서 찾을 수 있으며 실행하는 기능을 수행한다.
• 내 PC에 설치되어 있는 앱과 프로그램을 시작 화면이나 작업 표시줄에 고정시키고 파일의 위치를 열 수 있으며 제거까지 가능하다.
• 시작 메뉴의 크기 조정이 가능하므로 앱과 프로그램이 많아서 공간이 필요한 경우 크기를 넓힐 수 있다.

1) 시작 메뉴의 실행

방법 1	⊞를 누름
방법 2	Ctrl + Esc 를 누름
방법 3	작업 표시줄에서 [시작] 단추(⊞)를 클릭함

2) 시작 메뉴의 구성

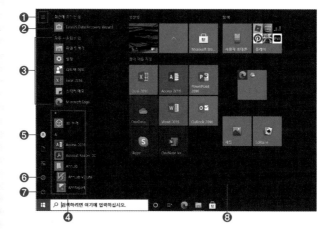

❶ 확장 단추	확장 단추를 클릭하면 모든 메뉴의 항목 이름이 표시됨
❷ 최근에 추가한 앱	최근에 설치한 앱이 있을 경우 목록을 표시함
❸ 자주 사용하는 앱	자주 사용하는 앱의 목록을 표시함
❹ 앱 목록	• 내 PC에 설치된 모든 앱과 프로그램의 목록을 사전순으로 표시함 • 앱 이름 앞의 아이콘 모양이 ▮인 경우는 여러 개의 앱을 포함하고 있는 그룹화 앱을 의미하며 클릭하면 모두 나열하여 표시함
❺ 사용자 계정	• 현재 로그인된 사용자 계정의 이름이 표시됨 • 계정 설정 변경, 잠금, 로그아웃을 실행함
❻ 설정	[시스템], [장치], [전화], [네트워크 및 인터넷], [개인 설정], [앱], [계정], [시간 및 언어], [게임], [접근성], [검색], [개인 정보], [업데이트 및 보안] 등에 대한 설정이 가능함
❼ 전원	시스템을 종료하거나 다시 시작할 수 있으며 절전 모드로 전환할 수 있음
❽ 시작 화면	자주 사용하는 프로그램이나 앱을 타일 형식으로 표시함

🅟 **기적의 TIP**

시작 메뉴의 구성과 시작 프로그램의 각 기능을 중점적으로 공부해 두세요.

🕒 **암기 TIP**

C(씨)E(이)작
시작 메뉴는 Ctrl + Esc

3) 시작 화면에 프로그램(앱) 고정 및 제거하기

① 시작 화면에 프로그램(앱) 고정하기

방법 1	자주 사용하는 프로그램(앱)을 시작 화면에 고정시키기 위해서는 시작 화면에 고정시키려는 프로그램(앱)에서 마우스 오른쪽 단추를 클릭한 다음 [시작 화면에 고정]을 선택함
방법 2	시작 화면에 고정시킬 프로그램(앱)을 클릭한 다음 시작 화면으로 드래그함

② 시작 화면에서 프로그램(앱) 제거하기

시작 화면에 고정된 프로그램(앱)에서 마우스 오른쪽 단추를 클릭한 다음 [시작 화면에서 제거]를 선택한다.

4) 시작 메뉴의 프로그램(앱)의 이름 변경하기

• 이름 변경을 원하는 프로그램(앱) 항목에서 마우스 오른쪽 단추를 클릭한 후 [자세히]−[파일 위치 열기]를 선택한다.

• [파일 탐색기]가 실행되면서 선택되어 표시된 파일에서 마우스 오른쪽 단추를 클릭하고 [이름 바꾸기]($F2$)를 클릭한 후 새 이름을 입력하고 $\boxed{Enter}$를 누른다(⑩ 명령 프롬프트 → 검정 고무신 화면).

▲ 명령 프롬프트 → 검정 고무신 화면으로 변경됨

• 프로그램(앱)에 따라 [파일 위치 열기]가 지원되지 않는 프로그램(앱)은 이름을 변경할 수 없다.

5) 시작 메뉴에서 알파벳 목록이나 한글 자음 목록으로 빠르게 프로그램(앱) 찾기

• 시작 메뉴의 모든 프로그램(앱)에서 알파벳이나 한글 자음을 클릭하면(⑩ A, ㄱ) 시작 메뉴에 알파벳 목록과 한글 자음 목록이 표시된다.

• 알파벳 목록이나 한글 자음 목록에서 찾고자 하는 프로그램(앱)에 해당하는 것을 클릭하면 빠르게 원하는 프로그램(앱)을 찾을 수 있다(⑩ Windows 보조프로그램의 경우 W를 클릭).

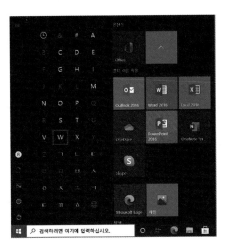

6) 시작 화면의 앱 타일 사용하기

① 크기 조절 및 이동

• 크기 조절을 원하는 앱 타일에서 마우스 오른쪽 단추를 클릭한 다음 [크기 조정]에서 [작게], [보통], [넓게], [크게] 중에서 선택한다.

• 이동을 원하는 앱 타일을 클릭한 다음 원하는 위치로 드래그한다.

② 라이브 타일(Live tile) 기능 켜고 끄기

• 라이브 타일은 날씨, 뉴스, 일정, 메일 등 실시간으로 정보를 표시해 주는 기능의 타일이다.

• 라이브 타일의 기능을 켜고 끄기 위해서는 라이브 타일에서 마우스 오른쪽 단추를 클릭한 다음 [라이브 타일 끄기 및 켜기]를 선택한다.

③ 앱 그룹 이름 변경 및 새 그룹 생성

- 변경하고자 하는 앱 그룹 이름을 클릭한 다음 원하는 새 그룹명을 입력하고 [Enter]를 누른다.
- 새 그룹을 만들기 위해서 시작 메뉴의 프로그램(앱)이나 앱 타일을 시작 화면의 빈 공간에 파랑색 수평 막대 모양이 표시될 때까지 드래그하여 배치한다.

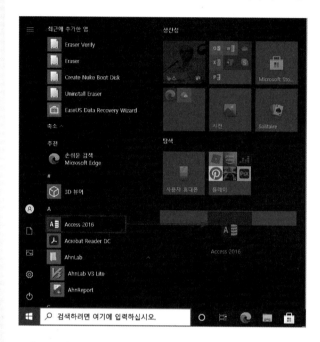

- [그룹 이름 지정] 상자를 클릭한 다음 새로운 그룹 이름을 입력하고 [Enter]를 누른다.

7) 시작 메뉴 및 시작 화면에서 내 PC에 설치된 프로그램(앱) 삭제하기

- 삭제를 원하는 프로그램(앱)에서 마우스 오른쪽 단추를 클릭한 다음 [제거]를 클릭한다.

- [프로그램 제거 또는 변경] 창에서 해당 프로그램(앱)을 선택하여 삭제한다.

8) 시작 메뉴 설정 16년 3월, 06년 7월

방법 1	작업 표시줄의 빈 영역에서 마우스 오른쪽 단추를 클릭한 다음 [작업 표시줄 설정]을 클릭한 다음 [시작]을 클릭함
방법 2	[시작] 단추(▦)에서 마우스 오른쪽 단추를 클릭한 다음 [설정]-[개인 설정]-[시작]을 클릭함
방법 3	▦+Ⓘ(설정)를 누른 후 [개인 설정]-[시작]을 클릭함
방법 4	▦+Ⓧ★, Ⓝ을 누른 후 [개인 설정]-[시작]을 클릭함

★ ▦+Ⓧ
시작 단추에서 마우스 오른쪽 단추 클릭 메뉴 열기(빠른 링크 메뉴 열기)

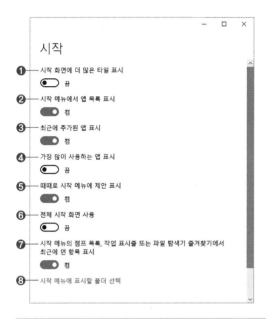

❶	'켬'으로 설정하면 시작 화면이 더 많은 타일을 표시할 수 있게 넓어짐
❷	'끔'으로 설정하면 시작 메뉴에서 앱 목록이 표시되지 않으며 [고정된 타일(品品)]과 [모든 앱(☰)] 중에 선택하여 나타낼 수 있음
❸	'끔'으로 설정하면 최근에 추가된 앱이 표시되지 않음
❹	'끔'으로 설정하면 가장 많이 사용하는 앱이 표시되지 않음
❺	'끔'으로 설정하면 제안 표시가 있는 경우 표시하지 않음(⑩ 시작 메뉴에 광고 등의 표시를 원치 않을 경우)
❻	'켬'으로 설정하면 모니터 화면 전체를 시작 화면으로 사용하며 [고정된 타일(品品)]과 [모든 앱(☰)] 중에서 선택하여 나타낼 수 있음
❼	'끔'으로 설정하면 시작 메뉴의 점프 목록, 작업 표시줄 또는 파일 탐색기 즐겨찾기에서 최근에 연 항목을 표시하지 않음
❽	• 시작 메뉴에 표시할 폴더를 선택함 • [파일 탐색기], [설정], [문서], [다운로드], [음악], [사진], [동영상], [네트워크], [개인 폴더] 등을 선택할 수 있음

▲ ❷ 시작 메뉴에서 앱 목록 표시를 '끔'으로 한 경우

▲ ❽ 시작 메뉴에 표시할 모든 폴더를 선택한 경우

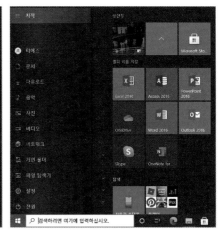

▲ ❽ 시작 메뉴에 표시할 모든 폴더를 확장한 경우

04 시작 프로그램

- 시작 프로그램에 들어 있는 프로그램들은 Windows가 시작될 때 자동으로 실행된다.
- 사용자가 자동으로 실행되기를 원하는 프로그램(앱)이나 파일을 시작 프로그램에 복사해 놓으면 된다.

▶ 실행 방법

방법 1	[시작(⊞)]-[Windows 시스템]-[실행]에서 열기란에 'shell:startup'을 입력하고 [확인]을 클릭함
방법 2	파일 탐색기(⊞+E)의 주소 표시줄에 'shell:startup'을 입력하고 Enter 를 누름

- 시작프로그램 폴더가 열리면 Windows 시작 시 자동으로 실행되기를 원하는 파일이나 프로그램(앱)을 복사하여 폴더에 넣으면 된다.

- 시작프로그램 폴더는 '내 PC 〉 로컬 디스크(C:) 〉 사용자 〉 사용자이름 〉 AppData 〉 Roaming 〉 Microsoft 〉 Windows 〉 시작 메뉴 〉 프로그램 〉 시작프로그램'에 위치한다.
- 자동 실행을 원치 않을 경우 작업 관리자(Ctrl + Shift + Esc)의 [시작프로그램] 탭에서 [사용 안 함]을 이용하여 자동 실행을 해제한다.

- Windows가 시작할 때 시작 프로그램 오류 메시지가 나타나거나 더 이상 자동 실행을 원치 않을 경우 시작프로그램 폴더에서 해당 프로그램(앱)이나 파일을 선택한 다음 마우스 오른쪽 단추를 클릭, [삭제]를 클릭하여 삭제한다.

등록소, 등기소

05 레지스트리(Registry) 22년 상시, 15년 10월, 12년 6월, 06년 2월, 03년 2월/5월/7월

• Windows에서 사용하는 환경 설정 및 각종 시스템과 관련된 정보가 저장되어 있
는 계층 구조식 데이터베이스이다.

▶ **실행 방법**

방법 1	[시작(■)]-[Windows 관리 도구]-[레지스트리 편집기]를 클릭함
방법 2	[시작(■)]-[Windows 시스템]-[실행]에서 열기란에 'regedit'를 입력하고 [확인]을 클릭함
방법 3	[실행] 열기란에 'msconfig'를 입력한 다음 [시스템 구성]의 [도구] 탭에서 [레지스트리 편집기]를 선택한 후 [시작]을 클릭함

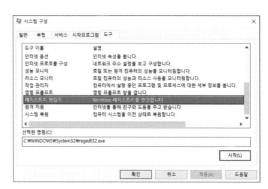

• 레지스트리 키와 레지스트리 값을 추가 및 편집하고, 백업으로부터 레지스트리를
복원한다.
• 레지스트리에 이상이 있을 경우 Windows 운영체제에 치명적인 손상이 생길 수
있다.
• 레지스트리는 Windows의 부팅 이외에 응용 프로그램 실행에도 참조되며, 레지스
트리 편집기를 이용하여 Windows 등의 프로그램 환경을 설정할 때에도 사용된다.
• 레지스트리는 IRQ, I/O 주소, DMA 등과 같은 하드웨어 자원과 프로그램 실행 정
보와 같은 소프트웨어 자원을 관리한다.
• 사용자 프로필과 관련된 부분은 'NTUSER.DAT' 파일에 저장된다.

06 작업 관리자 19년 3월, 13년 6월, 09년 2월

- 내 PC에서 실행되고 있는 프로그램(앱)들에 대한 프로세스(앱, 백그라운드 프로세스, Windows 프로세스), 성능(CPU, 메모리, 디스크, 이더넷), 앱 기록(리소스 사용량), 시작 프로그램(상태, 사용 안 함 설정), 사용자(CPU, 메모리, 디스크, 네트워크 사용 정보), 세부 정보(실행 파일의 상태, 사용자 이름, CPU와 메모리 사용 정보), 서비스(이름, 상태) 등에 대한 정보를 제공해 준다.

▶ **실행 방법**

방법 1	[시작(■)]-[Windows 시스템]-[작업 관리자]를 클릭함
방법 2	작업 표시줄의 빈 영역에서 마우스 오른쪽 단추를 클릭한 다음 [작업 관리자]를 클릭함
방법 3	[시작] 단추(■)에서 마우스 오른쪽 단추를 클릭한 후 [바로 가기 메뉴]에서 [작업 관리자(T)]를 클릭함
방법 4	[Windows 검색 상자]★에 '작업 관리자'를 입력한 다음 결과에서 [작업 관리자]를 클릭함
방법 5	[시작(■)]-[Windows 시스템]-[실행](■ + R)에서 'taskmgr'을 입력하고 [확인]을 클릭함
방법 6	[실행] 열기란에 'msconfig'를 입력한 다음 [시스템 구성]의 [도구] 탭에서 [작업 관리자]를 선택한 후 [시작]을 클릭함
방법 7	[시스템 구성]의 [시작 프로그램] 탭에서 [작업 관리자 열기]를 클릭함
방법 8	Ctrl + Alt + Delete 를 누른 후 [작업 관리자]를 클릭함
방법 9	Ctrl + Shift + Esc 를 누름
방법 10	■ + X ★, T 를 누름

★ Windows 검색 상자
■ + S

★ ■ + X
시작 단추에서 마우스 오른쪽 단추 클릭 메뉴 열기(빠른 링크 메뉴 열기)

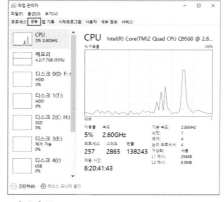

▲ [프로세스] 탭   ▲ [성능] 탭

- [프로세스] 탭에서 응답하지 않는 프로그램이나 실행 중지를 원하는 프로그램이 있을 경우 해당 프로그램을 선택한 다음 [작업 끝내기] 단추를 사용하여 해당 프로세스를 중지할 수 있다.
- [성능] 탭에서 CPU, 메모리, 디스크, 이더넷의 성능을 모니터링할 수 있다.
- [앱 기록] 탭에서 앱의 리소스 사용량(CPU 시간, 네트워크, 타일 업데이트 등) 정보를 확인하고 사용 현황을 삭제할 수 있다.
- 작업 관리자에서 현재 실행 중인 응용 프로그램의 작업 수행 순서를 변경하지는 못한다.

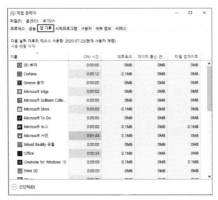

▲ [앱 기록] 탭

▲ [시작프로그램] 탭

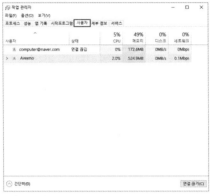

▲ [사용자] 탭

▲ [세부 정보] 탭

▲ [서비스] 탭

01 다음 중 한글 Windows에서 [작업 표시줄]의 바로 가기 메뉴에 있는 [도구 모음]에서 선택할 수 있는 항목으로 옳지 <u>않은</u> 것은?

① 바탕 화면
② 링크
③ 주소
④ 알림 영역

[작업 표시줄]의 바로 가기 메뉴에 있는 [도구 모음]에는 주소, 링크, 바탕 화면, 새 도구 모음 등이 있음

02 다음 중 Windows에서 파일을 선택한 후 Ctrl + Shift 를 누른 채 다른 위치로 끌어다 놓은 결과는?

① 해당 파일의 바로가기 아이콘이 만들어진다.
② 해당 파일이 복사된다.
③ 해당 파일이 이동된다.
④ 해당 파일이 휴지통을 거치지 않고 영구히 삭제된다.

바로 가기 아이콘을 만드는 바로 가기 키
[파일 탐색기]에서 바로 가기를 만들 항목을 Ctrl + Shift 를 누른 상태로 바탕 화면이나 다른 위치로 드래그 앤 드롭함

03 다음 중 레지스트리(Registry)에 대한 설명으로 옳지 <u>않은</u> 것은?

① 레지스트리를 잘못 편집하면 운영 체제를 완전하게 다시 설치해야 하는 심각한 문제가 발생할 수 있으나 데이터의 손실은 방지해 준다.
② Windows에서 사용하는 환경 설정 및 각종 시스템과 관련된 정보가 저장된 계층 구조식 데이터베이스이다.
③ [시작] 단추(▦)에 마우스 오른쪽 단추를 클릭하고 [실행]을 선택한 다음 열기 상자에 regedit를 입력하고 확인을 클릭하여 실행할 수 있다.
④ 작업 표시줄의 검색 상자에 regedit를 입력한 다음 결과에서 레지스트리 편집기를 선택하여 실행할 수 있다.

레지스트리를 잘못 편집하면 운영 체제를 완전하게 다시 설치해야 하는 심각한 문제가 발생할 수 있으며 데이터 손실이 발생할 수 있음

04 다음 중 한글 Windows에서 Ctrl + Esc 를 눌러 수행되는 작업으로 옳은 것은?

① 시작 메뉴가 나타난다.
② 실행 창이 종료된다.
③ 작업 중인 항목의 바로 가기 메뉴가 나타난다.
④ 창 조절 메뉴가 나타난다.

오답 피하기
• Alt + F4 : 실행 창이 종료됨
• Shift + F10 : 작업 중인 항목의 바로 가기 메뉴가 나타남
• Alt + Space Bar : 창 조절 메뉴가 나타남

05 다음 중 한글 Windows에서 작업 표시줄의 바로 가기 메뉴에서 설정할 수 있는 항목으로 옳지 <u>않은</u> 것은?

① 계단식 창 배열
② 창 가로 정렬 보기
③ 작업 표시줄 잠금
④ 아이콘 자동 정렬

작업 표시줄의 바로 가기 메뉴 : 도구 모음, 계단식 창 배열, 창 가로 정렬 보기, 창 세로 정렬 보기, 바탕 화면 보기, 작업 관리자, 작업 표시줄 잠금, 작업 표시줄 설정 등

오답 피하기
아이콘 자동 정렬 : [바탕 화면]의 바로 가기 메뉴의 [보기] 메뉴에 있는 항목임

06 다음 중 Windows의 [작업 관리자]에서 설정할 수 있는 작업으로 옳지 <u>않은</u> 것은?

① 실행 중인 응용 프로그램을 [작업 끝내기]로 종료할 수 있다.
② 현재 실행 중인 프로세스와 프로세스에서 실행되는 서비스를 볼 수 있다.
③ CPU 사용정도와 CPU 사용 현황을 확인할 수 있다.
④ 실행 중인 응용 프로그램의 실행 순서를 변경할 수 있다.

[작업 관리자]에서 현재 실행 중인 응용 프로그램의 작업 수행 순서는 변경할 수 없음

03 파일 탐색기

▶ 합격 강의

빈출 태그 파일 • 폴더 • 복사와 이동 • 폴더 옵션 • 라이브러리 • 휴지통

01 파일 탐색기의 기본 17년 9월, 14년 10월, 12년 9월, 07년 5월, 05년 2월/10월, 04년 2월, 03년 2월

- 파일 탐색기는 사용자가 사용할 수 있는 시스템에 장착된 모든 디스크 드라이브 및 폴더 관리 등 시스템의 전반적인 정보를 갖는다.
- 파일 탐색기는 새로운 폴더의 생성과 자료의 이동, 복사, 삭제 등의 작업을 손쉽게 할 수 있는 파일 관리 프로그램이며 계층적 디렉터리 구조를 갖고 있다.
- 왼쪽에 탐색 창이 표시되며 오른쪽에는 폴더 내용 창이 표시된다.
- 파일 탐색기가 열리면서 기본적으로 표시되는 [즐겨찾기]는 자주 사용하는 파일과 폴더, 가장 최근 사용한 파일과 폴더를 표시하므로 이를 찾기 위해 여러 폴더를 검색할 필요가 없다.

즐겨찾기 또는 바로 가기
Windows 10의 최신 업데이트 버전에서는 '즐겨찾기'로, 이전 버전에서는 '바로 가기'로 표시됨

- [즐겨찾기]에 원하는 폴더를 고정시키는 방법

방법 1	해당 폴더를 선택한 다음 [홈] 탭–[클립보드] 그룹–[즐겨찾기에 고정]을 클릭함
방법 2	마우스 오른쪽 단추를 클릭하고 [즐겨찾기에 고정]을 클릭함
방법 3	해당 폴더를 [즐겨찾기 메뉴]로 드래그함

- [즐겨찾기]에 표시된 폴더에서 마우스 오른쪽 단추를 클릭하고 [즐겨찾기에서 제거]를 선택하면 즐겨찾기에서 제거된다.
- [파일]–[폴더 및 검색 옵션 변경]을 클릭, [폴더 옵션] 창의 [일반] 탭에서 [파일 탐색기 열기]를 '즐겨찾기'에서 '내 PC'로 변경할 수 있다.
- 클라우드 서비스인 OneDrive가 파일 탐색기에 포함되어 표시되며 바로 파일을 공유할 수 있다.

1) 파일 탐색기의 화면 구성

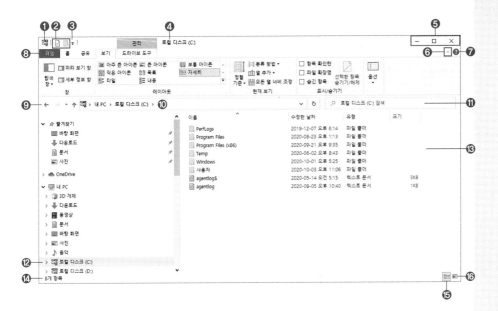

❶ 조절 메뉴 단추	이전 크기로, 이동, 크기 조정, 최소화, 최대화, 닫기([Alt]+[F4]) 등의 조절 메뉴가 나타남([Alt]+[Space Bar])
❷ 빠른 실행 도구 모음	빠르게 실행할 도구 모음으로 [속성]([Alt]+[Enter])과 [새 폴더]([Ctrl]+[Shift]+[N])가 표시됨
❸ 빠른 실행 도구 모음 사용자 지정 단추	[실행 취소], [다시 실행], [삭제], [속성], [새 폴더], [이름 바꾸기] 등을 빠른 실행 도구로 지정할 수 있으며 [리본 메뉴 아래에 표시]와 [리본 메뉴 최소화]를 설정함
❹ 제목 표시줄	현재 선택된 드라이브나 폴더의 이름이 표시됨
❺ 창 조절 단추	[최소화], [이전 크기로 복원([□])], [최대화], [닫기] 단추를 이용하여 파일 탐색기의 창 크기를 조절함
❻ 리본 최소화 단추	리본에 탭 이름만 표시([Ctrl]+[F1])하며, [리본 확장 단추([∨])]로 변경됨
❼ 도움말	Windows 도움말 검색창과 도움말이 표시됨
❽ 리본 메뉴	리본 메뉴는 기본적으로 [파일] 탭, [홈] 탭, [공유] 탭, [보기] 탭이 표시됨
❾ 폴더 이동 단추	[뒤로]([Alt]+[←]), [앞으로]([Alt]+[→]), [최근 위치], [위로]([Alt]+[↑]) 폴더를 이동함
❿ 주소 표시줄	현재 선택된 파일이나 폴더의 탐색 경로를 표시함
⓫ 검색 상자	현재 폴더나 하위 폴더의 파일을 검색함
⓬ 탐색 창	즐겨찾기, 내 PC, 네트워크, OneDrive, 라이브러리 등을 표시함
⓭ 파일 목록 창	현재 선택된 폴더의 내용을 표시하며 선택, 이동, 복사 등을 실행함
⓮ 항목 수 표시	선택한 드라이브나 폴더의 항목 수와 선택한 항목 수를 표시함
⓯ [자세히] 단추	창의 각 항목에 대한 정보를 '자세히' 표시함(이름, 날짜, 유형, 크기, 길이 등)([Ctrl]+[Shift]+[6])
⓰ [큰 아이콘] 단추	창의 각 항목에 대한 정보를 '큰 아이콘'으로 표시함([Ctrl]+[Shift]+[2])

파일이나 폴더, 프린터, 드라이브 등 컴퓨터 자원의 공유

· 공유 폴더에 대한 접근 권한은 사용자에 따라 다르게 설정할 수 있음
· 파일 탐색기의 주소 표시줄에 \\localhost'를 입력하면 네트워크를 통해 공유한 파일이나 폴더를 확인할 수 있음
· 파일 탐색기의 공유 기능을 이용하면 파일이나 폴더를 쉽게 다른 사용자와 공유할 수 있음
· 공유 이름 뒤에 '$'를 붙이면 공유 숨기기가 되므로 네트워크의 다른 사용자가 공유 여부를 알 수 없음

2) Windows 10의 파일 탐색기 실행

방법 1	작업 표시줄에서 [파일 탐색기](▢)를 클릭함
방법 2	[시작(▪)]–[Windows 시스템]–[파일 탐색기]를 클릭함
방법 3	[시작] 단추(▪)에서 마우스 오른쪽 단추 클릭한 후 [바로 가기 메뉴]에서 [파일 탐색기(E)]를 클릭함
방법 4	[Windows 검색 상자]에 '파일 탐색기'를 입력한 다음 결과에서 [파일 탐색기]를 클릭함
방법 5	[시작(▪)]–[Windows 시스템]–[실행](▪+R)에서 'explorer'를 입력하고 [확인]을 클릭함
방법 6	▪+E를 누름
방법 7	▪+X★, E를 누름

★ ▪+X
시작 단추에서 마우스 오른쪽 단추 클릭 메뉴 열기(빠른 링크 메뉴 열기)

3) 리본 메뉴의 구성

- 리본 메뉴는 여러 개의 탭으로 구성되며 각 탭은 명령 단추와 옵션으로 이루어진 여러 그룹으로 구성된다.
- 파일 탐색기는 기본적으로 [파일] 탭, [홈] 탭, [공유] 탭, [보기] 탭이 표시된다.
- 선택된 항목에 따라 드라이브는 [드라이브 도구] 탭, 사진 파일은 [사진 도구] 탭, 비디오 파일은 [비디오 도구] 탭, 음악 파일은 [음악 도구] 탭, 압축 파일은 [압축 폴더 도구] 탭, 검색은 [검색] 탭, 내 PC는 [컴퓨터] 탭, 휴지통은 [휴지통 도구] 탭, 라이브러리는 [라이브러리 도구] 탭이 표시된다.

① [파일] 탭

메뉴	기능
❶ 새 창 열기	선택한 위치를 새 창으로 열어줌(Ctrl+N). [새 창 열기]와 [새 프로세스로 새 창 열기]가 있음
❷ Windows PowerShell 열기	Windows PowerShell에 명령을 입력하는 데 사용할 수 있는 창을 열어주며 관리자 권한으로도 열기할 수 있음
❸ 폴더 및 검색 옵션 변경	[폴더 옵션] 창이 나타나며 항목 열기, 파일 및 폴더 보기, 검색에 대한 설정을 변경할 수 있음
❹ 도움말	도움말과 Windows 정보를 알 수 있음
❺ 닫기	파일 탐색기를 종료함

② [홈] 탭

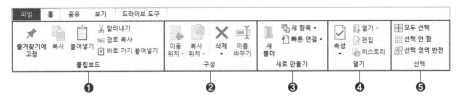

그룹	명령 단추	기능		
❶ 클립보드	즐겨찾기에 고정	• [즐겨찾기]에 고정할 폴더를 선택한 다음 [즐겨찾기에 고정]을 클릭하면 [즐겨찾기]에 폴더가 고정됨 • 고정된 폴더의 바로 가기 메뉴에서 [즐겨찾기에서 제거]를 클릭하면 즐겨찾기에서 제거됨		
	복사	• 선택한 항목을 클립보드로 복사함 • 바로 가기 키 : Ctrl + C, Ctrl + Insert		
	붙여넣기	• 클립보드의 내용을 현재 위치로 붙여넣기함 • 바로 가기 키 : Ctrl + V, Shift + Insert		
	잘라내기	선택한 항목을 클립보드로 이동함(Ctrl + X)		
	경로 복사	선택한 항목의 경로를 클립보드로 복사함		
	바로 가기 붙여넣기	항목에 대한 바로 가기를 클립보드에 붙여넣기함		
❷ 구성	이동 위치	선택한 항목을 지정한 위치로 이동함		
	복사 위치	선택한 항목을 지정한 위치로 복사함		
	삭제	휴지통으로 이동	선택한 항목을 휴지통으로 이동(재생 : Ctrl + D)	
		완전히 삭제	선택한 항목을 완전히 삭제 (영구 삭제 : Shift + Delete)	
		휴지통으로 삭제 전 확인	항목을 휴지통으로 보내기 전에 표시 할 삭제 확인 메시지를 켜거나 끔	
	이름 바꾸기	선택한 항목의 이름을 바꿈(F2)		
❸ 새로 만들기	새 폴더	새로운 폴더를 만듦(Ctrl + Shift + N)		
	새 항목	현재 위치에 새 항목(폴더, 바로 가기, 비트맵 이미지, 텍스트, 여러 응용 프로그램 등)을 만듦		
	빠른 연결	라이브러리에 포함, 네트워크 드라이브 연결, 항상 오프라인 사용 가능, 동기화, 오프라인으로 작업 등을 할 수 있음		
❹ 열기	속성	속성	선택한 항목에 대한 속성을 표시함(Alt + Enter)	
		속성 제거	선택한 파일에서 속성을 제거함	
	열기	폴더를 열거나 선택한 파일을 기본 프로그램으로 실행함		
	편집	선택한 파일을 편집함		
	히스토리	선택한 항목의 기록을 표시함, 파일 히스토리는 손실되거나 손상된 파일을 다시 복원할 수 있도록 복사본을 저장함		
❺ 선택	모두 선택	모든 항목을 선택함(Ctrl + A)		
	선택 안 함	선택한 항목의 선택을 해제함		
	선택 영역 반전	현재 선택 영역을 반전함		

③ [공유] 탭

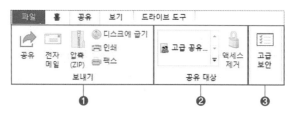

그룹	명령 단추	기능
❶ 보내기	공유	선택한 파일을 공유할 앱을 선택함
	전자 메일	파일은 첨부 파일로, 폴더는 링크로 전자 메일을 보냄
	압축	선택한 항목을 포함한 폴더를 압축함
	디스크에 굽기	선택한 항목을 기록 가능한 디스크에 굽기함
	인쇄	선택한 항목을 프린터로 보냄
	팩스	선택한 항목을 팩스로 보냄
❷ 공유 대상	고급 공유	선택한 항목을 네트워크의 다른 사람과 공유함
	액세스 제거	선택한 항목의 공유를 중지함
❸ 고급 보안		선택한 항목에 대한 고급 공유 설정을 수동으로 지정함

④ [보기] 탭

★ 탐색 창
폴더 옵션 [보기] 탭의 [고급 설정]
의 '탐색 창'에서도 설정 가능함

그룹	명령 단추	기능	
❶ 창	탐색 창★	탐색 창	탐색창을 표시하거나 숨김
		확장하여 폴더 열기	확장하여 폴더를 열기함
		모든 폴더 표시	모든 폴더를 표시함
		라이브러리 표시	라이브러리를 표시함
	미리 보기 창	미리 보기 창을 표시하거나 숨김(Alt+P)	
	세부 정보 창	세부 정보 창을 표시하거나 숨기며(Alt+Shift+P), 미리 보기 창과 동시에 나타낼 수 없음	
❷ 레이아웃	아주 큰 아이콘	• 항목을 아주 크게 표시하며 항목명만 표시함 • 바로 가기 키 : Ctrl+Shift+1	
	큰 아이콘	• 항목을 크게 표시하며 항목명만 표시함 • 바로 가기 키 : Ctrl+Shift+2	
	보통 아이콘	• 항목을 보통 크기로 표시하며 항목명만 표시함 • 바로 가기 키 : Ctrl+Shift+3	

그룹	명령 단추	기능
❷ 레이아웃	작은 아이콘	• 항목을 작게 표시하며 항목명만 표시함 • 바로 가기 키 : Ctrl+Shift+4
	목록	• 항목 목록을 정렬하여 항목명만 표시함 • 바로 가기 키 : Ctrl+Shift+5
	자세히	• 항목 목록을 정렬하여 이름, 수정한 날짜, 유형, 크기 등을 자세히 표시함 • 바로 가기 키 : Ctrl+Shift+6
	타일	• 항목 목록을 타일 형식으로 나란히 표시함 • 바로 가기 키 : Ctrl+Shift+7
	내용	• 항목 목록을 정렬하여 유형과 수정한 날짜, 크기 등을 표시함 • 바로 가기 키 : Ctrl+Shift+8
❸ 현재 보기	정렬 기준	• 항목을 이름, 수정한 날짜, 유형, 크기, 만든 날짜, 만든 이, 태그, 제목 등으로 오름차순이나 내림차순으로 정렬하여 표시함 • 열 선택 : 항목에 대해 표시할 정보를 선택함
	분류 방법	항목을 열(이름, 수정한 날짜, 유형, 크기 등) 별로 분류함
	열 추가	더 많은 정보 열(수정한 날짜, 유형, 크기, 만든 날짜 등)을 표시함
	모든 열 너비 조정	내용에 맞게 모든 열의 너비를 변경함
❹ 표시/숨기기	항목 확인란★	• 항목 앞에 항목 확인란을 추가하거나 제거함 • Ctrl을 사용하지 않고 불연속적인 항목의 선택이 가능함
	파일 확장명★	파일 확장명을 나타내거나 숨김
	숨긴 항목★	숨긴 항목을 나타내거나 숨김
	선택한 항목 숨기기/해제	선택한 항목을 숨기기 또는 해제함
❺ 옵션	폴더 및 검색 옵션 변경	[폴더 옵션] 창이 나타나며 파일 탐색기 열기, 파일 및 폴더 보기, 검색에 대한 설정을 변경할 수 있음

★ 항목 확인란
폴더 옵션 [보기] 탭의 [고급 설정]의 '확인란을 사용하여 항목 선택'에서도 설정 가능함

★ 파일 확장명
폴더 옵션 [보기] 탭의 [고급 설정]의 '알려진 파일 형식의 파일 확장명 숨기기'에서도 설정 가능함

★ 숨긴 항목
폴더 옵션 [보기] 탭의 [고급 설정]의 '숨김 파일 및 폴더'에서도 설정 가능함

⑤ [드라이브 도구] 탭

파일 탐색기의 탐색 창에서 [드라이브]를 선택하면 리본 메뉴에 [관리]가 표시되면서 [드라이브 도구] 탭이 표시된다.

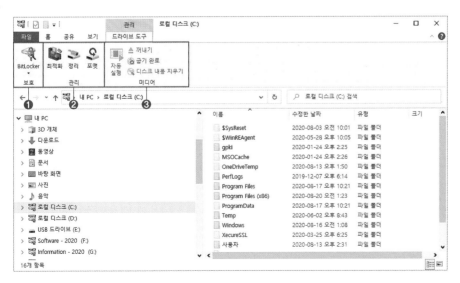

그룹	명령 단추	기능
❶ 보호	BitLocker	하드디스크를 암호화하여 보호함
❷ 관리	최적화	디스크 조각 모음 및 최적화를 실행하여 디스크에 단편화되어 저장된 파일들을 모아서 디스크를 최적화함
	정리	디스크 정리를 실행하여 임시 파일, 휴지통에 있는 파일, 다운로드한 프로그램 파일, 임시 인터넷 파일, 오프라인 웹 페이지 등을 삭제함
	포맷	하드디스크를 초기화하는 것으로 트랙과 섹터로 구성하는 작업을 실행함
❸ 미디어	자동 실행	선택한 미디어나 장치에 대한 기본 작업을 자동으로 실행함
	꺼내기	선택한 드라이브나 장치를 꺼내거나 제거함
	굽기 완료	항목을 굽고 디스크를 사용할 준비를 함
	디스크 내용 지우기	다시 쓰기가 가능한 디스크의 모든 내용을 지움

⑥ [컴퓨터] 탭

파일 탐색기의 탐색 창에서 [내 PC]를 선택하면 리본 메뉴에 [내 PC]가 표시되면서 [컴퓨터] 탭이 나타난다.

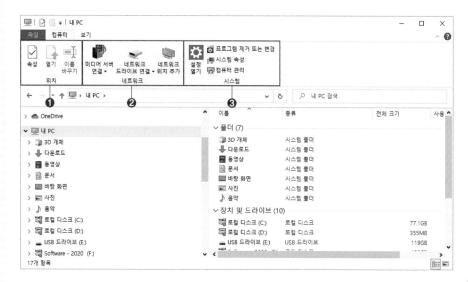

그룹	명령 단추	기능
❶ 위치	속성	선택한 항목에 대한 속성을 표시함 (Alt+Enter)
	열기	선택한 파일을 기본 프로그램에서 열기함
	이름 바꾸기	선택한 항목의 이름을 바꿈 (F2)
❷ 네트워크	미디어 서버 연결	미디어 서버에 연결하거나 끊음
	네트워크 드라이브 연결	네트워크 드라이브에 연결하거나 끊음
	네트워크 위치 추가	인터넷 위치에 대한 바로 가기를 만듦
❸ 시스템	설정 열기★	설정을 변경하고 컴퓨터의 기능을 사용자가 지정함
	프로그램 제거 또는 변경	프로그램을 제거, 설치된 기능 변경, 설치를 복구함
	시스템 속성	컴퓨터에 관한 정보(프로세서, 메모리 용량 등)를 표시함
	컴퓨터 관리	시스템 도구, 저장소, 서비스 및 응용 프로그램을 관리함

★ 설정 열기
⊞+I

4) 탐색 창에서 하위 폴더 열기 및 감추기 12년 9월, 07년 5월, 05년 2월/10월, 04년 2월, 03년 2월

- 탐색 창에서 ⟩는 하위 폴더가 존재한다는 의미이며 클릭하면 하위 폴더가 열리면서 ⌄로 바뀐다.
- 하위 폴더를 감추기 위해서는 ⌄을 클릭하면 된다.

▲ 하위 폴더가 열림   ▲ 하위 폴더가 닫힘

⟩	하위 폴더를 포함하고 있으며 현재 그 하위 폴더를 표시하지 않은 상태임
⌄	현재 포함되어 있는 하위 폴더를 표시함
*	숫자 키패드의 *를 누르면 현재 선택한 폴더 내의 모든 하위 폴더를 표시함

기적의 TIP

파일 탐색기는 계층적 디렉터리 구조를 갖고 있습니다. 왼쪽의 탐색 창에서 ⟩와 ⌄가 갖는 의미를 알아두고, 파일 및 폴더를 선택하는 여러 가지 방법도 잘 알아두세요.

5) 파일 탐색기에서 항목의 선택 24년 상시, 21년 상시, 15년 3월, 04년 2월

한 개의 항목만을 선택하는 경우	불연속적으로 항목을 선택하는 경우	연속적인 영역의 항목을 선택하는 경우	전체 항목을 선택하는 경우
해당 항목을 클릭	Ctrl + 클릭	영역의 첫 항목을 클릭한 후 Shift를 누른 상태로 마지막 항목을 클릭	Ctrl + A
▣ 1-22-1 ▣ 1-23-1 ▣ 1-23-2 ▣ 1-23-3 ▣ 1-24-1 ▣ 1-24-2	▣ 1-22-1 ▣ 1-23-1 ▣ 1-23-2 ▣ 1-23-3 ▣ 1-24-1 ▣ 1-24-2	▣ 1-22-1 ▣ 1-23-1 ▣ 1-23-2 ▣ 1-23-3 ▣ 1-24-1 ▣ 1-24-2	▣ 1-22-1 ▣ 1-23-1 ▣ 1-23-2 ▣ 1-23-3 ▣ 1-24-1 ▣ 1-24-2

암기 TIP

- 볼은 잘 컨트롤해야 됩니다.
  - 불연속적인 선택은 컨트롤(Ctrl)
- 연속적인 안타 시원합니다.
  - 연속적인 선택은 시프트(Shift)

6) 파일 탐색기에서 사용하는 바로 가기 키 17년 9월, 09년 4월

바로 가기 키	기능
←	현재 선택 영역이 확장되어 있으면 축소하고 아니면 상위 폴더를 선택
→	현재 선택 영역이 축소되어 있으면 표시하고 아니면 첫 번째 하위 폴더를 선택
F11	현재 창 최대화 또는 최소화
End	현재 창의 아래쪽을 표시
Home	현재 창의 맨 위를 표시
Back Space	현재 폴더의 상위 폴더로 이동

Alt + ←	이전 폴더 열기
Alt + →	다음 폴더 열기
Alt + ↑	상위 폴더 열기
Alt + D	주소 표시줄 선택
Alt + P	미리 보기 창 표시
Alt + Enter	선택한 항목에 대한 속성 대화 상자 열기
Alt + Shift + P	세부 정보 창 표시
Ctrl + N	새 창 열기
Ctrl + E	검색창 선택
Ctrl + F	검색창 선택
Ctrl + W	활성 창 닫기
Ctrl + Shift + N	새 폴더 만들기
Ctrl + Shift + E	선택한 폴더 위에 있는 모든 폴더를 표시
Num Lock + *	선택한 폴더의 모든 하위 폴더를 표시
Num Lock + +	선택한 폴더의 내용을 표시
Num Lock + −	선택한 폴더를 축소

02 파일(File) 08년 10월, 03년 5월

- 컴퓨터에서 사용되는 자료 저장의 기본 단위이며 파일명과 확장자로 구성된다.
- 파일명은 255자까지 사용이 가능하며 공백 포함이 허용되고 확장자는 그 파일의 성격을 나타낸다.
- *, ?, :, /, ₩, 〈, 〉, ", | 등은 폴더명이나 파일명으로 사용할 수 없다.

시스템 관련 파일의 확장자
- dll : 동적 링크 라이브러리
- inf : 시스템 설치 정보
- ini : 초기화 정보
- ocx : ActiveX 컨트롤

종류별 파일의 확장자
- 실행 파일 : COM, EXE
- 그림 파일 : BMP, JPG, GIF
- 사운드 파일 : WAV, MP3, MID
- 동영상 파일 : MPG, AVI, MOV
- 압축 파일 : ZIP

확장자	의미	확장자	의미
xlsx	Microsoft Excel 통합 문서	hwp	한글 문서
accdb	Microsoft Access 파일	hwpx	한글 표준 문서
pptx	Microsoft Powerpoint 파일	wav	사운드 파일
docx	Microsoft Word 파일	avi	MS사가 개발한 동영상 파일
txt	ASCII 코드로 작성된 텍스트 파일	exe	실행 가능한 파일
bat	일괄 처리 파일	rtf	서식이 있는 문서
bmp	비트맵 그림 파일(그림판)	htm, html	인터넷 웹 문서 파일

03 폴더(Folder) 15년 3월

- 서로 관련 있는 파일들을 저장하는 장소로 파일들을 효율적이고 체계적으로 관리할 수 있다.
- 폴더의 구조를 볼 수 있는 폴더 창이나 바탕 화면, 파일 탐색기에서 새 폴더의 생성 및 삭제가 가능하다.
- 폴더는 바로 가기 아이콘, 복사나 이동, 찾기, 이름 바꾸기, 삭제 등 파일에서 가능한 작업을 할 수 있다.
- 동일한 폴더 안에 같은 이름의 파일은 존재할 수 없다.

1) 폴더 만들기

리본 메뉴	[홈] 탭–[새로 만들기] 그룹–[새 폴더]를 클릭함
리본 메뉴	[홈] 탭–[새로 만들기] 그룹–[새 항목]–[폴더]를 클릭함
바로 가기 메뉴	파일 목록 창이나 바탕 화면의 바로 가기 메뉴에서 [새로 만들기]–[폴더]를 클릭함
빠른 실행 도구	파일 탐색기에서 상단의 빠른 실행 도구 모음의 ▨(새 폴더)를 클릭함
바로 가기 키	Ctrl + Shift + N 을 누름

2) 폴더 안의 파일 열기

방법 1	응용 프로그램을 실행한 다음 해당 프로그램에서 [파일] 탭–[열기]를 클릭함
방법 2	파일 탐색기에서 열고자 하는 파일을 더블클릭하여 실행함
방법 3	파일 탐색기에서 열고자 하는 파일을 선택한 다음 [홈] 탭–[열기] 그룹–[열기]를 클릭함
방법 4	[실행]에서 [찾아보기]를 이용하여 해당 파일을 찾은 후 [열기], [확인]을 클릭함
방법 5	파일의 바로 가기 메뉴에서 [열기]를 클릭함

3) 연결 프로그램 22년 상시, 13년 10월, 08년 8월, 04년 8월

- 파일을 열어서 보여주는 해당 프로그램을 연결 프로그램이라고 한다.
- 파일의 확장명에 따라 연결 프로그램이 자동으로 결정된다.
- 연결 프로그램을 삭제하더라도 연결된 데이터 파일은 삭제되지 않는다.
- 바로 가기 메뉴의 [연결 프로그램]에서 연결 프로그램을 변경할 수 있다.

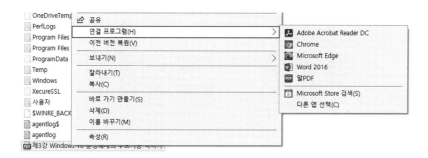

폴더의 [속성] 창 [일반] 탭
- 종류, 위치, 크기, 디스크 할당 크기
- 내용(파일 및 폴더 수), 만든 날짜
- 특성(읽기 전용, 숨김)
- 해당 폴더의 바로 가기 아이콘은 만들 수 없음

- [공유] 탭에서 폴더를 네트워크와 연결되어 있는 다른 컴퓨터에서 접근할 수 있도록 공유시킬 수 있음
- [사용자 지정] 탭에서 일반 항목, 문서, 사진, 음악, 비디오 등 폴더의 최적화 유형을 설정할 수 있음
- [사용자 지정] 탭에서 폴더 사진 선택 및 폴더 아이콘을 변경할 수 있음
- [보안] 탭에서 사용 권한을 설정할 수 있음(폴더 안의 파일을 삭제할 수는 없음)

- 연결 프로그램이 지정되지 않은 확장명의 파일을 열려고 하면 자동으로 연결 프로그램 지정 대화 상자가 나타난다.
- 서로 다른 확장명의 파일들이 하나의 연결 프로그램에 지정될 수 있고, 필요에 따라 연결 프로그램을 바꿀 수 있다.
- 바로 가기 메뉴의 [속성]을 클릭한 다음 [속성] 창의 연결 프로그램에서 [변경]을 클릭하여 연결 프로그램을 변경할 수도 있다.

4) 프로그램(앱) 및 파일, 폴더 검색 04년 11월

- 내 PC에 있는 프로그램(앱)이나 파일 및 폴더 중에서 찾기를 원하는 프로그램(앱)과 파일, 폴더를 쉽게 찾을 수 있게 검색하는 기능이다.

★ Windows 검색 상자
⊞+S

★ 만능 문자(Wild Card)
문자를 대신할 수 있는 *, ? 문자를 말하며 ?는 한 문자를 대신할 수 있으며, *는 모든 문자열을 대신할 수 있음
⑩ 컴?.* : 컴으로 시작하고 파일명이 두 글자인 모든 파일을 검색
⑩ 컴??.* : 컴으로 시작하고 파일명이 세 글자인 모든 파일을 검색
⑩ 컴*.* : 컴으로 시작되는 모든 파일을 검색

★ F3
파일 탐색기에서 파일 또는 폴더 검색

방법 1	• [Windows 검색 상자]★에 프로그램이나 파일명을 입력하여 프로그램을 실행할 수 있음 • [Windows 검색 상자]에서는 검색 필터를 사용하여 파일을 검색할 수 없음 • ⑩ 메모장, 워드패드, 그림판, 계산기, 실행, 설정, 제어판, 캡처 도구, 파일 탐색기 등
방법 2	• 파일 탐색기에서 검색 상자를 클릭한 다음 단어나 단어의 일부를 입력하여 해당 폴더나 파일을 검색함 • 만능 문자(*, ?)★나 −(검색에서 제외)를 이용할 수 있음

- 파일 탐색기에서 검색 상자를 클릭하거나 F3★을 누른 다음 검색어를 입력하여 검색하면 리본 메뉴에 [검색 도구]가 표시되면서 [검색] 탭이 나타난다.

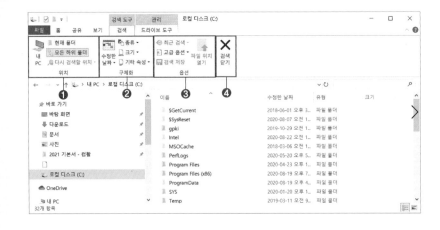

그룹	명령 단추	기능
❶ 위치	내 PC	내 PC를 검색함
	현재 폴더	현재 선택한 폴더만 검색함(하위 폴더는 검색하지 않음)
	모든 하위 폴더	선택한 폴더와 하위 폴더 모두 검색함
	다시 검색할 위치	원하는 정보를 검색한 후 다른 위치에서 다시 검색함
❷ 구체화	수정한 날짜	• '오늘, 어제, 이번 주, 지난 주, 이번 달, 지난 달, 올해, 작년' 중에서 선택하여 수정한 정보를 검색함 • 검색 상자에 '수정한 날짜:'를 입력하면 달력이 표시되어 원하는 날짜를 선택할 수 있음
	종류	파일을 종류별(일정, 통신, 연락처, 문서 등)로 검색함
	크기	• 파일 크기별로 선택하여 검색함 • '크기:>1GB'처럼 크기를 직접 입력하여 검색할 수 있음
	기타 속성	기타 속성(유형, 이름, 폴더 경로, 태그 등)으로 검색함
❸ 옵션	최근 검색	이전 검색을 보거나 [검색 기록 지우기]로 검색 기록을 지움
	고급 옵션	부분 일치 및 색인되지 않은 위치의 항목을 제외하거나 포함함
	검색 저장	• 검색 기준에 맞게 검색한 내용을 저장함 • 파일 형식 : *.search-ms(❹ 크기 1GB 이상.search-ms) • 저장된 파일을 더블클릭하면 검색된 내용을 볼 수 있음
	파일 위치 열기	검색된 파일의 위치를 열어줌
❹ 검색 닫기		검색 결과 창과 검색 탭을 닫음

▲ "수정한 날짜:"를 입력하면 달력이 표시됨

5) 이름 바꾸기 03년 7월/9월

- 파일이나 폴더의 이름을 바꿀 때는 Windows에서 사용하는 모든 글자를 사용할 수 있다(단, *, ?, :, /, ₩, 〈, 〉, ", | 는 제외).
- 이름을 바꾸는 도중에 Esc 를 누르면 이름 바꾸기가 취소된다.
- Windows 내에서 이름을 바꿀 때에는 여러 개를 동시에 바꿀 수는 없다.

리본 메뉴	파일 탐색기에서 항목을 선택한 후 [홈] 탭-[구성] 그룹-[이름 바꾸기]를 클릭함
바로 가기 키	항목을 선택한 후 F2 를 누름
바로 가기 메뉴	항목을 선택한 후 바로 가기 메뉴의 [이름 바꾸기]를 선택함
마우스	항목을 선택한 후 잠시 기다렸다가 다시 클릭함

- 휴지통 안에 있는 파일의 이름은 변경할 수 없다.

6) 복사와 이동 22년 상시, 20년 7월, 12년 6월

- 복사, 이동, 붙여넣기를 할 때는 클립보드(Clipboard)를 사용한다.
- 마우스로 드래그하여 복사할 때에는 마우스 포인터 옆에 ⊞ 표시가 나타난다.
- 이동을 하면 원래의 위치에 있던 원본은 삭제된다.

🅑 기적의 TIP

복사와 이동은 매우 중요합니다. 실습을 통해 확실히 파악해 두세요. 복사는 똑같은 파일을 여러개 만드는 것이고, 이동은 원본 파일을 잘라내었다가 원하는 위치로 붙여서 이동하는 것이예요.

① 복사 방법

리본 메뉴	항목을 선택한 후 [홈] 탭–[구성] 그룹–[복사 위치]에서 [위치 선택]을 클릭, [항목 복사]에서 복사할 위치를 선택 후 [복사]를 클릭함(새 폴더 생성 가능)
리본 메뉴	항목을 선택한 후 [홈] 탭–[클립보드] 그룹에서 [복사], 붙여넣기할 폴더 선택 후 [붙여넣기]를 클릭함
바로 가기 메뉴	항목을 선택한 후 바로 가기 메뉴에서 [복사], 붙여넣기할 폴더 선택 후 [붙여넣기]를 클릭함
바로 가기 키	항목을 선택한 후 Ctrl+C를 눌러 복사한 후 붙여넣기할 곳으로 이동하여 Ctrl+V를 누름
같은 드라이브	Ctrl을 누른 상태에서 마우스 왼쪽 버튼으로 드래그 앤 드롭
다른 드라이브	아무 키도 누르지 않거나 Ctrl을 누른 상태에서 마우스 왼쪽 버튼으로 드래그 앤 드롭

② 이동 방법

리본 메뉴	항목을 선택한 후 [홈] 탭–[구성] 그룹–[이동 위치]에서 [위치 선택]을 클릭, [항목 이동]에서 이동할 위치를 선택 후 [이동]을 클릭함(새 폴더 생성 가능)
리본 메뉴	항목을 선택한 후 [홈] 탭–[클립보드] 그룹에서 [잘라내기], 붙여넣기할 폴더 선택 후 [붙여넣기]를 클릭함
바로 가기 메뉴	항목을 선택한 후 바로 가기 메뉴에서 [잘라내기], 붙여넣기할 폴더 선택 후 [붙여넣기]를 클릭함
바로 가기 키	항목을 선택한 후 Ctrl+X를 눌러 잘라내기 후 붙여넣기할 곳으로 이동하여 Ctrl+V를 누름
같은 드라이브	아무 키도 누르지 않거나 Shift를 누른 상태에서 마우스 왼쪽 버튼으로 드래그 앤 드롭
다른 드라이브	Shift를 누른 상태에서 마우스 왼쪽 버튼으로 드래그 앤 드롭

- 복사나 이동 시 작업 일시 중지(Ⅱ), 작업 다시 시작(▶), 작업 취소(✕)가 가능하다.

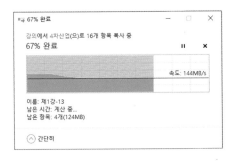
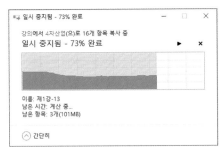

7) 클립보드(Clipboard) 22년 상시, 13년 6월, 08년 5월, 03년 5월

- 복사, 이동, 캡처 등의 작업을 저장하는 임시 기억 장소이다.
- Windows에서 [복사]나 [잘라내기]를 실행하면 클립보드에 임시로 보관되었다가, [붙여넣기]를 실행하면 클립보드의 내용이 붙여진다.
- Windows 뿐만 아니라 설치된 모든 응용 프로그램에서 공동으로 이용한다.

`Print Screen`	화면 전체 내용을 클립보드에 복사함
`Alt` + `Print Screen`	현재 사용 중인 활성 창을 클립보드에 복사
`⊞` + `Print Screen`	• 캡처 후 붙여넣기한 다음 저장하는 작업 없이 자동으로 저장함 • 저장 폴더 : 내 PC 〉 사진 〉 스크린샷 • 저장 파일명 : 스크린샷(순번).png • [스크린샷] 폴더에서 파일을 선택하면 리본 메뉴에 [관리]가 표시 되면서 [사진 도구] 탭이 나타남 • 회전(왼쪽, 오른쪽), 슬라이드 쇼, 배경으로 설정이 가능함
`⊞` + `Shift` + `S`	• 화면 부분의 스크린샷을 생성함 • 마우스를 드래그하여 캡처(사각형, 자유형, 창, 전체 화면 등)한 다음 화면 우측 하단의 [캡처가 클립보드에 저장됨]을 클릭하면 [캡처 및 스케치]★ 앱이 실행됨

▲ 사진 파일 선택 시 [사진 도구] 탭이 표시됨

04 폴더 옵션 24년 상시, 22년 상시, 21년 상시, 14년 10월, 12년 3월, 11년 7월, 10년 10월, 09년 2월/7월, 08년 5월/8월, …

폴더 옵션에서 파일 및 폴더가 작동하는 방식과 컴퓨터에 항목을 표시하는 방법을 변경하고 폴더에 관한 각종 옵션을 지정하는 곳이다.

▶ 실행 방법

방법 1	[파일] 탭-[옵션]을 클릭함
방법 2	[보기] 탭-[옵션]-[폴더 및 검색 옵션 변경]을 클릭함
방법 3	[Windows 검색 상자]에 '파일 탐색기 옵션'을 입력한 다음 결과에서 [파일 탐색기 옵션]을 클릭함
방법 4	[시작(⊞)]-[Windows 시스템]-[제어판]-[파일 탐색기 옵션]을 클릭함

⊞ + V
- 클립보드 열기
- [시작]-[설정]-[시스템]-[클립보드]를 선택한 다음 '클립보드 검색 기록' 아래의 토글을 켜서 활성화함
- 클립보드 기록은 25개 항목으로 제한되며, 클라우드에 동기화할 수도 있음
- 크기 제한은 항목당 4MB이며 텍스트, HTML 및 비트맵이 지원됨
- [삭제], [고정], [모두 지우기] 기능이 지원되며 [고정]은 클립보드 검색 기록을 삭제하거나 PC를 다시 시작하는 경우에도 항목을 유지함

★ 캡처 및 스케치
- [시작(⊞)]-[캡처 및 스케치]를 클릭함
- [캡처 및 스케치]를 시작하지 않고 화면에 있는 내용을 캡처하려면 ⊞+`Shift`+`S`를 누름
- [캡처 및 스케치] 창에서 새 캡처(지금 캡처, 3초 후 캡처, 10초 후 캡처)가 가능하고 '터치 쓰기, 볼펜, 연필, 형광펜, 지우개, 눈금자, 이미지 자르기' 등을 이용하여 이미지에 마크업을 추가할 수 있으며 확대/축소, 다른 이름으로 저장(*.PNG), 복사, 공유, 파일 열기, 다른 프로그램으로 열기, 인쇄 등이 가능함

① [폴더 옵션]의 [일반] 탭

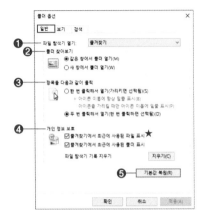

▲ [폴더 옵션]의 [일반] 탭(기본 값 복원 상태)

★ 즐겨찾기에 최근에 사용된 파일 표시
[설정]([■]+[Ⅰ])-[개인 설정]-[시작]에서 '시작 메뉴의 점프 목록, 작업 표시줄 또는 파일 탐색기 즐겨찾기에서 최근에 연 항목 표시'가 '켬'으로 설정되어 있어야 함

시작 메뉴의 점프 목록, 작업 표시줄 또는 파일 탐색기 즐겨찾기에서 최근에 연 항목 표시
(●) 켬

❶	• 파일 탐색기를 열 때 [즐겨찾기]와 [내 PC] 중에서 선택한 것으로 시작함 • 즐겨찾기 : 자주 사용하는 폴더와 최근에 사용한 파일 • 내 PC : 컴퓨터에 설치된 폴더, 장치 및 드라이브
❷	폴더를 찾아 열 때 같은 창에서 폴더 열기를 할지 새 창에서 폴더 열기를 할지 설정함
❸	마우스로 항목을 클릭할 때 한 번 클릭해서 열기를 할지 두 번 클릭해서 열기를 할지 설정함
❹	바로 가기에 최근에 사용된 파일과 폴더의 표시 여부를 설정하고 [지우기]로 기록을 지울 수 있음
❺	기본 값으로 복원시켜 줌

② [폴더 옵션]의 [보기] 탭

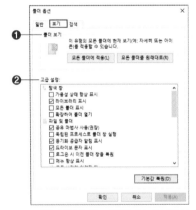

▲ [폴더 옵션]의 [보기] 탭(기본 값 복원 상태)

❶	폴더 보기는 현재 폴더에서 사용하는 보기를 모든 폴더에 적용할지의 여부를 설정함
❷	고급 설정 • 탐색 창에 [라이브러리 표시], [모든 폴더 표시], [확장하여 폴더 열기] 여부를 설정함 • 공유 마법사 사용(권장), 드라이브 문자 표시 여부를 설정함 • 파일 및 폴더를 [로그온 시 이전 폴더 창을 복원] 할지의 여부를 설정함 • [보호된 운영 체제 파일 숨기기(권장)]★, [상태 표시줄 표시] 여부를 설정함 • 숨김 파일 및 폴더 또는 드라이브의 표시 여부를 설정함 • 알려진 파일 형식의 파일 확장자 숨기기 여부를 설정함 • 제목 표시줄에 전체 경로 표시 여부를 설정함 • 폴더 팁에 파일 크기 정보 표시 여부를 설정함 • 확인란을 사용하여 항목 선택 여부를 설정함([Ctrl]을 사용하지 않고 불연속적인 항목의 선택이 가능)

★ 보호된 운영체제에서 숨길 수 있는 파일
boot.ini, io.sys, autoexec.bat

③ [폴더 옵션]의 [검색] 탭

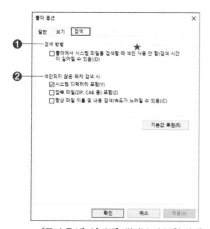

▲ [폴더 옵션]의 [검색] 탭(기본 값 복원 상태)

★ 색인
파일 검색 시 속도를 향상시키는 기능

❶	폴더에서 시스템 파일을 검색하는 방법으로 색인을 사용할지 안 할지의 여부를 설정함
❷	색인되지 않은 위치 검색 시 시스템 디렉터리 포함, 압축 파일을 포함, 항상 파일 이름 및 내용 검색 에 대한 여부를 설정함

▲ [폴더 옵션]의 [보기] 탭의 [고급 설정](기본 값 복원 상태)

05 라이브러리(Library) ┌도서관┐ 16년 10월

- 라이브러리(Library)는 사전적 의미인 "도서관"이 여러 종류의 도서를 분야별로 보관하여 쉽게 찾을 수 있는 것처럼 내 PC에 저장된 위치에 상관없이 여러 위치에 있는 같은 유형의 폴더를 모아 구성하고 관리할 수 있는 기능이다.
- 해마다 찍은 사진이 여러 폴더에 저장되어 있는 경우 따로 관리하지 않고 라이브러리의 사진에 포함시켜서 파일 이동 없이 하나의 모음으로 볼 수 있다.
- 파일 탐색기의 [보기] 탭–[창] 그룹의 [탐색 창]에서 [라이브러리 표시]를 클릭하면 라이브러리가 표시된다.

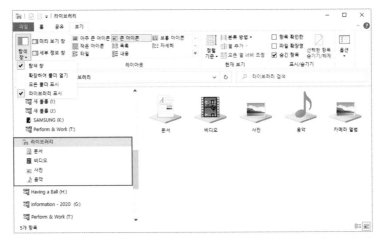

- 기본 라이브러리로 문서, 비디오, 사진, 음악이 있으며 삭제 시 바로 가기 메뉴의 [기본 라이브러리 복원]으로 복원시킬 수 있다.

1) 새 라이브러리 만들기

기본 라이브러리 외에 기타 다른 모음에 대한 새 라이브러리도 바로 가기 메뉴의 [새로 만들기]–[라이브러리]에서 생성할 수 있다.

2) 라이브러리에 폴더 추가하기

리본 메뉴	파일 탐색기의 파일 목록창에서 라이브러리에 추가할 폴더를 선택한 다음 [홈] 탭-[새로 만들기] 그룹-[빠른 연결]에서 [라이브러리에 포함]을 클릭한 후 포함시킬 라이브러리를 선택함
바로 가기 메뉴	라이브러리에 포함시킬 해당 폴더의 바로 가기 메뉴에서 [라이브러리 포함]을 클릭한 후 포함시킬 라이브러리를 선택함
라이브러리 도구	파일 탐색기의 탐색 창에서 라이브러리 폴더를 선택, [관리]-[라이브러리 도구] 탭-[관리] 그룹-[라이브러리 관리]를 클릭하고 [추가]를 실행함

라이브러리에 폴더를 추가하면 라이브러리에서 파일을 볼 수 있지만 실제 파일은 원래 위치에 저장되어 있다.

3) 라이브러리에서 폴더 제거하기

- 파일 탐색기의 탐색 창에서 라이브러리 폴더를 선택, [관리]-[라이브러리 도구] 탭-[관리] 그룹-[라이브러리 관리]를 클릭한 다음 [제거]를 클릭하여 제거한다.
- 제거는 폴더를 삭제하는 것이 아닌 라이브러리와의 연결을 끊는 작업이다.

라이브러리 폴더
한 라이브러리에는 최대 50개까지 폴더를 포함할 수 있음

- 라이브러리를 삭제하면 라이브러리 자체가 휴지통으로 이동되며 복원이 가능하다.
- 단, 주의할 부분은 라이브러리에 포함된 폴더나 파일을 삭제하면 원본 폴더의 파일도 삭제됨에 주의해야 된다(완전 삭제가 아닌 경우 휴지통에서 복원이 가능함).
- 라이브러리에 폴더를 포함하고 원래 위치에서 폴더를 삭제하면 라이브러리에서 해당 폴더에 더 이상 액세스할 수 없다.
- 이동식 미디어(CD, DVD)는 라이브러리에 포함할 수 없다.
- 단, USB 플래시 드라이브는 탐색 창의 [내 PC]에서 장치 및 드라이브 섹션에 장치가 나타나 있는 경우만 가능하다.

06 휴지통 24년 상시, 19년 8월, 18년 9월, 14년 3월/6월/10월, 13년 6월, 12년 6월/9월, 11년 3월/10월, 09년 2월/4월/7월, …

— 휴지통을 비우거나 하드디스크의 파일을 삭제하더라도 주기억 장치의 용량 문제는 해결되지 않음

- 작업 도중 삭제된 자료들이 임시적으로 보관되는 장소로, 필요한 경우 복원이 가능하다.
- 복원시킬 경우, 경로 지정을 하지 않아도 자동으로 원래 위치로 복원한다.
- 휴지통 내에서의 파일의 실행 작업과 항목의 이름 변경은 불가능하다.
- 휴지통의 바로 가기 메뉴의 [이름 바꾸기]나 **F2**를 이용하여 '휴지통' 자체 이름을 변경할 수 있다(단, 휴지통 안에 있는 파일의 이름은 변경할 수 없음).
- 휴지통의 폴더 위치는 C:\$Recycle.Bin이다.

1) 휴지통 열기

▶ **실행 방법**

방법 1	바탕 화면의 휴지통을 더블클릭하여 실행함
방법 2	바탕 화면의 휴지통의 바로 가기 메뉴에서 [열기]를 클릭함
방법 3	[Windows 검색 상자]에 '휴지통'을 입력한 다음 결과에서 [휴지통]을 클릭함

2) 휴지통 비우기와 복원하기

▲ 휴지통이 빈 경우

▲ 휴지통에 삭제된 항목이 있는 경우

그룹	명령 단추	기능
❶ 관리	휴지통 비우기	• 삭제한 항목이 있는 경우 활성화됨 • 휴지통의 모든 항목을 삭제하여 디스크 공간을 늘림 • 휴지통 비우기 후 복원할 수 없음
	휴지통 속성	• 휴지통 속성 대화 상자가 표시됨 • 휴지통의 위치와 사용 가능한 공간을 알 수 있음 • 사용자가 휴지통의 크기를 지정할 수 있음 • 삭제 시 휴지통에 버리지 않고 바로 제거하게 설정함 • 삭제 확인 대화 상자의 표시 여부를 설정함
❷ 복원	모든 항목 복원	• 삭제한 항목이 있는 경우 활성화됨 • 휴지통의 모든 내용을 복원시킴
	선택한 항목 복원	• 복원할 항목을 선택하면 활성화됨 • 선택한 항목을 휴지통에서 사용자 컴퓨터의 원래 위치로 이동시켜 복원함

3) 휴지통 바로 가기 메뉴

❶ 열기	• 휴지통이 열리면서 실행됨 • 파일 탐색기 창이 열리면서 [관리]의 [휴지통 도구] 탭이 표시됨
❷ 휴지통 비우기	휴지통에 삭제된 파일이 있는 경우만 활성화되며 휴지통을 비움
❸ 시작 화면에 고정	휴지통을 시작 화면에 고정함
❹ 바로 가기 만들기	바로 가기 아이콘이 만들어짐
❺ 이름 바꾸기	휴지통 이름을 변경함
❻ 속성	휴지통 속성 대화 상자가 열림

4) [휴지통 속성] 대화 상자에서 가능한 작업

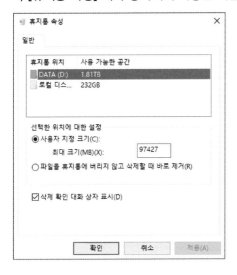

- 휴지통의 크기를 드라이브마다 따로 설정하거나 모든 드라이브를 동일하게 설정할 수 있다.
- [파일을 휴지통에 버리지 않고 삭제할 때 바로 제거]를 설정하면 휴지통에 버리지 않고 바로 제거된다.
- 휴지통의 최대 크기를 설정할 수 있다.
- '삭제 확인 대화 상자 표시'를 설정하면 삭제 시 삭제를 확인하는 대화 상자가 표시된다.

5) 휴지통에 보관되지 않고 완전히 삭제되는 경우 23년 상시, 22년 상시, 20년 7월, 13년 10월

- 파일 탐색기의 [홈] 탭−[구성] 그룹−[삭제]에서 [완전히 삭제]로 삭제한 경우
- 플로피 디스크나 USB 메모리, DOS 모드, 네트워크 드라이브에서 삭제한 경우
- 휴지통 비우기를 한 경우
- Shift + Delete 로 삭제한 경우
- [휴지통 속성]의 [파일을 휴지통에 버리지 않고 삭제할 때 바로 제거]를 선택한 경우
- 같은 이름의 항목을 복사/이동 작업으로 덮어 쓴 경우

01 다음 중 한글 Windows의 [폴더 옵션] 창에서 할 수 있는 작업으로 옳지 않은 것은?

① 선택된 폴더에 암호를 설정할 수 있다.
② 한 번 클릭해서 창 열기를 하도록 설정할 수 있다.
③ 새 창에서 폴더 열기를 할 수 있게 설정할 수 있다.
④ 알려진 파일 형식의 파일 확장명 숨기기를 설정할 수 있다.

한글 Windows의 [폴더 옵션] 창에서 선택된 폴더에 암호를 설정하는 기능은 지원되지 않음

02 다음 중 삭제된 파일이 [휴지통]에 임시 보관되어 복원이 가능한 경우는?

① 바탕 화면에 있는 파일을 [휴지통]으로 드래그 앤 드롭하여 삭제한 경우
② USB 메모리에 저장되어 있는 파일을 Delete 로 삭제한 경우
③ 네트워크 드라이브의 파일을 바로 가기 메뉴의 [삭제]를 클릭하여 삭제한 경우
④ Shift + Delete 로 삭제한 경우

휴지통에 보관되지 않고 완전히 삭제되어 복원이 불가능한 경우
• USB 메모리나 네트워크 드라이브에서 삭제한 경우
• Shift + Delete 로 삭제한 경우
• [휴지통 속성]의 [파일을 휴지통에 버리지 않고 삭제할 때 바로 제거]를 선택한 경우
• 같은 이름의 항목을 복사/이동 작업으로 덮어쓴 경우

03 Windows의 시스템 관련 파일의 확장자와 일반적인 용도를 연결한 것 중 가장 거리가 먼 것은?

① dll – 동적 링크 라이브러리
② inf – 시스템 설치 정보를 담고 있는 파일
③ ini – Windows 인스톨러 설치 파일
④ ocx – ActiveX 컨트롤 파일

---

ini : Windows에서 응용 프로그램이 실행될 때 필요한 초기화 정보를 담고 있는 파일

04 다음 중 폴더의 [속성] 창에 대한 설명으로 옳지 않은 것은?

① 폴더가 포함하고 있는 하위 폴더 및 파일의 개수를 알 수 있다.
② 폴더의 특정 하위 폴더를 삭제할 수 있다.
③ 폴더를 네트워크와 연결되어 있는 다른 컴퓨터에서 접근할 수 있도록 공유시킬 수 있다.
④ 폴더에 '읽기 전용' 속성을 설정하거나 해제할 수 있다.

• [속성] 창에서 폴더의 특정 하위 폴더를 삭제할 수 없음
• 폴더의 특정 하위 폴더를 삭제하려면 해당 폴더를 선택한 다음 마우스 오른쪽 단추를 누른 후 [삭제]를 클릭하여 삭제함
• [속성] 창 표시 : 해당 폴더를 선택한 다음 마우스 오른쪽 단추를 누른 후 [속성]을 클릭하여 실행하거나 Alt + Enter 를 눌러서 실행함

오답 피하기
• ① : [속성] 창–[일반] 탭의 [내용]에서 폴더가 포함하고 있는 하위 폴더 및 파일의 개수를 알 수 있음
• ③ : [속성] 창–[공유] 탭에서 폴더를 네트워크와 연결되어 있는 다른 컴퓨터에서 접근할 수 있도록 공유시킬 수 있음
• ④ : [속성] 창–[일반] 탭의 [특성]에서 폴더에 '읽기 전용' 속성을 설정하거나 해제할 수 있음

05 다음 중 Windows의 파일 탐색기에 대한 설명으로 옳지 않은 것은?

① 컴퓨터에 설치된 디스크 드라이브, 파일 및 폴더 등을 관리하는 기능을 가진다.
② 폴더와 파일을 계층 구조로 표시하며, 폴더 앞의 > 기호는 하위 폴더가 있음을 의미한다.
③ 현재 폴더에서 상위 폴더로 이동하려면 바로 가기 키인 Home 을 누른다.
④ 검색 상자를 사용하여 파일이나 폴더를 찾을 수 있으며, 검색은 입력을 시작함과 동시에 시작된다.

Back Space : 현재 폴더에서 상위 폴더로 이동

오답 피하기
Home : 현재 창의 맨 위를 표시

정답 01 ① 02 ① 03 ③ 04 ② 05 ③

SECTION

04

Windows 보조프로그램

출제빈도 상 중 (하)
반복학습 1 2 3

빈출 태그 메모장 · 그림판 · 실행

01 메모장(Notepad) 24년 상시, 22년 상시, 19년 3월, 14년 10월, 12년 3월, 09년 4월, 07년 2월/5월/10월, 05년 2월, …

• 서식이 없는 간단한 문서 또는 웹 페이지를 만들 때 사용할 수 있는 기본 텍스트 편집기이다.

▶ 실행 방법

방법 1	[시작(■)]–[Windows 보조프로그램]–[메모장]을 클릭함
방법 2	[실행](■+R)에서 'notepad'를 입력하고 [확인]을 클릭함
방법 3	텍스트 파일(*.txt)을 더블클릭함
방법 4	[파일 탐색기]에서 텍스트 파일(*.txt)을 선택한 후 [홈] 탭–[열기] 그룹에서 [열기]를 클릭함
방법 5	[Windows 검색 상자]에 '메모장'을 입력한 다음 결과에서 [메모장]을 클릭함

• 기본 확장자는 *.txt이다.
• 그림, 차트, OLE★ 관련 개체는 삽입할 수 없다.
• 웹 페이지용 HTML 문서를 만들 때 사용할 수 있다.
• Windows 메모장은 파일의 크기와 상관없이 편집과 저장이 가능하다.
• [보기]–[상태 표시줄]을 실행하여 설정하면 상태 표시줄이 추가되어 나타나 현재 커서의 라인과 컬럼 번호를 알 수 있다(Ln 1, Col 1).
• 문서의 첫 줄 왼쪽에 .LOG(대문자)를 입력하고 저장한 다음 다시 그 파일을 열기하면 시간과 날짜가 자동으로 삽입된다(시간/날짜 삽입 바로 가기 키 : F5).

▲ .LOG 입력 후 저장

▲ 시간과 날짜가 자동으로 삽입됨

• 글꼴, 글꼴 스타일, 크기는 변경이 가능하나 글자색은 지원되지 않는다.
• 서식 변경은 문서 전체 단위로 이루어지며 부분적인 변경은 지원되지 않는다.
• 자동 줄 바꿈 기능, 찾기, 바꾸기 기능을 제공한다.
• 용지, 방향, 여백, 머리글, 바닥글, 미리 보기의 설정이 가능하다('단 나누기' 기능은 제공되지 않음).

🅑 기적의 TIP

메모장의 기능과 특징에 대해 묻는 문제가 자주 출제되고 있습니다. 또한 메모장의 사용 용도에 대해 잘 숙지해 두시기 바랍니다.

메모장의 실행 파일 위치
C:\Windows\System32\notepad.exe

★ OLE(Object Linking & Embedding)
• Windows 환경의 각종 응용 프로그램 간에 데이터 교환을 위하여 서로의 데이터를 공유하는 것
• 데이터를 제공하는 프로그램에서 데이터를 수정/편집하면 데이터를 제공받는 프로그램에서도 자동으로 반영되는 데이터 공유 방법임

- 문서의 내용이 많은 경우 [편집]–[이동]($\boxed{Ctrl}$+$\boxed{G}$)을 실행하면 문서에 줄 번호가 표시되지 않은 상태라도 특정 줄로 이동할 수 있다(단, [서식]–[자동 줄 바꿈]이 설정된 경우에는 [이동] 명령을 사용할 수 없음).

02 워드패드(Wordpad)

워드패드의 실행 파일 위치
C:\Windows\System32\write.exe

- Windows에서 기본으로 제공하는 워드프로세서 프로그램이다.

▶ 실행 방법

방법 1	[시작(⊞)]–[Windows 보조프로그램]–[워드패드]를 클릭함
방법 2	[실행](⊞+$\boxed{R}$)에서 'wordpad' 또는 'write'를 입력하고 [확인]을 클릭함
방법 3	[Windows 검색 상자]에 '워드패드'를 입력한 다음 결과에서 [워드패드]를 클릭함

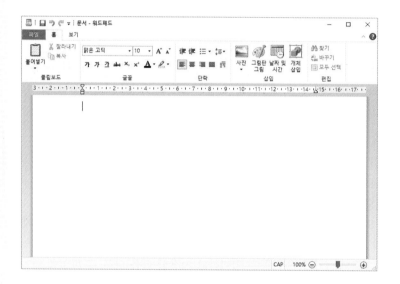

- 기본 확장자는 *.rtf(서식이 있는 텍스트)이다.
- 찾기, 바꾸기, 모두 선택 등의 편집이 지원된다.
- 글꼴, 크기, 서식(굵게, 기울임, 밑줄, 취소선, 아래 첨자, 위 첨자, 텍스트 강조색), 정렬(왼쪽, 가운데, 오른쪽, 양쪽), 목록 시작, 줄 간격 등의 기능을 사용할 수 있다.
- 사진, 그림판 그림, 날짜 및 시간, OLE 관련 개체를 삽입할 수 있다.
- 매크로, 스타일, 선 그리기 등의 고급 편집 기능은 지원되지 않는다.
- 확장자가 *.docx, *.odt, *.txt인 파일도 워드패드에서 열기가 가능하며 편집할 수 있다.

03 그림판 09년 4월, 07년 5월, 05년 2월, 03년 5월

— 포토샵에서 제공되는 레이어 기능은 지원되지 않음

- Windows에서 기본으로 제공되는 그림 편집 프로그램이다.

▶ 실행 방법

방법 1	[시작(■)]-[Windows 보조프로그램]-[그림판]을 클릭함
방법 2	[실행]([■]+[R])에서 'mspaint' 또는 'pbrush'를 입력하고 [확인]을 클릭함
방법 3	[Windows 검색 상자]에 '그림판'을 입력한 다음 결과에서 [그림판]을 클릭함

- 기본 확장자는 *.png이다.
- 비트맵(Bitmap)★형식의 그림 파일을 작성, 수정 등 편집과 인쇄가 가능하다.
- 확장자가 *.jpg, *.gif, *.tif, *.bmp, *.dib인 파일을 열기하여 편집할 수 있다.
- 작성한 그림은 저장한 상태에서 바탕 화면 배경으로 설정(채우기, 바둑판식, 가운데)할 수 있다.
- [Shift]를 누르고 선을 그리면 수평선, 수직선, 45°의 대각선, 정원, 정사각형, 정삼각형 등을 쉽게 그릴 수 있다.
- 3차원 그림을 그릴 수 있는 [그림판 3D로 편집] 기능이 지원된다.

그림판 실행 파일 위치
C:\Windows\System32\mspaint.exe

★ 비트맵(Bitmap)
- 래스터(Raster) 이미지라고도 함
- 점(Pixel, 화소) 형식으로 제공되는 그림으로 무수히 많은 점이 모여 형태를 표현
- 각각의 점들은 독립된 정보를 가지고, 세밀한 표현을 할 수 있음
- 확대하면 계단식으로 표현되고 거칠어짐(계단 현상(Alias) 발생)

04 계산기 09년 4월

- 덧셈, 뺄셈, 곱셈 및 나눗셈과 같은 간단한 계산을 수행할 수 있는 표준([Alt]+[1])부터 공학용([Alt]+[2]), 그래프([Alt]+[3]), 프로그래머([Alt]+[4]), 날짜 계산([Alt]+[5])까지 고급 기능이 제공된다.
- 통화 환율, 부피, 길이, 무게 및 질량, 온도, 에너지, 면적, 속도, 시간, 일률, 데이터, 압력, 각도 등에 대한 변환기 기능도 제공된다.

계산기의 실행 파일 위치
C:\Windows\System32\calc.exe

▶ 실행 방법

방법 1	[시작(■)]-[계산기]를 클릭함
방법 2	[실행]([■]+[R])에서 'calc'를 입력하고 [확인]을 클릭함
방법 3	[Windows 검색 상자]에 '계산기'를 입력한 다음 결과에서 [계산기]를 클릭함

▲ 표준 계산기　　　　　　　▲ 데이터 변환기

05 실행

• 실행 명령을 사용하면 프로그램, 파일, 폴더 및 웹 사이트를 신속하게 열 수 있다.

▶ 실행 방법

방법 1	[시작(⊞)]–[Windows 시스템]–[실행]을 클릭함
방법 2	[시작] 단추(⊞)에서 마우스 오른쪽 단추를 클릭한 후 [바로 가기 메뉴](⊞+X)에서 [실행(R)]을 클릭함
방법 3	[Windows 검색 상자]에 '실행'을 입력한 다음 결과에서 [실행]을 클릭함
방법 4	⊞+R을 누름
방법 5	⊞+X, R을 누름

• 실행 명령 대신 [Windows 검색 상자]를 사용할 수도 있다.
• 열기란에 명령을 입력하고 [확인]을 클릭하면 해당 프로그램이 실행된다.

▶ 프로그램 실행 명령(대소문자 구분 없으며 확장자는 *.exe)

명령	실행 프로그램	명령	실행 프로그램
calc	계산기	control	제어판
cmd	명령 프롬프트	explorer	파일 탐색기
write, wordpad	워드패드	iexplore	인터넷 익스플로러
regedit	레지스트리 편집기	msconfig	시스템 구성 유틸리티
notepad	메모장	excel	Microsoft Office Excel
pbrush, mspaint	그림판	msaccess	Microsoft Office Access

hdwwiz
하드웨어 추가 마법사

Magnify	돋보기	powerpnt	Microsoft Office Powerpoint
winver	Windows 버전 정보	recent	최근에 사용한 항목 표시
msinfo32	시스템 정보	cleanmgr	디스크 정리
msiexec	Windows Installer	dfrgui	드라이브 최적화
perfmon	성능 모니터	taskmgr	작업 관리자

06 캡처 도구

- PC 화면의 전체 또는 일부를 캡처하고 저장할 수 있으며, 메모를 추가하고, 캡처 도구 창에서 캡처를 메일로 보낼 수 있다.

캡처 도구의 실행 파일 위치
C:\Windows\System32\Snipping Tool.exe

▶ 실행 방법

방법 1	[시작(⊞)]-[Windows 보조프로그램]-[캡처 도구]를 클릭함
방법 2	[실행](⊞+R)에서 'SnippingTool'을 입력하고 [확인]을 클릭함
방법 3	[Windows 검색 상자]에 '캡처 도구'를 입력한 다음 결과에서 [캡처 도구]를 클릭함

- 캡처 유형은 자유형 캡처, 사각형 캡처, 창 캡처, 전체 화면 캡처 등이 있다.
- 캡처한 이미지는 *.JPG, *.PNG, *.GIF, *.MHT 형태로 저장할 수 있다.

07 문자표

- 문자표를 사용하면 선택한 글꼴에서 사용할 수 있는 문자를 볼 수 있다.
- 개별 문자나 문자 그룹을 클립보드에 복사한 다음 복사한 문자를 프로그램에 붙여 넣을 수 있다.

문자표의 실행 파일 위치
C:\Windows\System32\charmap. exe

▶ 실행 방법

방법 1	[시작(⊞)]-[Windows 보조프로그램]-[문자표]를 클릭함
방법 2	[실행](⊞+R)에서 'charmap'을 입력하고 [확인]을 클릭함
방법 3	[Windows 검색 상자]에 '문자표'를 입력한 다음 결과에서 [문자표]를 클릭함

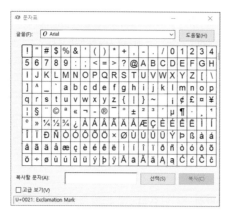

• 문자표는 Windows와 호환되는 프로그램에서만 실행된다.

08 명령 프롬프트 23년 상시, 22년 상시, 08년 10월, 05년 2월

• 대 · 소문자 상관없이 MS-DOS 명령이나 기타 명령을 실행할 수 있다.

▶ **실행 방법**

방법 1	[시작([⊞])]–[Windows 시스템]–[명령 프롬프트]를 클릭함
방법 2	[실행]([⊞]+[R])에서 'cmd'를 입력하고 [확인]을 클릭함
방법 3	[Windows 검색 상자]에 '명령 프롬프트'를 입력한 다음 결과에서 [명령 프롬프트]를 클릭함

• [명령 프롬프트] 창에서 복사할 내용이 있을 때 왼쪽의 조절 메뉴 단추([■])를 클릭한 다음 [편집]–[표시]([Ctrl]+[M])를 클릭하면 마우스로 드래그하여 범위를 설정할 수 있으며, [Enter]를 눌러 복사하면 메모장이나 워드프로세서 등에서 붙여넣을 수 있다.

• [명령 프롬프트] 창에서 'exit'를 입력하고 [Enter]를 누르거나 [닫기] 단추([×])를 클릭하면 [명령 프롬프트] 창이 종료된다.

09 돋보기 ^{15년 10월}

돋보기 실행 파일 위치
C:\Windows\System32\Magnify.
exe

- 화면의 여러 부분을 확대하여 항목을 더 크게 표시해 준다(100~1600%까지 확대).

▶ **실행 방법**

방법 1	[시작(⊞)]–[Windows 접근성]–[돋보기]를 클릭함
방법 2	[실행]((⊞)+(R))에서 'magnify'를 입력하고 [확인]을 클릭함
방법 3	[Windows 검색 상자]에 '돋보기'를 입력한 다음 결과에서 [돋보기]를 클릭함
방법 4	(⊞)+(+)를 누름

❶ 축소	확대된 디스플레이를 축소함((⊞)+(−))
❷ 100%	확대하거나 축소한 디스플레이의 비율(100%~1600%)을 표시함
❸ 확대	디스플레이의 일부를 확대함((⊞)+(+))
❹ 이전 문장	이전 문장 읽기((Ctrl)+(Alt)+(H))
❺ 재생/일시 중지	읽기를 재생하거나 일시 중지시킴((Ctrl)+(Alt)+(Enter))
❻ 다음 문장	다음 문장 읽기((Ctrl)+(Alt)+(K))
❼ 여기에서 읽기	돋보기가 화면에서 읽을 곳을 지정함((Ctrl)+(Alt)+왼쪽 마우스 클릭)
❽ 설정	• 음성 유형 선택 및 음성 속도 조정(0%~200%) • [설정]–[접근성]–[돋보기]로 이동함((⊞)+(Ctrl)+(M)) • [설정]–[접근성]–[돋보기]에서 돋보기 사용, 돋보기 화면 변경, 읽기 보조키 선택 등을 설정함
❾ 닫기	돋보기를 종료함((⊞)+(Esc))

- 돋보기 실행 시 화면의 보기 방법은 바로 가기 키나 [설정]–[접근성]–[돋보기]의 '돋보기 화면 변경'에서 선택할 수 있다.

▲ [설정]–[접근성]–[돋보기]의 '돋보기 화면 변경'

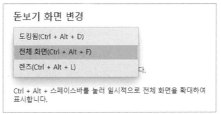

▲ 돋보기 화면 보기로 선택 가능한 세가지 모드

바로 가기 키	모드	기능
(Ctrl)+(Alt)+(F)	전체 화면	화면 전체를 확대함, 돋보기는 마우스 포인터 뒤에 표시됨
(Ctrl)+(Alt)+(L)	렌즈	마우스 포인터 주위의 영역을 확대함, 마우스 포인터 이동 시 확대되는 화면 영역도 같이 이동됨, 렌즈 크기 변경(10~100) 가능
(Ctrl)+(Alt)+(D)	도킹	화면의 일부분만 확대함, 확대 외 나머지 부분은 정상 상태 유지, 확대되는 화면 영역을 사용자가 제어 가능함

⑩ 스티커 메모

바탕 화면에 필요한 메모나 작업 사항, 스케줄, 전화 번호 등을 적어 놓는 기능으로 크기와 색을 변경할 수 있으며 이동도 가능하다.

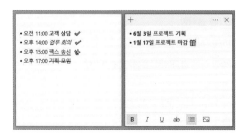

▶ 실행 방법

방법 1	[시작(⊞)]-[스티커 메모]를 클릭함
방법 2	[Windows 검색 상자]에 '스티커 메모'를 입력한 다음 결과에서 [스티커 메모]를 클릭함

아이콘	기능	바로 가기 키
❶ 새 메모	새 메모를 추가함	Ctrl + N
❷ 메뉴	메모 색상 변경, 노트 목록, 메모 삭제	Ctrl + H (노트 목록), Ctrl + D (메모 삭제)
❸ 메모 닫기	메모 종료	Alt + F4
❹ 굵게	굵은 텍스트로 변경	Ctrl + B
❺ 기울임꼴	기울임꼴 텍스트로 변경	Ctrl + I
❻ 밑줄	텍스트에 밑줄 추가	Ctrl + U
❼ 취소선	텍스트에 취소선 추가	Ctrl + T
❽ 글머리 기호 전환	글머리 기호 삽입 및 삭제	Ctrl + Shift + L
❾ 이미지 추가	메모에 이미지 파일 추가	

Windows Media Player
- 오디오 또는 비디오 파일 재생
- CD 또는 DVD 재생 및 굽기
- CD에서 음악 복사
- 인터넷 미디어 스트리밍(단, 사진이나 영상 등의 편집 기능은 지원되지 않음)

01 다음 중 메모장에서 현재 시스템의 시간과 날짜를 자동으로 추가하려고 할 때 사용하는 방법으로 옳은 것은?

① 작업 표시줄 가장 오른쪽에 있는 시스템 트레이의 시간을 끌어다 문서의 원하는 위치에 놓는다.
② 시간과 날짜를 입력할 곳에 커서를 두고 F5 를 누른다.
③ =Now( ) 함수를 입력한다.
④ [삽입] 메뉴에서 [시간/날짜]를 선택한다.

메모장에서 시간과 날짜를 자동으로 삽입하려면 문서의 첫 줄 왼쪽에 「.LOG」를 입력하거나 F5 를 누름

오답 피하기

④ : [시간/날짜]는 [편집] 메뉴에서 제공되는 기능임

02 다음 중 한글 Windows 10의 [실행] 창에서 'cmd' 명령을 입력한 결과로 옳은 것은?

① 문자표가 실행된다.
② 명령 프롬프트 창이 실행된다.
③ 설정이 실행된다.
④ 파티션 설정이 실행된다.

---

cmd : 명령 프롬프트 창이 실행됨

03 다음 중 Windows의 돋보기 기능에 대한 설명으로 옳지 않은 것은?

① [Windows 접근성]–[돋보기]를 선택하거나 ⊞ + + 로 실행시킬 수 있다.
② 돋보기 기능 실행 중 ⊞ + + 와 ⊞ + − 를 이용하여 화면을 확대/축소할 수 있다.
③ [보기] 메뉴의 [도킹 모드]를 실행하면 마우스 포인터 주위의 영역이 확대된다.
④ ⊞ + Esc 를 누르면 돋보기 기능이 종료된다.

렌즈 모드(Ctrl + Alt + L) : 마우스 포인터 주위의 영역이 확대됨, 마우스 포인터를 이동하면 확대되는 화면 영역도 함께 이동함

오답 피하기

• 도킹 모드(Ctrl + Alt + D) : 화면의 일부분만 확대되며 바탕 화면의 나머지 부분은 정상적인 상태로 유지됨, 확대되는 화면 영역을 사용자가 제어 기능
• 전체 화면 모드(Ctrl + Alt + F) : 화면 전체가 확대되고 마우스 포인터 뒤에 돋보기가 표시됨

04 다음 중 Windows의 [메모장]에 대한 설명으로 옳지 않은 것은?

① 작성한 문서를 저장할 때 확장자는 기본적으로 .txt가 부여된다.
② 특정한 문자열을 찾을 수 있는 찾기 기능이 있다.
③ 그림, 차트 등의 OLE 개체를 삽입할 수 있다.
④ 현재 시간을 삽입하는 기능이 있다.

그림, 차트 등의 OLE 개체를 삽입할 수 없음

05 다음 중 한글 Windows에서 Windows Media Player를 사용하여 할 수 있는 작업으로 옳지 않은 것은?

① 오디오, 비디오 파일 재생
② 인터넷 라디오 방송 청취
③ 자신의 비디오 파일 편집
④ 자신의 음악 CD 제작

Windows Media Player는 재생 기능이 지원되며 비디오 파일을 편집하는 기능은 지원되지 않음

06 다음 중 확장자가 *.txt인 텍스트 파일을 편집할 수 있는 프로그램이 아닌 것은?

① 그림판
② 워드패드
③ 흔글
④ 메모장

그림판은 확장자가 *.jpg, *.gif, *.tif, *.bmp, *.dib인 파일을 열기하여 편집할 수 있음

정답 01 ② 02 ② 03 ③ 04 ③ 05 ③ 06 ①

01 프린터의 설치 및 제거 19년 3월, 06년 9월, 03년 2월

** (B) 기적의 TIP

프린터의 설치 및 기본 프린터는 자주 출제되고 있습니다. 개념 및 특징을 반드시 짚고 넘어가세요.

[장치 및 프린터]에는 사용자 컴퓨터, 하드디스크 드라이브, 컴퓨터의 USB에 연결하는 모든 장치, 컴퓨터에 연결된 호환 네트워크 장치가 표시됨(단, 사운드 카드는 표시되지 않음)

1) 프린터 설치 21년 상시, 19년 3월, 14년 3월, 13년 6월, 11년 7월, 08년 5월/8월, 07년 10월, 04년 11월,

방법 1	[시작(■)]-[Windows 시스템]-[제어판]-[하드웨어 및 소리]-[장치 및 프린터]-[프린터 추가]를 클릭함
방법 2	보기 기준을 [큰 아이콘]이나 [작은 아이콘]으로 변경한 다음 [장치 및 프린터]를 클릭한 다음 [프린터 추가]를 클릭함
방법 3	[시작(■)]-[설정]-[장치]-[프린터 및 스캐너]-[프린터 또는 스캐너 추가]를 클릭함

• 프린터 추가에서 PC에 추가할 장치 또는 프린터를 선택한다.
• Windows에서는 USB 프린터는 연결하면 자동으로 설치되므로 로컬 프린터 추가는 USB 프린터를 사용하지 않는 경우에만 선택한다.

▶ 프린터의 유형

로컬 프린터	직접 PC와 연결된 프린터를 의미함
네트워크, 무선, Bluetooth 프린터	네트워크상에 연결된 프린터나 무선, 근거리 무선 접속이 지원되는 프린터를 의미함

• 설치 시 [로컬 프린터]를 선택한 경우 연결할 프린터의 포트를 지정하고, [네트워크 프린터]를 선택한 경우는 네트워크에 연결되어 있는 프린터 목록 중에서 하나를 선택하면 된다.

2) 프린터 제거하기

프린터 아이콘을 클릭한 다음 [장치 제거]를 클릭하거나 바로 가기 메뉴의 [장치 제거]를 클릭한다.

02 기본 프린터 22년 상시, 16년 10월, 15년 6월, 13년 10월, 11년 3월/7월, 08년 5월, 07년 2월, 06년 9월, 03년 7월

- 프로그램에서 사용할 프린터를 지정하지 않고 인쇄 명령을 선택했을 때 컴퓨터가 자동으로 문서를 보내는 프린터이다. 즉, 인쇄 시 프린터를 따로 지정하지 않아도 설정되는 기본 프린터로 곧바로 인쇄된다.
- 현재 인쇄를 담당하고 있는 기본 프린터의 프린터 아이콘에는 ⊘ 표시가 나타난다.
- 기본 프린터는 한 대만 지정할 수 있으며, 기본 프린터로 설정된 프린터도 제거할 수 있다.
- 기본 프린터는 로컬 프린터와 네트워크로 공유한 프린터 모두 설정이 가능하다.
- 기본 프린터로 지정하고자 하는 프린터를 선택한 다음 Alt 를 누른 뒤 [파일]−[기본 프린터로 설정]을 클릭하여 지정하거나 바로 가기 메뉴에서 [기본 프린터로 설정]을 클릭하여 지정할 수 있다.

▲ 기본 프린터 아이콘

03 인쇄 09년 4월

1) 문서의 인쇄

- 문서를 인쇄하려면 인쇄하려는 프로그램에서 [파일] 탭−[인쇄]를 클릭하여 실행한다.
- 인쇄할 문서 파일을 프린터 아이콘으로 드래그하여 인쇄할 수 있다.

2) 인쇄 관리자 사용 23년 상시, 22년 상시, 13년 3월/6월, 09년 2월/10월

- 인쇄가 실행될 때 인쇄 작업 내용을 보려면 작업 표시줄의 알림 영역에 프린터 모양의 아이콘을 더블클릭하여 인쇄 관리자 창을 연다. 인쇄가 완료되면 아이콘은 사라진다.
- 인쇄 관리자는 인쇄 대기열에 있는 문서의 인쇄 순서를 변경할 수 있으며, 취소 및 일시 중지 등의 작업을 수행할 수 있다.
- 현재 인쇄 중인 문서가 인쇄가 완료되기 전에 다른 문서의 인쇄가 있을 경우 인쇄 대기열에 쌓이게 된다.
- 인쇄 작업에 들어간 것도 중간에 강제로 종료시킬 수 있다.

프린터 속성 [고급] 탭의 설정 기능
- 인쇄를 빨리 끝낼 수 있도록 문서 스풀
- 스풀 기능을 사용하지 않고 인쇄
- 짝이 맞지 않는 문서는 보류
- 스풀된 문서를 먼저 처리
- 인쇄된 문서 보관
- 고급 인쇄 기능 사용
- 기본 값으로 인쇄
- 단, 보안을 위한 사용 권한 설정은 [보안] 탭에서 설정함

04 프린터 스풀(SPOOL) 23년 상시, 21년 상시, 15년 3월, 13년 3월, 12년 9월, 11년 3월, 10년 6월, 09년 4월, …

- 장치의 이용 효율을 높이기 위해 중앙 처리 장치(CPU)의 처리 동작과 저속의 입출력 장치의 동작이 동시에 이루어지도록 하는 처리 형태이다. 스풀이 설정되면 인쇄 도중에도 다른 작업을 할 수 있는 병행 처리 기능을 의미한다.
- 프린터에서 인쇄를 하기 전에 인쇄 내용을 하드디스크에 임시로 보관하는 것이다.
- 스풀 기능을 사용하려면 스풀에 사용될 디스크의 추가 용량이 필요하다.
- 인쇄 속도는 스풀 설정 이전보다 오히려 느려진다.

🅱 기적의 TIP

스풀 설정 시 속도가 느려지는 점에 유념하세요.

🅱 기적의 TIP

스풀링을 이용하면 인쇄할 내용을 하드디스크에 미리 저장해 놓으므로 인쇄되는 동안 재미있는 게임도 하고, 인터넷도 할 수 있어요.

- [파일] 탭-[열기]-[프린터 사용자 지정]을 더블클릭하여 실행한 다음 [고급] 탭에서 설정한다.
- 프린터를 선택한 다음 [Alt]를 누른 뒤 [파일]-[프린터 속성]을 클릭하거나 바로 가기 메뉴의 [프린터 속성]을 클릭한 다음 [고급] 탭에서 설정한다.

05 프린터 공유 21년 상시, 09년 10월, 08년 5월/10월, 07년 2월, 04년 5월

- 프린터를 선택한 다음 [Alt]를 누른 뒤 [파일]-[프린터 속성]을 클릭하거나 바로 가기 메뉴의 [프린터 속성]을 클릭한 다음 [공유] 탭에서 설정한다.
- 프린터 한 대를 공유하여 여러 대의 컴퓨터에서 사용할 수 있다. 즉, 기본 프린터로 설정된 프린터를 네트워크상의 다른 컴퓨터도 사용 가능하다(자동으로 네트워크 공유가 설정되는 것이 아니라 사용자가 직접 공유를 설정해야 함).
- 같은 네트워크 내에서 여러 대의 프린터를 공유할 수 있다.
- 공유된 프린터를 클릭하여 선택하면 상태에 공유된 아이콘() 모양이 표시된다.
- 프린터 속성에서 공유, 프린터 포트, 최대 해상도, 사용 가능한 용지, 스풀 등 속성 설정 작업을 할 수 있지만 인쇄 중인 문서 이름은 알 수 없다.

이론을 확인하는 기출문제

▶ 합격 강의

01 다음 중 Windows에서 프린터 설치에 관한 설명으로 옳지 않은 것은?

① 새로운 프린터를 설치하기 위하여 [장치 및 프린터] 창에서 [프린터 추가]를 클릭하여 [프린터 추가 마법사]를 이용한다.
② 설치할 프린터 유형은 로컬 프린터와 네트워크, 무선 또는 Bluetooth 프린터 중에서 하나를 선택할 수 있다.
③ 네트워크 프린터를 선택한 경우에는 연결할 프린터의 포트를 지정한다.
④ 컴퓨터에 설치된 여러 대의 프린터 중에 현재 설치 중인 프린터를 기본 프린터로 설정할 것인지 선택한다.

설치 시 [로컬 프린터]를 선택한 경우 연결할 프린터의 포트를 지정하고, [네트워크 프린터]를 선택한 경우는 네트워크에 연결되어 있는 프린터 목록 중에서 하나를 선택하면 됨

02 다음 중 Windows의 인쇄 기능에 대한 설명으로 옳지 않은 것은?

① 기본 프린터란 인쇄 시 특정 프린터를 지정하지 않아도 자동으로 인쇄되는 프린터를 말한다.
② 프린터 속성 창에서 공급용지의 종류, 공유, 포트 등을 설정할 수 있다.
③ 인쇄 대기 중인 작업은 취소시킬 수 있다.
④ 인쇄 중인 작업은 취소할 수는 없으나 잠시 중단시킬 수 있다.

모든 문서 취소 및 인쇄 일시 중지가 가능함

[정답] 01 ③ 02 ④

CHAPTER 02

컴퓨터 시스템
설정 변경

학습 방향

설정을 이용한 컴퓨터 시스템의 설정 변경 방법과 네트워크 설정에 대한 부분이 출제되고 있습니다. 개인 설정과 앱 및 기능, 시스템, 장치 관리자, 관리 도구, 사용자 계정 등에서 꾸준히 출제되는 경향을 보이고 있으므로 설정의 각 기능에 대해 실습을 통해 정확히 익혀 두시는 것이 좋습니다. 또한, 네트워크 관련 명령어도 명령 프롬프트 창에서 직접 실행을 통해 익히시면 좋습니다.

출제빈도

SECTION 01	상 ▬▬▬▬▬▬▬▬▬	81%
SECTION 02	중 ▬▬▬	19%

01 설정의 기본 개념

1) 설정

- Windows 운영체제의 작업 환경에 도움이 되는 여러 가지 컴퓨터 시스템의 환경 설정 작업 및 변경을 수행하는 기능을 제공한다.
- 데스크톱 PC 외 태블릿이나 터치 환경에서도 쉽게 사용할 수 있다.
- [시스템 설정], [장치 설정], [전화 설정], [네트워크 및 인터넷 설정], [개인 설정], [앱 설정], [계정 설정], [시간 및 언어 설정], [게임 설정], [접근성 설정], [검색 설정], [개인 정보 설정], [업데이트 및 보안 설정] 등을 지원한다.

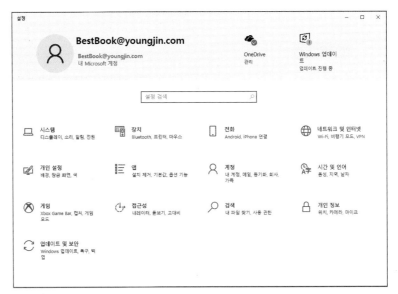

▲ [설정] 홈페이지 화면

2) 설정 실행 방법

방법 1	[시작(⊞)]–[설정]
방법 2	⊞+I를 누름
방법 3	[시작] 단추(⊞)에서 마우스 오른쪽 버튼을 클릭한 다음 [설정]을 클릭함
방법 4	검색 상자에 '설정'이라고 입력한 다음 [설정] 앱을 실행함
방법 5	⊞+X, N을 누름

방법 6	실행(■+R)에서 'ms-settings:'★을 입력한 다음 [확인]을 클릭함
방법 7	파일 탐색기(■+E)의 주소 표시줄에 'ms-settings:'을 입력한 다음 Enter를 누름
방법 8	웹 브라우저의 주소 표시줄에 'ms-settings:'을 입력한 다음 Enter를 누름
방법 9	[작업 표시줄]–[작업 표시줄 설정]–[홈]
방법 10	[바탕 화면]의 바로 가기 메뉴–[개인 설정]–[홈]
방법 11	[바탕 화면]의 바로 가기 메뉴–[디스플레이 설정]–[홈]
방법 12	작업 표시줄의 [알림]–[모든 설정]

★ ms-settings:
• [설정]으로 바로 이동할 수 있는 URI(Uniform Resource Identifier) 스키마
• 실행이나 파일 탐색기, 웹 브라우저의 주소 표시줄에 입력함

- 설정에서 자주 사용되는 항목은 마우스 오른쪽 버튼을 클릭한 후 [시작 화면에 고정]을 클릭하여 시작 화면에 고정할 수 있다.
- 설정에서 지원되는 각 항목을 사용자가 임의로 제거할 수 없다.

3) 설정의 범주별 기능 21년 상시, 19년 3월, 18년 3월, 17년 9월, 14년 6월/10월, 12년 6월, 11년 10월, 05년 7월

범주 항목에서 백스페이스(Back Space)를 누르면 [설정] 홈 페이지로 돌아감

범주	범주 항목 및 주요 기능
시스템	디스플레이, 소리, 알림 및 작업, 집중 지원, 전원 및 절전, 저장소 등을 설정
장치	Bluetooth 및 기타 디바이스, 프린터 및 스캐너, 마우스, 입력, USB 등을 설정
전화	사용자의 PC에서 바로 문자를 보내고 휴대폰의 최근 사진을 볼 수 있음
네트워크 및 인터넷	• 네트워크 상태, 이더넷 속성, 데이터 사용량, 사용 가능한 네트워크 표시 • Wi-Fi 설정, 사용 가능한 네트워크 표시, 하드웨어 속성, 알려진 네트워크관리
개인 설정	배경, 색, 잠금 화면, 테마, 글꼴, 시작, 작업 표시줄 등을 설정
앱	• 앱 제거 및 수정 또는 이동 설정 • 기본 앱 선택 및 Microsoft 권장 기본 값으로 초기화 설정
계정	• 사용자 계정, 계정 유형, 내 Microsoft 계정 관리 • 장치에 로그인하는 방법 관리(Windows Hello 얼굴, Windows Hello 지문, Hello PIN, 보안 키, 비밀번호, 사진 암호), 동적 잠금 설정
시간 및 언어	날짜 및 시간, 지역, 언어, 음성 등을 설정
게임	• PC 게임을 플레이하는 동안 비디오와 스크린샷을 캡처할 수 있음 • 스크린샷 및 게임 클립을 통해 게임을 캡처하는 방법을 제어함
접근성	• 돋보기를 사용하여 디스플레이의 일부를 확대함 • 화면의 내용을 설명하는 화면 읽기 프로그램 켜기 • 장치를 듣기 쉽게 하거나 사운드 없이 사용하기 쉽게 설정
검색	• 유해 정보 차단(엄격, 중간, 끔), 클라우드 콘텐츠 검색 설정 • 인덱싱 상태(색인된 항목 등)
개인 정보	Windows 사용 권한, 앱 사용 권한 등을 설정
업데이트 및 보안	Windows 업데이트, Windows 보안, 백업, 문제 해결, 복구, 정품 인증 등을 설정

⑫ 설정의 각 항목

1) 앱 및 기능 18년 3월, 17년 9월, 16년 3월, 15년 6월, 14년 3월, 13년 10월, 12년 3월/6월, 10년 3월/10월, 09년 4월/7월, …

▶ **실행 방법**

방법 1	[설정]-[앱]-[앱 및 기능]을 클릭함
방법 2	[시작] 단추(⊞)에서 마우스 오른쪽 버튼을 클릭한 다음 [앱 및 기능]을 클릭함
방법 3	"ms-settings:appsfeatures"을 실행이나 파일 탐색기 및 웹 브라우저의 주소 표시줄에 입력한 다음 Enter 를 누름

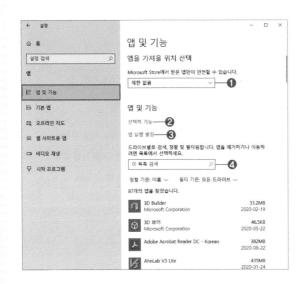

❶ 앱을 가져올 위치를 선택할 수 있다.
❷ [선택적 기능]에서 앱을 제거하거나 관리할 수 있으며 기능을 추가할 수도 있다.
❸ [앱 실행 별칭]에서 명령 프롬프트에서 앱을 실행하는 데 사용되는 이름을 선언할 수 있으며 동일한 이름을 사용하는 경우 사용할 앱 하나를 선택한다.
❹ 앱을 이동하거나 수정 및 제거할 수 있으며 드라이브 별로 검색, 정렬 및 필터링이 가능하다.

2) 기본 앱

- 메일, 지도, 음악 플레이어, 사진 뷰어, 비디오 플레이어, 웹 브라우저와 같은 작업에 사용할 앱을 선택한다.
- [파일 형식별 기본 앱 선택], [프로토콜별 기본 앱 선택]으로 기본 앱을 선택할 수 있으며 [앱별 기본 값 설정]이 가능하다.
- Microsoft에서 권장하는 기본 앱으로 돌아가려는 경우 [Microsoft 권장 기본 값으로 초기화]에서 [초기화] 버튼을 클릭한다.

▶ 실행 방법

방법 1	[설정]-[앱]-[기본 앱]을 클릭함
방법 2	'ms-settings:defaultapps'를 실행이나 파일 탐색기 및 웹 브라우저의 주소 표시줄에 입력한 다음 Enter 를 누름

3) 디스플레이 14년 10월, 16년 3월

▶ 실행 방법

방법 1	[설정]-[시스템]-[디스플레이]를 클릭함
방법 2	[바탕 화면]의 [바로 가기 메뉴]에서 [디스플레이 설정]을 클릭함
방법 3	'ms-settings:display'를 실행이나 파일 탐색기 및 웹 브라우저의 주소 표시줄에 입력한 다음 Enter 를 누름

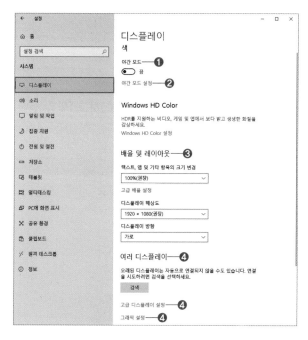

❶ 야간 모드를 '끔'과 '켬'으로 설정할 수 있다.

❷ [야간 모드 설정] : 지금 켜기/끄기, 강도 조정, 야간 모드 예약이 가능하다.

❸ [배율 및 레이아웃] : 텍스트, 앱 및 기타 항목의 크기 변경(100%(권장), 125%, 150%, 175%), 고급 배율 설정, 디스플레이 해상도, 디스플레이 방향(가로, 세로, 가로(대칭 이동), 세로(대칭 이동)) 등을 설정할 수 있다.

❹ [여러 디스플레이 연결], [고급 디스플레이 설정], [그래픽 설정] 등의 설정이 가능하다.

4) 개인 설정 14년 3월, 13년 3월/10월, 12년 3월/6월, 11년 10월, 10년 3월/10월, 09년 4월/7월/10월, 08년 2월/8월/10월, …

- [배경], [색], [잠금 화면], [테마], [글꼴], [시작], [작업 표시줄] 등에 대해 설정할 수 있다.

▶ 실행 방법

방법 1	[설정]–[개인 설정]을 클릭함
방법 2	[바탕 화면]의 [바로 가기 메뉴]에서 [개인 설정]을 클릭함
방법 3	다음의 각 URI를 실행이나 파일 탐색기 및 웹 브라우저의 주소 표시줄에 입력함
	[배경]　　ms-settings:personalization-background
	[색]　　ms-settings:personalization-colors 또는 ms-settings:colors
	[잠금 화면]　　ms-settings:lockscreen
	[테마]　　ms-settings:themes
	[글꼴]　　ms-settings:fonts
	[시작]　　ms-settings:personalization-start
	[작업 표시줄]　　ms-settings:taskbar

- [배경] : 바탕 화면의 배경 화면을 설정(사진, 단색, 슬라이드 쇼)하고 [맞춤 선택]에서 나타내는 유형(채우기, 맞춤, 확대, 바둑판식 배열, 가운데, 스팬)을 선택할 수 있다.

[색 선택] – [사용자 지정]
[색 선택]–[사용자 지정]을 선택한 경우에 [기본 Windows 모드 선택(밝게, 어둡게)]과 [기본 앱 모드 선택(밝게, 어둡게)]이 나타남

- [색] : 색 선택(밝게, 어둡게, 사용자 지정), 투명 효과(켬, 끔) 등을 설정할 수 있으며 [테마 컬러 선택]에서 자동으로 내 배경 화면에서 테마 컬러 선택이 가능하고 [최근에 사용한 색이나 Windows 색상표], [사용자 지정 색]을 이용한 색 지정도 가능하며 테마 컬러 표시를 [시작, 작업 표시줄 및 알림 센터], [제목 표시줄 및 창 테두리]에 적용시킬 수 있다.

- [잠금 화면] : 잠금 화면 배경을 설정(Windows 추천, 사진, 슬라이드 쇼)할 수 있고 [잠금 화면의 Windows 및 Cortana에서 재미있는 정보, 팁 등 가져오기], [잠금 화면에서 세부 상태를 표기할 앱 하나 선택], [잠금 화면에 빠른 상태를 표시할 앱 선택] 등이 가능하며 [로그인 화면에 잠금 화면 배경 그림 표시]의 여부와 [화면 시간 제한 설정]에서 전원 및 절전 모드를 설정하고 [화면 보호기 설정]에서 화면 보호기와 전원 설정 변경 등을 할 수 있다.

- [테마] : 배경, 색, 소리, 마우스 커서 등의 설정으로 사용자 지정 테마를 저장할 수 있고 [Microsoft Store에서 더 많은 테마 보기]를 선택하여 Microsoft 사에서 제공하는 다양한 테마를 추가 설치할 수 있으며, 관련 설정의 [바탕 화면 아이콘 설정]에서 바탕 화면에 표시할 아이콘(컴퓨터, 휴지통, 문서, 제어판, 네트워크)을 설정하고 아이콘 변경과 기본 값 복원이 가능하다.

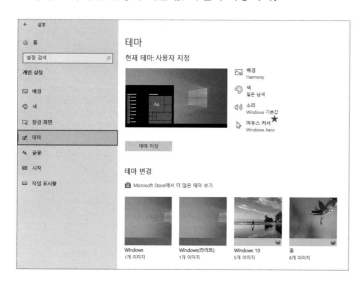

★ [마우스 커서]-[마우스 속성] 대화 상자
[마우스 속성] 대화 상자에서 단추 구성(오른쪽 단추와 왼손 단추 기능 바꾸기), 두 번 클릭 속도, 클릭 잠금, 포인터, 포인터 옵션, 휠 설정 등이 가능함

- [글꼴] : 글꼴 추가 및 사용 가능한 글꼴의 확인이 가능하며 각 글꼴을 클릭하면 글꼴 미리 보기, 글꼴 크기 변경, 메타 데이터(전체 이름, 글꼴 파일, 버전, 제조업체, 저작권, 등록 상표, 라이선스 설명 등) 확인, 글꼴 제거가 가능하다. 관련 설정으로 [ClearType 텍스트 조정], [모든 언어에 대한 글꼴 다운로드]가 있다.
- [시작] : [시작 화면에 더 많은 타일 표시], [시작 메뉴에서 앱 목록 표시], [최근에 추가된 앱 표시], [가장 많이 사용하는 앱 표시], [때때로 시작 메뉴에 제안 표시], [전체 시작 화면 사용], [시작 메뉴의 점프 목록, 작업 표시줄 또는 파일 탐색기 즐겨찾기에서 최근에 연 항목 표시], [시작 메뉴에 표기할 폴더 선택] 등을 설정한다.
- 작업 표시줄

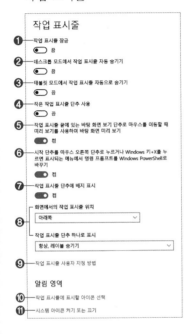

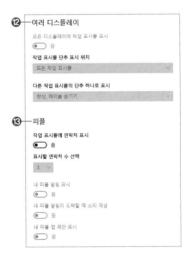

❶	[작업 표시줄 잠금] 설정
❷	[데스크톱 모드에서 작업 표시줄 자동 숨기기] 설정
❸	[태블릿 모드에서 작업 표시줄 자동으로 숨기기] 설정
❹	[작은 작업 표시줄 단추 사용] 설정
❺	[작업 표시줄 끝에 있는 바탕 화면 보기 단추로 마우스를 이동할 때 미리 보기를 사용하여 바탕 화면 미리 보기] 설정
❻	[시작 단추를 마우스 오른쪽 단추로 누르거나 Windows 카+X를 누르면 표시되는 메뉴에서 명령 프롬프트를 Windows PowerShell로 바꾸기] 설정
❼	[작업 표시줄 단추에 배지 표시] 설정
❽	[화면에서의 작업 표시줄 위치(왼쪽, 위쪽, 오른쪽, 아래쪽)], [작업 표시줄 단추 하나로 표시(항상, 레이블 숨기기, 작업 표시줄이 꽉 찼을 때, 안 함)] 설정
❾	[작업 표시줄 사용자 지정 방법] 설정
❿	[작업 표시줄에 표시할 아이콘 선택] 설정
⓫	[시스템 아이콘 켜기 또는 끄기] 설정
⓬	[여러 디스플레이] 설정
⓭	[피플] 설정

5) 시스템 정보 20년 2월, 15년 6월, 10년 3월/10월, 09년 4월/10월, 08년 8월, 07년 7월, 06년 7월, 04년 8월/11월, 03년 5월, …

- [정보] : PC가 모니터링되고 보호되는 상황(바이러스 및 위협 방지, 방화벽 및 네트워크 보호, 웹 및 브라우저 컨트롤, 계정 보호, 장치 보안 등)에 대해 알 수 있다.
- [장치 사양] : 디바이스 이름, 프로세서(CPU), 설치된 RAM, 장치 ID, 제품 ID, 시스템 종류(32/64비트 운영체제), 펜 및 터치 등에 대해 알 수 있다.
- [이 PC의 이름 바꾸기] : 현재 설정되어 있는 PC의 이름을 변경할 수 있으며, 변경 후 시스템을 다시 시작해야 완전히 변경된다.
- [Windows 사양] : 에디션, 버전, 설치 날짜, OS 빌드, 경험 등을 알 수 있다.
- [제품 키 변경 또는 Windows 버전 업그레이드] : 정품 인증 및 제품 키 업데이트(제품 키 변경), Microsoft 계정 추가를 할 수 있다.

설정 외 [시스템 정보] 보기
- 실행(⊞+R)에서 'msinfo32'를 입력한 다음 [확인] 클릭
- 명령 프롬프트창('cmd')에서 'systeminfo'를 입력한 다음 Enter 를 누름
- ⊞+Pause(시스템 속성 대화 상자 표시)를 누름

▶ 실행 방법

방법 1	[설정]–[시스템]–[정보]를 클릭함
방법 2	[시작] 단추(⊞)에서 마우스 오른쪽 버튼을 클릭한 다음 [시스템]을 클릭함
방법 3	⊞+X, Y를 누름
방법 4	'ms-settings:about'을 실행이나 파일 탐색기 및 웹 브라우저의 주소 표시줄에 입력한 다음 Enter 를 누름

▶ 32비트(x86) 운영체제인지 64비트(x64) 운영체제인지 확인하는 방법

방법 1	[시작(⊞)]–[설정]–[시스템]–[정보]
방법 2	[시작(⊞)]–바로 가기 메뉴의 [시스템]
방법 3	⊞+X(시작 버튼의 오른쪽 클릭 메뉴 열기/닫기), Y(시스템)를 누름
방법 4	⊞+Pause(시스템 속성 대화 상자 표시)
방법 5	[시작(⊞)]–[Windows 시스템]–[제어판]–[시스템]
방법 6	[시작(⊞)]–[Windows 시스템]–[내 PC]의 바로 가기 메뉴–[자세히]–[속성]
방법 7	실행(⊞+R)에서 'msinfo32'를 입력한 다음 [확인]을 클릭함
방법 8	실행(⊞+R)에서 'control system'을 입력한 다음 [확인]을 클릭함
방법 9	명령 프롬프트창('cmd')에서 'systeminfo'를 입력한 다음 Enter 를 누름
방법 10	'ms-settings:about'을 실행이나 파일 탐색기 및 웹 브라우저의 주소 표시줄에 입력한 다음 Enter 를 누름

6) 접근성 <small>24년 상시, 20년 7월, 17년 3월, 16년 6월, 15년 6월, 14년 6월, 09년 4월/10월, 08년 5월, 07년 7월, 06년 2월/9월, …</small>

- 사용자의 시력, 청력, 기동성에 따라 컴퓨터 설정을 조정하고 음성 인식을 사용하여 음성 명령으로 컴퓨터를 조정하게 한다.

▶ **실행 방법**

방법 1	[설정]-[접근성]을 클릭함
방법 2	⊞+U를 누름

- [시각] 범주에서 디스플레이, 마우스 포인터, 텍스트 커서, 돋보기, 색상 필터, 고대비, 내레이터 등을 설정할 수 있다.
- [청각] 범주에서 오디오와 선택 자막 등을 설정할 수 있다.
- [상호 작용] 범주에서 음성 명령, 키보드, 마우스, 아이 컨트롤 등을 설정할 수 있다.

7) 장치 관리자 <small>24년 상시, 15년 10월</small>

- 컴퓨터에 설치된 디바이스 하드웨어 설정 및 드라이버 소프트웨어를 관리한다.

▶ **실행 방법**

방법 1	[시작] 단추(⊞)에서 마우스 오른쪽 버튼을 클릭한 다음 [장치 관리자]를 클릭함
방법 2	검색 상자에 '장치 관리자'라고 입력한 다음 [장치 관리자] 앱을 실행함
방법 3	[제어판]-[장치 관리자]를 클릭함(보기 기준 : 큰 아이콘/작은 아이콘)

- 컴퓨터의 하드웨어가 올바르게 작동하는지 확인할 수 있고, 문제가 있거나 불필요한 하드웨어 장치를 제거할 수 있다.
- 바로 가기 메뉴에서 [드라이버 업데이트], [디바이스 사용 안 함], [디바이스 제거], [하드웨어 변경 사항 검색], [속성] 등의 작업을 수행할 수 있다.

8) 관리 도구 ^{09년 2월}

- 관리 도구는 제어판의 폴더이며 Windows 관리를 위한 도구로 시스템 구성 및 정보, 고급 사용자용 도구가 포함되어 있다.

▶ **실행 방법**

방법 1	검색 상자에 "관리 도구"라고 입력한 다음 [Windows 관리 도구] 앱을 실행함
방법 2	[제어판]의 [관리 도구]를 클릭함(보기 기준 : 큰 아이콘/작은 아이콘)

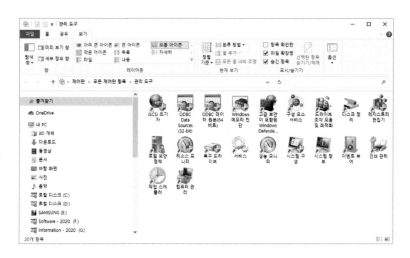

- [컴퓨터 관리]의 [저장소]−[디스크 관리]★−드라이브의 바로 가기 메뉴에서 [열기], [탐색], [파티션을 활성 파티션으로 표시], [드라이브 문자 및 경로 변경], [포맷], [볼륨 확장], [볼륨 축소], [미러 추가], [볼륨 삭제] 등의 작업이 가능하다(분석 및 디버그 로그 표시는 [이벤트 뷰어]에서 가능).

★ [시작] 단추(⊞)에서 마우스 오른쪽 단추를 클릭한 다음 [디스크 관리]를 클릭하여 실행할 수도 있음

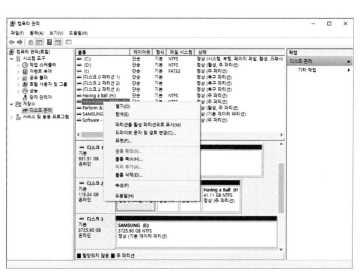

9) 마우스 13년 3월, 12년 3월, 10년 3월, 09년 10월, 06년 5월

• 기본 단추 선택(왼쪽, 오른쪽), 커서 속도, 마우스 휠을 돌릴 때 스크롤할 양(한 번에 여러 줄(1~100), 한 번에 한 화면씩), 비활성 창을 가리킬 때 스크롤 여부 등을 설정할 수 있다.

▶ **실행 방법**

방법 1	[설정]–[장치]–[마우스]를 클릭함
방법 2	검색 상자에 '마우스'라고 입력한 다음 [마우스 설정] 앱을 실행함
방법 3	'ms–settings:mousetouchpad'를 실행이나 파일 탐색기 및 웹 브라우저의 주소 표시줄에 입력한 다음 Enter 를 누름

• [관련 설정]에서 [마우스 및 커서 크기 조정] 및 [추가 마우스 옵션] 설정이 가능하다.
• [마우스 및 커서 크기 조정] : 마우스 포인터 및 터치 피드백을 보기 쉽게 설정하며 포인터 크기 변경(1~15)과 포인터 색 변경이 가능하다.
• [추가 마우스 옵션] : [마우스 속성] 대화 상자에서 단추 구성(오른쪽 단추와 왼쪽 단추 기능 바꾸기), 두 번 클릭 속도, 클릭 잠금, 마우스 포인터, 포인트 옵션, 휠 등의 마우스 설정을 사용자가 지정할 수 있다.

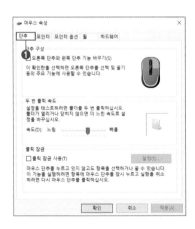 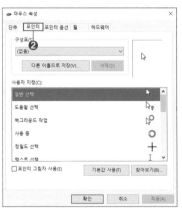

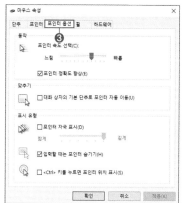 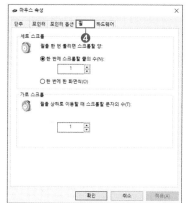 

❶ [단추] 탭	오른쪽 단추와 왼쪽 단추 기능 바꾸기와 두 번 클릭 속도, 클릭 잠금 등을 설정함
❷ [포인터] 탭	마우스 구성표와 포인터 사용자 지정 및 포인터 그림자 사용 등을 설정함
❸ [포인터 옵션] 탭	포인터의 속도 선택 및 대화 상자의 기본 단추로 포인터 자동 이동, 포인터 자국 표시, 입력할 때는 포인터 숨기기, [Ctrl]를 누르면 포인터 위치 표시 등을 설정함
❹ [휠] 탭	• 세로 스크롤(한 번에 스크롤할 줄의 수(1~100), 한 번에 한 화면씩)을 설정함 • 가로 스크롤(휠을 상하로 이동할 때 스크롤할 문자의 수(1~100))을 설정함
❺ [하드웨어] 탭	사용하고 있는 마우스 장치의 이름, 종류, 장치 속성(제조업체, 위치, 장치 상태)을 표시함

10) 사용자 계정 정보 20년 2월, 19년 8월, 17년 3월/9월, 14년 6월, 13년 6월, 10년 6월

계정에 대한 사용자 정보(계정 이름, 계정 유형)를 알 수 있으며 [사진 만들기]에서 카메라나 찾아보기로 사용자 사진을 만들 수 있다.

▶ 실행 방법

방법 1	[설정]-[계정]-[사용자 정보]를 클릭함
방법 2	'ms-settings:yourinfo'를 실행이나 파일 탐색기 및 웹 브라우저의 주소 표시줄에 입력한 다음 [Enter]를 누름

사용자 계정 컨트롤 설정 변경
제어판의 [사용자 계정]에 있는 [사용자 계정 컨트롤 설정 변경]을 이용하여 사용자 컴퓨터를 잠재적으로 유해한 변경으로부터 보호할 수 있음

계정 유형	• 표준 : 컴퓨터에 설치된 대부분의 소프트웨어를 사용할 수 있으며, 다른 사용자나 컴퓨터의 보안에 영향을 주지 않는 시스템 설정을 변경할 수 있음 • 관리자 : 컴퓨터에 대한 모든 제어 권한을 가지며 컴퓨터를 완전하게 제어할 수 있으며, 모든 설정을 변경하고 컴퓨터에 저장된 모든 파일 및 프로그램에 액세스할 수 있음

11) Windows 업데이트

컴퓨터 시스템의 문제를 예방하거나 해결하고 Windows의 작동 방식과 기능, 보안 예방을 향상시킬 수 있도록 추가하는 기능이다.

▶ **실행 방법**

방법 1	[설정]-[업데이트 및 보안]-[Windows 업데이트]를 클릭함
방법 2	'ms-settings:windowsupdate'를 실행이나 파일 탐색기 및 웹 브라우저의 주소 표시줄에 입력한 다음 Enter를 누름

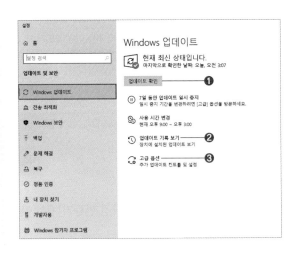

❶ 업데이트 확인	컴퓨터에 대한 업데이트 설치를 확인함
❷ 업데이트 기록 보기	• 모든 중요 업데이트가 성공적으로 설치되었는지 확인함 • 업데이트 제거 및 복구 옵션 지원
❸ 고급 옵션	• [Windows를 업데이트할 때 다른 Microsoft 제품에 대한 업데이트 받기] 설정 • [데이터 통신 연결을 통해 다운로드(추가 요금이 부과될 수 있음)] 설정 • [업데이트 완료를 위해 PC를 다시 시작해야 할 때 알림 표시] 설정 • 업데이트 일시 중지(최대 35일 동안) 설정

12) 기타 설정 항목 19년 3월, 18년 9월, 16년 6월, 14년 6월, 13년 6월, 12년 9월, 10년 10월, 09년 2월/10월, 07년 7월, ...

항목	기능
Microsoft Defender 바이러스 백신	• [설정]-[업데이트 및 보안]-[Windows 보안]-[바이러스 및 위협 방지]에서 실행함 • [Microsoft Defender 바이러스 백신 옵션]에서 주기적 검사를 '켬'으로 설정함 • 스파이웨어, 바이러스, 맬웨어(악성 코드)를 검색하고 치료해 주는 백신으로 실시간 보호 기능을 제공함
글꼴	• [설정]-[개인 설정]-[글꼴]을 클릭함 • 텍스트의 가독성을 향상 시켜주는 ClearType 사용이 가능함 • 현재 설치된 글꼴을 미리보거나 삭제하고 표시하거나 숨길 수 있음 • C:₩Windows₩Fonts 폴더에 설치됨 • 글꼴 파일의 확장자는 ttf, ttc, fon 등이 있음 • TrueType, OpenType 글꼴이 제공되며 프로그램이나 프린터에서 동작함 • 글꼴 스타일은 보통, 기울임꼴, 굵게, 굵게 기울임꼴 등이 있음
키보드	• [설정]-[장치]-[입력]을 클릭하여 실행함 • AI가 사용자에게 도움을 주는 방식인 [입력 인사이트]를 설정함 • 입력할 때 추천 단어 표시, 입력할 때 철자가 틀린 단어 자동 고침 설정 • 입력 중인 인식 언어를 기준으로 텍스트 제안 표시 • 키보드 포커스를 쉽게 볼 수 있도록 설정(포인트 크기 및 색 변경)함 • 고급 키보드 설정(기본 입력 방법 재설정, 입력 방법 전환 등)이 가능함
날짜 및 시간	• [설정]-[시간 및 언어]를 클릭하여 실행함 • 컴퓨터의 날짜, 시간, 표준 시간대를 설정함
국가 또는 지역	• [설정]-[시간 및 언어]-[지역]을 클릭하여 실행함 • 국가 또는 지역, 사용지역 언어, 사용지역 언어 데이터, 데이터 형식 변경 등
색인 옵션	• [설정]-[검색]-[Windows 검색]-[고급 검색 인덱서 설정]을 클릭하여 실행함 • 검색할 방법이나 위치 또는 검색할 파일 형식을 미세하게 조정할 수 있음 • PC의 콘텐츠를 인덱싱하면 파일, 전자 메일 또는 기타 로컬 콘텐츠를 검색할 때 검색 결과를 더 빠르게 얻을 수 있음

01 다음 중 Windows에서 사용자 컴퓨터에 설치된 하드웨어 장치를 확인할 수 있는 항목은?

① 장치 관리자
② 사용자 프로필
③ 하드웨어 프로필
④ 컴퓨터 작업그룹

장치 관리자 : 컴퓨터의 하드웨어가 올바르게 작동하는지 확인할 수 있고, 문제가 있거나 불필요한 하드웨어 장치를 제거할 수 있으며 각 장치의 등록 정보를 이용하여 장치 드라이버 파일, IRQ, DMA, I/O Address 등을 확인하고 변경/업데이트할 수 있음

02 다음 중 Windows에서 [설정]의 '앱'에 대한 설명으로 옳지 않은 것은?

① 글꼴을 추가하고 사용 가능한 글꼴을 확인할 수 있다.
② 설치되어 있는 앱을 제거하거나 수정 및 이동할 수 있다.
③ 앱을 가져올 위치를 선택할 수 있다.
④ 설치되어 있는 앱을 드라이브별로 검색, 정렬 및 필터링할 수 있다.

[설정]-[개인 설정]-[글꼴]에서 글꼴 추가 및 사용 가능한 글꼴의 확인이 가능함

03 다음 중 한글 Windows의 [마우스 속성]에서 설정할 수 있는 기능으로 옳지 않은 것은?

① 왼손잡이를 위한 마우스 단추를 설정할 수 있다.
② 세 번 클릭 속도를 조절할 수 있다.
③ 마우스 포인터가 움직이는 속도를 조절할 수 있다.
④ 휠을 한 번 돌리면 스크롤할 양을 설정할 수 있다.

[단추] 탭 : 오른쪽 단추와 왼쪽 단추의 기능 바꾸기, 두 번 클릭 속도, 클릭 잠금 등을 설정함

04 다음 중 Windows의 사용자 계정을 통해 사용할 수 있는 기능으로 옳지 않은 것은?

① 관리자 계정의 사용자는 다른 계정의 컴퓨터 사용 시간을 제어할 수 있다.
② 관리자 계정의 사용자는 다른 계정의 등급 및 콘텐츠, 제목별로 게임을 제어할 수 있다.
③ 표준 계정의 사용자는 컴퓨터 보안에 영향을 주는 설정을 변경할 수 있다.
④ 표준 계정의 사용자는 컴퓨터에 설치된 대부분의 프로그램을 사용할 수 있고, 자신의 계정에 대한 암호 등을 설정할 수 있다.

표준 계정의 사용자는 컴퓨터 보안에 영향을 주는 설정을 변경할 수 없음

05 다음 중 Windows에 포함되어 있는 백신 프로그램으로 스파이웨어 및 그 밖의 원치 않는 소프트웨어로부터 컴퓨터를 보호할 수 있는 것은?

① Windows Defender
② BitLocker
③ Archive
④ Malware

Windows Defender : 스파이웨어, 바이러스, 맬웨어(악성 코드)를 검색하고 치료해 주는 백신으로 실시간 보호 기능을 제공함

오답 피하기

• BitLocker : 드라이브를 암호화하여 보호하는 기능으로 파일 및 폴더에 무단으로 액세스하는 것을 차단함
• Archive : 파일을 전송하기 위한 백업이나 보관용 파일을 의미함
• Malware : 악성 프로그램이라고도 하며 백신 프로그램으로 제거할 수 없는 스파이웨어나 웜, 트로이 목마 같은 악의적인 코드를 의미함

정답 01 ① 02 ① 03 ② 04 ③ 05 ①

유·무선 네트워크 설정

▶ 합격 강의

출제빈도 상 ⑨ 하
반복학습 ① ② ③

빈출 태그 네트워크 개념 • 네트워크 구성 요소 • TCP/IP 설정 • 네트워크 명령어

01 네트워크(Network)의 개념 08년 10월

- 네트워크(Network)란 여러 컴퓨터나 단말기들을 통신 회선으로 연결한 컴퓨터의 이용 형태이다.
- 컴퓨터를 통신망에 의하여 상호 연결하여 소프트웨어나 데이터베이스를 공유함으로써 효율적인 이용을 목적으로 하거나, 대형 컴퓨터를 원격지에서 이용하기 위한 방법으로 통신망을 구성한다.
- Windows에서는 데이터★, 드라이브, 프로그램과 주변 장치 등을 공유하기 위하여 네트워크를 구성한다.
- 공유가 되어 있는 폴더라도 해당 폴더를 삭제할 수 있다.

1) 네트워크 및 공유 센터

- 기본 네트워크 정보 보기 및 연결 설정을 확인하고 네트워크 설정을 변경할 수 있다.

▶ 실행 방법

방법	[설정]-[네트워크 및 인터넷]-[상태]-[네트워크 및 공유 센터]를 클릭하여 실행함

- [새 연결 또는 네트워크 설정]을 실행하여 광대역, 전화 접속 또는 VPN 연결을 설정하거나 라우터 또는 액세스 지점을 설정할 수 있다.

🅑 기적의 TIP

네트워크의 개념과 연결, TCP/IP 설정에 대해 묻는 문제가 자주 출제됩니다. 각별히 유념해서 공부해 두세요.

★ 데이터
프로그램, 문서, 비디오, 소리, 그림 등의 데이터도 공유 가능함

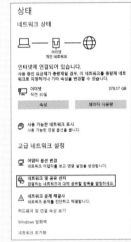

▲ [설정]-[네트워크 및 인터넷]-[상태]-고급 네트워크 설정의 [네트워크 및 공유 센터]

★ [고급 공유 설정 변경] 옵션
- 네트워크 검색
- 파일 및 프린터 공유
- 공용 폴더 공유
- 미디어 스트리밍
- 파일 공유 연결
- 암호로 보호된 공유
- 단, 이더넷 공유는 지원되지 않음

이더넷 또는 로컬 영역 연결
Windows 10의 최신 업데이트 버전에서는 '이더넷'으로, 이전 버전에서는 '로컬 영역 연결'로 표시됨

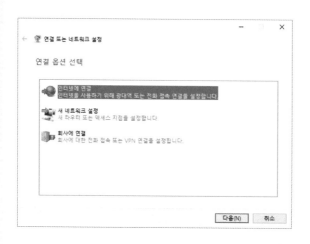

2) 무선 랜(WLAN : Wireless Local Area Network) 시스템의 주요 구성 요소

AP(Access Point)	• 기존 유선 네트워크와 무선 네트워크 사이에서 중계기 역할을 담당하는 기기임 • 전파의 송수신을 위한 내장 안테나가 내장되어 있으며 확장 안테나로 전송 거리를 확장할 수 있음
무선 랜카드	• 무선으로 네트워크에 연결시키기 위한 기본 장비임 • 전송 속도와 인터페이스 규격에 따라 여러 종류가 있음
안테나(Antenna)	• 무지향성 확장 안테나 : 무선 랜을 사용할 수 있는 도달 영역을 확장시키기 위해 모든 방향으로 전파를 확장하는 기능 • 지향성 안테나 : 특정 지점 사이를 연결시키는 기능

3) 바탕 화면에 네트워크 아이콘 생성하기

▶ 실행 방법

방법 1	[설정]의 [개인 설정]–[테마]–[바탕 화면 아이콘 설정]을 클릭함
방법 2	[바탕 화면]의 [바로 가기 메뉴]에서 [개인 설정]–[테마]–[바탕 화면 아이콘 설정]을 클릭함

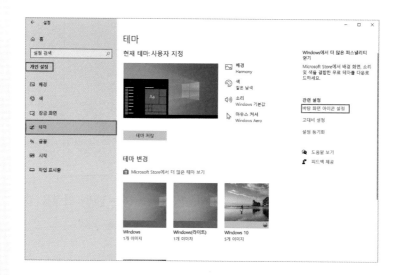

- [바탕 화면 아이콘 설정] 창에서 바탕 화면에 표시할 아이콘을 선택한 다음 [확인]을 클릭하면 바탕 화면에 선택한 항목의 아이콘이 생성된다(기본적으로 설정 이전에는 휴지통만 선택되어 있음).

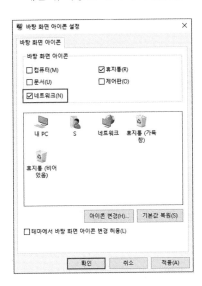

- 해당 아이콘을 선택한 후 [아이콘 변경] 단추를 이용하여 아이콘의 모양도 변경할 수 있으며 [기본 값 복원]으로 원래 아이콘으로 되돌릴 수 있다.

▲ 네트워크 아이콘

02 네트워크 구성 요소

- [네트워크 및 공유 센터]를 실행한 다음 [이더넷]을 클릭한 후 [이더넷 상태] 대화 상자에서 [속성]을 선택한다.

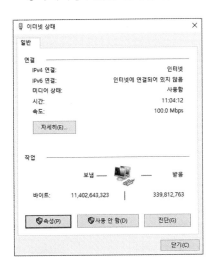

- [이더넷 속성] 대화 상자에서 [설치]를 클릭하면 [네트워크 기능 유형 선택] 대화 상자가 열린다.

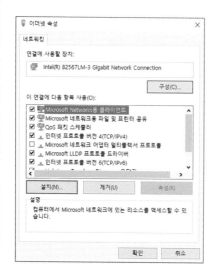

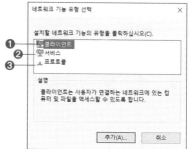

❶ 클라이언트(Client)	네트워크에 연결된 다른 시스템에 있는 공유 파일과 프린터 등을 사용할 수 있음
❷ 서비스(Service)	파일과 프린터의 공유, 자동 시스템 백업, 원격 레지스트리, 네트워크 모니터 에이 전트 등의 서비스
❸ 프로토콜(Protocol)	컴퓨터가 네트워크에서 통신하는 데 사용하는 통신 규약으로 다른 시스템과 상호 통신이 가능하려면 같은 프로토콜을 사용해야 함

ⓞ³ 인터넷 프로토콜 TCP/IP 설정 _{24년 상시, 20년 7월, 12년 6월, 11년 7월, 10년 10월, 09년 2월/7월, …}

- [이더넷 상태] 대화 상자의 [일반] 탭에서 [속성]을 클릭하면 [이더넷 속성] 대화 상 자가 나타난다.
- '인터넷 프로토콜 버전 4(TCP/IPv4)'를 선택한 다음 [속성]을 클릭하면 [인터넷 프 로토콜 버전 4(TCP/IPv4) 속성] 대화 상자가 표시된다.

IPX/SPX
작업 그룹끼리 연결하기 위한 프 로토콜

NetBEUI(NetBIOS Extended User Interface)
- NetBIOS의 확장 프로토콜로 Microsoft 고유의 네트워크 프 로토콜이며 토큰 링 소스 라우 팅 방식만 사용함
- 200대 정도의 컴퓨터를 접속할 수 있음

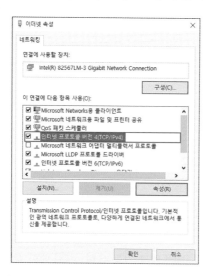

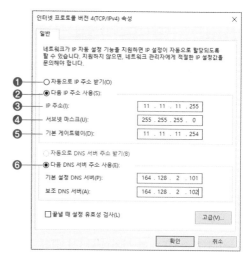

❶ 자동으로 IP 주소 받기	IP 설정이 자동으로 할당됨(유동 IP 방식)
❷ 다음 IP 주소 사용	네트워크 관리자에게 IP 설정 값을 부여 받아야 함(고정 IP 방식)
❸ IP 주소	• 현재 컴퓨터에 설정된 IP 주소임 • 네트워크 주소와 호스트 주소로 구성됨 • 32비트 주소를 8비트씩 점(.)으로 구분함 • 호스트 PC에서 사용한 IP 주소 맨 끝에 숫자를 하나 늘려줌
❹ 서브넷 마스크	• 네트워크 ID와 호스트 ID를 구분해 주는 역할을 함 • 서브넷은 여러 개의 LAN에 접속하는 경우 하나의 LAN을 의미함 • IP 수신자에게 제공하는 32비트 주소임 • 대부분 255.255.255.0의 C 클래스(Class)로 정의됨
❺ 기본 게이트웨이	• 프로토콜이 서로 다른 통신망을 상호 접속하기 위한 장치임 • 호스트 PC에서 사용하는 IP 주소를 사용함 • 일반적으로 라우터(Router)의 주소임
❻ 다음 DNS★ 서버 주소 사용	• 도메인 네임(문자 형식)을 숫자로 된 IP 주소로 변환하는 DNS 서버의 IP 주소임 • 일반적으로 백업(Backup)의 목적으로 2개가 할당됨

★ DNS
(Domain Name System)
도메인 네임과 IP 주소를 대응 (Mapping)시켜 주는 역할을 담당 하는 분산 네이밍 시스템

04 네트워크 명령어 23년 상시, 18년 9월, 14년 3월, 13년 6월, 12년 6월, 09년 2월/4월, 07년 10월, 04년 11월, 03년 9월, …

• 네트워크 관련 명령어는 명령 프롬프트에서 실행할 수 있다.
• [시작(⊞)]-[Windows 시스템]-[명령 프롬프트]를 클릭하거나 [실행] 열기란에 'cmd'를 입력하고 [확인]을 클릭한다.

명령	ipconfig
기능	사용자 자신의 컴퓨터 IP 주소를 확인하는 명령
형식	C:\>IPCONFIG [Enter]
사용 예	C:\>IPCONFIG/ALL [Enter] ◐ 자세한 정보를 제공함 C:\>IPCONFIG/? [Enter] ◐ 도움말

🅑 기적의 TIP

네트워크 명령어 중 ipconfig, ping 명령의 쓰임새에 대해 자주 출제됩니다. 실습을 통해 반드시 숙지해 두세요.

명령	ping
기능	네트워크의 현재 상태나 다른 컴퓨터의 네트워크 접속 여부를 확인하는 명령
형식	C:\>PING [IP 주소 또는 DNS 주소] [Enter]
사용 예	C:\>PING www.youngjin.com [Enter]

🕐 암기 TIP

ping
네트워크가 접속되어 핑(ping)핑(ping) 잘 돌아간다.

명령	tracert
기능	• 네트워크에 연결된 컴퓨터의 경로(라우팅 경로)를 추적할 때 사용하는 명령 • IP 주소, 목적지까지 거치는 경로의 수, 각 구간 사이의 데이터 왕복 속도를 확인 • 특정 사이트가 열리지 않을 때 해당 서버가 문제인지 인터넷망이 문제인지 확인 • 인터넷 속도가 느릴 때 어느 구간에서 정체를 일으키는지 확인
형식	C:\>TRACERT [목적지 IP / URL주소] [Enter]
사용 예	C:\>TRACERT www.youngjin.com [Enter]

🕐 암기 TIP

tracert 경로 추적
trace(추적하라)+route(통로, 경로)

route

로컬 IP 라우팅 테이블에서 항목을 표시하거나 변경함

netstat

- 활성 TCP 연결 상태, 컴퓨터 수신 포트, 이더넷 통계 등을 표시함
- 현재 자신의 컴퓨터에 연결된 다른 컴퓨터의 IP 주소나 포트 정보를 확인할 수 있음

핑거(Finger)

특정 네트워크에 접속된 사용자의 정보를 확인할 때 사용하는 명령

네트워크상의 액세스 주소

네트워크 내의 컴퓨터 이름이 'server'이고 공유 폴더가 'share'인 경우 액세스 주소는 \\server\share가 됨

명령	nslookup
기능	• URL 주소로 IP 주소를 확인하는 명령 • DNS의 동작 여부를 확인하는 명령
형식	C:\)NSLOOKUP [URL 주소] [Enter]
사용 예	C:\)NSLOOKUP www.youngjin.com [Enter]

명령	nbtstat
기능	IP 주소가 중복되어 충돌되는 경우 충돌 지점을 알아내는 명령
형식	C:\)NBTSTAT −A(반드시 대문자) [IP 주소] [Enter]
사용 예	C:\)NBTSTAT −A 211.117.251.66 [Enter]

명령	net view
기능	특정 컴퓨터 시스템에 공유되어 있는 현황을 보여주는 명령
형식	C:\)NET VIEW [₩₩IP 주소] [Enter]
사용 예	C:\)NET VIEW ₩₩211.117.251.66 [Enter]

01 한글 Windows에서 특정 웹 사이트로의 접속 과정과 경로(라우팅 경로)를 추적하여 보여주는 프로그램의 명령어와 사용 방법이 올바른 것은?

① tracert 211.31.119.151
② trace yahoo.co.kr
③ tracert ksy@hanmir.com
④ trace 211.31.119.151

tracert : 네트워크에 연결된 컴퓨터의 경로(라우팅 경로)를 추적할 때 사용하는 명령어로, 사용 형식으로는 'tracert 도메인 네임(IP 주소)'을 이용함

02 다음 중 고정 IP 주소를 설정하여 인터넷 서비스를 사용 하려고 한다. 한글 Windows의 [인터넷 프로토콜 버전 4(TCP/IPv4) 속성] 창에서 설정해야 하는 항목으로 옳지 않은 것은?

① IP 주소
② 서브넷 마스크
③ 홈페이지 주소
④ 기본 게이트웨이

[인터넷 프로토콜 버전 4(TCP/IPv4) 속성]은 인터넷에 접속하기 위한 TCP/IP 정보를 입력하는 곳으로 홈페이지 주소 설정과는 무관함

오답 피하기

[인터넷 프로토콜 버전 4(TCP/IPv4) 속성]에서 IP 주소, 서브넷 마스크, 기본 게이트웨이, 기본 설정 DNS 서버, 보조 DNS 서버, WINS 서버 정보를 입력하거나 DHCP로 설정할 수 있음

03 다음 중 Windows의 [명령 프롬프트] 창에서 원격 장비의 네트워크 연결 상태 및 작동 여부를 확인할 때 사용하는 명령어로 옳은 것은?

① echo
② ipconfig
③ regedit
④ ping

ping : 원격 장비의 네트워크 연결 상태 및 작동 여부, 네트워크의 현재 상태, 다른 컴퓨터의 네트워크 접속 여부를 확인하는 명령

오답 피하기

• echo : 메시지 표시 및 명령 에코를 켜거나 끔
• ipconfig : 사용자 자신의 컴퓨터 IP 주소를 확인하는 명령
• regedit : 레지스트리 편집 명령

04 다음 중 한글 Windows의 [명령 프롬프트] 창에서 ping 명령을 실행한 후 확인할 수 있는 내용으로 옳지 않은 것은?

① 대상이 되는 IP 주소의 호스트 이름
② 전송 신호의 손실률
③ 전송 신호의 응답 시간
④ 게이트웨이와 DNS의 IP 주소

게이트웨이와 DNS의 IP 주소는 ipconfig 명령으로 확인할 수 있음

05 다음 중 인터넷 서비스에서 PING(Packet InterNet Groper)의 기능에 관한 설명으로 옳은 것은?

▶ 합격 강의

① 인터넷상에서 채팅을 할 수 있도록 하는 기능이다.
② 인터넷 속도가 느릴 경우에 어느 구간에서 정체가 있는가를 알기 위하여 인터넷 서버까지의 경로를 추적하는 기능이다.
③ 원격 컴퓨터가 현재 인터넷에 연결되어 정상적으로 네트워크가 작동하고 있는지 파악할 수 있는 서비스이다.
④ 여러 지역에 분산되어 있는 데이터베이스로부터 정보를 검색할 수 있게 하는 서비스이다.

Ping : 특정 네트워크가 정상적으로 작동 중인지 확인할 때 사용하는 명령

오답 피하기

• IRC : 인터넷상에서 채팅을 할 수 있도록 하는 기능
• TRACERT : 인터넷 속도가 느릴 경우에 어느 구간에서 정체가 있는가를 알기 위하여 인터넷 서버까지의 경로를 추적하는 기능
• WAIS : 여러 지역에 분산되어 있는 데이터베이스로부터 정보를 검색할 수 있게 하는 서비스

06 다음 중 Windows의 네트워크 및 공유 센터에서 고급 공유 설정 옵션에 해당하지 않는 것은?

① 네트워크 검색
② 파일 및 프린터 공유
③ 공용 폴더 공유
④ 이더넷 공유

이더넷 공유는 고급 공유 설정 변경에서 지원되지 않음

오답 피하기

고급 공유 설정 변경에서 가능한 작업
네트워크 검색, 파일 및 프린터 공유, 공용 폴더 공유, 미디어 스트리밍, 파일 공유 연결, 암호로 보호된 공유 등

---

07 다음 중 Windows의 [명령 프롬프트] 창에서 사용하는 PING 서비스에 대한 설명으로 옳은 것은?

① 원격으로 다른 컴퓨터를 사용할 수 있는 서비스이다.
② 인터넷이 정상적으로 연결되었는지 확인하는 서비스이다.
③ 인터넷 서버까지의 경로를 추적하는 서비스이다.
④ 특정 시스템을 사용하고 있는 사용자 정보를 알아보는 서비스이다.

PING : 네트워크의 현재 상태나 다른 컴퓨터의 네트워크 접속 여부를 확인하는 명령

오답 피하기

• ① TELNET : 원격지의 컴퓨터에 접속하기 위해서 지원되는 인터넷 표준 프로토콜 중 하나로, 원격지에 있는 컴퓨터에 접속하여 프로그램을 실행시키거나 시스템 관리 작업 등을 할 수 있는 서비스
• ③ TRACERT : 네트워크에 연결된 컴퓨터의 경로(라우팅 경로)를 추적할 때 사용하는 명령
• ④ FINGER : 특정 네트워크에 접속된 사용자의 정보를 확인할 때 사용하는 명령

---

08 다음 중 DNS가 가지고 있는 특정 도메인의 IP Address를 검색해 주는 서비스로 옳은 것은?

① Gopher
② Archie
③ IRC
④ Nslookup

Nslookup : IP Address 또는 도메인 이름을 검색하는 서비스

오답 피하기

• Gopher : 인터넷에 있는 정보를 계층적 또는 메뉴 방식으로 찾아주는 서비스
• Archie : Anonymous(익명) FTP 서버 내의 파일 리스트를 검색하기 위해 사용되는 데이터베이스 검색 서비스
• IRC : 인터넷 채팅으로 인터넷에 연결된 다른 사용자와 실시간으로 채팅함

---

09 다음 중 인터넷 서버까지의 경로를 추적하는 명령어인 'Tracert'의 실행 결과에 관한 설명으로 옳지 않은 것은?

① IP 주소, 목적지까지 거치는 경로의 수, 각 구간 사이의 데이터 왕복 속도를 확인할 수 있다.
② 특정 사이트가 열리지 않을 때 해당 서버가 문제인지 인터넷망이 문제인지 확인할 수 있다.
③ 인터넷 속도가 느릴 때 어느 구간에서 정체를 일으키는지 확인할 수 있다.
④ 현재 자신의 컴퓨터에 연결된 다른 컴퓨터의 IP 주소나 포트 정보를 확인할 수 있다.

• ④ : netstat 명령으로 실행 가능함
• netstat : net(network)+stat(statistics)

오답 피하기

tracert : 네트워크에 연결된 컴퓨터의 경로(라우팅 경로)를 추적할 때 사용하는 명령

---

10 다음 중 인터넷을 수동으로 연결하기 위하여 지정해야 할 TCP/IP 구성 요소로 옳지 않은 것은?

① IP 주소
② 서브넷 마스크
③ 어댑터 주소
④ DNS 서버 주소

어댑터 주소는 고유한 물리적 주소로 네트워크 장치에 부여된 주소이므로 인터넷을 수동으로 연결할 때 지정할 구성 요소에 해당하지 않음

오답 피하기

• IP 주소 : 현재 컴퓨터에 설정된 IP 주소이며 네트워크 주소와 호스트 주소로 구성됨
• 서브넷 마스크 : 네트워크 ID와 호스트 ID를 구분해 주는 역할을 함
• 기본 게이트웨이 : 프로토콜이 서로 다른 통신망을 상호 접속하기 위한 장치로 호스트 PC에서 사용하는 IP 주소를 설정함
• DNS 서버 주소 : 도메인 네임을 숫자로 된 IP 주소로 변환하는 DNS 서버의 IP 주소

정답 06 ④ 07 ② 08 ④ 09 ④ 10 ③

CHAPTER 03

컴퓨터 시스템 관리

학습 방향

취급 데이터에 따른 분류와 자료의 단위, 외부적 표현 방식, 레지스터와 CISC/RISC 특징, 기억 장치의 기능과 역할이 자주 출제되는 경향이므로 이해를 통한 숙지가 필요합니다. 소프트웨어의 구분과 유틸리티, 언어 번역 과정, 웹 언어의 특징, PC 유지와 보수, PC 관리에서 유사한 형태의 문제들이 꾸준히 출제되고 있으므로 기능과 특징에 대해 공부해 두시면 됩니다.

출제빈도

SECTION 01	하	2%	SECTION 08	하	7%
SECTION 02	하	4%	SECTION 09	하	4%
SECTION 03	하	5%	SECTION 10	하	2%
SECTION 04	상	15%	SECTION 11	중	9%
SECTION 05	중	11%	SECTION 12	하	5%
SECTION 06	상	21%	SECTION 13	중	12%
SECTION 07	하	3%			

컴퓨터의 개념 및 원리

▶ 합격 강의

출제빈도 상 중 (하)
반복학습 1 2 3

빈출 태그 EDPS · ADPS · GIGO · 호환성 · 범용성 · 신뢰성

"전자계산기"라고 하면 손바닥 크기의 작은 소형 탁상용 계산기(Calculator)와
혼동할 수 있으므로 EDPS 또는 ADPS라고도 함

01 컴퓨터의 정의 15년 6월

컴퓨터	• 컴퓨터(Computer)의 Compute는 『~계산하다』의 의미로 −er이 붙어 계산을 하는 기계, 즉 전자계산기를 의미함 • 대량의 데이터를 프로그램에 의해 자동으로 고속 처리가 가능함
EDPS (Electronic Data Processing System)	전자적인 성질을 이용하여 주어진 데이터를 신속, 정확하게 처리하여 유용한 정보를 만드는 전자적 자료 처리 장치
ADPS (Automatic Data Processing System)	입력된 데이터를 프로그램에 의해 자동(Automatic)으로 처리하는 자동 자료 처리 장치

> 🅑 기적의 TIP
>
> GIGO는 컴퓨터의 수동성을 의미합니다. 기억해 두세요.

★ GIGO
(Garbage In Garbage Out)
"쓰레기가 입력되면 쓰레기가 출력된다."는 의미임

★ 수동성
스스로 알아서 동작하지 못하고 명령을 받아 시키는 대로만 동작하는 성질

02 컴퓨터의 기본 원리 24년 상시, 15년 6월, 13년 10월

2진법(2진수)	컴퓨터 내에서 숫자와 문자를 일종의 전기 신호인 펄스의 조합('0'과 '1'의 2진수)으로 모든 자료 및 명령어를 처리함
GIGO★	올바른 정보를 얻고자 한다면 입력되는 자료가 정확해야 한다는 자료 처리의 기본 원칙으로, 컴퓨터의 수동성★을 의미함

> 🅑 기적의 TIP
>
> 컴퓨터의 특징 중 호환성과 범용성은 숙지해 두세요. 컴퓨터 특징에 창조성은 포함되지 않습니다.

★ 호환성
서로 다른 컴퓨터끼리 차이가 없어 교환이 가능한 성질

★ 범용성
여러 용도로 널리 사용되는 것

03 컴퓨터의 특징 24년 상시, 13년 10월, 03년 7월

자동성	프로그램에 의해 자동으로 처리되는 것
정확성	컴퓨터에 의해 처리된 결과는 정확함
신속성	컴퓨터에 의한 처리 속도는 빠름
호환성★	서로 다른 컴퓨터 간에도 프로그램이나 자료의 공유가 가능함
대량성	대량의 자료 처리 및 보관이 가능함
범용성★	일부분에 국한되지 않고 다목적(사무처리, 과학, 교육, 게임 등)으로 사용함

※ 신뢰성 : 컴퓨터 시스템이 주어진 환경에서 고장 없이 담당 기능 및 문제 처리를 원활하게 수행할 수 있는 척도
※ 단, 컴퓨터의 특징에 『창조성』은 해당되지 않음

> 🕐 암기 TIP
>
> **컴퓨터의 특징**
> 자정에 신호를 대범하게 보내라.
> 자동성, 정확성, 신속성, 호환성, 대용량성, 범용성

04 컴퓨터의 구성

컴퓨터는 크게 인간의 육체에 해당하는 하드웨어와 두뇌, 정신에 해당하는 소프트웨어로 구분한다.

하드웨어 (Hardware)	• 컴퓨터를 구성하고 있는 물리적 기계 장치 • 중앙 처리 장치(CPU)★, 기억 장치, 입출력 장치 등으로 구성함
소프트웨어 (Software)	• 시스템을 동작시키고 임의의 작업을 처리할 순서와 방법을 지시하는 명령어의 집합 • 기능에 따라 크게 시스템 소프트웨어와 응용 소프트웨어로 구분함

🕐 암기 TIP

하드웨어는 인간의 육체, 소프트웨어는 정신, 두뇌에 해당하는 점에 유의하셔서 정확하게 구분하세요.

★ 중앙 처리 장치(CPU : Central Processing Unit)
명령어의 해석과 자료의 연산, 비교 등의 처리를 제어하는 컴퓨터 시스템의 핵심적 장치

05 컴퓨터의 기능 04년 5월

입력 기능	자료나 명령을 컴퓨터 안으로 들여보냄
출력 기능	처리된 결과, 즉 정보를 컴퓨터 외부로 내보냄
저장 기능	입력된 자료를 기억하거나 저장함
연산 기능	산술적인 사칙 연산과 논리 연산을 수행함
제어 기능	각각의 모든 장치들에 대한 지시 또는 감독 기능을 수행함

— 논리곱(AND), 논리합(OR), 논리 부정(NOT) 등

— 덧셈, 뺄셈, 곱셈, 나눗셈

이론을 확인하는 기출문제

▶ 합격 강의

---

01 다음 중 컴퓨터의 특징에 관한 설명으로 옳지 않은 것은?

① 컴퓨터에서 사용되는 용어 중 'GIGO'는 입력 데이터가 옳지 않으면 출력 결과도 옳지 않다는 의미의 용어로 'Garbage In Garbage Out'의 약자이다.

② 호환성은 컴퓨터 기종에 상관없이 데이터 값을 동일하게 공유하여 처리할 수 있는 것을 의미한다.

③ 컴퓨터의 처리 속도 단위는 KB, MB, GB, TB 등으로 표현된다.

④ 컴퓨터 사용에는 사무처리, 학습, 과학계산 등 다양한 분야에서 이용될 수 있는 특징이 있으며, 이러한 특징을 범용성이라고 한다.

KB, MB, GB, TB 등은 기억 용량 단위임

오답 피하기

컴퓨터의 처리 속도 단위 : ㎳(milli second) → ㎲(micro second) → ㎱(nano second) → ㎰(pico second) → fs(femto second) → as(atto second)

02 다음 중 컴퓨터의 기능에 대한 설명으로 가장 옳지 않은 것은?

① 입력 : 컴퓨터 외부의 데이터를 장치를 통해 컴퓨터 내부로 읽어오는 기능이다.

② 출력 : 컴퓨터가 처리한 결과를 장치를 통해 사람에게 보여주는 기능이다.

③ 저장 : 컴퓨터에 데이터나 프로그램들을 기억하는 기능이다.

④ 연산 : 입력, 출력, 기억들을 제어하고 감독하는 기능이다.

연산 기능 : 산술적인 사칙 연산과 논리 연산을 수행하는 기능

오답 피하기

제어 기능 : 입력 장치, 출력 장치, 기억 장치를 제어하고 감시, 감독하는 기능

정답 01 ③ 02 ④

컴퓨터의 발전 과정

▶ 합격 강의

빈출 태그 일괄 처리 • 프로그램 내장 방식 • 주요 소자 • 연산 속도 • 집적 회로

01 컴퓨터의 발전 과정 16년 3월

1) 기계식 계산기

구분		특징
파스칼의 치차식 계산기		톱니바퀴의 원리를 이용, 가감산이 가능한 계산기
라이프니츠의 가감승제 계산기		치차식 계산기를 보완하여 가감승제가 가능하며 탁상용 계산기의 시조
배비지	차분 기관	기계식 계산기로 삼각 함수 계산이 가능함
	해석 기관	현재의 디지털 컴퓨터의 모체
홀러리스의 천공 카드 시스템		• PCS(Punch Card System)는 천공 카드 시스템으로 미국의 국세 조사에 사용 • 일괄 처리★ 방식의 효시
에이컨의 MARK-I		에이컨이 개발한 최초의 기계식 자동 계산기

톱니 바퀴

덧셈, 뺄셈, 곱셈, 나눗셈

구멍을 뚫는 방식

2) 전자식 계산기 08년 2월, 07년 2월, 05년 2월, 04년 11월

구분	특징	
에니악(ENIAC)	• 1946년 에커트와 모클리가 제작함 • 최초의 전자식 계산기로, 외부 프로그램 방식을 사용함	프로그램 외장 방식
에드삭(EDSAC)	• 윌키스가 제작함 • 최초로 프로그램 내장 방식★을 도입함	프로그램 내장 방식
유니박(UNIVAC-I)	• 에커트와 모클리가 제작함 • 최초의 상업용 전자 계산기로, 국세 조사 및 미국 인구의 통계 조사 등에 사용함	
에드박(EDVAC)	• 폰 노이만이 제작함 • 프로그램 내장 방식을 완성하고 이진법을 채택함	

02 컴퓨터의 세대별 발전과 특징 14년 3월, 13년 6월, 08년 2월, 06년 2월, 05년 5월, 04년 11월, 03년 2월,…

세대	주요 소자	연산 속도	주기억 장치	사용 언어	특징
1세대	진공관 (Vacuum Tube)	ms(10^{-3})	자기 드럼	기계어, 어셈블리어	• 하드웨어 개발 중심 • 일괄 처리 시스템 • 속도가 느리고 부피가 큼
2세대	트랜지스터 (TR)	μs(10^{-6})	자기 코어	FORTRAN, COBOL, ALGOL, LISP	• 소프트웨어 중심 • 온라인 실시간 처리 시스템 • 운영체제(OS) 등장 • 다중 프로그래밍★
3세대	집적 회로 (IC) └ 모아 쌓아 놓은 것	ns(10^{-9})	집적 회로(IC)	BASIC, PASCAL, PL/1	• OMR, OCR, MICR 도입 • 시분할 처리(TSS) • 다중 처리★ 시스템 • 경영 정보 시스템★
4세대	고밀도 집적 회로 (LSI)	ps(10^{-12})	고밀도 집적 회로 (LSI)	C 언어, ADA 등 문제 중심 지향 언어	• 개인용 컴퓨터 개발 • 마이크로프로세서 개발 • 가상 기억 장치 • 슈퍼 컴퓨터 개발 • 네트워크 발달
5세대	초고밀도 집적 회로 (VLSI)	fs(10^{-15})	초고밀도 집적 회로(VLSI)	Visual C++, Visual Basic, Java, Delphi 등 객체 지향언어	• 인공 지능★ • 전문가 시스템★ • 퍼지 이론★ • 음성 인식 개발 • 의사 결정 지원 시스템 (DSS) • 패턴 인식

▶ **컴퓨터의 연산 속도 단위** 24년 상시, 23년 상시, 22년 상시, 18년 3월, 16년 3월, 14년 6월, 13년 10월

ms	μs	ns	ps	fs	as
milli second, 밀리세컨	micro second, 마이크로세컨	nano second, 나노세컨	pico second, 피코세컨	femto second, 펨토세컨	atto second, 아토세컨
10^{-3}초	10^{-6}초	10^{-9}초	10^{-12}초	10^{-15}초	10^{-18}초

▶ **집적 회로(IC)**

SSI(Small Scale Integration)	하나의 실리콘에 1백여 개의 반도체를 집적시킨 것
MSI(Middle Scale Integration)	하나의 실리콘에 1천여 개의 반도체를 집적시킨 것
LSI(Large Scale Integration)	하나의 실리콘에 1만여 개의 반도체를 집적시킨 것
VLSI(Very Large Scale Integration)	하나의 실리콘에 10만여 개의 반도체를 집적시킨 것
ULSI(Ultra Large Scale Integration)	하나의 실리콘에 100만여 개의 반도체를 집적시킨 것

기적의 TIP

각 세대별 주요 소자와 연산 속도, 특징에 대해서 숙지하고 세대별로 구분이 가능하도록 공부하세요.

★ **다중 프로그래밍**
(Multi-Programming)
하나의 CPU로 여러개의 프로그램을 동시에 처리하는 기법

★ **다중 처리(Multi-Processing)**
두 개 이상의 CPU로 동시에 하나 또는 여러 개의 프로그램을 처리하는 기법

★ **경영 정보 시스템(MIS : Management Information System)**
경영 정보를 집계하고 분석하여 기업 활동에 필요한 의사 결정 정보를 제공하는 시스템

★ **인공 지능**
(AI : Artificial Intelligence)
인간의 지능을 컴퓨터와 접목시킨 개념의 시스템으로 컴퓨터의 처리 능력을 향상시키기 위한 시스템

★ **전문가 시스템(Expert System)**
의료 진단 등과 같은 특정 분야의 전문가가 수행하는 고도의 업무를 지원하기 위한 컴퓨터 응용 프로그램

★ **퍼지 이론(Fuzzy Theory)**
애매하고 불분명한 상황에서 여러 문제들을 두뇌가 판단 결정하는 과정에 대하여 수학적으로 접근하려는 이론으로 가전 제품, 자동 제어 분야에 응용한 제품이 출현되고 있음

암기 TIP

속도 단위
밀-마-나-피-펨-아
10^{-3}초에서 시작하여 3의 배수로 올라갑니다.

01 다음 중 컴퓨터의 처리 시간 단위가 빠른 것에서 느린 순서로 바르게 나열된 것은?

① ps−as−fs−ns−ms−μs
② as−fs−ps−ns−μs−ms
③ ms−μs−ns−ps−fs−as
④ fs−ns−ps−μs−as−ms

컴퓨터의 연산 속도 단위(느린 순 → 빠른 순) : ms(10^{-3}초) → μs(10^{-6}초) → ns(10^{-9}초) → ps(10^{-12}초) → fs(10^{-15}초) → as(10^{-18}초)

02 다음 중 집적 회로를 집적의 크기 순서로 나열한 것은?

① LSI−MSI−VLSI−ULSI−SSI
② SSI−MSI−LSI−VLSI−ULSI
③ SSI−LSI−ULSI−MSI−VLSI
④ VLSI−ULSI−SSI−MSI−LSI

SSI−MSI−LSI−VLSI−ULSI

03 다음 중 폰 노이만의 프로그램 내장 방식을 이용한 최초의 전자 계산기는 무엇인가?

① 유니박-I(UNIVAC-I)
② 에드박(EDVAC)
③ 에니악(ENIAC)
④ 에드삭(EDSAC)

에드삭(EDSAC) : 최초의 프로그램 내장 방식을 도입했으며 윌키스가 제작함

오답 피하기

• 유니박-I(UNIVAC-I) : 최초의 상업용 전자 계산기로, 국세 조사 및 미국 인구의 통계 조사 등에 사용되었으며 에커트와 모클리가 제작함
• 에드박(EDVAC) : 폰 노이만이 제작했으며 프로그램 내장 방식을 완성. 이진법을 채택함
• 에니악(ENIAC) : 에커트와 모클리가 제작한 최초의 전자식 계산기이며 외부 프로그램 방식임

04 다음은 컴퓨터 세대와 주요 회로를 연결한 것이다. 틀리게 연결된 것은?

① 1세대 − 진공관
② 2세대 − 트랜지스터
③ 3세대 − 자기드럼
④ 4세대 − 고밀도 집적 회로

3세대 : 주요 회로와 주기억 장치로 집적 회로(IC)를 사용함

05 다음 중 컴퓨터의 발전 과정에 관한 설명으로 옳지 않은 것은?

① 파스칼의 계산기는 사칙연산이 가능한 최초의 기계식 계산기이다.
② 천공카드시스템은 홀러리스가 개발한 것으로 인구통계 및 국세 조사에 이용되었다.
③ EDSAC은 최초로 프로그램 내장 방식을 도입하였다.
④ UNIVAC-I은 최초의 상업용 전자계산기이다.

파스칼의 치차식 계산기는 사칙연산이 아닌 가감산만 가능함

06 다음 중 컴퓨터의 발전 과정을 세대별로 구분할 때, 5세대 컴퓨터의 특징으로 볼 수 없는 것은?

① 퍼지 컴퓨터 ② 인공 지능
③ 패턴 인식 ④ 집적 회로(IC) 사용

집적 회로(IC) 사용 : 3세대

07 다음 중 처리 속도의 단위에 대한 설명으로 옳지 않은 것은?

① ps = 10^{-12} sec ② ns = 10^{-6} sec
③ ms = 10^{-3} sec ④ fs = 10^{-15} sec

ns = 10^{-9} sec

오답 피하기

μs = 10^{-6} sec

정답 01 ② 02 ② 03 ④ 04 ③ 05 ① 06 ④ 07 ②

컴퓨터의 분류

▶ 합격 강의

> 빈출 태그 디지털 컴퓨터 • 아날로그 컴퓨터 • 하이브리드 컴퓨터 • 워크스테이션 • 팜톱 컴퓨터

01 취급 데이터에 따른 분류
24년 상시, 23년 상시, 22년 상시, 18년 9월, 17년 3월, 15년 10월, 14년 3월/6월, …

분류	디지털 컴퓨터 (Digital Computer)	아날로그 컴퓨터 (Analog Computer)	하이브리드 컴퓨터 (Hybrid Computer)
취급 데이터	셀 수 있는 데이터 (숫자, 문자 등)	연속적인 물리량 (전류, 온도, 속도 등)	└─ 혼합물, 잡종
구성 회로	논리 회로	증폭 회로	
주요 연산	사칙 연산	미적분 연산	디지털 컴퓨터와 아날로 그 컴퓨터의 장점만을 조
연산 속도	느림	빠름	합한 컴퓨터
정밀도	필요한 한도까지	제한적(0.01%까지)	
기억 장치/프로그램	필요함	필요 없음	

> 🅑 기적의 TIP
>
> 디지털 컴퓨터와 아날로그 컴퓨터의 특징과 차이점을 확실하게 구분할 수 있도록 공부하세요. 디지털 컴퓨터는 셀 수 있는 데이터이며, 아날로그 컴퓨터는 연속적인 물리량을 데이터로 취급합니다.

02 사용 목적에 따른 분류
06년 7월

전용 컴퓨터	특수 목적으로 사용되는 컴퓨터로 군사, 기상 관측, 자동 제어 등에 사용되는 컴퓨터
범용 컴퓨터	다양한 분야에서 여러 가지 목적으로 사용되는 컴퓨터

03 처리 능력에 따른 분류
15년 3월, 06년 5월/7월, 03년 7월

개인용 컴퓨터 (PC : Personal Computer)	• 데스크톱(DeskTop)과 휴대용(노트북, 랩톱, 팜톱 등)으로 구분함 • 마이크로 컴퓨터라고도 함
워크스테이션 (Workstation)	• 개인용 컴퓨터의 규모에 미니 컴퓨터의 성능을 집약시킨 고성능 컴퓨터 • 32비트 중앙 처리 장치, 대용량의 주기억/보조 기억 장치, 고해상도 그래픽, 고속의 통신망을 필수 조건으로 하며, 한 사람이 사용함
소형 컴퓨터 (Mini Computer)	PC보다 정보 처리 능력이 뛰어나고 기업체나 학교, 연구소 등에서 사용함
대형 컴퓨터 (Main Frame Computer)	소형 컴퓨터보다 규모나 성능이 좋으며 은행이나 정부 기관, 대학 등에서 사용함
슈퍼 컴퓨터 (Super Computer)	• 연산 속도가 빠른 초고속 컴퓨터 • 기상 관측 및 예보, 우주 및 항공 분야 등 고속 계산이 필요한 분야에서 사용함

> ⏱ 암기 TIP
>
> **아날로그 컴퓨터**
> 아연, 아빠, 아증, 아미, 아제
> • 아날로그는 연속적인 물리량이다.
> • 아날로그는 빠르다.
> • 아날로그는 증폭 회로이다.
> • 아날로그는 미적분 연산에 이용된다.
> • 아날로그의 정밀도는 제한적이다.
>
> **아날로그 신호의 특성 요소**
> 진폭, 파장, 위상
>
> **샘플링(Sampling)**
> 아날로그의 연속적인 소리 신호를 일정한 주기로 측정한 다음 그 값을 디지털화시킴
>
> **처리 용량 및 속도**
> **(작은 용량, 느린 속도 → 큰 용량, 빠른 속도)**
> 마이크로 컴퓨터 → 미니(소형) 컴퓨터 → 메인(대형) 프레임 → 슈퍼 컴퓨터

04 마이크로 컴퓨터의 분류 ^{15년 10월}

마이크로 컴퓨터의 크기
(작은 것 → 큰 것)
팜톱 → 노트북 → 랩톱 → 데스크톱

★ PDA
(Personal Digital Assistant)
전자 수첩, 이동 통신, 컴퓨터 등의
기능이 있으며 휴대가 가능한 개
인용 정보 단말기

데스크톱(Desktop) 컴퓨터	일반적으로 책상 위에 놓고 사용하는 탁상용 컴퓨터
랩톱(Laptop) 컴퓨터 ┌무릎	무릎 위에 올려 놓고 사용 가능한 컴퓨터
노트북(Notebook) 컴퓨터	휴대가 가능한 노트(A4) 크기 정도의 컴퓨터
팜톱(Palmtop) 컴퓨터 └손바닥	• 손바닥 위에 올려놓고 사용할 수 있는 전자 수첩 크기의 개인용 컴퓨터 • PDA★ 기능을 덧붙인 휴대 전화기도 있음

▲ 데스크톱 컴퓨터   ▲ 랩톱 컴퓨터   ▲ 노트북 컴퓨터

이론을 확인하는 기출문제

▶ 합격 강의

01 다음 중 처리하는 데이터에 따라 분류되는 디지털 컴퓨터의 특징으로 옳은 것은?
① 산술이나 논리 연산을 한다.
② 증폭 회로를 사용한다.
③ 프로그래밍이 필요 없다.
④ 기억 기능이 없다.

디지털 컴퓨터 : 숫자, 문자 등의 셀 수 있는 데이터를 취급하며 구성 회로는 논리 회로, 주요 연산은 사칙 연산 등을 수행, 기억 장치와 프로그램이 필요함

오답 피하기

②, ③, ④ : 아날로그 컴퓨터

02 다음 중 데이터 종류에 따른 컴퓨터의 분류로 올바르지 <u>않은</u> 것은?
① 하이브리드 컴퓨터
② 디지털 컴퓨터
③ 슈퍼 컴퓨터
④ 아날로그 컴퓨터

처리 능력에 따른 분류 : 슈퍼 컴퓨터, 메인 프레임 컴퓨터, 미니 컴퓨터, 마이크로 컴퓨터

오답 피하기

데이터 종류에 따른 분류 : 디지털 컴퓨터, 아날로그 컴퓨터, 하이브리드 컴퓨터

정답 01 ① 02 ③

SECTION 04 자료의 표현 및 처리 방식

출제빈도 ⊙ 중 하
반복학습 1 2 3

빈출 태그 자료 • 정보 • 피드백 • 정보 처리 방식 • 분산 처리 시스템 • 자료 단위 • 기억 용량 단위 • 팩 10진 형식 • 음수 표현법 • 부동 소수점 형식 • 외부적 표현 방식 • 해밍 코드

01 자료와 정보의 개념 23년 상시, 20년 2월, 10년 3월

자료(Data)	처리 이전 상태의 문자나 수치, 그림 등 컴퓨터에 입력되는 기초 자료
정보(Information)	어떤 목적에 의해 유용하게 활용될 수 있는 상태로, 자료를 처리한 결과

정보화
정보통신기술의 혁신을 바탕으로 경제와 사회의 중심이 물질이나 에너지로부터 정보로 이동하여 정보가 사회의 전 분야에 널리 확산되는 것

02 컴퓨터의 정보 처리 과정

- 입력된 자료가 중앙 처리 장치(CPU)에 의해 처리되어 정보를 출력(Output)한다.
- 피드백(Feedback)은 출력으로 나갈 정보의 이상 유무에 따라 자료를 입력측으로 되돌리는 것을 의미한다.
  └─ 되돌림, 환원

03 정보 처리 방식 24년 상시, 23년 상시, 13년 3월, 11년 3월, 09년 10월, 07년 2월

온라인 처리 시스템	하나의 중앙 처리 장치에 통신 회선을 통하여 여러 개의 입출력 장치를 항상 연결해서 자료를 처리하는 방식
오프라인 처리 시스템	중앙 처리 장치와 입출력 장치가 통신 회선으로 연결되지 않은 처리 방식
일괄 처리 시스템 (Batch Processing System)	발생된 자료를 일정 기간 모아 두었다가 한꺼번에 처리하는 방식
시분할 시스템 (Time Sharing System)	한 CPU를 여러 사용자가 사용하는 경우 사용권을 일정 시간(Time Slice) 동안 할당하여 혼자 독점하여 사용하는 것처럼 하는 기법
실시간 처리 시스템 (Real Time Processing System)	• 발생된 자료를 바로 처리하는 방식 • 예약이나 조회 업무 등이 해당됨
다중 프로그래밍 시스템 (Multi-Programming System)	하나의 CPU로 동시에 여러 개의 프로그램을 처리하는 기법

한 묶음, 한 다발 (시분할 시스템 옆)
중앙 처리 장치 (다중 프로그래밍 시스템 아래)

✔ **개념 체크**

1 일괄 처리 시스템은 발생된 자료를 즉시 처리하는 방식이다. (o, x)

2 다중 프로그래밍 시스템은 하나의 CPU에 여러 개의 프로그램을 동시에 실행하는 기법이다. (o, x)

3 정보의 이상 유무에 따라 자료를 되돌리는 것은?

4 정보를 얻기 위해서는 자료를 (   )해야 한다.

1 × 2 o 3 피드백(Feedback)
4 처리

다중 처리 시스템 (Multi-Processing System)	두 개 이상의 CPU로 동시에 여러 개의 프로그램을 처리하는 기법
듀플렉스 시스템 (Duplex System)	두 개의 CPU 중 한 CPU가 작업 중일 때 다른 하나는 예비로 대기하는 시스템
듀얼 시스템 (Dual System)	• 두 개의 CPU가 동시에 같은 업무를 처리하는 방식 • 업무의 신뢰도를 높이는 작업에 이용됨

▶ 정보 처리 속도 단위

LIPS(Logical Inference Per Second)	1초 동안 실행 가능한 논리적 추론 횟수
KIPS(Kilo Instruction Per Second)	1초 동안 1,000개의 연산을 수행함
MIPS(Million Instruction Per Second)	1초 동안 1백만 개의 연산을 수행함
FLOPS(FLoating-point Operation Per Second)	초당 수행 가능한 부동 소수점 연산
MFLOPS(Mega FLoating-point Operation Per Second)	초당 1백만 회 수행 가능한 부동 소수점 연산
GFLOPS(Giga FLoating-point Operation Per Second)	초당 10억 회 수행 가능한 부동 소수점 연산

100만

04 정보 처리 시스템의 종류 22년 상시, 16년 3월, 09년 7월/10월, 07년 10월, 05년 10월, 04년 2월, 03년 2월

비집중 처리 시스템	• 자료가 발생되는 곳에 처리할 컴퓨터를 설치하는 시스템 • 업무량이 증가함에 따라 처리할 컴퓨터의 수가 늘어남
집중 처리 시스템	• 현장에서 발생한 자료를 중앙의 컴퓨터로 집중시켜 처리하는 시스템 • 중앙으로의 집중 처리로 인한 시스템의 과부하와 시스템 장애 시 정보 처리가 중단되는 현상이 발생함
분산 처리 시스템	• 각 지역별로 발생된 자료를 분산 처리하는 방식 • 시스템의 과부하를 방지할 수 있으며 시스템의 안전성, 유연성, 신뢰성, 확장성 등에서 유리함 • 클라이언트★/서버★ 시스템 등이 있음
동배간 시스템 (P2P : Peer To Peer)	• 인터넷상에서 개인끼리 파일을 공유하는 기술이나 행위로, 컴퓨터와 컴퓨터가 동등하게 연결되는 방식 • 각각의 컴퓨터는 클라이언트 동시에 서버가 될 수 있음 • 워크스테이션이나 개인 PC를 단말기로 사용하는 작은 규모의 네트워크에 많이 사용됨

└ '동등', '대등한' 사람

05 자료의 표현 단위

1) 자료의 단위 ^{23년 상시, 22년 상시, 21년 상시, 19년 3월/8월, 16년 6월/10월, 13년 3월, 12년 3월/6월/9월, 10년 10월, …}

— 조금씩 먹는 것, 소량

비트(Bit)	• Binary Digit의 약자 • 정보 표현의 최소 단위로 2진수 0 또는 1을 나타냄
니블(Nibble)	4개의 Bit로 구성, $2^4(=16)$개의 정보를 표현할 수 있음
바이트(Byte)	• 문자를 표현하는 기본 단위로, 8개의 Bit로 구성됨 • 영문, 숫자는 1Byte로, 한글, 한문, 특수 문자는 2Byte로 표현함 • $2^8(=256)$개의 정보를 표현함
워드(Word)	• 컴퓨터 내부의 명령 처리 단위 • 한 번에 처리할 수 있는 데이터의 양을 가리킴 • Half Word : 2Byte • Full Word : 4Byte(=1Word) • Double Word : 8Byte
필드(Field)	• 파일 구성의 최소 단위로, 아이템(Item) 또는 항목이라고 함 • 데이터베이스에서 열을 나타냄
레코드(Record)	• 하나 이상의 필드들이 모여서 구성된 자료 처리 단위 • 논리 레코드는 프로그램을 처리하는 단위로 사용되며, 논리 레코드를 블록킹 하면 물리 레코드(=블록)가 됨 • 물리 레코드는 입출력 단위로 사용되며 블록(Block)이라고도 함 • 데이터베이스를 구성하는 행을 나타냄
파일(File)	여러 개의 레코드가 모여 구성되며, 디스크의 저장 단위로 사용함
데이터베이스(Database)	파일들의 집합으로 중복을 제거한 통합된 상호 관련 있는 데이터의 집합

※ 데이터의 논리적 단위는 정보를 처리하고 저장하는 단위로 '필드, 레코드, 파일, 데이터베이스'가 해당됨

2) 기억 용량 단위 ^{24년 상시, 06년 7월, 03년 7월/9월}

KB(Kilo Byte)	2^{10}(Byte) = 1,024(Byte)	MB(Mega Byte)	2^{20}(Byte) = 1,024(KB)
GB(Giga Byte)	2^{30}(Byte) = 1,024(MB)	TB(Tera Byte)	2^{40}(Byte) = 1,024(GB)
PB(Peta Byte)	2^{50}(Byte) = 1,024(TB)	EB(Exa Byte)	2^{60}(Byte) = 1,024(PB)

— 1기가 바이트(Giga Byte) 1,024 × 1,024 × 1,024

06 자료의 표현 방식

내부적 표현	정수 연산	10진 연산	언팩 10진 형식
			팩 10진 형식
		2진 고정 소수점 표현	부호화 절대치
			부호화 1의 보수
			부호화 2의 보수
	실수 연산	부동 소수점 연산(부호, 지수부, 가수부로 구성됨)	
외부적 표현	BCD★ 코드(2진화 10진) : 6비트로 구성됨		
	ASCII★ 코드(미국 표준) : 7비트로 구성됨		
	EBCDIC★ 코드(확장 2진화 10진) : 8비트로 구성됨		

🅱 기적의 TIP

자료의 표현 단위는 각 단위의 특성과 크기 순이 중요합니다. 특히 워드의 종류와 크기, 물리 레코드의 개념은 정확히 알아두세요.

🕐 암기 TIP

자료의 단위

비(니)바위<필레<파데

비트<니블<바이트<워드<필드<레코드<파일<데이터베이스

🕐 암기 TIP

워드

Half의 a가 2와 비슷해서 2Byte이며, 영어로 4는 Four이므로 Full은 4Byte, Double은 D와 o가 누워있는 8과 유사해서 8Byte랍니다.

🕐 암기 TIP

물리 레코드

물리 레코드는 블록과 같은 의미입니다. 그건 물을 많이 마시면 배가 블록해지기 때문이랍니다.

🕐 암기 TIP

기억 용량 단위

킬(K)-메(M)-기(G)-털(T)-피(P)-이(E)

★ BCD
(Binary Coded Decimal)
2진화 10진 코드

★ ASCII
(American Standard Code for Information Interchange)
미국 표준 코드

★ EBCDIC
(Extended BCD Interchange Code)
확장 2진화 10진 코드

1) 내부적 표현 방식 ^{10년 10월}

① 언팩 10진(Unpacked Decimal, Zoned Decimal) 형식

Zone	Digit	Zone	Digit	Zone	Digit	Sign(양수, 음수)	Digit

◄—— 1 Byte ——►

- 1 Byte에 숫자 1자리씩 표현한다.
- 숫자 표현 시 Zone 부분을 'F'로 채운다.
- 출력은 가능하나 연산은 불가능하다. 만약 연산하려면, Packed Decimal로 변경하여 수행해야 한다.
- Sign은 부호 비트로 양수(+)는 C(1100), 음수(−)는 D(1101), 부호 없는 양수는 F(1111)로 표기한다.

예 +2014

F	2	F	0	F	1	C(양수)	4
1111	0010	1111	0000	1111	0001	1100	0100

예 −2014

F	2	F	0	F	1	D(음수)	4
1111	0010	1111	0000	1111	0001	1101	0100

└── '꽉 찬'의 의미처럼 1Byte에 숫자 2자리씩 꽉 채워서 표현함

② 팩 10진(Packed Decimal) 형식

Digit	Digit	Digit	Sign(양수, 음수)

◄—— 1 Byte ——►

- 1 Byte에 숫자 2자리씩 표현한다.
- 연산은 가능하나 출력은 불가능하다. 만약 출력하려면, Unpacked Decimal로 변경하여 수행해야 한다.
- Sign은 부호 비트로 양수(+)는 C(1100), 음수(−)는 D(1101), 부호 없는 양수는 F(1111)로 표기한다.

예 +129

1	2	9	C(양수)
0001	0010	1001	1100

예 −129

1	2	9	D(음수)
0001	0010	1001	1101

③ 2진 연산

부호	수

양수(+) : 0, 음수(−) : 1

- 2진 정수 데이터를 표현한다.
- 부호 비트와 수로 표현한다.
- 표현 범위는 작으나 연산 속도는 빠르다.
- 양수값은 부호화 절대치, 부호화 1의 보수, 부호화 2의 보수 표현 방법이 모두 같다.

▶ **음수 표현법** 04년 8월

부호화 절대치	• 최상위 1비트를 양수는 0, 음수는 1로 표현하고 나머지 비트는 절대치로 표현함 • 표현 범위 : $-(2^{n-1}-1) \sim (2^{n-1}-1)$
부호화 1의 보수	• 부호화 절대치의 부호 비트를 제외하고 나머지 비트를 0은 1로, 1은 0으로 변환함 • 표현 범위 : $-(2^{n-1}-1) \sim (2^{n-1}-1)$
부호화 2의 보수	• 부호화 1의 보수로 바꾼 다음 오른쪽 끝자리에 1을 더함 • 표현 범위 : $-(2^{n-1}) \sim (2^{n-1}-1)$

예 10진수 −9를 8비트로 표시하는 경우

형식	부호	정수부						
부호화 절대치	1	0	0	0	1	0	0	1
부호화 1의 보수	1	1	1	1	0	1	1	0
부호화 2의 보수	1	1	1	1	0	1	1	1

고정되지 않는 유동적인

④ 부동 소수점(Floating Point Number) 형식

```
0    1 2          7 8                n−1
┌─────┬──────────┬──────────────────┐
│ 부호 │  지수부   │   가수부(소수부)    │
└─────┴──────────┴──────────────────┘
양수(+) : 0,  음수(−) : 1
```

- 소수점이 있는 2진 실수 연산에 사용한다.
- 대단히 큰 수나 작은 수의 표현이 가능하며 속도가 느리다.
- 소수점은 자릿수에 포함되지 않으며 묵시적으로 지수★부와 가수★부 사이에 있는 것으로 간주한다.
- 지수부와 가수부를 분리시키는 정규화 작업이 필요하다.
- 부동 소수점 형식에서 정규화의 필요성
  - 지수부를 이용함으로써 표현할 수 있는 유효 숫자의 표현 범위가 넓어진다.
  - 정규화 과정 : 소수 이하 첫째 자리값이 0이 아닌 유효 숫자가 오도록 한다.
    예 0.000025을 정규화시키면 0.25×10^{-4}가 된다.

기적의 TIP

음수 표현의 종류와 표현 범위에 유념하고, 특히 부호화 2의 보수 표현 범위가 크다는 점을 기억해 두세요.

암기 TIP

음수(−)는 1입니다.
1이 피곤해서 누웠네요.

기적의 TIP

부동 소수점은 특징과 필요성 정도만 알고 넘어가세요.

★ 지수
거듭제곱을 나타내는 숫자

★ 가수
소수점 아래의 수(소수)

개념 체크

1 2진 연산의 표현 범위는 크고 연산 속도가 느리다. (○, ×)

2 팩 10진 형식은 어떤 경우에 Unpacked Decimal로 변경하여 수행해야 하는가?

3 팩 10진 형식으로 표현할 때 1 Byte에 숫자 ( )자리씩 표현한다.

1 × 2 출력할 경우 3 2

자료의 표현 및 처리 방식 SECTION 04 1-125

KS × 1001 한글 부분
- KS × 1001 완성형 한글에서 영문 표현 : 1바이트
- KS × 1001 완성형, 조합형 한글에서 한글 표현 : 2바이트

유니코드(Unicode)
- 2바이트 코드로 세계 각 나라의 언어를 표현할 수 있는 국제 표준 코드
- 한글의 경우 조합, 완성, 옛 글자 모두 표현 가능함
- 16비트이므로 2^{16}인 65,536자까지 표현 가능함
- 한글은 초성 19개, 중성 21개, 종성 28개가 조합된 총 11,172개의 코드로 모든 한글을 표현함

기적의 TIP

전송 에러 검출 방식은 반드시 숙지해 두세요. 아울러 CSMA/CD는 전송 에러 검출 방식이 아닙니다. 혼동하지 마세요!

2) 외부적 표현 방식

24년 상시, 23년 상시, 22년 상시, 21년 상시, 19년 3월/8월, 18년 3월, 17년 9월, 15년 3월/6월, …

BCD 코드 (2진화 10진)	• Zone은 2비트, Digit는 4비트로 구성됨 • 6비트로 2^6=64가지의 문자 표현이 가능함 • 영문자의 대소문자를 구별하지 못함	
ASCII 코드 (미국 표준)	• Zone은 3비트, Digit는 4비트로 구성됨 • 7비트로 2^7=128가지의 표현이 가능함 • 일반 PC용 컴퓨터 및 데이터 통신용 코드 • 대소문자 구별이 가능함 • 확장된 ASCII 코드는 8비트를 사용하여 256가지 문자를 표현함	
EBCDIC 코드 (확장 2진화 10진)	• Zone은 4비트, Digit는 4비트로 구성됨 • 8비트로 2^8=256가지의 표현이 가능함 • 확장된 BCD 코드로 대형 컴퓨터에서 사용되는 범용 코드	

07 에러 검출 및 교정 코드

24년 상시, 11년 10월, 09년 10월

패리티 체크 비트 (Parity Check Bit)	• 원래 데이터 1비트를 추가하여 에러 발생 여부를 검사하는 체크 비트 　– 홀수 체크법(Odd Check) : 1의 개수가 홀수 개인지 체크(=기수 검사) 　– 짝수 체크법(Even Check) : 1의 개수가 짝수 개인지 체크(=우수 검사) • 에러 검출만 가능하고 교정은 불가능함 • 2개 이상의 에러가 동시에 발생하면 검출이 불가능함
해밍 코드 (Hamming Code)	• 에러 검출과 교정이 가능한 코드로, 최대 2비트까지 에러를 검출하고 1비트의 에러 교정이 가능한 방식 • 일반적으로 8421코드에 3비트의 짝수 패리티를 추가해서 구성함
순환 중복 검사 (CRC)	• 다항식 코드를 사용하여 오류를 검출하는 방식 • 집단 에러에 대한 신뢰성 있는 에러 검출을 위해서 사용함 Cyclic Redundancy Check
블록합 검사 (BSC)	• 패리티 검사의 단점을 보완한 검사 방식으로, 각 문자당 패리티 체크 비트와 전송 프레임의 모든 문자들에 대한 패리티 문자를 함께 전송함 • 두 비트에서 오류가 발생한 경우 검출이 가능한 방식
정 마크 부호 방식	• 패리티 검사가 코드 자체적으로 이루어지는 방식 • 사용되는 코드는 2 out of 5 코드나 비쿼너리(Biquinary) 코드 등이 있음 Block Sum Check

08 주소 지정 방식 07년 10월, 06년 7월

1) 접근 방식에 의한 주소 지정 방식

묵시적 주소 지정 (Implied Addressing)	주소 부분이 묵시적(암시적)으로 정해져 있는 방식으로, 스택★구조의 0 주소 방식임(메모리 참조 횟수 : 0회)
즉시 주소 지정 (Immediate Addressing)	명령어 주소 부분에 있는 값 자체가 실제의 데이터가 되는 구조로, 주기억 장치의 참조가 없으므로 속도가 빠르며, 주소부 길이의 제약으로 인해 모든 데이터의 표현이 어려움(메모리 참조 횟수 : 0회)
직접 주소 지정 (Direct Addressing)	• 주소 부분에 있는 값이 실제 데이터가 있는 주기억 장치 내의 주소를 나타냄 • 메모리 참조 횟수 : 1회
간접 주소 지정 (Indirect Addressing)	• 주소 부분으로 지정한 기억 장소의 내용이 실제 데이터가 있는 주소로 사용됨 • 메모리 참조 횟수 : 2회 이상

2) 계산에 의한 주소 지정 방식

• 데이터가 기억될 위치를 명령어의 주소 부분에 있는 값과 특정 레지스터에 기억된 값을 더해서 지정하는 방식이다.

• 특정 레지스터 종류 : 프로그램 카운터(PC), 인덱스(Index) 레지스터, 베이스(Base) 레지스터 등이 있다.

상대 주소 지정 (Relative Addressing)	프로그램 카운터(PC)와 주소 부분의 값을 더해서 주소를 지정하는 방식
인덱스 주소 지정 (Indexed Addressing)	인덱스 레지스터 주소 부분의 값을 더해서 주소를 지정하는 방식
베이스 주소 지정 (Base Addressing)	베이스 레지스터 값과 주소 부분의 값을 더해서 주소를 지정하는 방식

3) 실제 기억 장소와 연관성이 있는 주소 지정 방식

절대 번지 (Absolute Address)	• 기억 장치 고유의 번지로서 0, 1, 2, 3과 같이 16진수로 약속하여 순서대로 정해 놓은 번지 • 기억 장소를 직접 숫자로 지정하는 주소로, 기계어 정보가 기억되어 있는 곳 • 장점 : 이해하기 쉽고 간편함 • 단점 : 기억 공간의 효율성이 떨어짐(실제 기억 장치의 크기가 커질 때)
상대 번지 (Relative Address)	• 별도로 지정된 번지를 기준으로 하여 상대적으로 나타내는 번지 • 상대 번지를 기준 번지에 더하면 해당 위치의 절대 번지를 구할 수 있음 • 장점 : 주소 지정이 용이하므로 기억 공간의 효율이 좋음 • 단점 : 자료 접근에 따른 계산 과정으로 절차가 복잡함

09 진수

1) 진수 표현

• 2진수 : 숫자 0과 1로 구성된 수
• 8진수 : 숫자 0~7 사이의 숫자로 구성된 수
• 10진수 : 숫자 0~9까지의 숫자로 구성된 수
• 16진수 : 숫자 0~15 사이의 숫자로 구성된 수(숫자 10~15의 수는 A~F로 표현)

CSMA/CD(Carrier Sense Multiple Access/Collision Detection) LAN

• 반송파 감지 다중 접근/충돌 검사로 데이터의 충돌을 방지하기 위해 송신 데이터가 없을 때에만 데이터를 송신하고, 다른 장비가 송신 중일 때에는 송신을 멈추는 방식

• 일정 시간의 간격을 두고 대기하면서 순서에 따라 다시 송신하는 방식으로 매체 접근 방법에 의한 분류임(※ 전송 오류 검출 방식이 아님)

• 성형이나 버스형 LAN에서 사용하는 방식

★ 스택(Stack)
• 삽입과 삭제가 한 쪽 끝에서만 이루어지는 선형 구조
• 후입선출(LIFO : Last In First Out) 구조로, 나중에 입력된 데이터가 가장 먼저 출력되는 구조
• **삽입(Push Down)** : A → B → C
• **삭제(Pop Up)** : C → B → A

Stack 구조

명령어의 길이(짧은 순 → 긴 순)
즉시 주소 → 직접 주소 → 간접 주소

처리 속도(느린 순 → 빠른 순)
간접 주소 → 직접 주소 → 즉시 주소

10 다른 진수에서 다른 진수로 변환

- 2진수가 기준이 된다.
- 8진수 1개 : 3Bit이므로 2진수를 소수 이상은 오른쪽부터, 소수 이하는 왼쪽부터 3자리씩 묶어서 표현하며, 각 자리의 가중치는 421이다.
- 16진수 1개 : 4Bit이므로 2진수를 소수 이상은 오른쪽부터, 소수 이하는 왼쪽부터 4자리씩 묶어서 표현하며, 각 자리의 가중치는 8421이다.

예 2진수 1001011.11011을 8진수로 변환

001	001	011	.	110	110
1	1	3	.	6	6

예 2진수 1001011.11011을 16진수로 변환

0100	1011	.	1101	1000
4	B	.	D	8

예 16진수 256.AC를 2진수로 변환

2	5	6	.	A	C
0010	0101	0110	.	1010	1100

예 8진수 113.66을 2진수로 변환

1	1	3	.	6	6
001	001	011	.	110	110

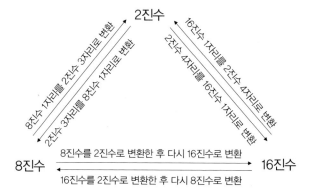

11 보수(Complement) 14년 6월, 10년 10월

보수는 컴퓨터에서 보수를 취하고 가산하여 감산의 결과를 얻기 위해 사용한다.

1의 보수	방법	입력 값의 반전된 값(0 → 1, 1 → 0)
	예	A=$(100110)_2$의 1의 보수 $\overline{A}$=$(011001)_2$
2의 보수	방법	1의 보수+1
	예	A=$(100110)_2$의 2의 보수 먼저, 1의 보수를 구하면, $\overline{A}$=$(011001)_2$ ∴ $\overline{A}$+1=$(011010)_2$

※ 보수를 사용하는 이유
- 보수를 사용하지 않으면 가산기 이외에 감산기를 따로 두어야 하는데 보수를 사용하면 감산 과정을 가산으로 계산할 수 있기 때문이다.
- 컴퓨터 내에서의 감산(뺄셈)의 원리는 보수의 가산이다.

01 다음 중 자료의 단위가 작은 것부터 큰 순으로 바르게 나열된 것은?

▶ 합격 강의

① Bit – Byte – Item – Record – Word
② Bit – Byte – Word – Item – Record
③ Bit – Byte – Item – Word – Record
④ Bit – Byte – Word – Item – Nibble

Bit → Nibble(4비트) → Byte(8비트) → Word → Field(Item) → Record → File → DataBase

02 다음 중 처리할 데이터를 일정한 분량이 될 때까지 모아서 한꺼번에 처리하는 시스템으로 옳은 것은?

① 일괄 처리 시스템
② 실시간 처리 시스템
③ 시분할 시스템
④ 분산 처리 시스템

일괄 처리 시스템(Batch Processing System) : 발생된 자료를 일정 기간 모아 두었다가 한꺼번에 처리하는 방식

오답 피하기

• 실시간 처리 시스템 : 발생된 자료를 바로 처리하는 시스템
• 시분할 시스템 : 다수의 이용자가 여러 개의 입출력 장치를 동시에 사용할 수 있는 방식
• 분산 처리 시스템 : 각 지역별로 발생된 자료를 분산 처리하는 방식

03 다음 중 컴퓨터에서 문자 데이터를 표현하는 방법으로 옳지 않은 것은?

▶ 합격 강의

① EBCDIC
② Unicode
③ ASCII
④ Parity bit

Parity bit : 원래 데이터에 1비트를 추가하여 에러 발생 여부를 검사하는 체크 비트로 문자 데이터를 표현하는 코드가 아님

오답 피하기

• ① EBCDIC : 확장된 BCD 코드로 대형 컴퓨터에서 사용되는 범용 코드(8비트로 256가지의 표현이 가능)
• ② Unicode : 2바이트 코드로 세계 각 나라의 언어를 표현할 수 있는 국제 표준 코드
• ③ ASCII : 일반 PC용 컴퓨터 및 데이터 통신용 코드로 사용되는 미국 표준 코드(7비트로 128가지의 표현이 가능)

04 다음 중 컴퓨터에서 사용되는 바이트(Byte)에 대한 설명으로 옳지 않은 것은?

① 1바이트는 8비트로 구성된다.
② 일반적으로 영문자나 숫자는 1Byte로 한 글자를 표현하고, 한글 및 한자는 2Byte로 한 글자를 표현한다.
③ 1바이트는 컴퓨터에서 각종 명령을 처리하는 기본 단위이다.
④ 1바이트로는 256가지의 정보를 표현할 수 있다.

워드(Word) : 컴퓨터에서 각종 명령을 처리하는 기본 단위

오답 피하기

바이트(Byte) : 문자를 표현하는 기본 단위로 8개의 비트로 구성되며 256개의 정보를 표현함

05 다음 중 정보통신과 관련하여 분산 처리 환경에 가장 적합한 네트워크 운영 방식은?

① 중앙 집중 방식
② 클라이언트/서버 방식
③ 피어 투 피어 방식
④ 반이중 방식

분산 처리 시스템 : 각 지역별로 발생된 자료를 분산 처리하는 방식, 시스템의 과부하를 방지할 수 있으며 시스템의 안전성, 유연성, 신뢰성, 확장성 등에서 유리함. 클라이언트/서버 시스템 등이 있음

06 다음 중 2진수 1001011을 8진수로 변환한 것으로 옳은 것은?

① 113
② 114
③ 123
④ 124

2진수를 1001011을 오른쪽부터 3자리씩 묶어서 가중치 421을 적용하면 113이 됨

2진수	001	001	011
가중치	421	421	421
8진수	1	1	3

SECTION 05 중앙 처리 장치

▶ 합격 강의

출제빈도 상 ⓒ 하
반복학습 1 2 3

빈출 태그 프로그램 카운터(PC)・누산기(ACC)・명령 레지스터(IR)・번지 레지스터(MAR)・기억 레지스터(MBR)・CISC・RISC

🅑 기적의 TIP

제어 장치와 연산 장치의 종류와 특징에 대해 출제되므로 반드시 공부해 두세요.

CPU 성능 영향 요인
클럭 주파수, 캐시 메모리, 워드(명령어)의 크기

★ 클럭(Clock)
• CPU의 처리 속도를 나타내는 단위로, 1초를 기준으로 어느 정도의 계산을 처리하였느냐를 'Hz(헤르츠)'라는 단위로 표시함
• 초당 반복되는 주파수를 의미하며 데이터 처리를 위한 신호로 사용함
• 하나의 클럭에 처리할 수 있는 명령어의 수가 많을수록, 작동하는 클럭 주파수가 높을수록 CPU의 성능은 좋음

MTBF(Mean Time Between Failure)
평균 고장 간격 시간으로, 고장 시점부터 다음 고장까지의 동작한 시간의 평균

MTTR(Mean Time To Repair)
평균 수리 시간으로, 수리하는데 걸린 평균 시간

GPU(Graphics Processing Unit)
• 컴퓨터 그래픽을 처리하는 장치로 CPU보다 비싸며 수천 개의 코어가 동시에 작업하는 병렬 처리 방식임
• 영상 편집이나 게임 등의 멀티미디어 작업에서부터 인공지능(AI)의 핵심 부품으로 각광을 받고 있음

---

01 중앙 처리 장치의 개념 05년 7월, 03년 5월

• 중앙 처리 장치(CPU : Central Processing Unit)는 명령어의 해석과 자료의 연산, 비교 등의 처리를 제어하는 컴퓨터 시스템의 핵심적인 장치이다.
• 다양한 입력 장치로부터 자료를 받아서 처리한 후 그 결과를 출력 장치로 보내는 일련의 과정을 제어하고 조정하는 일을 수행한다.

▶ **중앙 처리 장치(CPU)의 성능 평가 단위**

MIPS(Million Instructions Per Second)	1초 동안 처리할 수 있는 명령의 개수를 100만 단위로 표시함
FLOPS(FLoating-point Operations Per Second)	1초 동안 처리할 수 있는 부동 소수점 연산의 횟수를 표시함
클럭(Clock)★	1초 동안 발생하는 클럭 펄스의 주파수를 표시함
메가헤르츠(MHz)	중앙 처리 장치가 동작하는 클럭 속도의 단위로, 전기적 주파수의 단위를 표시함

02 중앙 처리 장치의 구성 18년 3월, 15년 10월, 05년 7월, 03년 5월

제어 장치	레지스터 사이의 데이터 전송을 감시하고 ALU의 동작을 지시하는 장치
연산 장치	명령어를 실행하기 위한 마이크로 연산을 수행하는 장치
레지스터	프로그램을 실행하는 데 필요한 명령어나 데이터를 임시로 보관하는 기억 장소

1) 제어 장치(CU : Control Unit) 23년 상시, 22년 상시, 18년 3월/9월, 16년 10월, 15년 3월/6월, 12년 3월, …

- 전체 컴퓨터 시스템의 작동을 통제 · 지시하는 장치로, 적절한 순서로 명령을 꺼내고, 각 명령을 해석하여 그 해석에 따라서 산술 논리 연산 장치나 기타의 부분으로 적절한 신호를 보내는 장치이다.
- 기억 장치에 축적되어 있는 일련의 프로그램 명령을 순차적으로 꺼내 이것을 분석 · 해독하여 각 장치에 필요한 지령 신호를 주고, 장치 간의 정보 조작을 제어하는 역할을 수행한다.

=명령 계수기(프로그램 계수기)

구성 장치	기능
프로그램 카운터(Program Counter)	다음에 수행할 명령어의 번지(주소)를 기억하는 레지스터
명령 해독기(Instruction Decoder)	수행해야 할 명령어를 해석하여 부호기로 전달하는 회로
번지 해독기(Address Decoder)	명령 레지스터로부터 보내온 번지(주소)를 해석하는 회로
부호기(Encoder)	명령 해독기에서 전송된 명령어를 제어에 필요한 신호로 변환하는 회로
명령 레지스터 (IR : Instruction Register)	현재 수행 중인 명령어를 기억하는 레지스터
번지 레지스터 (MAR : Memory Address Register)	주소를 기억하는 레지스터
기억 레지스터 (MBR : Memory Buffer Register)	내용(자료)을 기억하는 레지스터

2) 연산 장치(ALU : Arithmetic and Logical Unit) 24년 상시, 23년 상시, 22년 상시, 21년 상시, …

연산에 필요한 자료를 입력받아 산술, 논리, 관계, 이동(Shift) 연산 등 다양한 실제적 연산을 수행하는 장치이다.

구성 장치	기능
가산기(Adder)	2진수 덧셈을 수행하는 회로
보수기(Complementor)	뺄셈을 수행하기 위하여 입력된 값을 보수로 변환하는 회로
누산기(ACCumulator)	중간 연산 결과를 일시적으로 기억하는 레지스터
데이터 레지스터(Data Register)	연산에 사용될 데이터를 기억하는 레지스터
프로그램 상태 워드 (PSW : Program Status Word)	명령어 실행 중에 발생하는 CPU의 상태 정보를 저장하는 상태 레지스터(Status Register)
인덱스 레지스터(Index Register)	유효 번지를 상대적으로 계산할 때 사용하는 레지스터
베이스 레지스터(Base Register)	유효 번지를 절대적으로 계산할 때 사용하는 레지스터

🕐 암기 TIP

명령 계수기(PC)
다음에는 어디 갈거야? PC방
PC는 다음에 수행할 명령어의 번지를 기억합니다.

🅑 기적의 TIP

레지스터의 종류별 기능이 자주 출제됩니다. 꼭 암기해 두세요.

🅑 기적의 TIP

제어 장치와 연산 장치
CPU 내부에서 시스템을 '제어'하느냐, '연산'하느냐에 따라서 구분됩니다.

기계 사이클(Machine Cycle)
CPU가 하나의 명령을 기억 장치로부터 인출하거나 실행하는 데 걸리는 시간으로, 인출 사이클과 실행 사이클로 이루어짐(호출 – 해독 – 실행 – 저장)

┌─ 기록, 명부

3) 레지스터(Register) 23년 상시, 17년 3월, 16년 10월, 13년 10월, 11년 10월, 09년 10월, 08년 2월/8월, 05년 5월, …

- 중앙 처리 장치(CPU)에서 명령이나 연산 결과 값을 일시적으로 저장하는 임시 기억 장소이다.
- 레지스터의 크기는 한 번에 처리 가능한 데이터의 크기로 워드(Word) 크기 및 메모리 용량과 관계가 있다.
- 레지스터는 기본 소자인 플립플롭(Flip-Flop)★이나 플립플롭의 기본 구성 요소인 래치(Latch)★를 직렬이나 병렬로 연결한 구조이다.
- 메모리 중에서 레지스터가 가장 속도가 빠르다(레지스터 → 캐시 메모리 → 주기억 장치 → 보조 기억 장치).

★ 플립플롭(Flip-Flop)
- 레지스터를 구성하는 기본 소자로 1비트(0또는 1)의 정보를 기억할 수 있는 최소의 기억 소자
- 플립플롭의 종류 : RS 플립플롭, JK 플립플롭, T 플립플롭, D 플립플롭, 주/종 플립플롭 등

★ 래치(Latch)
플립플롭의 기본 구성 요소로 한 비트의 정보를 상태가 바뀌기 전까지 계속 유지하는 회로

03 마이크로프로세서(Microprocessor)

- 제어 장치(CU)와 연산 장치(ALU)가 하나로 통합된 집적 회로이다.
- 몇 개의 트랜지스터를 집적시켰느냐에 따라 기본적인 처리 속도가 결정된다.
- 마이크로프로세서를 제조하는 업체는 인텔(Intel), AMD, 사이릭스(Cyrix) 등이 있다.
- 설계 방식에 따라 CISC 방식과 RISC 방식으로 구분된다.
- 전류가 흐르고 흐르지 않는 On/Off의 주기적 반복 상태인 클럭 주파수(Clock Frequency)와 내부 버스의 비트수에 의해 성능이 달라진다.
- 모바일 스마트 기기나 웨어러블(Wearable) 디바이스, 임베디드 시스템, 개인용 컴퓨터(PC), 소형(Mini) 컴퓨터, 대형(Main Frame) 컴퓨터, 슈퍼(Super) 컴퓨터 등 여러 분야에서 다양하게 응용되고 있다.

1) 마이크로프로세서의 역사 06년 9월

종류	특징
8086	최초의 마이크로프로세서, 내부 처리 : 16Bit, 외부 처리 : 16Bit
8088(XT)	내부 처리 : 16Bit, 외부 처리 : 8Bit
80286(AT)	내부 처리 : 16Bit, 외부 처리 : 16Bit
80386DX	최초의 32Bit 처리 프로세서, 내부 처리 : 32Bit, 외부 처리 : 32Bit
80386SX	내부 처리 : 32Bit, 외부 처리 : 16Bit
80486DX	수치 보조 프로세서 장착, 내부 처리 : 32Bit, 외부 처리 : 32Bit
80486SX	수치 보조 프로세서 미장착, 내부 처리 : 32Bit, 외부 처리 : 32Bit
펜티엄	파이프라이닝, 향상된 부동 소수점 연산, 내부 처리 : 32Bit, 외부 처리 : 64Bit
펜티엄프로	32Bit 운영체제로 서버나 워크스테이션 같은 고성능 컴퓨터에 적합한 프로세서
펜티엄MMX	57개의 멀티미디어 처리 명령으로 빠른 멀티미디어 데이터 처리가 가능함
펜티엄II	슬롯 방식으로, 512KB의 L2 캐시를 내장하여 처리 성능을 높인 CPU
셀러론	펜티엄II에서 L2 캐시를 떼어낸 저가형의 보급형 CPU
펜티엄III	스트리밍 SIMD(단일 명령, 다중 데이터)의 확장인 SSE 명령으로 3D 그래픽과 미디어 처리 속도가 빨라짐
펜티엄4	슈퍼 파이프라인 구조와 높은 클럭, 64Bit의 부동 소수점 계산까지 가능함

🕐 암기 TIP

내부 = 외부 = 32비트는 같은 3으로 시작하는 386부터랍니다.

2) 마이크로프로세서의 설계 방식에 따른 구분 21년 상시, 11년 10월

① CISC(Complex Instruction Set Computer)
- 많은 종류의 명령어와 주소 지정 모드가 지원된다.
  └─ 복잡한
- 명령어의 길이가 가변적이고 주소 지정 방식이 다양하다.
- 많은 명령어로 프로그램 구현이 수월하나 처리 속도는 느리다.
- 80286, 80386, 80486, Pentium CPU에 사용된 설계 방식이다.

② RISC(Reduced Instruction Set Computer) 12년 9월
- 적은 종류의 명령어와 주소 지정 모드가 지원된다.
  └─ 축소된
- 적은 명령어로 프로그램 구현이 어려우나 처리 속도는 빠르다.
- 복잡한 연산을 수행하기 위해 명령어들이 반복, 조합되어야 하므로 레지스터의 수가 많다.
- 명령어의 길이가 고정적이고 주소 지정 방식이 최소화된다.
- 성능이 좋은 그래픽용이나 워크스테이션에서 주로 사용된다.
- 최근 들어 CISC 계열의 CPU가 RISC의 장점을 흡수하면서 구별이 줄어들고 있다.

구분	CISC	RISC
목적	1개의 명령어로 최대의 동작	시간의 최소화
명령어 수	많음	적음
주소 지정	복잡	간단
레지스터	적음	많음
처리 속도	느림	빠름
전력 소모	많음	적음
생산 가격	고가	저가
프로그래밍	간단	복잡함
용도	일반 PC	서버, 워크스테이션

04 버스(Bus) 24년 상시, 13년 6월, 09년 4월

컴퓨터 내에서 중앙 처리 장치(CPU)와 주기억 장치, 입출력 장치 간에 정보를 전송하는 데 사용되는 전기적 공통 선로이다. 사용되는 용도에 따라 내부, 외부(시스템), 확장 버스로 분류된다.

내부 버스	CPU 내부에 있는 레지스터와 레지스터 간에 데이터를 전송할 때 사용되는 통로
외부 버스(시스템 버스)	CPU 외부에 있는 주변 장치와 데이터를 전송할 때 사용되는 통로로 시스템 버스라고도 하며 전달하는 신호의 형태에 따라 데이터 버스, 주소 버스, 제어 버스로 나누어짐
확장 버스(확장 슬롯)	슬롯(Slot)에 장치를 장착하여 확장된 기능을 사용하므로 확장 슬롯이라고도 하며 LAN 카드나 MODEM(모뎀), 그래픽 카드 등을 연결할 때 사용함

🅱 기적의 TIP

CISC와 RISC의 각 특징과 차이점은 자주 출제되는 문제이므로 비교해가며 정확히 공부하세요.

🕐 암기 TIP

woRkstation = Risc 같은 RR

🕐 암기 TIP

외부(시스템) 버스의 종류
오늘이야 어제야..어제데(어드레스, 제어, 데이터버스)

✅ 개념 체크

1 CISC는 명령어의 길이가 고정적이다. (○, ×)

2 RISC는 적은 명령어로 프로그램 구현이 어렵지만 처리 속도가 빠르다. (○, ×)

3 RISC는 명령어 실행을 위해 레지스터의 수가 많이 필요하다. (○, ×)

4 RISC는 ( )이나 ( ) 분야에서 주로 사용된다.

5 ( )에서 명령어의 종류와 주소 지정 모드가 많이 지원된다.

6 ( )에서 명령어의 길이가 고정적이고 주소 지정 방식이 최소화된다.

1 × 2 ○ 3 ○ 4 그래픽용, 워크스테이션 5 CISC 6 RISC

▶ 외부(시스템) 버스의 종류

데이터 버스(Data Bus)	중앙 처리 장치(CPU)에서 메모리나 입출력 기기에 데이터를 송출하거나 반대로 메모리나 입출력 기기에서 CPU에 데이터를 읽어 들일 때 필요한 전송로
주소 버스(Address Bus)	• 중앙 처리 장치(CPU)가 메모리나 입출력 기기의 주소를 지정할 때 사용되는 전송로 • CPU에서만 주소를 지정할 수 있기 때문에 단방향 버스라고 함
제어 버스(Control Bus)	• 주소 신호 버스, 데이터 신호 버스와 함께 컴퓨터 신호 버스의 3요소 중 하나임 • 중앙 처리 장치(CPU)가 기억 장치나 입출력 장치와 데이터 전송을 할 때 또는 자신의 상태를 다른 장치들에 알리기 위해 사용하는 신호를 전달함

▶ 버스의 설계 방식에 따른 구분

ISA	한 번에 16비트 이동이 가능하며 병목 현상이 발생함
EISA	ISA 개선하여 한 번에 32비트 이동이 가능함
VESA	한 번에 32비트 이동이 가능하며 병목 현상을 개선함
PCI	최대 64비트 이동 가능함
AGP	디지털 영상 데이터를 출력하고 편집하는 데 이용되는 차세대 버스 규격

01 다음 중 산술 논리 연산 장치(Arithmetic and Logic Unit)의 구성 요소가 <u>아닌</u> 것은?

① 상태 레지스터　　　② 누산기
③ 프로그램 카운터　　④ 보수기

프로그램 카운터는 다음에 수행할 명령어의 번지를 기억하는 레지스터로 제어 장치에 속함

오답 피하기

산술 논리 연산 장치에는 누산기, 가산기, 보수기, 상태 레지스터가 있음

02 다음 중 컴퓨터의 연산 장치에 있는 누산기(Accumulator)에 관한 설명으로 옳은 것은?

① 연산 결과를 일시적으로 기억하는 장치이다.
② 명령의 순서를 기억하는 장치이다.
③ 명령어를 기억하는 장치이다.
④ 명령을 해독하는 장치이다.

누산기(Accumulator) : 중간 연산 결과를 일시적으로 기억하는 레지스터

오답 피하기

• ② : 프로그램 카운터(Program Counter) → 다음에 수행할 명령어의 번지(주소)를 기억하는 레지스터
• ③ : 명령 레지스터(IR : Instruction Register) → 현재 수행 중인 명령어를 기억하는 레지스터
• ④ : 명령 해독기(Instruction Decoder) → 수행해야 할 명령어를 해석하여 부호기로 전달하는 회로

03 다음 중 프로세서 레지스터에 대한 설명으로 옳은 것은?

① 하드디스크의 부트 레코드에 위치한다.
② 하드웨어 입출력을 전담하는 장치로 속도가 빠르다.
③ 주기억 장치보다 큰 프로그램을 실행시켜야 할 때 유용한 메모리이다.
④ 중앙 처리 장치에서 사용하는 임시 기억 장치로 메모리 중 가장 빠른 속도로 접근 가능하다.

레지스터(Register)
• 한 비트를 저장할 수 있는 플립플롭의 모임으로, 중앙 처리 장치 내에 있는 소규모의 임시 기억 장소임
• 레지스터의 크기는 워드(Word) 크기 및 메모리 용량과 관계가 있음
• 레지스터는 메모리 중에서 가장 속도가 빠름
• 접근 속도 : 레지스터(CPU) → 캐시 메모리(SRAM) → 주기억 장치(DRAM) → 보조 기억 장치(자기 디스크 → 자기 테이프)

04 다음 중 CPU의 성능에 영향을 미치는 요인으로 적절하지 <u>않은</u> 것은?

① 클럭 주파수
② 캐시 메모리
③ 워드(명령어)의 크기
④ 직렬 처리

직렬 처리 : 하나의 문자를 구성하는 각 비트들이 하나의 전송 선로를 통하여 순차적으로 전송, 처리되는 방식으로 CPU의 성능에 영향을 미치는 요인에 포함되지 않음

05 다음 중 컴퓨터 내부에서 중앙 처리 장치와 메모리 사이의 데이터 전송을 위해 사용되는 버스(Bus)로 옳지 <u>않은</u> 것은?

① 제어 버스(Control Bus)
② 프로그램 버스(Program Bus)
③ 데이터 버스(Data Bus)
④ 주소 버스(Address Bus)

버스는 컴퓨터 내에서 중앙 처리 장치와 주기억 장치, 입출력 장치 간에 정보를 전송하는 데 사용되는 전기적 공통 선로이며 사용 용도에 따라 내부, 외부(시스템), 확장 버스로 분류되며, 외부(시스템) 버스는 주소 버스(Address Bus), 데이터 버스(Data Bus), 제어 버스(Control Bus)로 나누어 짐

06 다음 중 제어 장치에서 사용되는 레지스터로 다음번에 실행할 명령어의 번지를 기억하는 것은?

① 프로그램 카운터(PC)
② 누산기(AC)
③ 메모리 주소 레지스터(MAR)
④ 메모리 버퍼 레지스터(MBR)

프로그램 카운터(PC) : 다음에 수행할 명령어의 번지(주소)를 기억하는 레지스터

오답 피하기

• 누산기(AC) : 중간 연산 결과를 일시적으로 기억하는 레지스터
• 메모리 주소 레지스터(MAR) : 주소를 기억하는 레지스터
• 메모리 버퍼 레지스터(MBR) : 내용(자료)을 기억하는 레지스터

정답 　01 ③　02 ①　03 ④　04 ④　05 ②　06 ①

SECTION

06

기억 장치

출제빈도 (상) 중 하
반복학습 1 2 3

▶ 합격 강의

빈출 태그 ROM • RAM • IBG • IRG • 블록화 인수 • 실린더 • RAID • 캐시 메모리 • 플래시 메모리

01 기억 장치의 구성

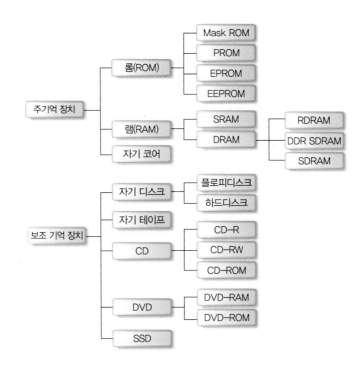

기억 장치 처리 속도(느림 → 빠름)
플로피디스크 → CD-RW → 하드
디스크 → RAM

🅑 기적의 TIP

RAM은 휘발성, ROM은 비
휘발성의 성질이 있습니다.
각 특성 및 종류를 정확히 구
분하세요.

★ 펌웨어(Firmware)
• 비휘발성 메모리인 ROM에 저장
된 프로그램으로, 하드웨어의 교
체 없이 소프트웨어의 업그레이
드만으로 시스템의 성능을 높일
수 있음
• 하드웨어의 동작을 지시하는 소
프트웨어이지만 하드웨어적으
로 구성되어 하드웨어의 일부분
으로도 볼 수 있음

02 주기억 장치(Main Memory) 21년 상시, 09년 2월, 08년 10월, 06년 5월/7월
└─ 두뇌 속에 기억하는 역할을 담당하는 장치
• CPU가 직접 참조하는 고속의 메모리로, 프로그램이 실행될 때 보조 기억 장치로
부터 프로그램이나 자료를 이동시켜 실행시킬 수 있는 기억 장소이다.
• 프로그램을 기억하는 프로그램 영역과 입력 자료를 기억하는 영역, 출력 자료를 기
억하는 영역, 작업을 실행하여 중간 계산 결과를 기억하는 작업 영역으로 구성된다.

1) ROM(Read Only Memory) 24년 상시, 22년 상시, 16년 3월, 09년 2월, 08년 10월
• 한 번 기록한 정보에 대해 오직 읽기만을 허용하도록 설계된 비휘발성 기억 장치이다.
• 수정이 필요 없는 기본 입출력 프로그램이나 글꼴 등의 펌웨어(Firmware)★를 저
장하는 데 사용한다. └─ 두뇌 속 기억 중 절대 잊으면 안되는 내용을 저장함   └─ 'Firm'은 '굳은', '단단한'의 의
미가 있으며 ROM에 소프트웨
어를 단단하게 고정시켜 놓는
것을 의미함

종류	특징
Mask ROM	• 제조회사에서 필요한 자료를 제조 과정에서 미리 기록하여 제공하는 ROM • 사용자의 수정이 불가능함
PROM (Programmable ROM)	사용자가 ROM Writer를 이용하여 한 번에 한해 기록(쓰기)이 가능한 ROM
EPROM (Erasable PROM)	기록된 내용을 자외선을 이용하여 반복해서 여러 번 정보를 기록할 수 있는 ROM
EEPROM (Electrically EPROM)	기록된 내용을 전기를 이용하여(소프트웨어적으로) 반복해서 여러 번 정보를 기록할 수 있는 ROM

▲ ROM

2) RAM(Random Access Memory) 23년 상시, 17년 9월, 11년 3월/7월, 09년 10월, 05년 5월, 04년 5월, …

• 실행 중인 프로그램이나 데이터를 저장하며, 자유롭게 읽고 쓰기가 가능한 주기억 장치이다.
  └ 두뇌 속 기억 중 시간이 흐르면 잊혀지는 내용을 저장함
• 전원이 공급되지 않으면 기억된 내용이 사라지는 휘발성(소멸성) 메모리이다.
• 임의의 위치에 있는 자료를 시간 차이 없이 입출력할 수 있는 메모리이며, 자료가 저장된 위치는 주소(Address)로 구분한다.
  └ 보조 기억 장치로 사용할 수 없는 이유임

종류	특징
SRAM(Static RAM)	• 정적인 램으로, 전원이 공급되는 한 내용이 그대로 유지됨 • 가격이 비싸고, 용량이 적으나 속도가 빨라 캐시(Cache) 메모리 등에 이용됨
DRAM(Dynamic RAM)	• 구조는 단순하지만 가격이 저렴하고 집적도가 높아 PC의 메모리로 이용됨 • 일정 시간이 지나면 전하가 방전되므로 재충전(Refresh) 시간이 필요함

└ 일정한 주기마다 전류를 흐르게 하여 정전기를 유지하는 동작

▶ SRAM과 DRAM의 비교

구분	SRAM	DRAM
용도	캐시 메모리	PC의 주기억 장치
구조	복잡	단순
가격	비쌈	저렴
소비 전력	높음	낮음
재충전 여부	불필요	필요
집적도	낮음	높음
접근 속도	빠름	느림
구성	트랜지스터	콘덴서(축전지)

03 보조 기억 장치(Auxiliary Storage Unit) 03년 2월
└ 두꺼운 공책이나 얇은 공책, 메모지 같은 역할을 담당하는 장치
• 주기억 장치의 한정된 기억 용량을 보조하기 위해 사용하는 메모리로, 전원이 차단되어도 기억된 내용이 유지된다.
• 주기억 장치에 비해 속도는 느리지만, 대량의 자료를 영구적으로 저장할 수 있다.
• 자료 접근 방법에 따라 SASD★ 방식과 DASD★ 방식으로 구분된다.

▲ 자기 테이프

블록화 작업의 목적
- 검색 시간(Access Time)이 빠름
- 기억 공간을 많이 확보할 수 있음(기억 공간의 낭비 최소화)

1) 자기 테이프(Magnetic Tape)

- 폴리에스테르 필름에 자성체를 입혀 놓아 그 곳을 자화시켜 데이터 기록 및 읽기가 가능하며, 순서적인 처리만 가능한 대용량의 보조 기억 장치(SASD)이다.
- 가격이 저렴하여 장기간 대용량의 데이터 보관이나 백업(Backup)용으로 사용한다.

▶ 자기 테이프 관련 용어

IRG (Inter Record Gap)	논리 레코드와 논리 레코드 사이에 자료가 기록되지 않은 공백의 영역
IBG (Inter Block Gap)	블록화(Blocking)된 테이프에서 물리 레코드와 물리 레코드 사이에 자료가 기록되지 않은 공백의 영역
블록화 인수 (Blocking Factor)	Block(물리 레코드) 안에 포함된 Record(논리 레코드)의 개수
기록 밀도 단위 BPI(Byte Per Inch)	1인치(2.54cm)에 기록할 수 있는 문자 수를 나타냄(800, 1600, 3200, 6250 BPI 등)

▲ 논리 레코드의 블록화(Blocking)

✔ 개념 체크

1 자기 테이프는 데이터를 기록하고 읽기 위해 필요한 자화성을 가진 대용량 보조 기억 장치이다. (○, ×)

2 자기 테이프는 비싼 가격 때문에 잘 사용되지 않는다. (○, ×)

3 자기 테이프는 대용량의 데이터 (   )이나 (   )용으로 사용한다.

4 자기 디스크는 비순서(직접)적인 처리만 가능한 보조 기억 장치이다. (○, ×)

5 여러 장의 디스크로 구성된 자기 디스크의 윗면과 밑면은 정보를 기억하는 사용면으로 사용된다. (○, ×)

6 자기 디스크의 회전축을 중심으로 자료가 저장되는 동심원을 (   )이라고 한다.

7 6장의 디스크로 구성된 자기 디스크의 총 사용 가능한 면은 몇 개인가?

1 ○ 2 × 3 보관, 백업 4 ×
5 × 6 트랙(Track) 7 10면

2) 자기 디스크(Magnetic Disk)

- 레코드판과 같은 형태의 알루미늄과 같은 금속성 표면에 자성 물질을 입혀서 그 위에 데이터를 기록하고, 기록된 데이터를 읽어내는 기억 장치로, 순서적인 처리와 비순서(직접)적인 처리가 가능한 보조 기억 장치(DASD)이다.
- 디스크 구동기, 디스크 제어기, 디스크로 구성되고, 디스크 구동기는 헤드(Head)와 액세스 암(Access Arm)으로 이루어져 있으며, Read/Write Head가 각 디스크 표면마다 설치되어 있다.
- 회전축을 중심으로 자료가 저장되는 동심원을 트랙(Track)이라고 하고, 하나의 트랙을 여러 개로 구분한 것을 섹터(Sector)라고 하며, 동일 위치의 트랙 집합을 실린더(Cylinder)라고 한다.
- 안쪽의 트랙과 바깥쪽의 트랙이 길이는 다르지만 정보량은 같게 되어 있다.
- 실린더, 트랙, 섹터의 번호는 자료를 저장하는 장소, 즉 주소로 이용된다.
- 여러 장의 디스크로 구성된 자기 디스크의 윗면과 밑면은 정보를 기억하지 않는 보호면으로 사용된다.
- 실제 사용면 = 총 디스크 장 수 × 2면 − 윗면 − 밑면
  - 예 6장의 디스크인 경우 : 6장 × 2면 − 2(가장 윗면 + 밑면) = 10면 사용 가능

'부채꼴'의 의미로, 섹터는 부채꼴 모양으로 나누어짐

▶ **자기 디스크 관련 용어** 13년 10월, 09년 7월, 04년 11월

트랙(Track)	회전축을 중심으로 구성된 여러 개의 동심원
섹터(Sector)	트랙을 여러 구역으로 나누어 놓은 것
실린더(Cylinder)	동일한 수직선 상의 트랙들의 집합(트랙 수 = 실린더 수)
디스크 팩(Disk Pack)	여러 장의 디스크를 하나의 축에 고정시켜 사용하는 것
탐색 시간(Seek Time)	읽기/쓰기(Read/Write) 헤드가 원하는 데이터가 있는 트랙(실린더)까지 이동하는 데 걸리는 시간
회전 지연 시간(Search Time, Latency Time)	읽기/쓰기(Read/Write) 헤드가 원하는 데이터가 있는 트랙(실린더)을 찾은 후 디스크가 회전하여 원하는 섹터가 헤드에 올 때까지 걸리는 시간
접근 시간(Access Time)	탐색 시간(Seek Time)+회전 지연 시간(Search Time)+전송 시간(Transfer Time)

데이터의 전송이 완료될 때까지 소요되는 시간

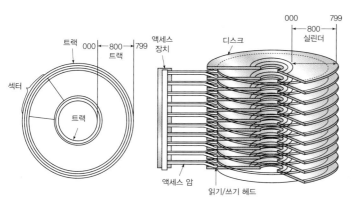

▲ 자기 디스크의 단면과 디스크 팩

3) 플로피디스크(Floppy Disk)

- 얇은 플라스틱 원판에 자성체를 입혀 정보를 기억시키는 장치로, 소규모의 데이터를 저장하는 데 사용하는 외부 기억 매체이다.
- 일반적으로 디스켓은 기록 밀도에 따라 2D · 2HD 등으로 분리하고, 크기에 따라 5.25인치, 3.5인치 등으로 분리하고 있다.
- 플로피디스크 용량 = 기록면 수 × 트랙 수 × 섹터 수 × 섹터 당 바이트 수

4) 하드디스크(Hard Disk) 22년 상시, 12년 6월/9월, 11년 3월/10월, 09년 2월/4월, 07년 10월, 05년 2월, 04년 5월, 03년 9월

- 하드디스크는 디스크 표면을 전자기적으로 변화시켜 대량의 데이터를 저장하고 비교적 빠르게 접근할 수 있는 보조 기억 매체로, 일련의 '디스크'들이 레코드판처럼 겹쳐져 있는 것이다.
- 디스크 위에는 '트랙'이라 불리는 동심원들이 있으며 그 안에 데이터가 전자기적으로 기록되어 있다.
- 하드디스크는 논리적인 영역 확보를 위해 디스크 내부를 분할(파티션, Partition)하여 사용할 수 있다.

파티션 작업 후에 반드시 포맷을 해야 되며, 파티션마다 운영체제를 달리 사용 가능하고, [컴퓨터 관리] 창에서 수행함

▲ 플로피디스크

▲ 하드디스크

파티션(Partition)

- 하드디스크를 분할하는 기능으로, 포맷을 해야 사용할 수 있음
- 파티션을 나누어 하나 이상의 운영체제를 사용할 수 있으며, 파티션마다 운영체제를 달리 사용할 수 있음
- 운영체제에서는 파티션이 하나의 드라이브로 인식됨
- [제어판]-[관리 도구]-[컴퓨터 관리]-[저장소]-[디스크 관리]에서 파티션 작업을 선택할 수 있음

① 하드디스크 연결 방식

IDE(Intelligent Drive Electronics)	• 저가에 안정적이지만 연결할 수 있는 주변 장치의 수가 2개로 한정됨 • 용량은 최대 528M까지 사용 가능함
EIDE (Enhanced IDE)	• IDE의 확장판으로, 종전의 단점을 보완하여 주변 기기를 4개까지 연결함 • LBA 모드를 지원하기 때문에 8.4GB 용량의 하드디스크의 사용이 가능함
SCSI (Small Computer System Interface)	• 시스템 구분 없이 주변 장치를 7개에서 최대 15개까지 연결함 • 빠른 전송 속도로 주변 장치의 데이터를 컴퓨터로 전달함 • 별도의 컨트롤러가 필요하며, 컨트롤러 자체에 프로세서가 장치되어 있어 CPU에 무리를 주지 않고 데이터 처리가 가능함
RAID (Redundant Array of Inexpensive Disks)	• 여러 드라이브의 집합을 하나의 저장 장치처럼 취급함 • 장애가 발생했을 때 데이터를 잃어버리지 않게 하며 각각에 대해 독립적으로 동작할 수 있도록 하는 시스템 • 여러 개의 HDD(하드디스크)를 하나의 Virtual Disk로 구성하므로 대용량 저장 장치 구축이 가능함

② RAID의 저장 방식

스트리핑(Striping) 방식	분산 저장 방식으로 하나의 자료를 여러 디스크에 분산시키므로 입출력은 빠르나 장애 시 복구가 어려움(RAID 0)
미러링(Mirroring) 방식	거울 저장 방식으로 같은 자료를 2개의 디스크에 동일하게 기록하므로 장애 시 복구가 용이하며 읽는 속도가 빠름(RAID 1)
패리티(Parity) 방식	스트리핑 방식에 패리티 정보를 따라 기록 저장하므로 장애 시 패리티를 사용하여 복구할 수 있으며 가장 많이 사용됨(RAID 5)

5) 광 디스크(Optical Disk) 06년 2월/7월, 05년 2월/10월, 04년 11월

• 레이저 빔을 이용하여 데이터를 기록하고 읽어내는 장치이다.
• 하드디스크와 플로피디스크의 장점을 모아 만든 저장 매체이다.
• 플로피디스크와 같이 개별 디스크를 교환할 수 있고 이동이 편리하다.
• 하드디스크처럼 수백 MB의 내용을 저장한다.
• 중요한 데이터를 백업할 때 많이 사용한다.

CD-ROM (Compact Disc Read Only Memory)	• 콤팩트 디스크(CD)에 기록되어 있는 데이터를 읽고 이들 데이터를 컴퓨터로 전송할 수 있도록 설계된 읽기 전용 디스크 드라이브 • 650MB 이상의 데이터를 저장할 수 있는 멀티미디어 저장 매체
CD-R (Compact Disk Recordable)	• 데이터를 한 번 기록할 수 있으며, 많은 양의 데이터를 백업할 때 사용함 • WORM(Write Once Read Memory) CD라고도 함
CD-RW (CD-Rewritable)	• 여러 번에 걸쳐 기록과 삭제를 할 수 있는 CD • 데이터를 담기 위해서는 CD-R/W 드라이브가 필요함
DVD (Digital Versatile Disk)	• 기존의 다른 매체와는 달리 4.7GB의 기본 용량(최대 17GB)을 가짐 • 1배속은 초 당 1,200KB의 전송 속도임 └─ 디지털 다기능 디스크

▲ DVD 드라이브

'반도체로 만들어진'의 의미가 있음

6) SSD(Solid State Drive) 24년 상시, 23년 상시, 22년 상시, 21년 상시, 19년 3월, 18년 9월, 16년 6월, 14년 3월, 13년 3월

- 하드디스크를 대체할 무소음, 저전력, 소형화, 경량화, 고효율의 속도를 지원하는 차세대 반도체 보조 기억 장치이다.
- 기억 매체로 플래시 메모리나 DRAM을 사용하나 DRAM은 제품 규격이나 휘발성, 가격 등의 문제로 많이 쓰이지는 않는다.
- HDD보다 외부로부터의 충격에 강하며, 기계적인 디스크가 아닌 반도체 메모리에 데이터를 저장하므로 배드 섹터(Bad Sector)가 생기지 않는다.
- HDD에 비해 저장 용량 당 가격 면에서 SSD가 더 비싸다.

▲ SSD

04 기타 기억 장치

1) 캐시 메모리(Cache Memory) 24년 상시, 23년 상시, 22년 상시, 20년 7월, 14년 6월, 10년 10월, 06년 2월, …
└ 은닉 장소

| CPU | → ← | 캐시 메모리 | → ← | 주기억 장치 |

- 휘발성 메모리로, 속도가 빠른 CPU와 상대적으로 속도가 느린 주기억 장치 사이에 있는 고속의 버퍼 메모리이다.
- 자주 참조되는 데이터나 프로그램을 메모리에 저장한다.
- 컴퓨터의 처리 속도를 향상시켜 메모리 접근 시간을 감소시키는데 목적이 있다.
- 캐시 메모리는 SRAM 등이 사용되며, 주기억 장치보다 소용량으로 구성된다.
- 캐시 메모리의 효율성을 적중률(Hit Ratio)로 나타낼 수 있으며, 적중률이 높을수록 시스템의 전체적인 속도가 향상된다.

L1 캐시 (Level1 Cache)	• 1차 캐시로, CPU 안에 있는 메모리이며 자주 사용하는 프로그램이나 명령의 일부를 미리 채워 넣어 처리 시간을 절약함 • 메모리의 용량은 대부분이 CPU의 종합 성능에 큰 영향을 미침
L2 캐시 (Level2 Cache)	• 2차 캐시로, CPU가 데이터를 고속으로 읽어 넣는데 필요한 메인보드상에 설치된 SRAM(펜티엄 프로부터 CPU에 내장) • CPU에 내장된 L1캐시 다음으로 속도가 빠르며, 그 용량이 CPU의 종합 성능을 결정하는 간접적인 요소가 됨

2) 버퍼 메모리(Buffer Memory) 07년 5월
└ 완충

| 속도가 빠른 장치 | → ← | 버퍼 메모리 | → ← | 속도가 느린 장치 |

- 읽거나 기록한 데이터를 일시적으로 기억할 수 있는 메모리이다.
- 두 개의 장치 사이에 위치하여 두 개의 장치가 데이터를 주고받을 때 생기는 속도 차이를 해결하기 위하여 중간에 데이터를 임시로 저장해 두는 공간이다.
- 키보드 버퍼, 프린터 버퍼 등에 내장되어 있으며, 캐시 메모리도 일종의 버퍼 메모리에 해당한다.

블루레이(Blu-ray) 디스크
CD, DVD와 같은 크기로 짧은 파장을 갖는 레이저를 사용. 트랙의 폭이 가장 좁으며 단층 구조는 25GB, 듀얼 레이어는 50GB까지 데이터 저장이 가능하며 최근에는 한 장의 블루레이 디스크에 3층, 4층으로 데이터 기록이 가능하여 100GB에서 128GB까지의 용량을 저장할 수 있음

🅱 기적의 TIP

캐시 메모리의 특징과 위치, 목적에 대해 묻는 문제가 자주 출제되고 있습니다. 꼭 숙지하세요.

🅲 암기 TIP

캐시 메모리
주중에 캐러가자.
캐시 메모리는 주기억 장치와 중앙 처리 장치 사이에 위치한다.

🅱 기적의 TIP

캐시 메모리의 역할
속도가 빠른 CPU에 비해 속도가 느린 주기억 장치의 속도 차이를 완충시켜 주는 역할을 해요.

기억 장치 접근 속도(빠름 → 느림)
레지스터(CPU) → 캐시 메모리(SRAM) → 주기억 장치(DRAM) → 보조 기억 장치(자기 디스크 → 자기 테이프)

기억 장치 용량(대용량 → 소용량)
보조 기억 장치(자기 테이프 → 자기 디스크) → 주기억 장치(DRAM) → 캐시 메모리(SRAM) → 레지스터(CPU)

3) 연관 메모리(Associative Memory) _{10년 3월, 06년 9월, 05년 2월, 04년 8월}

- 저장된 내용의 일부를 이용하여 기억 장치에 접근하여 데이터를 읽어오는 기억 장치이다.
- 캐시 메모리에서 특정 내용을 찾는 방식 중 매핑 방식에 주로 사용된다.
- CAM(Content Addressable Memory)이라고도 한다.
- 메모리에 기억된 정보를 찾는데 저장된 내용에 의하여 접근한다(병렬 탐색 가능).

4) 가상 메모리(Virtual Memory) _{24년 상시, 23년 상시, 22년 상시, 20년 2월, 19년 3월, 15년 6월, 10년 3월, …}

- 보조 기억 장치의 일부, 즉 하드디스크의 일부를 주기억 장치처럼 사용하는 메모리 사용 기법으로, 기억 장소를 주기억 장치의 용량으로 제한하지 않고, 보조 기억 장치까지 확대하여 사용한다.
- 주기억 장치보다 큰 프로그램을 로드하여 실행할 경우에 유용하다.
- 기억 공간의 확대에 목적이 있다(처리 속도 향상 아님).
- 가상 기억 장치로는 임의 접근이 가능한 자기 디스크를 많이 사용한다.
- 프로그램 전체가 동시에 주기억 장치에 없어도 된다.
- 프로그램을 크기가 일정하지 않은 세그먼트(Segment) 기법이나 일정한 크기의 페이지(Page) 단위로 분할해서 사용하는 페이징(Paging) 기법을 사용한다.
- CPU가 접근하는 각 주소는 가상 주소를 주기억 장치의 실제적인 주소로 매핑(Mapping)하는 방법을 통해서 구현한다.

5) 자기 코어(Magnetic Core)

- 도넛 모양의 기억 소자로 페라이트(Ferrite)라는 자성 물질로 만들어진다.
- 과거에 주기억 장치로 사용되었다.
- 파괴성 메모리이고 비휘발성 기억 소자이다.
- 반도체 기억 소자보다 기록 밀도가 낮고 전력 소모가 많다.
- 내용을 읽고 쓸 수 있다.

6) 플래시 메모리(Flash Memory) _{24년 상시, 23년 상시, 19년 8월, 17년 9월, 16년 3월/6월, 14년 3월, 13년 10월, …}

- RAM 같은 ROM으로 기억된 내용은 전원이 나가도 지워지지 않고 쉽게 쓰기가 가능하다.
- 읽기/쓰기가 수만 번 가능한 메모리이다(블록 단위로 기록).
- 외부 기억 장치인 하드디스크(Hard Disk)를 대체하는 데 많이 사용한다.
- EEPROM의 일종으로, PROM 플래시라고도 하며, 전기적으로 내용을 변경하거나 일괄 소거도 가능하다.
- 디지털 카메라, MP3 Player와 같은 디지털 기기에서 사용된다.

7) 집 드라이브(ZIP Drive)

주로 PC 파일들의 백업이나 파일 보관 등에 사용되는 휴대용 디스크 드라이브로, 플로피디스크 약 70장에 해당하는 분량의 크기인 100MB 크기의 데이터를 담을 수 있다.

세그먼트 기법과 페이징 기법 (50k)

세그먼트	페이징
15k	10k
5k	10k
22k	10k
	10k
8k	10k

세그먼트   페이징

디스크 캐시 메모리 (Disk Cache Memory)

- 디스크 캐시라고도 하며 디스크의 액세스를 빠르게 하기 위해 주기억 장치 내에 설치한 버퍼 메모리
- 디스크 캐시로 파일을 미리 읽어 속도를 높이는 방법으로 프로세스의 지역성을 이용한 방식

노트북 사양

- Intel Core i5-8세대 : 인텔사의 코어 프로세서의 종류
- Intel UHD Graphics 620 : 인텔사의 UHD(Ultra High Definition) 디스플레이로 고선명도(고해상도)를 지원하는 그래픽 카드
- 16GB DDR4 RAM : 동작 속도 등을 규정한 D램 반도체 규격으로 DDR4(Double Data Rate 4) RAM은 전송 속도가 1,600~3,200Mbps, 지원 용량은 64MB~16GB에 이르는 주기억 장치이며 16GB는 용량을 의미함
- SSD 256GB : 하드디스크를 대체할 무소음, 저전력, 소형화, 경량화, 고효율의 속도를 지원하는 차세대 반도체 보조 기억 장치로 256GB는 용량을 의미함

01 다음 중 컴퓨터에서 사용하는 캐시 메모리에 관한 설명으로 옳은 것은?

① 보조 기억 장치의 일부를 주기억 장치처럼 사용하는 메모리이다.
② 기억된 정보의 내용 일부를 이용하여 주기억 장치에 접근하는 장치이다.
③ EEPROM의 일종으로 비휘발성 메모리이다.
④ 중앙 처리 장치(CPU)와 주기억 장치 사이에 위치하여 컴퓨터 처리 속도를 향상시키는 메모리이다.

캐시 메모리(Cache Memory)
• 휘발성 메모리로 속도가 빠른 CPU와 상대적으로 속도가 느린 주기억 장치 사이에 있는 고속의 버퍼 메모리
• 자주 참조되는 데이터나 프로그램을 메모리에 저장하며 주로 SRAM 등이 사용됨

오답 피하기
• ① : 가상 메모리(Virtual Memory)
• ② : 연관 메모리(Associative Memory)
• ③ : 플래시 메모리(Flash Memory)

02 다음 중 컴퓨터 보조 기억 장치로 사용되는 플래시 메모리에 관한 설명으로 옳지 <u>않은</u> 것은?

① EEPROM의 일종이다.
② 비휘발성 메모리이다.
③ 트랙 단위로 저장된다.
④ 전력 소모가 적고 데이터 전송 속도가 빠르다.

플래시 메모리(Flash Memory) : 비휘발성 EEPROM의 일종으로 PROM 플래시라고도 하며 전기적으로 내용을 변경하거나 일괄 소거도 가능함. 전력 소모가 적고 데이터 전송 속도가 빨라 디지털 카메라, MP3 Player와 같은 디지털 기기에서 사용되며 데이터를 저장하는 최소 단위는 셀(Cell)이며 블록 단위로 기록되므로 수정이 쉬움

03 다음 중 컴퓨터의 주기억 장치로 사용하는 RAM을 보조 기억 장치로 사용할 수 없는 가장 근본적인 이유로 옳은 것은?

① 접근 속도가 너무 빠르기 때문이다.
② 값이 너무 비싸기 때문이다.
③ 전원이 끊어지면 메모리에 기억된 내용이 지워지기 때문이다.
④ 제품의 수명이 짧기 때문이다.

RAM(Random Access Memory)은 읽기/쓰기가 가능한 기억 장치로, 전원의 공급이 끊어지면 그 내용을 잃어버리는 휘발성 메모리이므로 보조 기억 장치로는 부적합함

04 다음 중 프로그램이 실행될 때 발생하는 메인 메모리 부족 문제를 보완하기 위해 하드디스크의 일부를 메인 메모리처럼 사용하게 하는 메모리 관리 기법을 의미하는 것은?

① 캐시 메모리
② 디스크 캐시
③ 연관 메모리
④ 가상 메모리

가상 메모리(Virtual Memory) : 보조 기억 장치의 일부 즉, 하드디스크의 일부를 주기억 장치처럼 사용하는 메모리 사용 기법으로 기억 장소를 주기억 장치의 용량으로 제한하지 않고, 보조 기억 장치까지 확대하여 사용함

05 다음 중 컴퓨터에서 사용하는 일반 하드디스크에 비하여 속도가 빠르고 기계적 지연이나 에러의 확률 및 발열 소음이 적으며, 소형화, 경량화할 수 있는 하드디스크 대체 저장 장치로 옳은 것은?

① DVD
② HDD
③ SSD
④ ZIP

SSD(Solid State Drive) : 기존 HDD에서 발생하는 기계적 소음이 없는 무소음이며, 소비 전력이 저전력이고 고효율의 속도를 보장해 주는 차세대 보조 기억 장치

정답 01 ④ 02 ③ 03 ③ 04 ④ 05 ③

▶ 합격 강의

출제빈도 상 중 ⓗ
반복학습 ① ② ③

빈출 태그 POS · LCD · PDP · CPS · LPM · PPM

01 입력 장치(Input Unit) 15년 3월/10월

키보드(Keyboard)	CUI(Character User Interface) 환경의 기본적인 문자 입력 장치
마우스(Mouse)	GUI(Graphic User Interface) 환경의 기본적인 입력 장치
광학 마크 판독기(OMR : Optical Mark Reader)	카드나 용지의 특정 장소에 연필이나 펜 등으로 표시한 것을 직접 광학적으로 판독하는 장치로, 시험 답안용, 설문지용으로 이용됨
광학 문자 판독기(OCR : Optical Character Reader)	문서에 인자(印字)된 문자를 광학적으로 판독하는 장치로, 공공요금 청구서 등에 이용됨
자기 잉크 문자 판독기(MICR : Magnetic Ink Character Reader)	자성 재료의 미립자를 함유한 특수 잉크로 기록된 숫자나 기호를 감지하여 판독하는 장치로, 수표나 어음 등에 이용됨
바코드 판독기(BCR : Bar Code Reader)	바코드를 판독하여 컴퓨터 내부로 입력하는 장치로 POS★ 시스템에 이용됨
스캐너(Scanner)	그림이나 사진 등을 컴퓨터 그림 파일로 변환하여 입력하는 장치
디지타이저(Digitizer)	입력 원본의 좌표를 판독하여 컴퓨터에 설계 도면이나 도형을 입력하는 데 사용되는 입력 장치로, 주로 컴퓨터 그래픽이나 CAD 작업 등에 이용됨
디지털 카메라(Digital Camera)	촬영한 이미지 정보를 필름에 기록하지 않고 디지털 카메라에 내장된 디지털 저장 매체에 저장하여 스캐너를 통하지 않고 직접 컴퓨터에 디지털 이미지를 입력함
터치 스크린(Touch Screen)	사용자의 손가락을 통해 입력받기 때문에 마우스에 비해 해상도는 떨어지나 마우스를 사용하기가 부적절한 장소에, 특히 공공 목적으로 배치된 키오스크★ 시스템의 입력 도구로서 많이 사용됨

★ POS(Point Of Sales : 판매 시점 관리)
• 판매와 관련된 데이터를 물품이 판매되는 그 시간과 장소에서 즉시 취득하는 것
• 상품에 붙어있는 바코드를 읽어 들이는 바로 그 시점에 재고량이 조정되고, 신용 조회 등 판매와 관련되어 필요한 일련의 조치가 한 번에 모두 이루어지는 시스템

★ 키오스크(Kiosk)
백화점, 쇼핑 센터 등의 공공 장소에 설치된 무인 자동화 정보 안내 시스템으로 터치 스크린 방식을 이용함

터치 스크린(Touch Screen) 작동 방식
• 저항식 : 투명한 전극 사이에 압력을 가하여 터치를 감지하는 방식
• 정전식 : 몸의 정전기를 이용하여 터치를 감지하는 방식
• 광학식 : 빛을 이용하여 터치를 감지하는 방식

▲ OMR

▲ OCR

▲ MICR

▲ BCR

▲ 스캐너

▲ 디지타이저

▲ 디지털카메라

▲ 터치 스크린

02 출력 장치(Output Unit) ^{15년 3월}

1) 모니터(Monitor) ^{13년 6월, 06년 5월, 04년 2월}

① CRT(Cathode Ray Tube : 음극선관)

장점	• 입출력 표시 속도가 빠르고 고해상도 정보를 표현할 수 있음 • 가격이 저렴함 • PC의 표시 장치로 이용됨
단점	• 큰 부피로 휴대가 불편함 • 화면의 떨림이 많아 눈이 쉽게 피로해짐 • 소비 전력이 높으며, 고전압으로 인해 정전기가 발생함

② LCD(Liquid Crystal Display : 액정 디스플레이)

장점	• 액정 물질이 들어있는 두 장의 유리판에 전압을 가해 반사되는 빛의 양을 변화시켜 문자나 도형을 표시함 • 작은 부피로 휴대가 편리함 • 화면의 떨림이 없고, 비발광체이므로 눈에 부담이 적음 • 소비 전력이 낮음
단점	• 보는 위치에 따라 화면의 내용이 다르게 표시함 • 가격이 고가이고, 입출력 속도가 느림

③ PDP(Plasma Display Panel : 플라즈마 디스플레이)

장점	• 네온 또는 아르곤 혼합 가스로 채워진 셀에 고전압을 걸어 나타나는 플라즈마 현상을 이용함 • 두께가 얇고 가벼워 휴대 및 이동이 편리함 • 화면의 떨림이 없고, 해상도가 뛰어남 • 입출력 속도가 빠름
단점	• 가격이 고가이고 소비 전력이 높음 • 발열량이 많아 부가적인 냉각 장치가 필요함

▶ **모니터 관련 용어** ^{20년 2월, 16년 10월, 13년 10월, 07년 2월, 04년 2월, 03년 2월}

해상도(Resolution)	• 디스플레이 모니터 내에 포함되어 있는 픽셀(Pixel)의 숫자 • 일반적으로 그래픽 화면의 선명도를 나타내는 것으로, 픽셀의 수가 많아질수록 해상도는 높아짐
픽셀(Pixel)	모니터 화면을 이루는 최소 단위
점 간격(Dot Pitch)	픽셀들 사이의 공간
재생률(Refresh Rate)	• 픽셀들이 밝게 빛나는 것을 유지하도록 하기 위한 1초당 재충전 횟수 • 재생률이 높을수록 모니터의 깜빡임 수는 줄어듦
화면의 크기	화면의 대각선의 길이를 인치(Inch) 단위로 표시함

※ 눈의 피로를 줄이기 위해서는 플리커 프리(Flicker Free)가 적용된 모니터가 좋음

▲ CRT

▲ LCD

▲ PDP

백화 현상
주로 모니터의 AD보드나 액정상의 불량 문제로 백라이트만 켜지고 영상이 나타나지 않는 증세로 모니터의 화면이 하얗게 표시되는 현상

B 기적의 TIP

모니터의 종류
CRT는 무겁고, LCD와 PDP는 얇고 가벼워요.

OLED(Organic Light Emitting Diodes)
• 자체 발광의 차세대 디스플레이로 형광성 유기화합물을 기반으로 한 발광 소자의 일종임
• 액정과 달리 자체적으로 빛을 발산하기 때문에 백라이트가 필요 없으며 저전력으로 작동함
• 백라이트가 없으므로 제품을 더욱 얇게 제작할 수 있으며, 플라스틱이나 특수 유리 등을 이용해 휘거나 구부릴 수 있는 디스플레이 기기도 만들 수 있음
• 수동형 구동 방식과 능동형 구동 방식으로 구분함

B 기적의 TIP

각 영상 표시 장치의 장점과 단점을 혼동하지 않도록 익혀두세요.

▲ 도트 매트릭스 프린터

▲ 열전사 프린터

▲ 감열 프린터

▲ 잉크젯 프린터

▲ 레이저 프린터

▶ CRT, LCD, PDP의 비교

구분	CRT(음극선관)	LCD(액정 디스플레이)	PDP(플라즈마 디스플레이)
장점	• 해상도가 뛰어남 • 가격이 저렴함	• 휴대가 편리함 • 화면의 떨림이 없음	• 해상도가 뛰어남 • 휴대가 간편함
단점	• 부피가 크고 무거움 • 화면의 떨림이 심함	• 해상도가 낮음 • 각도에 따라 선명도가 다름	• 가격이 고가임 • 소비 전력이 높음
이용 분야	PC(개인용 컴퓨터)	휴대용 컴퓨터(노트북 등)	전문 그래픽 시스템용
가격	저가	고가	고가
입출력 속도	빠름	느림	매우 빠름
소비 전력	높음	낮음	매우 높음

2) 프린터(Printer)

① 충격식 프린터

잉크 리본을 헤드로 두드려 인쇄하는 방식으로, 소음이 크고 인쇄 품질이 다소 떨어진다.

도트 매트릭스 프린터	헤드의 금속 핀을 이용하는 인쇄 방식
활자식 프린터	잉크 리본에 활자 충격을 이용한 인쇄 방식(드럼식, 체인식, 밴드식)

② 비충격식 프린터 20년 7월

물리적인 충격을 가하지 않고 열과 잉크를 뿌려서 인쇄하는 방식으로, 소음이 없으며 낱장 공급 용지를 이용한다.

열전사 프린터	잉크 리본을 녹여 인쇄하는 방식
감열 프린터	감열 용지를 변색시켜 인쇄하는 방식
잉크젯 프린터	잉크를 분사시켜 인쇄하는 방식
레이저 프린터	복사기의 원리를 이용하여 인쇄하는 방식

▶ 인쇄 속도 단위 22년 상시, 07년 7월

CPS(Characters Per Second)	1초당 인쇄되는 문자 수(도트 매트릭스 프린터, 활자식 프린터 등)
LPM(Lines Per Minute)	1분당 인쇄되는 라인 수(활자식 프린터, 잉크젯 프린터 등)
PPM(Pages Per Minute)	1분당 인쇄되는 페이지 수(잉크젯 프린터, 레이저 프린터 등)

3) 기타 출력 장치

X-Y 플로터(Plotter)	설계 도면이나 그래프를 출력해 내는 출력 장치
마이크로 필름 출력 장치(COM : Computer Output Microfilm)	• 컴퓨터의 출력 결과를 축소하여 마이크로필름으로 촬영 및 현상하는 기술 • 반영구 보존이 가능하며 고속 인쇄 및 대량 복사가 가능함

인쇄 해상도
• 인쇄된 문자나 숫자 등의 선명한 정도를 나타내며, 표시 단위로는 DPI를 사용함
• DPI(Dots Per Inch) : 1인치에 인쇄되는 점의 수(해상도를 나타내는 단위로, 높을수록 해상도가 높아짐)

IPM(Images Per Minute)
ISO(국제 표준화 기구)에서 규정한 잉크젯 속도 측정 방식으로 각 프린터 업체의 자체 기준에 맞춘 고속 모드로 출력된 PPM과는 달리 일반(보통) 모드에서 ISO 규격 문서를 측정함

01 다음 중 컴퓨터에서 사용되는 입력 장치에 해당되지 <u>않는</u> 것은?

① 키보드(Keyboard)
② 스캐너(Image Scanner)
③ 터치 스크린(Touch Screen)
④ 펌웨어(Firmware)

펌웨어(Firmware) : 비휘발성 메모리인 ROM에 저장된 프로그램으로, 하드웨어의 교체 없이 소프트웨어의 업그레이드만으로 시스템의 성능을 높일 수 있음. 하드웨어의 동작을 지시하는 소프트웨어이지만 하드웨어적으로 구성되어 하드웨어의 일부분으로도 볼 수 있음

02 다음 중 컴퓨터에서 사용하는 레이저 프린터에 관한 설명으로 옳지 <u>않은</u> 것은?

① 회전하는 드럼에 토너를 묻혀서 인쇄하는 방식이다.
② 비충격식이라 비교적 인쇄 소음이 적고 인쇄 속도가 빠르다.
③ 인쇄 방식에는 드럼식, 체인식, 밴드식 등이 있다.
④ 인쇄 해상도가 높으며 복사기와 같은 원리를 사용한다.

드럼식, 체인식, 밴드식은 잉크 리본에 활자 충격을 이용하는 활자식 라인 프린터의 인쇄 방식임

03 다음 중 아래의 설명에 해당하는 것은?

- 국제 표준화 기구(ISO)가 규정
- 잉크젯 프린터의 속도 측정 방식으로 일반(보통) 모드에서 출력 속도를 측정
- 1분 동안 출력할 수 있는 흑백/컬러 인쇄의 최대 매수를 의미

① CPS
② PPM
③ LPM
④ IPM

IPM(Images Per Minute) : ISO(국제 표준화 기구)에서 규정한 잉크젯 속도 측정 방식으로 각 프린터 업체의 자체 기준에 맞춘 고속 모드로 출력된 PPM과는 달리 일반(보통) 모드에서 ISO 규격 문서를 측정함

04 다음 중 모니터 화면의 이미지를 얼마나 세밀하게 표시할 수 있는가를 나타내는 정보로 픽셀 수에 따라 결정되는 것은?

① 재생률(Refresh Rate)
② 해상도(Resolution)
③ 색깊이(Color Depth)
④ 색공간(Color Space)

해상도(Resolution) : 디스플레이 모니터 내에 포함되어 있는 픽셀의 숫자를 말하는데, 일반적으로 그래픽 화면의 선명도를 나타내는 것으로, 픽셀의 수가 많아질수록 해상도는 높아짐

정답 01 ④ 02 ③ 03 ④ 04 ②

기타 장치

▶ 합격 강의

빈출태그 AGP 방식 • CMOS • USB 포트 • 인터럽트 • 교착 상태 • 채널

PCMCIA(Personal Computer Memory Card International Association)
노트북용 표준 확장 슬롯으로 MODEM이나 Memory, 하드디스크, LAN 카드 등을 삽입하여 사용함

★ 슬롯(Slot)
CPU와 외부 장치를 연결하는 버스 중간의 커넥터

그래픽 카드 종류
• MDA, CGA, EGA, 허큘리스 (Hercules)
• VGA, SVGA
• AGP
  (단, DXF(Drawing eXchange Format)는 설계 도면 파일을 교환하기 위한 표준 포맷임)

★ 버스
버스는 메인보드와 주변 장치 사이에 정보를 교환하기 위한 통로

---

01 메인보드(Mainboard) 22년 상시

- 마더 보드(Mother Board)라고도 하며, CPU, 메모리, 그래픽 카드 등 각종 외부 기기 컨트롤러 등을 장착할 수 있는 주기판이다.
- CPU 소켓/슬롯, RAM 소켓, 확장 버스 슬롯, BIOS, CMOS 배터리 등으로 구성되어 있다.

1) 확장 슬롯(Slot)★

- 카드 형태(사운드 카드, 그래픽 카드, 모뎀 등)의 주변 장치를 장착하는 곳이다.
- 지원 방식에 따라 AGP 슬롯, PCI 슬롯, ISA 슬롯 등이 있다.

2) 칩셋(Chipset) 22년 상시

- 메인보드에 장착된 부품들 간의 데이터 흐름 제어 및 중요 역할을 담당하는 장치이다.
- 칩셋의 CPU 지원 여부에 따라 장착 가능한 CPU와 RAM, 구성 가능한 최대 RAM 용량, DMA 지원 가능 여부 등이 달라진다.

3) 버스★ 방식

ISA 방식	• 16비트 버스 방식으로 IBM PC 초기부터 사용되기 시작함 • 호환성이 뛰어나고 가격이 저렴함 • 속도가 느려 현재는 거의 사용되지 않음
VESA 방식	• 486 시스템에서 사용하기 시작한 32비트 버스 • 그래픽 카드의 속도를 개선함 • CPU와 슬롯에 꽂혀 있는 카드가 직접 연결되므로 빠른 속도를 낼 수 있음
PCI 방식	• 펜티엄과 함께 등장한 32비트의 버스 • 빠른 전송 속도와 호환성이 좋음 • 최대 10개까지 주변 장치를 장착할 수 있음
AGP 방식	• PCI 버스 방식을 개선함 • 고성능 그래픽이나 3D 카드를 위한 인터페이스 • 3차원 그래픽 표현을 빠르게 구현할 수 있게 해 주는 버스 규격
PCI Express 방식	직렬 방식의 데이터 전송으로, 속도가 빠르며 64비트의 대역폭을 가짐

4) 롬 바이오스(ROM BIOS) 22년 상시, 18년 9월, 14년 10월, 13년 3월, 10년 6월, 07년 10월

- 바이오스(BIOS : Basic Input Output System)는 컴퓨터의 기본 입출력 시스템이며 부팅(Booting)과 운영에 대한 기본적인 정보가 들어 있다.
- 주변 장치와 운영체제 간의 데이터 흐름을 관리하는 프로그램이다.
- 펌웨어(Firmware)라고도 부른다.
- PC의 전원을 켜면 POST★라는 자체 진단 프로그램이 시스템을 점검하고 구성하며, 주변 장치들을 초기화한다.

5) CMOS(Complementary Metal−Oxide Semiconductor) 셋업 22년 상시, 07년 10월

- 바이오스(BIOS)의 여러 사항을 설정★하는 것이며, 메인보드의 내장 기능 설정 및 주변 장치에 대한 정보를 기록한다.
- CMOS 셋업은 사용자가 직접 내용 설정(F2, Delete)을 하는 것을 의미한다.
- 전원이 들어와 있지 않은 상태라도 항상 그 설정 내용을 유지하기 위해 CMOS 배터리가 사용된다.
- CMOS 셋업 시 사용하는 비밀번호를 잊어버린 경우 메인보드에 장착되어 있는 배터리를 뽑았다가 다시 장착하면 된다.

6) 포트(Port) 24년 상시, 23년 상시, 22년 상시, 20년 2월, 16년 10월, 12년 3월, 07년 2월, 06년 9월, 05년 7월

컴퓨터와 주변 장치를 연결하기 위한 접속 부분이다.

직렬 포트	• 한 번에 1비트씩 전송하는 방식으로, 데이터를 직렬로 전송하기 위한 포트 • 모뎀과 마우스를 연결하는 데 사용함 • COM1~COM4 등이 있음
병렬 포트	한 번에 8비트의 데이터가 동시에 전송되는 방식으로, 주로 프린터 등의 연결에 사용함
PS/2 포트	• 마우스나 키보드를 PC에 접속하기 위해 IBM이 개발한 포트 • PS/2 포트는 6핀을 가지고 있는 소형 DIN 플러그를 지원함
USB 포트	• 허브(Hub)를 사용하면 최대 127개의 주변 기기 연결이 가능하며, 기존의 직렬, 병렬, PS/2 포트 등을 하나의 포트로 대체하기 위한 범용 직렬 버스 장치 • 직렬 포트나 병렬 포트보다 빠른 속도로 데이터를 전송함 • 핫 플러그 인★, 플러그 앤 플레이★를 지원함 • USB 1.0에서는 1.5Mbps, USB 1.1에서는 최대 12Mbps, USB 2.0에서는 최대 480Mbps, USB 3.0에서는 최대 5Gbps, USB 3.1에서는 최대 10Gbps로 빨라짐
IEEE 1394	• 미국전기전자학회(IEEE)가 표준화한 새로운 직렬 인터페이스 규격의 포트 • Apple 사와 TI 사가 공동으로 디자인한 "Firewire"를 표준화한 것으로 디지털 가전 기기 간 전송 기술 표준 • 컴퓨터 주변 장치뿐만 아니라 비디오 카메라, 오디오 제품, TV, VCR 등의 가전 기기를 개인용 컴퓨터에 접속하는 인터페이스로 개발됨 • 핫 플러그인을 지원하며 최대 63대까지 연결할 수 있음 • 멀티미디어 데이터를 100Mbps에서부터 1Gbps까지 송수신할 수 있게 하는 인터페이스 규격
IrDA	적외선을 이용한 무선 직렬 포트로 주변 장치와의 통신에 사용함

└ Infrared Data Association

BIOS는 EPROM이나 플래시 메모리 등에 저장되어 있음

★ POST(Power On Self Test)
컴퓨터에 전원이 공급되면 CMOS에 설정된 하드웨어 사양과 실제 하드웨어가 일치하는지, 하드웨어가 정상적으로 동작하는지를 검사함

★ CMOS 설정 항목
시스템 날짜/시간, 하드디스크 유형, 부팅 순서 설정, 칩셋 및 USB 관련 설정, 전원 관리, PnP/PCI 구성, 시스템 암호 설정 등

🅕 기적의 TIP

포트의 종류 중 USB 포트는 자주 출제되므로 반드시 특징을 숙지해 두세요.

USB 2.0의 포트 색깔은 검정색 또는 흰색이며 USB 3.0의 포트 색깔은 파란색임

★ 핫 플러그 인(Hot Plug In)
전원이 연결된 상태에서도 주변장치의 설치/제거가 가능함

★ 플러그 앤 플레이(Plug & Play)
Intel이 개발한 규격으로, 새로운 하드웨어를 감지하여 필요한 소프트웨어를 설치하므로 별도의 설정을 하지 않아도 연결하면 바로 사용할 수 있는 기능

02 하드웨어 관련 용어

1) 인터럽트(Interrupt) 24년 상시, 13년 3월, 12년 3월, 04년 2월

- 컴퓨터에서 정상적인 프로그램을 처리하고 있는 도중 특수한 상태가 발생했을 때 현재 실행하고 있는 프로그램을 일시 중지하고, 그 특수한 상태를 처리한 후 다시 원래의 프로그램으로 복귀하여 정상적으로 처리하는 것을 의미한다.

구분	종류	원인
하드웨어 인터럽트	정전(Power Failure) 인터럽트	정전 시 발생함
	기계 고장(Machine Check) 인터럽트	기계 고장 시 발생함
	외부(External) 인터럽트	Timer 종료, 오퍼레이터의 콘솔 버튼을 조작함
	입출력(Input/Output) 인터럽트	데이터의 I/O 종료, 오류
소프트웨어 인터럽트	프로그램 인터럽트	무한 루프나 0으로 나누는 등 프로그램 명령 시 사용법이나 지정법에 잘못이 있을 때
	SVC(SuperVisor Call) 인터럽트	감시자의 호출, SVC 명령을 실행함

- 인터럽트는 외부 인터럽트, 내부 인터럽트, 소프트웨어 인터럽트로 구분할 수 있다.
- 내부 인터럽트는 불법적 명령이나 데이터 사용 시 발생하며 트랩(Trap)이라고도 한다.
  └─ 함정, 덫, 속임수

2) IRQ(Interrupt ReQuest)

- 주변 기기(마우스, 키보드, LAN 보드 등)에서 일어나는 인터럽트 신호이다.
- 우선순위에 따라 접수할 것인지 판단하고, 접수하면 현재 실행 중인 처리를 중단하여 식별 번호에 따라 대응 처리를 하게 된다.
- 발생한 장치 중 우선순위가 가장 높은 장치에 허용하며 두 개 이상의 하드웨어가 동일한 이것을 사용하면 충돌이 발생하게 된다.
  └─ IRQ 고유 번호가 있어 같은 IRQ를 가지면 시스템에서 충돌이 일어남

3) 데드락(Deadlock, 교착 상태)
'막다른 상태', '교착'의 의미로, 이러지도 저러지도 못하는 상태

자원은 한정되어 있으나 각 프로세스들이 서로 자원을 차지하려고 무한정 대기하는 상태로, 해당 프로세스의 진행이 중단되는 상태를 의미한다.

▶ **교착 상태가 일어나기 위한 4가지 조건**
└─ 한정된 자원을 각 프로세서들이 서로 차지하려고 무한정 대기하는 상태

상호 배제 (Mutual Exclusion)	필요한 자원을 각각의 프로세스가 배타적 통제권을 요구할 때
점유와 대기 (Hold and Wait)	프로세스가 자원을 할당받아 점유하면서 다른 자원을 요구할 때
비선점 (Non-preemption)	프로세스에 할당된 자원을 사용이 끝날 때까지 강제로 빼앗을 수 없을 때
환형 대기 (Circular Wait)	각각 다른 프로세스 간 자원의 요구가 연속적으로 순환시키는 원형과 같은 사슬 형태로 존재할 때

기적의 TIP

인터럽트, IRQ, 교착 상태 모두 중요하며 자주 출제됩니다. 특히 인터럽트의 종류, 우선순위, 교착 상태가 일어나기 위한 4가지 조건은 반드시 숙지하세요.

인터럽트 우선순위
정전 → 기계 고장 → 외부 인터럽트 → 입출력 인터럽트 → 프로그램 인터럽트 → SVC 인터럽트

암기 TIP

상점에 비가 오면 환기시켜라.
상호 배제, 점유와 대기, 비선점, 환형 대기

개념 체크

1 하드웨어 인터럽트는 프로그램 명령어에 의해 발생하는 인터럽트이다. (○, ×)

2 입출력 인터럽트는 데이터의 I/O 종료나 오류에 의해 발생한다. (○, ×)

3 내부 인터럽트는 ( )이라고도 한다.

4 주변 기기에서 일어나는 인터럽트 신호는?

5 교착 상태가 일어나기 위한 4가지 조건은?

6 프로세스에 할당된 자원을 사용이 끝날 때까지 강제로 빼앗을 수 없을 때 발생하는 교착 상태는?

7 데드락이란 프로세스들이 서로 자원을 차지하려고 무한정 대기하는 상태로 해당 프로세스의 진행이 중단되는 상태를 의미한다. (○, ×)

1 × 2 ○ 3 트랩(Trap)
4 IRQ 5 상호 배제, 점유와 대기,
비선점, 환형 대기
6 비선점 7 ○

4) 입출력 채널(I/O Channel) ^{22년 상시}

- CPU의 처리 효율을 높이고 데이터의 입출력을 빠르게 할 수 있게 만든 입출력 전용 처리기이다.
- 입출력 장치와 주기억 장치 사이의 속도 차이를 위한 장치(자체 메모리 없음)이다.
- CPU의 간섭 없이 입출력을 수행하며 작업 완료 시 인터럽트로 알린다.

① 채널의 종류

셀렉터 채널	주기억 장치와 고속의 입출력 장치(자기 테이프, 자기 디스크) 간에 데이터를 전송하는 프로세서로, 한 번에 한 개의 장치를 선택하여 동작하는 채널
멀티플렉서 채널	저속의 여러 입출력 장치(프린터, 카드)를 여러 개의 서브 채널이 있어서 동시에 조작할 수 있는 채널
블록 멀티플렉서 채널	블록 단위로 이동시키는 멀티플렉서 채널로, 셀렉터 채널과 멀티플렉서 채널의 복합 형태

② 채널의 기능

- 입력과 출력에 관한 명령을 해독한다.
- 각 입출력 장치에 해독된 명령의 실행을 지시한다.
- 지시된 명령의 실행 상황을 제어한다.

5) DMA(Direct Memory Access) ^{10년 3월, 03년 9월}

- CPU의 간섭 없이 주기억 장치와 입출력 장치 사이에서 직접 전송이 이루어지는 방법이다.
- DMA 방식에 의한 입출력은 CPU의 레지스터를 경유하지 않고 전송한다.
- 고속으로 대량의 데이터를 전송한다.

기적의 TIP

채널은 입출력 처리기로 저속의 입출력 장치를 직접 제어해 줍니다. 채널의 종류와 기능은 매우 중요합니다. 정확히 이해하고 넘어가세요.

개념 체크

1. 채널은 CPU와 입출력 장치 사이에서 데이터 전송을 수행하는 장치이다. (○, ×)
2. 멀티플렉서 채널은 여러 개의 입출력 장치 중에서 하나씩만 조작할 수 있는 채널이다. (○, ×)
3. 채널은 입출력 장치와 (   ) 장치 사이의 속도 차이를 위한 장치(자체 메모리 없음)이다.
4. DMA는 저속으로 소량의 데이터를 전송하는 데 사용된다. (○, ×)

1 ○ 2 × 3 주기억 4 ×

01 다음 중 한글 Windows을 부팅하는 과정에서 컴퓨터의 자기 진단과 주변 기기 등의 점검을 먼저 실시하는 기능을 하는 프로그램으로 옳은 것은?

① SYS
② BIOS
③ DOS
④ WIN

BIOS(Basic Input Output System) : 컴퓨터의 기본 입출력 시스템으로 부팅과 컴퓨터 운영에 대한 정보를 보유하고 있으며 펌웨어(Firmware)라고도 함

02 미국의 애플(Apple)사와 TI(Texas Instrument)사가 공동으로 디자인한 "Firewire"를 미국전기전자학회가 표준화한 것으로 컴퓨터와 디지털 가전 기기를 연결해 데이터를 교환할 수 있게 하는 직렬(Serial) 인터페이스 방식은?

① IEEE 1394
② USB
③ IDE
④ SCSI

오답 피하기

- USB(Universal Serial Bus) : 범용 직렬 버스로 컴퓨터와 주변 기기의 인터페이스를 공통화하기 위한 규격
- IDE(Intelligent Drive Electronics) : 하드디스크 인터페이스의 규격으로 저가에 안정적이지만 연결할 수 있는 주변 장치의 수가 2개로 한정됨
- SCSI(Small Computer System Interface) : 소형 컴퓨터와 주변 기기를 시스템의 구분 없이 주변 장치를 7개에서 15개까지 연결할 수 있는 표준 인터페이스

03 다음 중 USB 인터페이스에 대한 설명으로 옳지 않은 것은?

① 직렬포트보다 USB 포트의 데이터 전송 속도가 더 빠르다.
② USB는 컨트롤러 당 최대 127개까지 포트의 확장이 가능하다.
③ 핫 플러그 인(Hot Plug In)과 플러그 앤 플레이(Plug & Play)를 지원한다.
④ USB 커넥터를 색상으로 구분하는 경우 USB 3.0은 빨간색, USB 2.0은 파란색을 사용한다.

USB 3.0은 파란색, USB 2.0은 검정색 또는 흰색을 사용함

04 다음 중 컴퓨터의 인터럽트에 관한 설명으로 옳지 않은 것은?

① 프로그램 실행 중에 현재의 처리 순서를 중단시키고 다른 동작을 수행하도록 하는 것이다.
② 인터럽트 수행을 위한 인터럽트 서비스 루틴 프로그램이 따로 있다.
③ 하드웨어 결함이 생긴 경우에는 인터럽트가 발생하지 않는다.
④ 인터럽트 서브루틴이 끝나면 주프로그램으로 돌아간다.

하드웨어의 결함이 생긴 경우라도 인터럽트는 발생되며 기계가 고장인 경우도 해당됨

05 다음 설명과 관련 있는 용어로 알맞은 것은?

- CPU의 간섭 없이 주기억 장치와 입출력 장치 사이에서 직접 전송이 이루어지는 방법
- 고속으로 대량의 데이터를 전송하여 입출력이 이루어짐

① 교착 상태(Dead Lock)
② DMA(Direct Memory Access)
③ 인터럽트(Interrupt)
④ IRQ(Interrupt Request)

DMA(Direct Memory Access) : 입출력은 CPU의 레지스터를 경유하지 않고 전송되며 CPU의 간섭 없이 주기억 장치와 입출력 장치 사이에서 직접 전송함

오답 피하기

- 교착 상태(Dead Lock) : 자원은 한정되어 있으나 각 프로세서들이 서로 차지하려고 무한정 대기하는 상태
- 인터럽트(Interrupt) : 정상 작동 중 예기치 않은 일이 발생했을 때 처리 후 원래대로 복귀하는 것
- IRQ(Interrupt Request) : 주변 기기에서 발생하는 인터럽트 신호

정답 01 ② 02 ① 03 ④ 04 ③ 05 ②

소프트웨어

▶ 합격 강의

빈출 태그 소프트웨어 분류 • 소프트웨어 구분

01 소프트웨어의 개념 16년 10월

하드웨어적 자원을 이용하여 컴퓨터를 효율적으로 활용하기 위한 프로그램과 처리 절차에 관한 기술 및 각종 문서들을 포함하는 프로그램 체계의 총칭을 소프트웨어라 한다.

02 소프트웨어의 분류 18년 3월

1) 시스템 소프트웨어

- 컴퓨터와 사용자의 중간에서 시스템을 효율적으로 운영할 수 있도록 도와주는 역할을 수행하는 프로그램으로, 기능에 따라 제어 프로그램과 처리 프로그램으로 나눈다.
- 대표적인 시스템 소프트웨어로는 운영체제, 언어 번역 프로그램, 유틸리티 프로그램 등이 있다.

부트 로더, 장치 드라이브, 각종 라이브러리 등도 시스템 소프트웨어에 해당됨

운영체제 (Operating System)	• 하드웨어를 효율적으로 관리하고 사용자가 편리하게 컴퓨터 시스템을 사용할 수 있도록 해 주는 프로그램 • 종류 : DOS, Windows, OS/2, Unix, Linux 등
언어 번역 프로그램 (Language Translation P/G)	• 프로그래밍 언어로 작성한 프로그램을 컴퓨터가 이해할 수 있는 기계 명령어로 변환하는 프로그램 • 종류 : 인터프리터(Interpreter), 컴파일러(Compiler), 어셈블러(Assembler)
유틸리티 프로그램 (Utility Program)	• 일상적으로 발생하는 컴퓨터 업무의 수행을 지원하는 프로그램 • 파일 관리, 시스템 관리 등의 작업을 수행함

데이터 마이닝(Mining)
마이닝(Mining)은 "캐다, 채굴하다."의 의미로 대량의 데이터를 분석하여 일정한 패턴을 찾아내고, 이를 토대로 의사 결정을 위한 가치 있는 정보를 추출하는 기술

2) 응용 소프트웨어(Application Software) 15년 10월, 14년 10월

- 일반적으로 사용자가 실제 업무를 처리할 수 있도록 개발된 프로그램을 말한다.
- 대표적인 응용 소프트웨어로는 워드프로세서, 스프레드시트, 데이터베이스, 프레젠테이션, 그래픽 소프트웨어, 설계 소프트웨어 등이 있다.

데이터 웨어하우스 (Data Warehouse)
- 자료의 추출 및 변환을 통해서 만들어진 통합된 대규모의 데이터베이스
- 기업의 전략적인 의사 결정 지원을 목적으로 함

워드프로세서(Wordprocessor)	흔글, MS-Word
스프레드시트(Spreadsheet)	MS-Excel, Lotus, 흔셀
데이터베이스(Database)	MS-Access, dBASE, Oracle
프레젠테이션(Presentation)	MS-Powerpoint, 프리랜스, 프레지(prezi), 흔쇼
그래픽(Graphic) S/W	포토샵, 페인팅 프로그램, 드로잉 프로그램
전자 출판(DTP)	PageMaker, QuarkXpress, Ventura Publisher, 문방사우
확률/통계(Statistic) S/W	SAS, SPSS
설계 S/W	CAD(Computer Aided Design)

임베디드(Embedded) 시스템
어떤 하드웨어나 소프트웨어가 다른 하드웨어나 소프트웨어의 일부로 내재되어 있는 것

Window CE
가전 제품, PDA 등에 사용되는 임베디드 운영체제

주문형 소프트웨어(Customized Software)
조직이나 개인의 특화된 업무의 요구에 맞게 작성된 소프트웨어

오픈 소스 소프트웨어(Open Source Software)
소스 코드가 오픈되어 수정 및 변경이 가능한 소프트웨어

> 🅱 **기적의 TIP**
>
> 소프트웨어의 각 종류에 대한 특징을 묻는 문제가 출제됩니다. 소프트웨어를 구분해서 알아두세요.

벤치마크(Benchmark)
하드웨어나 소프트웨어를 비교, 검사하여 성능을 평가하기 위해 실제로 사용되는 조건과 같은 환경에서 처리 능력을 테스트하는 것

03 저작권에 따른 소프트웨어(Software)의 구분
23년 상시, 22년 상시, 21년 상시, …

상용 소프트웨어 (Commercial Software)	정식 대가를 지불하고 사용하는 프로그램으로 해당 프로그램의 모든 기능을 사용할 수 있음
공개 소프트웨어(Freeware)	개발자가 무료로 자유로운 사용을 허용한 소프트웨어
셰어웨어(Shareware)	정식 프로그램의 구매를 유도하기 위해 기능이나 사용 기간에 제한을 두어 무료로 배포하는 프로그램
에드웨어(Adware)	광고가 소프트웨어에 포함되어 이를 보는 조건으로 무료로 사용할 수 있는 소프트웨어
데모 버전(Demo Version)	정식 프로그램의 기능을 홍보하기 위해 사용 기간이나 기능을 제한하여 배포하는 프로그램
트라이얼 버전(Trial Version)	상용 소프트웨어를 일정 기간 동안 사용해 볼 수 있는 체험판 소프트웨어
알파 버전(Alpha Version)	베타 테스트를 하기 전에 제작 회사 내에서 테스트할 목적으로 제작하는 프로그램
베타 버전(Beta Version)	정식 프로그램을 발표하기 전에 테스트를 목적으로 일반인에게 공개하는 프로그램
패치 프로그램(Patch Program)	이미 제작하여 배포된 프로그램의 오류 수정이나 성능 향상을 위하여 프로그램 일부를 변경해 주는 프로그램
번들 프로그램(Bundle Program)	특정한 하드웨어나 소프트웨어를 구매하였을 때 끼워주는 소프트웨어

└─ 'Patch'는 깁는데 쓰는 '헝겊 조각'의 사전적 의미로, 프로그램 문제에 대한 보완 정정을 위해 내놓는 업데이트 프로그램을 말함

이론을 확인하는 기출문제

▶ 합격 강의

01 다음 중 아래에서 응용 소프트웨어만 선택하여 나열한 것은?

> ㉠ 윈도우 ㉡ 포토샵 ㉢ 리눅스
> ㉣ 한컴오피스 ㉤ 유닉스

① ㉠, ㉡
② ㉡, ㉣
③ ㉠, ㉢, ㉤
④ ㉡, ㉣, ㉤

> **오답 피하기**
>
> 운영체제(Operating System) : 컴퓨터 시스템의 각종 하드웨어적인 자원과 소프트웨어적인 자원을 효율적으로 운영, 관리함으로써 사용자가 시스템을 이용하는데 편리함을 제공하는 시스템 소프트웨어로 윈도우, 리눅스, 유닉스 등이 있음

02 다음 중 아래의 ㉠, ㉡, ㉢에 해당하는 소프트웨어의 종류를 올바르게 짝지어 나열한 것은?
▶ 합격 강의

> 홍길동은 어떤 프로그램이 좋은지 알아보기 위해 ㉠ 누구나 임의의 용도로 사용할 수 있는 프로그램과 ㉡ 주로 일정 기간 동안 일부 기능을 제한한 상태로 사용하는 프로그램을 먼저 사용해 보고, 가장 적합한 ㉢ 프로그램을 구입하여 사용하려고 한다.

① ㉠ 프리웨어, ㉡ 셰어웨어, ㉢ 상용 소프트웨어
② ㉠ 셰어웨어, ㉡ 프리웨어, ㉢ 상용 소프트웨어
③ ㉠ 상용 소프트웨어, ㉡ 셰어웨어, ㉢ 프리웨어
④ ㉠ 셰어웨어, ㉡ 상용 소프트웨어, ㉢ 프리웨어

- ㉠ 프리웨어(Freeware) : 개발자가 무료로 자유로운 사용을 허용한 소프트웨어
- ㉡ 셰어웨어(Shareware) : 정식 프로그램의 구매를 유도하기 위해 기능이나 사용 기간에 제한을 두어 무료로 배포하는 프로그램
- ㉢ 상용 소프트웨어(Commercial Software) : 정식 대가를 지불하고 사용하는 프로그램으로 해당 프로그램의 모든 기능을 사용할 수 있음

정답 01 ② 02 ①

유틸리티(Utility)

▶합격 강의

01 압축 프로그램 24년 상시, 19년 8월, 16년 6월, 15년 6월, 13년 6월, 11년 3월, 10년 6월, 06년 2월/5월/7월, 04년 2월, …

- 사용자가 컴퓨터를 보다 효율적으로 사용할 수 있게 도와주는 유틸리티 프로그램의 한 종류이다.
- 파일을 압축함으로써 디스크 공간을 절약할 수 있으며, 데이터 통신망을 이용하여 자료를 송수신할 때 빠르게 처리할 수 있어 전송 시간을 단축할 수 있다.
- 여러 개의 파일을 하나의 파일로 압축할 수 있다.
- 멀티 볼륨 압축 : 일정한 크기로 나누어 압축하는 것으로 주로 큰 용량의 파일을 여러 장의 플로피디스크에 나누어 압축한다(Winzip의 경우 *.zip, *.z01, *.z02, *.z03처럼 나누어져서 압축됨).
- 자동 풀림 압축 : 실행 파일 형태(*.exe)로 압축이 자동으로 풀리는 압축 파일이다 (PKZIP은 ZIP2EXE 파일로 자동 풀림 압축 파일을 생성함).

> 🅱 기적의 TIP
>
> 유틸리티의 개념과 압축 프로그램의 종류와 목적은 알고 넘어가세요.
>
> 압축 파일을 재압축해도 파일의 크기가 계속 줄어드는 것은 아님

WinZip	• 세계적으로 많은 사용자들이 이용하고 있는 압축 소프트웨어로, 확장자는 *.ZIP임 • Classic과 Wizard 방식을 지원하기 때문에 선택하여 사용 가능함 • 압축 파일의 관리를 수월하게 해 주는 Favorite ZIP folder, 초보자를 위한 Win-Zip Wizard 기능을 지원함 • 자동 풀림 기능과 바이러스 검사 기능을 포함
WinRAR	• WinZip과 함께 많이 이용되고 있는 압축 소프트웨어로, 확장자는 *.RAR임 • 압축률과 압축 속도가 뛰어나며, CAB, ARJ, LZH 등의 파일을 외부 프로그램 없이 압축을 해제할 수 있음
알집(Alzip)	• 대표적인 국산 압축 소프트웨어로, ZIP, ARJ, LZH, RAR, CAB, TAR 등 거의 대부분의 압축 형식을 지원함 • 분할 압축이 가능하며 압축 파일의 형식과는 관계없이 여러 개의 압축 파일을 해제할 수 있음

02 기타 유틸리티 19년 8월

화면 보호기	일정시간 컴퓨터를 사용하지 않는 경우 화면을 보호해 주는 유틸리티로 Windows에서 제공하는 화면 보호기 외에 수족관 화면 보호기 등이 있음
이미지 뷰어	이미지 파일을 볼 수 있는 기능을 제공해 주는 것으로 디지털 카메라로 찍은 이미지 파일 관리 및 크기 조절, 회전 등의 간단한 편집이 가능한 알씨 등이 있음
파일 및 디스크 관리 프로그램	파일과 디스크 관리 기능을 제공해 주는 것으로 파일 복사 등의 파일 관리가 가능한 유틸리티로 노턴 등이 있음

> ✅ 개념 체크
>
> 1 파일을 압축함으로써 디스크 공간을 절약할 수 있다. (○, ×)
>
> 2 압축 프로그램은 사용자가 컴퓨터를 보다 효율적으로 사용할 수 있게 도와주는 ( ) 프로그램의 한 종류이다.
>
> 3 화면 보호기는 일정시간 컴퓨터를 사용하지 않는 경우 화면을 보호해 주는 유틸리티이다. (○, ×)
>
> 1 ○ 2 유틸리티 3 ○

01 유틸리티에 대한 설명 중 가장 올바르지 않은 것은?

① 알집 프로그램은 파일을 압축하거나 압축을 풀 때 사용하는 프로그램이다.

② FTP는 파일 전송 프로토콜로 서버에 파일을 올릴 때 사용하는 프로그램이다.

③ V3 유틸리티는 파일 감염 여부를 점검은 하지만 치료는 하지 못한다.

④ PDF 뷰어는 PDF(Portable Document Format) 형식의 파일을 볼 수 있는 프로그램이다.

V3 유틸리티는 파일 감염 여부의 점검과 치료를 담당함

02 다음 중 압축에 대한 설명으로 옳지 않은 것은?

▶ 합격 강의

① 압축을 함으로써 디스크 공간을 효율적으로 사용할 수 있다.

② 압축을 함으로써 파일을 전송할 때 빠르게 처리할 수 있다.

③ 여러 개의 파일을 하나의 파일로 압축할 수 있다.

④ 'WAV'의 형태는 파일 압축을 사용한 대표적인 경우이다.

사운드 파일 형식 중 'WAV'는 파일 압축을 사용한 것이 아니라 아날로그 신호를 디지털화하여 나타내는 것으로 소리의 파장이 그대로 저장되는 방식임

03 다음 중 압축에 대한 설명으로 옳지 않은 것은?

① 압축을 함으로써 디스크 공간을 효율적으로 사용할 수 있다.

② 압축을 함으로써 파일을 전송할 때 빠르게 처리할 수 있다.

③ 압축 프로그램으로 winzip, alzip 등이 있으며, 프로그램에 따라 분할 압축이 가능하다.

④ 멀티미디어 데이터는 압축 기술을 지원하고 있지 않다.

멀티미디어 데이터도 압축이 가능함

04 다음 중 압축에 관한 설명으로 옳지 않은 것은?

① 한글 Windows에서는 기본적으로 파일/폴더의 크기를 줄여주는 압축 기능을 제공한다.

② 파일을 압축하는 목적은 저장 공간 및 통신 시간의 절약이다.

③ 파일 압축 프로그램에는 ARJ, PKZIP, RAR, LHA 등이 있다.

④ 압축 파일을 재압축하는 방식으로 파일의 크기를 계속 줄일 수 있다.

압축 파일을 계속 재압축하더라도 파일의 크기가 계속 줄어들지는 않음

05 다음 중 유틸리티 프로그램에 대한 설명으로 적절하지 않은 것은?

▶ 합격 강의

① 다수의 작업이나 목적에 대하여 적용되는 편리한 서비스 프로그램이나 루틴을 말한다.

② 컴퓨터의 동작에 필수적이고, 컴퓨터를 이용하는 주목적에 대한 일부 특정 작업을 수행하는 소프트웨어들을 가리킨다.

③ 컴퓨터 하드웨어, 운영 체제, 응용 소프트웨어를 관리하는 데 도움을 주도록 설계된 프로그램을 의미한다.

④ Windows에서 제공하는 유틸리티 프로그램으로는 드라이브 조각 모음 및 최적화(디스크 조각 모음), 화면 보호기, 스파이웨어 방지 소프트웨어인 Windows Defender 등을 예로 들 수 있다.

유틸리티(Utility) 프로그램은 사용자가 컴퓨터를 보다 효율적으로 사용할 수 있게 도와주는 프로그램으로 컴퓨터의 동작에 필수적인 프로그램에 해당하지는 않음

프로그래밍 언어

▶ 합격 강의

빈출 태그 원시 프로그램·목적 프로그램·로드 모듈·컴파일러·객체 지향 프로그래밍·VRML·Java·XML·ASP·PHP·JSP·UML

01 일반 프로그래밍 언어

1) 저급 언어(Low Level Language)

기계가 이해하기 쉽게 구성된 언어로 처리 속도가 빠르다.

기계어 (Machine Language)	• 컴퓨터가 직접 이해할 수 있는 가장 기초적인 언어 • 0과 1의 2진수 형태를 가지며 기종에 따라 다름 • 번역 과정이 필요 없으므로 수행 속도가 빠름
어셈블리어 (Assembly Language)	• 기계어와 1:1로 기호화(Symbolic)한 언어 • 어셈블러(Assembler)라는 언어 번역기에 의해 번역됨 • 니모닉(Mnemonic) 언어라고도 함 • 하드웨어 관련 시스템 프로그램 작성에 사용됨

🕐 암기 TIP

저급 언어
MAM
Machine Language(기계어), Assembly Language(어셈블리어), Mnemonic(니모닉)

2) 고급 언어(High Level Language) 10년 3월

인간 중심의 언어로 번역기에 의해 기계어로 번역되어 처리되므로 속도가 느리다.

FORTRAN	• 과학, 공학 분야에서 수학적 문제들을 해결하기 위한 과학 계산용 수치 언어 • 명령 형식은 일반 수식과 유사하며 문법이 간단함
COBOL	• 사무 처리용 언어이며, 최초로 개발된 고급 언어 • 영어 문장의 형태로 보고서 작성 기능이 있으며 많은 양의 데이터를 처리
ALGOL	• 블록 구조를 가진 최초의 언어이며, PASCAL 언어의 모체 • 수치 계산 및 논리 연산을 위한 언어
BASIC	대화형 언어이며 다목적용 언어
PASCAL	교육용 언어이며 재귀적 알고리즘 표현이 용이하고 구조화 프로그래밍이 가능한 언어
C언어	• ALGOL 60을 모체로 개발된 언어로 시스템용 언어이며 UNIX 운영체제를 구현한 언어 • 다양한 데이터형이 지원되며 이식성이 뛰어나고 강력한 문자열 처리 능력이 있음 • Bit 연산 및 H/W의 제어가 가능한 언어
C++	객체 지향 언어이며 문제를 객체로 모델링하여 표현, 추상화, 코드 재사용, 클래스, 상속 등이 가능함
LISP	리스트 처리용 언어이며, 인공 지능 분야에서 사용함
SNOBOL	문자열 처리를 위해 개발된 언어
PL/1	ALGOL, FORTRAN, COBOL의 장점을 복합한 언어
JAVA	• 객체 지향 언어로 네트워크 환경에서 분산 작업이 가능한 언어 • 멀티스레드 기능을 제공하므로 여러 작업을 동시에 처리할 수 있음 • 특정 컴퓨터 구조와 상관없는 가상 바이트 머신 코드를 사용하기 때문에 플랫폼이 독립적임

Beginner's All-purpose Symbolic Instruction Code의 약자

C언어는 구조적 프로그래밍의 구현과 영문 대/소문자를 구분하여 프로그래밍 됨

✔ 개념 체크

1 COBOL은 어떤 기능을 가진 언어인가?

2 LISP은 어떤 분야에서 사용되는 언어인가?

3 가상 바이트 머신 코드를 사용하기 때문에 플랫폼이 독립적인 언어는?

1 사무 처리 2 인공 지능
3 JAVA

02 언어 번역 과정

일반적인 프로그래밍 언어는 사용자 중심의 영문 형태로 기술되기 때문에 컴퓨터가 이해할 수 있는 기계어로 변환되어야 한다.

1) 언어 번역 과정 23년 상시, 21년 상시, 11년 7월, 09년 10월, 08년 2월, 07년 10월

원시 프로그램 (Source Program)	사용자가 프로그래밍 언어로 작성한 프로그램
번역(Compile)	특정 프로그래밍 언어로 작성된 내용을 컴퓨터가 이해할 수 있는 기계어로 바꾸어 주는 언어 번역 프로그램(Compiler, Assembler, Interpreter 등)을 사용함
목적 프로그램 (Object Program)	언어 번역 프로그램에 의해 기계어로 번역된 상태의 프로그램
링커(Linker)	목적 프로그램을 실행 가능한 프로그램으로 만드는 과정(연계 편집기)
로드 모듈(Load Module)	링커(Linker)에 의해 실행 가능한 상태로 만들어진 프로그램 모듈
로더(Loader)	• 로드 모듈 프로그램을 주기억 장치 내로 옮겨서 실행해 주는 소프트웨어 • 할당(Allocation), 연결(Linking), 재배치(Relocation), 적재(Loading) 등의 기능이 있음

2) 언어 번역 프로그램(Language Translation Program)의 종류 24년 상시, 23년 상시, …

컴파일러(Compiler)	• 고급 언어를 기계어로 번역하는 프로그램(FORTRAN, COBOL, PL/1, PASCAL, C언어 등) • 전체를 한 번에 번역하고, 실행 속도는 빠르며, 목적 프로그램을 생성함
어셈블러(Assembler)	어셈블리(Assembly) 언어를 기계어로 번역하는 프로그램
인터프리터(Interpreter)	• 대화식 언어로 작성된 프로그램을 필요할 때마다 매 번 기계어로 번역하여 실행하는 프로그램(BASIC, LISP, SNOBOL, APL 등) • 행 단위로 번역하고, 실행 속도는 느리며, 목적 프로그램을 생성하지 않음

3) 컴파일러와 인터프리터의 차이점 18년 3월

구분	컴파일러	인터프리터
번역 단위	프로그램 전체를 한 번에 번역	프로그램의 행 단위 번역
번역 속도	전체를 번역하므로 느림	행 단위 번역이므로 빠름
해당 언어	FORTRAN, COBOL, PL/1, PASCAL, C언어 등	BASIC, LISP, SNOBOL, APL 등
목적 프로그램	생성함	생성하지 않음
실행 속도	목적 프로그램이 생성되므로 빠름	느림

03 프로그래밍 작성 기법

1) 구조적 프로그래밍 기법

- 하나의 입력과 출력을 갖는 구조로 GOTO문을 사용하지 않는 기법이다.
- 순서적, 선택적, 반복적인 세 가지 논리 구조를 사용한다.
- 블록 구조의 형태로 기능별 서브루틴 작성이 가능하다.

2) 하향식 프로그래밍 기법

프로그램을 작성할 때 상위에서 하위 모듈순으로 작성해 나가는 기법으로 오류 발생 시 수정이 어렵다는 단점이 있어 많이 사용되지 않는다.

3) 객체 지향 프로그래밍(Object-Oriented Programming) 기법 24년 상시, 21년 상시, 19년 3월, ...

- 프로그램에서 사용하는 데이터 구조의 데이터형과 사용하는 함수까지 정의하는 프로그래밍 기법이다.
- 객체 지향 언어에는 C++★, Actor, SmallTalk, JAVA 등이 있다.
- 객체 지향 프로그래밍에서 공통적인 기능과 속성을 가진 객체를 클래스(Class)라 한다.
- 객체 지향 프로그래밍에서 객체가 수행하는 실제 기능을 기술한 코드를 메서드(Method)라 한다.
- 메서드의 상속과 재사용이 가능하고 시스템의 확장성이 높다.
- 객체 지향 프로그래밍에서 객체의 고유 성질이나 속성을 프로퍼티(Property)라 한다.

4) 비주얼 프로그래밍(Visual Programming) 기법 03년 5월

- Windows의 GUI(Graphic User Interface) 환경에서 아이콘과 마우스를 이용하여 대화 형식으로 효율적이고 쉽게 프로그래밍 하는 기법이다.
- BASIC은 Visual BASIC, PASCAL은 Delphi, C++은 Visual C++, C는 Power Builder 등으로 계승되었다.

04 웹 프로그래밍 언어 24년 상시, 22년 상시, 16년 3월/6월, 08년 2월/10월, 07년 7월, 04년 11월

HTML (HyperText Markup Language)	• 인터넷의 정보 검색 시스템인 월드 와이드 웹(WWW)의 홈페이지를 작성하는 데 사용되는 생성 언어로, 문자 뿐만 아니라 화상이나 음성, 영상을 포함하는 페이지로 표현할 수 있는 구조화된 언어 • 확장자는 *.html, *.htm임
VRML (Virtual Reality Modeling Language)	• 3차원 도형 데이터의 기술 언어로, 3차원 좌표값이나 기하학적 데이터 등을 기술한 문서(Text) 파일의 서식(Format)이 정해져 있음 • 작성된 가상현실 모델링 언어(VRML) 파일을 월드 와이드 웹(WWW) 서버에 저장하여 입체적인 이미지를 갖는 3차원의 가상적 세계를 인터넷상에 구축하는 언어

B 기적의 TIP

객체 지향에 관련된 문제가 최근에 자주 출제되고 있습니다. 반드시 개념을 이해해 두세요.

순서도(Flowchart)
- 어떤 일을 처리하기 위한 절차나 순서를 그림으로 나타내는 것으로, 문제 처리 과정을 논리적으로 도식화함
- 논리적인 체계를 쉽게 이해할 수 있으며, 프로그램 흐름에 대한 수정을 용이하게 함
- 흐름도 또는 유통도라고도 함

★ C++
C언어를 확장한 객체 지향 프로그래밍 언어

객체 지향 언어의 특징

추상화	다형성(오버로딩)
캡슐화	정보 은폐
계층성	상속성
모듈성	재사용성

※ 구조화는 객체 지향 언어의 특징이 아님

B 기적의 TIP

각 웹 프로그래밍 언어 중 Java, XML, ASP, PHP, JSP를 중점적으로 공부하세요.

HTML5
액티브X나 플러그인 등의 프로그램 설치 없이 동영상이나 음악 재생을 실행할 수 있는 웹 표준 언어

WML(Wireless Markup Language)
무선 접속을 통하여 휴대폰이나 PDA 등에 웹 페이지의 텍스트와 이미지 부분이 표시될 수 있도록 해 주는 웹 프로그래밍 언어

★ CGI(Common Gateway Interface) • 웹 서버에 있어 사용자의 요구를 응용 프로그램에 전달하고 그 결과를 사용자에게 되돌려주기 위한 표준적인 방법 • 카운터, 방명록, 게시판과 같이 방문자 상호 간의 정보를 주고받는 기능을 추가함	Perl(Practical Extraction and Reporting Language)	• 1980년대 초반에 Lary Wall에 의해 개발된 인터프리터 언어 • 사용하기 쉽고 크기가 작기 때문에 CGI★ 프로그램을 작성하는 데 널리 이용됨
	SGML(Standard Generalized Markup Language)	• 국제 표준화 기구(ISO)에서 1986년 국제 표준으로 채택한 문서 생성 언어 • 인터넷의 월드 와이드 웹 홈페이지에 사용되는 하이퍼텍스트 생성 언어(HTML)의 바탕이 되었음 • 컴퓨터 시스템이나 응용 프로그램과 독립적으로 문서나 파일을 교환할 수 있고 교환되는 문서가 수신측에서도 자유로이 편집될 수 있어서 유용하게 재이용될 수 있도록 하기 위해 개발된 언어
★ 멀티스레드(Multi-Thread) 응용 프로그램 내에서 다중 작업을 처리함 ★ 스레드 컴퓨터 프로그램 수행시 프로세스 내부에 존재하는 수행 경로	자바(Java)	• 미국의 선 마이크로시스템즈 사가 개발한 객체 지향 프로그래밍 언어로, C++을 바탕으로 언어 규격을 규정함 • 자바의 원시 코드를 고쳐 쓰거나 재컴파일할 필요가 없기 때문에 기종이나 운영체제와 무관한 응용 프로그램의 개발 도구로 각광받고 있음 • 멀티스레드★를 지원하고 각각의 스레드★는 독립적으로 동시에 서로 다른 일을 처리함 • 특정 컴퓨터 구조와 무관한 가상 바이트 머신 코드를 사용하므로 플랫폼이 독립적임 • 바이트 머신 코드를 생성함
	자바 스크립트(Java Script)	• 미국의 넷스케이프 커뮤니케이션즈(Netscape Communications) 사가 개발한 스크립트 언어로, 웹 브라우저에서 실행하는 스크립트 언어를 기술함 • 하이퍼텍스트 생성 언어(HTML) 문서를 작성하는 수준의 사용자가 사용하는 것을 주안점으로 하여 자바의 언어 규격으로부터 변수의 형(정수형, 문자열형 등)을 생략하거나 새로운 클래스 정의를 할 수 없도록 함 • 스크립트는 HTML 문서 속에 직접 기술하며, 'Script'라는 꼬리표를 사용함 • 객체 지향 언어의 특성을 가지며 클라이언트의 웹 브라우저에서 인터프리트 되므로 서버에 데이터를 전송하기 전에 아이디나 비밀번호의 입력, 수량 입력 등과 같은 작업을 구현할 때 사용하는 웹 프로그래밍 언어로 적절함
	자바 애플릿(Java Applet)	• 자바(Java) 언어로 작성된 작은 소프트웨어로, 애플릿이라고도 함 • HTML 문서 내에 포함될 수 있는 자바 프로그램이며, 현재 웹상의 대부분에서 사용됨 • 크기가 작아서 네트워크에서의 전송에 적합하고 월드 와이드 웹(WWW)을 이용하여 배포할 수 있음 • 자바 애플릿은 사전에 컴파일하여 웹 서버에 등록해 둠 • 웹에서 사용하는 표준 데이터 형식인 하이퍼텍스트 생성 언어(HTML)로 작성한 문서를 애플릿이라는 꼬리표를 써서 자바 애플릿을 지정함
DHTML(Dynamic HTML) 동적 HTML로 스타일 시트(Style Sheets)를 도입하여 텍스트의 폰트와 크기, 색상, 여백 형식 등 웹 페이지 관련 속성을 지정할 수 있음	XML(eXtensible Markup Language)	• 기존 HTML 단점을 보완하여 문서의 구조적인 특성들을 고려하여 문서들을 상호 교환할 수 있도록 설계된 프로그래밍 언어 • 하이퍼텍스트 생성 언어(HTML)를 대체할 목적으로 월드 와이드 웹 컨소시엄(WWW Consortium)이라는 단체가 표준화 작업을 진행하고 있는 페이지 기술 언어 • HTML에서 사용되는 연결(Link) 기능 등을 확장함과 동시에 표준 범용 문서 생성 언어(SGML)를 인터넷용으로 최적화한 것으로, HTML과 SGML의 장점을 모두 가지도록 규정함 • 인터넷뿐만 아니라 전자 출판, 의학, 경영, 법률, 판매 자동화, 디지털 도서관, 전자상거래 등에서 이용하고 있음 • 사용자가 새로운 태그(Tag)를 정의할 수 있음
	ASP(Active Server Page)	• Windows 환경에서 동적인 웹 페이지를 제작할 수 있는 스크립트 언어 • HTML 문서에 명령어를 삽입하여 사용하며, 자바 스크립트와는 달리 서버 측에서 실행됨 ─── 마크업 언어에 사용되는 꺽쇠를 가지고 있는 명령 • 주로 VB Script를 사용해서 처리함

PHP(Professional Hypertext Preprocessor)	• 웹 서버에서 작동하는 스크립트 언어로, UNIX, Linux, Windows 등의 환경에서 작동함 • C, Java, Perl 등의 언어와 문법이 유사하고, 배우기가 쉽기 때문에 웹 페이지 제작에 많이 사용됨 • 다양한 데이터베이스와 연동할 수 있음
JSP(Java Server Page)	• ASP, PHP와 동일하게 웹 서버에서 작동하는 스크립트 언어 • 작성된 프로그램은 자바 서블릿 코드로 변환되어서 실행됨 • Java의 장점을 그대로 수용하였기 때문에 강력한 기능을 제공함 • UNIX, Linux, Windows 등의 여러 운영체제에서 실행 가능함 • HTML 문서 내에서는 〈% … %〉와 같은 형식으로 작성됨
UML(Unified Modeling Language)	객체 지향 방법론에서 분석 및 설계를 위해 사용하는 모델링 언어

▶ **자바 스크립트와 자바 애플릿 비교**

자바 스크립트	자바 애플릿
컴파일이 불필요함	컴파일이 필요함
클라이언트의 웹 브라우저에서 인터프리트	서버에서 컴파일, 클라이언트에서 인터프리트
객체 지향 언어의 특성	객체 지향 언어의 특성
HTML 문장 안에 기술함	별도의 애플릿 파일이 존재함
변수형을 미리 선언할 필요가 없음	변수형을 미리 선언해 주어야 함

01 다음 중 컴퓨터에서 고급 언어로 프로그래밍하는 과정의 순서로 옳은 것은?

가. 원시 프로그램 작성	나. 로딩(Loading)
다. 링킹(Linking)	라. 번역(Compile)
마. 프로그램 실행	

① 가-라-다-나-마 ② 가-다-라-나-마
③ 가-나-다-라-마 ④ 가-라-마-다-나

───────────

고급 언어로 프로그래밍 하는 과정 : 원시 프로그램 → 번역(Compile) → 목적 프로그램 → 링킹(Linking) → 로드 모듈 → 로딩(Loading) → 프로그램 실행

02 다음 중 인터프리터 언어에 대한 설명으로 옳지 <u>않은</u> 것은?

① 대화형 언어로서 목적 프로그램을 생성하지 않는다.
② 디버깅이 컴파일러보다 쉬우나 실행 속도가 느리다.
③ 전체 프로그램을 한 번에 처리하여 실행한다.
④ BASIC, LISP, APL과 같은 언어가 있다.

───────────

③은 컴파일러 언어에 대한 설명임

03 다음 중 추상화, 캡슐화, 상속성, 다형성 등의 특징을 지니고 있으며, 크고 복잡한 프로그램 구축이 어려운 절차형 언어의 문제점을 해결하기 위해 개발된 프로그래밍 기법은?

① 구조적 프로그래밍
② 객체 지향 프로그래밍
③ 하향식 프로그래밍
④ 비주얼 프로그래밍

───────────

객체 지향 프로그래밍 : 프로그램에서 사용하는 데이터 구조의 데이터형과 사용하는 함수까지 정의하는 프로그래밍 기법으로 C++, Actor, SmallTalk, JAVA 등이 있음

오답 피하기

• 구조적 프로그래밍 : 하나의 입력과 출력을 갖는 구조로 GOTO문을 사용하지 않는 기법
• 하향식 프로그래밍 : 프로그램을 작성할 때 상위에서 하위 모듈순으로 작성해 나가는 기법
• 비주얼 프로그래밍 : GUI 환경에서 아이콘과 마우스를 이용하여 대화 형식으로 효율적이고 쉽게 프로그래밍을 하는 기법

04 다음 중 언어 번역 프로그램인 컴파일러와 인터프리터의 차이점에 대한 설명으로 옳지 <u>않은</u> 것은?

① 컴파일러는 프로그램 전체를 번역하고, 인터프리터는 한 줄씩 번역한다.
② 컴파일러는 목적 프로그램을 생성하고, 인터프리터는 생성하지 않는다.
③ 컴파일러는 실행 속도가 빠르고, 인터프리터는 실행 속도가 느리다.
④ 컴파일러는 번역 속도가 빠르고, 인터프리터는 번역 속도가 느리다.

───────────

컴파일러는 프로그램 전체를 번역하므로 번역 속도가 느리고, 인터프리터는 한 줄씩 번역하므로 번역 속도가 빠름

05 다음 중 W3C에서 제안한 표준안으로 문서 작성 중심으로 구성된 기존 표준에 비디오, 오디오 등 다양한 부가 기능과 최신 멀티미디어 콘텐츠를 액티브X 없이 브라우저에서 쉽게 볼 수 있도록 한 웹의 표준 언어는?

① XML
② VRML
③ HTML5
④ JSP

───────────

HTML5(HyperText Markup Language 5) : 인터넷의 정보 검색 시스템인 월드 와이드 웹(WWW)의 홈페이지를 작성하는 데 사용되는 생성 언어로, 문자뿐만 아니라 화상이나 음성, 영상을 포함하는 페이지로 표현할 수 있는 구조화된 언어

오답 피하기

• XML : 기존 HTML 단점을 보완하여 문서의 구조적인 특성들을 고려하여 문서들을 상호 교환할 수 있도록 설계된 프로그래밍 언어
• VRML : 작성된 가상현실 모델링 언어(VRML) 파일을 월드 와이드 웹(WWW) 서버에 저장하여 입체적인 이미지를 갖는 3차원의 가상 세계를 인터넷상에 구축하는 언어
• JSP : ASP, PHP와 동일하게 웹 서버에서 작동하는 스크립트 언어. 작성된 프로그램은 자바 서블릿 코드로 변환되어서 실행됨. Java의 장점을 그대로 수용하였기 때문에 강력한 기능을 제공함

정답 01 ① 02 ③ 03 ② 04 ④ 05 ③

PC 유지와 보수

▶ 합격 강의

빈출 태그 UPS • VDT 증후군 • PC 응급 처치 • PC 업그레이드

01 PC 관리의 기초 지식

1) PC 안전 관리 23년 상시, 22년 상시, 17년 3월, 16년 6월

- 만일의 사태에 대비하여 여러 안전 관리 시설을 설치한다.
- 항온 항습기를 설치하여 적정한 온도를 유지하고 습도가 없도록 해야 한다.
- 직사광선을 피하고 습기가 적은 평평한 곳에 설치한다.
- 벽면에서 30cm 이상 떨어진 곳에 설치한다.
- 통풍이 잘 되고 먼지 발생이 적은 곳에 설치한다.

2) PC 설치 환경

- 온도와 습도 : 18~24℃, 50~60%
- 채광과 조명 : 사무실 조도 300룩스(Lux) 이상, 표시 화면 밝기 500룩스(Lux)

3) PC의 안정적 운영을 위한 장치 11년 10월, 04년 2월, 03년 2월

자동 전압 조절기(AVR)	일정한 전압을 유지시켜 주는 장치
무정전 전원 공급 장치(UPS)	정전 발생 시 일정 시간 동안 전압을 공급해 주는 장치
정전압 정주파 장치(CVCF)	출력의 전압 및 주파수를 일정하게 유지시켜 주는 장치
서지 보호기(Surge Protector)	전압이 급격히 변하여 대량의 전류가 흐르는 서지(Surge)★ 현상을 막기 위한 장치
항온 항습 장치	항상 일정한 온도와 습도를 유지시켜 주는 장치

4) 올바른 사용법

① 작업 시간

- 40~50분 작업에 10~15분 휴식을 취하는 것이 좋다.
- 하루 작업은 4~5시간 정도가 적당하다.
- 1주일에 5일 정도의 작업이 적당하다.

② 작업 자세

- 팔꿈치의 각도는 90° 이상을 유지하며 손등과 팔은 수평이 되도록 한다.
- 무릎의 각도는 90° 이상을 유지한다.
- 모니터는 눈의 높이보다 10~20° 아래에 놓도록 한다.
- 눈을 보호하는 보안경을 설치한다.
- 원고 받침대는 모니터 오른쪽에 50cm 이상 떨어진 모니터와 같은 위치에 설치한다.

컴퓨터 시스템의 효율적 관리법
- 화면보호기를 사용하여 이미지가 화면에 남는 번인(Burn-in) 현상을 방지함
- 시스템 최적화 프로그램을 주기적으로 실행함
- 최신 버전의 백신 프로그램을 정기적으로 실행함
- 작업 중인 파일은 저장한 후 컴퓨터를 종료함

[F] 기적의 TIP

AVR, UPS, CVCF의 각 기능에 대해 혼동하지 않을 정도로만 알아두세요.

★ 서지(Surge)
전기 회로에서 갑작스런 전압이나 전류의 증가

[시계] 암기 TIP

유(U), 당신, 정전을 피(P) 했~슈(S)

VDT(Video Display Terminal) 증후군
컴퓨터의 오랜 작업으로 인한 전자파의 영향으로 눈의 피로, 두통, 스트레스 등의 여러 건강 장해가 발생하는 것

02 PC 응급 처치

1) PC 응급 처치를 위한 사전 준비

- 부팅 오류에 대비하여 시동 디스크를 준비하여 둔다.
- 하드웨어 설치에 필요한 각종 구동 드라이버 파일을 보관한다.
- CMOS 설정 값과 Setup 비밀번호를 기록해 둔다.
- 환경 설정 파일 등 중요한 파일들은 백업하여 보관한다.

2) 각종 증상과 문제 해결 방법 10년 6월

① 시스템 부팅의 문제에 따른 증상 15년 3월, 07년 7월

증상	해결 방법
부팅 속도가 느려짐	백신 프로그램으로 바이러스를 점검 및 치료함
Disk Boot Failure	디스크의 시스템 파일을 복구함
오류 메시지의 표시	CMOS Setup을 재설정함
CMOS 내용이 자주 지워짐	컴퓨터를 장시간 켜두어 재충전시키거나 배터리를 교환함
HDD Controller Failure	하드디스크와 연결된 케이블을 확인함

② 디스크의 문제에 따른 증상 07년 7월

증상	해결 방법
하드디스크의 속도 저하	Windows의 [드라이브 조각 모음 및 최적화]를 수행하여 분산된 파일들을 연속 공간으로 재배열함
하드디스크의 인식 불능	• 하드디스크의 정보를 CMOS Setup에서 설정 확인 또는 하드디스크 케이블 연결과 Master/Slave 점퍼 설정을 확인함 • 바이러스에 의한 CMOS의 변경일 경우, 백신 프로그램으로 바이러스를 치료함 • 하드디스크의 전원과 컨트롤러 연결 상태 및 점퍼 설정을 확인함 • CMOS SETUP에서 하드디스크 설정 상태를 확인함 • 하드디스크 파티션 설정 오류일 경우, FDISK로 하드디스크를 재설정함
플로피디스크의 인식 불능	클리닝 디스켓으로 헤드를 청소한 후 디스크 검사를 이용하여 검사 후 오류를 수정함
CD-ROM 드라이브 인식 불능	운영체제에 맞는 구동 드라이브를 설치 또는 케이블의 연결 상태를 확인함

③ 기타 장치의 문제에 따른 증상 16년 3월, 08년 8월, 07년 7월, 04년 5월

증상	해결 방법
'삑' 소리와 함께 동작이 안 될 경우	• RAM이 뱅크에 올바르게 삽입되었는지 확인한 후 이상 시 교체함 • 메인보드의 부품과 비디오 카드가 올바로 삽입되었는지 확인함
'Non System Disk or disk error' 메시지	하드디스크만으로 오류가 발생했을 경우 시동 디스크로 부팅한 후 Windows를 복구함
프린터가 작동하지 않거나 부분적으로 인쇄	• 시스템과의 케이블 연결 상태와 프린터 설정을 확인함 • 프린터의 기종을 확인하여 새로운 드라이버를 재설정함 • 스풀 공간이 부족한 에러인 경우 하드디스크의 스풀 공간을 확보함
'삑' 소리가 길게 한 번 난 후 짧게 세 번 나는 경우	그래픽 카드가 올바르게 삽입되었는지 확인한 후 이상 시 교체함

시스템 파일이 없는 디스크가 드라이브에 꽂혀 있거나
디스크 드라이브, 디스크 인터페이스 회로가 불량인 경우 발생함

03 PC 업그레이드(Upgrade) ^{08년 2월}

업그레이드(Upgrade)란 컴퓨터 시스템을 구성하는 하드웨어나 소프트웨어의 성능을 높여 작업의 효율성을 향상시키기 위한 모든 작업을 의미한다.

1) 소프트웨어 업그레이드

새로운 기능이 추가되어 버전★이 올라간 소프트웨어를 설치하는 작업을 의미한다.

- Windows XP → Windows Vista → Windows 7 → Windows 8 → Windows 10 → Windows 11
- 한글 2005 → 한글 2007 → 한글 2010 → 한글 2014 → 한글 NEO → 한컴 오피스 2018 흔글 → 한컴 오피스 2020 흔글 → 한컴 오피스 2022 흔글 → 한컴 오피스 2024 한글
- Microsoft Office 2007 → Microsoft Office 2010 → Microsoft Office 2013 → Microsoft Office 2016 → Microsoft Office 2019 → Microsoft Office 2021

2) 하드웨어 업그레이드 ^{23년 상시, 19년 8월, 18년 3월, 13년 3월}

사용 중인 각종 하드웨어 장치를 교체하거나 새로 추가하여 시스템의 성능을 향상시키는 것이다.

CPU 업그레이드	컴퓨터 시스템 성능을 개선하기 위한 가장 확실한 방법이며 메인보드가 교체하고자 하는 CPU를 지원하는지의 여부를 확인해야 함(클럭 속도는 높은 것이 좋음)
RAM 업그레이드	컴퓨터 시스템의 처리 속도 향상을 위한 방법으로 메인보드의 램 소켓(RAM Socket) 여분 정도를 확인해야 함(접근 속도 수치는 작은 것이 좋음)
HDD(하드디스크) 업그레이드	저장 공간의 확보를 위한 방법으로 연결 방식(IDE, EIDE, SCSI) 등을 확인해야 함(RPM 수치가 높은 것이 성능이 좋음)
CD-ROM 드라이브 업그레이드	CD에서 데이터를 읽는 속도를 높이기 위한 방법으로 배속이 높은 사양으로 교체해야 함

B 기적의 TIP

소프트웨어 업그레이드와 하드웨어 업그레이드를 구분할 수 있어야 합니다. 하드웨어 업그레이드에서 부품별 업그레이드 방법은 확실히 알고 넘어가세요.

★ 버전(Version)
소프트웨어가 개발된 이후 몇 번이나 개선되었는지를 나타내는 번호

하드디스크 추가하기
하드디스크의 연결 방식 설정(마스터/슬레이브) → 메인보드와 하드디스크 간 케이블 연결 → 전원을 켜고 CMOS 설정

접근 속도의 단위인 ns(나노 초)가 작은 것이 성능에 좋음

분당 회전 수 RPM이 큰 것이 성능에 좋음

01 다음 중 컴퓨터 작업 도중 갑작스러운 정전 발생 시 일정 시간 동안 전원을 공급해 주는 장치로 옳은 것은?

① UPS
② AVR
③ CVCF
④ 항온 항습 전원 장치

UPS : 정전 시 전원을 공급해 주는 무정전 전원 공급 장치

02 다음 중 컴퓨터 시스템을 안정적으로 사용하기 위한 관리 방법으로 적절하지 않은 것은?

① 컴퓨터를 이동하거나 부품을 교체할 때에는 반드시 전원을 끄고 작업하는 것이 좋다.
② 직사광선을 피하고 습기가 적으며 통풍이 잘되고 먼지 발생이 적은 곳에 설치한다.
③ 시스템 백업 기능을 자주 사용하면 시스템 바이러스 감염 가능성이 높아진다.
④ 디스크 조각 모음에 대해 예약 실행을 설정하여 정기적으로 최적화 시킨다.

시스템 백업 기능을 자주 사용한다고 해서 시스템 바이러스 감염 가능성이 높아지는 것은 아님

03 다음 중 컴퓨터를 업그레이드할 때 수치가 클수록 좋은 것에 해당하지 않는 것은?

① 하드디스크의 용량
② RAM의 접근 속도
③ CPU의 클럭 속
④ DVD의 배속

RAM의 접근 속도 단위는 ns(나노 초)로 접근 속도 단위가 작은 것이 성능이 좋음

04 다음 중 장치의 기능과 역할에 대한 설명으로 옳지 않은 것은?

① UPS(Uninterruptible Power Supply)는 전압이 급격히 변하여 대량의 전류가 흐르는 서지(Surge) 현상을 막기 위한 장치다.
② CVCF(Constant Voltage Constant Frequency)는 정전압 정주파 장치로 출력의 전압 및 주파수를 일정하게 유지해 준다.
③ 항온 항습 장치는 항상 일정한 온도와 습도를 유지해 준다.
④ AVR(Automatic Voltage Regulator)은 자동 전압 조절기로 일정한 전압을 유지해 준다.

UPS(Uninterruptible Power Supply) : 무정전 전원 장치로 정전 발생 시 일정 시간 동안 전원을 공급해 주는 장치

오답 피하기

서지 보호기(Surge Protector) : 전압이 급격히 변하여 대량의 전류가 흐르는 서지(Surge) 현상을 막기 위한 장치

정답 01 ① 02 ③ 03 ② 04 ①

SECTION 13

Windows에서 PC 관리

출제빈도 상 ⓒ 하
반복학습 ① ② ③

▶ 합격 강의

빈출 태그 디스크 검사 • 디스크 포맷 • 디스크 정리 • 디스크 조각 모음

01 디스크 관리

디스크 관리는 Windows에서 각종 정보를 기억하는 하드디스크를 최적화하고 만일의 사태에 대비하여 데이터의 백업과 시동 디스크를 작성해 두는 것을 의미한다.

1) 디스크 검사 18년 9월, 06년 5월

- 파일과 폴더 및 디스크의 논리적, 물리적인 오류를 검사하고 수정한다.
- 잃어버린 클러스터, FAT, 오류 등 디스크의 논리적인 오류 및 디스크 표면을 검사하여 실제 드라이브의 오류나 불량 섹터★를 검사한다.
- CD-ROM과 네트워크 드라이브는 디스크 검사를 할 수 없다.
- 드라이브를 검사하는 동안 드라이브를 계속 사용할 수 있으며 오류가 발견되면 수정 여부를 결정할 수 있다.
- [파일 탐색기]에서 검사할 드라이브의 바로 가기 메뉴 중 [속성]을 선택하여 [속성] 대화 상자를 표시한 다음 [도구] 탭의 오류 검사 항목에서 [검사]를 클릭한다.

> **기적의 TIP**
>
> 디스크 검사와 디스크 포맷의 기능을 묻는 문제가 출제됩니다. 각 특징에 대해 알아두세요.

> ★ 불량(Bad) 섹터
> 디스크 표면의 물리적인 손상이나 결함으로 데이터의 읽기/쓰기가 불가능한 섹터

> [오류 검사]로 바이러스의 감염을 예방할 수는 없음

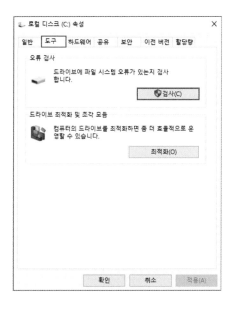

★ 포맷(Format)
플로피디스크나 하드디스크 등을
초기화하는 것으로 트랙과 섹터로
구성하는 작업

2) 디스크 포맷★ 24년 상시, 23년 상시, 19년 3월, 16년 10월, 12년 3월, 08년 5월, 05년 7월

[파일 탐색기]에서 포맷할 드라이브를 선택한 다음 [드라이브 도구] 탭-[관리] 그룹에서 [포맷]을 클릭하거나 바로 가기 메뉴의 [포맷]을 클릭한다.

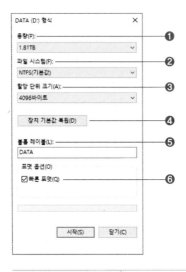

❶ 용량	포맷할 디스크의 용량을 선택함
❷ 파일 시스템	파일 시스템 NTFS★(기본 값)를 선택함
❸ 할당 단위 크기	할당 단위 크기(기본 할당 크기, 512, 1024, 2048, 4096, 8192바이트, 16KB, 32KB, 64KB 등)를 선택함
❹ 장치 기본 값 복원	장치가 갖는 기본 값으로 복원함
❺ 볼륨 레이블	디스크의 이름을 표시함
❻ 빠른 포맷	빠른 포맷을 실시함

★ NTFS
New Technology File System의
약자로, 마이크로소프트 윈도우 운
영체제에서 사용되는 파일 시스템

3) 디스크 드라이브 속성

❶ [이전 버전] 탭	복원 지점 또는 Windows 백업에서 가져온 이전 버전을 표시함
❷ [할당량] 탭	디스크 공간의 할당량 관리 사용 여부 등을 설정함
❸ [사용자 지정] 탭	폴더 유형 및 폴더 아이콘에 표시할 파일을 선택함
❹ [일반] 탭	• 볼륨 레이블명, 파일 시스템 종류, 사용 중인 공간, 사용 가능한 공간을 확인할 수 있음 • 드라이브를 압축하여 디스크 공간을 절약함 • 빠른 파일 검색을 위한 디스크 색인 사용 여부, 디스크 정리 등을 설정함
❺ [도구] 탭	오류 검사, 드라이브 최적화 및 조각 모음 등을 지원함
❻ [하드웨어] 탭	디스크 드라이브의 종류 및 장치 드라이버를 표시함
❼ [공유] 탭	디스크 드라이브의 공유를 설정함
❽ [보안] 탭	사용 권한을 변경함

02 시스템 최적화 관리 11년 7월/10월, 09년 10월, 06년 2월/7월

- Windows에서 제공하는 시스템 최적화를 위한 시스템 유지 관리 프로그램에는 디스크 정리, 디스크 조각 모음 및 최적화 등이 있다.
- 컴퓨터를 효율적으로 관리하기 위해서는 가급적 불필요한 프로그램을 설치하지 않도록 하며, 정기적으로 시스템 최적화 프로그램을 사용하여 점검한다.

🅑 기적의 TIP

디스크 정리는 사용 가능한 공간을 늘리고, 디스크 조각 모음은 디스크의 수행 속도를 높여줍니다.

1) 디스크 정리 22년 상시, 19년 3월, 15년 3월, 14년 10월, 12년 3월/6월, 11년 3월, 10년 3월/6월/10월, 09년 7월/10월, …

- [시작(⊞)]–[Windows 관리 도구]–[디스크 정리]를 클릭하여 실행한다.
- Windows에서 디스크의 사용 가능한 공간을 늘리기 위하여 불필요한 파일들을 삭제하는 작업이다. 디스크의 전체 크기와는 상관없다.
- 디스크 정리 대상에 해당하는 파일은 임시 파일, 휴지통에 있는 파일, 다운로드한 프로그램 파일, 임시 인터넷 파일, 오프라인 웹 페이지 등이다.

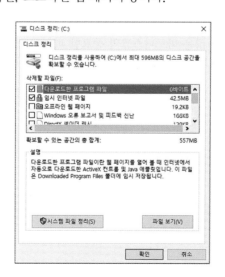

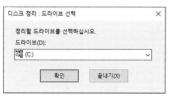

2) 드라이브 조각 모음 및 최적화 24년 상시, 23년 상시, 22년 상시, 21년 상시, 20년 2월, 19년 8월, 18년 3월, …

- [시작(⊞)]–[Windows 관리 도구]–[드라이브 조각 모음 및 최적화]를 클릭하여 실행한다.

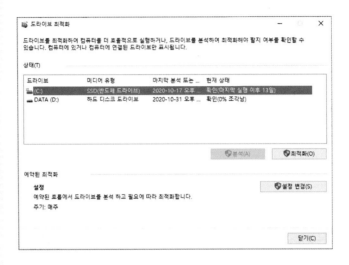

★ 단편화(Fragmentation)
프로그램의 추가/제거, 파일들이 수정되거나 읽기/쓰기가 반복되면서 디스크에 비연속적으로 분산, 저장되는 것

🅱 기적의 TIP

조각 모음을 진행하더라도 컴퓨터 사용이 가능한 점에 유의하세요.

- 디스크에 단편화★되어 저장된 파일들을 모아서 디스크를 최적화한다.
- 비율이 10%를 넘으면 디스크 조각 모음을 수행해야 한다.
- 단편화를 제거하여 디스크의 수행 속도를 높여준다.
- 처리 속도면에서는 효율적이나 총용량이 늘어나지는 않는다.
- CD-ROM 드라이브, 네트워크 드라이브, Windows가 지원하지 않는 형식의 압축 프로그램 등은 디스크 조각 모음을 할 수 없다.

03 백업 및 복원

1) 백업 21년 상시, 09년 10월, 05년 10월, 04년 5월

백업(Backup)은 하드디스크의 중요한 파일들을 다른 저장 장치로 저장하는 것으로 불의의 사고로부터 데이터를 보호하기 위해 사용한다.

▶ 실행 방법

방법 1	[설정]–[업데이트 및 보안]–[백업]을 클릭함
방법 2	'ms-settings:backup'을 실행이나 파일 탐색기 및 웹 브라우저의 주소 표시줄에 입력한 다음 Enter 를 누름

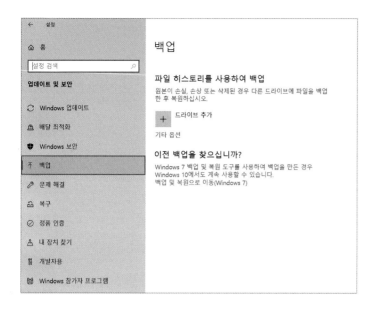

2) 파일 히스토리를 사용하여 백업

- 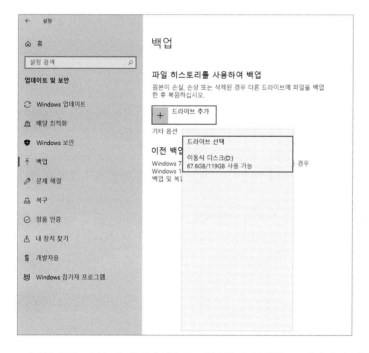를 클릭하여 백업할 드라이브를 선택한다.

- [자동으로 파일 백업]을 '켬'으로 설정하면 선택한 드라이브로 파일 백업이 자동으로 실행된다.

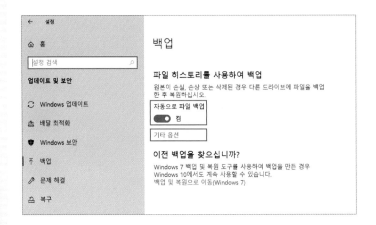

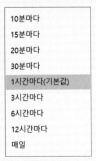

▲ 파일 백업 주기

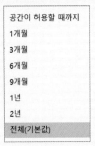

▲ 백업 유지 기간

- [기타 옵션]을 클릭하면 [백업 옵션] 대화 상자가 나타나며 [지금 백업]을 클릭하여 바로 백업을 실행시킬 수 있다.
- 파일 백업 주기와 백업 유지 기간을 설정할 수 있다.
- [이 폴더 백업]과 [이 폴더 제외]를 이용하여 백업할 폴더와 백업에서 제외할 폴더를 선택할 수 있다.
- 해당 폴더를 클릭한 후 [제거]를 누르면 선택에서 제외된다.
- 백업이 완료되면 백업 드라이브에 FileHistory라는 폴더가 생성된다.

3) 복원 19년 8월, 16년 6월

- 복원은 백업된 파일을 원래의 위치로 복구시키는 기능이다.

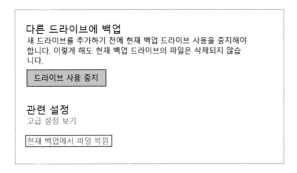

- [현재 백업에서 파일 복원]을 클릭하면 백업한 파일 히스토리가 열리고 ⬆(원래 위치로 복사하세요.) 단추를 클릭하여 복원한다.
- 이전 버전(◄, Ctrl+←)과 다음 버전(►, Ctrl+→) 단추를 클릭하여 복원할 날짜를 선택할 수 있다.
- [드라이브 사용 중지] : 다른 드라이브에 백업을 하는 경우 현재 백업 드라이브의 사용을 중지한다.

4) 시스템 복구

- PC가 제대로 실행되지 않거나 느려진 경우 복구를 이용하여 PC를 초기화하는 기능이다.

▶ **실행 방법**

방법 1	[설정]-[업데이트 및 보안]-[복구]를 클릭함
방법 2	'ms-settings:recovery'를 실행이나 파일 탐색기 및 웹 브라우저의 주소 표시줄에 입력한 다음 Enter 를 누름

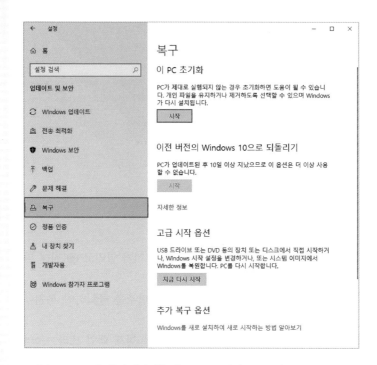

- [이 PC 초기화]의 [시작] 단추를 클릭하고 옵션 선택에서 [내 파일 유지]와 [모든 항목 제거] 중에서 하나를 선택한다.

[내 파일 유지]	앱 및 설정을 제거하지만 파일을 유지함
[모든 항목 제거]	개인 파일, 앱 및 설정을 모두 제거함

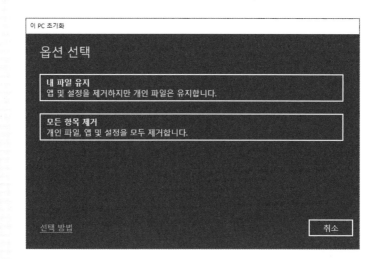

04 시스템 정보 16년 10월, 08년 5월

- [시작(⊞)]–[Windows 관리 도구]–[시스템 정보]를 클릭하여 실행한다.
- 시스템 정보에는 컴퓨터의 하드웨어 구성, 컴퓨터 구성 요소 및 드라이버를 포함한 소프트웨어에 대한 정보가 표시된다.
- [파일]에서 저장 및 열기가 가능하며 시스템 정보 파일의 확장자는 *.NFO★이다.

★ *.NFO
'information'의 줄임말인 'info'를 나타내는 파일 형식. 일반적으로 게임, 소프트웨어 및 미디어 파일과 함께 제공되며 해당 파일에 대한 정보와 설명을 제공

- 시스템 정보의 왼쪽 창에는 범주 목록이 오른쪽 창에는 각 범주에 대한 정보가 표시된다.

❶ 시스템 요약	시스템 이름 및 제조업체, BIOS(기본 입출력 시스템) 유형, 설치된 메모리 용량 등 컴퓨터 및 운영 체제에 대한 일반 정보가 표시
❷ 하드웨어 리소스	컴퓨터 하드웨어에 대한 충돌/공유, DMA, I/O, IRQ 등의 고급 정보가 표시
❸ 구성 요소	멀티미디어, CD–ROM, 사운드 장치, 디스플레이, 모뎀, USB 및 기타 컴퓨터에 설치된 구성 요소에 대한 정보가 표시
❹ 소프트웨어 환경	시스템 드라이버, 환경 변수, 네트워크 연결, 작업 실행, OLE 등록, Windows 오류 보고 및 기타 프로그램 관련 정보가 표시

05 Windows에서 발생되는 문제와 해결 방법 18년 9월, 16년 3월, 15년 6월/10월, …

메모리 부족 문제	• 시스템을 재부팅함 • 불필요한 프로그램을 삭제함 • 메모리 관리자 구동 드라이버가 설치되었는지 확인함 • 불필요한 램 상주 프로그램을 삭제함
디스크 공간 부족	• [휴지통 비우기]를 수행함 • [디스크 정리]를 실행하여 불필요한 파일을 삭제함 • 불필요한 파일은 [백업] 후 삭제함 • 시스템에서 사용하지 않는 Windows 구성 요소를 제거함
인쇄 문제	• 프린터의 전원이나 케이블의 연결 상태를 확인함 • 프린터 드라이버의 설정을 확인함 • 인쇄 속도가 느릴 경우에는 [스풀] 공간 및 설정 상태를 확인함
하드웨어 충돌 문제	• 하드웨어 정보에 '!' 표시가 나타나면 하드웨어를 수동으로 설정하거나 드라이버 업그레이드를 실행함 • 문제가 발생한 장치의 제어기를 변경함 • 중복 설치된 하드웨어 장치를 제거한 후 시스템을 재부팅함
부팅이 되지 않을 때	• 바이러스 감염 여부를 확인한 후 바이러스 검사를 실행함 • 시스템 파일이 파괴되었을 경우 [시동 디스크]로 부팅한 후 시스템 파일을 재설치함 • 안전 모드(Safe Mode)로 부팅한 후 잘못 설정된 부분을 수정함

✔ 개념 체크

1 메모리 부족 문제가 있을 때는 컴퓨터의 전원이나 케이블의 연결 상태를 확인한다.
(○, ×)

2 디스크 공간 부족 문제가 있을 때는 문제가 발생한 장치의 제어기를 변경한다.
(○, ×)

3 부팅이 되지 않을 때는 바이러스 감염 여부를 확인한 후 바이러스 검사를 실행한다.
(○, ×)

1 × 2 × 3 ○

01 다음 중 한글 Windows에서 하드디스크에 저장된 파일을 다시 정렬하는 단편화 제거 과정을 통해 디스크의 파일 읽기/쓰기 성능을 향상시키는 프로그램으로 옳은 것은?

① 디스크 검사
② 디스크 정리
③ 디스크 포맷
④ 드라이브 조각 모음 및 최적화

드라이브 조각 모음 및 최적화 : 디스크에 프로그램이 추가되거나 제거되고 파일들이 수정되거나 읽기, 쓰기가 반복되면서 디스크에 비연속적으로 분산 저장된 단편화된 파일들을 모아서 디스크를 최적화함

오답 피하기

• 디스크 검사 : 파일과 폴더 및 디스크의 논리적, 물리적인 오류를 검사하고 수정함
• 디스크 정리 : 디스크의 사용 가능한 공간을 늘리기 위하여 불필요한 파일들을 삭제하는 작업
• 디스크 포맷 : 하드디스크나 플로피 디스크를 초기화하는 것으로 트랙과 섹터로 구성하는 작업

02 다음 중 프린터 인쇄 시 발생할 수 있는 문제의 해결 방안으로 가장 적절하지 <u>않은</u> 것은?

① 인쇄가 되지 않을 경우 먼저 프린터의 전원이나 케이블 연결 상태를 확인한다.
② 프린터의 스풀 에러가 발생한 경우 프린트 스풀러 서비스를 중지하고 수동으로 다시 인쇄한다.
③ 글자가 이상하게 인쇄될 경우 시스템을 재부팅한 후 인쇄해 보고, 같은 결과가 나타나면 프린터 드라이버를 다시 설치한다.
④ 인쇄물의 상태가 좋지 않은 경우 헤드를 청소하거나 카트리지를 교환한다.

프린터의 스풀 에러가 발생한 경우 기존 프린터 드라이버를 삭제한 후 최신 버전의 드라이브를 설치함

03 다음 중 Windows에서 [디스크 정리]를 수행할 때 정리 대상 파일에 해당하지 <u>않는</u> 것은?

① 임시 인터넷 파일
② 사용하지 않은 폰트(*.TTF) 파일
③ 휴지통에 있는 파일
④ 다운로드한 프로그램 파일

정리 대상 파일 : 임시 파일, 휴지통에 있는 파일, 다운로드한 프로그램 파일, 임시 인터넷 파일, 오프라인 웹 페이지 등

04 다음 중 Windows에서 아래 그림의 [오류 검사]에 관한 설명으로 옳지 <u>않은</u> 것은?

① 폴더와 파일의 오류를 검사하여 발견된 오류를 복구한다.
② 디스크의 물리적 손상 영역인 불량 섹터를 검출한다.
③ 네트워크 드라이브를 선택하여 오류 검사를 할 수 있다.
④ 시스템 성능 향상을 위해 정기적으로 수행하는 것이 좋다.

오류 검사는 로컬 디스크에서 실행 가능하며 네트워크 드라이브를 선택하여 오류를 검사하는 기능은 지원되지 않음

오답 피하기

오류 검사(디스크 검사)
• 파일과 폴더 및 디스크의 논리적, 물리적인 오류를 검사하고 수정함
• 시스템의 성능 향상을 위해 정기적으로 수행하는 것이 좋음

05 다음 중 Windows의 디스크 포맷에 관한 설명으로 적절하지 <u>않은</u> 것은?

① 하드디스크의 트랙 및 섹터를 초기화하는 작업이다.
② 포맷 요소 중 파일 시스템은 문자 파일, 영상 파일, 데이터 파일 등을 관리하기 위한 기능이다.
③ 포맷을 실행하면 디스크의 모든 데이터가 지워진다.
④ 빠른 포맷은 하드디스크에 새 파일 테이블을 만들지만 디스크를 완전히 덮어쓰거나 지우지 않는 포맷 옵션이다.

포맷 요소 중 파일 시스템은 Windows에서 사용하는 'NTFS(기본값)'를 선택하면 됨

06 다음 중 Windows의 드라이브 최적화(디스크 조각 모음) 기능에 관한 설명으로 옳지 <u>않은</u> 것은?

① 하드디스크에 단편화되어 조각난 파일들을 모아 준다.
② USB 플래시 드라이브와 같은 이동식 저장 장치도 조각화될 수 있다.
③ 수행 후에는 디스크 공간의 최적화가 이루어져 디스크의 용량이 증가한다.
④ 일정을 구성하여 드라이브 최적화(디스크 조각 모음)를 예약 실행할 수 있다.

수행 후에 처리 속도는 효율적이나 디스크의 총용량이 늘어나지는 않음

07 다음 중 디스크 정리에 대한 설명으로 옳지 <u>않은</u> 것은?

① [시작]-[Windows 관리 도구]-[디스크 정리]를 클릭하여 실행할 수 있다.
② 디스크 정리는 디스크에 단편화되어 저장된 파일들을 모아서 디스크를 최적화한다.
③ 디스크 정리 대상에 해당하는 파일은 임시 파일, 휴지통에 있는 파일, 다운로드한 프로그램 파일, 임시 인터넷 파일 등이다.
④ 디스크 정리는 디스크의 사용 가능한 공간을 늘리기 위하여 불필요한 파일들을 삭제할 때 사용한다.

드라이브 조각 모음 및 최적화
• 디스크에 단편화되어 저장된 파일들을 모아서 디스크를 최적화함
• 비율이 10%를 넘으면 디스크 조각 모음을 수행해야 함
• 단편화를 제거하여 디스크의 수행 속도를 높여줌
• 처리 속도는 효율적이나 총용량이 늘어나지는 않음

08 다음 중 보조 기억 장치인 하드디스크를 트랙과 섹터로 구성하는 작업은?

① 디스크 포맷
② 디스크 정리
③ 디스크 검사
④ 드라이브 조각 모음 및 최적화

디스크 포맷 : 하드디스크를 트랙과 섹터로 구성하는 작업

CHAPTER 04

인터넷 자료 활용

학습 방향

인터넷과 멀티미디어, 정보통신은 골고루 문제가 출제되고 있으며 멀티미디어의 정의와 특징, 그래픽 데이터의 표현 방식, 그래픽 파일 형식과 관련 용어, 동영상 데이터의 MPEG 규격, 정보 통신망의 종류, 각 네트워크 접속 장비, 인터넷의 주요 서비스, 인터넷 및 모바일 기기 관련 용어에 대한 전반적인 학습이 필요합니다.

출제빈도

SECTION 01	상	29%
SECTION 02	상	22%
SECTION 03	중	12%
SECTION 04	상	22%
SECTION 05	중	15%

인터넷 일반

▶ 합격 강의

빈출 태그 ADSL • VDSL • IP 주소 • IPv6 • 도메인 네임 • URL • TCP/IP • HTTP • ARP • DHCP • 쿠키 • 검색 엔진

01 인터넷의 기초

1) 인터넷(Internet)의 개념

* 전 세계 통신망들이 연결(결합)되어 만들어진 세계적인 네트워크이다.
* 네트워크에 연결된 모든 컴퓨터를 연결하는 네트워크의 네트워크라 할 수 있으며 지구상에서 가장 큰 지구촌 네트워크이다.
* TCP/IP★ 프로토콜을 통해 연결되어 있는 글로벌(Global) 네트워크이다.
* 1969년 최초 군사용 목적으로 개발된 알파넷(ARPANET)에서 유래되었다.

┗ 1990년 ARPANET이 과학재단 네트워크인 NSFNET으로 이관되고 그 이후 일반 상업 목적의 네트워크가 연결되면서 현재의 인터넷으로 발전하였음

★ TCP/IP(Transmission Control Protocol/Internet Protocol)
* 기종이 서로 다른 컴퓨터 시스템을 서로 연결해 데이터를 전송하기 위한 통신 프로토콜
* 1980년대 초 미국 국방부가 제정하였으며, UNIX와 인터넷 사용이 늘어나면서 네트워크상에서 데이터를 전송하는 표준이 됨

2) 인터넷의 특징 18년 3월

* 다른 기종 간의 상호 연결을 지원하며 전 세계 여러 사람들과 대화 및 정보 교환이 가능하다.
* 인터넷 연결을 위해서는 IP 주소를 배정받는다.
* 중앙 통제 기구가 없어 사용권의 제한이 없다.

3) 인터넷 연결 방식 08년 8월, 05년 2월, 03년 9월

전용선 속도

T1 : 1,544 Mbps
T2 : 6,312 Mbps
T3 : 44,763 Mbps
E1 : 2,048 Mbps
E2 : 8,448 Mbps
E3 : 34,368 Mbps

전용선	인터넷 서비스 업체(ISP)에서 전용선을 할당받아 고정된 라인을 통해 인터넷 서비스를 이용하는 방식
전화선과 모뎀	모뎀으로 전화를 걸어 인터넷 서비스 업체(ISP)의 서버에 접속하여 인터넷을 이용하는 방식
ISDN	• 기존 전화선을 이용하여 다양한 형태의 디지털 서비스를 이용하는 방식 • 인터넷과 전화를 함께 사용 가능함(ISDN 회선, NT, TA, S-Card, V-Card와 같은 장비가 필요)
ADSL	• 기존 전화선을 이용하여 전화와 데이터 통신을 동시에 수행할 수 있는 방식 • 업로드 속도가 다운로드 속도에 비해 느림
VDSL	• ADSL의 속도 차이를 개선한 초고속 인터넷 망 • 비대칭과 대칭형의 두 가지 종류가 있으며, 현재 대칭형 서비스를 제공함
HDSL	고속 디지털 가입자 회선으로 업로드와 다운로드 속도를 동일하게 제공함
케이블 모뎀	• 케이블 TV에 사용하는 케이블을 이용하여 인터넷 서비스를 이용하는 방식 • 케이블 모뎀과 네트워크 카드와 같은 별도의 장치가 필요함
위성 인터넷	• 인공 위성을 이용해 초고속으로 인터넷 서비스를 이용하는 방식 • 케이블 연결이 불가능한 지역이나, 대량의 데이터 전송 시 유용하게 사용함

4) 중요한 인터넷 기구 ^{15년 6월, 13년 10월}

InterNIC	국제인터넷정보센터로, com, net, org 등 최상위 도메인을 유지 관리하던 조직이었으나 1988년 10월 비영리 기구인 ICANN이 새롭게 최상위 도메인 관리자로 지정됨
KISA	• 한국인터넷진흥원으로 인터넷 정책 기획, 교육, 인터넷 주소 관리, 인터넷 침해 대응, 개인 정보 보호 등의 업무를 담당함 • IP 주소 및 도메인 등록 서비스를 수행함 • 한국인터넷정보센터(KRNIC)가 확대 개편됨

도메인 이름 관리
국내 도메인 이름은 KISA에서 관리하고, 전 세계 도메인 이름은 ICANN에서 총괄함

5) 인터넷 관련 기구 ^{15년 10월}

ISOC (Internet SOCiety)	인터넷을 관리하는 최상위 단체, 인터넷의 표준화, 자원의 유효 활용을 검토하는 단체로 많은 하부 조직을 보유하고 있음
IANA (Internet Assigned Numbers Authority)	• Internet SOCiety의 IAB 하부 조직 • 인터넷 서비스 제공 사업자들의 IP 주소 할당 업무를 감독했음
ICANN (the Internet Corporation for Assigned Names and Numbers)	IANA가 수행했던 인터넷 도메인 이름과 IP 주소, 포트 번호 할당 및 프로토콜의 범주 설정 등의 업무를 담당함

RFC(Request For Comments)
• IETF(Internet Engineering Task Force)에서 발표하는 인터넷 기술과 관련된 공문서 간행물로, 인터넷 연구와 개발 공동체의 작업 문서
• 주로 통신 프로토콜, 인터넷 서비스 등에 대해서 다루고 있으며, 제출된 문서가 인정되면 특정한 번호가 붙은 RFC 문서로 공고됨

02 인터넷의 주소 체계

1) IP 주소(Address) ^{24년 상시, 23년 상시, 22년 상시, 21년 상시, 19년 3월, 18년 3월, 17년 3월, 16년 10월, 15년 10월, 14년 6월, …}
└ 주민등록번호와 같은 역할을 담당함

• 인터넷에 연결된 컴퓨터의 고유한 주소이다.
• IPv4 주소 체계는 32비트를 8비트씩 4부분으로 나누어 각 부분을 점(.)으로 구분하며, 10진 숫자로 표현하고 각 자리는 0부터 255까지의 숫자를 사용한다.
• IPv4의 32비트 주소 체계로는 전 세계의 증가하는 호스트에 주소를 할당하기 어렵기 때문에, 1994년부터 개발하기 시작한 128비트의 주소 체계 IPv6이 사용된다.
• IPv6 주소 체계는 128비트를 16비트씩 8부분으로 나누어 각 부분을 콜론(:)으로 구분한다.
• IPv6은 IPv4와 호환이 되며 16진수로 표기, 각 블록에서 선행되는 0은 생략할 수 있으며 연속된 0의 블록은 ::으로 한 번만 생략 가능하며 지원되는 주소 개수는 약 43억의 네제곱이다.
• IP 주소는 미국은 InterNIC, 대한민국을 비롯한 기타 나라들은 각국의 망 관리 센터에서 발급한다. 대한민국의 경우에는 한국 인터넷 진흥원에서 발급한다.

기적의 TIP
IP 주소와 도메인 네임, URL 등은 매우 중요하며 자주 출제됩니다. 유념해서 공부해야 시험에서 당황하지 않고 풀 수 있습니다.

0000 : 0000 : 0000
↓ (0000은 0으로 표현 가능)
0 : 0 : 0
↓ (연속된 0의 블록은 한 번만 ::으로 생략 가능)
::

IPv6 주소 체계는 일 대 일 통신의 유니캐스트(Unicast), 일 대 다 통신의 멀티캐스트(Multicast), 일 대 일 통신의 애니캐스트(Anycast)와 같이 할당되므로 주소의 낭비 요인을 줄일 수 있음

IPv6은 실시간으로 흐름을 제어하므로 향상된 멀티미디어 기능이 지원됨

▶ **IPv4 주소의 종류와 형식** ^{07년 7월, 04년 2월/5월}

IP 주소의 분류	범위	특징	구성 가능한 호스트의 개수
A Class	1.0.0.0 ~ 127.255.255.255	국가나 대형 통신망	16,777,214개
B Class	128.0.0.0 ~ 191.255.255.255	중·대규모 통신망	65,534개
C Class	192.0.0.0 ~ 223.255.255.255	소규모 통신망	254개
D Class	224.0.0.0 ~ 239.255.255.255	멀티캐스팅용	–
E Class	240.0.0.0 ~ 255.255.255.255	실험용	–

※ IPv6은 단말기의 대수 및 네트워크의 규모에 따라 순차적으로 할당되므로 효율적임

2) 도메인 네임(Domain Name) 17년 9월, 12년 3월, 11년 7월, 08년 5월/8월, 06년 5월/7월, 04년 8월

DNS(Domain Name System)
문자 형태로 된 도메인 네임(Do-main Name)을 컴퓨터가 인식할 수 있는 숫자로 된 IP 어드레스(IP Address)로 변환해 주는 컴퓨터 체계

숫자로 구성된 IP 주소를 사람(사용자)이 이해하기 쉬운 문자 형태로 표현한 것이다.

① 도메인 이름 작성 규칙

- 레이블은 하이픈(–)으로 시작하거나 끝날 수 없다
- 영문자의 대/소문자의 구별이 없으며, 콤마(,), 언더스코어(_) 등의 특수 문자는 사용할 수 없다.
- 길이는 최소 2자에서 최대 63자까지 가능하다.
- 단, 한글이 포함된 도메인 이름의 경우에는 길이가 17자 이하여야 한다.

② 최상위 신규 도메인

국제 인터넷 주소 자원 관리 기구인 ICANN은 일반 최상위 도메인을 추가로 생성하였다.

일반 도메인의 종류
- gTLD(generic TLD) : 누구나 신청이 가능한 도메인
- sTLD(special TLD) : 미국에 있는 정부 기관, 군사 기관에서만 사용할 수 있는 도메인
- iTLD(international TLD) : 국제 기구에서만 사용 가능한 도메인

▶ 최상위 신규 도메인

도메인	의미	도메인	의미
biz	사업 또는 회사	coop	협동 조합
aero	항공 산업	museum	박물관
pro	회계사, 변호사, 의사 등 전문가	info	제한 없음
name	개인 도메인	mobi	모바일 콘텐츠 제공자 및 이용자

▶ 소속 국가 도메인

퀵돔(QuickDom)
- 2단계 영문 kr 도메인의 브랜드
- 퀵돔(2단계 영문 kr 도메인)은 nida.kr과 같은 짧은 형태의 도메인을 의미함
- Quick(빠른, 민첩한)과 Domain(도메인)이 결합된 합성어로, 2단계 kr 도메인이 가지고 있는 입력의 편의성과 더불어 기존 3단계 도메인에 비해 줄어든 단계적 특성을 강조함
  예 youngjin.co.kr → youngjin.kr처럼 줄여서 사용할 수 있음

도메인	의미	도메인	의미
kr	한국	fr	프랑스
au	호주	it	이탈리아
at	오스트리아	jp	일본
ca	캐나다	no	노르웨이
de	독일	us	미국
dk	덴마크	uk	영국
fi	핀란드	cn	중국

③ KISA에서 부여하는 도메인 15년 3월, 11년 7월, 05년 5월

형식 : [호스트 컴퓨터명].[소속 기관명].[소속 기관의 종류].[소속 국가명](예 http://www. youngjin.co.kr)

도메인	의미	도메인	의미
go	정부 기관	kg	유치원
or	비영리 기관	es	초등학교
mil	국방 조직	ms	중학교
re	연구 기관	hs	고등학교
co	기업 등의 영리 기관	ac	대학, 대학원 등의 교육 기관
ne	네트워크	sc	기타 학교
pe	개인		

④ INTERNIC에서 부여하는 도메인 04년 11월

형식 : [호스트 컴퓨터명]. [소속 기관명]. [소속 기관의 종류](예 http://www.youngjin.com)

도메인	의미	도메인	의미
edu	교육 기관	com	제한 없음
gov	정부 기관	org	비영리 기관
net	네트워크 관련 기관	mil	군사 기관
int	국제 기관	tel	기존 통신 수단과 최신 기술 (VoIP) 통합/연동 서비스 제공

3) URL(Uniform Resource Locator) 24년 상시, 23년 상시, 20년 2월, 18년 3월, 15년 6월, 13년 3월, 05년 10월, …

- 인터넷에서 정보의 위치를 알려 주는 표준 주소 체계이다.
- 인터넷의 정보에 대한 접근 방법, 위치, 파일명 등으로 구성된다.
- 형식 : 프로토콜://서버 주소[:포트 번호]/디렉터리/파일명
- 기본 포트 번호 : HTTP-80, FTP-21, TELNET-23, News-119, Gopher-70

> 기본 포트를 사용하는 경우 생략해도 되지만, 다른 포트 번호를 사용하는 경우 URL에 포트 번호를 반드시 함께 지정해야 함

종류	형식 및 사용 예
WEB 서비스	형식) http://접속 사이트:포트 번호/디렉터리/파일명 (예 http://www.youngjin.com:8080/top/index.html)
TELNET 서비스	형식) telnet://접속호스트:포트 번호(예 telnet://home.youngjin.com:4000)
FTP 서비스	형식) ftp://아이디:비밀번호@서버 이름:포트 번호(비밀번호 생략 가능) (예 ftp://abc:1234@ftp.youngjin.com:2000)
NEWS 서비스	형식) news:뉴스 그룹명(예 news:han.comp.internet)
Mail 서비스	형식) mailto:메일 주소(예 mailto:master@youngjin.com)
File 서비스	file:///c:working/sample.hwp

03 인터넷 프로토콜 14년 10월, 12년 6월, 03년 7월

프로토콜(Protocol)이란 네트워크에서 서로 다른 기종 간의 데이터 전송 시 원활한 정보 교환이 가능하도록 절차 등을 규정해 놓은 통신 규약이다.

1) TCP/IP(Transmission Control Protocol/Internet Protocol) 24년 상시, 14년 10월, 08년 8월, …

- 네트워크로 연결된 시스템 간의 데이터 전송을 위해 인터넷에서 사용하는 표준 프로토콜이다.
- 서로 다른 컴퓨터 간의 통신 및 자원 공유를 가능하게 해 준다.
- 망의 일부가 파손되더라도 남아 있는 망을 통해 통신이 계속 유지되도록 만들어진 신뢰성 있는 프로토콜이다.
- TCP 프로토콜과 IP 프로토콜의 결합적 의미이다.
- TCP/IP는 응용 계층(데이터 송수신을 위한 FTP, TELNET, SMTP, SNMP 등), 전송 계층(신뢰성 있는 통신을 위한 TCP, UDP 등), 인터넷 계층(주소 지정, 경로 설정을 위한 IP, ARP, RARP 등), 링크 계층(프레임의 송수신을 위한 X.25, RS-232C, HDLC, IEEE 802, 이더넷 등)으로 구성된다.

프로토콜의 주요 기능

단편화와 재조합, 주소지정, 순서 지정, 캡슐화, 연결제어, 오류제어, 동기화, 데이터 흐름제어, 멀티플렉싱, 전송 서비스 등

- **단편화** : 데이터를 세그먼트 단위로 분할하는 것
- **재조합** : 분할된 데이터를 원래대로 복원하는 것
- **주소 지정** : 개체간 인식을 위해 주소를 지정하는 것
- **순서 지정** : 연결지향형 전송 데이터의 순서를 지정하는 것
- **캡슐화** : 데이터에 제어 정보를 추가하는 것
- **연결 제어** : 비연결 데이터 전송 및 통신로의 연결을 제어하는 것으로 가상 회선을 위한 통신로의 개설, 유지, 종결 등의 기능을 수행하는 것
- **오류 제어** : 데이터의 전송 중 발생 가능한 오류나 착오 등의 에러를 검출하고 정정하는 것
- **동기화** : 개체와 개체 간의 통신 상태(시작, 종료, 검사 등)를 일치 시키는 기능을 수행하는 것
- **흐름 제어** : 수신측의 처리 능력에 맞게 데이터의 양이나 통신 속도 등을 조정하는 것
- **멀티플렉싱** : 네트워크의 사용량을 최대로 하기 위해 다수의 여러 개체와 다중화하는 것
- **전송 서비스** : 전송에 필요한 우선 순위 부여, 보안성 지정 등의 서비스를 제공하는 것

TCP	• 메시지를 송수신의 주소와 정보로 묶어 패킷 단위로 나눔 • 전송 데이터의 흐름을 제어하고 데이터의 에러 유무를 검사함 • OSI 7계층 중 전송(Transport) 계층에 해당함
IP	• 패킷 주소를 해석하고 경로를 결정하여 다음 호스트로 전송함 • OSI 7계층 중 네트워크(Network) 계층에 해당함

2) OSI 참조 모델 24년 상시, 20년 2월, 15년 3월

- 개방형 시스템 간의 상호 접속을 위한 참조 모델이다.
- 1977년 국제 표준화 기구(ISO : International Standards Organization)에서 제정했다.
- 서로 다른 컴퓨터나 정보 통신 시스템들 간에 원활하게 정보를 교환하고 서로 연결하기 위한 표준화된 절차를 의미한다.
- 통신 종단에서 이루어지는 기능을 7개의 계층으로 분류하고 각 계층의 기능에 적합한 표준화된 서비스와 프로토콜을 규정한다.

▶ OSI 참조 모델 7계층

하위층	1계층	물리 계층	매체 접근에 따른 기계적, 전기적, 물리적 절차 규정
	2계층	데이터 링크 계층	인접 개방형 시스템 간의 정보 전송 및 오류 제어 기능
	3계층	네트워크 계층	정보 교환, 중계 기능, 경로 선정, 유통 제어 기능
	4계층	전송 계층	송수신 시스템 간의 논리적 안정 및 균등한 서비스 제공
상위층	5계층	세션 계층	응용 프로세스 간의 연결 접속 및 동기 제어 기능
	6계층	표현 계층	정보의 형식 설정 및 부호 교환, 암호화, 해독, 압축
	7계층	응용 계층	응용 프로세스 간의 정보 교환 및 전자 사서함, 파일 전송

① 물리 계층(Physical Layer) : 1계층

- 허브나 리피터 등의 전기적 신호를 재발생시키는 장비로, 시스템 간의 물리적인 접속을 제어한다.
- ITU-T의 V.24, EIA의 RS-232C 통신 규격을 사용한다.
- 전송 방식, 데이터 부호화 방식, 케이블의 형태, 데이터 충돌 감지 방식, 신호 형식, 변조 방식 등을 정의한다.
- 기능적, 기계적, 전기적, 절차적인 특성으로 정의된다.

② 데이터 링크 계층(Data Link Layer) : 2계층

- 이웃한 통신 기기 사이의 연결 및 데이터 전송 기능과 관리를 규정한다.
- 동기화, 오류 제어, 흐름 제어 등의 기능을 사용한다.
- 데이터 블록을 인접 노드 간에 오류 없이 전송한다.
- 정보의 프레임화 및 순서 제어, 전송 확인, 오류 검출 및 복구, 흐름 제어, 데이터 링크의 접속과 단절 등의 기능을 수행한다.
- 데이터 링크 계층에서는 스위치, 랜 카드, 브리지 같은 장비가 사용된다.

③ 네트워크 계층(Network Layer) : 3계층

- 응용 프로세스가 존재하는 시스템 간 데이터의 교환 기능이다.
- 복수 망인 경우 중계 시스템에 대한 경로 선택 및 중계 기능을 제공한다.
- 패킷 관리와 경로 배정(Routing) 등의 기능을 수행한다(라우터).
- 네트워크 계층의 대표적 프로토콜 : ITU-T의 X.25

④ 전송 계층(Transport Layer) : 4계층

- 종단 간 투명하고 신뢰성 있는 데이터의 전송을 제공한다.
- 상하위 계층 간의 중간 인터페이스 역할을 제공한다.
- 데이터 전송에 대한 오류 검출, 오류 복구, 흐름 제어 등의 기능을 수행한다.

⑤ 세션 계층(Session Layer) : 5계층

- 사용자와 전송 계층 간의 인터페이스를 위한 연결이다.
- 세션 접속 설정, 데이터 전송, 세션 접속 해제 등의 기능을 수행한다.
- 반이중과 전이중 통신 모드의 설정을 결정한다.

⑥ 표현 계층(Presentation Layer) : 6계층

- 네트워크 내에서 응용 프로그램의 구문상 차이 없이 연결 가능하다.
- 데이터의 재구성, 코드 변환, 구문 검색 등의 기능을 수행한다.

⑦ 응용 계층(Application Layer) : 7계층

- OSI 참조 모델의 최상위 레벨로 특정한 서비스(데이터베이스, 전자 사서함 등)를 제공한다.
- 응용 프로그램과의 인터페이스 기능(파일 처리, 파일 전송) 및 통신을 수행한다.

TCP/IP 상위 계층
- TELNET : 원격 로그인
- FTP : 파일 전송 규약
- SMTP : 전자우편 송신 규약
- NNTP : 네트워크 뉴스 전송 규약
- DNS : 문자 도메인 네임을 숫자 IP 주소로 변환
- DHCP : 동적 호스트 설정 규약
- WWW : 하이퍼텍스트 웹 정보 검색 서비스

3) 기타 프로토콜 20년 7월, 19년 3월, 17년 3월, 16년 6월, 10년 6월, 08년 10월, 05년 7월/10월, 03년 9월

HTTP(HyperText Transfer Protocol)	인터넷상에서 하이퍼텍스트★를 주고받기 위한 프로토콜
UDP(User Datagram Protocol)	• IP를 사용하는 네트워크상에서 데이터그램(데이터 전송 단위) 전송을 위한 프로토콜로, 사용자 데이터그램 프로토콜이라 함 • 신뢰성 없는 비접속 통신, 전송 계층 프로토콜에 해당함
SLIP/PPP(Serial Line Internet Protocol/ Point to Point Protocol)	모뎀과 전화선을 이용해서 인터넷에 접속할 때 사용하는 프로토콜
ARP(Address Resolution Protocol)	네트워크상에서 IP 주소를 물리적 주소(MAC)로 대응시키기 위해 사용되는 프로토콜로, 주소 결정 프로토콜이라 함
ICMP (Internet Control Message Protocol)	IP와 조합하여 통신 중에 발생하는 오류의 처리와 전송 경로 변경 등을 위한 제어 메시지를 관리하는 프로토콜로, 인터넷 제어 메시지 프로토콜이라 함
SNMP(Simple Network Management Protocol)	네트워크를 운영하기 위해 각종 기기를 관리하는 프로토콜이며 TCP/IP 프로토콜에 포함됨
DHCP (Dynamic Host Configuration Protocol)	• IP 주소를 자동으로 할당해 주는 동적 호스트 설정 통신 규약 • 어드레스 자동 취득 프로토콜을 의미하며 복잡한 설정 작업을 자동화하는 프로토콜 • 단말기 작동 시 동적으로 IP 어드레스를 할당함으로써 어드레스의 설정에 따라 작업상의 문제를 해결함

★ 하이퍼텍스트(Hypertext)
문서와 문서 간에 연결(링크)점을 가지고 있어서 관련 정보를 쉽게 찾을 수 있는 비선형 구조의 텍스트로, 사용자의 선택에 따라 검색 순서가 달라짐

🅑 기적의 TIP

HTTP, ARP, ICMP, SNMP, DHCP 기능을 묻는 문제가 곧 잘 출제되므로 각 프로토콜의 기능을 정확히 알아두세요.

하이퍼링크(HyperLink)
문서와 문서 간에 정보를 쉽게 검색하고 나타내기 위해 연결된 기능

04 웹 브라우저 22년 상시, 19년 8월, 18년 3월, 16년 3월, 15년 10월, 14년 10월, 12년 6월, 11년 3월, 06년 5월, 05년 5월, …

- 웹 브라우저(Web Browser)는 웹(WWW) 서버와 HTTP 프로토콜로 통신하여 사용자가 요구한 홈페이지에 접근하여 웹 문서를 사용자에게 보여주는 프로그램이다.
- 별도의 플러그 인(Plug-In)을 설치하여 동영상이나 소리 등의 다양한 멀티미디어 데이터를 처리할 수 있다.
- 전자우편 발송 및 HTML 문서 편집이 가능하다.
- 최근에 접속한 사이트와 URL을 저장할 수 있는 '열어본 페이지 목록' 기능을 지원한다.
- 자주 방문하는 URL을 저장 및 관리할 수 있는 '즐겨찾기' 기능을 지원한다.
- 웹 브라우저의 종류

마이크로소프트 엣지	Windows에서 기본 브라우저로 제공되며 익스플로러보다 안정적이며 속도가 빠름
크롬	구글에서 서비스하는 웹 브라우저로 구글 계정의 연동 및 탭 브라우징 기능 등이 있음
네이버 웨일	네이버에서 개발한 브라우저로 크롬 엔진을 기반으로 함
익스플로러	마이크로소프트사에서 제작한 것으로 웹 서비스, FTP, 유즈넷 등의 서비스를 제공함
넷스케이프	미국 넷스케이프 커뮤니케이션즈사가 개발한 인터넷에서의 클라이언트용 소프트웨어
모자이크	멀티미디어 지원이 가능한 최초의 웹 브라우저로 인터넷에서 데이터베이스 서버에 액세스하기 위한 클라이언트용 소프트웨어
링스(Lynx)	Unix 운영체제에서 사용되는 텍스트 기반의 웹 브라우저로 이미지 등은 표시하지 않음
아라크네(Arachne)	DOS용 그래픽 웹 브라우저로 한글 및 자바, 프레임 등이 지원되지 않음

- 웹 브라우저의 주요 기능

북마크(Bookmark)	웹의 홈페이지를 보고 그 사이트의 URL을 기록해 두고 싶을 때 사용하는 브라우저 기능
Active X	특정 프로그램으로 작성된 작업 문서를 웹과 연결시켜 웹으로 재현할 수 있도록 하는 기술
캐시 파일(Cache File)	사용자가 접속했던 사이트에 대한 관련 파일을 보관하는 파일
쿠키(Cookie)	인터넷 웹 사이트의 방문 정보를 기록하는 텍스트 파일로, 인터넷 사용자가 웹 사이트에 접속한 후 이 사이트 내에서 어떤 정보를 읽고 어떤 정보를 남겼는지에 대한 정보가 사용자의 PC에 저장되며, 고의로 사용자의 정보를 빼낼 수 있는 통로 역할을 할 수도 있음

05 인터넷 정보 검색

1) 검색 엔진(Search Engine)

- 인터넷의 정보를 손쉽게 찾기 위해 제공되는 검색 프로그램이다.
- 인터넷 주소를 찾아주는 역할을 하는 것으로서 수천 개의 링크를 가진 데이터베이스이다.
- 지식 검색 : 자기 질문에 대한 다른 사용자들의 답변으로 정보를 얻을 수 있는 검색 서비스이다.
- 로봇 프로그램 : 웹상의 정보를 검색하는 프로그램으로 검색된 정보를 인덱스(Index)화 한다.

2) 검색 엔진의 분류 14년 6월, 08년 2월, 07년 2월/10월, 06년 9월, 04년 2월

주제별 검색 엔진 (디렉터리 검색 엔진)	• 검색하고자 하는 정보를 주제(정치, 경제 . 사회, 문화 등)에 따라 분류함 • 여러 단계를 거치므로 잘못된 항목을 선택하는 경우 검색이 비효율적임 (예 야후, 갤럭시)
단어별 검색 엔진 (키워드 검색 엔진)	사용자가 입력한 특정 검색어를 기준으로 검색함(예 알타비스타, 네이버, 구글)
메타 검색 엔진	• 자체적으로 데이터베이스를 가지고 있지 않고 사용자가 검색어를 입력하면 여러 검색 엔진을 한꺼번에 사용하여 검색 기능을 수행함 • 정보를 수집하는 로봇 에이전트를 이용하여 정보를 검색함 • 여러 검색 엔진을 이용하므로 수행 속도가 느림(예 미스 다찾니, 서치 닷컴)

3) 검색 엔진의 연산자

검색 엔진을 이용하여 데이터를 검색할 때, 연산자를 이용하면 정보를 더욱 쉽게 찾을 수 있다.

AND(&, 그리고)	앞뒤의 검색어가 모두 들어 있는 것만 찾음
OR(+, 또는)	앞뒤의 검색어 중 하나라도 들어 있는 것은 모두 찾음
NOT	지정한 검색어가 포함된 문서는 검색에서 제외함

▶ 검색 엔진 관련 용어 06년 9월

리키즈(Leakage)	잘못된 연산자나 키워드로 인해 검색 결과의 대상에서 누락된 정보
시소러스(Thesaurus)	인터넷 검색 속도의 향상과 효율을 높이기 위한 동의 및 연관, 상하 계층 관계 등을 구분해 놓은 용어집
불용어(Stop Word, Noise Word)	검색 엔진이 DB 구축 시 의미가 없다고 판단, 색인에서 제외하는 단어나 문자열
가비지(Garbage)	검색 시 불필요하게 검색되는 쓰레기

기적의 TIP

정보 검색 엔진의 특징과 기능에 대해 묻는 문제가 출제되므로 각별히 유의해서 공부하세요.

포털 사이트(Portal Site)
인터넷 이용 시 반드시 거쳐야 된다는 의미의 "관문 사이트"로, 한 사이트에서 "정보 검색, 전자우편, 쇼핑, 채팅, 게시판" 등의 다양한 인터넷 서비스를 제공하는 사이트

미러 사이트(Mirror Site)
인터넷 특정 사이트에 다수의 사용자들이 한꺼번에 몰려 서버가 다운되는 현상을 방지하기 위해 같은 내용을 여러 사이트에 복사하여 사용자가 분산되게 하고, 보다 빨리 자료를 찾을 수 있도록 하는 사이트

보털 사이트(Vortal Site)
특정 산업 분야에서 필수적으로 요구되는 여러 사이트들이 수직적으로 묶여져 원활한 전자상거래 서비스를 제공할 목적으로 만들어진 전문 사이트

허브 사이트(Hub Site)
영세 전문 포털 사이트들이 한 곳에 모여 관문과 목적지를 동시에 제공하는 사이트

자연어 검색
일상생활에서 사용하는 대화 언어, 즉 자연어를 사용하여 원하는 정보를 검색함
예 대한민국의 국보 1호는 무엇일까요?

하이브리드(Hybrid) 검색 엔진
주제별, 단어별, 메타 검색을 실시하는 검색 엔진

01 다음 중 사용자의 기본 설정을 사이트가 인식하도록 하거나, 사용자가 웹 사이트로 이동할 때마다 로그인해야 하는 번거로움을 생략할 수 있도록 사용자 환경을 향상시키는 것은?

① 쿠키
② 즐겨찾기
③ 웹서비스
④ 히스토리

쿠키(Cookie) : 인터넷 웹 사이트의 방문 정보를 기록하는 텍스트 파일로, 인터넷 사용자가 웹 사이트에 접속한 후 이 사이트 내에서 어떤 정보를 읽고 어떤 정보를 남겼는지에 대한 정보가 사용자의 PC에 저장되며, 고의로 사용자의 정보를 빼낼 수 있는 통로 역할을 할 수도 있음

02 다음 중 인터넷 서비스를 위한 프로토콜로 웹페이지와 웹 브라우저 사이에서 하이퍼텍스트 문서를 전송하기 위한 것은?

① TCP/IP
② HTTP
③ FTP
④ WAP

• HTTP(HyperText Transfer Protocol) : 인터넷상에서 하이퍼텍스트를 주고받기 위한 프로토콜
• 하이퍼텍스트(HyperText) : 문서와 문서 간에 연결(링크)점을 가지고 있어서 관련 정보를 쉽게 찾을 수 있는 비선형 구조의 텍스트로 사용자의 선택에 따라 검색 순서가 달라짐

03 다음 중 인터넷 주소 체계인 IPv6에 대한 설명으로 옳은 것은?

① 주소는 8비트씩 16개 부분으로 총 128비트로 구성되어 있다.
② 주소를 네트워크 부분의 길이에 따라 A클래스에서 E클래스까지 총 5단계로 구분한다.
③ IPv4와의 호환성은 낮으나 IPv4에 비해 품질 보장은 용이하다.
④ 주소의 단축을 위해 각 블록에서 선행되는 0은 생략할 수 있다.

각 블록에서 선행되는 0은 생략할 수 있으며, 연속된 0의 블록은 ::으로 한 번만 생략 가능함

오답 피하기
• ① : 총 128비트를 16비트씩 8개 부분으로 나눔
• ② : IPv4에 대한 설명임
• ③ : IPv4와 호환성이 높음

04 다음 중 인터넷 환경에서 사용되는 DNS의 역할에 관한 설명으로 옳은 것은?

① 루트 도메인으로 국가를 구별해 준다.
② 최상위 도메인으로 국가 도메인을 관리한다.
③ 도메인 네임을 숫자로 된 IP 주소로 바꾸어 준다.
④ 현재 설정된 도메인의 하위 도메인을 관리한다.

DNS(Domain Name System) : 문자 형태로 된 도메인 네임(Domain Name)을 컴퓨터가 인식할 수 있는 숫자로 된 IP 어드레스(IP Address)로 변환해 주는 컴퓨터 체계

05 다음 중 아래 내용의 설명에 해당하는 것은?

> 웹 사이트의 정보를 그대로 복사하여 관리하는 사이트를 말한다. 방문자가 많은 웹 사이트의 경우 네트워크상의 트래픽이 빈번해지기 때문에 접속이 힘들고 속도가 떨어지므로 이런 상황을 방지하기 위해 자신이 가진 정보와 같은 정보를 세계 여러 곳에 복사해 두는 것이다.

① 미러 사이트
② 페어 사이트
③ 패밀리 사이트
④ 서브 사이트

미러(Mirror) 사이트 : 인터넷 특정 사이트에 다수의 사용자가 한꺼번에 몰려 서버가 다운되는 현상을 방지하기 위해 같은 내용을 여러 사이트에 복사하여 사용자가 분산되게 하고, 보다 빠른 자료를 찾게 해 주는 사이트

06 다음 중 인터넷의 표준 주소 체계인 URL(Uniform Resource Locator)의 형식으로 옳은 것은?

① 프로토콜://호스트 서버 주소[:포트번호][/파일 경로]
② 프로토콜://호스트 서버 주소[/파일 경로][:포트번호]
③ 호스트 서버 주소://프로토콜[/파일 경로][:포트번호]
④ 호스트 서버 주소://프로토콜[:포트번호][/파일 경로]

URL(Uniform Resource Locator)
• 인터넷에서 정보의 위치를 알려 주는 표준 주소 체계
• 인터넷의 정보에 대한 접근 방법, 위치, 파일명 등으로 구성
• 형식 : 프로토콜://호스트 서버 주소[:포트번호][/파일 경로]
• 프로토콜은 http, telnet, ftp, news, mailto 등이 있음

정답 01 ① 02 ② 03 ④ 04 ③ 05 ① 06 ①

▶ 합격 강의

빈출 태그 WWW • FTP • SMTP • POP • MIME • TELNET • USENET • WIPI • 블루투스 • 유비쿼터스 • VoIP • 인트라넷 • WLL

01 인터넷 서비스

1) 주요 서비스 22년 상시, 13년 3월, 12년 9월, 08년 5월/10월, 05년 7월/10월, 03년 2월

전 세계를 거미줄(Web)로 묶어 연결시킨 개념임

월드 와이드 웹 (WWW : World Wide Web)	하이퍼텍스트(Hypertext)를 기반으로 멀티미디어 정보를 검색할 수 있는 서비스
전자우편(E-mail)	인터넷 사용자에게 컴퓨터를 이용하여 편지를 주고받는 서비스
FTP(File Transfer Protocol)	파일을 송수신하는 서비스
텔넷(Telnet)	멀리 있는 컴퓨터를 자신의 컴퓨터처럼 사용할 수 있는 시스템(원격 접속)
아키(Archie)	Anonymous(익명) FTP 서버 내의 파일 리스트를 검색하기 위해 사용되는 데이터베이스 검색 서비스
고퍼(Gopher)	인터넷에 있는 정보를 계층적 또는 메뉴 방식으로 찾아주는 서비스
베로니카(Veronica)	고퍼 서비스에서 정보를 검색함
유즈넷(Usenet)	뉴스 그룹이라고도 하며, 공통 관심사를 갖는 사람들끼리 그룹을 구성하여 게시판에서 관련 정보를 교환, 조회할 수 있는 서비스
채팅(IRC : Internet Relay Chat)	인터넷 채팅으로 인터넷에 연결된 다른 사용자와 실시간으로 채팅함
MUD 게임	인터넷상에서 여러 사람과 즐길 수 있는 온라인 게임
웨이즈(WAIS)	특정 데이터베이스 등을 키워드로 고속 검색하는 환경을 제공하는 서비스

2) 기타 서비스 21년 상시, 09년 4월

웹 호스팅(Web Hosting)	인터넷 서비스 제공 업체가 독립적인 인터넷 서버를 운영하기 어려운 기업을 위해 웹 서버를 임대해 주고, 자체 도메인을 가질 수 있도록 관리해 주는 서비스
nslookup	IP Address 또는 도메인 이름을 검색하는 서비스
Whois	사용자에 대한 내용을 검색하는 서비스
로밍(Roaming)	외국에서도 자신의 무선 전화기를 이용할 수 있도록 해 주는 서비스

🅱 기적의 TIP

WWW, E-mail, FTP, Telnet, IRC, WAIS의 특징을 묻는 문제가 자주 출제되었습니다.

✔ 개념 체크

1 WWW는 인터넷상에서 정보를 검색할 수 있는 서비스이다. (○, ×)

2 텔넷(Telnet)은 원격 접속을 통해 멀리 있는 컴퓨터를 자신의 컴퓨터처럼 사용할 수 있는 시스템이다. (○, ×)

3 베로니카(Veronica)는 유즈넷(Usenet) 서비스에서 정보를 검색한다. (○, ×)

4 유즈넷(Usenet)은 인터넷에 연결된 다른 사용자와 실시간으로 채팅하는 서비스이다. (○, ×)

1 ○ 2 ○ 3 × 4 ×

02 웹 페이지 관련 에러 메시지

금지된

403 Forbidden	요청한 자료가 접근 금지되어 있다는 것으로, 권한이 없는 자료를 보려고 할 경우 표시함
404 Not Found	요청한 URL을 찾을 수 없다는 의미로, 잘못된 URL을 입력한 경우나 해당 URL에 있는 문서의 위치가 변경되었거나 지워진 경우 표시함
500 Internal Server Error	서버에서 CGI★ 프로그램이 실행될 때 가지고 있어야 할 실행(Execute) 권한이 지정되어 있지 않은 경우 표시함
503 Service Unavailable	해당 웹 서버에 너무 많은 사람이 접속하여 더 이상 접속할 수 없는 경우 표시함
DNS Error	IP 주소는 접속이 되나 도메인 네임으로는 접속이 안 되는 경우 DNS 서버★에 문제가 발생한 경우 표시함

★ CGI(Common Gateway Interface)
• 웹 서버에 있어 사용자의 요구를 응용 프로그램에 전달하고 그 결과를 사용자에게 되돌려주기 위한 표준적인 방법
• 카운터, 방명록, 게시판과 같이 방문자 상호 간의 정보를 주고받는 기능을 추가함

★ DNS(Domain Name System) 서버
인터넷상에서 도메인 이름과 IP 주소를 매핑하는 역할을 하는 서버

기적의 TIP

전자우편 프로토콜의 기능은 중요하니 정확히 알아두세요.

03 전자우편(E-mail) 24년 상시, 23년 상시, 22년 상시, 20년 2월, 19년 3월, 17년 3월, 13년 3월/10월, 12년 3월, …

• 인터넷을 통해 실시간으로 텍스트, 이미지, 사운드, 동영상, 문서 파일을 전송할 수 있는 기능이다.
• 전자우편은 기본적으로 7비트의 ASCII 코드를 사용하여 전송한다.
• 한글의 경우 8비트이므로 인코딩으로 깨지는 것을 막을 수 있다.
• E-mail 주소 형식 : 사용자 ID@호스트 도메인명(예 drcom@youngjin.com)

1) 전자우편 프로토콜 23년 상시, 17년 9월, 08년 10월, 07년 2월/7월, 06년 2월/7월, 05년 5월

SMTP	사용자의 컴퓨터에서 작성한 메일을 다른 사람의 계정이 있는 곳으로 전송해 주는 전자우편을 송신하기 위한 프로토콜
POP3	메일 서버에 도착한 E-mail을 사용자 컴퓨터로 가져올 수 있도록 메일 서버에서 제공하는 전자우편을 수신하기 위한 프로토콜
IMAP★	사용자가 메일 서버에서 메일을 관리하고 수신하기 위한 프로토콜로 전자우편의 헤더(머리글) 부분만 수신함
MIME	• 전자우편으로 멀티미디어 정보를 전송할 수 있도록 해 주는 멀티미디어 지원 프로토콜 • 웹 브라우저가 지원하지 않는 각종 멀티미디어 파일의 내용을 확인하고 실행시켜 줌

★ IMAP(Internet Message Access Protocol)
• E-mail을 수신하기 위한 프로토콜로, E-mail 헤더만 먼저 읽어오고, 본문은 서버에 보관함
• 서버에 여러 개의 우편함을 만들어서 관리할 수 있고, 수신한 E-mail이 서버에서 지워지지 않는 장점이 있음

전자우편 프로그램
Netscape Messenger, Outlook Express, Eudora 등

2) 전자우편 머리글의 구조 11년 3월, 04년 5월, 03년 5월/7월

머리글(Header)	• From : 보내는 사람 주소 • To : 받는 사람의 주소를 보여 주며 여러 사람의 경우 쉼표(,)로 구분함 • Cc : 참조인의 주소 • Bcc : 숨은 전자우편 주소로서 Bcc에 기재된 숨은 참조인의 주소는 수취인(To)과 참조인(Cc)의 메시지에 나타나지 않음 • Date : 메시지 작성 날짜 • Subject : 메시지 제목
본문(Body)	• 메시지 내용(본문) • Message-ID : 메시지에 지정된 식별 번호 • 발송인의 서명

3) 전자우편 용어 ^{19년 3월, 03년 9월}

답장(Reply)	메일을 보낸 발송자에게 메일을 전송하는 기능
전달(Forward)	받은 메일을 원본 그대로 다른 이에게 전달하는 기능
첨부(Attachment)	메일에 파일을 덧붙여 보내는 기능
동보(Broadcast)	동일한 메일을 여러 사람에게 전송하는 기능

4) 스팸(Spam) 메일 ^{22년 상시, 21년 상시, 15년 3월, 11년 7월, 09년 4월/10월}

- 수신자의 의지와 관계없이 일방적으로 전달되는 광고성 전자우편으로 발신자의 신원을 교묘하게 감춘 채 불특정 다수의 사람에게 보내기 때문에 피해를 당해도 대처하기가 쉽지 않다.
- 스팸 메일은 정크 메일(Junk Mail) 또는 벌크 메일(Bulk Mail)이라고도 한다.

5) 폭탄(Mail Bomb) 메일

상대에게 용량이 큰 메일을 보내 메일 서버를 마비시키는 메일을 의미한다.

6) 옵트인(Opt-In) 메일 ^{05년 10월}

광고성 이메일을 받기로 사전에 수락한 것으로 고객의 의사에 준해 메일을 발송하는 것이므로 법적으로 문제가 되지 않는다.

04 FTP(File Transfer Protocol) ^{22년 상시, 18년 3월, 16년 10월, 15년 6월/10월, 13년 3월/10월}

- 파일 전송 프로토콜로, 파일을 전송하거나 받을 때 사용하는 서비스이다.
- 파일 전송은 바이너리(Binary) 모드와 아스키(ASCII) 모드로 구분된다. 바이너리(Binary) 모드는 그림 파일, 동영상 파일, 실행 파일, 압축 파일의 전송에 이용되고, 아스키(ASCII) 모드는 아스키 코드의 텍스트 파일 전송에 이용된다.
- 파일의 업로드나 다운로드 서비스를 제공하는 컴퓨터를 FTP 서버, 파일을 제공 받는 컴퓨터를 FTP 클라이언트라고 한다.
- 계정(Account)★ 없이 FTP를 사용할 수 있는 서버를 Anonymous FTP 서버라 한다. 일반적으로 Anonymous FTP 서버의 아이디(ID)는 Anonymous이며 비밀번호는 자신의 E-Mail 주소로 설정한다.

▶ FTP 명령

get	한 개의 파일을 다운받을 때 사용함
mget	여러 개의 파일들을 다운받을 때 사용함
put	한 개의 파일을 업로드할 때 사용함
mput	여러 개의 파일을 업로드할 때 사용함
type	전송 모드를 설정함(Ascii, Binary)

이메일이 반송되는 경우
- 수신자 메일 주소 형식이 틀린 경우
- 해당 메일 서버에 문제가 있을 경우
- 수신자의 메일 보관함이 가득 차 있을 경우

메일링 리스트(Mailing List)
특정 주제에 대해 서로의 의견을 토론할 수 있도록 전자우편 형태로 운영되는 서비스

FTP는 기본 포트로 21번을 사용함

★ 계정(Account)
인터넷에서 사용자 이름(ID)과 패스워드를 의미함

FTP 프로그램 수행 작업
- 서버로 파일 업로드
- 서버에서 파일 다운로드
- 서버의 파일 이름 바꾸기
- 서버의 파일 삭제
  (단, 서버의 응용 프로그램의 실행은 수행 안 됨)

05 텔넷(TELNET : TELecommunication NETwork) ^{13년 3월}

- Remote Login(원격 접속)이라고도 한다.
- 원격지의 컴퓨터에 접속하기 위해서 지원되는 인터넷 표준 프로토콜 중 하나로, 원격지에 있는 컴퓨터에 접속하여 프로그램을 실행시키거나 시스템 관리 작업 등을 할 수 있는 서비스이다.
- 텔넷을 이용하면 세계 어느 지역의 컴퓨터든, 그 컴퓨터가 인터넷에 연결되어 있고 계정을 가지고 있다면 거리상의 제약을 받지 않고 실시간으로 접속할 수 있다.

06 유즈넷(Usenet) ^{07년 10월}

관심 있는 분야끼리 그룹을 지어 자신의 의견을 주고 받을 수 있는 서비스이다.

1) 유즈넷 관련 용어

뉴스 그룹(News Group)	유즈넷을 이루고 있는 각각의 토론 그룹(Discussion Group)
가입(Subscribe)	특정한 뉴스 그룹에 가입하여 해당 뉴스 그룹에서 활동하는 것
포스팅(Posting)	특정 뉴스 그룹에 글 또는 파일을 올리는 행위
크로스 포스팅 (Cross Posting)	하나의 글을 여러 뉴스 그룹에 게재하는 행위
기사(Article)	각각의 뉴스 그룹에 등록되어 있는 게시물
스레드(Thread)	어떤 내용에 대한 기사와 그 기사에 대한 질문, 답변들을 묶어서 정리한 체제
NNTP(Network News Transfer Protocol)	뉴스 그룹을 사용할 수 있도록 지원해 주는 프로토콜
Digest	중재 그룹에서 기사의 요약

2) 유즈넷의 대표적인 그룹

그룹명	의미	그룹명	의미
alt	무엇이든지 생각할 수 있는 주제	biz	사업에 관련된 주제
comp	컴퓨터에 관련된 주제	sci	컴퓨터를 제외한 과학 분야에 대한 주제
soc	사회와 관련된 주제	news	뉴스 그룹 이용과 네트워크에 관련된 주제
rec	여가 활동에 관련된 주제	misc	특정 그룹에 속하기 힘든 잡다한 주제
talk	토론에 관련된 주제	han	한글로 된 뉴스 그룹

07 인터넷 관련 용어 _{24년 상시, 23년 상시, 22년 상시, 21년 상시, 20년 2월, 18년 9월, 16년 3월/6월/10월, 14년 3월, 15년 6월, …}

위피(WIPI : Wireless Internet Platform for Interoperability)	이동 통신 업체들 간에 같은 플랫폼을 사용토록 함으로써 국가적 낭비를 줄이자는 목적으로 추진된 한국형 무선 인터넷 플랫폼
블루투스(Bluetooth)	무선 기기(이동 전화, 컴퓨터, PDA 등) 간 정보 전송을 목적으로 하는 근거리 무선 접속 프로토콜로 IEEE 802.15.1 규격을 사용하는 PANs(Personal Area Networks)의 산업 표준
IT839 전략	8대 서비스, 3대 인프라, 9대 신 성장 동력을 의미하는 IT 산업 정책 비전
HSDPA/W-CDMA (High Speed Downlink Packet Access/ Wideband CDMA)	2GHz 대역 주파수에서 음성, 영상, 고속 데이터 서비스가 가능한 비동기 방식 IMT-2000 서비스
WiBro (Wireless Broadband)	• 언제, 어디서나, 이동 중에 높은 전송 속도로 무선 인터넷 접속이 가능한 통신 서비스 • 무선과 광대역 인터넷이 통합된 것으로 휴대용 단말기로 정지 및 이동 중에 인터넷에 접속이 가능함
광대역 융합 서비스 (BCS : Broadband Convergence Service)	광대역 통합망을 통해 다양한 콘텐츠를 실시간, 주문형(On-demand)으로 송수신하는 새로운 융합 서비스
DMB/DTV(Digital Multimedia Broadcasting /Digital TV)서비스	고속 이동 시청, 초고화질 방송 등 기존 방송의 한계를 극복하고 통신망과 연계되어 있는 차세대 멀티미디어 방송 서비스
u-Home(ubiquitous Home) 서비스	홈 네트워크를 기반으로 홈 오토, u-Security, u-Health 등 주거/지역 단위의 정보 활용을 지원하는 서비스
텔레매틱스/위치 기반 서비스 (Telematics/Location Based Service)	통신망을 통해 확보된 위치 정보를 기반으로 교통 안내, 긴급 구난, 물류 정보 등을 제공하는 이동형 정보 활용 서비스
RFID/USN (Radio Frequency IDentification/ U-Sensor Network)	• 모든 사물에 센싱, 컴퓨팅 및 통신 기능을 탑재하여 언제 어디서나 정보를 처리, 제공할 수 있도록 지원하는 유비쿼터스 서비스 • 전파를 이용하여 정보를 인식하는 기술로 출입 관리, 주차 관리에 주로 사용됨
ISP(Internet Service Provider)	개인이나 회사들에게 인터넷 관련 서비스 등을 제공하는 회사
이모티콘(Emoticon)	사이버 공간에서 문자들을 조합하여 얼굴 표정이나 감정을 표현하는 기호 문자
캐싱(Caching)	자주 사용하는 사이트의 자료를 따로 저장하고 있다가 사용자가 다시 그 자료에 접근하려고 할 때 미리 인터넷에 접속하지 않고 저장한 자료를 활용해서 빠르게 보여주는 기능
푸시(Push) 기술	사용자가 직접 원하는 정보를 찾아내는 것이 아니라 서버측에서 사용자가 원하는 정보를 제공하는 방식
아바타(Avatar)	분신 또는 화신이라는 뜻으로, 네트워크상에서 자신을 대신하여 커뮤니케이션에 참여하는 가상의 인물
디지털 워터마크 (Digital Watermark)	불법 복제 방지 기술, 어떤 파일에 관한 저작권 정보를 식별할 수 있도록 디지털 이미지나 오디오 및 비디오 파일에 삽입한 비트 패턴 기술
IMT-2000	세계 어느 지역에서나 음성 전화, 텔렉스, 무선 호출, 전자우편 등의 서비스를 제공받을 수 있는 위성을 이용한 3세대 통신망
GIS(위치 정보 시스템)	인공 위성을 이용한 전 세계적인 자동 위치 추적 시스템

기적의 TIP

인터넷 관련 용어는 용어별 특징을 혼돈하지 않을 정도로 알아두세요.

스마트(Smart) TV
TV 안에 중앙 처리 장치(CPU)가 설치되고 운영체제(OS)에 의해 구동되며 TV방송뿐만 아니라 PC처럼 인터넷이 가능하며 검색 기능과 게임, VOD 등이 가능한 TV로 '쌍방향 TV, 인터넷 TV 또는 커넥티드 TV'라고도 함

IPTV(Internet Protocol Television)
컴퓨터 모니터와 마우스 대신 텔레비전 수상기와 리모콘을 이용하여 초고속 인터넷을 사용하는 것으로 정보 검색, 온라인 쇼핑, 홈뱅킹, 동영상 디지털 콘텐츠 등의 다양한 인터넷 서비스를 제공받을 수 있음

HDMI(High-Definition Multimedia Interface)
• 고선명 멀티미디어 인터페이스로 비압축 방식이므로 영상이나 음향 신호 전송 시 소프트웨어나 디코더 칩(Decoder Chip) 같은 별도의 디바이스가 필요 없음
• 기존의 아날로그 케이블보다 고품질의 음향이나 영상을 전송함

OTT(Over The Top)
'Over The Top'은 'Top(셋톱박스)을 넘다'라는 뜻으로 셋톱박스라는 하나의 플랫폼이 아닌 데스크톱, 태블릿, 스마트폰, 스마트 TV 등 다수의 플랫폼으로 사용자가 원할 때 각종 디지털 콘텐츠를 실시간으로 재생하는 스트리밍 방식의 인터넷 서비스

메타버스(Metaverse)
'초월(Meta)'과 '우주'를 뜻하는 유니버스(Universe)의 합성어로 VR(가상현실)이나 AR(증강현실)의 상위 개념으로 가상 자아인 아바타를 통해 사회 경제적 활동 등이 가능한 4차원의 가상 온라인 시공간을 의미함

블록체인(Block Chain)
'공공 거래 장부'로 불리며 데이터를 블록이라는 형태로 분산시켜 저장하고 각 블록을 체인으로 묶는 방식으로 임의로 수정이 불가능한 분산 컴퓨터 기반의 기술

유비쿼터스(Ubiquitous)	사용자가 컴퓨터나 네트워크를 의식하지 않고 시간과 장소에 상관없이 자유롭게 네트워크에 접속할 수 있는 정보 통신 환경
블로그(Blog)	네티즌들이 컬럼 일기, 기사 등을 올려 여론을 형성할 목적으로 사용하는 일종의 온라인 뉴스 사이트
VoIP(IP 폰, 인터넷 폰)	• 음성 데이터를 인터넷 프로토콜 데이터 패킷으로 변환하여 인터넷망으로 일반 데이터 망에서 음성 통화를 가능하게 해 주는 통신 서비스 기술 • 원거리 통화 시 PSTN보다 요금이 높지 않으며 일정 수준의 통화 품질이 보장되지 않음
인트라넷(Intranet)	• 인터넷의 기술을 기업 내 정보 시스템에 적용한 것 • 전자우편 시스템, 전자 결재 시스템 등을 인터넷으로 통합하여 사용하는 것
엑스트라넷(Extranet)	기업과 기업 간에 인트라넷을 서로 연결하여 납품 업체나 고객 업체 등 자기 회사와 관련 있는 기업체와의 원활한 통신을 위해 인트라넷의 이용 범위를 확대한 것
그룹웨어(Groupware)	• 여러 사람이 공통의 업무를 수행하는 데 있어 공동으로 사용할 수 있는 프로그램 • 마이크로소프트 사의 익스체인지(Exchange)나 넷미팅(Netmeeting) 등이 이에 해당함
도메인 스쿼팅(Squatting)	도메인 스쿼터에 의해 미리 등록한 도메인을 비싼 가격으로 되파는 행위
CDMA(Code Division Multiple Access)	디지털 이동 통신 시스템 방식으로 코드를 분할하여 다중으로 접속하는 기법을 사용
업로드(Upload)	하위 컴퓨터에서 상위 컴퓨터로 데이터를 전송하는 것
다운로드(Download)	상위 컴퓨터에서 하위 컴퓨터로 자료를 내려 받는 것
WLL (Wireless Local Loop)	무선 가입자 회선으로 전화국과 사용자 단말 사이를 무선으로 연결하여 구성하는 방식
BREW(Binary Runtime Environment for Wireless)	CDMA용 무선 장치들을 위한 퀄컴의 응용 프로그램 개발용 플랫폼
GVM(General Virtual Machine)	국내 순수 기술로 개발된 무선 인터넷 플랫폼으로 벨소리, 애니메이션, 이미지 등의 멀티미디어 데이터를 다운로드하여 이동 단말기상에서 사용할 수 있는 무선 인터넷의 다운로드 플랫폼
SKVM (SK Virtual Machine)	위피 이전에 GVM과 함께 SKT 사에서 사용한 자바 기반의 무선 인터넷 플랫폼
ALL–IP	PSTN과 같은 유선전화망과 무선망, 패킷 데이터망과 같은 기존 통신망 모두가 하나의 IP 기반망으로 통합
UWB (Ultra–Wide Band)	개인통신망으로 가까운 거리에서 컴퓨터와 주변 기기 및 가전제품 등을 연결하는 초고속 무선 인터페이스
지그비(Zigbee)	저가, 저전력의 장점이 있는 무선 매쉬 네트워킹의 표준임, 반경 30m 내에서 데이터를 전송(20~250kbps)하며, 최대 255대의 기기를 연결함

▶ 기타 무선 인터넷 관련 용어 08년 8월, 07년 5월

WAP(Wireless Application Protocol)	이동 통신 단말기에서 유선 인터넷 서버에 접속할 수 있도록 변환하여 주는 프로토콜
WML(Wireless Markup Language)	• 무선 애플리케이션을 위해 특별히 개발된 언어로, XML을 기반으로 함 • 무선 접속을 통해 PDA나 휴대전화 같은 이동 단말기에 웹 페이지의 텍스트 부분이 표시될 수 있도록 해줌
WTP(Wireless Transaction Protocol)	데이터그램 서비스의 상단에서 수행되는 프로토콜

어디에나 존재하는

인터넷을 의미하는 '웹(Web)'과 항해 일지를 뜻하는 '로그(Log)'의 합성어

NFT(Non–Fungible Token)
'대체 불가능한 토큰'이라는 의미이며 블록체인 기술이 적용된 디지털 토큰으로 서로 대체할 수 없게 고유한 인식 값을 가지므로 교환 및 복제가 불가능함

핀테크(FinTech)
'금융(Finance)'과 '기술(Technol-ogy)'의 합성어로 기존 정보기술을 금융업에 도입 및 융합시킨 것으로 핀테크에는 단순 결제 서비스나 송금, 대출 및 주식 업무, 모바일 자산 관리, 자금을 모으는 크라우드 펀딩(Crowd Funding), 투자 자문을 수행하는 로보 어드바이저(Robo Advisor) 등 다양한 종류가 있음

빅 데이터(Big Data)
• 규모가 방대하고 생성 주기가 짧은 문자, 영상, 수치 등 정형, 비정형의 데이터를 의미하며 특징으로는 3V(크기(Volume), 속도(Velocity), 다양성(Variety))와 3V에 정확성(Veracity)이 추가된 4V, 4V에 가치(Value)가 추가된 5V를 들 수 있음
• 미래를 예측하고 가치를 분석 및 추출할 수 있으나 빅 데이터에 대한 의존성을 강화할 필요는 없음

✓ 개념 체크

1 무선 기기 간 정보 전송을 목적으로 하는 근거리 무선 접속 프로토콜은?

2 언제, 어디서나, 이동 중에 높은 전송 속도로 무선 인터넷 접속이 가능한 통신 서비스는?

3 인터넷의 기술을 기업 내 정보 시스템에 적용한 것은?

4 무선 가입자 회선으로 전화국과 사용자 단말 사이를 무선으로 연결하여 구성하는 방식은?

5 이동 통신 단말기에서 유선 인터넷 서버에 접속할 수 있도록 변환하여 주는 프로토콜은?

1 블루투스 2 WiBro
3 인트라넷 4 WLL 5 WAP

01 다음 중 네트워크 구성에 대한 설명과 프로토콜이 바르게 연결된 것은?

구성	네트워킹 프로토콜
㉮ 노트북 컴퓨터를 무선 핫스팟(Hotspot)에 연결 ㉯ 무선 마우스를 PC에 연결 ㉰ 비지니스 네트워크나 유선 홈 네트워크 구성	ⓐ 블루투스 ⓑ Wi-Fi ⓒ Ethernet

① ㉮ → ⓑ, ㉯ → ⓒ, ㉰ → ⓐ
② ㉮ → ⓒ, ㉯ → ⓐ, ㉰ → ⓑ
③ ㉮ → ⓑ, ㉯ → ⓐ, ㉰ → ⓒ
④ ㉮ → ⓐ, ㉯ → ⓑ, ㉰ → ⓒ

• 블루투스 : 무선 기기 간(무선 마우스를 PC에 연결) 정보 전송을 목적으로 하는 근거리 무선 접속 프로토콜
• Wi-Fi(Wireless Fidelity) : 무선 데이터 전송 시스템으로 노트북 컴퓨터를 무선 핫스팟(Hotspot)에 연결하여 인터넷을 사용
• Ethernet : 로컬 네트워크인 근거리통신망(LAN)을 구축하기 위한 대표적 표준 방식으로 비지니스 네트워크나 유선 홈네트워크 구성 시 사용

02 다음 중 인터넷을 이용한 전자우편(E-mail)에 관한 설명으로 옳지 않은 것은?

① 전자 우편에서는 SMTP, MIME, POP3 프로토콜 등이 사용된다.
② 전자 우편 주소는 "아이디@도메인 네임"으로 구성된다.
③ 한 사람이 동시에 여러 사람에게 동일한 전자 우편을 보낼 수 있다.
④ 받은 메일에 대해 작성한 답장만 발송자에게 전송하는 기능을 전달(Forward)이라 한다.

전달(Forward) : 받은 메일을 원문 그대로 다른 이에게 전송하는 기능

03 다음 중 인터넷 전자우편에 관한 설명으로 옳지 않은 것은?

① 한 사람이 동시에 여러 사람에게 전자우편을 보낼 수 있다.
② 기본적으로 8비트의 EBCDIC 코드를 사용하여 메시지를 보내고 받는다.
③ SMTP, POP3, MIME 등의 프로토콜이 사용된다.
④ 전자우편 주소는 '사용자 ID@호스트 주소'의 형식이 사용된다.

전자우편은 기본적으로 7비트의 ASCII 코드를 사용하여 전송함

04 다음 중 인터넷에서 제공되는 서비스로 옳지 않은 것은?

① FTP
② TELNET
③ USB
④ WWW

USB(Universal Serial Bus) : 범용 직렬 버스

오답 피하기
• FTP : 파일 전송 프로토콜
• TELNET : 멀리 있는 컴퓨터를 마치 자신의 컴퓨터처럼 사용할 수 있는 원격 접속 시스템
• WWW : 하이퍼텍스트를 기반으로 멀티미디어 정보를 검색할 수 있는 서비스

05 다음 중 사물에 전자 태그를 부착하고 무선 통신을 이용하여 사물의 정보 및 주변 상황 정보를 감지하는 센서 기술은?

① 텔레매틱스
② DMB
③ W-CDMA
④ RFID

RFID(Radio Frequency IDentification)
• 무선 주파수(Radio Frequency)를 이용하는 것으로 사물에 안테나와 칩으로 구성된 전자 태그를 부착하여 사물의 정보 등을 RFID 리더로 식별(IDentification)할 수 있도록 해 주는 센서 기술
• 비접촉식이며 이동 중에서 인식이 가능하고 멀티 태그 인식 기능, 재사용(Read/Write) 가능, 반영구적 사용, 알고리즘을 이용한 높은 보안과 신뢰성 등의 특징이 있음

정답 01 ③ 02 ④ 03 ② 04 ③ 05 ④

멀티미디어의 개념

▶ 합격 강의

출제빈도 상 ⓒ 하
반복학습 ① ② ③

빈출태그 쌍방향성 · 비선형성 · VOD · VCS · 키오스크

01 멀티미디어 개요 23년 상시, 18년 3월, 15년 10월, 14년 6월, 13년 3월, 08년 2월

🅑 기적의 TIP

멀티미디어 개요 내용은 골고루 출제되고 있으므로 개념과 특징, 활용 예를 파악해두세요.

1) 멀티미디어의 정의

• Multi(다중)와 Media(매체)의 합성어로 다중 매체라고도 하며, 다양한 매체를 통해 정보를 전달한다는 의미를 가지고 있다.
• 컴퓨터와 영상 매체 또는 방송과의 결합으로 즉각적인 정보의 전달이 이루어진다.
• 그림, 사진, 음성, 화상 데이터를 양방향으로 주고받을 수 있다.

2) 멀티미디어의 특징 23년 상시, 20년 2월, 18년 9월, 17년 3월, 16년 10월, 15년 6월, 14년 3월, 12년 3월/6월, 11년 3월, …

🕐 암기 TIP

멀티미디어의 특징
통 가격이 비쌍(싼)디
통합성, 비선형성, 쌍방향성, 디지털화

통합성	문자, 그래픽, 사운드 등의 다양한 매체를 통합함
디지털화	다양한 데이터 형식을 컴퓨터가 인식하도록 디지털로 변환함
쌍방향성	사용자와 제공자 간에 서로 정보를 주고받음
비선형성	사용자의 선택에 따라 정보를 처리함

3) 멀티미디어의 활용 24년 상시, 23년 상시, 22년 상시, 21년 상시, 18년 9월, 17년 9월, 15년 6월, 14년 6월, 13년 6월/10월, …

멀티미디어의 발전 배경
• 네트워크의 속도의 증가
• 멀티미디어 데이터의 압축률 증가
• 하드웨어의 비약적인 발전

가상현실 (VR : Virtual Reality)	컴퓨터를 이용하여 특정 상황을 설정하고 구현하는 기술인 모의실험(Simulation)을 통해 실제 주변 상황처럼 경험하고 상호 작용하는 것처럼 느끼게 할 수 있는 인터페이스 시스템
주문형 비디오 (VOD : Video On Demand)	사용자의 주문에 의해 데이터베이스로 구축되어 있는 영화나 드라마, 뉴스 등의 비디오 정보를 실시간으로 즉시 전송해 주는 서비스
화상 회의 시스템 (VCS : Video Conference System)	원거리에 있는 사람들끼리 TV 화면을 통한 화상을 통해 원격으로 회의를 할 수 있는 시스템
CAI(Computer Assisted Instruction)	컴퓨터를 응용한 학습 지원 시스템으로 많은 수의 사람을 동시에 교육할 수 있으며 개인에 따른 맞춤형 교육까지 가능한 자동 교육 시스템
원격 진료(PACS : Picture Archiving Communication System)	의학 영상 정보 시스템(PACS), 동영상 진료 시스템, 보건 종합 관리 시스템(HMIS) 등이 있음
키오스크(Kiosk)	'정보 안내기'로 특정한 정보의 전달에만 사용되는 컴퓨터이며 고속도로에 설치된 교통 안내, 건물의 입구에 설치되어 입주한 기업의 안내용으로 만들어진 컴퓨터 등이 대표적임
증강현실 (AR : Augmented Reality)	사람이 눈으로 볼 수 있는 실세계와 관련된 3차원의 부가 정보를 제공받을 수 있는 기술

하이퍼미디어(Hypermedia)
하이퍼텍스트가 확장된 개념으로 월드 와이드 웹처럼 문자 외에 소리, 그래픽, 움직이는 영상으로 정지 영상 등을 링크하는 기능으로 비선형 구조임

하이퍼텍스트(Hypertext)
특정 문자, 그림 등에 마우스를 클릭하여 연관성 있는 페이지로 이동하는 기능

02 멀티미디어 시스템

1) 멀티미디어 컴퓨터

- 음성, 화상, 음악, 소리 등과 같은 멀티미디어 처리 기능을 갖춘 컴퓨터를 말하며, MPC(Multimedia PC)라고도 한다.
- 모니터, 사운드 카드, 영상 보드, CD-ROM, DVD 등으로 구성된다.
- 멀티미디어를 구현하기 위해 MPC(Multimedia PC Marketing Council)에서 장비의 규격을 정한 국제 표준안을 MPC 레벨이라고 한다.
- MPC-1, MPC-2, MPC-3 레벨까지 발전했으며, 멀티미디어 PC는 표준 규격을 만족해야 한다.

2) 멀티미디어 시스템의 하드웨어

입력 장치	키보드, 마우스, 스캐너, 디지털 카메라, 비디오 카메라, 태블릿(Tablet)
출력 장치	모니터, 프린터, 스피커, 사운드 카드, 멀티 비전, 프로젝터(Projector), VCR 등
처리 장치	CPU, DSP(Digital Signal Processor)★, 데이터 압축 장치
저장 장치	하드디스크, CD-ROM, DVD(Digital Versatile Disk)
통신 장치	모뎀(MODEM), ISDN, ADSL, HDSL, VDSL, 케이블 모뎀
영상 처리 장치	비디오 오버레이 보드, TV 수신 카드, 비디오 카드, 그래픽 가속 보드, MPEG 보드

3) 멀티미디어 장비 17년 9월, 06년 5월/9월

① 이미지 스캐너
사진이나 그림 등의 이미지 데이터를 컴퓨터 내부로 입력시키는 장치로, 대부분은 평판 스캐너에 USB 포트를 사용한다.

② 디지털 카메라
높은 고해상도를 가진 카메라로 촬영한 사진을 컴퓨터에서 편집할 수 있고, 내부에 기억 장치가 내장되어 있어서 별도의 필름이 필요없다.

③ 디지털 캠코더
- 디지털 방식으로 동영상을 촬영하며 컴퓨터에서 각종 편집 작업을 수행할 수 있다.
- IEEE 1394 포트로 컴퓨터와 연결되며 촬영한 영상을 편집할 때 별도의 장치나 소프트웨어가 필요하다.

④ MPEG(Moving Picture Experts Group) 카드
압축된 영화나 동영상을 실시간으로 재생할 수 있도록 한 동화상 재생 카드이다.

⑤ 프레임 그래버 보드(Frame Grabber Board)
카메라로 촬영한 아날로그 영상을 디지털 영상으로 변환, 캡처하여 편집, 저장시킬 수 있는 보드이다.

MOD(Music On Demand)
주문형 음악 서비스로 초고속 무선 인터넷의 발달로 다운로드 받지 않고도 스트리밍 방식으로 음악 파일이나 음원을 주문하여 실시간으로 들을 수 있음

★ DSP
(Digital Signal Processor)
- 아날로그 신호에 대한 실시간 디지털 처리를 목적으로 하는 프로세서
- 실시간 음성 처리나 비디오 처리 분야에서 이용됨

HCI
(Human Computer Interface)
- 각종 멀티미디어 정보의 효율적인 활용을 위한 인간과 컴퓨터 간의 인터페이스
- 음성이나 영상의 인식 기술, 합성 기술, GUI 기술 등이 요구됨(단, DVD 매체 기술과는 거리가 멂)

오버레이 보드(Overlay Board)
중첩 보드라고도 하는데, 말 그대로 외부의 비디오 화면과 컴퓨터 화면을 중첩하는 기능의 보드

⑥ 비디오 오버레이 보드(Video Overlay Board)

컴퓨터 내에서 생성된 영상 정보와 외부 영상 정보(TV 등)를 중첩하여 표현할 수 있는 보드이다.

⑦ 그래픽 가속 보드

- 3차원 그래픽과 같은 고품질의 해상도를 얻거나 렌더링 속도를 향상시키는 데 사용하는 보드이다.
- PC에서 3D 그래픽을 구현하는 데 사용된다.
- 고속의 렌더링을 요구하는 게임의 경우에 특히 많이 사용한다.

⑧ 비디오 캡처 보드 06년 2월/9월

동영상 데이터를 디지털 신호로 변환하고, 파일 형태로 저장이 가능한 장치이다.

4) 멀티미디어 시스템의 소프트웨어

① 운영체제(OS : Operating System)

- 하드웨어의 빠른 발전 속도에 적응력이 뛰어나야 하고, 사용자 인터페이스가 좋아야 한다.
- 멀티미디어 데이터를 재생할 수 있는 기본 프로그램이 제공되어야 한다.

② 재생 소프트웨어

- Windows Media Player : WAV, MIDI, AVI, MPEG 등과 같은 각종 오디오, 비디오 데이터를 재생할 수 있다.
- Winamp : WAV, MP3를 포함한 각종 오디오 데이터를 재생할 수 있다.
- Xing MPEG Player : 비디오 CD, MPEG 데이터를 소프트웨어적으로 재생할 수 있다.

③ 저작용 소프트웨어 07년 10월

- 문자, 영상, 음성 등의 다양한 매체를 통합하여 정보를 쉽게 표현할 수 있도록 도와주는 소프트웨어이다.
- 각 미디어 편집 소프트웨어로 제작한 멀티미디어 데이터를 통합하는 소프트웨어이다.
- 효율적인 사용자 인터페이스를 제공하기 때문에 원하는 내용을 편리하고 손쉽게 편집할 수 있고, 상호 작용성을 지원하기 위해 스크립트(Script) 언어를 제공한다.
- 디렉터(Director)와 멀티미디어 툴북(ToolBook), 프리미어(Premier), 오소웨어(Authoware) 등이 있다.
- 인터넷상에서 멀티미디어 자료를 실시간으로 전송 가능한 제작 프로그램은 스트림웍스(Streamworks), 리얼 오디오(Real audio), 비디오 라이브(VDO Live) 등이 있다.

★ 플래시(Flash)
- 스트리밍 방식을 지원하며 홈페이지나 배너 광고 등을 제작하는 데 사용됨
- 멀티미디어 요소를 이용하여 역동적인 기능을 주며 확장자는 *.swf임

④ 웹 사이트 제작 소프트웨어 07년 5월, 04년 2월

- 페이지 기반 저작 도구에서 발전한 소프트웨어이다.
- 웹 브라우저가 HTML 문서 표준을 따르고 있으므로 저작 도구도 이를 지원하고 별도의 재생 소프트웨어가 없어도 웹 브라우저로 결과를 출력할 수 있다.
- 나모 웹 에디터(Web Editor), 드림위버(Dreamweaver), 플래시(Flash)★ 등이 있다.

01 다음 중 멀티미디어의 특징에 대한 설명으로 옳지 않은 것은?

① 다양한 아날로그 데이터를 디지털 데이터로 변환하여 통합 처리한다.
② 정보 제공자와 사용자 간의 상호 작용에 의해 데이터가 전달된다.
③ 미디어별 파일 형식이 획일화되어 멀티미디어의 제작이 용이해진다.
④ 텍스트, 그래픽, 사운드, 동영상 등의 여러 미디어를 통합 처리한다.

• ③은 멀티미디어의 특징에 해당되지 않음
• 미디어별 파일 형식이 다양화되고 있으므로 멀티미디어의 제작이 용이하지 않음

오답 피하기
• 멀티미디어의 특징 : 통합성, 디지털화, 쌍방향성, 비선형성
• ① : 디지털화, ② : 쌍방향성, ④ : 통합성에 대한 설명임
• 비선형성 : 사용자의 선택에 따라 순차적 처리가 아닌 다양한 방향으로 정보를 처리함

02 다음 중 멀티미디어와 관련된 기술인 VOD(Video On Demand)에 대한 설명으로 옳지 않은 것은?

① 비디오를 디지털로 압축하여 비디오 서버에 저장하고, 가입자가 원하는 콘텐츠를 제공하며 재생, 제어, 검색, 질의 등이 가능하다.
② 사용자의 요구에 따라 영화나 뉴스 등의 콘텐츠를 통신 케이블을 통하여 서비스하는 영상 서비스이다.
③ 사용자 간 커뮤니케이션을 목적으로 원거리에서 영상을 공유하며, 공간적 시간적 제약을 극복할 수 있다.
④ VCR 같은 기능의 셋톱박스는 비디오 서버로부터 압축되어 전송된 디지털 영상과 소리를 복원, 재생하는 역할을 한다.

VOD(Video On Demand)는 사용자의 주문에 의해 데이터베이스로 구축되어 있는 영화나 드라마, 뉴스 등의 비디오 정보를 실시간으로 즉시 전송해 주는 서비스로 사용자 간의 커뮤니케이션을 목적으로 하지 않음

03 다음 중 전시장이나 쇼핑센터 등에 설치하여 방문객이 각종 안내를 받을 수 있도록 한 것으로, 터치패널을 이용해 메뉴를 손가락으로 선택해서 정보를 얻을 수 있는 것이 특징인 것은?

① 킨들 ② 프리젠터
③ 키오스크 ④ UPS

키오스크(Kiosk) : 고객의 편의를 위하여 공공장소에 설치된 컴퓨터 자동화 시스템

04 정보화 시대, 인터넷 시대에 중요한 요소로 자리하고 있는 멀티미디어의 특징과 그에 대한 설명으로 옳지 않은 것은?

① 디지털화 : 다양한 아날로그 데이터를 디지털 데이터로 변환하여 통합 처리한다.
② 쌍방향성 : 정보 제공자와 사용자 간의 의견을 통한 상호 작용에 의해 데이터가 전달된다.
③ 정보의 통합성 : 텍스트, 그래픽사운드, 동영상, 애니메이션 등의 여러 미디어를 통합하여 처리한다.
④ 선형성 : 데이터가 일정한 방향으로 처리되고 순서에 관계없이 원하는 선택적으로 처리한다.

멀티미디어는 사용자의 선택에 따라 정보를 처리하는 비선형 구조임

05 다음 중 컴퓨터를 이용한 가상현실(Virtual Reality)에 관한 설명으로 옳은 것은?

① 고화질 영상을 제작하여 텔레비전에 나타내는 기술이다.
② 고도의 컴퓨터 그래픽 기술과 3차원 기법을 통하여 현실의 세계처럼 구현하는 기술이다.
③ 여러 영상을 통합하여 2차원 그래픽으로 표현하는 기술이다.
④ 복잡한 데이터를 단순화시켜 컴퓨터 화면에 나타내는 기술이다.

가상현실(Virtual Reality) : 컴퓨터를 이용하여 특정 상황을 설정하고 구현하는 기술인 모의실험을 통해 실제 주변 상황처럼 경험하고 상호 작용하는 것처럼 느끼게 할 수 있는 인터페이스 시스템

정답 01 ③ 02 ③ 03 ③ 04 ④ 05 ②

출제빈도 ⓢ 중 하
반복학습 1 2 3

빈출 태그   WAV • MIDI • BMP • JPEG • MPEG • 렌더링 • 인터레이싱 • 모핑 • AVI • DivX • ASF • MPEG–4 • MPEG–7 • MPEG–21

• FLAC(Free Lossless Audio Codec) : 오디오 데이터 압축 파일 형식으로 무손실 압축 포맷이며 원본 오디오의 음원 손실이 없음
• AIFF(Audio Interchange File Format) : 오디오 파일 형식으로 비압축 무손실 압축 포맷이며 고품질의 오디오 CD를 만들 수 있고 애플사의 매킨토시에서 사용됨
• ALAC(Apple Lossless Audio Codec) : 애플사에서 만든 오디오 코덱으로 디지털 음악에 대한 무손실 압축을 지원함
• WAV(Waveform Audio Format) : 비압축 오디오 포맷으로 MS사의 Windows의 오디오 파일 포맷 표준으로 사용되는 무손실 음원임

오디오 데이터와 관련된 용어
• 시퀀싱(Sequencing) : 오디오 파일이나 여러 연주, 악기 소리 등을 프로그램에 입력하여 녹음하는 방법으로 음의 수정이나 리듬 변형 등의 여러 편집 작업이 가능함
• PCM(Pulse Code Modulation) : 아날로그 신호를 디지털 펄스로 변환하여 작업한 후 이를 다시 본래의 아날로그 신호로 환원시키는 방식
• 샘플링(Sampling) : 기존에 녹음되어 있는 연주 등을 샘플로 사용하는 방식으로 오디오 시퀀싱의 대표적인 방식임

01 멀티미디어 데이터 16년 3월, 07년 2월

1) 사운드 파일 형식 24년 상시, 22년 상시, 20년 2월, 14년 10월, 12년 6월, 08년 2월, 07년 2월/5월, 06년 2월, 05년 2월, 04년 8월, …

WAVE 형식	• 아날로그 신호를 디지털화하여 나타내는 것으로, 소리의 파장이 그대로 저장됨 • 직접 재생이 가능한 파일 형식 • 자연의 음향과 사람의 음성 표현이 가능함 • 음질이 뛰어나기 때문에 파일의 용량이 큼(MIDI보다 큼) • Windows의 오디오 파일 형식으로 사용 • 확장자 : *.wav
MIDI 형식	• Musical Instrument Digital Interface의 약어로, 전자 악기 사이의 데이터 교환을 위한 규약 • 음의 강도, 악기 종류 등과 같은 정보를 기호화하여 코드화한 방식 • 용량이 작으며 사람의 목소리나 자연음은 재생할 수 없음 • 확장자 : *.mid
MP3 형식	• Moving Picture Experts Group Audio Layer–3의 약어로, 오디오 데이터를 압축하기 위한 방식 • 기존 데이터를 음질의 저하 없이 약 1/10 정도로 압축할 수 있음 • CD에 저장된 음악 파일을 MP3 형식으로 변환할 수 있음 • MP3 파일을 재생하기 위해서는 별도의 전용 플레이어가 필요함 • 확장자 : *.mp3

2) 사운드 저장에 필요한 디스크 공간의 크기 산출법

$$표본 추출률(Hz) \times 샘플 크기(Bit) / 8 \times 재생 방식 \times 지속 시간(s)$$

• 표본 추출률(Sampling Rate) : 소리가 기록되는 동안 초 당 음이 측정되는 횟수를 의미하며, 단위는 Hz(Herts)이다.
• 샘플 크기 : 채취된 샘플을 몇 비트 크기의 수치로 나타낼 것인지를 표시하며, 8비트와 16비트가 많이 사용된다.
• 재생 방식 : 모노(1), 스테레오(2)

➕ 더 알기 TIP

CD 음질 수준의 스테레오 사운드를 10초간 저장하는 데 필요한 최소한의 메모리 공간은?
(CD 음질 : 44.1KHz, 16bit 샘플링 데이터)

$44,100 \times 16/8 \times 2 \times 10 = 1,764,000$ Byte

02 정지 영상 데이터

1) 그래픽 데이터의 표현 방식 19년 3월, 18년 9월, 14년 10월, 11년 7월, 10년 6월/10월, 09년 7월, 07년 2월, 03년 5월, …

비트맵 (Bitmap)	• 이미지를 점(Pixel, 화소)★의 집합으로 표현하는 방식(래스터(Raster) 이미지라고도 함) • 고해상도를 표현하는 데 적합하지만 파일 크기가 커지고, 이미지를 확대하면 계단 현상★이 발생함 • 다양한 색상을 이용하기 때문에 사실적 이미지 표현이 용이함 • Photoshop, Paint Shop Pro 등이 대표적인 소프트웨어임 • 비트맵 형식으로는 BMP, JPG, PCX, TIF, PNG, GIF 등이 있음
벡터 (Vector)	• 이미지를 점과 점을 연결하는 직선이나 곡선을 이용하여 표현하는 방식 • 그래픽의 확대/축소 시 계단 현상이 발생하지 않지만 고해상도 표현에는 적합하지 않음 • Illustrator, CorelDraw 등이 대표적인 소프트웨어 —— 테두리가 거칠어지지 않고 매끄럽게 표현됨 • 벡터 파일 형식으로는 WMF, AI, CDR 등이 있음

2) Pixel당 표현되는 색상 수 계산법 06년 9월, 04년 2월

$$\text{사용 비트 수 : n, 색상 수 : } 2^n$$

사용 비트 수가 2비트이면 색상 수는 $4(2^2)$가 되고, 8비트의 경우 색상 수는 $256(2^8)$이 된다.

➕ **더 알기 TIP**

영상(Image)은 화소(Pixel)의 2차원 배열로 구성되는데 한 화소가 4비트를 사용한다면 한 화소가 표현할 수 있는 컬러 수는 몇 개인가?

2^4=16이므로 표현 가능한 컬러 수는 16이 된다.

3) 정지 영상의 크기 산출법 24년 상시

• 압축이 없는 경우 : 가로 픽셀 수 × 세로 픽셀 수 × 픽셀당 저장 용량(바이트)
• 압축이 있는 경우 : (가로 픽셀 수 × 세로 픽셀 수 × 픽셀당 저장 용량(바이트)) / 압축 비율

➕ **더 알기 TIP**

가로 300픽셀, 세로 200픽셀 크기의 256 색상으로 표현된 정지 영상을 10:1로 압축하여 JPG 파일로 저장하였을 때 이 파일의 크기는 얼마인가?

$(300 \times 200 \times 1)/10 = 6000Byte = 6KB$
※ 256 색상은 8비트(2^8)로 표현이 가능하며, 8비트는 1바이트이므로 픽셀 당 저장 용량은 1이 됨

★ 픽셀(Pixel)
• 화면에 표시되는 이미지의 최소 구성 단위(화소)
• 화면에 표시되는 광점(도트)을 의미함
• 도트의 수가 많을수록 해상도가 높아지며 화면이 선명해짐

★ 계단 현상(Alias)
• 화면의 해상도가 낮아 도형이나 문자를 그릴 때 각이 계단처럼 층이 나면서 테두리가 거칠게 표현되는 현상으로 앨리어스(Alias)라고도 함
• 그래픽 소프트웨어의 안티 앨리어스(Anti-alias)에 의해 완화시킬 수 있음

SVG(Scalable Vector Graphics)
2차원 그래픽을 표현하기 위한 XML 기반의 벡터 이미지 형식

손실 압축
압축 후 복원 시 정보의 손실이 발생하여 원래의 데이터가 완전히 일치하지 않는 것

비(무)손실 압축
압축 후 복원 시 정보의 손실 없이 원래의 데이터가 완전히 일치하는 것

★ **트루컬러(Truecolor)**
• 사람의 눈으로 인식이 가능한 색상의 의미로, 풀 컬러(Full Color)라고도 함
• 24비트의 값을 이용하며, 빛의 3원색인 빨간색(R), 녹색(G), 파란색(B)을 배합하여 나타내는 색상의 규격으로 배합할 때의 단위를 픽셀(Pixel)이라 함

블러링(Blurring)
특정 부분을 흐릿하게 하는 효과로 원하는 영역을 선명하지 않게 만드는 기법

4) 그래픽 파일 형식 23년 상시, 22년 상시, 20년 7월, 16년 3월/6월, 15년 3월, 14년 3월, 12년 3월, 10년 3월, 09년 4월/7월, …

BMP	• 이미지를 비트맵 방식으로 표현함 • 압축을 하지 않기 때문에 고해상도의 이미지를 표현할 수 있지만 용량이 커짐
GIF	• 미국의 Compuserve에서 개발한 형식으로, 비손실 압축 방법을 사용하기 때문에 이미지의 손상은 없지만 압축률이 좋지 않음 • 256색까지만 표현할 수 있으나 배경을 투명하게 하거나 애니메이션 효과를 줄 수 있음
JPEG, JPG	• 정지 영상 압축 기술에 관한 표준화 규격 • 20:1 정도로 압축할 수 있는 형식 • 비손실 압축과 손실 압축을 모두 지원함 • 압축과 복원을 수행할 때 동일한 과정과 시간이 걸리므로 '대칭 압축'이라고도 함 • 서브 샘플링 기법과 주파수 변환 기법을 함께 사용함 • 화면 중에서 중복되는 정보를 삭제하여 컬러 정지 화상의 데이터를 압축하는 방식 • 파일을 압축시켜 용량 면이나 전송 시간 면에서 효율적이므로 인터넷에서 JPEG 파일을 선호함
PNG	• 트루컬러★를 지원하는 비손실 방식의 그래픽 파일 • 압축률이 높고 투명층을 지원하나 애니메이션은 지원되지 않음 • 8비트 알파 채널을 이용하여 부드러운 투명층을 표현할 수 있음

5) 그래픽 관련 용어 23년 상시, 20년 7월, 19년 8월, 16년 3월/10월, 15년 10월, 09년 10월, 03년 7월

렌더링(Rendering)	컴퓨터 그래픽에서 3차원 질감(그림자, 색상, 농도 등)을 줌으로써 사실감을 추가하는 과정
디더링(Dithering)	표현할 수 없는 색상이 존재할 경우, 다른 색상들을 섞어서 비슷한 색상을 내는 효과
인터레이싱(Interlacing)	화면에 이미지를 표시할 때 한 번에 표시하지 않고 천천히 표시되면서 선명해지는 효과
모핑(Morphing)	사물의 형상을 다른 모습으로 서서히 변화시키는 기법으로 영화의 특수 효과에서 많이 사용함
모델링(Modeling)	물체의 형상을 컴퓨터 내부에서 3차원 그래픽으로 어떻게 표현할 것인지를 정하는 과정
메조틴트(Mezzotint)	동판화를 찍은 효과를 내는 것으로 이미지에 많은 점을 이용하는 기법
솔러리제이션(Solarization)	사진 현상 과정 중에 필름이 빛에 노출된 경우 발생하는 부분 반전 현상
필터링(Filtering)	이미지 파일에 여러 효과나 변화를 주어 다양한 형태로 바꿔주는 기술
안티 앨리어싱 (Anti-aliasing)	3D의 텍스처에서 몇 개의 샘플을 채취해서 사물의 색상을 변경하므로 계단 부분을 뭉개고 곧게 이어지는 듯한 화질을 형성하게 만드는 것
텍스처 매핑 (Texture Mapping)	폴리곤은 한가지 색깔이거나 단순한 그라데이션으로 색이 덮혀 있는데, 텍스처(그림)를 붙여 질감을 나타내는 방법

03 동영상 데이터 24년 상시, 23년 상시, 19년 3월, 16년 3월, 13년 6월, 10년 6월, 09년 4월, 08년 8월/10월, 06년 5월/7월, …

MPEG (Moving Picture Experts Group)	• 동화상 전문가 그룹에서 제정한 동영상 압축 기술에 관한 국제 표준 규격으로, 동영상뿐만 아니라 오디오 데이터도 압축할 수 있음 • 손실 압축 방법을 이용하여 중복성을 제거하는 방식으로 압축 효율을 높임 • 비디오 압축의 목적은 실시간 재생이므로, 데이터를 복원하여 재생할 경우 부담이 적은 비대칭 압축 기법 • 50:1 ~ 100:1 정도의 압축이 가능함
VFW (Video For Windows)	• 움직이는 영상을 캡처하는 기능으로 영상의 압축이나 해제를 하드웨어 추가 없이 소프트웨어만으로 가능함 • 화면상의 영상을 캡처하는 그래버 기능, AVI 파일 재생 기능 , 편집 기능, 동영상을 재생하는 미디어 브라우저 기능 등이 있음
DVI (Digital Video Interactive)	• 디지털 TV를 만들기 위해 개발되었던 것을 인텔에서 인수하여 동영상 압축 기술(최대 144:1정도)로 개발됨 • 많은 양의 영상과 음향 데이터를 압축하여 CD-ROM에 기록이 가능함
AVI (Audio Video Interleaved)	• Windows의 표준 동영상 형식의 디지털 비디오 압축 방식 • 비디오 정보, 오디오 정보 등 이미지를 빠른 속도로 압축하거나 재생이 가능함
MOV	• Apple 사에서 만든 동영상 압축 기술 • AVI보다 압축률이나 데이터 손실이 적으며, Windows에서는 Quick Time for Windows 프로그램을 설치하여 재생할 수 있음
DiVX (Digital Video eXpress)	• MPEG-4와 MP3를 재조합한 것으로 코덱★을 변형해서 만든 것 • 비표준 동영상 파일 형식이지만 기가바이트 이상의 DVD를 CD 1~2장의 분량으로 줄일 수 있는 동영상 압축 고화질 파일 형식임 • DVD와 동급의 화질로 영화를 감상할 수 있는 코딩 방식
ASF (Active Streaming Format)	• MS 사가 개발한 통합 멀티미디어 형식 • 화질이 떨어지지만 용량이 작고 음질이 뛰어나 스트리밍★ 기술을 이용하여 영상을 전송하고, 재생할 수 있어 주로 스트리밍 서비스를 하는 인터넷 방송국에서 사용됨
WMV (Windows Media Video)	• MS 사가 개발한 스트리밍이 가능한 오디오 및 비디오 포맷 • Windows Media Player에서 사용하는 형식 • 스트리밍할 때 멀티미디어 압축 방식을 사용함

1) 비디오 파일 용량 산출법

가로 픽셀 수 × 세로 픽셀수 × 픽셀당 저장 용량(바이트) × 프레임 수

프레임(Frame)은 비디오 데이터에서 1초의 영상을 구성하는 한 장면이며, 기본 단위는 FPS(Frame Per Second)이다.

➕ 더 알기 TIP

비디오 데이터를 구성하는 프레임 1개의 크기가 640 × 480 픽셀이고 픽셀 당 3바이트로 저장하려고 할 때 1초간 비디오 정보를 저장하기 위해 필요한 저장 용량은?(단, 비디오 데이터는 1초당 30 프레임으로 구성된다고 가정한다.)

640×480×3×30 = 27,648,000Byte ≒ 26.37MByte(27,648,000/1024/1024)

동영상 비디오 정보
동영상 파일의 바로 가기 메뉴 [속성]의 [자세히] 탭에서 확인 가능한 비디오 정보는 길이, 프레임 너비, 프레임 높이, 데이터 속도, 총 비트 전송률, 프레임 속도 등이 있음

AC-3(Audio Coding-3)
돌비 디지털로 최대 5.1 이상 채널의 입체 음향을 생동감 있게 전달하는 음성 코덱으로 시네마, 방송 등에서 사용되는 첨단 오디오 인코딩, 디코딩 기술

Direct X
멀티미디어 소프트웨어를 보다 고속으로 작동시키고 그래픽 요소와 멀티미디어 효과를 위해 사용하는 응용 프로그램 인터페이스

★ **코덱(CODEC)**
• 디지털 동영상이나 사운드 파일 등을 손실 없이 압축(COmpress)하거나 복원(DECompress)하는 기술
• 아날로그-디지털 변환과 디지털-아날로그 변환을 하나의 장치에서 수행하는 기기

★ **스트리밍(Streaming)**
• 오디오 및 비디오 파일을 모두 다운받기 전이라도 다운을 받으면서 파일을 재생할 수 있는 기술로, 멀티미디어의 실시간 처리가 가능함
• 스트리밍을 적용한 기술 : 인터넷 방송, 원격 교육 등
• 스트리밍 방식 지원 프로그램 : 스트림웍스(Streamworks), 리얼 오디오(Real Audio), 비디오 라이브(VDOLive) 등
• 재생 가능한 데이터 형식 : *.ram, *.asf, *.wmv 등

MPEG-3
HDTV 방송(고선명도의 화질)을 위해 고안되었으나 MPEG-2 표준에 흡수, 통합되어 현재는 존재하지 않는 규격

MHEG(Multimedia and Hypermedia information coding Experts Group)
멀티미디어 콘텐츠에서 각 객체의 배치나 출력의 타이밍, 사용자의 조작에 대한 응답 방법 등을 기술하는 언어의 표준을 책정하는 ISO의 전문가 위원회의 명칭 및 규격명

04 MPEG(Moving Picture Experts Group)의 규격 _{24년 상시, 23년 상시, 21년 상시, …}

1988년 설립된 동화상 전문가 그룹을 의미하는 Moving(Motion) Picture Experts Group의 약자로 동영상을 압축하는 방법을 연구하고 표준안을 제정하고 있다.

MPEG-1	• 비디오 CD나 CD-i의 규격 • 저장 매체나 CD 재생의 용도로 이용함 • 동영상과 음향을 최대 1.5Mbps로 압축하여 저장함
MPEG-2	• 디지털 TV, 대화형 TV, DVD 등 높은 화질과 음질을 필요로 하는 분야의 압축 기술 • 디지털로 압축된 영상 신호의 데이터 구조를 정의한 것으로 상업 수준의 디지털 방송 및 DVD 영상에 주도적으로 사용함
MPEG-4	• 멀티미디어 통신을 위해 만들어진 영상 압축 기술 • 낮은 전송률(매초 64Kbps, 19.2Kbps)로 동영상을 보내고자 개발된 데이터 압축과 복원 기술 • 동영상의 압축 표준안 중에서 IMT-2000 멀티미디어 서비스, 차세대 대화형 인터넷 방송의 핵심 압축 방식으로 비디오/오디오를 압축하기 위한 표준
MPEG-7	• 인터넷상에서 멀티미디어 동영상의 정보 검색이 가능함 • 정보 검색 등을 효율적으로 사용하기 위한 콘텐츠 저장 및 검색을 위한 표준
MPEG-21	MPEG 기술을 통합한 디지털 콘텐츠의 제작, 유통, 보안 등 모든 과정을 관리할 수 있는 규격
H.264	• 매우 높은 압축률이 지원되는 디지털 비디오 코덱 표준 기술 • 현재 국내 지상파 DMB 및 위성 DMB의 비디오 기술 표준임 • 높은 화질 및 음질의 지원으로 디지털 방송이나 모바일 동영상 플레이어에 효율적임 • MPEG-4 Part 10 또는 MPEG-4 AVC(Advanced Video Coding)라고도 함

이론을 확인하는 기출문제

 ▶ 합격 강의

---

01 다음 중 아래에서 설명하는 그래픽 기법은?

 합격 강의

> 컴퓨터 프로그램을 이용하여 3차원 애니메이션을 만드는 과정으로 사물 모형에 명암과 색상을 추가하여 사실감을 더해 주는 작업이다.

① 안티앨리어싱(Anti-Aliasing)
② 렌더링(Rendering)
③ 인터레이싱(Interlacing)
④ 메조틴트(Mezzotint)

렌더링(Rendering) : 컴퓨터 그래픽에서 3차원 질감(그림자, 색상, 농도 등)을 줌으로써 사실감을 추가하는 과정

02 다음 중 영상의 표현과 압축 방식들에 대해서는 관여하지 않으며 특징 추출을 통해 디지털방송과 전자도서관, 전자상거래 등에서 멀티미디어 데이터를 효과적으로 검색할 수 있는 영상 압축 기술은?

① MPEG 1
② MPEG 4
③ MPEG 7
④ MPEG 21

MPEG-7 : 인터넷상에서 멀티미디어 동영상의 정보 검색이 가능. 정보 검색 등을 효율적으로 사용하기 위한 콘텐츠 저장 및 검색을 위한 표준

오답 피하기
• MPEG-1 : 비디오 CD나 CD-i의 규격, 저장 매체나 CD 재생의 용도로 이용함
• MPEG-4 : 멀티미디어 통신을 위해 만들어진 영상 압축 기술, 동영상의 압축 표준안 중에서 IMT-2000 멀티미디어 서비스, 차세대 대화형 인터넷 방송의 핵심 압축 방식으로 비디오/오디오를 압축하기 위한 표준
• MPEG-21 : MPEG 기술을 통합한 디지털 콘텐츠의 제작, 유통, 보안 등 모든 과정을 관리할 수 있는 규격

정답 01 ② 02 ③

SECTION

05

정보 통신 일반

출제빈도 상 中 하
반복학습 1 2 3

빈출 태그 반이중 방식/전이중 방식 • 스타형 • 링형 • 버스형 • LAN • MAN • WAN • VAN • 라우터 • 브리지

01 정보 통신의 정의 및 특징

- 컴퓨터와 컴퓨터, 단말기와 단말기 간에 통신 회선을 통해 정보(Information)를 송수신, 제어, 저장, 처리하는 시스템이다.
- 시간과 거리에 대한 제약을 극복하고, 대량의 정보를 공유할 수 있다.
- 다양한 정보, 컴퓨터 자원의 공유 및 비용 절감 효과가 있다.
- 에러 제어 방식을 사용하여 시스템의 신뢰성이 매우 높다.

정보 통신의 3대 구성 요소
- 정보원(Source)
- 전송 매체(Medium)
- 정보 처리원(Destination)

데이터 통신의 3대 목표
- **정확성** : 정확한 정보의 전달
- **효율성** : 획득한 정보의 가치가 정보 전송 투자 장비의 가치보다 우수해야 함
- **보안성** : 성공적인 정보 전송을 위한 보안 작업의 필요

02 정보 통신 시스템의 구성 19년 8월

정보 통신 시스템은 데이터 전송계와 처리계로 구분된다.

데이터 전송계	단말 장치(Terminal), 신호 변환 장치(MODEM, DSU), 통신 제어 장치, 전송 회선으로 구성됨
데이터 처리계	하드웨어와 소프트웨어로 구성됨

정보 통신 시스템의 발달
- **SAGE(Semi-Automatic Ground Environment)** : 최초의 정보 통신 시스템
- **SABRE(Semi-Automatic Business Research Environment)** : 최초의 상업용 정보 통신 시스템

03 정보 전송 방식 24년 상시, 20년 7월, 19년 8월, 06년 2월, 05년 2월, 04년 8월

정보의 전송 방식은 전송 방향, 전송 모드, 전송 동기에 따라 구분된다.

전송 방향	단방향 방식, 반이중 방식, 전이중 방식
전송 모드	병렬 전송, 직렬 전송
전송 동기	비트 동기, 문자 동기(동기식 전송, 비동기식 전송)
단방향(Simplex) 방식	한쪽 방향으로만 데이터를 전송함(예 라디오, TV 방송)
반이중(Half Duplex) 방식	양쪽 방향에서 데이터를 전송하지만 동시 전송은 불가능함(예 무전기)
전이중(Full Duplex) 방식	양쪽 방향에서 동시에 데이터를 전송함(예 전화)

기적의 TIP

정보 전송 방식의 개념과 예에 대한 문제가 자주 출제되고 있습니다. 어렵지 않은 내용이므로 반드시 알아두세요.

베이스밴드 전송
디지털 데이터 신호를 변조하지 않고 직접 전송하는 방식으로, 일반적으로 근거리 통신망에 사용됨

광케이블의 최대 대역폭
300MHz 이상

04 정보 통신망의 구성 형태와 특징 24년 상시, 19년 8월, 16년 10월, 13년 6월

기적의 TIP

정보 통신망의 구성 형태와 특징에 대해 혼동하지 않을 정도로 그 개념 파악에 주력하셔서 공부하세요.

1) 스타(Star)형

- 중앙에 컴퓨터와 단말기들이 1:1(Point-To-Point)로 연결되어 있는 형태로, 네트워크 구성의 가장 기본적인 형태
- 모든 통신 제어가 중앙의 컴퓨터에 의해 행해지는 중앙 집중 방식
- 일반적인 온라인 시스템의 전형적 방식으로, 회선 교환 방식에 적합함
- 중앙의 컴퓨터에서 모든 단말기들의 제어가 가능하지만, 중앙 컴퓨터의 고장 시 전체 시스템 기능이 마비됨

2) 트리(Tree)형

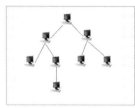

- 중앙의 컴퓨터와 일정 지역의 단말기까지는 하나의 통신 회선으로 연결되어 이웃 단말기는 이 단말기로부터 근처의 다른 단말기로 회선이 연장되는 형태
- 제어가 간단하고 관리가 쉬움
- 분산 처리 시스템이 가능하고 통신 선로가 가장 짧음
- 단방향 전송에 적합하고 CATV망 등에 많이 이용됨

버퍼링 구성에 따른 통신 제어 방식
비트, 블록, 메시지 버퍼 방식

3) 링(Ring)형(=루프(Loop)형)

- 컴퓨터와 단말기들을 서로 이웃하는 것끼리만 연결한 형태
- LAN에서 가장 많이 사용함
- 양방향 데이터 전송이 가능함
- 통신 회선 장애 발생 시 융통성이 있으나 전체 통신망에 영향을 줌

교환 방식의 종류
- **회선 교환 방식** : 실시간으로 통신할 수 있는 교환 방식
- **메시지 교환 방식** : 메시지를 받아서 알맞은 송신 회로가 있을 때까지 저장했다가 다시 전송하는 방식
- **패킷 교환 방식** : 축적 교환 방식, 패킷 단위(최대 1,000bit 단위)로 분할하여 단위마다 수신인의 주소로 보내는 방식

4) 버스(Bus)형

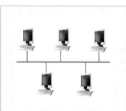

- 한 통신 회선에 여러 대의 단말기가 접속되는 형태(회선 길이에 제한이 있음)
- 구조가 간단하며 단말기의 추가 및 제거가 쉬움
- 데이터 전송 방식은 폴링과 셀렉션에 의해 이루어짐
- 노드의 독립성이 보장됨(한 노드의 고장은 다른 노드에 영향을 주지 않음)
- 버스상의 모든 단말 데이터의 수신이 가능함(방송 모드)
- CSMA/CD(반송파 감지 다중 접근/충돌 검사)를 사용함
- 여러 대의 단말기가 접속되므로 기밀 보장이 어려움

5) 망(Mesh)형

- 모든 단말기와 단말기들을 통신 회선으로 연결시킨 형태(노드의 연결성이 뛰어나므로 응답 시간이 빠름)
- 보통 공중 전화망과 공중 데이터 통신망에 사용됨
- 통신 회선의 전체 길이가 가장 길어짐
- 신뢰도가 높음(통신 회선 장애 발생 시 타 경로를 이용, 데이터 전송을 수행)
- 분산 처리 시스템이 가능하고, 광역 통신망(WAN)에 적합함
- 통신 회선의 링크 수 : $\dfrac{n(n-1)}{2}$

05 정보 통신망의 종류 23년 상시, 17년 9월, 15년 6월, 14년 6월/10월, 07년 2월

└─ 디지털 신호를 직접 전송하는 베이스 밴드 방식과 통신 경로를 여러 개의 주파수 대역으로
　　나누어 쓰는 브로드 밴드 방식이 있음

근거리 통신망(LAN)	수 km 이내의 거리(한 건물이나 지역)에서 데이터 전송을 목적으로 연결된 통신망
도시권 정보 통신망(MAN)	LAN과 WAN의 중간 형태로, 대도시와 같은 넓은 지역에 데이터, 음성, 영상 등의 서비스를 제공하는 통신망
광역 통신망(WAN)	원거리 통신망이라고도 하며, 하나의 국가 등 매우 넓은 네트워크 범위를 갖는 통신망
구내망(PBX)	사설 구내 교환망
부가 가치 통신망(VAN)	통신 회선을 직접 보유하거나 통신 사업자의 회선을 임차하여 이용하는 형태(하이텔, 천리안, 유니텔 등)
가상 사설망(VPN)	통신 사업자에게 전용 회선을 임대하여 공중망을 통해 사설 네트워크를 구축하는 것으로 기존 사설망의 고비용 부담을 해소하기 위해 사용됨
종합 정보 통신망(ISDN)	여러 가지 통신 서비스를 하나의 디지털 통신망으로 통합한 통신망
광대역 종합 정보 통신망(B-ISDN)	ATM★을 기반으로 대용량 데이터를 디지털 방식으로 150~600 Mbps의 초고속 전송이 이루어짐

06 네트워크 접속 장비 24년 상시, 23년 상시, 22년 상시, 21년 상시, 20년 7월, 18년 9월, 17년 9월, 16년 3월/6월, …

└─ MOdulation(변조)+DEModulation(복조)의 합성어

모뎀(MODEM)	디지털 신호를 아날로그 신호로 변환하는 변조 과정과 아날로그 신호를 디지털 신호로 변환하는 복조 과정을 수행하는 장치
랜(LAN) 카드	물리적으로 네트워크에 접속하기 위해 컴퓨터 내에 설치되는 확장 카드
허브(Hub)	네트워크에서 연결된 각 회선이 모이는 집선 장치로서 각 회선을 통합적으로 관리하는 방식
라우터(Router)	데이터 전송을 위한 최적의 경로를 찾아 통신망에 연결하는 장치
브리지(Bridge)	• 독립된 두 개의 근거리 통신망(LAN)을 연결하는 접속 장치 • OSI 참조 모델의 데이터 링크 계층에 속함 • 데이터가 다른 곳으로 가지 않도록 통신량을 조절함 • 통신 프로토콜을 변환하지 않고 네트워크를 확장함
리피터(Repeater)	• 네트워크에서 디지털 신호를 일정한 거리 이상으로 전송시키면 신호가 감쇠하는 성질이 있음 • 장거리 전송을 위해 신호를 새로 재생시키거나 출력 전압을 높여 전송하는 장치
게이트웨이(Gateway)	• 네트워크에서 다른 네트워크로 들어가는 관문의 기능을 수행하는 지점을 말하며, 서로 다른 프로토콜을 사용하는 네트워크를 연결할 때 사용하는 장치 • 주로 LAN에서 다른 네트워크에 데이터를 보내거나 받아들이는 역할을 함

07 모바일 기기 관련 용어 24년 상시, 20년 2월/7월, 18년 3월/9월, 17년 3월/9월

안드로이드(Android)	구글에서 개발한 모바일 운영 체제
아이오에스(iOS)	애플 아이폰 기기에서 사용되는 모바일 운영 체제
윈도 모바일	마이크로소프트의 윈도 환경을 기반으로 하는 모바일 운영 체제

Ⓑ 기적의 TIP

LAN, WAN, MAN, VAN, ISDN, Hub, 라우터, 브리지, 리피터의 특징을 묻는 문제는 꾸준히 출제되고 있습니다. 반드시 그 개념에 대해 공부해 두세요.

★ ATM(Asynchronous Transfer Mode)
비동기식 전달 모드로, B-ISDN의 핵심 기술이며 멀티미디어 데이터 전송에 사용됨

통신 속도 단위
• BPS(Bit Per Second) : 1초에 전송되는 비트 수
• Baud(보) : 초 당 발생하는 최단 펄스의 수, 변조 속도의 단위

패킷(Packet)
전송 데이터를 일정한 길이로 잘라서 전송에 필요한 정보들과 함께 보내는데, 이 데이터 묶음을 패킷이라고 함

통신 시스템의 데이터의 흐름
변조 → 직렬화 → 복조 → 병렬화

코덱(Codec)
• 아날로그-디지털 변환과 디지털-아날로그 변환을 하나의 장치에서 수행하는 기기로 이 장치와 전송 속도 변환 장치를 하나로 만든 것이 모뎀(MODEM)임
• 디지털 동영상이나 사운드 파일 등을 손실 없이 압축(COmpress)하거나 복원(DECompress)하는 기술을 의미하기도 함

와이파이(Wi-Fi)

- IEEE 802.11 기술 규격으로 IEEE 802.11b 규격은 최대 11Mbps, IEEE 802.11g 규격은 최대 54Mbps의 속도를 지원함
- **인프라스트럭쳐(Infrastructure) 모드** : AP(Access Point)를 통해 데이터를 송수신하는 방식
- **애드혹(Ad hoc) 모드** : 피어 투 피어 또는 인디펜던트 모드라고도 하며 AP(Access Point) 없이 데이터를 송수신하는 방식으로 전파 사용면에서 효율이 좋음
- 장소와 환경에 따라 많은 영향을 받으므로 사용 거리에 제한이 있음

★ **사물 인터넷(IoT : Internet of Things)**
- 개인별 맞춤형 스마트 서비스를 지향하며 정보 보안 기술의 적용이 중요시 됨
- 개방형 아키텍처로 스마트 센싱 기술과 무선 통신 기술을 융합한 실시간 송수신 서비스 제공

3D 프린터(Printer)

- X축(좌우), Y축(앞뒤), Z축(상하)을 이용하여 작성된 3D 도면을 이용하여 3차원의 입체물을 만들어내는 프린터
- 잉크젯 프린터의 인쇄 원리와 같으며 제작 방식에 따라 층(레이어)으로 겹겹이 쌓아 입체 형상을 만들어내는 적층형과 큰 덩어리를 조각하듯이 깎아내는 절삭형으로 나뉨
- 제작 단계는 3D 도면을 제작하는 모델링(Modeling) 단계, 물체를 만드는 프린팅(Printing) 단계, 마무리 보완 작업(도색, 연마, 부분품 조립 등)을 하는 피니싱(Finishing) 단계로 이루어짐
- **출력 속도 단위** : MMS(MilliMeters per Second)

- **DMB(Digital Multimedia Broadcasting)** : 디지털 멀티미디어 방송으로 커뮤니케이션(Communication) 서비스는 제공되지 않음
- **모바일 화상전화** : 원거리에 있는 사람들끼리 모바일 스마트폰을 통해 원격으로 화상 통화를 할 수 있는 서비스
- **MMS(Multimedia Messaging Service)** : 문자 메시지만 보낼 수 있는 기존 방식과는 달리 소리나 동영상 등의 멀티미디어 데이터를 송수신할 수 있는 서비스

용어	설명
와이파이 (Wifi : Wireless Fidelity)	일정 영역의 공간에서 무선 인터넷의 사용이 가능한 근거리 무선 통신 기술
ALL-IP (Internet Protocol)	인터넷 프로토콜(IP)를 기반으로 유무선 인터넷 구분 없이 언제 어디서나 초고속 인터넷을 사용하는 서비스
AP(Application Processor)	스마트기기에서 PC의 CPU(중앙 처리 장치) 역할을 담당하는 장치
유심(USIM) 카드	범용 가입자 인증 모듈(Universal Subscriber Identify Module)로 스마트폰 사용자의 인증 및 개인 정보를 저장하는 모듈 카드
위젯(Widget)	스마트기기에서 수행되는 일정, 날씨, 시계, 달력 같은 작은 애플리케이션 프로그램
플랫폼(Platform)	스마트기기나 프로그램 등의 동작 시 사용 기반이 되는 하드웨어 및 소프트웨어의 환경
앱(App)	스마트기기에서 사용 가능한 응용(Application) 프로그램으로 '어플'이라고도 함
QR(Quick Response) 코드	격자 무늬 패턴 모양에 정보를 저장하는 기능을 가진 2차원 형식의 바코드로 스마트폰을 이용하여 QR 코드를 스캔하면 빠르게 정보를 볼 수 있음
증강현실 (AR : Augmented Reality)	현실 세계에 가상의 사물이나 정보를 부가시켜 실제 공간에 가상현실을 증강시키는 기술
테더링(Tethering)	인터넷이 가능한 스마트기기의 통신 중계기 역할로 PC의 인터넷 접속을 가능하게 하고 모바일 데이터 연결을 공유함
SNS (Social Network Service)	공통 관심사를 가진 사람끼리 글이나 사진, 영상 등을 통해 기록하고 소통하는 정보 기술 서비스
사물 인터넷 ★ (IoT : Internet of Things)	인간 대 사물, 사물 대 사물 간에 인터넷으로 연결되어 정보의 소통이 가능한 기술
만능 인터넷 (IoE : Internet of Everything)	사물 인터넷의 확장 개념으로 만물이 인터넷에 연결되어 모든 사물의 제어 및 정보 소통이 가능한 기술
위치 기반 서비스(LBS : Location Based Service)	스마트 폰에 내장된 칩(Chip)이 각 기지국(셀 방식)이나 GPS(위성항법장치)와 연결되어 위치 추적이 가능하며 위치 정보에 따른 특정 지역의 기상 상태나 교통 및 생활 정보 등을 제공 받을 수 있는 위치 기반 서비스
NFC(Near Field Communication)	근거리 무선 통신 기술로 스마트폰을 이용하여 신용카드나 교통카드 대용으로 사용할 수 있으며 다른 기기와 데이터를 주고 받을 수 있는 기술
클라우드 서비스 (Cloud Service)	언제 어디서나 인터넷이 연결된 장소에서 정보를 업로드 · 다운할 수 있는 서비스
웨어러블 디바이스 (Wearable Device)	컴퓨터 칩이 내장되어 있는 입거나 몸에 착용 가능한 형태의 기기나 액세서리(시계, 안경 등)로 인터넷이 가능하며 스마트기기와의 정보 공유가 가능한 서비스
BYOD (Bring Your Own Device)	본인의 스마트기기를 휴대하여 언제 어디서나 시간 및 장소의 구애를 받지 않고 회사 업무나 개인 업무를 처리함
스크린 에이저 (Screenager)	스크린과 틴에이저의 합성 신조어로 언제 어디서나 스마트폰의 스크린을 통해 정보를 검색하고 공유하는 젊은 세대를 의미함
N스크린(N-Screen)	다양한 종류의 스크린을 통해 동시에 정보나 콘텐츠를 제공하는 것을 의미
팝콘 브레인 (Popcorn Brain)	스마트기기의 중독으로 인해 스마트 증후군 증세를 보이며 뇌가 무기력해지고 현실 세계에 무감각해지는 현상
모바일 웰렛 (Mobile Wallet)	스마트기기를 이용한 물품 구매나 쇼핑 같은 전자 거래를 통한 결제나 쿠폰이나 멤버십을 이용한 각종 서비스를 제공해 주는 모바일 전자 지갑
4세대(4G) 이동 통신	IMT-2000(3세대)의 다음 이동 통신 서비스로 인터넷, 무선 LAN, 위성망 등을 하나의 단말기로 모두 사용 가능하고 대용량의 동영상이나 인터넷 방송, 3차원 영상 통화 처리가 가능함

01 다음 중 네트워크 연결 장치와 관련하여 패킷의 헤더 정보를 보고 목적지를 파악하여 다음 목적지로 전송하기 위한 최선의 경로를 선택할 수 있는 것으로 옳은 것은?

① 허브(Hub)
② 브리지(Bridge)
③ 스위치(Switch)
④ 라우터(Router)

라우터(Router) : 데이터 전송을 위한 최적의 경로를 선택함

오답 피하기

• 허브(Hub) : 집선 장치로서 각 회선을 통합적으로 관리함
• 브리지(Bridge) : 독립된 두 개의 근거리 통신망을 연결하는 접속 장치

02 다음 중 정보통신에서 네트워크 관련 장비에 대한 설명으로 옳지 <u>않은</u> 것은?

① 라우터 : 네트워크를 구성하기 위해 반드시 필요한 장비로 정보 전송을 위한 최적의 경로를 찾아 통신망에 연결하는 장치
② 허브 : 네트워크를 구성할 때 여러 대의 컴퓨터를 연결하고, 각 회선들을 통합 관리하는 장치
③ 브리지 : 네트워크를 구성할 때 디지털 신호를 아날로그 신호로 변환하여 전송하고 다시 수신된 신호를 원래대로 변환하기 위한 전송 장치
④ 게이트웨이 : 한 네트워크에서 다른 네트워크로 들어가는 입구 역할을 하는 장치로 근거리 통신망(LAN)과 같은 하나의 네트워크를 다른 네트워크와 연결할 때 사용되는 장치

브리지(Bridge) : 독립된 두 개의 근거리 통신망(LAN)을 연결하는 접속 장치

오답 피하기

모뎀(MODEM) : 디지털 신호를 아날로그 신호로 변환하는 변조 과정과 아날로그 신호를 디지털 신호로 변환하는 복조 과정을 수행하는 장치

03 정보 통신망의 범위를 기준으로 작은 것부터 큰 순서 대로 옳게 나열한 것은?

① WAN – MAN – LAN
② LAN – MAN – WAN
③ MAN – LAN – WAN
④ LAN – WAN – MAN

• LAN(Local Area Network) : 근거리 통신망
• MAN(Metropolitan Area Network) : LAN과 WAN의 중간 형태의 도시 지역 통신망
• WAN(Wide Area Network) : 광역 통신망

04 다음 중 소형화, 경량화를 비롯해 음성과 동작 인식 등 다양한 기술이 적용되어 장소에 구애받지 않고 컴퓨터를 활용할 수 있도록 몸에 착용하는 컴퓨터를 의미하는 것은?

① 웨어러블 컴퓨터
② 마이크로 컴퓨터
③ 인공지능 컴퓨터
④ 서버 컴퓨터

웨어러블(Wearable) 컴퓨터 : 웨어러블 디바이스(Wearable Device)라고도 불리우며 몸에 착용이 가능하므로 항상 컴퓨터나 디바이스의 활용이 편리하고 가능하며 안경이나 시계, 모자, 의복 등에서 응용 개발되고 있음

05 네트워크에서 디지털 신호를 일정한 거리 이상으로 전송시키면 신호가 감쇠되므로 디지털 신호의 장거리 전송을 위해 수신한 신호를 재생하거나 출력 전압을 높여 전송하는 네트워크 장비는?

① 라우터
② 리피터
③ 브리지
④ 게이트웨이

리피터(Repeater)

• 네트워크에서 디지털 신호를 일정한 거리 이상으로 전송시키면 신호가 감쇠하는 성질이 있음
• 장거리 전송을 위해 신호를 새로 재생시키거나 출력 전압을 높여 전송하는 장치

정답 01 ④ 02 ③ 03 ② 04 ① 05 ②

06 다음 중 네트워크 장비인 게이트웨이(Gateway)에 관한 설명으로 옳은 것은?

① 1:1 통신을 통하여 리피터(Repeater)와 동일한 역할을 하는 장비이다.
② 데이터의 효율적인 전송 속도를 제어하는 장비이다.
③ 컴퓨터와 네트워크를 연결하는 장비이다.
④ 서로 다른 네트워크 간에 데이터를 주고받기 위한 장비이다.

게이트웨이(Gateway) : 네트워크에서 다른 네트워크로 들어가는 관문의 기능을 수행하는 지점을 말하며, 서로 다른 프로토콜을 사용하는 네트워크를 연결할 때 사용하는 장치

07 다음 중 모든 사물을 네트워크로 연결하여 인간과 사물, 사물과 사물 간에 언제 어디서나 서로 소통할 수 있게 하는 새로운 정보통신 환경을 의미하는 것은?

① 클라우드 컴퓨팅(Cloud Computing)
② RSS(Rich Site Summary)
③ IoT(Internet of Things)
④ 빅 데이터(Big Data)

IoT(Internet of Things) : 인간 대 사물, 사물 대 사물 간에 인터넷으로 연결되어 정보의 소통이 가능한 기술

오답 피하기

• 클라우드 컴퓨팅(Cloud Computing) : 언제 어디서나 인터넷이 연결된 장소에서 정보의 저장 및 처리가 가능한 컴퓨터 환경
• RSS(Rich Site Summary) : 자동 수집 기능으로 사이트의 방문 없이도 원하는 최신 정보를 볼 수 있으며 주로 블로그 사이트나 뉴스 등에서 콘텐츠를 표현할 때 사용함
• 빅 데이터(Big Data) : 다양한 종류의 대규모 데이터를 분석, 처리하는 과정을 통해 원하는 결과를 도출하여 효율적으로 이용하기 위한 것으로 빅 데이터의 크기는 수십 테라에서 페타 바이트까지 존재함

08 다음 중 중앙의 주 컴퓨터에 이상이 발생하면 시스템 전체의 기능이 마비되는 통신망 형태는?

① 버스(Bus)형
② 트리(Tree)형
③ 성(Star)형
④ 메시(Mesh)형

성(Star)형 : 중앙에 컴퓨터와 단말기들이 1:1로 연결된 형태로 주 컴퓨터에 이상이 발생하면 시스템 전체의 기능이 마비됨

오답 피하기

• 버스(Bus)형 : 한 통신 회선에 여러 대의 단말기가 접속되는 형태로 한 노드의 고장은 다른 노드에 영향을 주지 않음
• 트리(Tree)형 : 중앙의 컴퓨터와 일정 지역의 단말기까지는 하나의 통신 회선으로 연결되어 이웃 단말기는 이 단말기로부터 근처의 다른 단말기로 회선이 연장되는 형태
• 메시(Mesh)형(=망형) : 모든 단말기와 단말기들을 통신 회선으로 연결시킨 형태로 통신 회선의 전체 길이가 가장 길어짐

버스(Bus)형   트리(Tree)형   메시(Mesh)형(=망형)

정답 06 ④ 07 ③ 08 ③

CHAPTER 05

컴퓨터 시스템 보호

학습 방향

인터넷 부정 행위와 데이터 보안 침해 형태의 종류는 구분 가능하도록 준비하세요. 방화벽 관련 내용은 자세히 알고 넘어가셔야 합니다. 암호화 기법인 비밀키와 공개키 기법은 차이를 묻는 문제가 주로 출제되고 있으며, 최근 개정된 개인정보 보호법에 대한 내용도 출제가 예상되는 부분입니다.

출제빈도

SECTION 01	하	6%
SECTION 02	상	70%
SECTION 03	중	24%

빈출 태그 유즈넷 네티켓 • 웹 페이지 설계 시 유의점 • 저작권 • 디지털 워터마크 • 개인 정보 보호

01 정보 윤리 기본

1) 일반적인 측면의 윤리

- 법과 질서를 준수하고 타인의 사생활을 함부로 침해하지 않도록 한다.
- 지적 재산권을 보호하고 불건전 정보가 유통되지 않도록 한다.
- 소프트웨어를 무단으로 복제해서 사용하지 않도록 하며, 업무상 취득한 정보를 사적인 목적으로 사용하지 않도록 한다.
- 자신의 권한을 벗어나는 시스템 조작 행위나 권한 없는 시스템에 접근하지 않도록 한다.
- 컴퓨터 통신망을 이용해 근거 없는 유언비어나 음란물을 유포하지 않도록 한다.

2) 전자우편(E-Mail)을 이용할 때의 네티켓★

- 폭탄 메일을 보내는 것은 전산망의 안정성을 해칠 수 있으며 타인에게 피해를 주므로 처벌 받을 수 있다.
- 상업적인 목적을 가진 광고성 메일 등은 불특정 다수에게 보내지 않도록 한다.
- 광고성 메일을 보낼 때에는 제목에 '광고'라고 표기하여 보내야 한다.
- 전자우편의 제목만으로도 그 내용을 쉽게 알 수 있도록 해야 한다.
- 전자우편의 내용은 간결하게 용건만 전달하도록 한다.

3) 유즈넷(Usenet)을 이용할 때의 네티켓

- 질문하기 전에 중복되는 내용이 있는지 FAQ★를 먼저 확인한다.
- 기사 내용은 간결하게 요점만을 기록하고, 기사 끝에는 서명과 연락처를 남긴다.
- 게시물 내용에 반대 의견을 가진 사람은 개인 메일을 이용하도록 한다.
- 연습용 글은 Test 그룹에 올리며, 게시한 기사에 잘못된 사항이 있으면 가능한 빠르게 취소한다.
- 뉴스 그룹의 성격에 맞게 기사를 게시한다.

4) FTP(File Transfer Protocol)를 이용할 때의 네티켓

- FTP 사이트 목록을 확보하고 접근하면 시간을 줄일 수 있다.
- 익명의 FTP(Anonymous FTP) 사이트 접속 시 비밀 번호에는 본인의 E-Mail 주소를 입력한다.
- 큰 용량의 파일을 전송할 경우는 사용자들이 많은 낮 시간을 피하고, 몇 개의 파일로 나누거나 압축하여 올린다.
- Anonymous FTP의 공개 디렉터리에 있는 파일을 일부러 삭제해서는 안 된다.

기적의 TIP

유즈넷 사용 시의 네티켓과 웹 페이지 설계 시의 유의점 정도만 알아두고 넘어가세요.

★ 네티켓
인터넷 사용자가 지켜야 할 예절의 의미로 네트워크(Network)와 에티켓(Etiquette)의 합성어

★ FAQ(Frequently Asked Questions)
자주 묻는 질문에 대한 답변을 모아 놓은 것

개념 체크

1 전자우편에서 광고성 메일을 보낼 때, 제목에 '광고'라고 표기하지 않아도 된다. (O, X)

2 FTP를 이용해 큰 용량의 파일을 전송할 경우, 사용자들이 많은 낮 시간을 이용해야 한다. (O, X)

3 전자우편의 내용은 가능한 자세하게 작성하는 것이 좋다. (O, X)

4 FTP 사이트 목록을 확보하면 시간을 줄일 수 있다. (O, X)

1 X 2 X 3 X 4 O

5) 웹 페이지 설계 시 유의점

- 웹 설계 시 사용되는 그림 파일(Image)의 크기는 너무 크지 않도록 한다.
- 웹 페이지 간의 이동이 쉽게 설계되어야 한다.
- 웹의 특성상 여러 환경의 컴퓨터와 인터페이스(Interface)를 고려하여 설계해야 한다.
- 웹상에서 다른 사이트의 글이나 그림 파일 등을 인용할 때는 원저작자에게 허락을 얻고 그 출처를 분명히 해야 한다.
- 웹상에 업로드(Upload)한 파일의 크기가 클 경우 파일의 크기를 명시하여 이용하는 사용자에게 편의를 줄 수 있도록 한다.

02 저작권★ 보호 ^{07년 7월}

★ 저작권(Copyright)
시, 소설, 음악, 미술, 연극, 논문, 건축물, 사진, 컴퓨터 프로그램 등과 같은 저작물에 대하여 창작자가 가지는 권리

1) 저작권법

저작자의 권리와 이에 인접하는 권리를 보호하고 저작물의 공정한 이용을 도모함으로써 문화 및 관련 사업의 향상 발전에 이바지함을 목적으로 한다.

▶ 저작권 관련 용어

공표권	저작물을 공연 · 방송 또는 전시 그 밖의 방법을 이용하여 일반 공중에게 발표할 것인지 말 것인지를 결정할 권리
성명 표시권	저작물에 저작자로서의 성명을 표기할 것인지, 아닐지의 권리
배포권	원작품 또는 복제물을 일반 공중에게 대가를 받거나 또는 받지 않고 양도하거나 대여할 수 있는 권리
2차적 저작물 작성권	해당 저작물을 기초로 하여 영화, 드라마, 연극 등 2차 저작물을 작성할 수 있는 권리
전송권	저작물을 무선 또는 유선 통신의 방법을 이용하여 송신하거나 이용할 수 있도록 제공할 수 있는 권리
저작 인접권	저작물 배포와 전파에 기여한 사람들의 권리를 의미하며, 저작권과 동일하게 보호받음
복제	사진, 인쇄, 복사, 녹음, 녹화 등 그 밖의 방법을 이용하여 유형물로 다시 제작하는 행위
발행	저작물을 일반 공중의 수요를 위하여 복제, 배포하는 행위

2) 저작권의 보호 기간 ^{04년 2월}

- 저작 재산권은 저작자의 생존 기간과 사망 후 70년간 존속하는 것을 원칙으로 하고 있다.
- 공동저작물인 경우에는 맨 마지막으로 사망한 저작자를 기준으로 사후 70년간 존속한다(저작자의 사망 시점을 알 수 없는 경우에는 이러한 원칙을 적용할 수 없음).
- 무명 또는 이명 저작물인 경우, 업무상 저작물인 경우, 영상 저작물인 경우에 이에 해당된다. 이러한 경우에는 공표된 시점을 기준으로 70년간 존속한다.
- 이러한 저작재산권의 보호 기간은 저작자가 사망하거나 저작물을 공표한 다음해 1월 1일부터 기산한다.
- 저작 재산권 보호기간이 70년으로 연장되어 시행되는 시점은 2013년 7월 1일부터이다.

✔ 개념 체크

1 공표권은 저작물을 일반 공중에게 발표할 것인지 말 것인지를 결정하는 권리이다. (○, ×)

2 성명 표시권은 저작자로서의 성명을 표기할 것인지, 아닐지의 권리이다. (○, ×)

3 사진, 인쇄, 복사, 녹음, 녹화 등 방법으로 유형물을 다시 제작하는 행위를 (   )라 한다.

4 저작물을 일반 공중의 수요를 위하여 복제, 배포하는 행위를 (   )이라 한다.

1 ○ 2 ○ 3 복제 4 발행

3) 저작 재산권의 제한 ^{07년 7월}

- 재판 절차, 입법, 행정 자료를 위한 저작물의 복제(제23조)
- 공개적으로 행한 정치적 연설, 법정, 국회, 지방 의회에서의 진술 등의 이용(제24조)
- 학교 교육 목적 등에의 이용(제25조)
- 시사 보도를 위한 이용(제26조)
- 시사적인 기사 및 논설의 복제 등(제27조)
- 공표된 저작물의 인용(제28조)
- 영리를 목적으로 하지 아니하는 공연, 방송(제29조)
- 사적 이용을 위한 복제(제30조)
- 도서관 등에 보관된 자료의 복제 등(제31조)
- 시험 문제로서의 복제(제32조)
- 시각장애인 등을 위한 점자에 의한 복제 등(제33조)
- 방송사업자의 자체방송을 위한 일시적 녹음, 녹화(제34조)
- 미술 저작물 등의 일정한 장소에서의 전시 또는 복제(제35조)
- 저작물 이용 과정에서의 일시적 복제(제35조의 2)
- 저작물의 공정한 이용(제35조의 3)
- 컴퓨터 프로그램 저작물에 대한 특례(제101조의 3부터 제101조의 5까지)
  - 프로그램 기능의 조사, 연구, 시험 목적의 복제
  - 컴퓨터의 유지, 보수를 위한 일시적 복제
  - 프로그램 코드 역분석
  - 정당한 이용자에 의한 보존을 위한 복제 등

03 개인정보 보호

1) 개인정보의 정의

살아 있는 개인에 관한 정보로서 성명, 주민등록번호 및 영상 등을 통하여 개인을 알아볼 수 있는 정보(해당 정보만으로는 특정 개인을 알아볼 수 없더라도 다른 정보와 쉽게 결합하여 알아볼 수 있는 것을 포함한다)를 말한다(※ 성명, 주소, 전화번호 등 이외에 컴퓨터 IP 주소, e-mail 등도 개인 정보에 포함).

2) 개인정보 보호의 중요성

개인	개인정보 유출 등 정신적 피해, 보이스 피싱 등에 의한 금전적 손해, 스팸 메일, 유괴 등 각종 범죄에 노출 우려
기업	개인정보는 기업의 자산 그 자체, 개인정보 유출 시 기업 이미지 실추, 집단 손해 배상 등으로 기업 경영 타격
국가	정부, 공공행정의 신뢰성 하락, 국가 브랜드 하락, 프라이버시 라운드 대두에 따른 IT산업 수출 애로

디지털 워터마크
(Digital Watermark)
- 이미지(Image), 사운드(Sound), 영상, MP3, 텍스트(Text) 등의 디지털 콘텐츠에 사람이 식별할 수 없게 삽입해 놓은 비트 패턴 등을 의미하는 것으로 흐리게 보이거나 복사 시 "복사"라는 표시가 나타남
- 외부로부터의 손상이나 변형을 대비할 수 있어 최근에 저작권을 보호하기 위한 기술 중 하나로 많이 사용됨

보호받지 못하는 저작물
- 헌법, 법률, 조약, 명령, 조례 및 규칙
- 국가나 지방자치단체의 고시, 훈령, 공고 등
- 법원의 판결, 결정, 명령 및 심판이나 행정 심판 절차, 그 밖에 이와 유사한 절차에 의한 의결, 결정 등
- 국가 또는 지방자치단체가 작성한 것으로서 상기의 편집물 또는 번역물
- 사실의 전달에 불과한 시사보도(시사성을 띤 소재를 기자 등이 주관적인 비평이나 논평 없이 그대로 전달하는 것)

외국인의 저작물
- 외국인의 저작물은 우리나라가 가입 또는 체결한 조약에 따라 보호됨
- 우리나라에 항상 거주하는 외국인의 저작물과 우리나라에서 최초로 발행된 저작물(외국에서 발행된 날로부터 30일 이내에 우리나라에서 발행된 저작물을 포함)은 그 저자의 국적을 불문하고 우리나라의 저작물과 동일하게 우리 저작권법에 의해 보호됨

3) 개인정보 보호법의 법률 간 체계

개인정보보호법은 일반법이며, 다른 개인정보보호 관련 법률이 있는 경우 우선 적용된다.

4) 개인정보의 수집 법정주의(2014.8.7 시행)

- 주민번호에 한하여 정보 주체의 동의를 통한 수집도 금지된다.
- 법령상 근거 없이 보유한 주민번호는 파기되어야 한다(2016년 8월 6일까지로 공시함). 단, 다음의 경우는 예외로 한다.

〈주민 번호 예외적 처리 허용 사유〉
- 법령에서 구체적으로 주민번호 처리를 요구, 허용하는 경우
- 정보주체 또는 제3자의 급박한 생명, 신체, 재산의 이익을 위해 명백히 필요한 경우
- 기타 주민번호 처리가 불가피한 경우로서 안전행정부령으로 정하는 경우

주민번호 수집 가능 사례

법령 근거가 있는 경우
① 거래 상대방의 신용도 조회
② 휴대폰, 유선 전화 등 통신 서비스 가입
③ 회사 내 직원들의 인사 관리 및 급여 지급
④ 기부금 영수증 발급
⑤ 수도, 통신, 난방 요금 등 취약 계층 대상 요금 감면
⑥ 부동산 계약 시

주민번호 수집 불가능 사례

불필요하거나 전화번호로 대체 가능한 경우
① 홈페이지 회원 가입, 마트, 백화점 등 멤버쉽 회원 가입(포인트, 마일리지 등)
② 거래처 사무실 등 건물 출입, 아파트 주차증 발급
③ 입사 지원 단계에 있는 근로자, 입사 지원 등 채용 절차
④ 콜센터 상담 시 본인 확인, 골프장, 호텔 등 숙박 시설 등 이용, 출입자 기록
⑤ 요금 자동이체 신청, 고객 센터, A/S센터 단순 상담(단, 금융 거래 업무는 제외)
⑥ 렌터카 이용자의 교통 법규 위반에 대한 범칙금 통고

5) 개인정보 수집 · 이용 및 제공이 가능한 경우

1. 정보 주체의 동의를 받은 경우
2. 법률의 특별한 규정, 법령상 의무 준수를 위해 불가피한 경우
3. 공공기관이 법령에서 정한 소관 업무 수행을 위해 불가피한 경우
4. 정보 주체와의 계약 체결 · 이행을 위해 불가피한 경우
5. 정보 주체 등의 생명, 신체, 재산의 이익 보호 (사전 동의를 받기 곤란한 경우)
6. 개인정보처리자의 정당한 이익 달성을 위해 필요한 경우

처벌 규정	위반 시 5천만 원 이하의 과태료
	위반 시 5년 이하 징역 또는 5천만 원 이하 벌금

6) 개인정보의 목적 외 이용 및 제공이 가능한 경우

1. 정보 주체의 별도 동의를 받은 경우
2. 다른 법률의 특별한 규정
3. 명백히 정보 주체 또는 제 3자의 생명, 신체, 재산의 이익에 필요한 경우
4. 통계 작성, 학술 연구에 필요한 경우로 특정 개인을 알아볼 수 없는 형태로 제공

공공기관만 해당	5. 법률에서 정하는 소관업무수행이 불가능 경우 보호위원회의 심의 · 의결을 거친 경우
	6. 조약, 국제협정이행을 위해 외국정부 등 제공에 필요한 경우
	7. 범죄수사 및 공소제기 · 유지
	8. 법원의 재판업무 수행
	9. 형 및 감호, 보호처분 집행
처벌 규정	위반 시 5년 이하 징역 또는 5천만 원 이하의 벌금

이론을 확인하는 기출문제

▶ 합격 강의

01 다음 중 인터넷에서의 저작권에 대한 설명으로 옳지 않은 것은?

① 다른 사람의 초상 사진을 사용하기 위해서는 사진 작가와 본인의 승낙을 동시에 받아야 하는 것이 원칙이다.
② 사람의 이름이나 단체의 명칭 또는 저작물의 제호 등은 사상 또는 감정의 창작적 표현이라고 볼 수 없기 때문에 저작물이 되지 않는다.
③ 국가 또는 지방자치단체의 홈페이지에 게시된 고시 · 공고 · 훈령 등은 저작권법의 보호를 받는다.
④ 원저작물을 번역, 편곡, 변경, 각색, 영상 제작 그밖의 방법으로 작성한 창작물은 독자적인 저작물로 보호된다.

국가 또는 지방자치단체의 홈페이지에 게시된 고시 · 공고 · 훈령 등은 공표를 목적으로 하기 때문에 저작권법의 보호를 받지 않음

02 저작권의 보호 기간을 설명한 것 중 잘못된 것은?

① 저작 재산권은 저작자의 생존 기간과 사망 후 70년간 보호된다.
② 우리 나라의 프로그램 저작권은 프로그램이 창작된 때로부터 발생하는데 반드시 공표할 의무를 갖는다.
③ 저작자가 사망 후에 공표된 저작물로 생전에 공표된 저작물과 같이 사후 70년간 보호된다.
④ 보호 기간을 산정할 때는 초년을 포함하지 않는다.

프로그램 저작권은 프로그램이 창작된 때로부터 발생하는데 반드시 공표할 의무는 갖지 않음

정답 01 ③ 02 ②

컴퓨터 범죄

▶ 합격 강의

출제빈도 ⓐ 중 하
반복학습 ①②③

빈출태그 해킹 • 크래킹 • 스니핑 • 스푸핑 • 웜(Worm) • 가로채기 • 방화벽 • 비밀키/공개키 • DES • RSA • PGP • SSL

01 정보화 사회와 역기능

1) 정보화 사회 19년 8월, 05년 10월

- 정보의 생성, 가공, 유통이 종래의 물품이나 재화의 생산 활동 이상으로 가치를 지니는 새로운 사회이다.
- 정보화 사회는 획기적인 기술 혁신에 의하여 등장한 컴퓨터와 통신 기술을 원동력으로 하고 있다.
- 컴퓨터와 통신의 발달은 지식 및 정보와 같은 정신적 가치의 중요성을 부각시키게 되었다.
- 정보 자원에 의해서 주도되는 사회를 정보화 사회라고 한다.

2) 정보화 사회의 역기능 23년 상시, 20년 2월, 18년 3월, 16년 10월, 10년 3월

- 컴퓨터 범죄의 증가
- 음란물이나 폭력물의 무분별한 유통
- 개인 정보의 누출과 사생활 침해
- 현실 도피와 비인간화 현상 초래
- 정보 이용의 불평등

02 컴퓨터 범죄의 유형 24년 상시, 23년 상시, 22년 상시, 18년 3월/9월, 14년 3월, 13년 10월, 12년 6월, 08년 8월

1) 컴퓨터 범죄

- 컴퓨터 범죄란 컴퓨터 및 통신 기술을 이용하여 데이터를 허가 없이 불법적으로 이용하거나 불건전 정보를 다른 곳으로 전송하는 등의 위법 행위를 말한다.
- 컴퓨터를 이용한 지적 재산권 침해, 금융 사기, 불건전한 정보의 유통 등이 있다.

2) 해킹(Hacking)

컴퓨터 시스템에 불법적으로 접근, 침투하여 정보를 유출하거나 파괴하는 행위를 뜻하며, 해킹 행위를 하는 사람을 해커(Hacker)라고 부른다.

3) 크래킹(Cracking)

어떤 목적을 가지고 네트워크에 불법으로 침입하여 상용 소프트웨어의 복사 방지를 풀어서 정보의 내용을 자신의 이익에 맞게 불법적으로 변조하는 행위를 말한다.

피싱(Phishing)
금융기관 등을 가장해 불특정 다수에게 E-mail을 보내 개인 정보를 몰래 불법으로 알아내어 사기에 이용하는 해킹 수법

파밍(Pharming)
도메인을 중간에서 탈취하거나 DNS 또는 프락시 서버의 주소를 몰래 변조함으로써 맞는 주소를 입력해도 가짜 사이트로 접속하게 하여 개인 정보를 빼내는 신종 컴퓨터 범죄로 피싱에서 진화한 형태의 범죄 수법

스미싱(Smishing)
문자 메시지(SMS)와 피싱(Phishing)의 합성어로 스마트폰으로 받은 문자 메시지의 인터넷 주소를 클릭하게 되면 악성코드가 설치되어 피해자 모르게 소액 결제가 되거나 개인 정보를 유출시키는 범죄 행위로 출처 불문의 문자 메시지는 바로 삭제하며 미확인 앱이 설치되지 않도록 보안 설정을 높이고 백신 프로그램 등을 설치하여 보안을 강화하는 것이 좋음

🅑 **기적의 TIP**

해킹과 크래킹, 인터넷의 부정 행위에 대해서 출제되고 있습니다. 특히 보안 문제가 중요시 되는 요즘, 관련 문제의 출제가 예상됩니다.

해킹과 크래킹

구분	비슷	차이
해킹	타인의 시스템에 침입	실력 뽐내기
크래킹		자신의 이익

크래커(Cracker)
고의로 다른 사람의 컴퓨터 시스템에 침입하여 자료를 파괴하거나 불법적으로 자료를 가져가는 행위를 하는 사람

드로퍼(Dropper)
바이러스나 트로이 목마 프로그램을 사용자가 모르게 설치하는 프로그램

피기배킹(Piggybacking)
Piggyback은 '업기, 어부바'의 의미로 정상 계정을 비인가된 사용자가 불법적으로 접근하여 정보를 빼내는 편승식 불법적 공격 방법을 뜻함. 주로 PC방이나 도서관, 사무실 등에서 정상적으로 시스템을 종료하지 않고 자리를 떠난 경우 타인이 그 시스템으로 불법적 접근을 행하는 범죄 행위를 의미

★ DDoS(Distributed Denial of Service)
- 분산 서비스 거부 공격
- 여러 분산된 형태로 동시에 DoS(서비스 거부) 공격을 하는 기법으로 공격의 근원지를 색출하기가 어려움

★ 슬래머(Slammer) 웜 바이러스
- 2003년 1월 25일 한국을 비롯한 전 세계 인터넷을 마비시킨 신종 웜 바이러스
- SQL 서버의 허점을 이용하여 공격하며 SQL-Overflow 바이러스라고도 함

★ 버퍼 오버플로
정해진 버퍼의 크기보다 훨씬 많은 데이터를 입력하여 프로그램의 정상적인 실행을 방해하는 공격 유형

보안 침해 형태

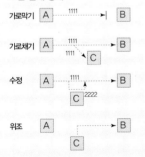

생체 인식 보안 시스템
지문, 홍채, 음성

컴퓨터 범죄 예방과 대책
- 해킹 여부의 정기적 검사
- 최신 백신 설치, 자동 업데이트 기능 설정
- 패스워드의 주기적 변경
- 출처가 불분명하거나 의심이 가는 이메일은 열지 말고 바로 삭제

4) 인터넷 부정 행위 24년 상시, 23년 상시, 22년 상시, 18년 9월, 17년 3월/9월, 16년 3월/6월/10월, 12년 3월/9월, 09년 10월, …

도청(Wiretapping)	통신 회선상에서 전송 중인 자료나 정보를 몰래 빼내는 행위로 도청을 의미
스니핑(Sniffing)	특정한 호스트에서 실행되어 호스트에 전송되는 정보(계정, 패스워드 등)를 엿보는 행위
스푸핑(Spoofing)	'속임수'의 의미로 어떤 프로그램이 정상적으로 실행되는 것처럼 위장하는 것
웜(Worm)	• 감염 대상을 갖고 있지는 않으나 연속적으로 자신을 복제하여 시스템의 부하를 증가시키는 프로그램 • 바이러스 형태로 침입해서 시스템 성능을 저하시키고 다운시킴 • DDoS★, 슬래머(Slammer) 웜 바이러스★, 버퍼 오버플로★ 등이 이에 해당
트로이 목마 (Trojan Horse)	• 어떤 허가되지 않은 행위를 수행시키기 위해 시스템에 다른 프로그램 코드로 위장하여 침투시키는 행위로 '백오리피스'가 대표적인 프로그램 • 자기 복제를 하지 않는다는 점에서 바이러스와는 구별되며, 상대방의 컴퓨터 화면을 볼 수도 있고, 입력 정보 취득, 재부팅, 파일 삭제 등을 할 수 있음
백도어(Back Door)	시스템 관리자의 편의를 위한 경우나 설계상 버그로 인해 시스템의 보안이 제거된 통로를 말하며, 트랩 도어(Trap Door)라고도 함
DoS(Denial of Service)	일시에 대량의 데이터를 한 서버에 집중, 전송시켜 특정 서버를 마비시키는 것
War Driving	차량으로 이동하면서 노트북을 이용하여 타인의 취약한 무선 구내 정보 통신망에 불법으로 접속하는 행위
Key Logger	악성 코드에 감염된 시스템의 키보드 입력을 저장 및 전송하여 개인 정보를 빼내는 크래킹 행위

5) 데이터 보안 침해 형태 24년 상시, 23년 상시, 20년 2월/7월, 16년 3월, 15년 10월, 05년 10월, 04년 8월

가로막기(Interruption)	• 데이터의 전달을 가로막아 수신자 측으로 정보가 전달되는 것을 방해하는 행위 • 정보의 가용성(Availability)을 저해함
가로채기(Interception)	• 전송되는 데이터를 가는 도중에 도청 및 몰래 보는 행위 • 정보의 기밀성(Secrecy)을 저해함
변조/수정(Modification)	• 원래의 데이터가 아닌 다른 내용으로 수정하여 변조시키는 행위 • 정보의 무결성(Integrity)을 저해함
위조(Fabrication)	• 사용자 인증과 관계되어 다른 송신자로부터 데이터가 온 것처럼 꾸미는 행위 • 정보의 무결성(Integrity)을 저해함

03 시스템 보안 14년 6월, 13년 6월, 10년 10월, 06년 5월/9월, 04년 11월

- 시스템 및 데이터를 고의 또는 실수에 의한 공개, 변조, 파괴 및 지체로부터 보호하는 것이다.
- 보안을 위해서는 각 자원들에 대한 가치 평가를 통해서, 중요도에 따른 보안 정책이 수립되어야 한다.
- 불법 사용자가 시스템에 침투해서 자원을 훔치거나 변경하는 행위를 막기 위한 보안이다.
- 네트워크에 연결된 컴퓨터 시스템의 운영체제, 응용 프로그램, 인터넷 서버 등의 취약점을 이용한 침입을 방지하는 것을 의미한다. 주로 방화벽(Firewall)을 이용해서 구축한다.

1) 방화벽(Firewall) 21년 상시, 20년 2월, 19년 8월

- 방화벽은 인터넷의 보안 문제로부터 특정 네트워크를 격리시키는 데 사용되는 시스템으로, 내부망과 외부망 사이의 상호 접속이나 데이터 전송을 안전하게 통제하기 위한 보안 기능이다.
- 외부의 불법 침입으로부터 내부의 정보 자산을 보호하고 외부로부터 유해 정보 유입을 차단하기 위한 정책과 이를 지원하는 하드웨어 및 소프트웨어를 총칭한다.
- 외부에서 내부 네트워크로 들어오는 패킷은 내용을 엄밀히 체크하여 인증된 패킷만 통과시키는 구조이다.
- 외부로부터의 침입을 막을 수는 있지만 내부에서 일어나는 해킹은 막을 수 없다.
- 일반적으로 방화벽은 네트워크를 보호하기 위한 다양한 보안 장치의 구조와 보안 기능을 포괄적으로 나타내는 용어로 사용된다.
- 역추적 기능이 있어서 외부의 침입자를 역추적하여 흔적을 찾을 수 있다.

2) 방화벽의 기능과 특징

기능	접근 제어(Access Control), 사용자 인증, 로깅(Logging), 암호화
특징	프라이버시 보호, 서비스의 취약점 보호, 보안 기능의 집중화

┌─ 외부로부터 좋지 않은 정보를 차단하는 일종의 프로그램
3) 방화벽의 구성 요소 19년 8월, 16년 6월, 12년 3월, 08년 8월, 06년 2월, 05년 10월, 03년 9월

스크린 라우터 (Screen Router)	• 패킷 전송을 담당하는 라우터에서 허가 받지 않은 발신자의 정보를 제거하는 것 • 내부 네트워크에서 외부 네트워크로 나가는 패킷을 허가 또는 거절하거나, 혹은 외부 네트워크에서 내부 네트워크로 진입하는 패킷의 진입을 허가하거나 거절함
베스천 호스트★ (Bastion Host)	• 방화벽 시스템이 갖는 기능 중 가장 중요한 기능을 제공함 • 방화벽 시스템의 중요 기능으로서 액세스 제어 및 응용 시스템 게이트웨이로서 프록시 서버의 설치, 인증, 로그 등을 담당함

프록시★ 서버
(Proxy Server)
└ 대리, 대리인
	• 인터넷을 사용하는 기관 등에서 PC 사용자와 인터넷 사이의 중개자 역할을 수행하는 서버로, 캐시와 방화벽의 기능을 가짐
	  – 캐시의 기능 : 액세스하는 인터넷 사이트를 저장해 두었다가 그 사이트를 다시 읽을 때 프록시 서버에서 읽어 들여 속도를 향상시킴
	  – 방화벽의 기능 : 프록시 서버를 통해 외부와 연결함으로써 허용된 사용자만이 인터넷과 연결되거나 허용된 외부인만이 회사 내로 연결되도록 함
	• 인트라넷을 인터넷에 접속할 때의 안전성을 높이는 방화벽 기능과 확장성, 관리 효율이 뛰어난 웹 캐시 기능을 표준으로 탑재하고 있음

4) 보안 등급 06년 7월, 05년 7월

- 보안 등급은 외부의 침입으로부터 시스템 및 데이터를 보호하기 위해 사용되는 보안의 수준을 평가한다.
- 미 국방성 산하의 국가 보안 기관(NSA: National Security Agency)의 하부 조직인 미국 국립 컴퓨터 보안 센터(NCSC: National Computer Security Center)에서 규정한 7단계 등급은 다음과 같다.
- 보안 등급은 크게 A, B, C, D로 나누며 다시 B3, B2, B1과 C2, C1로 세분한다.
- 등급은 A가 보안이 가장 높으며, D가 보안이 가장 낮은 단계이다(A → B3 → B2 → B1 → C2 → C1 → D).

> 🅑 기적의 TIP

방화벽과 프록시 서버는 시험 문제에서 단골 손님입니다. 특징과 기능을 반드시 숙지해 두세요.

방화벽은 "명백히 허용되지 않은 것은 금지한다."라는 적극적 방어 개념을 가지고 있음

랜섬웨어(Ransomware)

- 몸값(Ransome)과 소프트웨어(Software)의 합성어로 시스템을 인질로 금전을 요구하는 악성 코드를 말하며 신뢰할 수 없는 사이트, 스팸 메일, 파일 공유 사이트, 네트워크 망을 통해 유포됨
- 감염될 경우 컴퓨터의 문서나 사진 등 개인 파일들이 암호화되고 파일 확장자가 변경됨
- 시스템 복구가 불가능하고 암호화된 파일을 풀 수 있는 복구 키를 대가로 금전 등 주로 비트코인을 요구하는 문구가 화면에 표시됨

★ 베스천 호스트(Bastion Host)
베스천(Bastion)은 중세 성곽의 가장 중요한 수비 부분을 의미하며, 베스천 호스트는 어떠한 공격에도 철저한 방어 기능을 갖는 호스트를 의미함

★ 프록시(Proxy)
클라이언트와 실제 서버 사이에 존재하여 둘 사이의 프로토콜 및 데이터 Relay 역할을 수행하기 때문에 프록시를 전송자 또는 전달자라고도 함

허니팟(Honeypot)
해킹 공격에 대비하는 침입 탐지 기법 중 하나로 정상적이지 않은 접근을 탐지할 목적으로 의도적으로 위장 서버를 설치하여 해커를 유인, 추적 장치를 통해 사이버 테러를 방지하는 기술

A		B3 등급의 보안 수준으로 시스템의 안전을 수학적인 접근으로 증명이 가능한 시스템
B	B3	시스템 전체에 대한 운영 보안 분석 및 테스트가 가능한 시스템
	B2	소프트웨어적이고 하드웨어적인 보안 방법을 동시에 사용한 시스템
	B1	시스템에 존재하는 모든 데이터에 체계적인 보안 등급을 적용한 시스템
C	C2	사용자의 로그인(Log In)하는 정보를 가지고 보안 검사가 가능한 시스템
	C1	계정을 부여하는 Unix처럼 User 단위의 접근 제한이나 그룹별 관리가 가능한 시스템
D		시스템 전반에 보안이 거의 고려되지 않는 시스템

- 우리나라의 보안 등급은 한국정보보호센터(KISA: Korea Information Security Agency)에서 규정했으며 그 보안 등급 단계는 K7이 보안이 가장 높으며 K1이 보안이 가장 낮다(K7 → K6 → K5 → K4 → K3 → K2 → K1).

5) 정보 보호 서비스 _{08년 2월}

인증(Authentication)	네트워크 보안 기술로 전송된 메시지가 확실히 보내졌는지 확인하는 것과 사용자 또는 발신자가 본인인지 확인하는 것
접근 제어 (Access Control)	사용자가 어떠한 정보나 자원을 사용하고자 할 때 해당 사용자가 적절한 접근 권한을 가지고 있는지 확인하는 것
비밀 보장(Confidentiality)	보안 시스템을 이용하여 데이터의 비밀을 보장하는 것
부인 봉쇄 (Non-Repudiation)	송신자가 송신한 사실에 대해서 부인하거나, 수신자가 수신한 사실을 부인하는 것으로부터 송신자 및 수신자를 보호하기 위해 수신 증거를 제공하는 것
무결성(Integrity)	권한이 없는 방식으로 변경되거나 파괴되지 않는 데이터의 특성을 의미함
보안 감사(Security Audit)	보안에 대한 감사를 위해 시스템의 보안 침해 여부 등을 조사하는 것

04 암호화(Encryption) _{19년 8월, 14년 6월}

1) 암호화 개념

- 데이터에 암호 알고리즘을 적용하여 허가 받지 않은 사람들이 정보를 쉽게 이해할 수 없도록 데이터를 암호문이라고 불리는 형태로 변환하는 기법을 말한다.
- 암호화를 위해서 키(Key)와 암호 알고리즘을 사용한다.
- 키의 종류에 따라서 단일키(비밀키, 대칭적) 암호화 기법과 이중키(공개키, 비대칭적) 암호화 기법으로 구분된다.

2) 암호화의 5가지 원칙

신원 확인(Identification)	메시지를 보낸 사람의 실제 여부를 확인하는 과정
인증(Authentication)	암호문의 원래 송신자 확인과 메시지 전문의 정상 전달 여부를 확인하는 절차
발신자 부인 봉쇄 (Non-repudiation)	메시지를 보낸 사람이 그것을 부인하는 것을 미연에 방지하는 보안 체계
검증(Verification)	신원 확인의 검증을 한 번에 처리하는 것
개인 정보 보호(Privacy)	정보를 전달할 때 해킹으로부터 방어할 수 있는 기능

보안 등급

[미국]
D1→C1→C2→B1→B2→B3→A
저등급 ◀━━━━━━▶ 고등급

[국내]
K1→K2→K3→K4→K5→K6→K7

🕐 **암기 TIP**

최상위 보안 등급
미국은 영어로 America →
미국A
한국 사람이 좋아하는 숫자는 행운의 7 → 한국 K7

B **기적의 TIP**

정보 보호 서비스의 기능별 의미를 알아두세요.

B **기적의 TIP**

암호화 기법 중 비밀키 암호화 기법과 공개키 암호화 기법을 구별해서 알아두세요. 그 중 공개키 암호화 기법에서 암호화는 공개키로, 복호화는 비밀키로 설정한 점은 꼭 기억해 두세요!

3) 암호화 기법 24년 상시, 23년 상시, 07년 5월, 05년 5월

비밀키(대칭키, 단일키) 암호화	• 송신자와 수신자가 서로 동일(대칭)한 하나(단일)의 비밀키를 가짐 • 암호화와 복호화의 속도가 빠름 • 단일키이므로 알고리즘이 간단하고 파일의 크기가 작음 • 사용자가 많아지면 관리할 키의 개수가 늘어남 • 대표적인 방식은 DES★가 있음
공개키(비대칭키, 이중키) 암호화	• 암호화키와 복호화키가 서로 다른(비대칭) 두 개(이중키)의 키를 가짐 • 암호화와 복호화의 속도가 느림 • 암호화는 공개키로, 복호화는 비밀키로 함 • 이중키이므로 알고리즘이 복잡하고 파일의 크기가 큼 • 암호화가 공개키이므로 키의 분배가 쉽고, 관리할 키의 개수가 줄어듦 • 대표적인 방식으로는 RSA★가 있음

4) 암호화 시스템의 종류

DES (Data Encryption Standard)	• 데이터 암호화 표준(DES)은 비밀키 방식의 일종으로 56비트의 키를 사용하여 64비트의 평문 블록을 암호화하는 방식 • 동일키(단일키)를 이용하여 정보 암호화와 복호화를 수행함 • 대표적인 단일키(대칭키) 암호화 시스템
RSA (Rivest Shamir Adleman)	• 1978년에 MIT 공과 대학의 Rivest, Shamir, Adleman 등 3인이 공동 개발한 RSA법(RSA scheme)이라는 암호화 알고리즘을 사용함 • 공개키 암호 방식 • 암호화와 사용자 인증을 동시에 수행하는 대표적인 이중키(비대칭키) 암호 시스템

5) 전자우편 보안 05년 7월

PEM (Privacy Enhanced Mail)	• IETF(인터넷 국제 표준화 기구)에 의해 개발된 암호화 기법 • PEM은 여러 가지 암호화 기술을 사용함으로써 기밀성과, 메시지의 인증 및 무결성을 유지하는 전자우편 • E-mail을 전송하는 도중에 정보가 유출되더라도 문제가 발생하지 않도록 암호화하는 시스템 • 보안면에서는 우수하나 구현이 어려워 널리 이용되지는 않음
PGP (Pretty Good Privacy)	• Phillip Zimmermann이 개발한 암호화 기법 • 공개키 방식을 이용하여 인터넷 전자우편을 암호화하고 복호화하는 데 사용되는 프로그램 • 송신자의 신원을 확인함으로써 메시지가 전달 도중에 변경되지 않았음을 확신할 수 있도록 해 주는 암호화된 전자 서명을 보내는 데에도 사용함 • 일반적으로 전자우편 암호화에 주로 사용함 • RSA 방법을 이용해서 암호화 • 해시(Hash) 함수를 이용하여 메시지의 변경 여부를 점검함

🕐 암기 TIP

• 비데(대) 단 집이 좋다.
비대단(비밀키-대칭키-단일키)
• 공비이(공개키-비대칭키-이중키)

★ DES
(Data Encryption Standard)
1977년 미국 표준국(NIST)에서 연방 정부 표준으로 채택한 암호화 기법

★ RSA
(Rivest Shamir Adleman)
암호 시스템 창안자인 Ron Rivest, Adi Shamir, Len Adleman의 머리 글자를 따서 만들어진 암호화 기법으로, 소인수 분해 문제를 이용함

🅱 기적의 TIP

공개키 기법은 암호화할 때의 키와 복호화할 때의 키가 달라서 이중키 암호화 기법이라고도 합니다.

암호화 파일 시스템(EFS : Encrypting File System)

• NTFS 버전 3.0부터 지원되는 파일 시스템 암호화 기능으로 파일이나 폴더를 암호화하여 보호할 수 있음
• 마이크로소프트 암호화 파일 시스템은 다른 것들과 호환되지 않으므로 NTFS를 사용하지 않는 환경에서는 설정된 암호가 유지되지 않음
• 암호화 인증서는 자동 생성되고 항상 암호화 키와 연관되어 있으며 암호화된 정보에 접근하기 위해서는 EFS 인증서를 사전에 해당 정보에 추가해야 됨

6) 전자 서명

- 메시지에 추가해서 송신자의 신분을 인증하는 암호화된 데이터를 의미한다.
- 전자 서명을 통해서 메시지 인증과 사용자 인증, 두 가지 기능을 수행할 수 있다.
- 송신 부인을 방지(부인 봉쇄 : Non-Repudiation)하는 기능도 가능하다.
- 요즘에는 공인 기관으로부터 인증서를 발급 받아서 처리하는 방법을 사용한다.
- 공개키(비대칭키, 이중키) 방식을 사용하도록 규정(전자 서명법)되어 있다.

7) 웹(Web)에서의 보안 05년 7월

S-HTTP (Secure-HTTP, HTTPS)	EIT 사에서 개발한 것으로 기존 HTTP의 보안 확장판이며 공개키 암호 알고리즘을 사용함
SSL (Secure Socket Layer)	넷스케이프 브라우저에 사용한 암호화 프로토콜로 HTTP, NNTP, FTP 등에서도 호환됨
SEA (Security Extension Architecture)	W3C에서 개발한 것으로 전자 서명과 암호화 통신 등을 이용하여 보안을 구현함
SET (Secure Electronic Transaction) ★	마스터 카드, MS, 넷스케이프, 비자 인터내셔널 등이 합작하여 만든 것으로 전자상거래상에서 신용카드를 안전하게 사용할 수 있도록 보장해 주는 보안 프로토콜

★ SET(Secure Electronic Transaction)
인터넷을 통한 전자상거래를 안전하게 할 수 있도록 보장해 주는 보안 프로토콜

01 인터넷의 보안에 대한 해결책으로 공개키(Public Key)를 이용한 암호화 기법이 있다. 이 기법에서는 암호키(Encryption Key)와 해독키(Decryption Key) 두 개의 키를 사용하는데, 공개 여부에 대한 설명으로 맞는 것은?

① 암호키와 해독키를 모두 공개한다.
② 암호키와 해독키를 모두 비공개한다.
③ 암호키는 공개하고 해독키는 비공개한다.
④ 해독키는 공개하고 암호키는 비공개한다.

공개키(비대칭키, 이중키) 암호화 : 암호키(암호화)는 공개키로, 해독키(복호화)는 비밀키로 함

오답 피하기

비밀키(대칭키, 단일키) 암호화 : 송신자와 수신자가 서로 동일(대칭)한 하나(단일)의 비밀키를 갖음

02 다음 중 정보 보안을 위협하는 형태에 대한 설명으로 옳은 것은?

① 스니핑(Sniffing) : 검증된 사람이 네트워크를 통해 데이터를 보낸 것처럼 데이터를 변조하여 접속을 시도한다.
② 피싱(Phishing) : 적절한 사용자 동의 없이 사용자 정보를 수집하는 프로그램을 설치하여 사생활을 침해한다.
③ 스푸핑(Spoofing) : 실제로는 악성 코드로 행동하지 않으면서 겉으로는 악성 코드인 것처럼 가장한다.
④ 키로거(Key Logger) : 키보드상의 키 입력 캐치 프로그램을 이용하여 개인 정보를 빼낸다.

키로거(Key Logger) : 악성 코드에 감염된 시스템의 키보드 입력을 저장 및 전송하여 개인 정보를 빼내는 크래킹 행위

오답 피하기

• 스니핑(Sniffing) : 특정한 호스트에서 실행되어 호스트에 전송되는 정보(계정, 패스워드 등)를 엿보는 행위
• 피싱(Phishing) : 금융기관 등을 가장해 불특정 다수에게 E-Mail을 보내 개인 정보를 몰래 불법으로 알아내어 사기에 이용하는 해킹 수법
• 스푸핑(Spoofing) : 어떤 프로그램이 정상적으로 실행되는 것처럼 위장하는 것

03 다음 중 정보의 기밀성을 저해하는 데이터 보안 침해 형태는?

① 가로막기
② 가로채기
③ 위조
④ 수정

가로채기(Interception) : 전송되는 데이터를 가는 도중에 도청 및 몰래 보는 행위, 정보의 기밀성(Secrecy)을 저해함

오답 피하기

• 가로막기(Interruption) : 데이터의 전달을 가로막아 수신자 측으로 정보가 전달되는 것을 방해하는 행위, 정보의 가용성(Availability)을 저해함
• 위조(Fabrication) : 사용자 인증과 관계되어 다른 송신자로부터 데이터가 온 것처럼 꾸미는 행위, 정보의 무결성(Integrity)을 저해함
• 수정(Modification) : 원래의 데이터가 아닌 다른 내용으로 수정하여 변조시키는 행위, 정보의 무결성(Integrity)을 저해함

04 다음 중 컴퓨터 범죄 예방과 대책에 관한 설명으로 옳지 않은 것은?

① 해킹 여부를 정기적으로 검사한다.
② 의심이 가는 이메일은 열어서 내용을 확인하고 삭제한다.
③ 백신 프로그램을 설치하고 자동 업데이트 기능을 설정한다.
④ 회원 가입한 사이트의 패스워드를 주기적으로 변경한다.

출처가 불분명하거나 의심이 가는 이메일은 열지 말고 바로 삭제해야 함

정답 01 ③ 02 ④ 03 ② 04 ②

바이러스 예방과 치료

▶ 합격 강의

빈출 태그 매크로 바이러스 • 백 오리피스 • 백신 • 악성 코드

바이러스(Virus)의 특징
• 복제 기능
• 은폐 기능
• 파괴 기능
(단, 치료 기능은 없음)

01 바이러스의 특징 24년 상시, 11년 3월/10월, 09년 2월, 07년 2월, 06년 2월, 04년 5월/11월

1) 컴퓨터 바이러스(Computer Virus)

컴퓨터에서 실행되는 일종의 프로그램으로, 사용자 몰래 자기 자신을 복제하고 디스크나 프로그램 등에 기생하면서 컴퓨터의 운영체제나 기타 응용 프로그램의 정상적인 수행을 방해하는 불법 프로그램을 말한다.

2) 바이러스 감염 경로 17년 3월

• 인터넷의 공개 자료실에 있는 파일 등의 다운로드 시 감염된다.
• 소프트웨어의 불법 무단 복제로 인해 감염된다.
• 전자우편(E-mail)이나 첨부 파일로 인해 감염된다.
• 여러 사람이 공동으로 사용하는 컴퓨터 시스템에서 사용한 디스크 등을 통해 감염된다.

3) 바이러스 감염 시 나타나는 현상

• 부팅이 되지 않거나 평소보다 부팅 시간이 오래 걸린다.
• CMOS의 내용이 파괴되거나 삭제된다.
• 디스크의 볼륨 레이블이 변경되거나 불량 섹터가 발생한다.
• 파일의 전체 크기나 속성이 변경된다.
• 시스템이 느려지거나 갑자기 정지한다.
• 실행 파일의 속도가 현저히 느려진다.
• 사용할 수 있는 메모리의 공간이 줄어든다.
• 폴더나 파일이 새로 생성되거나 삭제된다.

🅕 기적의 TIP

바이러스 감염 시 나타나는 현상을 간단히 읽고 넘어가세요.

🅕 기적의 TIP

부트 바이러스는 부팅과 관련된 바이러스로, 부트 섹터에 감염되는 바이러스를 의미합니다. 파일 바이러스는 파일에 감염되는 바이러스로, 실행 가능한 프로그램에 감염되는 바이러스를 의미합니다.

02 바이러스의 종류

1) 바이러스 유형 24년 상시, 16년 6월

부트 바이러스	메모리 상주형 바이러스로, 컴퓨터가 처음 가동될 때 하드디스크의 가장 처음 부분인 부트 섹터에 감염되는 바이러스(웹 브레인, 미켈란젤로 등)
파일 바이러스	실행 가능한 프로그램에 감염되는 바이러스를 말하며, COM, EXE, SYS 등의 확장자를 가진 파일에 감염됨(웹 CIH, 예루살렘 등)
부트/파일 바이러스	부트 섹터와 파일에 모두 감염되는 바이러스로, 스스로 복제가 가능하게 설계된 바이러스 (웹 Ebola, 데킬라)
매크로 바이러스★	Microsoft 사에서 개발된 엑셀과 워드 프로그램에서 사용하는 문서 파일에 감염되는 바이러스로, 일반 응용 프로그램에서 사용하는 매크로를 통하여 문서를 읽을 때 감염됨 (웹 Laroux, Extras)

★ 매크로 바이러스
Microsoft의 Excel 등의 매크로 기능을 수행하는 프로그램에서 '매크로' 기능을 통해 감염됨

2) 운영체제에 따른 바이러스 유형

도스 바이러스	• 도스 운영체제상에서 활동하는 바이러스 • 부트 바이러스, 파일 바이러스, 부트/파일 바이러스가 여기에 속함
윈도 바이러스	• 운영체제가 DOS에서 Windows로 바뀌면서 등장한 바이러스 • 전자우편을 통해 바이러스가 전송되는 기법은 Windows 바이러스에서 처음 사용됨
유닉스, 리눅스, 맥, OS/2 바이러스	유닉스, 리눅스, 맥, OS/2 운영체제에 존재하는 바이러스

혹스(Hoax)
Hoax는 "거짓말(장난질)을 하다."의 의미로 E-mail, SNS, 메신저, 문자 메시지 등을 통하여 존재하지 않지만 존재하는 것처럼 위장하는 가짜 바이러스로 거짓 정보나 유언비어, 괴담 등을 사실인 것처럼 유포하여 불안감 및 불신감 조성을 목적으로 하며 스미싱(Smishing)과는 달리 악성 코드 등의 설치를 유도하지 않음

3) 바이러스의 종류별 증상 22년 상시, 12년 3월

웜(Worm) 바이러스	초기의 바이러스로, 감염 능력이 없으며 자기 자신만을 복제함
트로이 목마 바이러스	• 사용자 몰래 데이터나 프로그램을 파괴하는 바이러스 • 감염 능력이나 복제 능력은 없음
미켈란젤로 바이러스	3월 6일에 시스템을 포맷하며, 메모리가 2KB 감소함
멜리사(Melissa) 바이러스	1999년 3월 26일 최초로 발견된 매크로 바이러스로, 성인용 사이트에 접근할 수 있는 아이디와 암호를 담은 문서라는 제목으로 배포되었으며, 'MS Outlook'에서 50명의 E-mail 주소를 얻어낸 후 바이러스가 담긴 문서를 사용자들에게 발송함
예루살렘 바이러스	확장자가 COM, EXE인 파일에 감염되며, 13일의 금요일에 실행되는 파일을 삭제함
백 오리피스 (Back Orifice)	원격지에서 Windows용 PC의 모든 프로그램 파일을 관리하며, 타인의 PC에 저장된 파일을 삭제하거나 PC 이용자 모르게 프로그램을 실행할 수 있을 뿐만 아니라, 실행 중인 프로그램의 제거 및 정지, 사용자 키보드 입력 자료의 모니터링, 비밀번호 빼내기, 레지스트리 편집 등이 가능함
부트 바이러스	컴퓨터를 부팅했을 때 먼저 실행되는 부분인 부트 섹터에 감염되는 바이러스
파일 바이러스	주로 COM이나 EXE 등의 실행 파일, 오버레이 파일, 주변 기기 구동 프로그램에 감염되는 바이러스
CIH 바이러스	매년 4월 26일 플래시 메모리(Flash Memory)의 내용과 모든 하드디스크의 데이터를 파괴함

파일 바이러스 종류
• 기생형 바이러스 : 프로그램의 손상 없이 프로그램의 앞, 뒤 부분에 위치(기생)하는 바이러스
• 겹쳐쓰기형 바이러스 : 프로그램의 일부분에 겹쳐 쓰기 되어 원 파일을 파괴하는 바이러스
• 산란형 바이러스 : 확장자가 EXE인 실행 파일의 감염 없이 확장자가 COM인 같은 이름의 파일을 생성(산란)시키는 바이러스로 COM이 먼저 실행되어 바이러스가 실행됨
• 연결형 바이러스 : 파일 감염 없이 파일의 시작 위치를 바이러스의 시작 위치로 변경하는 바이러스로 파일 실행 시 바이러스 시작 위치로 연결되는 바이러스

바이러스의 예방 및 치료

1) 바이러스 예방

- 프로그램 디스크에는 쓰기 방지를 설정한다.
- 다운로드 받은 프로그램은 반드시 바이러스 검사 후 실행한다.
- 최신 백신 프로그램으로 정기적인 바이러스 검사를 수행한다.
- 정품 소프트웨어를 사용하며, 출처가 불분명한 전자메일은 삭제한다.
- 중요한 자료들은 백업(Backup)하여 둔다.
- 기업의 경우에는 서버용과 E-Mail용, 방화벽용, 관리자용 백신을 설치하여 바이러스 확산을 사전에 차단하며, 서버에 비 인가자의 접근과 부당 작업을 사전에 막기 위해 보안 관리 정책을 수립한다.

> 바이러스 백신 프로그램은 최신 버전으로 업그레이드하지 않으면 신종 바이러스를 잡지 못함

2) 백신(Vaccine) 프로그램 ^{05년 5월}

- 주기억 장치나 보조 기억 장치에 침투된 바이러스를 검색하고 치료, 예방하는 프로그램이다.
- 바이러스 감염의 예방과 치료, 웜, 해킹, 스파이웨어★ 같은 악성 코드★의 방역까지 해결하는 통합 보안 제품들이 개발되고 있다.
- 종류 : V3 Internet Security 9.0, V3 365 클리닉, 알약, Norton AntiVirus 등

기적의 TIP

바이러스의 예방 방법을 유념해서 읽어두세요. 또한 악성 코드의 개념과 특징도 정리해 두세요.

★ 스파이웨어(Spyware)
- 스파이(Spy)와 소프트웨어(Software)의 합성어로, 사용자의 동의 없이 광고 등을 목적으로 무분별하게 배포되는 것
- 광고(Ad)가 주목적이므로 애드웨어(Adware)라고도 함

★ 악성 코드(Malicious Code)
- 말웨어(Malware, Malicious Software) 또는 악성 프로그램(Malicious Program)이라고도 함
- 백신 프로그램으로 제거할 수 없는 스파이웨어나 웜, 트로이목마 같은 악의적인 코드

01 컴퓨터 바이러스의 기능적 특징이라고 보기에 <u>어려운</u> 것은?

① 자기 복제 기능
② 자기 치료 기능
③ 은폐 기능
④ 파괴 기능

컴퓨터 바이러스는 기능적으로 자기 자신을 치료하는 기능이 없음

오답 피하기

컴퓨터 바이러스 : 자기 복제, 은폐, 파괴 기능을 가진 프로그램

02 다음 중 컴퓨터 바이러스나 Worm(웜)이 가지고 있는 특징으로 옳지 <u>않은</u> 것은?

① 복제 기능
② 치료 기능
③ 은폐 기능
④ 파괴 기능

컴퓨터 바이러스나 Worm(웜)에 치료 기능은 포함되지 않음

03 다음 중 컴퓨터 범죄의 예방 방법으로 가장 적절하지 <u>않은</u> 것은?

① 시스템에 방화벽을 구성하여 사용한다.
② 다운로드 받은 파일은 백신 프로그램으로 검사한 후 사용한다.
③ 게시판에 업로드된 프로그램은 안전하므로 다운로드해서 바로 사용한다.
④ 백신 프로그램은 수시로 업데이트한다.

게시판에 업로드된 프로그램이라도 항상 안전한 것은 아니므로 최신 버전의 백신 프로그램으로 바이러스 검사를 한 다음 사용해야 됨

04 다음 중 컴퓨터 바이러스의 예방법으로 가장 거리가 <u>먼</u> 것은?

① 최신 버전의 백신 프로그램을 사용한다.
② 다운로드 받은 파일은 작업에 사용하기 전에 바이러스 검사 후 사용한다.
③ 전자우편에 첨부된 파일은 다른 이름으로 저장하고 사용한다.
④ 네트워크 공유 폴더에 있는 파일은 읽기 전용으로 지정한다.

전자우편에 첨부된 파일을 다른 이름으로 저장하더라도 컴퓨터 바이러스가 예방되지 않음

정답 01 ② 02 ② 03 ③ 04 ③

스프레드시트 일반

스프레드시트 일반은 엑셀에서 저장 가능한 파일 형식과 저장 옵션의 기능, 데이터를 입력하고 편집하는 방법이 자주 출제되고 있습니다. 함수를 이용한 결과 값의 산출을 묻는 문제가 비중 있게 출제되므로 실습을 통해 익혀두는 것이 좋습니다. 아울러 필터, 부분합, 데이터 표, 데이터 통합의 기능, 정렬 및 피벗 테이블, 목표값 찾기, 차트 작성의 기본과 편집, 매크로 실행 방법도 높은 출제율을 보이고 있습니다.

※ 스프레드시트 프로그램의 경우 기술 발달 및 산업 현장의 수요에 따라 Microsoft Office 2021 버전으로 업데이트되었음

CHAPTER 01

스프레드시트 개요

학습 방향

화면 구성별 명칭과 기능에 대한 정확한 이해가 필요하며 파일 열기와 저장 방법, 워크시트에서 가능한 여러 작업 등은 실습을 통한 학습과 숙지가 필요합니다.

출제빈도

SECTION 01	하	14%
SECTION 02	상	37%
SECTION 03	상	49%

SECTION

01 스프레드시트 개요

▶ 합격 강의

출제빈도 상 중 (하)
반복학습 1 2 3

빈출 태그 스프레드시트 • 행 번호 • 열 문자 • 셀 포인터 • 채우기 핸들 • 워크시트 • 통합 문서

🅑 기적의 TIP

스프레드시트의 사용 목적, 엑셀의 시작과 종료 방법의 여러 방법을 반드시 숙지해 두세요.

---

01 스프레드시트의 개념 09년 7월, 07년 7월

• 스프레드시트(Spreadsheet)란 컴퓨터를 이용하여 각종 계산 관련 업무를 처리하는 전자 계산서를 말한다. ── 가로, 세로 줄이 그려진 표인 시트(Sheet)를 펼쳐(Spread) 놓은 것
• 급여 계산표, 판매 계획표, 성적 관리표, 가계 분석표, 재고 관리표 등 수치 자료를 이용한 계산과 분석, 통계가 필요한 업무에 활용된다.
• 주요 기능 : 자동 계산, 문서 작성, 차트 작성, 데이터베이스 관리, 매크로 작성
   ── 워드프로세서 기능도 가능함   ── 반복적이고 복잡한 단계의 작업을 자동화시킴

02 엑셀의 시작과 종료

1) 엑셀 시작 방법

방법 1	[시작](■)-[Excel]을 클릭하여 실행함
방법 2	[실행](■+R)에서 열기란에 『Excel』을 입력하고 [확인]을 클릭함
방법 3	[파일 탐색기]에서 엑셀 통합 문서 파일(*.xlsx)을 더블클릭하면 엑셀이 시작되면서 해당 파일이 자동으로 열림
방법 4	바탕 화면에서 엑셀의 바로 가기 아이콘(■)을 더블클릭함

▲ 엑셀의 바로 가기 아이콘

2) 엑셀 종료 방법

🅑 기적의 TIP

Alt + F4는 엑셀을 종료하지만 Ctrl + F4는 엑셀이 실행된 상태에서 문서 창만 닫는 점에 유의하세요.

방법 1	제목 표시줄 오른쪽의 [닫기](✕) 단추를 클릭함
방법 2	제목 표시줄의 빈 곳에서 마우스 오른쪽 버튼을 클릭한 다음 [닫기]를 클릭함
방법 3	바로 가기 키 Alt + F4를 누름
방법 4	Alt + F를 누른 후 X를 누름

03 엑셀의 화면 구성 23년 상시, 22년 상시, 21년 상시, 18년 3월, 16년 10월, 14년 3월/10월, 13년 10월, 08년 5월, …

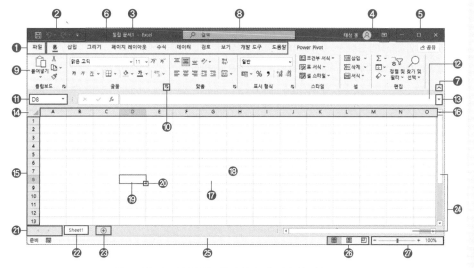

제목 표시줄을 더블클릭하면 [창 복원] 단추를 클릭한 것과 같은 결과가 됨

<table>
<tr><td>① [파일] 탭</td><td>• [파일] 탭을 클릭하면 Microsoft Office Backstage 보기가 표시됨
• Backstage 보기는 새로 만들기, 열기, 정보, 저장, 다른 이름으로 저장, 인쇄, 공유, 내보내기, 게시, 닫기, 계정, 피드백, 옵션 등의 기능을 제공</td></tr>
<tr><td>② 빠른 실행 도구 모음</td><td>실행을 빠르게 하기 위해 자주 사용하는 명령 단추를 모아놓은 곳으로, 기본적으로 [저장], [취소], [다시 실행]이 있으며, [빠른 실행 도구 모음 사용자 지정]( ) 단추를 클릭하여 등록함 —— 최대 100개까지 가능함(취소 : Ctrl + Z, 다시 실행 : Ctrl + Y)</td></tr>
<tr><td>③ 제목 표시줄</td><td>엑셀의 이름과 현재 작업 중인 문서의 이름을 표시하며, 처음 실행 시 '통합 문서 1'로 표시됨</td></tr>
<tr><td>④ 리본 메뉴 표시 옵션</td><td>• 리본 메뉴 자동 숨기기 : 리본 메뉴를 숨김, 리본 메뉴를 표시하려면 응용 프로그램 위쪽을 클릭함
• 탭 표시 : 리본 메뉴 탭만 표시, 명령을 표시하려면 탭을 클릭함
• 탭 및 명령 표시 : 리본 메뉴 탭과 명령을 항상 표시함</td></tr>
<tr><td>⑤ 엑셀 창 조절 단추</td><td>• [최소화]( ) : 엑셀 창이 작업 표시줄로 이동되어 최소화함
• [최대화]( ) : 엑셀 창이 화면 전체 크기로 최대화함
• [아이콘에서 화면 복원]( ) : 최대화 상태에서 표시되며 이전 크기로 복원함
• [닫기](×) : 엑셀을 종료시킴</td></tr>
<tr><td>⑥ 리본 메뉴 탭</td><td>• 리본은 기존의 메뉴와 도구 모음 기능을 대신하는 것으로 [파일], [홈], [삽입], [페이지 레이아웃], [수식], [데이터], [검토], [보기] 탭으로 구성됨
• [파일] 탭-[옵션]-[Excel 옵션]의 [리본 사용자 지정]에서 [그리기], [개발 도구], [도움말], [Power Pivot]★ 확인란을 체크하면 [그리기], [개발 도구], [도움말], [Power Pivot] 탭이 나타남</td></tr>
<tr><td>⑦ 리본 메뉴 축소</td><td>• 리본 메뉴에 탭 이름만 표시하여 축소함(Ctrl + F1)
• [파일] 탭을 제외한 리본 탭을 마우스로 더블클릭하여 축소하거나 확장할 수도 있음
• 각 탭에서 마우스 오른쪽 버튼을 누른 다음 [리본 메뉴 축소]를 클릭함</td></tr>
<tr><td>⑧ 검색</td><td>텍스트, 명령, 도움말 등을 검색함(Alt + Q)</td></tr>
<tr><td>⑨ 그룹</td><td>각 탭에 해당하는 유사한 기능들을 모아 놓아 도구들을 그룹화함</td></tr>
</table>

기적의 TIP

엑셀의 화면 구성 중 시트 전체 선택 단추의 위치를 확인해 두고, 행/열 머리글, 셀 포인터, 채우기 핸들, 시트 탭 등을 중심으로 공부해 두세요.

• 화면의 확대/축소는 화면에서의 확대, 축소일 뿐 실제 인쇄할 때에는 적용되어 인쇄되지 않음
• 리본 메뉴는 엑셀 창의 크기 및 화면 해상도에 따라 다른 형태로 표시될 수도 있음
• 워크시트의 특정 영역을 블록 설정한 후 '선택 영역 확대/축소'를 실행하면 워크시트가 확대/축소되어 블록으로 설정한 영역이 전체 창에 맞게 표시됨

★ Power Pivot
• 강력한 데이터 분석을 수행하고 관계를 포함하는 테이블의 컬렉션인 정교한 데이터 모델을 만드는 데 사용할 수 있는 Excel 추가 기능
• [개발 도구] 탭-[추가 기능] 그룹의 [COM 추가 기능]을 실행한 다음 [COM 추가 기능] 대화 상자에서 [Microsoft Power Pivot for Excel] 확인란을 체크하면 [파워 피벗] 탭이 추가됨

셀 주소 표기 방법은 기본적으로 A1 방식이며 [Excel 옵션]-[수식]에서 'R1C1 참조 스타일' 방식으로 변경할 수 있음

❿ 대화 상자 표시 아이콘	대화 상자 표시 아이콘이 있는 그룹의 대화 상자나 작업창을 표시함
⓫ 이름 상자	현재 선택한 셀의 주소나 이름을 표시함
⓬ 수식 입력줄	사용자가 셀에 입력한 데이터 및 수식이 표시되는 영역
⓭ 수식 입력줄 확장 단추	수식 입력줄을 확장함(바로 가기 키 : Ctrl + Shift + U)
⓮ 시트 전체 선택 단추	현재 워크시트의 모든 셀을 선택함(바로 가기 키 : Ctrl + A)
⓯ 행 번호	행 머리글로 워크시트를 구성하고 있는 행을 아라비아 숫자로 표시한 것으로 1,048,576개의 행(1~1048576)이 있음
⓰ 열 문자	열 머리글로 워크시트를 구성하고 있는 열을 알파벳 문자로 표시한 것으로 16,384개의 열(A~XFD)이 있음
⓱ 셀(Cell)	행과 열이 만나서 이루는 사각형 모양의 작은 칸으로 사용자가 데이터나 수식을 입력하는 공간
⓲ 워크시트	17,179,869,184개의 셀(1,048,576행×16,384열)로 이루어진 작업 공간(작업지)으로 엑셀 실행 시 1개의 워크시트가 기본적으로 표시됨
⓳ 셀 포인터	여러 개의 셀 중에서 현재 작업 중인 셀을 활성 셀이라고 하며 셀 포인터(Cell Pointer)를 이동하여 활성 셀을 변경함
⓴ 채우기 핸들	셀 포인터의 오른쪽 밑의 작은 점으로 수식이나 데이터의 복사 시 이용함
㉑ 시트 탭 이동 단추	통합 문서에 포함되어 있는 시트가 많아 시트 탭에 이름이 모두 표시되지 않을 때 보이지 않는 시트 이름이 있는 곳으로 이동하기 위하여 사용함
㉒ 시트 탭	• 현재 통합 문서에 포함되어 있는 시트 이름을 표시하며 시트 이름을 클릭하여 작업할 시트를 선택함 • 시트의 이름 변경, 이동, 복사, 삽입, 삭제 등의 작업을 수행할 수 있음
㉓ 워크시트 삽입 아이콘	현 워크시트 맨 뒤에 새로운 워크시트를 삽입함(바로 가기 키 : Shift + F11)
㉔ 화면 스크롤바 (이동 막대)	화면을 상, 하, 좌, 우로 이동할 때 사용함
㉕ 상태 표시줄	• 현재 작업 상태에 대한 정보를 표시하는 곳으로 '준비', '입력' 등의 메시지와 Num Lock, Scroll Lock, Caps Lock 등의 상태를 표시함 • 마우스 오른쪽 단추를 클릭하여 나타나는 [상태 표시줄 사용자 지정] 메뉴에서 변경 및 설정 가능함 • 평균, 개수, 숫자 셀 수, 최소값, 최대값, 합계를 선택하면 자동으로 계산되어 나타남
㉖ 보기 및 창 전환 단추	[기본], [페이지 레이아웃], [페이지 나누기 미리 보기] 등을 선택함
㉗ 화면 확대/ 축소 슬라이더	슬라이더로 화면의 확대/축소 배율을 조절(10~400%)할 수 있으며, 확대/축소 비율 부분을 클릭하면 [확대/축소] 대화 상자가 열림

[파일]-[옵션]-[Excel 옵션]-[고급]-'채우기 핸들 및 셀 끌어서 놓기 사용'을 해제하면 채우기 핸들 기능이 사라짐

🅑 기적의 TIP

Shift + F11은 현재 선택된 워크시트의 바로 앞에 새로운 워크시트를 삽입하는 점에 주의하세요.

[상태 표시줄 사용자 지정]에서 선택할 수 있는 자동 계산
• 개수 : 선택한 영역 중 데이터가 입력된 셀의 수
• 숫자 셀 수 : 선택한 영역 중 숫자 데이터가 입력된 셀의 수
• 합계, 평균, 최소값, 최대값 : 선택한 영역의 합계, 평균, 최소값, 최대값
※ 선택한 영역 중 문자 데이터가 입력된 셀의 수를 구하는 기능은 지원되지 않음

1) 키보드로 메뉴 선택하기

• Alt, / 등의 키를 누르면 주 메뉴 선택 상태가 되는데, 방향키를 이용하여 원하는 메뉴까지 이동한 후 Enter를 눌러 선택한다.
• 각 탭에 표시되어 있는 바로 가기 키를 사용하여 탭을 선택할 수도 있다. 예를 들어 [홈] 탭은 Alt + H, [삽입] 탭은 Alt + N을 눌러 선택할 수 있다.

2) [시트 탭 이동] 단추

[시트 탭 이동] 단추 위에서 마우스 오른쪽 단추를 클릭하면 모든 시트 이름이 표시되며, 이 중에서 원하는 시트를 클릭하고 [확인]을 클릭하면 해당 시트로 이동한다.

▲ 스크롤할 시트가 없는 경우 비활성화 상태임

◀	• 이전 시트가 있는 왼쪽으로 스크롤함 • Ctrl +마우스 왼쪽 단추 클릭 : 첫 번째 시트로 스크롤함 • 오른쪽 클릭 : 모든 시트를 볼 수 있으며 이동을 원하는 시트를 선택한 후 [확인]을 클릭함
▶	• 다음 시트가 있는 오른쪽으로 스크롤함 • Ctrl +마우스 왼쪽 단추 클릭 : 마지막 시트로 스크롤함 • 오른쪽 클릭 : 모든 시트를 볼 수 있으며 이동을 원하는 시트를 선택한 후 [확인]을 클릭함

3) 통합 문서(Workbook)

- 엑셀 파일을 통합 문서라고 하며 통합 문서의 확장자는 *.xlsx로 설정된다.
- 초기에 엑셀 파일명은 통합 문서1, 통합 문서2, …와 같이 자동으로 설정되며, [저장] 명령으로 작업 내용에 맞는 새로운 이름을 지정하여 저장할 수 있다.
- 통합 문서는 여러 개의 시트를 포함할 수 있으며, 최소한 한 개 이상의 시트를 포함해야 한다.

이론을 확인하는 기출문제

▶ 합격 강의

01 다음 중 엑셀의 시트 선택에 대한 설명으로 옳은 것은?

① 모든 시트를 한 번에 선택할 때는 시트 탭에서 마우스 오른쪽 단추를 클릭하여 [모든 시트 선택] 메뉴를 선택한다.

② 떨어져 있는 여러 개의 시트를 선택할 때는 Alt 를 누른 채 시트 탭을 클릭하면 된다.

③ 연속된 여러 개의 시트를 선택할 때는 첫 번째 시트를 선택하고 Ctrl 을 누른 상태에서 마지막 시트 탭을 클릭하면 된다.

④ 워크시트를 삽입하거나 삭제할 때 한 번에 여러 개의 시트를 대상으로 작업할 수는 없다.

모든 시트 선택 : 시트 탭에서 마우스 오른쪽 단추를 클릭한 후 [모든 시트 선택]을 클릭하여 전체 시트를 선택함

오답 피하기

- ② : 떨어져 있는 여러 개의 시트를 선택할 때는 Ctrl 을 누른 채 시트 탭을 클릭함
- ③ : 연속된 여러 개의 시트를 선택할 때는 첫 번째 시트를 선택하고 Shift 를 누른 상태에서 마지막 시트 탭을 클릭함
- ④ : 워크시트를 삽입하거나 삭제할 때 한 번에 여러 개의 시트를 대상으로 작업할 수 있음

02 다음 중 엑셀의 화면 제어에 관한 설명으로 옳지 않은 것은?

▶ 합격 강의

① 화면의 확대/축소는 화면에서 워크시트를 더 크게 또는 작게 표시하는 것으로 실제 인쇄할 때에도 설정된 화면의 크기로 인쇄된다.

② 리본 메뉴는 화면 해상도와 엑셀 창의 크기에 따라 다른 형태로 표시될 수 있다.

③ 워크시트에서 특정 영역을 마우스로 드래그하여 블록을 설정한 후 '선택 영역 확대/축소'를 클릭하면 워크시트가 확대/축소되어 블록으로 지정한 영역이 전체 창에 맞게 보여진다.

④ 리본 메뉴가 차지하는 공간 때문에 작업이 불편한 경우 리본 메뉴의 활성 탭 이름을 더블클릭하여 리본 메뉴를 최소화할 수 있다.

실제 인쇄할 때에는 설정된 화면의 크기대로 인쇄되지 않음

정답 01 ① 02 ①

파일 관리

▶ 합격 강의

출제빈도 (상) 중 하
반복학습 1 2 3

빈출 태그 파일 관리 명령 • 열기 • 저장 • 저장 옵션

🕐 암기 TIP

Ctrl 과 함께 사용되는 키
• N : New(새로 만들기)
• O : Open(열기)
• S : Save(저장)
• P : Print(인쇄)

---

01 [파일] 탭 명령(Alt+F) 16년 3월, 06년 5월, 03년 2월

- [파일] 탭을 클릭하면 Microsoft Office Backstage 보기가 나타난다.
- Backstage 보기는 사전적 의미인 『무대 뒤에서』처럼 엑셀 시트 화면 뒤에서 파일 및 파일에 대한 정보를 관리하는 공간이다.
- Backstage 보기는 새로 만들기, 열기, 정보, 저장, 다른 이름으로 저장, 인쇄, 공유, 내보내기, 게시, 닫기, 계정, 옵션 등의 기능을 제공한다.

메뉴	기능		바로 가기 키
❶ [새로 만들기]	새 통합 문서, 각종 서식 파일 사용		Ctrl+N
❷ [열기]	• 최근에 사용한 항목에서 파일을 열기함 • [찾아 보기]를 클릭하면 열기 대화 상자가 나타남		Ctrl+O
❸ [정보]	통합 문서 보호	최종본으로 표시, 암호 설정, 현재 시트 보호, 통합 문서 구조 보호, 액세스 제한, 디지털 서명추가	
	통합 문서 검사	문서 검사, 접근성 검사, 호환성 검사	
	통합 문서 관리	저장되지 않은 통합 문서 복구, 저장되지 않은 모든 통합 문서 삭제	
	브라우저 보기 옵션	이 통합 문서를 웹에서 볼 때 사용자에게 표시할 항목을 선택함	
	속성	파일 속성(크기, 제목, 태그, 메모, 서식 파일, 상태, 범주 등), 관련 날짜, 관련 사용자, 관련 문서 등의 정보를 알 수 있음	

❹ [저장]	사용 중인 파일을 원하는 위치에 파일 이름과 형식을 지정하여 저장	Ctrl + S Shift + F12
❺ [다른 이름으로 저장]	현재 사용 중인 파일을 다른 이름으로 저장	F12
❻ [인쇄]	• 인쇄 및 복사본 수 설정(1~32767), 프린터 속성 • 인쇄 미리 보기, 설정 및 페이지 설정	Ctrl + P Ctrl + F2
❼ [공유]	다른 사용자와 공유, 전자 메일 등	
❽ [내보내기]	PDF/XPS 문서 만들기, 파일 형식 변경 등	
❾ [게시]	Power BI★에 게시	
❿ [닫기]	통합 문서 창이 닫힘	Ctrl + F4 Ctrl + W
⓫ [계정]	• Office 테마(색상형, 어두운 회색, 검정, 흰색, 시스템 설정 사용) 설정 • Office에 로그인, 제품 정보(제품 인증 여부, 제품 키 변경)	
⓬ [피드백]	Office 앱에 대한 선호, 비선호 여부와 새로운 기능 및 수정에 대한 피드백을 제공	
⓭ [옵션]	일반, 수식, 데이터, 언어 교정, 저장, 언어, 접근성, 고급, 리본 사용자 지정, 빠른 실행 도구 모음, 추가 기능, 보안 센터 등에 대한 옵션을 설정	

★ Power BI(Business Intelligence)
• 시각적 요소가 풍부한 보고서 및 데이터를 분석한 대시보드를 생성, 공유, 구성함
• 통합 문서에 대한 업데이트를 자동으로 새로 고침

02 열기(Ctrl + O)

1) 통합 문서 열기

열고자 하는 엑셀 파일을 더블클릭하여 열 수도 있음

• [파일] 탭-[열기]를 실행한 후 [찾아보기]를 클릭, [열기] 대화 상자에서 열고자 하는 파일을 선택하고 [열기]를 클릭한다.
• [열기] 대화 상자에서 여러 개의 파일을 선택한 후 [열기]를 클릭하면 한 번에 여러 개의 통합 문서가 열린다.
• 파일이 서로 인접해 있으면 시작 파일을 클릭한 다음 Shift 를 누른 상태에서 마지막 파일을 클릭하여 선택한다.
• 파일이 서로 떨어져 있으면 첫 번째 파일을 클릭하고 Ctrl 을 누른 상태에서 추가할 파일을 차례로 클릭하여 선택한다. 선택된 파일의 선택을 취소하려면 Ctrl 을 누른 상태에서 취소할 파일을 다시 클릭한다.

2) 최근 문서 열기

• [파일] 탭-[열기]-[최근 항목]의 오른쪽에 최근 통합 문서 목록이 나타나며, '오늘, 어제, 이번 주, 지난 주, 오래된 항목' 중에서 원하는 파일을 선택하면 [열기] 대화 상자를 거치지 않고 바로 파일을 열 수 있다.
• [파일] 탭-[옵션]-[Excel 옵션]의 [고급]-[표시]에서 '표시할 최근 통합 문서 수'를 지정한다. 표시할 최근 문서 수는 '0~50개'까지 지정할 수 있으며, '0'으로 지정하면 목록을 나타내지 않는다.

✔ 개념 체크

1 인접한 파일을 선택할 때 사용하는 키는?
2 떨어져 있는 파일을 선택할 때 사용하는 키는?
3 최근 문서 목록에 표시할 수 있는 최대 개수는?
4 최근 문서 목록을 나타내지 않으려면 숫자를 어떻게 지정해야 하는가?

1 Shift 2 Ctrl 3 50
4 0으로 지정

• 빠르게 액세스할 최근 통합 문서 수는 [Excel 옵션]-[고급]-'표시'의 '표시할 최근 통합 문서 수(0~50개)'에서 설정한 문서 수를 넘지 못한다.

▲ 빠르게 액세스할 최근 통합 문서 수를 5로 지정한 경우

웹 페이지 저장
워크시트를 웹 페이지로 저장할 수 있으며, 웹 브라우저로 열 수도 있음

3) 텍스트 파일 열기 06년 2월/7월/9월, 05년 7월, 04년 5월

• 텍스트 파일을 엑셀에서 열려면 텍스트 마법사를 이용한다.
• [파일] 탭-[열기]를 실행한 후 파일 형식을 '텍스트 파일(*.prn, *.txt, *.csv)'로 지정한 다음, 텍스트 파일을 열면 자동으로 텍스트 마법사가 실행된다.

▶ **엑셀에서 저장 가능한 파일 형식** 15년 3월/6월, 14년 10월, 12년 6월, 11년 3월, 08년 2월, 06년 9월, 04년 2월/11월

Excel 통합 문서	*.xlsx	텍스트(탭으로 분리)	*.txt
Excel 매크로 사용 통합 문서	*.xlsm	유니코드 텍스트	*.txt
Excel 바이너리 통합 문서	*.xlsb	XML 스프레드시트 2003	*.xml
Excel 97 – 2003 통합 문서	*.xls	Microsoft Excel 5.0/95 통합 문서	*.xls
XML 데이터	*.xml	CSV(쉼표로 분리)	*.csv
웹 보관 파일	*.mht, *.mhtml	텍스트(공백으로 분리)	*.prn
웹 페이지	*.htm, *.html	DIF(Data Interchange Format)	*.dif
Excel 서식 파일	*.xltx	SYLK(Symbolic Link)	*.slk
Excel 매크로 사용 서식 파일	*.xltm	Excel 추가 기능	*.xlam
Excel 97 – 2003 서식 파일	*.xlt	Excel 97 – 2003 추가 기능	*.xla
Excel 백업 파일	*.xlk	XPS 문서	*.xps
PDF	*.pdf	OpenDocument 스프레드시트	*.ods
Strict Open XML 스프레드시트	*.xlsx		

— Comma Separated Values의 약어로, 콤마로 분리된 수치값을 의미함

4) Excel 통합 문서의 웹 페이지(*.htm, *.html) 형식 저장

• 조건부 서식 중 데이터 막대, 아이콘 집합은 지원되지 않는다.
• 회전된 텍스트는 올바로 표시되지 않는다.
• 배경 질감 및 그래픽과 같은 관련 파일은 하위 폴더에 저장된다.
• 일부 시트만을 선택하여 저장할 수 있다.

03 저장하기(Ctrl + S , Shift + F12) ^{07년 7월}

1) 통합 문서 저장

- 새 통합 문서를 최초로 저장하려면 [파일] 탭-[저장] 또는 [파일] 탭-[다른 이름으로 저장]을 실행한 다음 [다른 이름으로 저장] 대화 상자에서 저장 위치와 파일 이름, 형식 등을 지정한다.
- 이미 파일 이름이 지정되어 있을 경우 [파일] 탭-[저장]을 실행하면 기존 이름으로 덮어쓴다.
- 파일 이름을 바꾸어 다시 저장하려면 [파일] 탭-[다른 이름으로 저장]을 실행하며, 다른 이름으로 저장하면 기존에 저장되어 있는 파일은 지워지지 않는다.
- 파일 이름에 / ₩ 〈 * ? | : " 등의 문자는 사용할 수 없다.
- 엑셀의 저장 명령은 기본적으로 파일 형식을 'Excel 통합 문서(*.xlsx)'로 지정하며, 이전 버전의 엑셀 사용자나 다른 프로그램 사용자를 위하여 여러 다른 형식을 함께 제공한다.

새 통합 문서의 환경 설정
[파일] 탭-[옵션]-[Excel 옵션]을 선택하고 [일반]에서 '다음을 기본 글꼴로 사용', '글꼴 크기', '새 시트의 기본 보기', '포함할 시트 수' 등을 설정할 수 있음

2) 일반 옵션 ^{24년 상시, 22년 상시, 17년 3월, 15년 6월, 10년 3월, 09년 2월, 07년 5월, 06년 5월/9월, 05년 7월/10월, 03년 5월/9월, …}

- 파일을 저장할 때 백업 파일의 작성 여부와 열기 및 쓰기 암호, 읽기 전용 권장 등 저장 옵션을 설정한다.
- [다른 이름으로 저장] 대화 상자에서 [도구]-[일반 옵션]을 실행한 후 지정한다.
  └─ 열기 및 쓰기 암호 모두 영문 대소문자를 구분함

기적의 TIP

[일반 옵션] 대화 상자의 각 기능을 알아두세요. 그 중 열기 암호는 파일을 열 때, 쓰기 암호는 파일 내용을 수정한 후 저장할 때 암호를 입력하도록 지정합니다.

❶ 백업 파일 항상 만들기	파일을 저장할 때마다 이전 파일 내용을 백업 파일(*.xlk)로 함께 저장함
❷ 열기 암호	암호를 입력해야 파일이 열리도록 255자 이내로 열기 암호를 지정함
❸ 쓰기 암호	• 파일 내용을 변경한 후 저장하려면 암호를 입력하도록 지정함 • 쓰기 암호를 모를 경우에는 [파일] 탭-[다른 이름으로 저장]을 실행하여 파일 이름을 바꿔 저장해야 함
❹ 읽기 전용 권장	파일을 열 때 변경할 수 없는 읽기 전용 파일로 열리도록 메시지를 표시함

서식 파일
다른 유사한 통합 문서에 대한 기준으로 만들어 사용하는 통합 문서
- 서식 파일 확장자 : *.xltx
- 매크로 사용 서식 파일 확장자 : *.xltm
- 서식 파일 폴더는 일반적으로 C:₩사용자₩〈개인 폴더〉₩AppData₩Roaming₩Microsoft₩Templates에 들어있음

01 [다른 이름으로 저장] 메뉴 중 [도구]–[일반 옵션] 메뉴에서 설정할 수 있는 기능이 **아닌** 것은?

① 백업 파일 항상 만들기
② 열기/쓰기 암호 설정
③ 읽기 전용 권장
④ 통합 문서 공유

───────────────
통합 문서 공유는 [검토] 탭–[변경 내용] 그룹–[통합 문서 공유]에서 설정할 수 있음

02 다음 중 [파일] 탭–[새로 만들기]를 실행한 후 [스프레드시트]에 제공되는 학년도 달력, 월간 회사 예산, 파란색 청구서 등을 서식 파일로 저장할 때 확장자로 옳은 것은?

① html   ② xltx
③ xlsx   ④ xlsb

───────────────
xltx : 서식 파일의 확장자

오답 피하기
• html : 웹 페이지 파일의 확장자
• xlsx : 통합 문서 파일의 확장자
• xlsb : Excel 바이너리 통합 문서의 확장자

03 다음 중 엑셀 통합 문서를 다른 이름으로 저장하는 것에 대한 설명으로 옳지 **않은** 것은?

① Excel 97–2003 통합 문서로 저장하면 확장자는 xls이며, 이전 버전의 엑셀에서 사용할 수 있다.
② 매크로가 포함된 이전 버전의 통합 문서를 Excel 2021에서 사용하기 위해 매크로가 포함된 통합 문서로 저장한 경우 확장자는 xlsm이다.
③ Excel 서식 파일로 저장하면 다른 통합 문서를 만드는 데 사용할 수 있으며, 확장자는 xltm이다.
④ CSV(쉼표로 분리) 파일로 저장하면 현재 워크시트만 쉼표로 분리된 텍스트 파일로 저장된다.

───────────────
Excel 서식 파일로 저장하면 다른 통합 문서를 만드는 데 사용할 수 있으며, 확장자는 xltx임

04 다음 중 통합 문서와 관련된 바로 가기 키에 대한 설명으로 옳지 **않은** 것은?

① Ctrl + N 를 누르면 새 통합 문서를 만든다.
② Shift + F11 을 누르면 새 통합 문서를 만든다.
③ Ctrl + W 를 누르면 현재 통합 문서 창을 닫는다.
④ Ctrl + F4 를 누르면 현재 통합 문서 창을 닫는다.

───────────────
Shift + F11 을 누르면 새 워크시트가 삽입됨

05 다음 중 통합 문서 저장 시 설정할 수 있는 [일반 옵션]에 대한 설명으로 옳지 **않은** 것은?

① '백업 파일 항상 만들기'에 체크 표시한 경우에는 파일 저장 시 자동으로 백업 파일이 만들어진다.
② '열기 암호'를 지정한 경우에는 열기 암호를 입력해야 파일을 열 수 있고 암호를 모르면 파일을 열 수 없다.
③ '쓰기 암호'가 지정된 경우에는 파일을 수정하고 다른 이름으로 저장 시 '쓰기 암호'를 입력해야 한다.
④ '읽기 전용 권장'에 체크 표시한 경우에는 파일을 열 때 읽기 전용으로 열지 여부를 묻는 메시지가 표시된다.

───────────────
'쓰기 암호'가 지정된 경우라도 파일을 수정하고 다른 이름으로 저장하는 경우는 '쓰기 암호'를 입력하지 않아도 됨

정답 01 ④ 02 ② 03 ③ 04 ② 05 ③

워크시트의 관리

▶ 합격 강의

출제빈도 (상) 중 하
반복학습 1 2 3

빈출 태그 시트 삽입 • 시트 삭제 • 시트 숨기기/숨기기 취소 • 시트 보호/해제 • 통합 문서 보호

---

01 시트의 삽입, 삭제, 선택, 숨기기/숨기기 취소 13년 10월

└─ 워크시트를 삽입하거나 삭제할 때 한 번에 여러 개의 시트를 대상으로 작업할 수 있음

1) 시트 삽입하기(Shift + F11) 20년 7월, 18년 9월, 07년 7월/10월, 05년 2월

• 새로 삽입하는 워크시트는 현재 선택된 시트 바로 앞에 삽입되며, 이름은 'Sheet+일련번호' 형식으로 자동 설정된다. 단, [새 시트](⊕) 단추를 이용하는 경우는 뒤에 새로운 시트가 삽입된다.

방법 1	[홈] 탭─[셀] 그룹─[삽입]─[시트 삽입]을 실행함
방법 2	시트 탭 바로 가기 메뉴에서 [삽입]을 선택한 후 [삽입] 대화 상자가 나타나면 삽입할 시트의 종류를 지정하고 [확인]을 클릭함
방법 3	[새 시트](⊕) 단추를 클릭함
방법 4	바로 가기 키 Shift + F11 또는 Shift + Alt + F1 을 누름

• 두 개 이상의 인접하지 않은 시트를 선택한 상태(다중 선택)에서는 새 워크시트를 삽입할 수 없다. 단, [새 시트](⊕) 단추를 이용하는 경우는 가능하다.

2) 시트 삭제하기 24년 상시, 20년 7월, 15년 10월

삭제한 시트는 취소 명령으로 되살릴 수 없으므로 삭제 시 주의해야 한다.

방법 1	[홈] 탭─[셀] 그룹─[삭제]─[시트 삭제]를 실행함
방법 2	시트 탭 바로 가기 메뉴에서 [삭제]를 선택함

3) 시트 선택 방법 22년 상시, 18년 9월, 15년 6월, 11년 7월

① 시트 선택 : 시트 탭에서 원하는 시트 이름을 클릭하면 흰색으로 변하면서 활성 시트가 된다. 그 외 나머지 시트는 비활성 시트이다.

② 연속적인 여러 시트 선택 : 첫 번째 시트를 클릭한 후 Shift 를 누른 상태에서 마지막 시트를 클릭하면 첫 번째부터 마지막 시트까지 모두 선택된다.

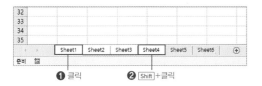

새 통합 문서의 시트 수
• [Excel 옵션]─[일반]에서 '포함할 시트 수'를 255개까지 설정 가능함
• 기본 시트를 최대 255개까지 늘린 이후에 [시트 삽입]이나 [새 시트] 단추로 256, 257, …처럼 계속 시트를 삽입할 수 있음

🅑 기적의 TIP

시트 선택 방법 중 연속적인 시트 선택 방법과 비연속적인 시트 선택 방법의 차이를 알아두세요.

③ 비연속적인 여러 시트 선택 : 첫 번째 시트를 클릭한 후 Ctrl을 누른 상태에서 원하는 시트를 차례대로 클릭하여 선택하면 클릭한 시트만 선택된다.

④ 모든 시트 선택 : 시트 탭의 바로 가기 메뉴에서 [모든 시트 선택]을 선택한다.

4) 시트 숨기기/숨기기 취소 21년 상시, 13년 3월, 04년 11월

통합 문서에는 적어도 한 개의 시트가 있어야 되므로 모든 시트를 숨기기할 수는 없다.

시트 숨기기	[홈] 탭-[셀] 그룹-[서식]-[숨기기 및 숨기기 취소]-[시트 숨기기]를 실행함
	시트 탭의 바로 가기 메뉴에서 [숨기기]를 선택함
시트 숨기기 취소	[홈] 탭-[셀] 그룹-[서식]-[숨기기 및 숨기기 취소]-[시트 숨기기 취소]를 실행함
	시트 탭의 바로 가기 메뉴에서 [숨기기 취소]를 선택함

🅑 기적의 TIP

모든 시트를 숨길 수 없음에 주의하세요.

02 시트의 이동/복사, 그룹 15년 10월

1) 시트 이동 및 복사하기 18년 9월, 03년 7월

◀ [이동/복사] 대화 상자

방법 1	[홈] 탭-[셀] 그룹-[서식]-[시트 이동/복사]를 실행하거나 시트 탭의 바로 가기 메뉴에서 [이동/복사]를 선택한 후 [이동/복사] 대화 상자에서 선택한 시트를 이동/복사할 대상 통합 문서와 위치를 지정한 다음 [확인]을 클릭함('복사본 만들기' 항목을 선택해야 시트가 복사됨)
방법 2	시트 탭에서 시트 이름을 마우스로 끌면 시트가 이동됨
방법 3	시트 탭에서 Ctrl을 누른 채 시트 이름(Sheet1)을 마우스로 끌면 시트가 복사되면서 Sheet1 (2), Sheet1 (3), …이 생성됨

2) 시트 그룹 21년 상시, 13년 6월, 09년 2월, 06년 7월, 03년 5월

- Ctrl 또는 Shift 를 이용하여 여러 개의 시트를 선택하면 제목 표시줄의 파일 이름 옆에 [그룹] 표시가 나타난다.
- 여러 개의 시트를 선택하고 데이터 입력 및 편집 등 명령을 실행하면 그룹으로 설정된 모든 시트에 동일하게 명령이 실행된다.

모든 시트 선택	시트 탭 위에서 마우스 오른쪽 단추를 클릭한 후 [모든 시트 선택]을 선택하면 첫 번째 시트부터 마지막 시트까지 모두 선택됨
시트 그룹에서 제외	시트 그룹에서 특정 시트만 제외시키려면 Ctrl 을 누른 상태에서 선택되어 있는 시트 중 원하는 시트를 클릭함
시트 그룹 해제	비활성 시트를 클릭하면 시트 그룹이 해제됨

- 그룹이 설정된 상태에서는 [삽입] 탭과 [데이터] 탭이 비활성화 되므로 피벗 테이블, 그림, 온라인 그림, 도형, SmartArt, 차트 등의 삽입이나 외부 데이터 가져오기, 정렬, 필터, 텍스트 나누기, 중복된 항목 제거, 데이터 유효성 검사, 통합, 시나리오 관리자, 목표값 찾기, 데이터 표, 그룹, 그룹 해제, 부분합 등의 작업을 실행할 수 없음
- 그룹으로 묶은 시트에서 복사하거나 잘라낸 모든 데이터를 다른 한 개의 시트에 붙여 넣을 수 없음

03 시트 이름 바꾸기, 시트 배경, 시트 탭 색 15년 6월

1) 시트 이름 바꾸기 24년 상시, 22년 상시, 15년 10월, 13년 6월, 04년 2월

시트 이름은 공백을 포함하여 31자까지 가능하며, 일부 기호(₩, /, ?, *, [ ])는 사용할 수 없다(영문자의 경우 대·소문자 구분이 없음).

방법 1	시트 이름을 더블클릭한 후 새로운 이름을 입력함
방법 2	[홈] 탭-[셀] 그룹-[서식]-[시트 이름 바꾸기]를 실행한 후 새 이름을 입력함
방법 3	시트 탭의 바로 가기 메뉴에서 [이름 바꾸기]를 선택한 다음 새 이름을 입력함

2) 시트 배경
└─── 시트 배경으로 설정한 무늬는 인쇄할 수 없음

◀ [그림 삽입] 대화 상자

시트 배경 삽입	[페이지 레이아웃] 탭-[페이지 설정] 그룹-[배경]을 실행함
시트 배경 삭제	[페이지 레이아웃] 탭-[페이지 설정] 그룹-[배경 삭제]를 실행함

기적의 TIP

시트 이름에 사용할 수 없는 기호가 무엇인지 꼭 확인해 두세요. 또한 공백은 포함할 수 있다는 것도 잊지마세요.

기적의 TIP

시트 배경은 인쇄할 수 없다는 점을 꼭 기억해 두세요.

3) 시트 탭 색 14년 10월

| 방법 1 | [홈] 탭–[셀] 그룹–[서식]–[탭 색]을 실행함 |
| 방법 2 | 시트 탭의 바로 가기 메뉴에서 [탭 색]을 선택함 |

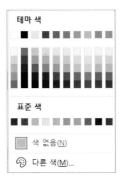

▲ [탭 색] 메뉴

04 시트 보호/해제 및 통합 문서 보호

1) 시트 보호/해제 24년 상시, 23년 상시, 20년 2월/7월, 17년 9월, 15년 3월, 13년 6월, 09년 7월

- 시트에서 잠긴 셀의 내용과 워크시트를 보호하기 위한 기능이다.
- '워크시트에서 허용할 내용'의 항목을 클릭하여 체크한다.

방법 1	[홈] 탭–[셀] 그룹–[서식]–[시트 보호]를 실행함
방법 2	[검토] 탭–[보호] 그룹–[시트 보호]를 실행함
방법 3	시트 탭의 바로 가기 메뉴에서 [시트 보호]를 실행함

기적의 TIP

시트 보호하는 방법과 기능이 종종 출제됩니다. 보호할 대상에는 어떤 것이 있는지 확인하고 넘어가세요.

시트 보호 설정 시 암호 설정은 필수 사항이 아님

▲ [시트 보호] 대화 상자

셀 보호(특정 셀에만 데이터 입력)
[홈] 탭–[셀] 그룹–[서식]–[셀 잠금]이나 [셀 서식] 대화 상자의 [보호] 탭에서 잠금을 해제하고 시트 보호를 설정하면 잠금이 해제된 특정 셀에만 데이터의 입력이 가능하고 나머지 셀은 보호됨

- 보호할 대상으로는 내용, 개체, 시나리오가 있으며, 암호를 입력할 수 있다.
- 시트 보호를 해제하려면 [홈] 탭–[셀] 그룹–[서식]–[시트 보호 해제]를 실행하거나 [검토] 탭–[보호] 그룹–[시트 보호 해제]를 실행한다. 암호를 지정하여 보호한 경우 보호를 해제할 때 암호를 입력해야 한다.

2) 통합 문서 보호 20년 2월, 06년 2월, 03년 7월/9월

- 통합 문서를 보호하기 위한 기능이다.
- [검토] 탭-[보호] 그룹-[통합 문서 보호]-[구조 및 창 보호]를 실행한다.
- 보호할 대상으로는 구조가 있으며, 암호를 입력할 수 있다.

🅱 기적의 TIP

통합 문서 보호를 실행한 경우 할 수 없는 작업에 대해 정확히 숙지해 두세요.

❶ 구조	통합 문서의 구조를 보호하는 것으로 시트의 삽입, 삭제, 이름 변경, 이동, 숨기기, 숨기기 해제 등과 같은 작업을 할 수 없도록 함
❷ 암호(옵션)	통합 문서 보호 해제 시 사용할 암호를 입력함

- [통합 문서 보호]를 설정하더라도 포함된 차트, 도형 등의 그래픽 개체를 변경 및 이동/복사할 수 있음
- 통합 문서 보호 설정 시 암호를 지정하더라도 워크시트에 입력된 내용을 수정할 수 있음

이론을 확인하는 기출문제

▶ 합격 강의

01 다음 중 여러 워크시트를 선택하여 그룹으로 설정한 경우에 대한 설명으로 옳지 <u>않은</u> 것은?

① 엑셀 창의 맨 위 제목 표시줄에 [그룹]이라고 표시된다.
② 그룹 상태에서 도형이나 차트 등의 그래픽 개체는 삽입되지 않는다.
③ 그룹으로 설정된 임의의 시트에서 입력하거나 편집한 데이터는 그룹으로 설정된 모든 시트에 반영된다.
④ 그룹 상태에서 여러 개의 시트에 정렬 및 필터 기능을 수행할 수 있다.

그룹 상태에서는 여러 개의 시트에 정렬 및 필터 기능을 수행할 수 없음

02 다음 중 워크시트에 대한 설명으로 옳지 <u>않은</u> 것은?

① 새 통합 문서에는 [Excel 옵션]에서 설정한 시트 수만큼 워크시트가 표시되며, 최대 255개까지 워크시트를 추가할 수 있다.
② 워크시트의 이름은 공백 문자를 포함하여 최대 31자까지 사용할 수 있으나 /, ₩, ?, *, [,] 등의 기호는 사용할 수 없다.
③ 선택한 워크시트를 현재 통합 문서 또는 다른 통합 문서에 복사하거나 이동시킬 수 있다.
④ 시트의 삽입 또는 삭제 시 Ctrl + Z 로 실행 취소 명령을 실행하여 복구할 수 있다.

시트의 삽입 또는 삭제 시 Ctrl + Z 로 실행을 취소할 수 없음

정답 01 ④ 02 ④

03 다음 중 시트 관리에 대한 설명으로 옳지 않은 것은?

① Shift 를 이용하여 시트 그룹을 설정할 수 있다.
② 여러 개의 워크시트를 선택한 후 Ctrl 을 누른 채 시트 탭을 드래그하면 선택된 시트들이 복사된다.
③ 시트 이름에는 공백을 사용할 수 없으며, 최대 31자까지 지정할 수 있다.
④ 시트 보호를 설정해도 시트의 이름 바꾸기 및 숨기기 작업을 수행할 수 있다.

시트 이름은 공백을 포함하여 31자까지 사용 가능하며, ₩, /, ?, *, [ ]는 사용할 수 없음

04 다음 중 워크시트 작업 및 관리에 대한 설명으로 옳지 않은 것은?

① 시트 삭제 작업은 실행을 취소할 수 없다.
② Shift + F10 을 누르면 현재 시트의 뒤에 새 워크시트가 삽입된다.
③ 그룹화된 시트에서 데이터 입력 및 편집 등의 작업을 실행하면 그룹 내 시트에 동일한 작업이 실행된다.
④ 연속된 시트의 선택은 Shift 를 사용하면 편리하다.

Shift + F11 : 현재 시트의 앞에 새 워크시트가 삽입됨

05 다음 중 시트 보호에 관한 설명으로 옳지 않은 것은?

① 차트 시트의 경우 차트 내용만 변경하지 못하도록 보호할 수 있다.
② '셀 서식' 대화 상자의 '보호' 탭에서 '잠금'이 해제된 셀은 보호되지 않는다.
③ 시트 보호 설정 시 암호의 설정은 필수 사항이다.
④ 시트 보호가 설정된 상태에서 데이터를 수정하면 경고 메시지가 나타난다.

암호는 선택 사항이므로 암호를 지정하지 않으면 누구든지 시트 보호를 해제하고 보호된 요소를 변경할 수 있음

06 다음 중 워크시트에 대한 설명으로 옳지 않은 것은?

① 여러 개의 시트를 한 번에 선택하면 제목 표시줄의 파일명 뒤에 [그룹]이 표시된다.
② 선택된 시트의 왼쪽에 새로운 시트를 삽입하려면 Shift + F11 을 누른다.
③ 마지막 작업이 시트 삭제인 경우 빠른 실행 도구 모음의 '실행 취소()' 명령을 클릭하여 되살릴 수 있다.
④ 동일한 통합 문서 내에서 시트를 복사하면 원래의 시트 이름에 '(일련번호)' 형식이 추가되어 시트 이름이 만들어진다.

삭제한 시트는 실행 취소 명령으로 되살릴 수 없음

07 다음 중 워크시트 사용 방법에 대한 설명으로 옳은 것은?

① 다음 워크시트로 전환하려면 시트 탭에서 Shift + Page Down 을 누르고, 이전 워크시트로 전환하려면 Shift + Page Up 을 누른다.
② 시트를 복사하려면 Shift 를 누른 채 해당 시트의 시트 탭을 마우스로 드래그 앤 드롭한다.
③ 현재의 워크시트 앞에 새로운 워크시트를 삽입하려면 Shift + F11 을 누른다.
④ 인접하지 않은 둘 이상의 시트를 선택할 때는 Shift 를 누른 채 원하는 시트 탭을 순서대로 클릭한다.

Shift + F11 또는 Shift + Alt + F1 : 현재의 워크시트 앞에 새로운 워크시트를 삽입

오답 피하기
• ① : 다음 워크시트로 전환하려면 시트 탭에서 Ctrl + Page Down 을 누르고, 이전 워크시트로 전환하려면 Ctrl + Page Up 을 누름
• ② : 시트를 복사하려면 Ctrl 을 누른 채 해당 시트의 시트 탭을 마우스로 드래그 앤 드롭함
• ④ : 인접하지 않은 둘 이상의 시트를 선택할 때는 Ctrl 을 누른 채 원하는 시트 탭을 순서대로 클

CHAPTER 02

데이터 입력 및 편집

학습 방향

셀 포인터 이동 방법의 바로 가기 키는 실습을 통해서 확인해두세요. 입력 데이터의
종류는 이해 중심으로 학습하고 메모, 윗주, 하이퍼링크의 사용 방법, 데이터 편집, 셀
서식과 사용자 지정 표시 형식의 결과는 개념과 기능 위주로 정확히 숙지해 두세요.

출제빈도

SECTION 01	상	27%
SECTION 02	하	3%
SECTION 03	하	2%
SECTION 04	중	14%
SECTION 05	중	14%
SECTION 06	상	31%
SECTION 07	하	9%

01

데이터 입력

▶ 합격 강의

출제빈도 (상) 중 하
반복학습 1 2 3

빈출 태그 셀 포인터 이동 • 날짜/시간 데이터 • 수식 데이터 • 한자 및 특수 문자 입력 • 카메라 기능 • 메모 입력 • 하이퍼링크 입력

여러 개의 셀 중에서 현재 작업 중인 셀을 활성 셀이라고 하며, 셀 포인터를 이동하여 활성 셀을 변경함

01 셀 포인터 이동 24년 상시, 22년 상시, 20년 2월,19년 8월, 18년 9월, 16년 3월, 08년 8월, 04년 8월

기적의 TIP

셀 포인터 이동 방법에 대한 내용은 혼동되지 않도록 실습을 통해서 직접 확인해 두세요.

- 마우스 이용 : 마우스로 원하는 셀을 클릭하면 셀 포인터가 이동된다.
- 이름 상자 이용 : 수식 입력줄 왼쪽에 있는 이름 상자를 클릭하고 이동할 셀 주소를 입력한 후 Enter 를 누른다.
- 이동 메뉴 이용 : [홈] 탭-[편집] 그룹-[찾기 및 선택]을 선택한 후 목록에서 [이동] (Ctrl + G 또는 F5)을 실행하여 [이동] 대화 상자에서 셀 주소를 입력한다.
- 키보드 이용 : 키보드의 키를 이용하여 셀 포인터를 이동할 수 있다.

Enter 를 눌렀을 때 셀 포인터의 이동 방향

- [파일] 탭-[옵션]-[Excel 옵션]-[고급]에서 Enter 를 누른 후 '다음 셀로 이동' 항목을 선택하면 이동 방향을 왼쪽, 오른쪽, 위쪽, 아래쪽 중에서 사용자가 원하는 방향으로 선택할 수 있음
- Enter 를 누른 후 '다음 셀로 이동' 항목의 선택을 해제하면 Enter 를 눌렀을 때 셀 포인터가 현재 셀에 그대로 머물게 됨

End 를 이용한 셀 포인터 이동

End 를 누른 다음 방향키(↑/↓/←/→)를 누르면 현재 영역에서 상하 좌우 마지막 셀로 셀 포인터가 이동함

- Ctrl 을 누른 상태에서 마우스 휠을 돌리면 화면이 확대/축소 됨
- Scroll Lock 을 누른 후 방향키를 누르면 셀 포인터는 고정된 상태로 화면만 이동됨

바로 가기 키	이동 방향
↑/↓/←/→	상하 좌우 한 칸씩 이동함
Ctrl +방향키(↑/↓/←/→)	현재 영역의 상하 좌우 마지막 셀로 이동함
Home	해당 행의 A열로 이동함
Ctrl + Home	워크시트의 시작 셀(A1)로 이동함
Ctrl + End	입력 데이터의 마지막 셀(오른쪽 하단)로 이동함
Tab / Shift + Tab	현재 셀의 오른쪽/왼쪽 셀로 이동함
Ctrl + Back Space	셀 포인터가 있는 화면으로 이동함(스크롤 막대로 이동한 경우)
Ctrl + Page Up / Ctrl + Page Down	활성 시트의 앞/뒤 시트로 이동함
Ctrl + F6, Ctrl + Tab	다음 통합 문서로 이동함
Ctrl + Shift + F6, Ctrl + Shift + Tab	이전 통합 문서로 이동함
Page Up / Page Down	한 화면 위/아래로 이동함
Alt + Page Up / Alt + Page Down	한 화면 좌/우로 이동함

[홈] 탭-[편집] 그룹-[찾기 및 선택]-[이동]을 실행하거나 F5 또는 Ctrl + G 를 누른 후 이동할 셀 주소 [A1]을 참조에 입력하면 같은 결과가 됨

1) 데이터 입력의 기초

- 원하는 셀로 셀 포인터를 이동한 후 데이터를 입력한다.
- 데이터를 입력하고 Enter 를 누르면 다음 행으로 셀 포인터를 이동하고, Shift +Enter 를 누르면 윗 행으로 이동한다.
- Esc 를 누르면 입력 중인 데이터를 취소한다.
- [입력](✓) : 데이터를 입력하고 셀 포인터를 그 자리에서 이동하지 않는다.
- [취소](✕) : 입력 중인 데이터를 취소한다.

2) 강제로 줄 바꿈

- 데이터 입력 후 Alt +Enter 를 누르면 동일한 셀에서 줄이 바뀌며, 이 때 두 줄 이상의 데이터를 입력할 수 있다.
- [셀 서식]의 [맞춤] 탭에서 [자동 줄 바꿈] 확인란을 선택하면 셀 너비에 맞추어 자동으로 줄이 바뀐다.
- [홈] 탭−[맞춤] 그룹에서 [자동 줄 바꿈]을 클릭한다.

드롭다운 목록에서 선택하여 입력
- 같은 열에 이미 입력한 데이터를 다시 입력할 때 드롭다운 목록에서 선택하여 입력함
- 마우스 오른쪽 단추를 클릭하고 [드롭다운 목록에서 선택]을 선택한 후 입력할 데이터를 선택함(Alt + ↓)

3) 동일한 데이터 입력하기

범위를 지정하고 데이터 입력 후 Ctrl +Enter 나 Ctrl +Shift +Enter 를 누르면 선택 영역에 동일한 데이터가 한꺼번에 입력된다.

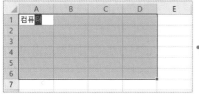 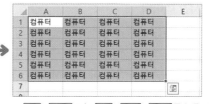

▲ 범위를 지정한 후 데이터를 입력함　　▲ Ctrl +Enter 또는 Ctrl +Shift +Enter 를 누른 결과

4) 범위를 지정하여 입력하기 11년 10월

[A1:D7] 영역을 범위로 지정하고 데이터를 입력하면 범위의 첫 번째 셀부터 입력이 시작된다. [A7] 셀까지 입력하고 Enter 를 누르면 셀 포인터는 다음 열의 시작 셀인 [B1] 셀로 이동한다.

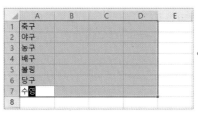 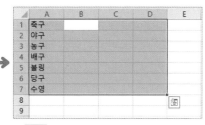

▲ [A1:D7] 영역을 범위로 지정한 후 [A1] 셀부터　　▲ Enter 를 누른 결과
　 [A7] 셀까지 데이터를 입력함

🅿 기적의 TIP

입력 데이터의 종류 중 날짜/
시간 데이터, 수식 데이터, 한
자 및 특수 문자 입력 방법은
정확히 숙지해 두세요.

· 문자나, 문자/숫자 조합 데이터
는 입력 시 이전 입력된 내용과
일치하면 자동으로 입력됨
· 시간 데이터는 소수 형태로 저
장됨(⬅ 낮 12시는 0.5로 계산)

날짜 체계
· Microsoft Excel은 기본적으로
1900 날짜 체계를 사용하며, [파
일] 탭−[옵션]−[Excel 옵션]−[고
급]−[1904 날짜 체계 사용] 확인
란을 선택하여 날짜 체계를 변
경할 수 있음
· 1900 날짜 체계(1900년 1월
1일부터 9999년 12월 31일까
지) : 1900년 1월 1일이 일련번
호 1이 됨
· 1904 날짜 체계(1904년 1월
2일부터 9999년 12월 31일까
지) : 1904년 1월 2일이 일련번
호 1이 됨

🕐 암기 TIP

날짜 데이터
날아가는 새(세)
· 날짜 입력 시 세미콜론을
이용한답니다.
· Ctrl + ; : 현재 시스템의
날짜를 입력

🕐 암기 TIP

시간 데이터
시시콜콜
· 시간은 콜론을 이용한답니다.
· Ctrl + : : 현재 시스템의
시간을 입력

---

03 각종 데이터 입력 23년 상시, 12년 6월, 09년 7월

1) 문자 데이터 10년 3월, 08년 8월

· 문자, 기호, 숫자 등을 조합하여 만든 데이터를 말하며, 셀의 왼쪽에 맞추어 입력된
다(⬅ EXCEL, 컴활, Hong&Park, 100+200, '7000).
· 숫자로만 된 데이터를 문자 데이터로 입력하려면 데이터 앞에 작은 따옴표(')를 먼
저 입력한다(⬅ '010, '007).
· 셀 너비보다 데이터의 길이가 길면 오른쪽의 빈 셀에 이어서 표시되며, 오른쪽의 셀
이 빈 셀이 아니라 이미 데이터가 입력되어 있으면 셀 너비만큼 잘려서 표시된다.
· 데이터가 잘려서 표시될 경우 열의 너비를 늘려주면 정상적으로 표시된다.

2) 숫자 데이터 20년 7월, 12년 6월, 08년 10월, 05년 2월, 04년 5월

· 숫자(0~9), +, −, 쉼표(,), ₩, $, %, 소수점(.), 지수 기호(E, e) 등으로만 이루어
진 데이터를 말하며, 셀의 오른쪽에 맞추어 입력된다.
· 음수는 음수 기호(−)로 시작하여 입력하거나 괄호로 둘러싸서 입력한다.
· 분수는 숫자와 공백으로 시작하여(한 칸 띄운 다음에) 입력한다(⬅ 0 2/3).
· 셀 너비보다 길이가 긴 데이터를 입력하면 지수 형식으로 표시된다(⬅ 3.8E+02).
· 셀 서식의 표시 형식이 지정된 데이터를 셀 너비에 모두 표시할 수 없으면 #### 기
호가 표시되며, 열의 너비를 늘려 정상적으로 표시할 수 있다.
· 데이터 중간에 공백이나 특수 문자가 있으면 문자로 인식한다.

3) 날짜/시간 데이터 24년 상시, 23년 상시, 22년 상시, 19년 3월, 17년 9월, 13년 6월, 10년 3월, 09년 10월, 04년 5월, 03년 9월, …

· 날짜 : 하이픈(−), 슬래시(/) 등으로 연, 월, 일을 구분하여 입력한다.
· 시간 : 콜론(:)으로 시, 분, 초를 구분하여 입력하며, 12시간제로 입력하려면 데이
터 뒤에 공백을 하나 입력하고 'AM' 또는 'PM'을 입력한다.
· 날짜와 시간을 함께 입력하려면 공백으로 날짜와 시간을 구분한다. 즉, 날짜 뒤에
한 칸 띄우고 시간을 입력한다.
· 셀의 오른쪽에 맞추어 입력되며, 연산 및 대소 비교가 가능하다.
· Ctrl + ; : 현재 시스템의 날짜를 입력한다.
· Ctrl + Shift + ; (= Ctrl + :) : 현재 시스템의 시간을 입력한다.
· 날짜 데이터 입력 시 연도와 월만 입력하는 경우 일자는 해당 월의 1일이 자동으로
입력된다.
· 날짜의 연도를 생략하고 월과 일만 입력하면 자동으로 현재 연도가 추가된다.
· 수식에서 날짜 데이터를 직접 입력할 때에는 큰따옴표(" ")로 묶어서 입력한다.
· 날짜의 연도를 두 자리로 입력할 때 연도가 30 이상이면 1900년대로 인식하고,
29 이하이면 2000년대로 인식한다.

4) 수식 데이터 ^{23년 상시}

- 다른 셀에 입력된 데이터나 상수로 계산을 수행하는 데이터를 말하며, 반드시 등호(=) 또는 더하기(+) 기호로 시작해야 한다.
- 수식 데이터가 입력된 셀에는 수식의 결과가 표시되며, 수식 입력줄에는 입력한 수식 데이터의 원래 내용이 나타난다(수식 입력 후 F9를 누르면 상수로 변환됨).
- 계산에 사용된 다른 셀의 입력 데이터가 바뀌게 되면 수식의 결과도 자동으로 재계산된다.
- [파일] 탭-[옵션]-[Excel 옵션]-[수식]에서 '수동' 계산으로 설정되어 있으면 F9를 눌러 재계산을 수행한다.
- 기본적으로 셀의 오른쪽으로 정렬된다.
- 입력된 수식 보기 : Ctrl+~를 누르거나 [수식]-[수식 분석]-[수식 표시]를 선택한다. 또는 [파일] 탭-[옵션]-[Excel 옵션]-[고급]-[이 워크시트의 표시 옵션]의 '계산 결과 대신 수식을 셀에 표시'에 체크한다.

5) 한자

- 한자의 음을 한글로 입력한 다음 [한자]를 누르고 목록에서 원하는 한자를 선택한다. 글자 단위로만 한자 변환이 가능하다.
- 한자 단어도 마찬가지로 단어를 입력한 후 블록 지정하고, [한자]를 누른 후 [한글/한자 변환] 대화 상자에서 해당하는 한자를 선택하고 [변환]을 클릭한다.

6) 특수 문자

[삽입] 탭-[기호] 그룹-[기호]를 실행하거나 한글 자음(ㄱ, ㄴ, ㄷ, …, ㅎ) 중의 하나를 누르고 [한자]를 눌러 목록에서 원하는 특수 문자를 선택한다.

04 메모, 윗주, 하이퍼링크

1) 메모 입력(Shift+F2) ^{24년 상시, 21년 상시, 20년 7월, 16년 3월/6월, 15년 10월, 14년 3월, 13년 3월, 10년 6월, 08년 10월, …}

- 메모는 셀에 입력된 내용에 대한 보충 설명을 기록할 때 사용하며, 모든 셀에 입력할 수 있다(셀 이동 시 메모도 따라 이동됨).
- 메모를 입력할 셀을 선택하고 [검토] 탭-[메모] 그룹-[새 메모]나 바로 가기 메뉴의 [메모 삽입]을 실행한 후 셀에 부가적인 설명을 입력한다.
- 메모가 입력된 셀의 오른쪽 상단에 빨간 삼각형(￢)이 표시되며, 마우스 포인터를 해당 셀로 가져갔을 때 메모 내용이 화면에 나타난다.

🕐 암기 TIP

'수동' 계산 설정 시 F9를 눌러 결과를 구(9)하라.

천 단위 데이터를 빠르게 입력
[파일] 탭-[옵션]-[Excel 옵션]-[고급]-[소수점 자동 삽입]에서 [소수점 위치]를 -3으로 설정함(⑩ [소수점 위치]가 -3으로 설정되었기 때문에 9를 입력하면 9000으로 표시됨).

자음에 따른 특수 기호

종류	내용
ㄱ	문장 부호
ㄴ	괄호
ㄷ	수학 기호
ㄹ	단위
ㅁ	일반 도형
ㅂ	배각 괘선
ㅅ	원, 괄호 문자(한글)
ㅇ	원, 괄호 문자 (영문, 숫자)
ㅈ	숫자, 로마 숫자
ㅊ	분수, 첨자

📋 기적의 TIP

메모 입력의 바로 가기 키가 Shift+F2라는 것과 바로 가기 메뉴에서 [메모 표시/숨기기]를 선택하면 화면에 항상 메모가 표시된다는 것은 꼭 기억해 두세요.

엑셀 2021의 세부 버전에 따라 바로 가기 메뉴에 [새 메모], [새 노트]가 나타남

메모의 사용자 이름 변경
메모 삽입 시 나타나는 사용자 이름은 [파일] 탭-[옵션]-[Excel 옵션]-[일반]의 '사용자 이름'에서 변경할 수 있음

피벗 테이블 메모
피벗 테이블의 셀에 메모를 삽입한 경우 데이터를 정렬하더라도 메모는 데이터와 함께 정렬되지 않음

- 셀에 입력된 데이터를 삭제해도 메모가 삭제되지 않으므로 메모를 삭제하려면 [검토] 탭-[메모] 그룹-[삭제]를 선택하거나 바로 가기 메뉴에서 [메모 삭제]를 선택한다.
- [파일] 탭-[옵션]-[Excel 옵션]-[고급]-[표시]-[메모가 있는 셀 표시]에서 '메모와 표식 모두 표시 안 함', '표식만, 마우스가 위치하면 메모 표시', '메모와 표식' 중에서 선택할 수 있다.
- 바로 가기 메뉴의 [메모 서식]에서 메모 서식 변경이 가능하다.

▶ [메모] 그룹 관련 기능

새 메모	현재 셀에 새로운 메모를 삽입함
메모 편집	현재 셀에 입력되어 있는 메모의 편집 상태로 전환함
삭제	• 현재 셀에 입력되어 있는 메모를 삭제함 • [홈] 탭-[편집] 그룹-[지우기]-[메모 지우기]에서도 삭제 가능함
이전	시트에서 이전 메모를 선택함
다음	문서에서 다음 메모를 탐색함
메모 표시/숨기기	'메모 표시' 상태일 때 빨간 점으로만 메모를 표시하도록 메모 상자를 숨김
메모 모두 표시	화면에 항상 메모가 모두 표시되도록 설정함

2) 윗주 입력 24년 상시, 23년 상시, 11년 7월, 08년 5월, 04년 5월

- 셀에 대한 주석을 설정하는 것으로, 문자열 데이터가 입력되어 있는 셀에만 표시할 수 있으며 문자열 데이터 위에 작은 글씨로 입력된다. 숫자 데이터 위에 윗주를 입력한 경우 표시되지 않는다.
- 윗주를 삽입할 셀을 선택하고 [홈] 탭-[글꼴] 그룹-[윗주 필드 표시/숨기기]의 목록 단추를 클릭하여 [윗주 편집]을 실행한다.
- 윗주는 삽입해도 바로 표시되지 않고 [홈] 탭-[글꼴] 그룹-[윗주 필드 표시/숨기기]를 선택해야만 표시된다.
- 실제로 윗주가 삽입되어 있지 않은 경우라도 화면에 윗주를 표시하면 자동으로 행의 높이가 늘어나며, 윗주 숨기기를 하면 행의 높이가 줄어든다.
- 셀의 데이터를 삭제하면 윗주도 함께 사라진다.
- 윗주에 입력된 내용은 내용 전체에 대해서만 서식을 변경할 수 있다.

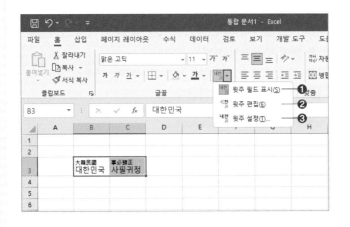

❶ 윗주 필드 표시	윗주를 화면에 표시하거나 숨기는 것으로, 행의 높이가 자동으로 조절됨
❷ 윗주 편집	현재 셀에 윗주를 입력하거나 편집함
❸ 윗주 설정	윗주의 서식을 설정함

윗주 편집의 바로 가기 키

Alt + Shift + ↑ : 커서를 윗주로 이동함

3) 하이퍼링크 입력(Ctrl + K) 24년 상시, 22년 상시, 21년 상시, 14년 3월, 13년 3월/6월, 12년 3월/6월, 07년 5월/7월, …

- 하이퍼링크(HyperLink)는 텍스트나 그래픽 개체에 차트나 통합 문서, 웹 페이지, 전자메일 주소, 기타 파일을 연결시키는 기능이다.
- 텍스트가 입력된 셀을 선택하거나 도형, 그림 등의 개체를 선택한 후 [삽입] 탭–[링크] 그룹–[링크]를 실행한다.

❶ 연결 대상	기존 파일/웹 페이지, 현재 문서, 새 문서 만들기, 전자메일 주소가 있음
❷ 표시할 텍스트	하이퍼링크를 설정하는 셀에 항상 표시되는 문자열
❸ 화면 설명	하이퍼링크 위에 마우스 포인터를 놓았을 때 표시되는 문자열
❹ 책갈피	참조용으로 이름을 지정한 파일에서 텍스트의 위치 또는 선택 영역을 책갈피로 나중에 참조하거나 연결할 수 있도록 셀에 표시함

- 하이퍼링크를 클릭하면 연결되어 있는 파일이 열린다.

▲ [A1] 셀의 '이렇게 기막힌 적중률 ; 이기적 영진닷컴 컴활'을 클릭한 결과

🅑 기적의 TIP

하이퍼링크의 개념과 기능은 가끔 출제되는 내용이므로 혼동되지 않도록 익혀두세요.

전자메일 주소 링크

셀에 전자메일 주소를 직접 입력하면 해당 주소로 이동하는 하이퍼링크가 자동으로 만들어짐

01 아래 [A1] 셀과 같이 한 셀에 두 줄 이상의 데이터를 입력하려고 할 때 사용하는 키는?

▶ 합격강의

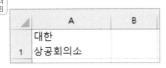

① Tab
② Ctrl + Enter
③ Shift + Enter
④ Alt + Enter

강제로 줄 바꿈 : 데이터 입력 후 Alt + Enter 를 누르면 동일한 셀에서 줄이 바뀌며 이 때 두 줄 이상의 데이터를 입력할 수 있음

오답 피하기
• Tab : 현재 셀의 오른쪽으로 셀 포인터를 이동함
• Ctrl + Enter : 범위를 지정하고 데이터 입력 후 Ctrl + Enter 나 Ctrl + Shift + Enter 를 누르면 선택 영역에 동일한 데이터가 한꺼번에 입력됨
• Shift + Enter : 현재 셀의 위쪽으로 셀 포인터를 이동함

02 다음 중 날짜 및 시간 데이터에 관한 설명으로 옳지 않은 것은?

① 날짜 데이터를 입력할 때 연도와 월만 입력하면 일자는 자동으로 해당 월의 1일로 입력된다.
② 셀에 '4/9'를 입력하고 Enter 를 누르면 셀에는 '04월 09일'로 표시된다.
③ 날짜 및 시간 데이터의 텍스트 맞춤은 기본 왼쪽 맞춤으로 표시된다.
④ Ctrl + ; 을 누르면 시스템의 오늘 날짜, Ctrl + Shift + ; 을 누르면 현재 시간이 입력된다.

날짜 및 시간 데이터의 텍스트 맞춤은 기본 오른쪽 맞춤으로 표시됨

03 다음 중 아래 워크시트에서 [A4] 셀의 메모가 지워지는 작업에 해당하는 것은?

▶ 합격강의

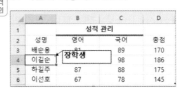

① [A3] 셀의 채우기 핸들을 아래쪽으로 드래그하였다.
② [A4] 셀의 바로 가기 메뉴에서 [메모 숨기기]를 선택하였다.
③ [A4] 셀을 선택하고, [홈] 탭−[편집] 그룹의 [지우기]에서 [모두 지우기]를 선택하였다.
④ [A4] 셀을 선택하고, 키보드의 Back Space 를 눌렀다.

• 셀에 입력된 데이터를 삭제해도 메모가 삭제되지 않으므로 메모를 삭제하려면 [검토] 탭−[메모] 그룹−[삭제]를 선택하거나 바로 가기 메뉴에서 [메모 삭제]를 선택
• [홈] 탭−[편집] 그룹−[지우기]−[메모 지우기]나 [모두 지우기]에서도 삭제 가능

04 다음 중 윗주에 대한 설명으로 옳지 않은 것은?

▶ 합격강의

① 윗주는 셀에 대한 주석을 설정하는 것으로 문자열 데이터가 입력되어 있는 셀에만 표시할 수 있다.
② 윗주는 삽입해도 바로 표시되지 않고 [홈] 탭−[글꼴] 그룹−[윗주 필드 표시/숨기기]를 선택해야만 표시된다.
③ 윗주에 입력된 텍스트 중 일부분의 서식을 별도로 변경할 수 있다.
④ 셀의 데이터를 삭제하면 윗주도 함께 삭제된다.

윗주에 입력된 텍스트 중 일부분의 서식을 별도로 변경할 수 없음

정답 01 ④ 02 ③ 03 ③ 04 ③

출제빈도 상 중 (하)
반복학습 [1] [2] [3]

▶ 합격 강의

빈출 태그 카메라 • SmartArt

01 일러스트레이션 활용

1) 그래픽 작업

① 그리기 개체 만들기

- [삽입] 탭–[일러스트레이션] 그룹–[도형]을 선택하면 선, 사각형, 기본 도형, 블록 화살표, 수식 도형, 순서도, 별 및 현수막, 설명선 등의 그리기 도구 모음이 나타난다.
- 그리기 도구를 선택한 후 마우스를 드래그하여 원하는 크기로 그린다.

▶ **도형 그리기** | 08년 10월

Shift	• 정사각형, 정원, 수평, 수직 • 45° 단위 간격선, 15° 단위 도형 회전 • 수평, 수직으로 도형 이동 가능	Ctrl	• 개체의 중심에서부터 도형 그리기 • 개체의 중심을 그대로 유지한 채 크기 조정 • 도형을 Ctrl+드래그하여 복사하기
		Alt	셀 눈금선에 맞게 그리기

🅑 기적의 TIP

도형을 그릴 때 사용하는 Shift, Ctrl, Alt 의 각 기능과 차이점을 실습을 통해 정확히 공부하세요.

② 그리기 개체 편집하기

개체 선택	• 단일 개체 : 마우스로 개체를 클릭하여 선택함 • 다중 개체 : 여러 개의 개체를 선택하려면 Shift 나 Ctrl 을 누른 채 선택하려는 개체를 차례로 클릭함 • 선택 취소 : Shift 나 Ctrl 을 누른 채 선택되어 있는 개체를 다시 클릭함
개체 이동	• 개체를 선택하고 마우스로 드래그함 • Shift 를 누른 채 드래그하면 수평 또는 수직 방향으로만 이동할 수 있음
개체 복사	• Ctrl 을 누른 채 선택한 개체를 드래그함 • Ctrl + Shift 를 누른 채 드래그하면 수평 또는 수직 방향으로만 복사할 수 있음

모든 개체의 선택을 취소할 때는 Esc 를 누르거나 개체 밖의 아무 곳이나 클릭함

02 워드아트 만들기 16년 10월

텍스트에 특별한 효과를 부여한 워드아트(WordArt) 개체를 삽입한다.

🔵 따라하기 TIP

① [삽입] 탭–[텍스트] 그룹–[WordArt]를 실행하면 워드아트 스타일이 나타난다.

② [필요한 내용을 적으십시오.]라는 워드아트에 원하는 내용을 입력한다.
③ 스타일을 변경하기 위해 워드아트를 선택한 후 [셰이프 형식] 탭–[WordArt 스타일] 그룹에서 [텍스트 효과]를 선택하면 나타나는 모양 중에서 선택한다.

엑셀 2021의 세부 버전에 따라 [셰이프 형식] 탭이 [도형 서식] 탭으로 나타남

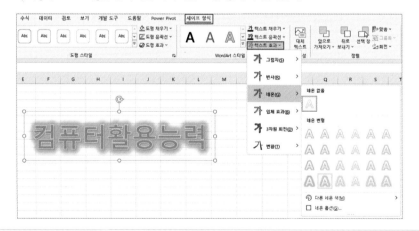

03 그래픽 개체 삽입하기 05년 10월

1) 그림 파일 삽입

[삽입] 탭-[일러스트레이션] 그룹-[그림]-[이 디바이스]를 실행하고 [그림 삽입] 대화 상자에서 삽입할 그림 파일을 선택한 후 [삽입]을 클릭한다.

2) 스톡 이미지 삽입

[삽입] 탭-[일러스트레이션] 그룹-[그림]-[스톡 이미지]를 실행하고 [스톡 이미지] 대화 상자에서 삽입할 그림을 선택한 후 [삽입]을 클릭한다.

3) 온라인 그림 삽입 16년 10월

[삽입] 탭-[일러스트레이션] 그룹-[그림]-[온라인 그림]을 실행하고 [온라인 그림] 대화 상자에서 삽입할 그림을 검색하여 선택한 후 [삽입]을 클릭한다.

4) 배경 무늬와 개체 14년 3월

배경 무늬	• [페이지 레이아웃] 탭-[페이지 설정] 그룹-[배경]을 실행하면 [그림 삽입] 대화 상자가 나타나며 배경으로 삽입할 그림 파일을 검색한 다음 선택하고 [삽입]을 클릭함 • 시트 배경으로 삽입된 그림은 인쇄 미리 보기나 인쇄 시 나타나지 않음
개체	[삽입] 탭-[텍스트] 그룹-[개체]를 실행하면 [개체] 대화 상자가 나타나며, '개체 유형'에서 개체를 선택하여 삽입할 수 있음

▲ [개체] 대화 상자

5) 카메라 기능 09년 4월, 07년 2월, 06년 5월

• 현재 선택한 내용을 사진으로 찍은 다음 새 위치에 연결된 그림으로 붙여넣는다.
• 그림은 복사된 셀을 참조하는 식(예 =Sheet1!$D$11:$I$20)으로 연결된다.

그리기 개체에 셀 내용 표시
• 도형이나 텍스트 상자에 워크시트의 셀 내용을 그대로 표시할 수 있음
• 도형이나 텍스트 상자를 선택한 다음 수식 입력줄에 등호(=)를 입력하고, 표시할 내용이 있는 셀을 클릭한 후 Enter 를 누름

따라하기 TIP

[빠른 실행 도구 모음]에 [카메라] 도구 추가하기

① [카메라]는 리본 메뉴에 기본으로 주어지지 않으므로 [빠른 실행 도구 모음 사용자 지정] 단추()-[기타 명령]을 실행한다.

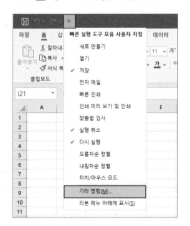

기적의 TIP

카메라 기능을 이용해 그림으로 복사하는 작업 순서를 정확히 알아 두세요.

② [Excel 옵션]─[빠른 실행 도구 모음]─[명령 선택]에서 [리본 메뉴에 없는 명령]을 선택한 후 [카메라] 도구를 찾아 선택하고 [추가]를 클릭한 다음 [확인]을 클릭한다.

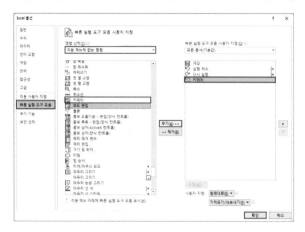

③ [빠른 실행 도구 모음]에 [카메라]가 추가된다.

연결하여 그림 붙여넣기
[홈] 탭─[클립보드] 그룹─[붙여넣기]─[기타 붙여넣기 옵션]의 [연결된 그림]을 실행하면 표를 복사한 후 복사한 표의 크기에 변화없이 그림 형태로 연결하여 붙여넣기할 수 있음

따라하기 TIP

따라하기 파일 • Part02_Chapter02_카메라단추.xlsx

카메라 단추를 활용하기 위한 작업 순서

① 촬영할 범위를 지정한다.

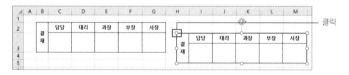

② 카메라 도구 단추(📷)를 클릭한다.
③ 촬영한 것을 나타낼 시작 위치의 셀을 선택한다. 지정한 범위가 그림으로 복사된다.

---

6) SmartArt 23년 상시, 22년 상시

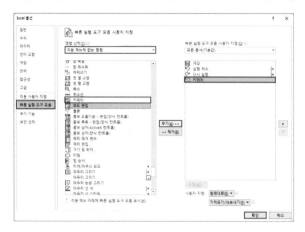

- 정보를 시각적인 방법으로 나타내기 위한 그래픽을 삽입할 수 있다.
- [삽입] 탭-[일러스트레이션] 그룹-[SmartArt]를 클릭하여 실행한다.
- 목록형, 프로세스형, 주기형, 계층 구조형, 관계형, 행렬형, 피라미드형, 그림 등이 있다.

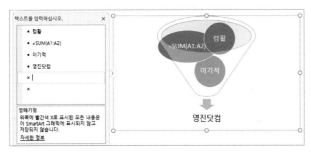

- 텍스트 창에서 수식을 입력할 경우 SmartArt에 입력된 수식이 그대로 표시된다.
- 텍스트 창에서 콘텐츠를 추가하고 편집하면 셰이프가 자동으로 업데이트되고 필요한 경우 셰이프가 추가되거나 제거되며, 텍스트 창이 보이지 않을 경우 SmartArt 그래픽의 왼쪽에 있는 화살표([<]) 컨트롤을 클릭하면 된다.

- 입력할 텍스트의 개수가 셰이프의 최대 수를 초과하는 경우 텍스트 창의 빨간색 x로 표시된 모든 내용은 SmartArt 그래픽에 표시되지 않고 저장되지 않음
- SmartArt 그래픽에 변경한 서식을 모두 취소하거나 이동, 크기 조정 또는 삭제할 수 있는 도형으로 변환할 수 있음

7) 스크린 샷

- [삽입] 탭-[일러스트레이션] 그룹-[스크린 샷]을 클릭하여 실행한다.
- 현재 열려 있는 창의 전체나 일부를 캡처하는 데 사용할 수 있다.
- 작업 표시줄에 최소화되지 않은 창만 캡처한다.
- 엑셀 프로그램은 [스크린 샷]으로 캡처할 수 없으므로 Windows의 [캡처 및 스케치]를 사용한다.
- 정적 이미지이므로 웹 페이지 등을 캡처한 경우 소스가 변경되더라도 업데이트되지 않는다.
- 열린 프로그램 창은 사용할 수 있는 창 갤러리에 축소판 그림으로 보여주며 포인터를 위치시키면 도구 설명(이름, 문서제목 등)이 표시된다.

전체 프로그램 창을 삽입할 때는 [스크린 샷] 단추를 사용하고 창의 일부를 선택할 때는 [화면 캡처] 도구를 사용함

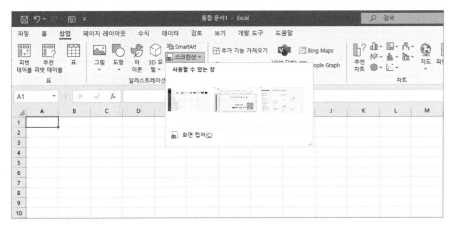

01 다음 SmartArt의 텍스트 창에 대한 설명으로 옳지 않은 것은?

합격 강의

① 텍스트 창에 수식을 입력하는 경우 SmartArt에 결과 값이 계산되어 표시된다.
② 글머리 기호를 추가하여 사용할 수 있다.
③ 텍스트 창의 텍스트를 수정하면 SmartArt도 자동으로 수정된다.
④ 도형의 수가 고정된 SmartArt의 텍스트 창에서 고정된 도형보다 많은 수의 텍스트를 입력하면 SmartArt에 표시되지 못한 텍스트의 글머리 기호는 빨간색 ×로 표시된다.

텍스트 창에 수식을 입력하는 경우 SmartArt에 결과 값이 계산되어 표시되지 않고 수식 그대로 표시됨

02 다음 중 [카메라] 기능에 대한 설명으로 틀린 것은??

① 행 높이나 열 너비가 서로 다른 여러 개의 표를 상하 혹은 좌우로 배치해야 할 때 사용하면 편리하다.
② [카메라] 명령으로 복사하여 나타낸 표는 원본 셀 범위에 입력한 값이 변경되어도 변경되지 않는다.
③ [카메라] 기능을 이용하여 붙여넣기 할 위치의 행 높이나 열 너비와 상관없이 원래의 표를 그대로 붙여넣기 할 수 있다.
④ 복사하려는 셀 범위를 선택하고 [카메라] 도구를 클릭한 후 새로운 위치에서 마우스를 클릭하면 그림으로 복사된다.

[카메라]는 원본 셀 범위와 연결되어 있으므로 원본 셀 범위에 입력한 값이 변경되면 복사된 표도 변경됨

03 다음 중 카메라 기능에 대한 설명으로 옳지 않은 것은?

합격 강의

① 카메라는 특정 셀 범위를 그림으로 복사하여 붙여넣는 기능이다.
② 카메라를 이용한 경우, 원본 셀 내용이 변경되어도 그림은 변하지 않는다.
③ 카메라 기능은 기본적으로 리본 메뉴 또는 빠른 실행 도구 모음에 표시되지 않는다.
④ 복사하려는 셀 범위를 선택하고, [카메라] 도구 단추를 누르면 자동으로 붙여넣기 된다.

카메라를 이용한 경우, 원본 셀 내용이 변경되면 복사본인 그림도 변경된 셀 내용대로 변함

04 다음 아래의 그림에 대한 설명으로 옳지 않은 것은?

① [삽입] 탭-[일러스트레이션] 그룹의 [Smart-Art]를 실행하여 [SmartArt 그래픽 선택] 대화 상자에서 목록형의 세로 상자 목록형을 실행한 결과이다.
② 세로 상자 목록형은 여러 정보 그룹, 특히 수준 2 텍스트가 많이 있는 그룹을 표시하고 정보의 글머리 기호 목록을 사용하는 경우 적합하다.
③ 텍스트 창에서 수식을 입력하면 계산된 수식의 결과 값이 SmartArt에 표시되며 입력 데이터가 변경되면 자동으로 그 결과 값이 변경된다.
④ 텍스트 창에서 텍스트를 입력한 후 텍스트를 수정하면 SmartArt에서도 자동으로 변경된다.

텍스트 창에서 수식을 입력하면 SmartArt에 입력된 수식이 그대로 표시됨

정답 01 ① 02 ② 03 ② 04 ③

[Excel 옵션] 대화 상자

▶ 합격 강의

빈출 태그 Excel 옵션 • 일반 탭 • 고급 탭

01 [Excel 옵션] 대화 상자 메뉴 21년 상시, 20년 7월, 11년 10월, 10년 10월

- [파일] 탭-[옵션]을 클릭한다.
- 일반, 수식, 데이터, 언어 교정, 저장, 언어, 접근성, 고급, 리본 사용자 지정, 빠른
  실행 도구 모음, 추가 기능, 보안 센터 등에 대한 옵션 설정이 가능하다.

메뉴	기능
[일반]	• Excel 작업에 대한 일반 옵션 • 선택 영역에 미니 도구 모음 표시, 선택 영역에 대한 빠른 분석 옵션 표시, 실시간 미리 보기 사용 • 화면 설명 스타일, 다음을 기본 글꼴로 사용, 글꼴 크기 • 새 시트의 기본 보기, 포함할 시트 수(1~255), 사용자 이름 • Office 배경(구름, 기하 도형, 나이테 등) • Office 테마(색상형, 어두운 회색, 검정, 흰색, 시스템 설정 사용)
[수식]	• 수식 계산, 성능 및 오류 처리 관련 옵션을 변경 • 통합 문서 계산(자동, 데이터 표만 수동, 수동), R1C1 참조 스타일 • 수식 자동 완성 사용, 수식에 표 이름 사용, 오류 검사, 오류 검사 규칙★
[데이터]	• 데이터 가져오기 및 데이터 분석 관련 옵션을 변경함 • [데이터 옵션]에서 피벗 테이블의 기본 레이아웃을 변경함 • [레거시 데이터 가져오기 마법사 표시]를 설정함
[언어 교정]	• 텍스트를 수정하거나 서식을 지정하는 방법을 선택 • 자동 고침 옵션(⑩ 한/영 자동 고침, (tel) → ☎), 문장의 첫 글자나 요일을 대문자로)
[저장]	• 통합 문서 저장 방법을 사용자가 지정 • 파일 저장 형식 지정, 자동 복구 정보 저장 간격 • 자동 복구 파일 위치, 기본 로컬 파일 위치 설정, 자동 복구 예외 항목 설정
[언어]	• Office 언어 기본 설정을 구성 • Office 표시 언어 설정 • Office 작성 언어 및 교정
[접근성]	• Excel의 접근성을 높임 • [피드백 옵션]에서 작업 완료 후 소리로 알림 설정함 • [응용 프로그램 표시 옵션]에서 화면 설명 스타일, 함수 화면 설명 표시, 이 응용 프로그램을 시작할 때 시작 화면 표시 등을 설정함 • [문서 표시 옵션]에서 글꼴 크기를 설정함
[고급]	• Excel에서 사용하는 고급 옵션 • 편집 옵션, 잘라내기/복사/붙여넣기, 이미지 크기 및 품질 인쇄, 차트, 표시 • 이 통합 문서의 표시 옵션, 이 워크시트의 표시 옵션 • 수식, 이 통합 문서의 계산 대상, 일반(사용자 지정 목록 편집), 데이터 • Lotus 호환성, Lotus 호환성 설정 대상

★ 오류 검사 규칙
- 오류를 반환하는 수식이 있는 셀
- 한 표에서 다른 계산된 열 수식이 사용된 셀 표시
- 2자리로 표시된 연도가 있는 셀
- 앞에 아포스트로피가 있거나 텍스트로 서식이 지정된 숫자
- 한 영역에서 다른 수식이 사용된 셀 표시
- 새로 고칠 수 없는 데이터 형식이 있는 셀
- 수식에 사용된 영역에 누락된 셀 있음 표시
- 수식을 포함한 셀 잠그지 않음
- 빈 셀을 참조하는 수식 사용
- 표 데이터 유효성 오류
- 잘못된 숫자 형식

[리본 사용자 지정]	• 리본 메뉴를 사용자가 지정함 • 리본 메뉴 사용자 지정 목록을 사용하여 탭, 그룹, 명령을 추가 및 제거하고 이름과 순서를 바꿀 수 있음 • 리본 메뉴에 사용자가 [새 탭], [새 그룹], [이름 바꾸기], [원래대로], [가져오기/내보내기]를 사용하여 설정함 • [그리기]를 선택하면 리본 메뉴에 [그리기] 탭이 표시됨 • [개발 도구]를 선택하면 리본 메뉴에 [개발 도구] 탭이 표시됨 • [Power Pivot]을 선택하면 리본 메뉴에 [Power Pivot] 탭이 표시됨
[빠른 실행 도구 모음]	• 빠른 실행 도구 모음을 사용자가 지정함 • 빠른 실행 도구 모음에 명령을 추가하면 한 번만 클릭하여 명령을 실행 • 목록을 사용하여 명령을 추가 및 제거하고 순서를 바꿀 수 있음 • [원래대로], [가져오기/내보내기]를 사용하여 설정함
[추가 기능]	Microsoft Office 추가 기능(분석 도구, 해 찾기 추가 기능 등)을 보고 관리함

[보안 센터]	• 문서 및 컴퓨터를 안전하고 보안이 유지된 상태로 관리함
	• [보안 센터 설정]의 [매크로 설정]의 매크로 설정 선택 항목
	   − 알림이 없는 매크로 사용 안 함
	   − 알림이 포함된 VBA 매크로 사용 안 함
	   − 디지털 서명된 매크로를 제외하고 VBA 매크로 사용 안 함
	   − VBA 매크로 사용(권장 안 함, 위험한 코드가 시행될 수 있음)

02 [일반] 탭

★ 선택 영역에 대한 빠른 분석
옵션 표시

• **[서식]** : 조건부 서식 규칙을 사용해 원하는 데이터를 강조(데이터, 색조, 아이콘, 보다 큼, 상위 10%, 서식)
• **[차트]** : 추천 차트를 통해 데이터를 한 눈에 알아볼 수 있음
• **[합계]** : 수식을 통해 자동으로 합계를 계산
• **[테이블]** : 데이터를 정렬, 필터링 및 요약(표, 새 피벗 테이블)
• **[스파크라인]** : 셀 하나에 표시되는 작은 차트 작성(선, 열, 승패)

선택 영역에 미니 도구 모음 표시	텍스트를 선택할 때 미니 도구 모음을 표시
선택 영역에 대한 빠른 분석 옵션 표시★	• 빠른 분석 도구의 표시 여부를 설정함(바로 가기 키 : [Ctrl]+[Q]) • 빠른 분석 도구를 통해 차트, 색 구분, 수식 등 Excel에서 가장 유용한 도구를 사용하여 빠르고 쉽게 분석할 수 있음 • 서식, 차트, 합계, 테이블, 스파크라인 등의 기능을 지원
실시간 미리 보기 사용	워크시트에서 선택한 옵션(글꼴, 크기 등)의 효과를 실시간으로 미리 보게 해줌
다음을 기본 글꼴로 사용	• 새 워크시트 및 통합 문서의 기본 글꼴로 사용할 글꼴을 선택함 • 엑셀을 다시 시작하고 워크시트나 통합 문서를 새로 만들 때 이 글꼴이 적용됨

글꼴 크기	기본 글꼴의 크기를 설정함
새 시트의 기본 보기	• 기본적으로 표시할 보기를 선택함 • 기본 보기, 페이지 나누기 미리 보기, 페이지 레이아웃 보기 등
포함할 시트 수	통합 문서를 새로 만들 때 사용할 워크시트 수(1~255)를 설정함
사용자 이름	엑셀에서 사용할 사용자 이름을 설정함
Office 배경	Office 배경을 선택(구름, 기하 도형, 나이테, 도시락 등)
Office 테마	Office 테마를 선택(색상형, 어두운 회색, 검정, 흰색, 시스템 설정 사용)

03 [고급] 탭 21년 상시, 19년 3월

편집 옵션	• Enter 를 누른 후 다음 셀로 이동(아래쪽, 오른쪽, 위쪽, 왼쪽), 소수점 자동 삽입(소수점 위치), 채우기 핸들 및 셀 끌어서 놓기 사용, 셀에서 직접 편집 허용 • 셀 내용을 자동 완성(단, 날짜는 자동으로 입력되지 않음), 빠른 자동 채우기 • IntelliMouse로 화면 확대/축소, 시스템 구분 기호 사용 등을 설정 • 소수점 위치 : 소수점 위치를 지정하기 위해 소수 자릿수를 입력	
	소수점 위치	양수를 입력하면 소수점이 왼쪽으로 이동 예 소수점 위치가 3인 경우 3000을 입력하면 결과는 3
		음수를 입력하면 소수점이 오른쪽으로 이동 예 소수점 위치가 -3인 경우 3을 입력하면 결과는 3000
차트	마우스가 위치하면 차트 요소 이름 표시 및 데이터 요소 값 표시 설정	
표시	• 표시할 최근 문서 수(0~50), 눈금자 단위(기본 단위, 인치, 센티미터, 밀리미터), 수식 입력줄 표시, 함수 화면 설명 표시 • 메모가 있는 셀 표시('메모와 표식 모두 표시 안 함', '표식만, 마우스가 위치하면 메모 표시', '메모와 표식'), 기본 방향(오른쪽에서 왼쪽, 왼쪽에서 오른쪽) 등을 설정	
이 통합 문서의 표시 옵션	가로 스크롤 막대 표시, 세로 스크롤 막대 표시, 시트 탭 표시, 자동 필터 메뉴에서 날짜 그룹화, 개체 표시 등을 설정	
이 워크시트의 표시 옵션	• 행 및 열 머리글 표시, 계산 결과 대신 수식을 셀에 표시, 시트 방향 바꾸기 • 페이지 나누기 표시, 0값이 있는 셀에 0 표시, 윤곽을 설정한 경우 윤곽 기호 표시, 눈금선 표시(눈금선 색 지정) 등을 설정	
일반	정렬 및 채우기 순서에서 사용할 목록 만들기 : [사용자 지정 목록 편집]	

• 소수점의 위치가 3인 경우 5를 입력하면 결과는 0.005가 됨
• 소수점의 위치가 -3인 경우 5를 입력하면 결과는 5000이 됨

01 다음 중 [Excel 옵션]의 [일반]에서 설정할 수 있는 작업으로 옳지 <u>않은</u> 것은?

① 글꼴 크기
② 실시간 미리 보기 사용
③ 포함할 시트 수
④ 셀에서 직접 편집 허용

셀에서 직접 편집 허용은 [고급]의 [편집 옵션]에서 설정할 수 있음

02 다음 중 [Excel 옵션]-[보안 센터]-[보안 센터 설정]에서 지원되는 매크로 설정으로 옳지 <u>않은</u> 것은?

① 알림이 없는 매크로 사용 안 함
② 알림이 포함된 VBA 매크로 사용 안 함
③ 디지털 서명된 매크로를 제외하고 VBA 매크로 사용 안 함
④ VBA 매크로 사용 안 함(권장, 위험한 코드로부터 안전함)

VBA 매크로 사용 안 함(권장, 위험한 코드로부터 안전함)은 지원되지 않음

오답 피하기

VBA 매크로 사용(권장 안 함, 위험한 코드가 시행될 수 있음)이 지원됨

03 다음 중 아래 그림과 같이 소수점 자동 삽입의 소수점 위치를 '3'으로 설정한 상태에서 숫자 5를 입력하였을 때 화면에 표시되는 결과로 옳은 것은?

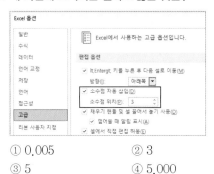

① 0.005 ② 3
③ 5 ④ 5,000

소수점의 위치가 3인 경우 5를 입력하면 결과는 0.005가 됨

오답 피하기

소수점의 위치가 –3인 경우 5를 입력하면 결과는 5000이 됨

04 Excel 2021에서 일반적으로 새 통합 문서를 열면 1개의 워크시트가 나타난다. 이것을 10개로 조정하려고 할 때 옳은 것은?

① [Excel 옵션]에서 [일반]-[새 통합 문서 만들기]의 '포함할 시트 수'를 10으로 고친다.
② [보기] 탭-[창] 그룹에서 '새 창'을 9번 클릭한다.
③ [삽입] 탭-[표] 그룹에서 '표'를 9개 만든다.
④ 시트 탭을 오른쪽 마우스로 눌러 코드 보기를 하여 ThisWorkbook을 10번 복사한다.

포함할 시트 수를 10으로 설정한 다음 [확인]을 클릭하고 새 통합 문서를 만들면 시트가 10개가 생성됨

정답 01 ④ 02 ④ 03 ① 04 ①

데이터 편집

▶ 합격 강의

출제빈도 상 ⑬ 하
반복학습 ① ② ③

빈출 태그 데이터 수정 • 삭제 • 이동 • 복사 • 선택하여 붙여넣기 • 찾기 • 바꾸기

01 데이터 수정 및 지우기

1) 데이터 일부 수정하기 21년 상시, 11년 7월

방법 1	F2를 눌러 셀을 편집 상태로 만든 다음 수정함
방법 2	해당 셀을 더블클릭하여 편집 상태로 만든 다음 수정함
방법 3	해당 셀을 클릭하고 수식 입력줄에서 수정함

셀에서 직접 편집 허용
[파일] 탭–[옵션]–[Excel 옵션]에서 [고급]의 '셀에서 직접 편집 허용' 항목이 체크되어 있지 않으면 F2를 누르거나 셀을 더블클릭해도 데이터를 편집할 수 없음

2) 데이터 내용 지우기 20년 2월, 18년 9월, 14년 6월, 13년 10월, 07년 5월

방법 1	[홈] 탭–[편집] 그룹–[지우기]–[내용 지우기]를 실행함
방법 2	마우스 오른쪽 단추를 클릭하고 [내용 지우기]를 선택함
방법 3	Delete를 누름

일정 영역 선택 후 Back Space를 누르는 경우 첫 셀만 삭제됨

3) 모두/서식/메모 지우기 22년 상시, 20년 7월

모두 지우기	[홈] 탭–[편집] 그룹–[지우기]–[모두 지우기]를 실행하여 데이터 내용과 서식, 메모 등 모든 것을 지움
서식 지우기	[홈] 탭–[편집] 그룹–[지우기]–[서식 지우기]를 실행하여 데이터 내용은 그대로 두고 서식 도구 모음이나 셀 서식에서 지정한 서식만 지움
메모 지우기	[홈] 탭–[편집] 그룹–[지우기]–[메모 지우기]를 실행하여 데이터 내용과 서식은 그대로 두고 삽입되어 있는 메모만 지움

4) Back Space와 Space Bar를 이용하여 셀 편집하기

Back Space	현재 셀의 데이터를 모두 지우고 편집 상태로 만듦
Space Bar	현재 셀의 데이터를 모두 지우고 편집 상태로 만드는 것으로, Back Space와 달리 맨 앞에 공백이 입력됨

1) 데이터 이동과 복사

① 이동

선택 영역을 잘라내어 클립보드(임시 기억 장소로 최대 24개 항목 저장)에 기억시킨 후 클립보드의 내용을 현재 위치에 붙여넣는다. 데이터 이동 후 원본 데이터는 사라진다.

② 복사

- 선택 영역을 복사하여 클립보드에 기억시킨 후 클립보드의 내용을 현재 위치에 붙여넣는다. 데이터 복사 후에도 원본 데이터는 그대로 남는다.
- 영역을 선택하여 복사 명령을 실행하면 점선이 표시되며, 점선이 표시된 상태에서는 몇 번이라도 붙여넣기를 실행할 수 있다. 점선 표시를 해제하려면 Esc 를 누른다.

▶ 명령 실행 순서

명령	1단계	2단계	3단계	4단계
데이터 이동	이동 영역 선택	잘라내기	작업 대상 셀로 이동	붙여넣기
데이터 복사	복사 영역 선택	복사	작업 대상 셀로 이동	붙여넣기

▶ 명령 실행 방법

명령	메뉴 이용	바로 가기 메뉴	아이콘	바로 가기 키
잘라내기	[홈] 탭-[클립보드] 그룹-[잘라내기]	[잘라내기]	✂	Ctrl + X
복사	[홈] 탭-[클립보드] 그룹-[복사]	[복사]	📋	Ctrl + C
붙여넣기	[홈] 탭-[클립보드] 그룹-[붙여넣기]	[붙여넣기]	📋	Ctrl + V

2) 마우스를 이용한 이동과 복사 16년 3월

[파일] 탭-[옵션]-[Excel 옵션]의 [고급]에서 '채우기 핸들 및 셀 끌어서 놓기 사용' 항목이 체크되어 있을 때만 가능하다.

① 이동 : 마우스 끌기(드래그하는 동안은 선택된 셀 범위의 테두리만 표시됨)

기적의 TIP

데이터의 이동과 복사하는 방법은 실습을 통해 익혀 두고, 데이터 이동과 복사와 관련된 바로 가기 키는 암기해 두세요.

- 복사나 이동 시 수식과 결과 값, 셀 서식, 메모 등은 함께 복사되거나 이동됨
- 이동 시 선택 영역의 테두리를 클릭한 채 다른 위치로 드래그함
- 선택한 영역에 숨겨진 행이나 열이 있는 경우 숨겨진 영역도 함께 복사되거나 이동됨
- Ctrl + R : 왼쪽 셀의 내용과 서식을 복사
- Ctrl + D : 윗쪽 셀의 내용과 서식을 복사

② 복사 : Ctrl + 마우스 끌기

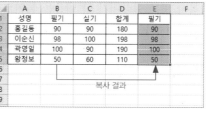

3) 선택하여 붙여넣기 21년 상시, 18년 9월, 16년 6월, 15년 10월

- 복사한 데이터를 붙여넣을 때 서식, 값, 수식 등 일부 내용만 선택하여 붙여넣는다.
- 잘라내기 명령을 실행한 다음에는 [선택하여 붙여넣기] 명령을 사용할 수 없다.
- 선택 영역을 복사한 다음 [홈] 탭-[클립보드] 그룹-[붙여넣기]의 [선택하여 붙여넣기]를 실행하거나 바로 가기 메뉴에서 [선택하여 붙여넣기]를 선택하여 '붙여넣기' 옵션과 '연산' 등을 지정한 다음 [확인]을 클릭한다.
- 선택하여 붙여넣기의 바로 가기 키는 Ctrl + Alt + V 이다.

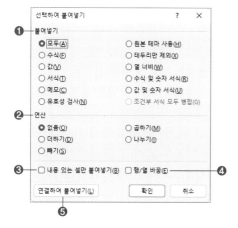

🅕 기적의 TIP

선택하여 붙여넣기는 각 항목에 대한 내용이 자주 출제됩니다. 붙여넣기 항목과 연산 항목의 기능은 반드시 숙지하세요.

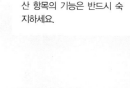

Ctrl + X 를 이용하여 잘라내기 한 경우 [선택하여 붙여넣기]가 반전되어 기능을 사용하지 못하므로 [값 붙여넣기]를 실행할 수 없음

서식 복사

- [선택하여 붙여넣기]의 '서식' 옵션 대신 [서식 복사](🖌) 아이콘을 사용하여 서식을 복사할 수 있음
- 복사할 서식이 있는 영역을 범위로 지정하고 [서식 복사](🖌) 아이콘을 클릭한 다음 복사한 서식을 적용할 부분에 마우스 왼쪽 단추를 클릭한 채 끌어주면 서식만 복사됨
- 복사한 서식을 적용할 부분이 서로 떨어져 있는 여러 영역일 경우에는 [서식 복사](🖌) 아이콘을 더블클릭하고 복사할 서식을 적용할 부분을 여러 번 드래그하여 서식을 복사할 수 있으며, 마지막에 [서식 복사](🖌) 아이콘을 다시 클릭하거나 Esc 를 누르면 서식 복사가 종료됨

❶ 붙여넣기	• 모두 : 입력 데이터, 서식, 메모 등 모든 내용을 동일하게 붙여넣음 • 수식 : 입력 데이터와 수식만 붙여넣음 • 값 : 입력 데이터와 수식의 결과 값만 복사하여 붙여넣음 • 서식 : 서식만 복사하여 붙여넣음 • 메모 : 셀에 입력한 메모만 붙여넣음 • 유효성 검사 : [데이터 유효성 검사]에서 지정한 유효성 검사만 붙여넣음 • 원본 테마 사용 : 원본에 테마가 있는 경우 해당 테마를 사용함 • 테두리만 제외 : 셀에 지정한 테두리만 제외하고 붙여넣음 • 열 너비 : 데이터와 서식 등을 모두 제외하고 열 너비만 붙여넣음 • 수식 및 숫자 서식 : 수식 및 숫자 서식만 붙여넣음 • 값 및 숫자 서식 : 값 및 숫자 서식만 붙여넣음
❷ 연산	복사 내용과 붙여넣을 위치에 있는 내용을 지정한 연산자를 사용하여 계산함
❸ 내용 있는 셀만 붙여넣기	내용이 있는 셀만 붙여넣음
❹ 행/열 바꿈	행과 열을 바꾸어 붙여넣음
❺ 연결하여 붙여넣기	복사한 내용이 들어 있는 셀의 위치를 가리키는 수식으로 붙여넣음

행 높이 복사
- [선택하여 붙여넣기] 명령으로는 행 높이만 복사할 수 없음
- 행 머리글을 사용하여 행 전체를 선택한 다음, [복사] 명령을 실행하고 [붙여넣기] 명령을 실행하면 행 전체가 복사되므로 행 높이까지 원본 행과 동일하게 적용됨

4) 삽입하여 붙여넣기

- 복사 또는 잘라내기 한 내용을 붙여넣을 때 원래 있던 데이터 위에 덮어쓰는 것이 아니라 오른쪽이나 아래쪽으로 원래 데이터를 밀고 삽입하여 붙여 넣는다.
- 데이터를 복사하거나 잘라내기 한 다음 바로 가기 메뉴에서 [복사한 셀/잘라낸 셀 삽입]을 실행하고 [삽입하여 붙여넣기] 대화 상자에서 원래 이동 방향을 지정한다.

▶ 삽입하여 붙여넣기 명령

명령	바로 가기 메뉴	마우스 이용
잘라낸 후 삽입하여 붙여넣기	[잘라낸 셀 삽입]	Shift+드래그
복사한 후 삽입하여 붙여넣기	[복사한 셀 삽입]	Ctrl+Shift+드래그

5) 실행 취소와 다시 실행 15년 10월

- 최근 실행한 명령을 취소하거나 실행 취소한 명령을 다시 실행한다.
- 실행 취소는 최대 100개까지 가능하며, 시트나 파일 단위의 작업은 실행 취소할 수 없다.
- [실행 취소](↩) : 최근 실행한 명령을 역순으로 취소한다(바로 가기 키 : Ctrl+Z 또는 Alt+Back Space).
- [다시 실행](↪) : 실행 취소한 명령을 다시 실행한다(바로 가기 키 : Ctrl+Y 또는 F4).
- ↩ 또는 ↪ 도구를 그냥 클릭하면 하나씩 실행 취소하거나 다시 실행하며, ▾를 클릭한 다음 여러 개의 명령을 선택하여 한꺼번에 실행 취소하거나 다시 실행할 수 있다.
- 시트 삭제, 시트 이름 변경, 시트 복사, 시트 위치 이동, 창 숨기기, 창 정렬, 창 나누기, 틀 고정 등은 실행 취소를 할 수 없다.

기적의 TIP

실행 취소의 바로 가기 키가 Ctrl+Z라는 것과 워크시트를 저장한 후에도 최대 100개의 작업을 취소할 수 있으나 시트나 파일 단위의 작업은 취소할 수 없다는 점에 유의하세요.

03 찾기/바꾸기, 이동 23년 상시, 18년 3월/9월, 16년 10월, 14년 6월/10월, 11년 7월, 13년 3월, 09년 7월, …

1) 찾기(Ctrl+F, Shift+F5)

- 워크시트에서 특정 문자열을 찾아 셀 포인터를 해당 셀로 이동시킨다.
- [홈] 탭-[편집] 그룹-[찾기 및 선택]-[찾기]를 실행한 다음 찾을 내용과 옵션을 지정하고 [다음 찾기]를 클릭하면 입력한 내용을 찾아 셀 포인터를 이동시킨다.

기적의 TIP

찾기와 바꾸기는 수행 방법을 중심으로 공부해 두고, 와일드카드 문자 사용에 대한 내용은 실습을 통한 이해가 필요합니다.

- 현재 활성 셀부터 찾기가 시작되며, 특정 영역을 범위로 지정하지 않았을 경우 워크시트 전체에서 [찾기]를 수행한다.
- 찾기 방향은 오른쪽이나 아래쪽으로 진행되지만 Shift 를 누른 상태에서 [다음 찾기]를 클릭하면 왼쪽이나 위쪽 방향(역순)으로 찾기가 진행된다.
- [모두 찾기]를 클릭하면 찾고자 하는 문자열이 있는 통합 문서명과 시트명 이름, 셀 주소, 값, 수식을 나타내 준다.
- 진행 중인 찾기를 취소하려면 Esc 를 누른다.

① [찾기] 명령의 옵션

[옵션]을 클릭하면 선택할 수 있는 옵션이 나타난다.

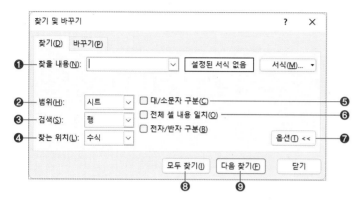

❶ 찾을 내용	찾을 내용을 입력함 • 와일드카드 문자(?, *)를 사용할 수 있음 • +, −, #, $ 등과 같은 특수 문자를 찾을 수 있음
❷ 범위	현재 워크시트에서만 검색하려면 [시트]를 선택하고, 현재 통합 문서의 모든 시트를 검색하려면 [통합 문서]를 선택해야 함
❸ 검색	• 검색 방향을 선택함 • 열을 선택하면 열에서 아래쪽으로, 행을 선택하면 행에서 오른쪽으로 검색함 • 열에서 위쪽으로 검색하거나 행에서 왼쪽으로 검색하려면 Shift 를 누른 채 [다음 찾기]를 클릭함 • 대부분의 경우 열을 선택하면 더 빠르게 검색할 수 있음
❹ 찾는 위치	수식, 값, 메모 등 셀의 값 또는 연결된 수식, 메모를 검색할지 여부를 지정함([바꾸기] 탭의 '찾는 위치'에는 수식 옵션만 있음)
❺ 대/소문자 구분	대문자와 소문자를 구분함
❻ 전체 셀 내용 일치	찾을 내용 상자에서 지정한 문자와 완전히 일치하는 경우를 검색함
❼ 옵션	고급 검색 옵션을 표시하며, 고급 옵션을 숨기려면 옵션(T) << 을 클릭하면 됨
❽ 모두 찾기	• 문서에서 검색 조건에 맞는 경우를 모두 찾음 • 각각의 경우를 개별적으로 찾아 검토하려면 [모두 찾기] 대신 [다음 찾기]를 클릭함
❾ 다음 찾기	• 찾을 내용 상자에서 지정한 문자가 포함된 다음 경우를 검색함 • 이전의 경우를 찾으려면 Shift 를 누른 채 [다음 찾기]를 클릭함

② 와일드카드 문자 사용 ^{19년 8월}

- 찾을 내용에 와일드카드 문자(?, *)를 사용하여 임의의 문자를 지정한다.
  - 물음표(?) : 물음표와 같은 위치에 있는 한 문자를 의미한다.
  - 별표(*) : 별표와 같은 위치에 있는 여러 문자를 의미한다.
  - 와일드카드 문자(?, *) 자체를 찾을 경우는 ~ 기호를 와일드카드 문자 앞에 사용하면 된다.

문자	찾을 내용	의미
?	?????	5글자 이하의 내용을 검색함
	정?	정으로 시작하는 두 문자를 검색함(예 정암, 정말)
*	*부	부로 끝나는 내용을 검색함(예 야구부, 축구부)
	미용*	미용으로 시작하는 내용을 검색함
	진*실	진으로 시작하고 실로 끝나는 내용을 검색함
~	119~?	119?를 검색함
	안녕~~	안녕~을 검색함

2) 바꾸기([Ctrl]+[H]) ^{10년 10월, 04년 8월}

- 워크시트에서 지정한 문자열을 찾은 후 다른 문자열로 바꾼다.
- [홈] 탭-[편집] 그룹-[찾기 및 선택]-[바꾸기]를 실행한 후 찾을 내용과 바꿀 내용을 입력한다.

- 찾을 내용에 '*수정*', 바꿀 내용에 '*변경*'으로 입력하고, [모두 바꾸기] 단추를 클릭하면 '수정'이라는 글자를 포함한 모든 데이터를 '*변경*'으로 바꿈
- *수정* : *는 모든 글자를 의미하므로 '수정' 앞뒤로 글자가 있는 데이터를 의미함
- '=A1*B1'과 같은 수식을 검색하려면 찾는 위치를 '수식'으로 선택한 후 찾을 내용에 '=A1~*B1'으로 입력함
- 찾을 내용과 바꿀 내용은 입력하지 않고, 찾을 서식과 바꿀 서식으로 설정할 수 있음
- 셀 포인터 위치를 기준으로 앞에 위치한 데이터를 찾으려면 [Shift]를 누른 상태에서 [다음 찾기] 단추를 클릭함

❶ 바꿀 내용	• 찾을 내용 상자의 문자 대신 사용할 문자를 입력함 • 문서에서 찾을 내용 상자의 문자를 삭제하려면 바꿀 내용 상자를 비워야 함
❷ 모두 바꾸기	선택 범위나 시트 전체에서 바꾸기를 한꺼번에 수행함
❸ 바꾸기	현재 찾은 내용을 바꿀 내용으로 바꾼 후 [다음 찾기]를 클릭하여 셀 포인터를 이동시킴
❹ 다음 찾기	직접 내용을 바꾸지 않고 찾을 내용만 찾아 셀 포인터를 이동시킴

3) 이동(Ctrl + G 또는 F5) 08년 8월, 04년 8월

- 이동할 참조 영역을 지정하여 **빠르게** 셀 포인터를 이동시키거나 해당 영역을 선택하기 위해 사용한다.
- [홈] 탭–[편집] 그룹–[찾기 및 선택]–[이동]을 실행한 후 '참조' 입력란에 이동할 셀 참조나 이름이 지정된 범위를 지정한다.

◀ [이동] 대화 상자

- 개체, 메모 또는 특수 문자나 항목이 있는 셀을 선택하기 위해 [옵션]을 클릭하면 [이동 옵션] 대화 상자가 나타나 개체, 메모, 또는 특수 문자나 항목이 있는 셀을 선택할 수 있는 옵션을 지정할 수 있다.

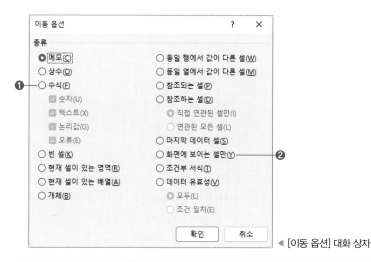

◀ [이동 옵션] 대화 상자

❶ 수식	워크시트에서 수식이 들어 있는 영역을 모두 선택함
❷ 화면에 보이는 셀만	• 셀에 입력된 데이터 중 숨겨진 행 또는 열이 있는 범위에서 화면에 보이는 셀만 이동하고자 할 때 선택함 • 부분합의 요약된 결과만 다른 곳으로 복사할 때 이용함

✅ 개념 체크

1 [이동 옵션] 대화 상자에서 수식 옵션을 선택하면 워크시트에서 (　　) 영역을 모두 선택할 수 있다.

2 이동 기능을 사용하려면 바로 가기 키 Ctrl + H 또는 F5 를 사용할 수 있다. (○, ×)

3 [이동 옵션] 대화 상자에서 개체, 메모 또는 특수 문자나 항목이 있는 셀을 선택할 수 있는 옵션을 지정할 수 있다. (○, ×)

1 수식이 들어 있는　2 ×　3 ○

01 다음 중 [찾기 및 바꾸기] 대화 상자에 대한 설명으로 옳지 않은 것은?

① [서식] 단추를 이용하면 특정 셀의 서식을 선택하여 동일한 셀 서식이 적용된 셀을 찾을 수도 있다.

② [범위]에서 행 방향을 우선하여 찾을 것인지 열 방향을 우선하여 찾을 것인지를 지정할 수 있다.

③ [찾기] 탭에서 찾는 위치는 '수식, 값, 메모'를 사용할 수 있고, [바꾸기] 탭에서는 '수식'만 사용할 수 있다.

④ [찾기]의 바로 가기 키는 Ctrl+F, [바꾸기]의 바로 가기 키는 Ctrl+H를 사용한다.

[검색]에서 행 방향을 우선하여 찾을 것인지 열 방향을 우선하여 찾을 것인지를 지정할 수 있음

오답 피하기

[범위]에서는 찾을 범위를 '시트, 통합 문서' 중에서 선택할 수 있음

02 다음 중 데이터가 입력된 셀에서 Delete를 눌렀을 때의 상황에 대한 설명으로 옳지 않은 것은?

① 셀에 설정된 서식은 지워지지 않고 내용만 지워진다.

② 셀에 설정된 내용, 서식이 함께 모두 지워진다.

③ [홈] 탭-[편집] 그룹-[지우기]-[내용 지우기]를 실행한 것과 동일하다.

④ 마우스 오른쪽 단추를 클릭한 후 표시되는 단축 메뉴에서 [내용 지우기]를 선택해도 된다.

Delete를 눌러 삭제한 경우 데이터만 삭제되며 서식은 지워지지 않음

03 다음 중 데이터 편집에 대한 설명으로 옳지 않은 것은?

① [홈] 탭 [셀] 그룹의 [삭제]를 클릭하면 현재 선택되어 있는 셀 자체를 삭제하는 것이다.

② 셀을 선택하고 Delete를 누르면 셀에 입력된 데이터 내용만 지워진다.

③ 클립보드는 임시 저장소로 한 번에 하나의 데이터만 저장할 수 있기 때문에 추가로 다른 데이터가 저장되면 이전에 저장된 데이터는 사라진다.

④ [선택하여 붙여넣기] 기능을 이용하면 데이터가 입력되어 있는 표의 행과 열을 바꾸어 붙여넣을 수 있다.

클립보드는 임시 기억 장소로 최대 24개 항목을 저장함

04 다음 중 [선택하여 붙여넣기] 대화 상자에 대한 설명으로 옳지 않은 것은?

① 복사한 데이터를 여러 가지 옵션을 적용하여 붙여넣는 기능으로, [잘라내기]를 실행한 상태에서는 사용할 수 없다.

② [붙여넣기]의 '서식'을 선택한 경우 복사한 셀의 내용과 서식을 함께 붙여넣는다.

③ [내용 있는 셀만 붙여넣기]를 선택하면 복사할 영역에 빈 셀이 있는 경우 붙여넣을 영역의 값을 바꾸지 않는다.

④ [행/열 바꿈]을 선택하면 복사한 데이터의 열을 행으로, 행을 열로 변경하여 붙여넣기가 실행된다.

[붙여넣기]의 '서식'을 선택하면 복사한 셀의 서식만 복사하여 붙여넣음

정답 01 ② 02 ② 03 ③ 04 ②

SECTION

05

셀 편집

출제빈도 상 ㉗ 하
반복학습 1 2 3

▶ 합격 강의

빈출 태그 셀 선택 방법 • 데이터 채우기 • 사용자 지정 목록 편집 • 빠른 채우기

01 셀의 선택과 범위 지정

1) 연속적인 범위 선택 08년 8월, 04년 8월

방법 1	마우스 왼쪽 단추를 클릭한 상태로 원하는 만큼 끌기를 수행함
방법 2	범위의 첫 번째 셀을 클릭하고 Shift 를 누른 상태에서 마지막 셀을 클릭함
방법 3	Shift 를 누른 상태에서 방향키를 이용하여 해당 방향으로 범위를 늘리거나 줄임
방법 4	셀 범위의 셀을 클릭하고 F8 을 눌러 상태 표시줄에 '선택 영역 확장' 표시가 나타나면 '선택 영역 확장' 상태에서 마지막 셀을 클릭하거나 방향키로 원하는 만큼 범위를 지정한 다음 F8 을 다시 눌러 '선택 영역 확장' 상태를 해제함

2) 떨어져 있는 범위 선택 22년 상시, 09년 7월, 06년 9월

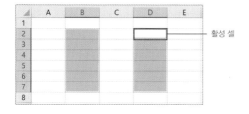

활성 셀

- 첫 번째 범위는 마우스 끌기로 지정하고 두 번째 범위부터 Ctrl 을 누른 상태에서 마우스 끌기로 지정한다.
- 마지막 범위의 첫 번째 셀이 활성 셀로 지정된다.

3) 행/열 전체 선택

- 행 머리글이나 열 머리글을 클릭하면 행/열 전체가 범위로 지정된다.
- 머리글 부분에서 마우스 끌기나 Shift 또는 Ctrl 을 이용할 수 있다.
- 행/열의 시작 셀이 활성 셀로 지정된다.
- Ctrl + Space Bar 를 누르면 현재 열 전체를 선택하고, Shift + Space Bar 를 누르면 현재 행 전체를 선택한다.

테이블 구조의 데이터 목록 전체 선택
셀 하나를 선택한 상태에서 Ctrl + Shift + 8 을 누름

✓ 개념 체크

1 행/열 전체를 선택하려면 행 머리글이나 열 머리글을 (   )한다.

2 Ctrl + Space Bar 를 누르면 현재 열 전체를 선택하고, (   ) + Space Bar 를 누르면 현재 행 전체를 선택한다.

3 시트 전체를 선택하는 바로 가기 키는 Ctrl + A 또는 (   ) + Space Bar 이다.

1 클릭 2 Shift 3 Ctrl + Shift

4) 시트 전체 선택 ^{23년 상시, 10년 3월}

- 워크시트 시작 부분의 [시트 전체 선택](▧) 단추를 클릭하면 시트 전체가 선택된다.
- 바로 가기 키 : Ctrl + A 또는 Ctrl + Shift + Space Bar
- Ctrl + Space Bar 로 현재 열 전체를 선택한 다음 Shift + Space Bar 로 현재 행 전체를 선택한다.

02 셀의 삽입과 삭제

1) 셀 삽입(Ctrl + +) ^{10년 3월, 04년 11월}

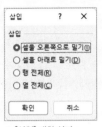

▲ [삽입] 대화 상자

- 선택한 범위의 셀을 오른쪽이나 아래로 밀어내면서 새로운 셀을 삽입한다.
- 삽입 명령을 수행한 후에도 워크시트의 전체 행 개수와 열 개수는 변하지 않는다.

방법 1	삽입할 범위를 지정하고 [홈] 탭-[셀] 그룹-[삽입]-[셀 삽입]을 실행함
방법 2	바로 가기 메뉴의 [삽입]을 실행함
방법 3	Ctrl + + 를 누름
방법 4	마우스를 이용하여 범위를 지정하고 Shift 를 누른 상태에서 오른쪽이나 아래쪽으로 채우기 핸들을 드래그함

- '행 전체' 또는 '열 전체' 옵션을 선택하여 행/열 전체를 삽입할 수 있다.

2) 셀 삭제(Ctrl + −) ^{21년 상시, 18년 9월}

▲ [삭제] 대화 상자

- 선택한 범위의 셀을 삭제하고 오른쪽이나 아래에 있는 셀을 삭제된 영역으로 채운다.

방법 1	삭제할 범위를 지정하고 [홈] 탭-[셀] 그룹-[삭제]-[셀 삭제]를 실행함
방법 2	바로 가기 메뉴의 [삭제]를 실행함
방법 3	Ctrl + − 를 누름
방법 4	마우스 이용하여 범위를 지정하고 Shift 를 누른 상태에서 왼쪽이나 위쪽으로 채우기 핸들을 끌어 삭제하고자 하는 셀 범위 위까지 드래그함

- '행 전체' 또는 '열 전체' 옵션을 선택하여 행/열 전체를 삭제할 수 있다.

03 데이터 채우기

1) 채우기 핸들을 이용한 연속 데이터 입력 ^{24년 상시, 23년 상시, 22년 상시, 21년 상시, 19년 3월/8월, 18년 3월, …}

- 셀 포인터 또는 선택 범위의 오른쪽 아래에 있는 작은 사각형을 채우기 핸들이라고 한다. 채우기 핸들에 마우스 포인터를 놓으면 십자(+) 모양이 된다.
- 채우기 핸들을 마우스 끌기로 원하는 만큼 상하좌우로 끌어다 놓으면 입력 데이터의 종류에 따라 자동으로 데이터 입력이 이루어진다.

🅕 기적의 TIP

채우기 핸들을 이용한 데이터 채우기 결과를 묻는 문제가 자주 출제되므로 실습을 통해 그 특징과 기능을 확인하고 넘어가세요. 또한 사용자 지정 목록도 주의해서 읽어두세요.

① 문자 데이터

일반적인 문자 데이터를 입력하고 채우기 핸들을 끌면 데이터가 복사되어 채워진다.

② 숫자 데이터 ^{08년 8월}

기본적으로 복사되지만, 다른 종류의 데이터와 함께 범위를 지정하여 채우기 핸들을 끌거나 Ctrl을 누른 채 채우기 핸들을 끌면 1씩 증가한다.

③ 날짜/시간 데이터

날짜는 1일 단위로, 시간은 1시간 단위로 자동 증가하면서 채워진다.

④ 혼합 데이터

- 문자와 숫자가 혼합된 데이터로, 채우기 핸들을 끌면 문자는 복사되고 숫자는 1씩 증가한다.
- 숫자가 2개 이상 섞여 있을 경우 마지막 숫자만 1씩 증가한다.

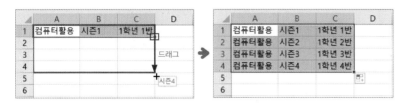

- 혼합 데이터는 Ctrl을 누른 채 채우기 핸들을 끌면 그대로 복사된다.

⑤ 사용자 지정 목록 데이터 ^{20년 7월, 08년 8월}

——— '목록 가져올 범위'를 이용하여 시트에 입력되어 있는 목록을 가져올 수도 있음

- [파일] 탭-[옵션]-[Excel 옵션]-[고급]-'일반'의 [사용자 지정 목록 편집]에 등록된 순서에 따라 데이터가 채워진다.
- 사용자가 새로 [사용자 지정 목록]에 데이터를 등록해 놓으면 채우기 핸들을 이용하여 자주 입력하는 데이터를 빠르게 채울 수 있다.

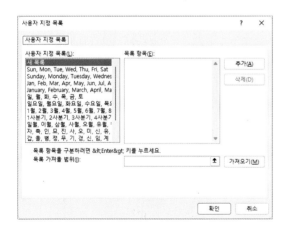

셀 끌어서 놓기 허용

[파일] 탭-[옵션]-[Excel 옵션]의 [고급]에서 '채우기 핸들 및 셀 끌어서 놓기 사용' 항목이 체크되어 있지 않으면 채우기 핸들을 사용할 수 없음

사용자 지정 목록 항목 추가

- '새 목록'을 선택하고 목록 항목에 Enter 또는 쉼표(,)로 목록의 항목을 구분하여 입력한 후 [추가]를 클릭함
- 목록 가져올 범위를 설정한 다음 [가져오기]를 클릭하면 기존 시트에 있는 데이터 목록이 목록 항목으로 들어오며 [추가]를 클릭하여 사용자 지정 목록에 추가할 수도 있음
- 사용자가 새로 추가한 목록은 편집하거나 삭제할 수 있지만 엑셀에서 제공하는 목록은 편집이나 삭제가 불가능함
- 데이터를 입력할 때 사용자 지정 연속 데이터 채우기를 사용하는 경우 사용자 지정 목록에는 텍스트 또는 텍스트/숫자 조합만 포함될 수 있음

⑥ 범위를 지정하여 채우기

두 개 이상의 셀을 범위로 지정하여 채우기 핸들을 끌면 데이터 사이의 차이에 의해 증가 또는 감소하면서 채워진다.

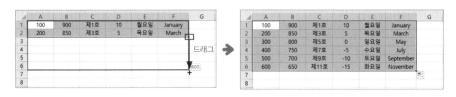

⑦ 빠른 채우기 23년 상시

- 일관된 패턴을 입력하는 경우를 검색하여 셀의 값을 자동으로 채운다.

▲ 자동 채우기 옵션의 [빠른 채우기]를 클릭하면 패턴대로 채워짐

방법 1	[데이터] 탭-[데이터 도구] 그룹-[빠른 채우기]를 클릭함
방법 2	[홈] 탭-[편집] 그룹-[채우기]-[빠른 채우기]를 클릭함
방법 3	채우기 핸들을 아래로 끈 다음 자동 채우기 옵션의 [빠른 채우기]를 클릭함
방법 4	Ctrl + E 를 누름

- 원본 데이터의 바로 왼쪽이나 오른쪽 열부터 패턴(⑩ 서울)을 입력한 다음 [빠른 채우기]를 실행해야 된다.

▲ [B2] 셀에서 Ctrl + E 를 누름   ▲ [B1] 셀의 패턴대로 채우기가 됨

- 또 다른 패턴을 입력하는 경우 첫 패턴 바로 옆 열에 입력(⑩ 시)한 다음 [빠른 채우기]를 실행한다.

▲ [C2] 셀에서 Ctrl + E 를 누름   ▲ [C1] 셀의 패턴대로 채우기됨

2) [연속 데이터] 대화 상자 20년 2월, 14년 6월/10월, 11년 3월

시작 데이터에 셀 포인터를 두거나 시작 데이터를 포함시켜 범위를 지정한 다음 [홈] 탭-[편집] 그룹-[채우기]를 선택한 후 목록에서 [계열]을 실행한다. 방향, 유형, 단계 값, 종료 값 등을 지정한 다음 [확인]을 클릭한다.

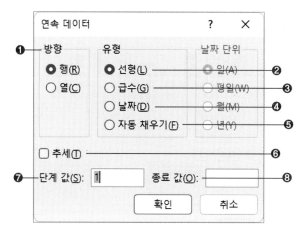

❶ 방향	연속 데이터를 채울 방향을 행, 열 중에서 설정함
❷ 선형	시작 데이터에 단계 값을 더하여 채움
❸ 급수	시작 데이터에 단계 값을 곱하여 채움
❹ 날짜	'날짜 단위'에서 선택한 옵션에 따라 날짜 단위로 채움(일, 평일, 월, 년)
❺ 자동 채우기	채우기 핸들을 끌어 채우기하는 것과 동일한 것으로 단계 값이나 날짜 단위는 무시함
❻ 추세	데이터 간격을 자동 분석하여 선, 기하 곡선 등으로 계산하여 채운다. 추세를 사용할 경우 단계 값은 사용되지 않음
❼ 단계 값	시작값에서 종료값까지 증가나 감소되는 단계 값을 설정함
❽ 종료 값	선택 범위가 모두 채워지지 않았어도 종료 값까지만 채움

[홈] 탭-[편집] 그룹-[채우기]-[계열]에서 지원되는 날짜 단위는 '일, 평일, 월, 년' 등이 있으며 '주' 단위는 지원되지 않음

▶ 합격 강의

01 다음 중 아래의 워크시트에서 [A1:B2] 영역을 선택한
후 채우기 핸들을 이용하여 [B4] 셀까지 드래그했을
때 [A4:B4] 영역의 값으로 옳은 것은?

	A	B	C
1	일	1	
2	월	2	
3			
4			

① 월, 4
② 수, 4
③ 월, 2
④ 수, 2

두 개 이상의 셀을 범위로 지정하여 채우기 핸들을 끌면 데이터 사이의 차이에
의해 증가 또는 감소하면서 채워지므로 [B4] 셀까지 드래그했을 때 '일, 월, 화,
수', '1, 2, 3, 4'처럼 값이 변경됨

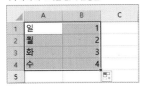

02 다음 중 시트 전체를 범위로 선택하는 방법으로 옳지
않은 것은?

① 하나의 행이 선택되어 있는 상태에서 Shift +
Space Bar 를 누른다.
② 시트의 임의 셀에서 Ctrl + A 를 누른다.
③ 하나의 열이 선택되어 있는 상태에서 Shift +
Space Bar 를 누른다.
④ 시트 전체 선택 단추를 클릭한다.

시트 전체 선택 : 하나의 행이 선택되어 있는 상태에서 Ctrl + Space Bar 를 누름

03 다음 중 엑셀의 [데이터] 탭–[데이터 도구] 그룹에 있는
[빠른 채우기]는 패턴에 대한 값을 자동으로 채워주는
기능이다. 바로 가기 키로 옳은 것은?

① Ctrl + E
② Ctrl + F
③ Ctrl + T
④ Ctrl + Shift + L

Ctrl + E : 빠른 채우기

오답 피하기

• Ctrl + F : 찾기
• Ctrl + T : 표 만들기
• Ctrl + Shift + L : 자동 필터

04 다음 아래의 시트에서 채우기 핸들을 [F1] 셀까지 드
래그했을 때 [F1] 셀의 결과로 옳은 것은?

	A	B	C	D	E	F
1	5		1			
2						

① 3
② 7
③ −3
④ −7

두 개 이상의 셀을 범위로 지정하여 채우기 핸들을 끌면 데이터 사이의 차이에
의해 증가 또는 감소하면서 채워짐

06 셀 서식 및 사용자 지정 표시 형식

▶ 합격 강의

출제빈도 (상) 중 하
반복학습 1 2 3

빈출 태그 셀 서식 • [맞춤] 탭 • 사용자 지정 표시 형식 • 숫자 서식 • 날짜 서식 • 문자열 서식

01 셀 서식(Ctrl + 1) 18년 3월, 14년 6월, 09년 10월, 04년 5월

- 셀 서식은 셀에 입력된 데이터를 표시하는 형식을 변경해 준다.
- [홈] 탭–[셀] 그룹–[서식]을 선택한 후 목록에서 [셀 서식]을 실행하거나 바로 가기 메뉴에서 [셀 서식]을 선택한다.

> **기적의 TIP**
>
> 셀 서식은 각 탭의 기능에 대해 전체적인 이해가 필요한 부분입니다.

1) [표시 형식] 탭 23년 상시, 04년 5월

- 셀에 입력된 데이터가 워크시트에 표시되는 형식을 변경한다.
- 표시 형식은 변경해도 실제 데이터는 변하지 않는다.
- [홈] 탭–[셀] 그룹–[서식]을 선택한 후 목록에서 [셀 서식]을 실행한 다음 [셀 서식] 대화 상자의 [표시 형식] 탭에서 설정한다.

일반	설정된 표시 형식을 엑셀의 기본 값으로 되돌림
숫자	숫자의 소수점 이하 자릿수, 1000 단위 구분 기호 등을 지정함
통화	• 숫자 앞에 통화 기호를 붙이고 천 단위마다 쉼표(,)를 삽입함 • 통화 기호의 종류와 소수점에 맞추어 열이 정렬됨
회계	• 숫자 천 단위마다 쉼표(,)를 삽입함 • 통화 기호를 지정했을 경우 셀 시작 부분에 통화 기호를 표기함 • 통화 기호와 소수점에 맞추어 열이 정렬됨
날짜	날짜의 표시 형식을 지정함
시간	시간의 표시 형식을 지정함
백분율	숫자에 100을 곱한 후 뒤에 % 기호를 지정함
분수	숫자를 분수로 표시함

> **통화 서식과 회계 서식**
> - 통화 서식과 회계 서식은 통화 기호의 표시 위치가 다르며 통화 서식만 음수의 표기 형식이 지원됨
> - 0을 입력하고 통화 기호(₩)를 지정하면 0 앞에 ₩ 기호가 표시됨
> - 0을 입력하고 회계 기호를 지정하면 0 대신 ─(하이픈)으로 표시됨

지수	• '2E+03'과 같이 숫자를 지수 형식으로 표시함 • 소수점 이하 자릿수 지정이 가능함
텍스트	입력 데이터를 텍스트 형식의 문자 데이터로 처리함
기타	우편 번호, 전화 번호, 숫자(한자), 숫자(한자-갖은자★), 숫자(한글) 등을 특수 서식으로 표시함
사용자 지정	사용자가 서식 코드를 이용하여 표시 형식을 지정함

2) [맞춤] 탭 20년 2월, 11년 3월, 03년 5월

데이터의 가로, 세로 맞춤 방식과 텍스트 조정 방식 등을 지정한다.

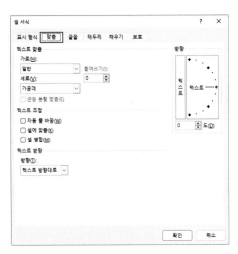

▲ 채우기

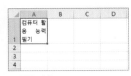
▲ 양쪽 맞춤

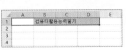
▲ 선택 영역의 가운데로

① 텍스트 맞춤 : 가로 04년 8월

• 기본적으로 텍스트에는 왼쪽 맞춤, 숫자에는 오른쪽 맞춤, 논리값과 오류 값에는 가운데 맞춤이 사용된다.
• 기본 가로 맞춤은 일반이다.
• '데이터 맞춤'을 변경해도 데이터 형식은 달라지지 않는다.

일반	입력된 데이터에 따라 텍스트는 왼쪽, 숫자는 오른쪽, 논리값과 오류 값은 가운데로 맞춤
왼쪽(들여쓰기)	셀의 왼쪽을 기준으로 정렬, 들여쓰기를 지정함
가운데	셀의 가운데를 기준으로 정렬함
오른쪽(들여쓰기)	셀의 오른쪽을 기준으로 정렬, 들여쓰기를 지정함
채우기	셀에 입력된 내용을 반복하여 채움
양쪽 맞춤	셀 안에서 여러 줄로 나누고 단어 사이 공간을 조절하여 셀 양쪽에 가지런히 맞춤
선택 영역의 가운데로	• 선택 영역의 왼쪽 셀 내용이 선택 영역의 가운데 표시되며 다른 셀의 내용이 모두 없는 상태일 때만 병합이 되면서 설정됨 • 하나의 셀만 선택한 상태에서는 가운데 맞춤과 동일함
균등 분할(들여쓰기)	• 셀 안에서 여러 줄로 나누고 글자 사이 공간을 조절하여 맞춤 • 마지막 줄에 한 글자가 오면 가운데로 맞춤

▲ 균등 분할

▲ 위쪽, 가운데, 아래쪽

▲ 양쪽 맞춤과 균등 분할

② 텍스트 맞춤 : 세로

- 셀 내용의 세로 맞춤을 변경하려면 세로 상자에서 옵션을 선택한다.
- 텍스트는 기본적으로 셀 가운데에 세로로 맞춰진다.

위쪽	셀의 내용을 위쪽으로 위치시켜 표시함
가운데	셀의 내용을 셀의 가운데로 위치시켜 표시함
아래쪽	셀의 내용을 셀의 아래쪽으로 위치시켜 표시함
양쪽 맞춤과 균등 분할	셀의 내용이 한 줄에 표시되지 않을 경우 셀 안에서 여러 줄로 나누고 글자 사이 공간을 조절하여 맞춤

③ 텍스트 조정 03년 2월

자동 줄 바꿈	• 셀에서 텍스트를 여러 줄로 표시함 • 바꿀 줄의 수는 열 너비와 셀 내용 길이에 따라 달라짐
셀에 맞춤	• 선택한 셀의 모든 데이터가 열에 맞게 표시되도록 글꼴의 문자 크기를 줄임 • 열 너비를 변경하면 문자 크기가 자동으로 조정됨 • 적용된 글꼴 크기는 바뀌지 않음
셀 병합	• 선택한 두 개 이상의 셀을 하나의 셀로 결합함 • 병합된 셀의 셀 참조는 처음에 선택한 범위에서 왼쪽 위에 있는 셀 • 연속적인 위치의 여러 셀을 병합하는 경우 가장 위쪽 또는 왼쪽의 셀 데이터만 남고 나머지는 모두 지워짐

④ 텍스트 방향

읽는 순서와 맞춤을 지정하려면 방향 상자에서 옵션(텍스트 방향대로, 왼쪽에서 오른쪽, 오른쪽에서 왼쪽)을 선택한다.

⑤ 기타

들여쓰기	• 가로와 세로에서 선택한 옵션에 따라 셀 가장자리에서 셀 내용을 들여씀 • 들여쓰기 상자의 값은 문자 너비만큼 늘어남
방향	• 텍스트의 표시 각도를 지정함 • 다른 맞춤 옵션을 선택하면 회전 옵션을 사용할 수 없음
도	• 선택한 셀의 텍스트 회전 정도를 설정함 • −90~90도 범위 사이에서 지정하거나 세로 방향으로 지정할 수 있음 • 선택한 텍스트를 셀의 왼쪽 아래에서 오른쪽 위로 회전시키려면 도 상자에 양수를, 왼쪽 위에서 오른쪽 아래로 회전시키려면 음수를 입력함

3) [글꼴] 탭(Ctrl + Shift + F 또는 Ctrl + Shift + P) 07년 7월

- 선택한 텍스트의 글꼴 종류, 글꼴 스타일, 글꼴 크기 및 기타 서식 옵션을 선택한다.
- [글꼴] 그룹에서 지정할 수 없는 밑줄의 종류와 글꼴 효과를 지정할 수 있다.
- '기본 글꼴' 항목을 선택하면 현재 지정한 글꼴을 모두 취소하고, 엑셀의 기본 글꼴 설정 값으로 되돌린다.

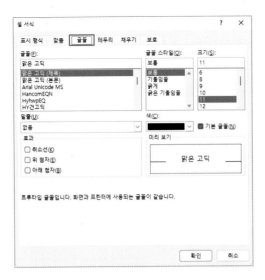

- [파일] 탭-[옵션]-[Excel 옵션]-[일반]에서 '다음을 기본 글꼴로 사용'과 '글꼴 크기'를 설정할 수 있다.

4) [테두리] 탭

- 선택 영역에 테두리를 그린다.
- [글꼴] 그룹에서 지정할 수 없는 선의 스타일과 색, 대각선을 지정할 수 있으며, 동일한 영역의 각 부분에 대해 서로 다른 테두리를 설정하여 적용시킬 수 있다.
- 선의 스타일과 색을 선택한 다음 미리 설정 단추나 테두리 단추를 클릭하여 테두리를 그린다.
- 미리 보기 부분을 마우스로 클릭하여 테두리를 그리거나 취소할 수도 있다.

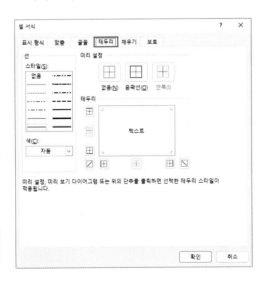

5) [채우기] 탭

색 상자에서 배경색을 선택하고 무늬 스타일 상자에서 무늬를 선택하여 선택 영역에 색과 무늬로 서식을 지정한다.

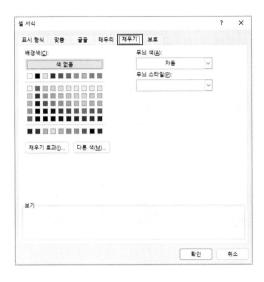

6) [보호] 탭

- 선택 영역의 원본 수식을 보이지 않게 하거나, 셀 내용을 변경하지 못하도록 보호한다.
- 잠금과 숨김은 워크시트가 보호([검토] 탭-[변경 내용] 그룹-[시트 보호])되어 있어야 정상적으로 동작하며, 보호되어 있지 않은 워크시트에서는 효과가 없다.

❶ 잠금	선택한 셀이 변경, 이동, 크기 조정 또는 삭제되지 않도록 보호함
❷ 숨김	셀을 선택할 때 수식 입력줄에 수식이 표시되지 않도록 셀의 수식을 숨김

 개념 체크

1 잠금과 숨김은 워크시트가 (　　)되어 있어야 정상적으로 동작한다.

2 숨김은 셀을 선택할 때 (　　) 입력줄에 (　　)이 표시되지 않도록 셀의 (　　)을 숨긴다.

3 [채우기] 탭에서는 배경색과 무늬 스타일을 설정할 수 있다. (○, ×)

4 잠금과 숨김 기능은 워크시트의 보호 여부와 관계 없이 동작한다. (○, ×)

1 보호 2 수식 3 ○ 4 ×

02 사용자 지정 표시 형식 24년 상시, 23년 상시, 22년 상시, 17년 3월, 14년 3월/6월, 13년 3월/10월, 12년 6월, …

- [셀 서식] 대화 상자의 [표시 형식] 탭에서 원하는 표시 형식을 찾을 수 없을 때 사용자가 서식 코드를 사용하여 직접 표시 형식을 만들어 사용한다.
- 종류를 '사용자 지정'으로 선택한 후 '형식' 입력 상자에서 기존 코드를 수정하여 사용하거나 새로운 서식 코드를 만들어 입력하고 [확인]을 클릭한다.

▶ 사용자 지정 서식 코드의 기본 구성

#,##0;[빨강](#,##0);0.00;@"님"
양수　　　음수　　　0값　텍스트

- 서식 코드는 모두 네 개의 구역까지 지정할 수 있으며, 각 구역은 세미콜론(;)으로 구분한다.
- 기본적으로 조건이 없는 경우 각 구역은 차례대로 양수, 음수, 0값, 텍스트의 표시 형식을 지정하는 서식 코드를 의미하며, 특정 구역을 생략하려면 서식 코드를 입력하지 않고 세미콜론(;)만 사용하면 된다.
- 구역을 하나만 지정하면 모든 숫자에 해당 서식이 적용된다.
- 두 개의 구역만 지정하면 첫 번째 구역이 양수와 0에 적용되고, 두 번째 구역이 음수에 적용된다.
- 세미콜론 세 개(;;;)를 연속하여 사용하면 입력 데이터가 셀에 나타나지 않는다.

▶ 표시 형식 관련 도구 09년 4월

도구	명칭	기능
🔢	회계 표시 형식	숫자 앞에 통화 기호를 붙이고 천 단위마다 콤마를 표시함 🔟 1234567 → ₩1,234,567
%	백분율 스타일	숫자에 100을 곱한 후 숫자 뒤에 % 기호를 표시함(Ctrl+Shift+%) 🔟 327 → 32700%
,	쉼표 스타일	숫자 천 단위마다 쉼표를 표시함 🔟 1234567 → 1,234,567
⬆️	자릿수 늘림	소수 이하 자릿수를 한 자리씩 늘림 🔟 126.456 → 126.4560
⬇️	자릿수 줄임	소수 이하 자릿수를 한 자리씩 줄임 🔟 126.456 → 126.46

1) 숫자 서식 20년 7월, 19년 3월/8월, 18년 9월, 16년 6월, 13년 6월, 12년 6월/9월, 11년 10월, 10년 10월, 09년 10월, 08년 10월, …

코드	기능
#	유효 자릿수만 나타내고 유효하지 않은 0은 표시하지 않음 🔟 ##.## : 345.678 → 345.68
0	유효하지 않은 자릿수를 0으로 표시함 🔟 000.00 : 45.6 → 045.60
?	소수점 왼쪽 또는 오른쪽에 있는 유효하지 않은 0 대신 공백을 추가하여 소수점을 맞춤

	• 천 단위 구분 기호로 쉼표를 삽입함
,	• ,(쉼표) 이후에 더 이상 코드를 사용하지 않으면 천 단위 배수로 표시함
	예 #,###, : 1234567 → 1,235
[글꼴 색]	각 구역의 첫 부분에 지정하며 대괄호 안에 글꼴 색을 입력함
	예 [빨강](#,###) : −1234 → −(1,234)
[조건]	• 조건과 일치하는 숫자에만 서식을 적용하고자 할 때 사용함
	• 조건은 대괄호로 묶어 입력하며 비교 연산자와 값으로 이루어짐
	예 [>100]##,000 : 325.8 → 325,800

— [검정], [파랑], [녹청], [녹색], [자홍], [빨강], [흰색], [노랑]으로 색을 지정할 수 있음

▶ 숫자 서식의 예

입력 데이터	표시 형식	적용 결과
1234.56789	#,###	1,235
1234.56789	#,###.#	1,234.6
123456789	#,	123457
123456789	#,,	123
1234.56789	00.0	1234.6
12.3	000.000	012.300
123.4		123.4
12.345	???.???	12.345
123		123.
9999	[빨강][>=10000]#,##0	9999
10000		10,000
98	[파랑][>=95]##.#	98.

선택한 셀의 데이터 숨기기 표시 형식을 '사용자 지정'으로 선택한 후 『;;;』로 코드를 입력함

2) 날짜 서식   04년 2월/11월, 05년 5월, 08년 5월/8월, 09년 4월, 13년 6월, 19년 8월

날짜 코드		기능	예
연도	yy	연도를 끝 두 자리만 표시함	00~99
	yyyy	연도를 네 자리로 표시함	1900~9999
월	m	월을 1에서 12로 표시함	1~12
	mm	월을 01에서 12로 표시함	01~12
	mmm	월을 Jan에서 Dec로 표시함	Jan~Dec
	mmmm	월을 January에서 December로 표시함	January~December
일자	d	일을 1에서 31로 표시함	1~31
	dd	일을 01에서 31로 표시함	01~31
요일	ddd	요일을 Sun에서 Sat로 표시함	Sun~Sat
	dddd	요일을 Sunday에서 Saturday로 표시함	Sunday~Saturday
	aaa	요일을 월에서 일로 표시함	월~일
	aaaa	요일을 월요일에서 일요일로 표시함	월요일~일요일

▲ aaa가 적용된 예

▲ aaaa가 적용된 예

▶ 날짜 서식의 예

입력 데이터	표시 형식	적용 결과
24-1-17	yy. m. d	24. 1. 17
24-1-17	yyyy. mmm	2024. Jan
24-1-17	yyyy년 mm월 dd일 ddd	2024년 01월 17일 Wed
10	yyyy-mm-dd	1900-01-10

3) 시간 서식 13년 6월, 09년 4월, 08년 8월

경과 시간
• [h] : 경과한 시간으로
• [mm] : 경과한 분으로
• [ss] : 경과한 초로

초를 소수로
ss.00 : 초를 소수로

시간 코드		기능	예
시간	h	시간을 0에서 23으로 표시함	0-23
	hh	시간을 00에서 23으로 표시함	00-23
분	m	분을 0에서 59로 표시함	0-59
	mm	분을 00에서 59로 표시함	00-59
초	s	초를 0에서 59로 표시함	0-59
	ss	초를 00에서 59로 표시함	00-59
오전/오후	am/pm, AM/PM	시간을 12시간제로 표시함	시간 AM/PM

▶ 시간 서식의 예

입력 데이터	표시 형식	적용 결과
10:10	hh:mm:ss	10:10:00
13:30	h:mm AM/PM	1:30 PM
0.5	hh:mm	12:00

4) 문자열 서식 20년 7월, 18년 9월, 13년 6월, 09년 2월/4월, 08년 8월, 06년 7월/9월, 05년 5월, 04년 2월

코드	기능
*	• * 뒤에 문자를 셀 너비 만큼 채워서 나타나게 함 • 사용 형식 : *0#,##0

✓ 개념 체크

1 시간을 12시간제로 표시할 때 사용하는 코드는?

2 시간을 00에서 23으로 표시하는 코드는?

3 분을 0에서 59로 표시하는 코드는?

4 0.5 시간을 'hh:mm' 형식으로 표시하면 어떻게 나타나는가?

1 am/pm(AM/PM) 2 hh 3 m
4 12:00

▶ * 뒤의 0을 열너비 만큼 채워서 나타내므로 결과는 00000 1230이 됨

- 문자 뒤에 특정한 문자열을 함께 나타나게 함
- 숫자의 경우 @ 코드를 적용하면 숫자는 문자열의 성질이 됨
- 사용 형식 : @닷컴

▶ '영진'을 입력하면 '영진닷컴'이 됨

셀 서식에 공백 추가
입력한 숫자의 오른쪽 끝에서 하나의 공백을 삽입하려면 '#, ##0_-' 기호를 사용함

5) 기타 ^{22년 상시, 08년 8월}

[표시 형식] 탭의 [범주]–[기타]의 형식 중 숫자(한자), 숫자(한자–갖은자), 숫자(한글)는 사용자 지정 서식의 숫자를 한자나 한글로 나타내는 [DBNum1], [DBNum2], [DBNum4]와 같은 결과를 나타낸다.

입력 값	사용자 지정 서식	기타의 형식	결과
123	[DBNum1]	숫자(한자)	一百二十三
	[DBNum2]	숫자(한자–갖은자)	壹百貳拾參
	[DBNum3]	없음	百2十3
	[DBNum4]	숫자(한글)	일백이십삼

기적의 TIP

[DBNum1], [DBNum2], [DBNum3], [DBNum4]의 결과를 산출하는 방법을 익혀두세요.

개념 체크

1 사용자 지정 서식에서 숫자를 일반 한자로 나타내려면 [DBNum1] 코드를 사용한다. (○, ×)

2 숫자를 한글로 표시하려면 [DBNum3] 코드를 사용한다. (○, ×)

3 숫자를 한자의 갖은자로 나타내려면 [DBNum2] 코드를 사용한다. (○, ×)

1 ○ 2 × 3 ○

▶ 합격 강의

01 다음 중 입력 데이터에 주어진 표시 형식으로 지정한 경우 그 결과가 옳지 <u>않은</u> 것은?

입력 데이터	표시 형식	표시 결과
① 7.5	#.00	7.50
② 44.398	???.???	044.398
③ 12,200,000	#,##0,	12,200
④ 상공상사	@ "귀중"	상공상사 귀중

- ? : 소수점 왼쪽 또는 오른쪽에 있는 유효하지 않은 0 대신 공백을 추가하여 소수점을 맞춤
- 따라서, 입력 데이터 44.398에 표시 형식 ???.???을 지정하면 표시 결과는 44.398이 됨

오답 피하기

① 7.5	#.00	7.50

- # : 유효 자릿수만 나타내고 유효하지 않은 0은 표시하지 않음
- 0 : 유효하지 않은 자릿수를 0으로 표시함

③ 12,200,000	#,##0,	12,200

- , : 천 단위 구분 기호로 쉼표를 삽입하거나 쉼표 이후 더 이상 코드를 사용하지 않으면 천 단위 배수로 표시함

④ 상공상사	@ "귀중"	상공상사 귀중

- @ : 문자 뒤에 특정한 문자열을 함께 나타나게 함

02 다음 중 셀에 입력한 자료를 숨기고자 할 때의 사용자 지정 표시 형식으로 옳은 것은?

① @@@

② ;;;

③ 000

④ ### 2

세미콜론 세 개(;;;)를 연속하여 사용하면 입력 데이터가 셀에 나타나지 않음

03 다음 중 [셀 서식] 대화 상자에서 '표시 형식'의 각 범주에 대한 설명으로 옳지 <u>않은</u> 것은?

① '일반' 서식은 각 자료형에 대한 특정 서식을 지정하는 데 사용된다.

② '숫자' 서식은 일반적인 숫자를 나타나는 데 사용된다.

③ '회계' 서식은 통화 기호와 소수점에 맞추어 열을 정렬하는 데 사용된다.

④ '기타' 서식은 우편번호, 전화번호, 주민등록번호 등의 형식을 설정하는 데 사용된다.

일반 : 설정된 표시 형식을 엑셀의 기본 값으로 되돌리며, 특정 서식을 지정하지 않음

04 다음 중 워크시트에 숫자 '2234543'을 입력한 후 사용자 지정 표시 형식을 설정하였을 때, 화면에 표시되는 결과로 옳지 <u>않은</u> 것은?

① 형식 : #,##0.00   결과 : 2,234,543.00

② 형식 : 0.00   결과 : 2234543.00

③ 형식 : #,###,"천원"   결과 : 2,234천원

④ 형식 : #%   결과 : 223454300%

- 숫자 '2234543'을 입력한 후 형식 #,###,"천원"을 적용하면 마지막 (,)쉼표 이후에 더 이상 코드가 없으므로 천 단위 배수로 표시되면서 반올림되므로 결과는 2,235천원이 됨
- 숫자가 2234443인 경우라면 결과가 2,234천원이 됨

오답 피하기

- # : 유효 자릿수만 나타내고 유효하지 않은 0은 표시하지 않음 → ①, ③
- 0 : 유효하지 않은 자릿수를 0으로 표시함 → ①, ②
- , : 천 단위 구분 기호로 쉼표를 삽입함. (,)쉼표 이후에 더 이상 코드를 사용하지 않으면 천 단위 배수로 표시함 → ③
- % : 숫자에 100을 곱한 후 숫자 뒤에는 % 기호를 표시함 → ④

정답 01 ② 02 ② 03 ① 04 ③

SECTION 07 서식 설정

출제빈도 상 중 (하)
반복학습 1 2 3

빈출 태그 행 높이 및 열 너비 · 조건부 서식 · 셀 스타일

01 행 높이 및 열 너비

1) 행 높이 ^{10년 3월}

- 기본적으로 기본 글꼴의 크기(포인트 단위)로 되어 있다.
- 입력된 데이터의 글꼴 크기를 변경하면 자동으로 행의 높이도 변경된다. 단, 글꼴의 크기를 기본 글꼴의 크기보다 더 줄일 경우 기본 글꼴의 크기만큼 행 높이를 유지한다.
- 행 머리글의 아래 경계선을 더블클릭하면 해당 행에서 가장 큰 글자에 맞추어 높이가 조절된다.
- 행의 높이를 바꾸려면 머리글이나 셀 범위를 지정하고 [홈] 탭-[셀] 그룹-[서식]을 선택한 후 목록에서 [행 높이]를 실행하여 원하는 높이를 입력한다.

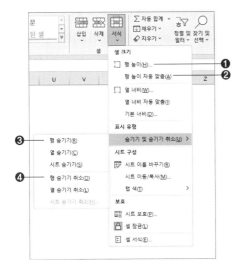

❶ 행 높이	• 0~409 포인트 범위에서 직접 수치를 입력하여 높이를 변경함 • 0으로 입력할 경우 해당 행은 숨겨짐
❷ 행 높이 자동 맞춤	가장 큰 글꼴의 크기에 맞추어 자동으로 행의 높이를 조정함
❸ 행 숨기기	선택한 행을 화면에서 숨김
❹ 행 숨기기 취소	선택 영역에서 숨겨진 행을 다시 화면에 표시함

2) 열 너비 ^{12년 9월}

- 열 너비는 기본 글꼴의 문자 수 단위로 지정한다.
- 열 너비를 바꾸려면 열 머리글이나 셀 범위를 지정하고 [홈] 탭-[셀] 그룹-[서식]-[열 너비]를 실행 후 원하는 너비를 입력한다.

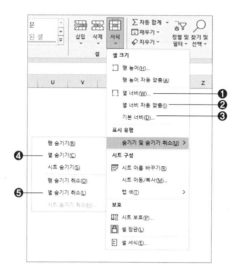

❶ 열 너비	• 입력 상자에 0~255 범위에서 수치를 입력하여 너비를 지정함 • 0을 입력하면 해당 열을 화면에서 숨김
❷ 열 너비 자동 맞춤	입력된 데이터 중 가장 긴 데이터에 맞추어 자동으로 열의 너비를 조정함
❸ 기본 너비	사용자가 열의 너비를 변경하지 않은 모든 열의 너비를 한꺼번에 변경함
❹ 열 숨기기	선택한 열을 화면에서 숨김
❺ 열 숨기기 취소	선택 영역에서 숨겨진 열을 다시 화면에 표시함

3) 마우스를 이용한 행/열 크기 조절

- 행/열 머리글 경계선을 마우스로 끌어 크기를 조절한다.
- 여러 개의 행/열을 선택한 후 경계선을 끌면 범위로 지정된 모든 행/열이 동일한 크기로 조절된다.
- 열 머리글 경계선을 더블클릭하면 가장 긴 문자 데이터에 맞추어 너비가 자동 조절된다.
- 행 머리글 경계선을 더블클릭하면 가장 큰 글꼴에 맞추어 높이가 자동 조절된다.

4) 행/열 숨기기 ^{12년 6월, 06년 2월, 04년 11월}

- [홈] 탭-[셀] 그룹-[서식]을 선택한 후 목록에서 [숨기기 및 숨기기 취소]-[행 숨기기] 또는 [열 숨기기]를 실행하면 행이나 열을 화면에 보이지 않게 숨길 수 있다.
- 마우스로 행의 높이 또는 열의 너비를 변경할 때 크기가 '0'이 되도록 조정하면 행이나 열을 숨길 수 있다.

- 숨겨진 행이나 열을 다시 화면에 나타내려면 양쪽에 있는 행이나 열을 범위로 지정하고 [홈] 탭-[셀] 그룹-[서식]을 선택한 후 목록에서 [숨기기 및 숨기기 취소]-[행 숨기기 취소] 또는 [열 숨기기 취소]를 실행한다.
- 바로 가기 메뉴의 [숨기기] 및 [숨기기 취소]로 행과 열을 숨기거나 취소할 수 있다.

02 기타 서식

1) 표 서식과 요약 행

선택한 범위에 엑셀에서 기본으로 제공하는 표 서식을 적용한다.

따라하기 TIP

따라하기 파일 • Part02_Chapter02_기타서식.xlsx

① 범위를 설정한 후 [홈] 탭-[스타일] 그룹-[표 서식]을 클릭하여 실행한다. [밝게], [중간], [어둡게] 중에서 원하는 표 서식을 선택한다.

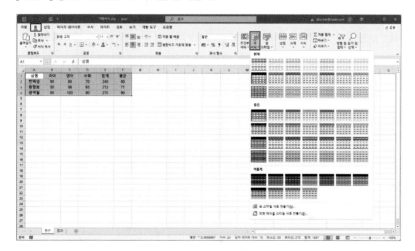

② [표 서식] 대화 상자가 표시되면 범위가 정확한지 확인한 다음 [머리글 포함]을 선택하고 [확인]을 클릭한다.

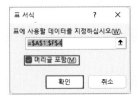

③ [테이블 디자인] 탭–[표 스타일 옵션] 그룹–[요약 행]을 설정하면 하단에 요약 행이 나타
난다.

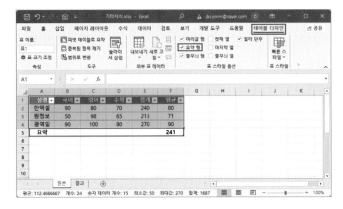

④ 목록 단추(▾)를 클릭하여 원하는 함수를 선택한다.

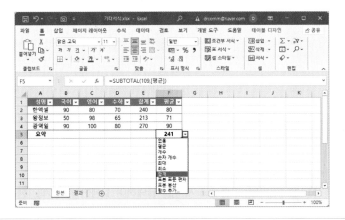

2) 조건부 서식 24년 상시, 22년 상시, 18년 9월, 17년 3월/9월, 16년 3월/10월, 15년 10월, 13년 10월, 12년 3월/9월, 10년 3월, …

• 특정한 규칙을 만족하는 셀에 대해서만 각종 서식, 테두리, 셀 배경색 등의 서식을
설정한다.
• [홈] 탭–[스타일] 그룹–[조건부 서식]에서 선택하여 적용한다.

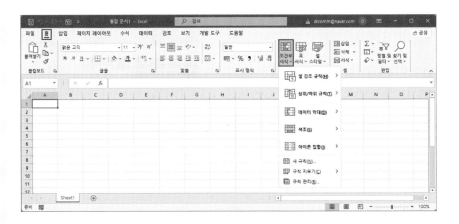

셀 강조 규칙	범위로 설정된 셀에 강조 규칙을 설정함
상위/하위 규칙	범위로 설정된 셀에 상위/하위 강조 규칙을 설정함
데이터 막대	셀에 색이 지정된 데이터 막대를 표시함. 셀 값은 데이터 막대 길이로 나타내므로 높은 값은 막대의 길이가 김
색조	상위와 하위 또는 상위, 중간, 하위 색을 지정하여 표시하고 그 사이의 값은 지정한 색 사이의 색으로 적절하게 표시함. 셀 음영은 셀 값을 나타냄
아이콘 집합	각 셀에 해당 아이콘 집합의 아이콘을 표시해 주며 각 아이콘은 셀 값을 의미함
새 규칙	[새 서식 규칙] 대화 상자를 표시함
규칙 지우기	선택한 셀이나 시트 전체, 표, 피벗 테이블의 규칙을 지움
규칙 관리	조건부 서식을 수정할 수 있는 [조건부 서식 규칙 관리자] 대화 상자를 표시함

- 조건부 서식은 기존의 셀 서식에 우선하여 적용된다.
- 여러 개의 규칙이 모두 만족될 경우 지정한 서식이 충돌하지 않으면 규칙이 모두 적용되며, 서식이 충돌하면 우선순위가 높은 규칙의 서식이 적용된다.
- 규칙으로 설정된 해당 셀의 값들이 변경되어 규칙을 만족하지 않을 경우 적용된 서식이 해제된다.
- 규칙의 개수에는 제한이 없다.
- 서식이 적용된 규칙으로 셀 값 또는 수식을 설정할 수 있다. 규칙을 수식으로 입력할 경우 수식 앞에 등호(=)를 반드시 입력해야 한다.
- 규칙을 만족하는 데이터가 있는 행 전체에 서식을 지정할 때는 규칙 입력 시 열 이름 앞에만 '$'를 붙인다.

① [조건부 서식 규칙 관리자] 대화 상자

[홈] 탭-[스타일] 그룹-[조건부 서식]-[규칙 관리]를 선택하여 실행한다.

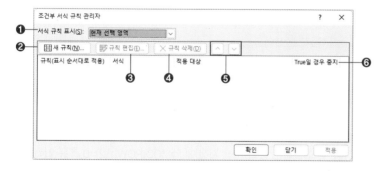

❶ 서식 규칙 표시	현재 선택 영역, 현재 워크시트, 시트 중에서 선택함
❷ 새 규칙	[새 서식 규칙] 대화 상자가 표시되며 새 규칙을 지정할 수 있음
❸ 규칙 편집	선택한 규칙을 수정할 수 있음
❹ 규칙 삭제	선택한 규칙을 삭제할 수 있음
❺ 위로 이동/아래로 이동	규칙이 2개 이상인 경우 선택한 규칙을 위, 아래로 이동하여 우선순위를 변경함
❻ True일 경우 중지	선택 시 조건이 True일 경우 중지함. 단, 데이터 막대나 색조, 아이콘 집합을 사용하여 규칙 서식을 지정하는 경우는 선택 또는 선택 취소를 할 수 없음

기적의 TIP

수동 서식은 [조건부 서식 규칙 관리자] 대화 상자에 나열되지 않으며, 우선순위를 결정하는 데 사용되지 않습니다.

기적의 TIP

조건부 서식에서 적용 대상이 절대 참조로 표시되는 것에 주의하세요.

② [새 서식 규칙] 대화 상자 19년 8월, 18년 3월

[홈] 탭-[스타일] 그룹-[조건부 서식]-[새 규칙]을 선택하여 실행한다.

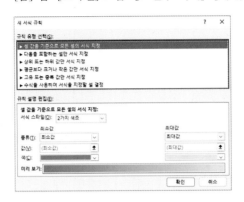

셀 값을 기준으로 모든 셀의 서식 지정	셀 값에 따라 2가지 색조, 3가지 색조, 데이터 막대, 아이콘 집합 서식 스타일을 이용하여 모든 셀에 서식을 지정함
다음을 포함하는 셀만 서식 지정	셀 값, 특정 텍스트, 발생 날짜, 빈 셀, 내용 있는 셀, 오류, 오류 없음 등이 포함된 셀에 설정된 조건에 따라 서식을 지정함
상위 또는 하위 값만 서식 지정	지정한 기준 값에 따라 셀 범위에서 최상위, 최하위 값과 백분율(%) 값을 찾아 서식을 지정함(圓 가장 많이 팔린 3개 제품, 하위 10%에 해당하는 실적 등을 찾을 때)
평균보다 크거나 작은 값만 서식 지정	셀 범위에서 평균이나 표준 편차보다 크거나 작은 값을 찾아 서식을 지정함
고유 또는 중복 값만 서식 지정	지정된 셀 값 중에 고유한 값이나 중복된 값에 서식을 지정함
수식을 사용하여 서식을 지정할 셀 결정	여러 복잡한 조건부 서식을 적용하는 경우 논리 수식이나 함수를 사용하여 서식 조건을 지정함

🔒 따라하기 TIP

따라하기 파일 • Part02_Chapter02_조건부서식01.xlsx

MOD 함수와 ROW 함수를 이용하여 짝수 행에 "파랑 셀 색, 글꼴스타일 굵게"의 서식을 지정해 보자.

① 조건부 서식을 적용할 범위를 설정한 다음 [홈] 탭-[스타일] 그룹-[조건부 서식]-[새 규칙]을 클릭한다.

② [새 서식 규칙] 대화 상자의 [규칙 유형 선택]에서 '수식을 사용하여 서식을 지정할 셀 결정'을 선택하고 [다음 수식에 참인 값의 서식 지정]에 『=MOD(ROW( ),2)=0』★을 입력한 다음 [서식]을 클릭한다.

③ [셀 서식] 대화 상자의 [글꼴] 탭에서 '글꼴 스타일'을 [굵게]로 지정하고, [채우기] 탭에서 '배경색'을 [파랑]으로 지정한 후 [새 서식 규칙] 대화 상자의 [확인]을 클릭한다.

★ =MOD(ROW( ),2)=0
ROW는 현재 행 번호를 구해 주므로 현재 행을 2로 나눈 나머지를 MOD 함수로 구한 결과가 0인 경우는 짝수 행임

=MOD(COLUMN(A$1),2)=0
COLUMN은 열 번호를 구해 주며 열을 2로 나눈 나머지를 MOD 함수로 구한 결과가 0인 경우 짝수 열이므로 [A1:E5] 영역일 경우 B열과 D열에만 배경색을 설정하기 위한 조건부 서식 규칙에 해당됨

따라하기 파일 • Part02_Chapter02_조건부서식02.xlsx

응시인원이 20 이상이고(AND), 평균점수가 90 이상인 경우 서식을 설정하는 방법으로 행 전체에 서식을 지정하므로 조건 입력 시 열 이름 앞에만 '$'를 붙이도록 하자.

① 조건부 서식을 적용할 범위를 설정한 다음 [홈] 탭–[스타일] 그룹–[조건부 서식]–[새 규칙]을 클릭한다.

② [새 서식 규칙] 대화 상자의 [규칙 유형 선택]에서 '수식을 사용하여 서식을 지정할 셀 결정'을 선택하고 [다음 수식에 참인 값의 서식 지정]에 『=AND($B2>=20,$C2>=90)』을 입력한 다음 [서식]을 클릭한다.

③ [셀 서식] 대화 상자에서 서식을 지정한 후 [새 서식 규칙] 대화 상자의 [확인]을 클릭한다.

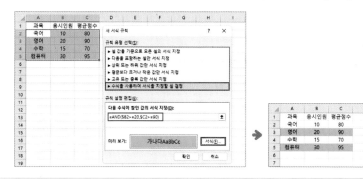

3) 셀 스타일

- 셀 스타일은 글꼴과 글꼴 크기, 숫자 서식, 셀 테두리 및 셀 음영 등의 서식 특성이 정의된 집합이다.
- '표준' 셀 스타일은 삭제할 수 없다.
- 셀 스타일을 삭제하면 해당 스타일이 적용됐던 영역의 스타일이 '표준' 셀 스타일로 변경되어 적용된다.
- 선택 영역에 미리 정의해 놓은 서식을 선택하여 적용하는 것으로, 동일한 서식을 반복하여 사용할 때 편리하다.
- [홈] 탭–[스타일] 그룹–[셀 스타일]을 클릭하여 실행한다.

- 사용자가 새로운 스타일을 만들려면 [홈] 탭–[스타일] 그룹–[셀 스타일]–[새 셀 스타일]을 클릭하여 [스타일] 대화 상자에서 설정한다.

- 한 단계에서 여러 서식을 적용하고 셀의 서식이 일관되도록 하려면 셀 스타일을 사용함
- 사용 중인 셀 스타일을 수정하면 자동으로 수정한 서식이 반영됨
- 미리 정의되거나 사용자 지정된 셀 스타일을 삭제하고 서식이 지정된 모든 셀에서 제거하려면 셀 스타일을 마우스 오른쪽 단추로 클릭한 다음 [삭제]를 클릭함
- 셀 스타일을 삭제하면 서식이 지정된 모든 셀에서도 제거됨
- 기본 제공 셀 스타일을 수정하거나 중복(복제)하여 사용자 지정 셀 스타일을 직접 만들 수도 있음

- 중복된 셀 스타일 및 이름이 변경된 셀 스타일이 사용자 지정 셀 스타일 목록에 추가됨
- 특정 셀을 다른 사람이 변경할 수 없도록 셀을 잠그는 셀 스타일을 사용할 수도 있음
- 셀 스타일은 전체 통합 문서에 적용되는 문서 테마를 기반으로 하고, 다른 문서 테마로 전환하면 셀 스타일이 새 문서 테마와 일치하도록 업데이트됨
- 기본 제공 셀 스타일의 이름을 바꾸지 않으면 기본 제공 셀 스타일이 변경한 내용으로 업데이트됨

스타일 중 일부 항목을 적용하지 않으려면 [스타일에 포함할 항목(보기)]에서 원하지 않는 항목의 선택을 취소시킴

01 아래 그림과 같이 조건부 서식의 수식을 사용하여 표의 짝수 행마다 배경색을 노란색으로 채우고자 한다. 다음 중 조건부 서식에서 작성해야 할 수식으로 옳은 것은?

① =MOD(COLUMN(),2)=1
② =MOD(ROW(),2)=0
③ =COLUMN()/2=1
④ =ROW()/2=1

=MOD(ROW(),2)=0 : ROW는 현재 행 번호를 구해 주므로 현재 행을 2로 나눈 나머지를 MOD 함수로 구한 결과가 0인 경우는 짝수 행임

02 다음 중 조건부 서식 설정을 위한 [새 서식 규칙] 대화상자의 '규칙 유형 선택' 항목에 해당하지 않는 것은?

① 임의의 날짜를 기준으로 셀의 서식 지정
② 셀 값을 기준으로 모든 셀의 서식 지정
③ 다음을 포함하는 셀만 서식 지정
④ 고유 또는 중복 값만 서식 지정

규칙 유형 선택에 "임의의 날짜를 기준으로 셀의 서식 지정"은 지원되지 않음

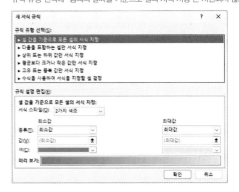

03 다음 중 열 너비에 대한 설명으로 옳지 않은 것은?

① [셀]-[서식]-[열 너비 자동 맞춤]을 실행하면 현재 선택한 셀에 입력된 길이의 문자열에 맞추어 현재 열의 너비를 조절할 수 있다.
② 열 너비를 조정하려면 열 머리글의 너비 경계선에서 원하는 너비가 될 때까지 마우스를 이용하여 조절할 수 있다.
③ 열 너비를 조정하려면 [셀]-[서식]-[열 너비]를 선택한 후 [열 너비] 상자에 원하는 값을 입력한다.
④ 해당 열 너비를 크게 하면 글자의 크기도 같이 조정된다.

해당 열 너비를 크게 하면 열 너비만 커지며 글자의 크기가 같이 조정되지는 않음

정답 01 ② 02 ① 03 ④

04 다음 중 조건부 서식의 서식 스타일에 해당하지 않는 것은?

① 데이터 막대
② 색조
③ 아이콘 집합
④ 그림

조건부 서식의 서식 스타일에는 데이터 막대, 색조, 아이콘 집합 등이 있음

05 다음 중 조건부 서식을 이용하여 [A2:C5] 영역에 EXCEL과 ACCESS 점수의 합계가 170 이하인 행 전체에 셀 배경색을 지정하기 위한 수식으로 옳은 것은?

	A	B	C
1	이름	EXCEL	ACCESS
2	김경희	75	73
3	원온형	89	88
4	나도향	65	68
5	최은심	98	96

① =B$2+C$2<=170
② =$B2+$C2<=170
③ =$B$2+$C$2<=170
④ =B2+C2<=170

- [A2:C5] 영역을 마우스로 드래그하여 범위를 설정한 다음 [홈] 탭-[스타일] 그룹-[조건부 서식]-[새 규칙]을 선택하여 실행함
- [새 서식 규칙] 대화 상자에서 '수식을 사용하여 서식을 지정할 셀 결정'을 선택한 다음 "=$B2+$C2<=170"을 입력하고 서식을 지정하고 [확인]을 클릭함
- 행 전체에 셀 배경색을 지정하기 위해 열(B, C)은 절대참조($)로, 행은 상대참조로 함

06 다음 행 높이 설정에 관한 설명으로 틀린 것은?

① 행 머리글의 구분선에서 마우스를 더블클릭하면 그 행의 가장 작은 글자 크기에 맞추어 행 높이가 조정된다.
② 복수 개의 행을 범위로 설정한 상태에서 행의 높이를 조절하면 범위로 설정된 모든 행의 높이가 동일하게 설정된다.
③ 행 높이를 설정하려는 행에 셀 포인터를 위치시킨 후 [서식]-[행 높이]를 실행하여 표시되는 대화 상자에 원하는 값을 입력한다.
④ 행에 입력된 데이터의 글자 크기를 크게 설정하면 자동으로 행의 높이가 조절된다.

행 머리글의 구분선에서 마우스를 더블클릭하면 그 행의 가장 큰 글자 크기에 맞추어 행 높이가 조정됨

07 다음 중 워크시트에서 숨겨져 있는 [C열]과 [D열]을 다시 표시하기 위한 작업 과정에 대한 설명으로 옳은 것은?

① E열을 선택한 다음 마우스 오른쪽 단추를 눌러 숨기기 취소를 선택한다.
② B열에서 E열까지 드래그한 다음 창 메뉴에서 숨기기 취소를 선택한다.
③ D열을 선택한 다음 마우스 오른쪽 단추를 눌러 숨기기 취소를 선택한다.
④ B열에서 E열까지 드래그한 다음 마우스 오른쪽 단추를 눌러 숨기기 취소를 선택한다.

- 숨겨진 행이나 열을 다시 화면에 나타내려면 양쪽에 있는 행이나 열을 범위로 지정하고 [홈] 탭-[셀] 그룹-[서식]을 선택한 후 목록에서 [숨기기 및 숨기기 취소]-[행 숨기기 취소] 또는 [열 숨기기 취소]를 실행함
- 바로 가기 메뉴의 [숨기기] 및 [숨기기 취소]로 행과 열을 숨기거나 취소할 수 있음

08 다음 중 조건부 서식에 대한 설명으로 옳지 <u>않은</u> 것은?

① 조건부 서식에서 사용하는 수식은 등호(=)로 시작해야 한다.
② 규칙에 맞는 셀 범위는 해당 규칙에 따라 서식이 지정되고 규칙에 맞지 않는 셀 범위는 서식이 지정되지 않는다.
③ 조건부 서식이 적용된 후 셀 값이 바뀌어 규칙과 일치하지 않아도 셀 서식 설정은 해제되지 않는다.
④ 고유 또는 중복 값에 대해서만 서식을 지정할 수도 있다.

조건부 서식이 적용된 후 셀 값이 바뀌어 규칙과 일치하지 않으면 셀 서식 설정은 해제됨

09 다음 중 조건부 서식에 대한 설명으로 옳지 <u>않은</u> 것은?

① 조건부 서식의 규칙별로 다른 서식을 적용할 수 있다.
② 해당 셀이 여러 개의 조건을 동시에 만족하는 경우 가장 나중에 만족된 조건부 서식이 적용된다.
③ 조건을 수식으로 입력할 경우 수식 앞에 등호(=)를 반드시 입력해야 한다.
④ 조건부 서식에 의해 서식이 설정된 셀에서 값이 변경되어 조건에 만족하지 않을 경우 적용된 서식은 바로 해제된다.

여러 개의 규칙이 모두 만족될 경우 지정한 서식이 충돌하지 않으면 규칙이 모두 적용되며, 서식이 충돌하면 우선순위가 높은 규칙의 서식이 적용됨

10 다음 중 [B3:E6] 영역에 대해 아래 시트와 같이 배경색을 설정하기 위한 조건부 서식의 규칙으로 옳은 것은?

◢	A	B	C	D	E
1					
2		자산코드	내용연수	경과연수	취득원가
3		YJ7C	10	8	660,000
4		S2YJ	3	9	55,000
5		TS1E	3	6	134,000
6		KS4G	8	3	58,000

① =MOD(COLUMNS($B3),2)=0
② =MOD(COLUMNS(B3),2)=0
③ =MOD(COLUMN($B3),2)=0
④ =MOD(COLUMN(B3),2)=0

• MOD(수1, 수2) : 수1을 수2로 나눈 나머지 값을 구함
• COLUMN(열 번호를 구하려는 셀) : 참조의 열 번호를 반환함
• =MOD(COLUMN(B3),2)=0 : COLUMN(B3)에 의해 B열의 열 번호 2를 가지고 2로 나눈 나머지가 0이면 참이되므로 조건부 서식이 적용됨. 따라서 B열과 D열(열 번호 4)은 나머지가 0이 되어 조건부 서식이 적용됨

오답 피하기

COLUMNS(배열이나 배열 수식 또는 열 수를 구할 셀 범위에 대한 참조) : 배열이나 참조에 들어 있는 열의 수를 반환함

CHAPTER 03

수식 활용

수식 보기 방법과 셀 참조를 쉽게 이해하고 익히기 위해서는 수식을 직접 입력하여 결과를 확인하는 공부 방법이 좋습니다. 함수는 무엇보다도 형식을 이해하고 결과를 예측할 수 있을 정도의 반복적인 실습을 통한 학습이 중요합니다.

출제빈도

SECTION 01	하	9%
SECTION 02	중	13%
SECTION 03	하	1%
SECTION 04	중	22%
SECTION 05	중	23%
SECTION 06	상	35%

수식의 기본 사용법

▶ 합격 강의

출제빈도 상 중 **하**
반복학습 ① ② ③

빈출 태그 수식 보기 • 문자열 연산자 • 셀 참조 • 오류 값

---

01 수식의 작성

★ **상수**
• 숫자 100, '컴퓨터'와 같은 텍스
트, 2009-12-25와 같은 날짜
등 계산되지 않는 값을 상수라
고 함
• 수식으로부터 만들어지는 값은
상수가 아님
• 수식에서 다른 셀의 값을 참조
하지 않고 상수를 이용하여 계
산하는 경우에는 수식을 직접
수정할 때만 수식의 결과가 변
경됨

1) 수식 작성 규칙 09년 4월, 08년 8월, 07년 2월, 06년 5월

• 셀에 입력된 데이터와 상수, 연산자 등으로 계산을 수행하여 결과 값을 산출하는
것을 수식이라고 한다.
• 수식은 등호(=) 또는 더하기 기호(+)로 시작해야 하며, 상수★, 연산자, 함수, 함
수의 인수 등으로 수식을 구성한다.
• 수식에 문자열이 사용될 때에는 큰따옴표(" ")로 묶어줘야 한다.
• 수식이 입력된 셀은 계산 결과를 표시하고, 수식 입력줄에는 입력한 수식이 나타난다.

E2		ⅈ	× ✓ fx	=SUM(B2:D2)		← 입력한 수식이 표시됨
ⅈ	A	B	C	D	E	F
1	성명	국어	영어	수학	합계	
2	홍길동	100	90	70	260	← 계산 결과가 표시됨
3	왕정보	50	68	78	196	
4	한액셀	76	81	87	244	
5	곽영일	88	100	90	278	
6						

2) 수식 보기 09년 10월, 06년 2월, 05년 2월, 03년 7월

• [파일] 탭-[옵션]-[Excel 옵션]-[고급]-'이 워크시트의 표시 옵션'의 '계산 결과 대신
수식을 셀에 표시' 항목을 선택하거나 [수식] 탭-[수식 분석] 그룹의 [수식 표시]를 선
택하면 수식이 입력된 셀에 결과 값이 표시되는 대신 실제 수식 내용이 표시된다.
• Ctrl + ~ 를 눌러 수식 보기와 수식의 결과 보기 상태로 전환할 수 있다.

ⅈ	A	B	C	D	E	
1	성명	국어	영어	수학	합계	
2	홍길동	100	90	70	=SUM(B2:D2)	
3	왕정보	50	68	78	=SUM(B3:D3)	← 수식 내용이 표시됨
4	한액셀	76	81	87	=SUM(B4:D4)	
5	곽영일	88	100	90	=SUM(B5:D5)	

• [셀 서식] 대화 상자의 [보호] 탭에서 '숨김'을 선택하고 워크시트를 보호했을 경우
에는 수식 입력줄에 원본 수식이 나타나지 않는다.
• 수식이 입력된 셀을 더블클릭한 다음 수식 일부를 블록으로 지정하고, F9 를 누르
면 선택한 부분의 결과를 미리 확인할 수 있으며 수식은 결과 값으로 변경된다.

F9 : 수식을 상수로 변환

ⅈ	A	B	C	D
1				
2		=100+200+300		
3				

➡

ⅈ	A	B	C	D
1				
2		=600		
3				

▲ 더블클릭 후 수식을 블록 설정함   ▲ F9 를 누른 결과

[Excel 옵션]-[수식]의 통합 문서 계산이 '수동'인
경우 [지금 계산]의 바로 가기 키가 되기도 함

3) 연산자의 종류

① 산술 연산자 21년 상시, 08년 10월

수치 데이터에 대한 사칙 연산을 수행한다.

+	더하기	*	곱하기	%	백분율
−	빼기	/	나누기	^	거듭제곱

② 비교 연산자

데이터의 크기를 비교하여 조건식이 맞으면 TRUE(참), 그렇지 않으면 FALSE(거짓)로 결과를 표시한다.

〉	크다(초과)	〉=	크거나 같다(이상)	=	같다
〈	작다(미만)	〈=	작거나 같다(이하)	〈〉	같지 않다

③ 문자열 연산자(&) 06년 7월

두 개의 데이터를 하나로 연결하여 표시한다.

수식	결과	수식	결과
="박달" & "나무"	박달나무	=100 & "점"	100점

④ 참조 연산자 12년 3월

셀 범위를 지정하거나 여러 개의 셀을 하나로 결합한다.

콜론(:)	범위 연산자	연속적인 범위의 영역을 하나의 참조 영역으로 지정함 예 A1:A20 → [A1] 셀부터 [A20] 셀까지
쉼표(,)	구분 연산자	• 쉼표로 구분한 참조 영역을 하나의 참조 영역으로 지정함 • 함수 등에서 서로 떨어진 범위를 참조할 때 사용함 예 A1, A5, B1:B5 → [A1] 셀과 [A5] 셀, [B1] 셀부터 [B5] 셀까지
공백( )	교점 연산자	두 참조 영역의 교차 지점에 있는 참조 영역을 지정함 예 A1:D7 C5:E7 → 두 범위의 교차 지점 [C5] 셀부터 [D7] 셀까지 셀 참조
#	분산 범위 연산자	• 동적 배열 수식에서 전체 범위를 참조하는 데 사용됨 • 분산 범위를 자동으로 선택함 예 =SUM(A2#) → [A2] 셀을 기준으로 분산 범위의 합계를 구함

범위 연산자와 구분 연산자를 혼합해서 사용한 경우
예 =SUM(A1:A10, C1:C10)

⑤ 연산자 우선순위 08년 10월

• 하나의 수식에서 두 개 이상의 연산자가 함께 사용될 때 계산 순서를 정한다.
• 괄호로 수식의 일부분을 감싸주면 우선순위에 상관없이 항상 가장 먼저 연산되고, 우선순위가 같은 연산자는 입력 순서대로 연산된다.

우선순위	연산자	구분
1	콜론(:) → 쉼표(,) → 공백( )	참조 연산자
2	거듭 제곱(^)	
3	곱하기(*), 나누기(/)	산술 연산자
4	더하기(+), 빼기(−)	
5	〉, 〉=, 〈, 〈=, =, 〈〉	비교 연산자

수식이 들어 있는 셀 선택
• [홈] 탭-[편집] 그룹-[찾기 및 선택]을 선택한 후 목록에서 [이동]을 실행하여 [이동] 대화 상자에서 [옵션] 단추를 클릭하고 '수식 옵션'을 선택함
• 숫자, 텍스트, 논리값, 오류 중에서 선택할 데이터 유형을 선택하고 [확인]을 클릭함

02 수식의 오류 값 24년 상시, 23년 상시, 22년 상시, 21년 상시, 18년 3월/9월, 17년 9월, 16년 6월, 15년 3월/6월, …

수식을 계산할 수 없을 때 셀에 오류 값이 표시된다.

오류 값	발생 원인
####	데이터나 수식의 결과를 셀에 모두 표시할 수 없을 경우(열의 너비를 늘려주면 정상적으로 표시됨)
#VALUE!	• 수치를 사용해야 할 장소에 다른 데이터를 사용하는 경우 • 함수의 인수로 잘못된 값을 사용한 경우 — '수치', '값'의 의미가 있음
#DIV/0!	0으로 나누기 연산을 시도한 경우 — Divide의 축약으로 '나누기'를 의미함
#NAME?	• 함수 이름이나 정의되지 않은 셀 이름을 사용한 경우 • 수식에 잘못된 문자열을 지정하여 사용한 경우 — '이름?'의 의미로 '정의되지 않은 이름'을 의미함
#N/A	• 수식에서 잘못된 값으로 연산을 시도한 경우 • 찾기 함수에서 결과 값을 찾지 못한 경우 — 'Not Available'의 축약으로 '이용할 수 없음'을 의미함
#REF!	셀 참조를 잘못 사용한 경우 — 'Reference'의 축약으로 '참조'를 의미함
#NUM!	숫자가 필요한 곳에 잘못된 값을 지정한 경우 — 'Numeric'의 축약으로 '수'를 의미함
#NULL!	교점 연산자(공백)를 사용했을 때 교차 지점을 찾지 못한 경우 — '아무 가치 없는 공백'을 의미함
#SPILL!	• 동적 배열 함수가 사용된 동적 배열 수식에서 동적으로 반환되는 분산 범위의 셀의 개수가 다른 값이 입력되어 있어서 부족할 때 발생함 • 오류를 해결하려면 분산 범위에 입력된 값을 삭제하면 됨 — '흐르다, 쏟아지다, 흘리다'의 의미로 분산 범위에 값이 흘러 있음을 의미함
#CALC!	• 중첩된 배열 오류로 배열이 포함된 배열 수식을 입력하려고 할 때 발생하며 오류를 해결하려면 두 번째 배열을 제거함 • 배열 수식이 빈 집합을 반환할 때 빈 배열 오류가 발생하며 오류를 해결하려면 조건을 변경하거나 함수에 인수를 추가함 — 'Calculation(계산)'의 축약으로 계산 중 오류가 발생되는 것을 의미함

03 수식 분석 도구 사용하기 04년 2월

• [수식] 탭–[수식 분석] 그룹의 [참조되는 셀 추적]과 [참조하는 셀 추적]을 사용하여 수식을 분석한다.
• [E4] 셀에 수식 『=SUM(C4:D4)』가 입력되어 있을 때 [E4] 셀에서 [참조되는 셀 추적]을 선택하면 수식이 참조되는 셀로부터 연결선이 표시된다.
• [D6] 셀이나 [C7] 셀에서 [참조하는 셀 추적] 메뉴를 선택하면 [D6] 셀이나 [C7] 셀로부터 [D6] 셀이나 [C7] 셀을 참조하는 수식까지 연결선이 표시된다.

참조되는 셀 추적	수식이 입력된 셀에서 참조되는 셀을 추적함
참조하는 셀 추적	값이 입력된 셀을 참조하는 셀을 추적함
연결선 제거	연결되어 있는 모든 연결선을 제거함

참조되는 셀 연결선 제거	참조되는 셀 연결선을 제거함
참조하는 셀 연결선 제거	참조하는 셀 연결선을 제거함
수식 표시	시트의 수식을 표시함
오류 검사	숫자가 문자 데이터로 잘못 입력된 경우처럼 시트에 입력되어 있는 데이터의 오류를 검사함
수식 계산	수식 계산 창을 표시함
조사식 창	조사식 창을 표시함

이론을 확인하는 기출문제

▶ 합격 강의

01 다음 중 '=SUM(A3:A9)' 수식이 '=SUM(A3A9)'와 같이 범위 참조의 콜론(:)이 생략된 경우 나타나는 오류 메시지로 옳은 것은?

① #N/A ② #NULL!
③ #REF! ④ #NAME?

#NAME? : 함수 이름이나 정의되지 않은 셀 이름을 사용한 경우, 수식에 잘못된 문자열을 지정하여 사용한 경우

오답 피하기

• #N/A : 수식에서 잘못된 값으로 연산을 시도한 경우, 찾기 함수에서 결과 값을 찾지 못한 경우
• #NULL! : 교점 연산자(공백)를 사용했을 때 교차 지점을 찾지 못한 경우
• #REF! : 셀 참조를 잘못 사용한 경우

02 다음 중 입력한 수식에서 발생한 오류 메시지와 그 발생 원인으로 옳지 않은 것은?

① #VALUE! : 잘못된 인수나 피연산자를 사용했을 때
② #DIV/0! : 특정 값(셀)을 0 또는 빈 셀로 나누었을 때
③ #NAME? : 함수 이름을 잘못 입력하거나 인식할 수 없는 텍스트를 수식에 사용했을 때
④ #REF! : 숫자 인수가 필요한 함수에 다른 인수를 지정했을 때

#REF! : 셀 참조를 잘못 사용한 경우에 발생함

오답 피하기

#NUM! : 숫자 인수가 필요한 함수에 다른 인수를 지정했을 때

03 다음 중 [D2] 셀의 결과 값을 통해 알 수 있는 함수식으로 옳은 것은?

	A	B	C	D
1	이름	평균	석차	비고
2	이세종	85	1	이세종의 석차
3	김수로	70	2	김수로의 석차
4	박혁거세	65	3	박혁거세의 석차

① =A2 "&" 의 석차 ② ="A2" "&" "의 석차"
③ ="A2" &"의 석차" ④ =A2 &"의 석차"

• 문자열 연산자(&) : 두 개의 데이터를 하나로 연결하여 표시함
• 문자열은 큰따옴표를 이용함("의 석차")
• =A2 &"의 석차" : A2 셀의 이름과 "의 석차"를 연결함

04 다음 시트의 [C2:C3] 셀처럼 수식을 작성한 셀에 결과값 대신 수식 자체가 표시되도록 하는 방법으로 옳지 않은 것은?

	A	B	C
1	국어	국사	총점
2	93	94	=SUM(A2:B2)
3	92	88	=SUM(A3:B3)

① [파일] 탭-[옵션]-[Excel 옵션]-[고급]-'이 워크시트의 표시 옵션'의 '계산 결과 대신 수식을 셀에 표시' 항목을 선택한다.
② [수식] 탭-[수식 분석] 그룹의 [수식 표시]를 선택한다.
③ Ctrl + ~ 누른다.
④ [셀 서식]-[표시 형식] 탭에서 '수식'을 선택한다.

[셀 서식]-[표시 형식] 탭에서 '수식'은 지원되지 않음

정답 01 ④ 02 ④ 03 ④ 04 ④

▶ 합격 강의

빈출 태그 상대 참조 • 절대 참조 • 혼합 참조 • 3차원 참조 • 이름 사용

---

01 셀 참조 24년 상시, 16년 6월, 15년 10월, 11년 7월, 03년 2월

1) 참조의 의미

• 수식에서 다른 셀에 입력된 데이터를 사용할 경우 입력된 실제 데이터 대신 셀 주소를 사용한다.
• 수식에서 참조된 셀의 데이터가 변경되면 수식의 결과도 영향을 받아 자동 변경된다.
• 같은 워크시트, 다른 워크시트, 다른 통합 문서의 셀이나 범위를 참조할 수 있다.
• 셀 주소의 형태에 따라 상대 참조(A1), 절대 참조($A$1), 혼합 참조($A1 또는 A$1)로 구분된다.

2) 상대 참조

• 상대 참조는 상대적인 위치의 관계이며 상대 참조로 입력된 수식을 복사하였을 때 자동으로 참조 범위가 변경된다.
• 셀의 주소를 수식에 이용할 때의 형태는 셀의 주소를 그대로 입력한다. 예를 들어 보통 A1, C20 등이다.

🔟 따라하기 TIP

따라하기 파일 • Part02_Chapter03_상대참조.xlsx

다음 주어진 시트대로 데이터를 입력하고 상대 참조를 이용하여 수식을 작성해 보자.

	A	B	C	D	E	F	G	H
1			재고 관리 현황					
2								
3	품명코드	매입량	매입단가	매입금액	출고량	출고단가	출고금액	
4	C-12	100	15000	①	50	②	③	
5	A-01	25	5800	①	10	②	③	
6	C-23	30	25000	①	20	②	③	
7	A-88	500	5000	①	150	②	③	
8	B-33	20	6700	①	10	②	③	
9	K-18	60	3000	①	50	②	③	
10								

[처리 조건]

• 매입금액(①) : 매입량×매입단가
• 출고단가(②) : 매입금액에 10%로 산출
• 출고금액(③) : 출고량×출고단가

[처리 방법]

① 매입금액 [D4] 셀에 『=B4*C4』를 입력하고 Enter를 누른다.

	A	B	C	D	E	F	G	H
1				재고 관리 현황				
2								
3	품명코드	매입량	매입단가	매입금액	출고량	출고단가	출고금액	
4	C-12	100	15000	=B4*C4	50			
5	A-01	25	5800		10			
6	C-23	30	25000		20			
7	A-88	500	5000		150			
8	B-33	20	6700		10			
9	K-18	60	3000		50			
10								

② [D4] 셀을 클릭한 후 채우기 핸들을 더블클릭하거나 [D9] 셀까지 드래그하여 수식을 복사한다.

	A	B	C	D	E	F	G
1				재고 관리 현황			
2							
3	품명코드	매입량	매입단가	매입금액	출고량	출고단가	출고금액
4	C-12	100	15000	1500000	50		
5	A-01	25	5800		10		
6	C-23	30	25000	드래그	20		
7	A-88	500	5000		150		
8	B-33	20	6700		10		
9	K-18	60	3000	↓	50		

③ 출고단가 [F4] 셀에 『=D4*10%』를 입력하고 Enter를 누른다.

	A	B	C	D	E	F	G
1				재고 관리 현황			
2							
3	품명코드	매입량	매입단가	매입금액	출고량	출고단가	출고금액
4	C-12	100	15000	1500000	50	=D4*10%	
5	A-01	25	5800	145000	10		
6	C-23	30	25000	750000	20		
7	A-88	500	5000	2500000	150		
8	B-33	20	6700	134000	10		
9	K-18	60	3000	180000	50		

④ [F4] 셀을 클릭한 후 채우기 핸들을 더블클릭하거나 [F9] 셀까지 드래그하여 수식을 복사한다.

	A	B	C	D	E	F	G
1				재고 관리 현황			
2							
3	품명코드	매입량	매입단가	매입금액	출고량	출고단가	출고금액
4	C-12	100	15000	1500000	50	150000	
5	A-01	25	5800	145000	10		
6	C-23	30	25000	750000	20		드래그
7	A-88	500	5000	2500000	150		
8	B-33	20	6700	134000	10		
9	K-18	60	3000	180000	50	↓	

⑤ 출고금액 [G4] 셀에 『=E4*F4』를 입력하고 Enter를 누른다.

	A	B	C	D	E	F	G
1				재고 관리 현황			
2							
3	품명코드	매입량	매입단가	매입금액	출고량	출고단가	출고금액
4	C-12	100	15000	1500000	50	150000	=E4*F4
5	A-01	25	5800	145000	10	14500	
6	C-23	30	25000	750000	20	75000	
7	A-88	500	5000	2500000	150	250000	
8	B-33	20	6700	134000	10	13400	
9	K-18	60	3000	180000	50	18000	

⑥ [G4] 셀을 클릭한 후 채우기 핸들을 더블클릭하거나 [G9] 셀까지 드래그하여 수식을 복사한다.

▲	A	B	C	D	E	F	G
1				재고 관리 현황			
2							
3	품명코드	매입량	매입단가	매입금액	출고량	출고단가	출고금액
4	C-12	100	15000	1500000	50	150000	7500000
5	A-01	25	5800	145000	10	14500	
6	C-23	30	25000	750000	20	75000	
7	A-88	500	5000	2500000	150	250000	
8	B-33	20	6700	134000	10	13400	
9	K-18	60	3000	180000	50	18000	

드래그

[처리 결과]

- 수식을 일일이 입력하지 않고 한 번의 수식 입력으로 나머지 결과를 구할 수 있는 것은 바로 상대 참조의 효과이다.
- 다음은 채우기 핸들을 더블클릭하거나 드래그하여 복사한 경우, 수식의 상대적인 변화이다.

▲	A	B	C	D	E	F	G	H
1				재고 관리 현황				
2								
3	품명코드	매입량	매입단가	매입금액	출고량	출고단가	출고금액	
4	C-12	100	15000	=B4*C4	50	=D4*10%	=E4*F4	
5	A-01	25	5800	=B5*C5	10	=D5*10%	=E5*F5	
6	C-23	30	25000	=B6*C6	20	=D6*10%	=E6*F6	
7	A-88	500	5000	=B7*C7	150	=D7*10%	=E7*F7	
8	B-33	20	6700	=B8*C8	10	=D8*10%	=E8*F8	
9	K-18	60	3000	=B9*C9	50	=D9*10%	=E9*F9	
10								

- 만약 상대 참조를 이용하지 않는 경우 일일이 나머지 수식을 입력해야 하는 번거로움이 있으며 스프레드시트 프로그램을 이용하는 목적에서 멀어지게 된다. Ctrl+~를 누르거나 [수식] 탭-[수식 분석] 그룹의 [수식 표시]를 클릭하면 셀에 입력된 수식이 나타난다. 다시 결과 값을 나타낼 때는 Ctrl+~를 누르거나 [수식 표시]를 해제한다.

3) 절대 참조 14년 3월, 09년 4월, 05년 7월, 04년 11월

- 절대 참조를 이용한 수식은 복사하여도 변경되지 않는 참조이다. 결국 절대 변함이 없는 참조가 절대 참조이다.
- 수식에서 절대 참조를 이용하기 위해서는 셀 주소 앞에 $ 표시를 붙인다.
- 예를 들어 A1의 상대 참조를 $A$1처럼 입력하면 된다. 문제에서는 그 참조가 변화가 있으면 안되는 고정 참조값인 경우 절대 참조를 이용해야 한다는 것을 명심해야 한다.
- $ 표시는 직접 입력도 가능하지만 F4를 이용하여 자동 변환시킬 수도 있다.

🅑 기적의 TIP

절대 참조는 수식을 복사하여도 변하지 않습니다. 잊지 마세요!

따라하기 파일 • Part02_Chapter03_절대참조.xlsx

다음 주어진 시트대로 데이터를 입력하고 절대 참조를 이용하여 수식을 작성해 보자.

▲	A	B	C	D
1	누적 포인트 관리			
2				
3	고객명	금액	누적포인트	
4	왕정보	150000	①	
5	홍유경	250000	①	
6	한엑셀	300000	①	
7	홍준기	185000	①	
8	곽영일	657000	①	
9				
10	누적률	7%		

[처리 조건]

고객의 누적 포인트(①)는 금액에 누적률을 곱하여 계산한다(단, 누적률의 값은 [B10] 셀에 입력).

[처리 방법]

① [B10] 셀에 입력되어 있는 7%의 수치는 고정된 수치로 이용되어야 한다.

따라서 [C4] 셀에 『=B4*B10』으로 입력한 다음 F4를 누르면 '=B4*$B$10'로 변경된다.

▲	A	B	C	D
1	누적 포인트 관리			
2				
3	고객명	금액	누적포인트	
4	왕정보	150000	=B4*$B$10	
5	홍유경	250000		
6	한엑셀	300000		
7	홍준기	185000		
8	곽영일	657000		
9				
10	누적률	7%		

② Enter를 눌러 결과를 산출한 후 [C4] 셀의 채우기 핸들을 더블클릭하거나 [C8] 셀까지 드래그하여 수식을 복사한다.

▲	A	B	C	D
1	누적 포인트 관리			
2				
3	고객명	금액	누적포인트	
4	왕정보	150000	10500	
5	홍유경	250000		
6	한엑셀	300000		드래그
7	홍준기	185000		
8	곽영일	657000		
9				
10	누적률	7%		

③ 다음은 절대 참조를 이용하여 수식을 복사한 경우의 수식이다.

▲	A	B	C	D
1		누적 포인트 관리		
2				
3	고객명	금액	누적포인트	
4	왕정보	150000	=B4*$B$10	
5	홍유경	250000	=B5*$B$10	
6	한엑셀	300000	=B6*$B$10	
7	홍준기	185000	=B7*$B$10	
8	곽영일	657000	=B8*$B$10	
9				
10	누적률	0.07		

[처리 결과]

- 절대 참조를 이용한 경우이므로 $B$10은 변함이 없다. 만약 상대 참조를 이용하여 산출한 경우는 정상적인 결과가 나오지 않게 된다. 다음 예처럼 결과가 0이 나오게 된다.

	A	B	C	D
1	누적 포인트 관리			
2				
3	고객명	금액	누적포인트	
4	왕정보	150000	10500	
5	홍유경	250000	0	
6	한액셀	300000	0	
7	홍준기	185000	0	
8	곽영일	657000	0	
9				
10	누적률	7%		
11				

- 그 이유는 상대 참조를 이용한 경우이므로 B10이 B11, B12, B13, B14로 변하기 때문이다.

4) 혼합 참조 24년 상시, 14년 3월, 08년 2월, 06년 7월, 05년 7월

- 혼합 참조는 열과 행 중 어느 한쪽에만 절대 참조를 적용하고 나머지는 상대 참조를 사용한 것이다.
- 혼합 참조를 복사한 경우 절대 참조인 부분은 변하지 않고 상대 참조인 부분만 상대적인 변화를 보이게 된다.
- 상대, 절대, 혼합 참조의 지정은 수식 입력 시 셀 번지를 지정한 후 F4를 누른 횟수에 따라 다음과 같이 지정할 수 있다.

F4의 횟수	변환 형태	의미
1회	$A$1	A열과 1행 모두 절대 참조로 지정함
2회	A$1	A열은 상대, 1행은 절대 참조로 지정함
3회	$A1	A열은 절대 참조, 1행은 상대 참조로 지정함
4회	A1	A열, 1행 모두 상대 참조로 지정함

- 수식에 셀 주소를 입력할 때 '$' 기호를 입력하기도 하지만 셀 주소를 입력한 다음 F4를 누르면 키를 누를 때마다 자동으로 주소의 형태가 변경된다(C5 → $C$5 → C$5 → $C5).

5) 다른 워크시트의 셀 참조 16년 6월, 15년 10월, 10년 6월, 09년 2월, 06년 5월, 05년 10월, 04년 5월, 03년 5월

- 다른 워크시트에 있는 셀을 참조하려면 셀 주소 앞에 워크시트 이름을 표시해야 한다(예 =A5*Sheet2!A5).
- 워크시트 이름과 셀 주소 사이는 느낌표(!)로 구분하며, 워크시트 이름이 공백을 포함하는 경우 워크시트 이름을 작은따옴표(' ')로 감싼다(예 =A5*'성적 일람'!A5).

기적의 TIP

참조 내용 중 혼합 참조는 자주 출제되므로 실습을 통해 정확히 이해하는 것이 중요합니다. 혼합 참조의 예와 참조 간 변환 바로 가기 키인 F4를 눌러 변화는 형태를 꼭! 기억해 두세요.

6) 다른 통합 문서의 셀 참조 ^{23년 상시, 21년 상시, 13년 3월, 10년 6월, 09년 2월, 08년 5월, 06년 7월}

- 통합 문서의 이름을 대괄호([ ])로 둘러싸고, 워크시트 이름과 셀 주소를 입력한다
(예 =A5*[성적일람표.xlsx]Sheet1!A5).
- 통합 문서의 이름이 공백을 포함하는 경우 통합 문서와 시트 이름을 작은따옴표
(' ')로 감싼다(예 =A5*'[성적 일람표.xlsx]Sheet1'!A5).

7) 3차원 참조 ^{22년 상시, 14년 3월}

- 통합 문서의 여러 워크시트에 있는 같은 위치의 셀이나 셀 범위를 참조한다.
- 예를 들어 '=SUM(Sheet1:Sheet5!A1)'은 Sheet1에서 Sheet5까지 포함되어 있
는 모든 워크시트의 [A1] 셀의 합계를 구한다.
- 배열 수식에는 3차원 참조를 사용할 수 없다.

8) R1C1 참조 ^{04년 2월}

- [파일] 탭–[옵션]–[Excel 옵션]–[수식]의 '수식 작업'에서 'R1C1 참조 스타일' 확인
란을 선택하면 A1 참조 스타일 대신 R1C1 참조 스타일을 사용할 수 있다.
- R1C1 참조 스타일로 전환하면 워크시트에서 행 머리글과 열 머리글이 모두 아라
비아 숫자로 표시되고, 기존 수식에서 사용한 A1 참조 스타일은 모두 R1C1 참조
스타일로 자동 변경된다.
- 'R' 다음에 행 번호, 'C' 다음에 열 번호를 지정하여 셀 위치를 나타내는 형식이다.
- 상대 참조로 나타내려면 행 번호와 열 번호를 대괄호([ ])로 묶어 표기한다.
- 행 번호와 열 번호를 음수로 지정하면 현재 위치를 기준으로 위쪽의 행과 왼쪽의
열을 의미한다.
- 'R' 또는 'C' 다음에 행 번호와 열 번호를 지정하지 않으면 행 전체, 열 전체를 참조
한다.

참조 형식	설명
R2C2	2행 2열의 셀(B2)에 대한 절대 참조
R[2]C[2]	2행 2열의 셀(B2)에 대한 상대 참조
R[-2]C	같은 열에서 두 행 위에 있는 셀에 대한 상대 참조
R[-1]	한 행 위에 있는 행 전체에 대한 상대 참조
R	현재 행 전체에 대한 절대 참조

02 이름 사용 ^{14년 10월, 13년 6월}

- 셀이나 특정 영역에 알아보기 쉬운 이름을 정의해 두고, 이 이름을 사용하여 수식
을 작성하면 수식의 구성을 더욱 쉽게 알아볼 수 있다.
- 셀이나 범위 이외에 상수나 수식에도 이름을 정의할 수 있다.

B 기적의 TIP

다른 통합 문서의 셀 참조와
3차원 참조에 대한 문제가
출제되는 경향입니다. 혼돈하
지 않도록 정확히 익혀두세
요.

연결
다른 통합 문서에 있는 셀을 참조
하는 것

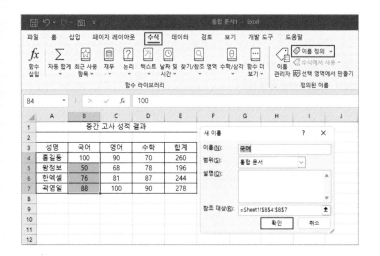

1) 이름 작성 규칙 23년 상시, 19년 3월/8월, 17년 9월, 16년 10월, 15년 3월, 14년 3월, 13년 10월, 12년 3월, 09년 10월, …

- 이름의 첫 글자는 문자나 밑줄(_), ₩만 사용할 수 있다.
- 나머지 글자는 문자, 숫자, 마침표(.), 밑줄(_)을 사용할 수 있다.
- 셀 주소와 같은 형태의 이름은 사용할 수 없다.
- 공백을 사용할 수 없으며, 낱말을 구분하려면 밑줄이나 마침표를 사용한다.
- 최대 255자까지 지정할 수 있으며, 대/소문자를 구분하지 않는다.
- 같은 통합 문서에서 동일한 이름을 중복하여 사용할 수 없다.
- 이름은 기본적으로 절대 참조로 정의된다.
- 정의된 이름은 다른 시트에서도 사용할 수 있다.

2) 이름 정의하기 04년 8월

- 방법 1 : 이름을 정의할 영역을 범위로 지정한 후 이름 상자에 원하는 이름을 입력하고 [Enter]를 누른다. 이미 정의된 이름을 입력하면 해당 영역을 선택해 준다.

성명	국어	영어	수학	합계
홍길동	100	90	70	260
왕정보	50	68	78	196
한옙셀	76	81	87	244
곽영일	88	100	90	278

- 방법 2 : [수식] 탭-[정의된 이름] 그룹-[이름 정의]를 실행한 후 원하는 이름과 참조 영역을 지정하고 [확인]을 클릭하면 목록에 추가된다.

기적의 TIP

이름 작성 규칙은 중요합니다. 첫 글자로 밑줄(_)을 사용할 수 있다는 것을 잊지마세요.

[이름 관리자] 바로 가기 키
[Ctrl]+[F3]

이름 상자의 기능
- 워크시트에서 선택한 셀 또는 셀 범위에 정의된 이름이 있으면 이름 상자에 해당 이름이 표시됨
- 이름 상자의 화살표 단추를 클릭하고 정의된 이름 중 하나를 클릭하면 해당 셀 또는 셀 범위가 선택됨
- 셀 또는 셀 범위를 지정한 다음 이름 상자를 클릭하고 이름을 입력한 후 [Enter]를 누르면 이름이 정의됨
- [Ctrl]을 누르고 여러 개의 셀을 선택한 경우 마지막 선택한 셀 주소가 표시됨
- 수식을 작성 중인 경우 최근 사용한 함수 목록이 표시됨
- 차트가 선택되어 있는 경우 차트가 만들어진 순서대로 '차트 1', '차트 2', …처럼 표시되며 차트의 종류가 표시되지는 않음

수식이나 상수에 이름 정의하기
- [수식] 탭-[정의된 이름] 그룹-[이름 정의]를 실행한 후 '이름' 상자에 이름을 입력하고, '참조 대상' 상자에 수식이나 상수를 입력함
- 수식이나 상수값에 이름을 정의하려면 등호(=)를 먼저 입력한 후 수식이나 상수 값을 입력해야 함

01 다음 중 셀 참조에 관한 설명으로 옳은 것은?

합격
강의

① 수식 작성 중 마우스로 셀을 클릭하면 기본적으로 해당 셀이 절대 참조로 처리된다.

② 수식에 셀 참조를 입력한 후 셀 참조의 이름을 정의한 경우에는 참조 에러가 발생하므로 기존 셀 참조를 정의된 이름으로 수정한다.

③ 셀 참조 앞에 워크시트 이름과 마침표(.)를 차례로 넣어서 다른 워크시트에 있는 셀을 참조할 수 있다.

④ 셀을 복사하여 붙여 넣은 다음 [붙여넣기 옵션]의 [연결하여 붙여넣기] 명령을 사용하여 셀 참조를 만들 수도 있다.

오답 피하기

• ① : 수식 작성 중 마우스로 셀을 클릭하면 기본적으로 해당 셀이 상대 참조로 처리됨

• ② : 수식에 셀 참조를 입력한 후 셀 참조의 이름을 정의한 경우에는 참조 에러가 발생하지 않음

• ③ : 셀 참조 앞에 워크시트 이름과 느낌표(!)를 차례로 넣어서 다른 워크시트에 있는 셀을 참조함

02 다음 중 'Sheet1'에서 'Sheet1'의 [A10] 셀과 '2월 매출' 시트의 [A1] 셀을 곱하는 수식으로 옳은 것은?

① =A1*2월 매출!A1

② =A10*[2월 매출]!A1

③ =A10*'2월 매출'!A1

④ =A10*"2월 매출"!A1

다른 시트의 셀 주소를 참조할 때 시트 이름은 따옴표(')로 표시하고 시트 이름과 셀 주소는 ! 기호로 구분해서 표시함

03 다음 중 동일한 통합 문서에서 Sheet1의 [C5] 셀, Sheet2의 [C5] 셀, Sheet3의 [C5] 셀의 합을 구하는 수식으로 옳은 것은?

합격
강의

① =SUM([Sheet1:Sheet3]!C5)

② =SUM(Sheet1:Sheet3![C5])

③ =SUM(Sheet1:Sheet3!C5)

④ =SUM(['Sheet1:Sheet3'!C5])

• 다른 워크시트의 셀 참조 시 워크시트 이름과 셀 주소 사이는 느낌표(!)로 구분함(예 =SUM(Sheet1:Sheet3!C5))

• 다른 통합 문서의 셀 참조 시 통합 문서의 이름을 대괄호([ ])로 묶음(예 =SUM([성적표.xlsx]Sheet1:Sheet3!C5))

04 다음 중 셀 범위를 선택한 후 그 범위에 이름을 정의하여 사용하는 것에 대한 설명으로 옳지 <u>않은</u> 것은?

① 이름은 기본적으로 상대 참조를 사용한다.

② 이름에는 공백이 없어야 한다.

③ 이름은 대소문자를 구별하지 않는다.

④ 정의된 이름은 다른 시트에서도 사용할 수 있다.

이름은 기본적으로 절대 참조를 사용함

▶ 합격 강의

빈출 태그 함수의 정의·중첩 함수·자동 합계·함수 마법사

기적의 TIP

함수의 정의와 중첩 함수의 개요, 자동 합계 단추의 기능에 대한 정확한 이해가 필요합니다. 함수 작성에 기본이 되는 내용이므로 이해하고 넘어가세요.

01 함수의 정의 04년 10월
┌ 함수는 'Function'이며, 의미대로 함수 이름에 '기능'이 부여되어 해당 이름에 맞는 복잡한 계산을 쉽게 계산 해 주는 역할을 담당함

• 복잡한 계산에 필요한 공식이 미리 정의되어 있어 함수 이름과 필요한 인수로 계산을 수행하는 것을 함수라고 한다.
• 함수는 반드시 괄호를 포함하고 있으며, 괄호 안에 쉼표(,)로 구분하여 인수를 지정한다.
┌ 함수의 괄호 안에 입력하는 값으로 함수의 규칙에 적합한 값을 입력해 되며 인수를 사용하지 않는 함수도 있음
• 인수에는 상수, 셀 참조, 다른 함수 등을 사용한다.
• 함수만 단독으로 사용하거나 다른 수식과 함께 사용할 수 있다.

=SUM(A1, B1 : B5, 500)

함수 이름   인수

02 중첩 함수 15년 10월

• 함수의 인수에 다른 함수를 사용하는 것을 중첩 함수라고 한다.
• 함수는 최대 64개의 수준까지 중첩하여 사용할 수 있다.
• 인수의 형태가 수치라면 중첩된 다른 함수의 결과 값도 수치이어야 한다.

=SUM(MAX(A1:A10), MIN(C1:C10))

SUM 함수의 인수로 사용한 다른 함수

개념 체크

1 인수에는 상수, 셀 참조, (   ) 등을 사용한다.
2 함수의 인수에 다른 함수를 사용하는 것을 (   ) 함수라고 한다.
3 함수는 최대 (   ) 개의 수준까지 중첩하여 사용할 수 있다.
4 모든 함수는 반드시 괄호를 포함하고 있다. (○, ×)
5 중첩 함수에서 인수의 형태가 수치라면 중첩된 다른 함수의 결과 값도 수치이어야 한다. (○, ×)

1 다른 함수 2 중첩
3 64 4 ○ 5 ○

03 자동 합계

시그마(Sigma)로 '수치의 합계'를 의미하는 기호임 ┐
• 합계를 구할 셀을 선택하고 [수식] 탭─[함수 라이브러리] 그룹─[자동 합계](Σ)를 클릭하면 SUM 함수와 합계를 계산할 범위가 자동으로 입력된다.
• 입력 범위가 맞을 경우 Enter 를 눌러 입력하고, 아니면 범위를 새로 지정한다.
• 합계를 구하고자 하는 범위와 결과가 입력될 범위가 서로 인접해 있을 경우 두 범위를 모두 포함하여 선택한 후 [자동 합계](Σ) 아이콘을 클릭하면 선택 영역의 가장 오른쪽이나 가장 아래쪽에 자동으로 SUM 함수가 입력된다. 이때에는 인수로 사용할 범위를 조정할 수 없고, 자동 설정된다.

- [자동 합계]([∑])의 자동합계를 클릭하여 평균, 숫자 개수, 최대값, 최소값 등의 함수를 이용할 수 있으며 기타 함수를 클릭하여 메뉴에 표시되지 않은 다른 함수를 이용할 수도 있다.
- 평균을 구할 [D2] 셀에서 [자동 합계]([∑])의 자동합계를 클릭하여 평균을 클릭한 다음 [Enter]를 누르면 평균이 산출된다.

	A	B	C	D	E	F
1	성명	컴일반	엑셀	평균		
2	구승원	70	=AVERAGE(B2:C2)			
3	지유환	80	AVERAGE(**number1**, [number2], ...)			
4	이선훈	90	90			
5	이상영	100	100			
6						

▲ [자동 합계]–[평균]을 실행하여 평균을 산출함

04 함수 마법사([Shift]+[F3]) 15년 10월

- 함수는 지정한 인수를 정확하게 입력해야 한다.
- 함수와 필요한 인수의 정보를 보면서 함수를 입력하려면 함수 마법사 기능을 사용한다.

따라하기 TIP

마법사 실행 순서

① 1단계 : 함수를 입력한 셀을 선택하고 [수식] 탭–[함수 라이브러리] 그룹–[함수 삽입]을 실행하거나 바로 가기 키([Shift]+[F3])를 누른다.

② 2단계 : 함수 목록이 나오면 입력할 함수를 선택한 후 [확인]을 클릭한다. 함수를 선택하면 대화 상자 하단에 해당 함수의 인수 구성과 간단한 설명이 표시된다.

기적의 TIP

함수 마법사의 단계별 기능에 대해 묻는 문제가 출제되므로 단계별 특징에 대해 반드시 혼돈하지 않도록 익혀두세요.

개념 체크

1 함수 마법사는 (   )를 눌러 실행할 수 있다.

2 자동 합계 기능을 사용하여 평균, 개수, 최대, 최소 등의 함수를 구할 수 있다. (○, ×)

3 함수 마법사를 사용하면 함수와 필요한 인수의 정보를 확인하며 함수를 입력할 수 있다. (○, ×)

1 [Shift]+[F3] 2 ○ 3 ○

③ 3단계 : [함수 인수] 대화 상자에서 함수에 필요한 인수를 지정하고 [확인]을 클릭하여 해
당 셀에 함수를 입력한다. 각 인수 입력 상자를 클릭하면 대화 상자 하단에 현재 인수에
대한 설명이 표시된다.

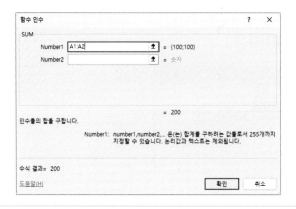

▶ 합격 강의

01 다음 중 함수와 인수에 대한 설명으로 가장 잘못된 것은?

① 일반적으로 인수에는 숫자값, 텍스트값, 셀 참조 영역, 함수 등이 사용된다.
② 함수만 단독으로 사용하거나 다른 수식과 함께 사용할 수 있다.
③ 함수 사용 시 인수는 세미콜론(;)으로 구분한다.
④ 인수는 함수의 계산에 필요한 값을 말한다.

함수 사용 시 인수는 쉼표(,)로 구분함

02 다음 중 함수 사용에 대한 설명으로 옳지 않은 것은?

① 함수 마법사는 [수식] 탭의 [함수 라이브러리] 그룹에 있는 [함수 삽입] 명령을 선택하거나 수식 입력줄에 있는 함수 삽입 아이콘()을 클릭하여 실행한다.
② [수식] 탭의 [함수 라이브러리] 그룹에서 범주를 선택하고 사용하고자 하는 함수를 선택하면 [함수 인수] 대화 상자가 표시된다.
③ 함수식을 직접 입력할 때에는 입력한 함수명의 처음 몇 개의 문자와 일치하는 함수 목록을 표시하여 선택하게 하는 함수 자동 완성 기능을 이용할 수 있다.
④ 중첩함수는 함수를 다른 함수의 인수 중 하나로 사용하며, 최대 3개 수준까지 함수를 중첩할 수 있다.

함수는 최대 64개의 수준까지 중첩하여 사용할 수 있음

정답 01 ③ 02 ④

수학과 삼각 함수/날짜와 시간 함수

▶ 합격 강의

빈출 태그 수학 함수 • 날짜와 시간 함수

① 수학과 삼각 함수

1) 수학 함수 24년 상시, 23년 상시, 22년 상시, 21년 상시, 20년 7월, 18년 9월, 16년 6월, 14년 6월/10월, 13년 6월, 12년 6월/9월, …

함수	기능
ABS(수)	수의 절대값(부호 없는 수)을 구함
POWER(수1, 수2)	수1을 수2만큼 거듭 제곱한 값을 구함
INT(수)	수를 가장 가까운 정수로 내린 값을 구함
RAND( )	0과 1 사이의 난수(정해져 있지 않은 수)를 구함
RANDBETWEEN(최소 정수, 최대 정수)	지정한 두 수 사이의 임의의 수를 반환함
MOD(수1, 수2)	수1을 수2로 나눈 나머지 값(수2가 0이면 #DIV/0! 오류 발생)을 구함
TRUNC(수1, 수2)	• 수1의 소수점 이하(수2)를 버리고 정수로 변환함 • 수2를 생략하면 0으로 처리됨

▶ 수학 함수 사용 예

예	결과	예	결과	예	결과
=ABS(−100)	100	=INT(8,7)	8	=MOD(100, 3)	1
=POWER(2, 3)	8	=INT(−8,7)	−9	=TRUNC(5,62)	5

2) 합계 함수 24년 상시, 21년 상시, 19년 3월, 18년 9월, 17년 3월/9월, 14년 6월, 13년 10월, 12년 9월, 10년 10월, 09년 2월/4월, …

함수	기능
SUM(수1, 수2,…) └ 합계	인수로 지정한 숫자의 합계를 구함(인수는 1∼255개까지 사용)
SUMIF(검색 범위, 조건, 합계 범위)	• 검색 범위에서 조건을 검사하여 조건을 만족할 경우 합계 범위에서 대응하는 셀의 합계를 계산 • SUMIF 함수의 합계 범위를 생략하면 검색 범위와 동일하게 인식됨
SUMIFS(합계 범위, 셀 범위1, 조건1, 셀 범위2, 조건2,…)	• 조건이 여러 개일 경우, 셀 범위1에서 조건1이 만족하고 셀 범위2에서 조건2가 만족되면 합계 범위에서 합을 산출함 • 조건은 최대 127개까지 지정 가능함

🅑 기적의 TIP

함수는 기능을 정확하게 이해하고 숙지한 다음 결과를 산출할 줄 아는 능력을 길러야 합니다. 엑셀 프로그램 없이 결과를 알아야 하므로 평소 학습 시에 함수의 특징을 정확히 파악해 두세요.

함수의 사전적 의미
• ABS : ABSolute Value 절대값
• POWER : 거듭 제곱
• INT : INTeger 정수
• RAND : RANDom 무작위의, 난수
• RANDBETWEEN : RAND(난수)+BETWEEN(사이)
• MOD : MODulo 나머지
• TRUNC : TRUNCation 끊음
• ODD : 홀수
• EVEN : 짝수

ODD(수)
주어진 수에 가장 가까운 홀수로, 양수인 경우 올림하고 음수인 경우 내림함(예 =ODD(4) → 5)

EVEN(수)
주어진 수에 가장 가까운 짝수로, 양수인 경우 올림하고 음수인 경우 내림함(예 =EVEN(5) → 6)

	A	B	C	D	E	F	G	H
1	부서명	성명	성별	실적		구분	결과	입력 함수
2	인사부	윤진이	여	10		[전직원 실적] 합계	101	=SUM(D2:D9)
3	전산부	정태용	남	20		[여자직원 실적] 합계	46	=SUMIF(C2:C9,"여",D2:D9)
4	홍보부	홍준기	남	8		[전산부의 남자직원 실적] 합계	35	=SUMIFS(D2:D9,A2:A9,"전산부",C2:C9,"남")
5	인사부	곽영일	남	12				
6	전산부	오신내	여	11				
7	전산부	왕정보	남	15				
8	인사부	홍유경	여	12				
9	홍보부	재성이	여	13				
10								

3) 반올림 함수 24년 상시, 23년 상시, 20년 7월, 18년 9월, 16년 3월/10월, 14년 10월, 11년 3월, 10년 3월/6월, 08년 8월, …

- ROUND, ROUNDUP, ROUNDDOWN 함수의 두 번째 인수는 자릿수를 나타낸다.
- 자릿수가 양수이면 반올림하여 지정한 소수 자릿수만큼 반환한다.
- 자릿수가 음수이면 소수점 왼쪽에서 반올림된다.
- 자릿수가 0이면 정수로 반올림된다.

함수	기능
ROUND(수1, 수2)	수1을 반올림하여 자릿수(수2)만큼 반환함
ROUNDUP(수1, 수2)	수1을 무조건 올림하여 자릿수(수2)만큼 반환함
ROUNDDOWN(수1, 수2)	수1을 무조건 내림하여 자릿수(수2)만큼 반환함

	A	B	C	D
1	인수	함수결과	입력함수	
2	4567.4567	4567.46	=ROUND(A2,2)	
3	4567.4567	4567	=ROUND(A3,0)	
4	4567.4567	4600	=ROUND(A4,-2)	
6	1234.1234	1234.13	=ROUNDUP(A6,2)	
7	1234.1234	1235	=ROUNDUP(A7,0)	
8	1234.1234	1300	=ROUNDUP(A8,-2)	
10	4567.4567	4567.45	=ROUNDDOWN(A10,2)	
11	4567.4567	4567	=ROUNDDOWN(A11,0)	
12	4567.4567	4500	=ROUNDDOWN(A12,-2)	
13				

02 날짜와 시간 함수 23년 상시, 22년 상시, 19년 3월, 17년 9월, 16년 6월, 15년 3월, 14년 6월, 12년 3월, 11년 3월, …

함수	기능
NOW( )	현재 컴퓨터 시스템의 날짜와 시간을 반환함
TODAY( )	현재 컴퓨터 시스템의 날짜만 반환함
DATE(연, 월, 일)	연, 월, 일에 해당하는 날짜 데이터를 반환함
YEAR(날짜), MONTH(날짜), DAY(날짜)	날짜의 연도, 월, 일자 부분만 따로 추출함
TIME(시, 분, 초)	시, 분, 초에 해당하는 시간 데이터를 반환함
HOUR(시간), MINUTE(시간), SECOND(시간)	시간의 시, 분, 초 부분만 따로 추출함
WEEKDAY(날짜)	날짜의 요일 번호를 반환함
DAYS(종료 날짜, 시작 날짜)	두 날짜 사이의 일 수를 계산함

EDATE(시작 날짜, 전후 개월수)	• 시작 날짜를 기준으로 전, 후 개월수를 반환함 • 월과 일이 같은 만기일이나 기한을 계산함
EOMONTH(시작 날짜, 전후 개월수)	• 시작 날짜를 기준으로 전, 후 개월의 마지막 날을 반환함 • 달의 마지막 날에 해당하는 만기일을 계산함
WORKDAY(시작 날짜, 전후 주말/휴일 제외 날짜수, 휴일)	• 시작 날짜의 전후 날짜수(주말, 휴일 제외한 평일)를 반환함 • 작업 일수, 배달일, 청구서 기한일 등을 계산함

※ 함수에 직접 날짜를 입력할 경우 큰따옴표(" ")로 묶어야 함

▶ 날짜와 시간 함수 사용 예

예	결과
=YEAR(TODAY( ))	현재 날짜의 연도
=YEAR(TODAY( ))−YEAR(A4)	현재 연도에서 [A4] 셀의 연도를 뺀 결과
=DATE(2025, 3, 23)	2025−03−23
=WEEKDAY(TODAY( ))	현재 날짜의 요일 번호

함수의 사전적 의미
• NOW : 지금(현재 날짜와 시간)
• TODAY : 오늘(날짜만)
• DATE : 날짜(연, 월, 일)
• YEAR, MONTH, DAY : 연, 월, 일
• TIME : 시간(시, 분, 초)
• HOUR, MINUTE, SECOND : 시, 분, 초
• WEEKDAY : 평일
• DAYS : 일 수
• EDATE : Elapse+DATE 흐른 (경과한) 날짜
• EOMONTH : End Of MONTH 월의 마지막 날
• WORKDAY : Work+Day 주말, 휴일 제외한 평일 작업 일수

	A	B	C	D	E
1	**입력함수**	**함수결과**			
2	=EDATE("2024-1-1",3)	2024-04-01			
3	=EOMONTH("2024-1-1",3)	2024-04-30		창립기념일(휴무)	
4	=WORKDAY("2024-4-1",7,D4)	2024-04-11		2024-04-10	
5					

1) WEEKDAY 함수 17년 9월, 11년 10월

> = WEEKDAY(일련 번호, 반환값의 종류)

일련번호	찾으려는 날짜를 나타내는 일련번호 날짜는 따옴표가 쳐진 텍스트 문자열(예 "2021-1-12")
반환값의 종류	• 반환값의 종류를 결정하는 숫자 • 1 또는 생략 : 1(일요일)에서 7(토요일) 사이의 숫자 • 2 : 1(월요일)에서 7(일요일) 사이의 숫자 • 3 : 0(월요일)에서 6(일요일) 사이의 숫자 • 11 : 1(월요일)에서 7(일요일) 사이의 숫자 • 12 : 1(화요일)에서 7(월요일) 사이의 숫자 • 13 : 1(수요일)에서 7(화요일) 사이의 숫자 • 14 : 1(목요일)에서 7(수요일) 사이의 숫자 • 15 : 1(금요일)에서 7(목요일) 사이의 숫자 • 16 : 1(토요일)에서 7(금요일) 사이의 숫자 • 17 : 1(일요일)에서 7(토요일) 사이의 숫자

• 현재 날짜 기본 값 범위를 벗어나면 #VALUE! 오류가 반환된다.
• 반환값의 종류가 지정된 범위를 벗어나면 #NUM! 오류가 반환된다.

A1	▼ : × ✓ fx	=WEEKDAY("2024-1-16")

	A	B	C	D	E	F
1	3					
2						

▲ 반환값의 종류를 결정하는 숫자가 생략된 경우(결과가 3이므로 화요일)

01 다음 중 함수식과 그 결과로 옳지 <u>않은</u> 것은?

① =ODD(4) → 5
② =EVEN(5) → 6
③ =MOD(18,−4) → −2
④ =POWER(5,3) → 15

• =POWER(수1,수2) : 수1을 수2 만큼 거듭 제곱한 값을 구함
• =POWER(5,3) → 125(5×5×5)

02 다음 중 시스템의 현재 날짜에서 연도를 구하는 수식으로 가장 올바른 것은?

① =year(days( ))
② =year(day( ))
③ =year(today( ))
④ =year(date( ))

• =Year(날짜) : 날짜의 연도만 따로 추출함
• =Today( ) : 현재 컴퓨터 시스템의 날짜만 반환함

03 다음 중 함수식에 대한 결과가 옳지 <u>않은</u> 것은?

① =Trunc(−5.6) → −5
② =Power(2,3) → 6
③ =Int(−7.2) → −8
④ =Mod(−7,3) → 2

• =POWER(수1,수2) : 수1을 수2 만큼 거듭 제곱한 값을 구함
• =POWER(2,3) → 2³(2×2×2) = 8

오답 피하기

• =Trunc(−5.6) → −5 : 음수에서 소수점 이하를 버리고 정수 부분(−5)을 반환함
• =Int(−7.2) → −8 : 소수점 아래를 버리고 가장 가까운 정수로 내리므로 −7.2를 내림, 음수는 0에서 먼 방향으로 내림
• =Mod(−7,3) → 2 : 나눗셈의 나머지를 구함

04 다음 중 입사일이 1989년 6월 3일인 직원의 오늘 현재까지의 근속 일수를 구하려고 할 때 가장 적당한 함수 사용법은?

① =TODAY( )−DAY(1989,6,3)
② =TODAY( )−DATE(1989,6,3)
③ =DATE(6,3,1989)−TODAY( )
④ =DAY(6,3,1989)−TODAY( )

• TODAY( ) : 현재 컴퓨터 시스템의 날짜를 반환
• DATE(연,월,일) : 연, 월, 일에 해당하는 날짜 데이터 반환
• ② =TODAY( )−DATE(1989,6,3) : 오늘 날짜까지의 근속 일수를 구함

05 다음 중 수식의 결과 값이 옳지 <u>않은</u> 것은?

① =RIGHT("Computer",5) → puter
② =EVEN(−3) → −4
③ =TRUNC(5.96) → 5
④ =AND(6<5, 7>5) → TRUE

= AND(6<5, 7>5) → FALSE (AND 함수는 두 조건이 모두 만족할 때만 TRUE가 됨)

오답 피하기

• =RIGHT("Computer",5) → puter (오른쪽에서 5개를 추출)
• =EVEN(−3) → −4 (음수이므로 내림 짝수를 구함)
• =TRUNC(5.96) → 5(=TRUNC(수1, 수2) : 수1을 무조건 내림하여 수2만큼 반환함, 수2 생략 시 0으로 처리되므로 5가 됨)

06 다음 중 함수를 실행한 결과가 옳지 <u>않은</u> 것은?

① =ROUNDUP(3.2,0) → 3
② =MOD(3,2) → 1
③ =ABS(−2) → 2
④ =MID("2026 월드컵",6,3) → 월드컵

• ROUNDUP(숫자,자릿수)은 올림 함수로 숫자를 지정한 자릿수에서 올림을 실행함
• ROUNDUP(3.2,0) : 3.2를 0자리에서 올림하여 4의 결과가 표시됨

오답 피하기

• ② =MOD(3,2) → 1 : 3을 2로 나눈 나머지를 구함
• ③ =ABS(−2) → 2 : −2의 절대값을 구함
• ④ =MID("2026 월드컵",6,3) → 월드컵 : 6번째 '월'부터 3글자를 추출함

정답 01 ④ 02 ③ 03 ② 04 ② 05 ④ 06 ①

출제빈도 상 ⓒ 하
반복학습 ① ② ③

▶ 합격 강의

빈출 태그 통계 함수 • 문자열 함수

01 통계 함수 24년 상시, 23년 상시, 22년 상시, 21년 상시, 20년 2월/7월, 19년 3월, 18년 9월, 16년 3월/10월, 15년 3월/10월, …

함수	기능
AVERAGE(수1, 수2,…)	인수로 지정한 숫자의 평균을 구함
AVERAGEA(인수1, 인수2,…)	인수들의 산술 평균을 구함(텍스트, 논리값 등 포함 가능)
AVERAGEIF(셀 범위, 조건, 평균 범위)	• 셀 범위에서 조건에 맞는 경우만 평균 범위에서 평균을 산출함 • 평균 범위 생략 시 셀 범위로 평균을 산출함
AVERAGEIFS(평균 범위, 셀 범위1, 조건1, 셀 범위2, 조건2,…)	• 조건이 여러 개일 경우, 셀 범위1에서 조건1이 만족하고 셀 범위2에서 조건2가 만족하는 경우 평균 범위에서 평균을 산출함 • 조건은 최대 127개까지 지정 가능함
LARGE(배열, k)	인수로 지정한 숫자 중 k번째로 큰 값을 구함
SMALL(배열, k)	인수로 지정한 숫자 중 k번째로 작은 값을 구함
MEDIAN(수1, 수2,…)	주어진 수들의 중간값(중위수)을 구함
MODE.SNGL(수1, 수2,…)	주어진 수들 중 가장 빈번하게 발생하는 수(최빈수)를 구함
MAX(수1, 수2, …)	인수 중에서 최대값을 구함(1~255개까지 사용)
MIN(수1, 수2, …)	인수 중에서 최소값을 구함(1~255개까지 사용)
MAXA(수1, 수2, …)	• 인수 중에서 최대값을 구함(논리값, 텍스트로 나타낸 숫자 포함) • TRUE : 1로 계산, 텍스트나 FALSE : 0으로 계산
MINA(수1, 수2, …)	• 인수 중에서 최소값을 구함(논리값, 텍스트로 나타낸 숫자 포함) • TRUE : 1로 계산, 텍스트나 FALSE : 0으로 계산
RANK.EQ(수, 범위, 방법)	대상 범위에서 수의 순위(방법을 생략하거나 0으로 지정하면 내림차순 순위, 0이 아닌 값으로 지정하면 오름차순 순위)를 구함
COUNT(인수1, 인수2 …)	인수 중에서 숫자의 개수를 구함
COUNTA(인수1, 인수2 …)	공백이 아닌 인수의 개수를 구함
COUNTIF(검색 범위, 조건)	검색 범위에서 조건을 만족하는 셀의 개수를 구함
COUNTIFS(셀 범위1, 조건1, 셀 범위2, 조건2,…)	• 조건이 여러 개일 경우, 셀 범위1에서 조건1이 만족하고 셀 범위2에서 조건2가 만족하는 경우의 개수를 산출함 • 조건은 최대 127개까지 지정 가능함
COUNTBLANK(검색 범위)	지정한 범위에 있는 공백 셀의 개수를 구함
STDEV.S(수1, 수2, …)	표본(인수들)의 표준 편차를 구함
VAR.S(수1, 수2, …)	표본(인수들)의 분산을 구함

🅱 기적의 TIP

COUNT와 COUNTA의 차이점과 각 여러 평균 함수의 의미를 정확히 알아두세요.

함수의 사전적 의미
• AVERAGE : 산술 평균
• AVERAGEA : Average+All 텍스트, 논리값 등을 포함한 산술 평균
• AVERAGEIF : Average+If 조건을 만족하는 산술 평균
• AVERAGEIFS : Average+Ifs 여러 조건에 만족하는 산술 평균
• LARGE : 커다란 수(몇 번째로)
• SMALL : 작은 수(몇 번째로)
• MEDIAN : 중위수(중간에 위치한 수)
• MODE : 최빈수(최고로 빈도가 높은 수)
• MAX : MAXimum 최대값
• MIN : MINimum 최소값
• MAXA : Max+All 논리값, 텍스트로 나타낸 숫자를 포함한 최대값
• MINA : Min+All 논리값, 텍스트로 나타낸 숫자를 포함한 최소값
• RANK : 석차, 등급, 순위, 지위
• COUNT : 세대(숫자의 개수만)
• COUNTA : Count+All 공백이 아닌 인수의 개수를 구함
• COUNTIF : Count+If 조건을 만족하는 셀의 개수를 구함
• COUNTIFS : Count+Ifs 여러 조건에 만족하는 셀의 개수를 구함
• COUNTBLANK : Count+Blank 공백 셀의 개수를 구함
• STDEV : STandard+DEViation 표준 편차
• VAR : VARiance 변화, 분산

	A	B	C	D	E	F	G	H	I
1	부서명	성명	성별	실적		구분	결과	입력 함수	
2	인사부	윤진이	여	10		[전직원 실적] 평균	12.625	=AVERAGE(D2:D9)	
3	전산부	정태용	남	20		[여자직원 실적] 평균	11.5	=AVERAGEIF(C2:C9,"여",D2:D9)	
4	홍보부	홍준기	남	8		[전산부의 남자직원 실적] 평균	17.5	=AVERAGEIFS(D2:D9,A2:A9,"전산부",C2:C9,"남")	
5	인사부	곽영일	남	12		[2 번째 큰] 실적	15	=LARGE(D2:D9,2)	
6	전산부	오신내	여	11		[2번째 작은] 실적	10	=SMALL(D2:D9,2)	
7	전산부	왕정보	남	15		[최고] 실적	20	=MAX(D2:D9)	
8	인사부	홍유경	여	12		[최소] 실적	8	=MIN(D2:D9)	
9	홍보부	재성이	여	13		[왕정보] 의 실적 순위	2	=RANK.EQ(D7,D2:D9)	
10						[전직원] 인원수	8	=COUNT(D2:D9)	
11						[공백] 이 아닌 셀의 개수	8	=COUNTA(B2:B9)	
12						[공백] 인 셀의 개수	0	=COUNTBLANK(B2:B9)	
13						성별이 [남자] 인 인원수	4	=COUNTIF(C2:C9,"남")	
14						실적이 [13] 이상인 인원수	3	=COUNTIF(D2:D9,">=13")	
15						[전산부의 남자직원] 인원수	2	=COUNTIFS(A2:A9,"전산부",C2:C9,"남")	
16									

	A	B	C	D
1	입력데이터		함수결과	입력함수
2	0.5	0.6	0.9	=MAX(A2:B5)
3	0.8	TRUE	1	=MAXA(A2:B5)
4	FALSE	0.1	0.1	=MIN(A2:B5)
5	0.9	0.7	0	=MINA(A2:B5)

1) RANK.EQ 함수 24년 상시, 22년 상시, 18년 3월, 15년 3월, 14년 3월, 13년 10월, 12년 9월, 07년 7월/10월

• RANK.EQ : 순위를 구하며 같은 값이 두 개 이상일 경우 해당 값 집합의 상위 순위를 구한다.

=RANK.EQ(순위 구할 수, 참조 범위, 순위 결정 방법)

순위 구할 수	순위를 구하려는 수
참조 범위	수 목록의 배열이나 참조 영역으로서, 숫자가 아닌 값은 무시됨(참조 범위는 절대 참조($)를 이용)
순위 결정 방법	• 순위 결정 방법을 정의하는 수 • 순위 결정 방법이 0이거나 생략되면 참조 범위가 내림차순으로 정렬된 목록처럼 순위를 부여함(예 높은 수치가 1등이 되는 경우 : 성적, 멀리 뛰기 등) • 순위 결정 방법이 0이 아니면 참조 범위가 오름차순으로 정렬된 목록처럼 순위를 부여함(예 낮은 수치가 1등이 되는 경우 : 달리기 기록, 교통 안전 순위 등)

🕐 암기 TIP

영생내
• 0이거나 생략하면 내림차순 즉, 높은 점수가 1등
• 통상적으로 높은 점수가 1등인 경우가 많으므로 생략

🕐 암기 TIP

오일(Oil)
• 오일은 기름이며 기름이 발라지면 오르기가 일이다.
• 오름차순은 일(0이 아닌 수) 즉, 낮은 점수가 1등

| C2 | | × ✓ fx | =RANK.EQ(B2,$B$2:$B$6) |

	A	B	C	D	E	F
1	성명	점수	RANK.EQ			
2	김성근	100	1			
3	조윤진	100	1			
4	홍범도	60	5			
5	김선	70	4			
6	이예린	80	3			
7						

▲ 순위 결정 방법이 생략된 경우이므로 높은 점수가 상위 등수가 됨

| D5 | | × ✓ fx | =RANK.EQ(C5,$C$4:$C$8,1) |

	A	B	C	D	E	F
1	100미터 달리기 순위 현황					
2						
3	국가명	선수명	기록(초)	순위		
4	미국	벤존슨	11	2		
5	한국	이쏜살	10	1		
6	자메이카	너볼트	12	3		
7	중국	씨에씨에	13	4		
8	일본	아리가토	14	5		

▲ 순위 결정 방법이 0이 아닌 1이므로 100미터 기록이 가장 빠른 이쏜살 선수가 1등이 됨

• [C2] 셀 : =RANK.EQ(B2,$B$2:$B$6) → 김성근, 조윤진이 같은 순위이므로 높은 순위 1이 반환됨

• [D5] 셀 : =RANK.EQ(C5,$C$4:$C$8,1) → 100미터 달리기 기록(초)이므로 가장 빠른 10초가 가장 낮은 수치이지만 순위 결정 방법이 1이므로 1등이 됨

02 문자열 함수 24년 상시, 23년 상시, 21년 상시, 20년 2월/7월, 17년 3월/9월, 15년 6월, 13년 6월, 12년 3월/6월, 11년 7월, …

함수	기능
LEFT(문자열, 개수)	문자열의 왼쪽에서 지정한 개수만큼 문자를 추출함
RIGHT(문자열, 개수)	문자열의 오른쪽에서 지정한 개수만큼 문자를 추출함
MID(문자열, 시작 위치, 개수)	문자열의 시작 위치에서부터 지정한 개수만큼 문자를 추출함
LOWER(문자열)	문자열을 모두 소문자로 변환함
UPPER(문자열)	문자열을 모두 대문자로 변환함
PROPER(문자열)	단어 첫 글자만 대문자로, 나머지는 소문자로 변환함
TRIM(문자열)	단어 사이에 있는 한 칸의 공백을 제외하고, 문자열의 공백을 모두 삭제함
EXACT(텍스트1, 텍스트2)	• 텍스트1과 텍스트2를 비교하여 일치하면 TRUE, 그렇지 않으면 FALSE를 반환함 • 영문의 경우 대소문자를 구분함
FIND(찾을 텍스트, 문자열, 시작 위치)	• 문자열에서 찾을 텍스트의 시작 위치를 반환함(시작 위치 생략 시 1로 간주함) • 찾을 텍스트가 없으면 #VALUE! 오류가 발생함 • 대소문자는 구분하나 와일드카드 문자(?, *)는 사용 못함 • SBCS(싱글바이트 문자 집합)★를 사용하는 언어에서 사용하며, 각 문자를 1로 계산함
REPT(반복할 텍스트, 반복 횟수)	• 반복 횟수(정수)만큼 반복할 텍스트를 표시함 • 결과는 32,767자 이하까지만 허용되며, 그렇지 않으면 #VALUE! 오류 값을 반환함
SEARCH(찾을 텍스트, 문자열, 시작 위치)	• 문자열에서 찾을 텍스트의 시작 위치를 반환함(시작 위치 생략 시 1로 간주함) • 찾을 텍스트가 없으면 #VALUE! 오류가 발생함 • 대소문자는 구분하지 않으나 와일드카드 문자(?, *)는 사용 가능함 • SBCS(싱글바이트 문자 집합)를 사용하는 언어에서 사용하며, 각 문자를 1로 계산함

기적의 TIP

문자열 함수에서는 특히 결과를 묻는 유형의 문제가 자주 출제됩니다. 사용 예를 통해 확실히 파악해 두세요.

★ SBCS(싱글바이트 문자 집합) 한글, 한자, 특수 문자 1글자를 1바이트로 처리함

함수의 사전적 의미
- LEFT : 왼쪽
- RIGHT : 오른쪽
- MID : 가운데, 중앙
- LOWER : LOWERcase 소문자
- UPPER : UPPERcase 대문자
- PROPER : 첫 자만 대문자로(적절한, 제대로 된)
- TRIM : 다듬다, 잘라 내다(공백을)
- EXACT : 정확한, 정밀한 비교(일치 여부)
- FIND : 찾다, 발견하다.
- REPT : REPeaT 반복하다
- SEARCH : 검색, 수색하다

▶ **문자열 함수 사용 예**

예	결과	예	결과
=LEFT("영진닷컴",2)	영진	=UPPER("2026 Word cup")	2026 WORLD CUP
=RIGHT("영진닷컴",2)	닷컴	=PROPER("2026 World cup")	2026 World Cup
=MID("영진닷컴",2, 2)	진닷	=TRIM(" 안녕하세요 ")	안녕하세요
=LOWER("2026 World cup")	2026 world cup		

C2 | fx =EXACT(A2,B2)

	A	B	C	D	E
1	입력1	입력2	일치여부		
2	Love	Love	TRUE		
3	PEACE	peace	FALSE		
4	Happy	Hapy	FALSE		
5	123	1 2 3	FALSE		
6	엑셀	엑셀	TRUE		

B2 | fx =REPT("■",A2)

	A	B	C	D
1	점수	실적막대		
2	2	■■		
3	5	■■■■■		
4	8	■■■■■■■■		
5	10	■■■■■■■■■■		
6	32768	#VALUE!		

기타 문자열 함수가 자주 출제되는 경향을 보이고 있습니다. 각 함수의 결과를 정확히 산출할 수 있도록 익혀두세요.

	A	B	C
1	입력자료	위치	입력함수
2	영진닷컴	3	=FIND("닷",A2)
3	Excellent	4	=FIND("e",A3)

	A	B	C
1	입력자료	위치	입력함수
2	영진닷컴	3	=SEARCH("닷?",A2)
3	Excellent	1	=SEARCH("e",A3)

▶ 기타 문자열 함수

함수의 사전적 의미
- REPLACE : 대신, 대체하다
- SUBSTITUTE : 대신, 교체하다
- LEN : LENgth 길이
- TEXT : 문자, 문서 서식
- FIXED : 고정된, 변치 않는
- CONCATENATE : 연결된, 이어진
- VALUE : 수치 값

함수	기능
REPLACE	시작 위치의 바꿀 개수만큼 텍스트1의 일부를 다른 텍스트2로 교체함
SUBSTITUTE	텍스트에서 찾을 위치의 텍스트를 찾아서 새로운 텍스트로 대체함
LEN	텍스트의 길이를 숫자로 구함
TEXT	값을 주어진 서식에 맞게 변환함
FIXED	숫자를 나타낼 소수점 자릿수나 콤마의 표시 유무에 맞게 나타냄
CONCAT	텍스트를 연결하여 나타냄
VALUE	숫자 형태의 텍스트를 숫자로 변경함

	A	B	C	D
1	함수 형식	입력함수	함수결과	
2	=REPLACE(텍스트1, 시작위치, 바꿀개수, 텍스트2)	=REPLACE("서울시",3,1," 특별시")	서울 특별시	
3	=SUBSTITUTE(텍스트, 찾을 텍스트, 새로운 텍스트, 찾을 위치)	=SUBSTITUTE("HAVE A NICE DEY!","E","A",3)	HAVE A NICE DAY!	
4	=LEN(텍스트)	=LEN("12 3")	4	
5	=TEXT(값, 서식)	=TEXT("1989-6-3","yyyy년 m월 d일(aaa)")	1989년 6월 3일(토)	
6	=FIXED(숫자, 나타낼 소수점 자리수나 콤마의 표시 유무)	=FIXED(PI(),4)	3.1416	
7	=CONCAT(텍스트1, 텍스트2, 텍스트3)	=CONCAT("중랑구","신내동")	중랑구신내동	
8	=VALUE(숫자 형태의 텍스트)	=VALUE("010")	10	
9				

이론을 확인하는 기출문제

▶ 합격 강의

01 아래 시트에서 'O'한 개당 20점으로 시험 점수를 계산하여 점수 필드에 표시하려고 할 때 [H2] 셀에 들어갈 수식으로 옳은 것은?

	A	B	C	D	E	F	G	H
1	수험번호	성명	문항1	문항2	문항3	문항4	문항5	점수
2	2001001	구대환	O	O	X	O	O	
3	2001002	김금지	X	O	O	O	X	
4	2001003	김은주	O	O	O	O	O	

① =COUNT(C2:G2,"O")*20
② =COUNTIF(C2:G2,"O")*20
③ =SUM(C2:G2,"O")*20
④ =SUMIF(C2:G2,"O")*20

=COUNTIF : 조건을 찾을 범위에서 조건을 만족하는 셀의 개수를 구함

오답 피하기
- =COUNT : 인수 중에 숫자의 개수를 구함
- =SUM : 인수들의 합계를 구함
- =SUMIF : 조건 범위에서 조건을 만족하는 데이터들의 합계를 구함

02 다음 중 아래 그림에서 [E2] 셀의 함수식이 =CHOOSE(RANK.EQ(D2,$D$2:$D$5),"대상","금상","은상","동상")일 때, 결과 값으로 옳은 것은?

	A	B	C	D	E	F
1	성명	이론	실기	합계	순위	
2	갈나래	47	45	92		
3	이석주	38	47	85		
4	박명권	46	48	94		
5	장영주	49	48	97		
6						

① 대상
② 금상
③ 은상
④ 동상

RANK.EQ(D2,$D$2:$D$5)는 합계가 높은 순으로 순위에 구하며 CHOOSE 함수가 적용되어 순위가 1이면 "대상", 2이면 "금상", 3이면 "은상", 4이면 "동상"이 됨. 갈나래는 순위가 3이므로 "은상"이 됨

정답 01 ② 02 ③

03 다음 중 학점[B3:B10]을 이용하여 [E3:E7] 영역에 학점별 학생 수만큼 '♣' 기호를 표시하고자 할 때, [E3] 셀에 입력해야 할 수식으로 옳은 것은?

⊿	A	B	C	D	E
1		**엑셀 성적 분포**			
2	이름	학점		학점	성적그래프
3	김현미	A		A	♣
4	조미림	B		B	♣♣♣♣
5	심기훈	F		C	♣
6	박원석	C		D	
7	이영준	B		F	♣♣
8	최세종	F			
9	김수현	B			
10	이미도	B			
11					

① =REPT("♣", COUNTIF(D3, $B$3:$B$10))

② =REPT(COUNTIF(D3, $B$3:$B$10), "♣")

③ =REPT("♣", COUNTIF($B$3:$B$10, D3))

④ =REPT(COUNTIF($B$3:$B$10, D3), "♣")

---

③ =REPT("♣", COUNTIF($B$3:$B$10, D3)) → ♣

• COUNTIF(검색 범위, 조건) : 검색 범위에서 조건을 만족하는 셀의 개수를 구함
• COUNTIF($B$3:$B$10, D3)) : [$B$3:$B$10] 범위에서 [D3] 셀의 값인 "A"의 개수를 구하므로 결과는 1이 됨
• REPT(반복할 텍스트, 반복 횟수) : 반복 횟수만큼 반복할 텍스트를 표시함
• REPT("♣", 1) : "♣" 기호를 1번 나타냄

04 아래의 워크시트에서 보기의 수식을 [A3:D3] 셀에 순서대로 입력하려고 한다. 다음 중 입력된 수식의 결과가 다른 것은?

⊿	A	B	C	D	E
1	컴퓨	터활용	컴퓨터활용		
2	컴퓨	퓨	터	활	용

① =LEFT(B1,2)&E2

② =MID(C1,3,2)

③ =RIGHT(C1,3)

④ =C2&D2&E2

• ①, ③, ④의 값은 '터활용', ②의 값은 '터활'이라고 표시됨
• MID(C1,3,2) : [C1] 셀의 내용('컴퓨터활용')에서 왼쪽에서 세 번째('터')부터 두 개의 문자('터활')를 표시함

오답 피하기

• ① : [B1] 셀의 내용('터활용')에서 왼쪽에서 두 자리('터활')를 가져온 후 [E2] 셀('용')을 결합
• ③ : [C1] 셀의 내용('컴퓨터활용')에서 오른쪽에서 세 자리('터활용')를 추출함
• ④ : [C2] 셀의 내용('터'), [D2] 셀의 내용('활'), [E2] 셀의 내용('용')을 결합

05 다음 시트에서 [B11] 셀에 "영업1부"의 인원수를 구하는 수식으로 옳은 것은?

⊿	A	B	C
1	성명	부서	
2	이대한	영업3부	
3	한상공	영업1부	
4	김선	영업2부	
5	지유환	영업1부	
6	이상영	영업2부	
7	이선훈	영업1부	
8	홍범도	영업3부	
9	곽기은	영업1부	
10			
11	영업1부 인원수		
12			

① =SUM(B2:B9, "영업1부")

② =SUMIF(B2:B9, "영업1부")

③ =COUNT(B2:B9, "영업1부")

④ =COUNTIF(B2:B9, "영업1부")

=COUNTIF(B2:B9, "영업1부") : COUNTIF 함수에 의해 조건인 "영업1부"만 계산하므로 그 결과는 4가 됨

06 다음 중 각 함수식과 그 결과가 옳지 않은 것은?

① =TRIM(" 1/4분기 수익") → 1/4분기 수익

② =SEARCH("세", "세금 명세서", 3) → 5

③ =PROPER("republic of korea") → REPUB-LIC OF KOREA

④ =LOWER("Republic of Korea") → republic of korea

=PROPER("republic of korea") → Republic Of Korea(각 단어의 첫 글자만 대문자로, 나머지는 소문자로 변환함)

오답 피하기

• ① : =TRIM(" 1/4분기 수익") → 1/4분기 수익(단어 사이에 있는 한 칸의 공백을 제외하고, 문자열의 공백을 모두 삭제함)
• ② : =SEARCH("세", "세금 명세서", 3) → 5("세"를 3번째 공백부터 시작하여 그 위치를 찾아서 위치값(5)을 표시함)
• ④ : =LOWER("Republic of Korea") → republic of korea(문자열을 모두 소문자로 변환하여 표시함)

정답 03 ③ 04 ② 05 ④ 06 ③

논리 함수/찾기와 참조 함수/D 함수

▶ 합격 강의

빈출 태그 논리 함수 • 찾기와 참조 함수

함수의 사전적 의미

- IF : 만약에 ~하면(조건)
- IFS : 복수 조건
- SWITCH : 바꾸다, 전환하다
- NOT : 부정, 반대
- AND : 그리고, 이고
- OR : 또는, 이거나
- TRUE : 참
- FALSE : 거짓
- IFERROR : IF+ERROR 오류이면

01 논리 함수 24년 상시, 22년 상시, 21년 상시, 20년 2월/7월, 16년 3월, 15년 6월, 14년 10월, 13년 6월, 12년 6월/9월, …

함수	기능
IF(조건식, 값1, 값2)	조건식이 참이면 값1, 거짓이면 값2를 반환함
IFS(조건식1, 참인 경우 값1, 조건식2, 참인 경우 값2, ……)	하나 이상의 조건이 충족되는지 확인하고 첫 번째 TRUE 조건에 해당하는 값을 반환함
SWITCH(변환할 값, 일치시킬 값 1 …[2–126], 일치하는 경우 반환할 값 1 …[2–126], 일치하는 값이 없는 경우 반환할 값)	값의 목록에 대한 하나의 값(식이라고 함)을 계산하고 첫 번째 일치하는 값에 해당하는 결과를 반환함
NOT(조건식)	조건식의 결과를 반대로 반환함
AND(조건1, 조건2,…)	모든 조건이 참이면 TRUE, 나머지는 FALSE를 반환함
OR(조건1, 조건2,…)	조건 중 하나 이상이 참이면 TRUE, 나머지는 FALSE를 반환함
TRUE( )	논리값 TRUE를 반환함
FALSE( )	논리값 FALSE를 반환함
IFERROR(수식, 오류 발생시 표시값)	수식의 결과가 오류 값일 때 다른 값(공백 등)으로 표시함

▶ 논리 함수의 사용 예

예	결과	예	결과
=IF(100>50, "크다", "작다")	크다	=AND(100>50, 100<50)	FALSE
=NOT(100>50)	FALSE	=OR(100>50, 100<50)	TRUE

C4	▼ : × ✓ fx	=IFERROR(A4/B4,"수식 오류")				
◢	A	B	C	D	E	F	G
1	수1	수2	나눗셈				
2	100	10	10				
3	200	10	20				
4	300	0	수식 오류				

� 기적의 TIP

IF 함수는 매우 중요합니다.
MID, AND, OR 함수와 함께
중첩의 형태로 자주 출제되
므로 중첩 예를 통해 확실히
파악해 두세요.

1) IF 함수 22년 상시, 21년 상시, 19년 3월, 14년 6월, 13년 3월, 11년 7월/10월, 09년 4월/7월/10월, 08년 5월/10월, 07년 7월, …

$$=IF(조건, 참, 거짓)$$

| G2 | ▼ | : | × | ✓ | fx | =IF(F2>=50,"우수","보통") |

▲	A	B	C	D	E	F	G	H	I	J
1	지점명	1월	2월	3월	합계	평균	평가			
2	동부	25	53	61	139	46	보통			
3	서부	57	21	80	158	53	우수			
4	남부	18	38	53	109	36	보통			
5	북부	45	87	12	144	48	보통			

▲ 기본 IF 함수 : 평균이 50점 이상이면 "우수", 50점 미만이면 "보통"을 표시함

중첩 IF 함수의 형식
• =IF(조건식1, 값1, IF(조건식2, 값2, 값3)) : 조건식1이 참이면 값1을 반환, 거짓이면 두 번째 IF의 조건식2를 검사하여 참이면 값2, 거짓이면 값3을 반환함
• =IF(조건식1, IF(조건식2, 값1, 값2), 값3)) : 조건식1이 참이면 두 번째 IF의 조건식2를 검사. 즉, 조건식1과 조건식2가 모두 참이면 값1, 조건식1은 참이고 조건식2가 거짓이면 값2, 조건식1이 거짓이면 값3을 반환함

| C2 | ▼ | : | × | ✓ | fx | =IF(B2>=90,"장학생",IF(B2>=70,"보통","노력요함")) |

▲	A	B	C	D	E	F	G	H	I	J
1	성명	점수	결과							
2	홍길동	60	노력요함							
3	한엑셀	70	보통							
4	왕정보	55	노력요함							
5	곽영일	100	장학생							
6	이근철	45	노력요함							

▲ 여러 IF 함수 중첩 : 점수가 90점 이상이면 "장학생", 90점 미만~70점 이상이면 "보통", 70점 미만이면 "노력요함"을 표시함

| F2 | ▼ | : | × | ✓ | fx | =IF(E2>=90,"수",IF(E2>=80,"우",IF(E2>=70,"미",IF(E2>=60,"양","가")))) |

▲	A	B	C	D	E	F	G	H	I	J
1	성명	국어	영어	수학	평균	평가				
2	이선훈	90	80	70	80	우				
3	지유환	80	55	90	75	미				
4	이상영	100	80	95	92	수				
5	건국중	56	65	78	66	양				
6	동창생	86	78	50	71	미				
7	홍영어	34	23	45	34	가				

▲ 여러 IF 함수 중첩 : 90점 이상이면 "수", 90점 미만~80점 이상이면 "우", 80점 미만~70점 이상이면 "미", 70점 미만~60점 이상이면 "양", 60점 미만이면 "가"를 표시함

| E2 | ▼ | : | × | ✓ | fx | =IF(D2>=2000000,D2*10%,IF(D2>=1000000,D2*5%,0)) |

▲	A	B	C	D	E	F	G	H	I	J
1	품명	수량	단가	금액	할인액					
2	컴퓨터	2	1,000,000	2,000,000	200,000					
3	모니터	3	500,000	1,500,000	75,000					
4	프린터	8	150,000	1,200,000	60,000					
5	마우스	25	8,000	200,000	0					
6	키보드	25	10,000	250,000	0					

▲ 여러 IF 함수 중첩 : 금액이 2,000,000원 이상이면 금액의 10%, 2,000,000원 미만 1,000,000원 이상이면 금액의 5% 1,000,000원 미만이면 0으로 할인액을 표시함

| B2 | ▼ | : | × | ✓ | fx | =IF(A2="S","영업부",IF(A2="H","홍보부",IF(A2="J","전산부",IF(A2="C","총무부","코드에러")))) |

▲	A	B	C	D	E	F	G	H	I	J	K	L
1	부서코드	부서명										
2	S	영업부										
3	H	홍보부										
4	J	전산부										
5	C	총무부										
6	Z	코드에러										

▲ 여러 IF 함수 중첩 : 부서코드에 따른 부서명을 표시함

| C2 | ▼ | : | × | ✓ | fx | =IF(MID(B2,8,1)="1","남자","여자") |

▲	A	B	C	D	E	F	G	H	I	J
1	성명	주민등록번호	성별							
2	안동국	600101-1234567	남자							
3	이승신	700202-2345678	여자							
4	백윤주	800117-2456777	여자							
5	나문수	500505-1112223	남자							
6	김현옥	801209-1555666	남자							
7	홍향숙	901008-2223334	여자							
8	나원주	970803-1999988	남자							

▲ IF 함수와 MID 함수 중첩 : 주민등록번호의 8번째 자리가 "1"이면 "남자", 아니면 "여자"를 표시함

2) AND / OR 함수 24년 상시, 12년 6월, 08년 5월, 06년 2월, 05년 10월, 04년 2월/5월, 03년 9월

— '또는'의 의미가 있으므로 인수 중 한 개라도 참(True)이면 True를 표시함

— '그리고'의 의미가 있으므로 모든 인수가 참(True)이면 True를 표시함

$$=AND(논리식1, 논리식2, \cdots) / =OR(논리식1, 논리식2, \cdots)$$

논리식1, 논리식2	TRUE 또는 FALSE로 판정받을 조건으로 1~255개까지 가능함

E2		× ✓ f_x	=IF(AND(B2="A",C2="A",D2="A"),"히트상품","")				
	A	B	C	D	E	F	G	H
1	모델명	안전성	견고성	디자인	평가	리콜여부		
2	HASG	A	A	A	히트상품			
3	HJK129	F	A	F		Recall		
4	PJY66	F	C	B		Recall		
5	HYK83	A	A	A	히트상품			
6	HTS69	A	A	A	히트상품			
7								

▲ IF 함수와 AND 함수 중첩 : 안전성, 견고성, 디자인 모두 "A"이면 "히트상품", 그렇지 않으면 공백을 표시함

F2		× ✓ f_x	=IF(OR(B2="F",C2="F",D2="F"),"Recall","")				
	A	B	C	D	E	F	G	H
1	모델명	안전성	견고성	디자인	평가	리콜여부		
2	HASG	A	A	A	히트상품			
3	HJK129	F	A	F		Recall		
4	PJY66	F	C	B		Recall		
5	HYK83	A	A	A	히트상품			
6	HTS69	A	A	A	히트상품			
7								

▲ IF 함수와 OR 함수 중첩 : 안전성, 견고성, 디자인 중 어느 하나라도 "F"이면 "Recall", 그렇지 않으면 공백을 표시함

3) IFS 함수 24년 상시 출제 예상

- 하나 이상의 조건이 충족되는지 확인하고 첫 번째 TRUE 조건에 해당하는 값을 반환한다.
- 여러 중첩된 IF문 대신 사용할 수 있으며 최대 127개까지 조건을 줄 수 있다.
- TRUE 조건이 없는 경우 #N/A 오류를 반환한다.

$$=IFS(조건식1, 참인 경우 값1, 조건식2, 참인 경우 값2, \cdots\cdots)$$

C2		× ✓ f_x	=IFS(B2>=90,"A",B2>=80,"B",B2>=70,"C",B2>=60,"D",TRUE,"F")						
	A	B	C	D	E	F	G	H	I	J
1	성명	점수	평가							
2	김선	89	B							
3	홍범도	98	A							
4	이예린	69	D							
5	보라매	75	C							
6	왕정보	59	F							
7										

▲ [B2]가 90점 이상이면 "A"를 반환하고, [B2]가 80점 이상이면 "B"를 반환하는 식으로 계속하다가 60점보다 작은 모든 값의 경우("TRUE")에는 "F"를 반환함

| C2 | ▼ | : | × | ✓ | fx | =IFS(MID(B2,8,1)="1","남",MID(B2,8,1)="2","여",MID(B2,8,1)="3","남",MID(B2,8,1)="4","여") |

	A	B	C	D	E	F	G	H	I	J	K
1	성명	주민등록번호	성별								
2	김선	890603-2012345	여								
3	홍범도	880101-1456789	남								
4	이예린	070117-4567899	여								
5	보라매	021209-3014419	남								
6											

▲ IFS 함수와 MID 함수 중첩 : 주민등록번호의 8번째 자리가 "1"이면 "남", "2"이면 "여", "3"이면 "남", "4"이면 "여"를 표시함

4) SWITCH 함수 24년 상시 출제 예상

- 값의 목록에 대한 하나의 값(식이라고 함)을 계산하고 첫 번째 일치하는 값에 해당하는 결과를 반환한다.
- 일치하는 항목이 없는 경우 선택적 기본 값(일치하는 값이 없는 경우 반환할 값)이 반환될 수 있다.
- 일치시킬 값과 일치하는 경우 반환할 값은 최대 126개까지 입력할 수 있다.
- 일치하는 값이 없고 제공된 기본 값 인수가 없는 경우 #N/A 오류를 반환한다.

=SWITCH(변환할 값, 일치시킬 값 1...[2-126], 일치하는 경우 반환할 값 1...[2-126], 일치하는 값이 없는 경우 반환할 값)

| B2 | ▼ | : | × | ✓ | fx | =SWITCH(A2,"C","캔디","S","스낵","I","아이스크림","D","음료수","M","우유","B","빵","일치하는 항목 없음") |

	A	B	C	D	E	F	G	H	I	J	K	L
1	제품코드	제품명										
2	C	캔디										
3	S	스낵										
4	I	아이스크림										
5	D	음료수										
6	M	우유										
7	B	빵										
8	X	일치하는 항목 없음										
9												

▲ [A2]의 제품코드에 따라 제품명을 반환하며 수식에 없는 제품코드는 기본 값인 "일치하는 항목 없음"으로 표시함

02 찾기와 참조 함수 24년 상시, 23년 상시, 22년 상시, 15년 3월, 13년 10월, 11년 7월, 04년 11월, 03년 9월

함수	기능
VLOOKUP(값, 범위, 열 번호, 방법)	범위의 첫 번째 열에서 값을 찾아 지정한 열에서 대응하는 값을 반환함
HLOOKUP(값, 범위, 행 번호, 방법)	범위의 첫 번째 행에서 값을 찾아 지정한 행에서 대응하는 값을 반환함
CHOOSE(검색값, 값1, 값2, …)	검색값이 1이면 값1, 2이면 값2, 순서로 값을 반환함
INDEX(범위, 행, 열)	범위에서 지정한 행, 열에 있는 값을 반환함

🅕 기적의 TIP

VLOOKUP, HLOOKUP 함수는 자주 출제되는 함수입니다. 정확히 이해하지 않으면 결과를 얻기 어려운 함수이므로 꼼꼼히 공부해 두세요.

기적의 TIP

VLOOKUP 함수의 V에 맞으면 열받죠! 그래서 V는 열 개념이랍니다. V는 Vertical로 열을 의미해요.

─ V(Vertical, 열)에서 찾는 개념임

함수의 사전적 의미

VLOOKUP : Vertical+LOOKUP
수직(열)으로 찾기

1) VLOOKUP 함수 24년 상시, 22년 상시, 20년 2월/7월, 19년 8월, 17년 3월, 16년 10월, 15년 6월, 14년 6월/10월, 11년 10월, …

표의 가장 왼쪽 열에서 특정 값을 찾아, 지정한 열에서 같은 행에 있는 셀의 값을 표시한다.

=VLOOKUP(찾을 값, 셀 범위 또는 배열, 열 번호, 찾을 방법)

찾을 값	표의 가장 왼쪽 열에서 찾고자 하는 값
셀 범위 또는 배열	찾고자 하는 값이 있는 범위나 배열
열 번호	같은 행에 있는 값을 표시할 열
찾을 방법	• 생략되거나 TRUE(=1)이면 셀 범위에 똑같은 값이 없을 때는 찾을 값의 아래로 근사값을 찾아주며, 이때 셀 범위 또는 배열은 첫 번째 열을 기준으로 오름차순으로 정렬되어 있어야 함 • FALSE(=0)로 지정되면 정확한 값을 찾아주며, 만약 그 값이 없을 때는 #N/A 오류가 발생함

★ =VLOOKUP(E2,$A$8:$B$13,2)
=VLOOKUP(E2,$A$8:$B$13,2,TRUE)
=VLOOKUP(E2,$A$8:$B$13,2,1)
생략하거나 True(1)인 경우 모두 같은 결과가 됨

▲ 찾을 방법을 FALSE(=0)로 지정한 경우

▲ 찾을 방법을 생략한 경우

2) HLOOKUP 함수 _{24년 상시, 22년 상시, 19년 8월, 18년 3월, 14년 6월, 11년 3월, 09년 4월, 04년 8월, 03년 9월, …}

H(Horizontal, 행)에서 찾는 개념임

표의 가장 첫 행에서 특정 값을 찾아, 지정한 행에 해당하는 열의 셀 값을 표시한다.

=HLOOKUP(찾을 값, 셀 범위 또는 배열, 행 번호, 찾을 방법)

찾을 값	표의 첫째 행에서 찾고자 하는 값
셀 범위 또는 배열	찾고자 하는 값이 있는 범위나 배열
행 번호	같은 열에 있는 값을 표시할 행
찾을 방법	• 생략되거나 TRUE(=1)이면 셀 범위에 똑같은 값이 없을 때는 찾을 값의 아래로 근사값을 찾아주며, 이때 셀 범위 또는 배열은 첫 번째 행을 기준으로 왼쪽에서 오른쪽으로 오름차순 정렬이 되어 있어야 함 • FALSE(=0)로 지정되면 정확한 값을 찾아주며, 만약 그 값이 없을 때는 #N/A 오류가 발생함

함수의 사전적 의미
HLOOKUP : Horizontal+LOOKUP 수평(행)으로 찾기

F2 `=HLOOKUP(E2,$A$9:$F$10,2)` ★

	A	B	C	D	E	F	G
1	성명	국어	영어	수학	평균	평가	
2	홍길동	50	50	50	50	가	
3	이순신	89	90	70	83	우	
4	유관순	100	90	80	90	수	
5	안철수	100	80	50	77	미	
6	홍영어	60	58	70	63	양	
7							
8							
9	평균	0	60	70	80	90	
10	평가	가	양	미	우	수	
11							

▲ 찾을 방법을 생략한 경우

★ =HLOOKUP(E2,$A$9:$F$10,2)
=HLOOKUP(E2,$A$9:$F$10,2, TRUE)
=HLOOKUP(E2,$A$9:$F$10,2,1)

VLOOKUP, HLOOKUP 함수의 마지막 인수
• 마지막 인수는 지정한 범위에서 값을 찾는 방법을 결정함
• 방법을 FALSE(=0)로 지정하면 정확하게 일치하는 값을 찾음
• 방법을 생략하거나 TRUE(=1)로 지정하면 찾는 값보다 작은 값 중에서 최대값을 찾으며, 이 때 범위의 첫 번째 행(또는 열)이 오름차순으로 정렬되어 있어야 원하는 값을 찾을 수 있음

B2 `=HLOOKUP(B1,A4:F5,2,0)`

	A	B	C	D	E	F	G
1	지역명	대전					
2	요금	15000					
3							
4	지역명	서울	천안	대전	양산	부산	
5	요금	5000	10000	15000	20000	30000	
6							
7							
8							
9							
10							
11							

▲ 찾을 방법을 FALSE(=0)로 지정한 경우

3) CHOOSE 함수 24년 상시, 22년 상시, 19년 8월, 18년 3월, 16년 3월, 15년 3월, 14년 3월, 12년 6월, 11년 10월, 10년 6월, …

'선택하다'의 의미로, 인덱스 번호 순으로 선택하여 결과를 돌려줌

=CHOOSE(인덱스 번호, 인수1, 인수2,…)

인덱스 번호	선택할 인수를 지정하며, 인덱스 번호는 반드시 1에서 254까지의 수이거나 1에서 254까지의 숫자를 포함하는 셀에 대한 수식이거나 참조 영역이어야 함
인수1, 인수2	• CHOOSE 함수가 인덱스 번호에 따라 값이나 작업을 선택할 때 사용되는 인수로 254개까지 지정할 수 있음 • 인수는 숫자, 셀 참조 영역, 정의된 이름, 수식, 매크로 함수, 텍스트 등임

- 인덱스 번호가 1이면 CHOOSE는 인수1을, 2이면 인수2를 구하며 나머지도 이와 같은 방법으로 구한다.
- 인덱스 번호가 1보다 작거나 목록의 최대값보다 크면 #VALUE! 오류 값을 표시한다. ── 데이터 유형이 잘못 사용되었을 때 나타나는 오류
- 인덱스 번호가 분수이면 소수점 이하를 잘라서 정수로 변환한다.

| C2 | : | × ✓ | fx | =CHOOSE(MID(B2,8,1),"남자","여자","남자","여자") |

▲	A	B	C	D	E	F	G	H
1	성명	주민등록번호	성별					
2	이상영	600101-1234567	남자					
3	김선	890603-2345678	여자					
4	이정아	800117-2456777	여자					
5	이선훈	500505-1112223	남자					
6	김기준	801209-1555666	남자					
7	지유순	000603-4223334	여자					
8	지용훈	000803-3999988	남자					
9								

▲ 주민등록번호의 8번째 자리가 "1"이나 "3"이면 "남자", "2"나 "4"면 "여자"로 표시함

| E4 | : | × ✓ | fx | =CHOOSE(D4,"금","은","동","","") |

▲	A	B	C	D	E	F	G
1	100미터 달리기 순위 현황						
2							
3	국가명	선수명	기록(초)	순위	메달		
4	미국	벤존슨	11	2	은		
5	한국	이쏜살	10	1	금		
6	자메이카	너볼트	12	3	동		
7	중국	씨에씨에	13	4			
8	일본	아리가토	14	5			
9							

▲ 순위에 따른 메달 집계 결과를 표시함

4) INDEX 함수

4) INDEX 함수 24년 상시, 22년 상시, 20년 7월, 19년 8월, 17년 3월, 16년 3월, 14년 6월, 09년 4월, 08년 10월, 04년 5월, …

'색인'의 의미로 행과 열 번호에 의해 값을 구함

• 셀 범위나 배열에서 참조나 값을 구한다.

$$\text{=INDEX(셀 범위나 배열, 행 번호, 열 번호)}$$

▲ [$C$2:$E$6] 범위에서 학과코드(행)와 학년(열)으로 해당 강의실을 표시함

• 참조형 INDEX 함수(참조가 인접하지 않은 영역으로 이루어진 경우, 찾을 영역을 선택)

형식	=INDEX(검색 범위, 행 번호, 열 번호, 참조 영역 번호)
기능	• 검색 범위의 참조 영역 번호에 해당하는 영역에서 행, 열 번호와 교차하는 위치의 값을 구함 • 인접하지 않은 범위를 참조로 입력하려면 참조를 괄호로 묶어야 함 • 행 번호나 열 번호를 0으로 설정하면 전체 열이나 행에 대한 참조가 각각 반환됨 • 참조 영역 번호를 생략하면 1로 간주함
보기	=INDEX((A1:C6, A8:C11), 2, 2, 2) • 참조 영역 번호가 2이므로 두 번째 영역인 [A8:C11]에서 2행, 2열의 교차 값을 구함 • (결과) : 3,550

▲ 참조 영역 번호가 2이므로 두 번째 영역인 [A8:C11]에서 2행, 2열의 교차 값을 구함(결과 : 3,550)

> **⑤ 기적의 TIP**
>
> INDEX와 MATCH 함수는 함께 사용되어 결과를 묻는 유형으로 출제되는 함수입니다. 기능을 정확히 이해해 두세요.

5) MATCH 함수 20년 07월

'일치하다'의 의미로 자료 값과 일치하는 상대 위치 또는 열을 표시함

찾고자 하는 자료 값과 일치하는 배열 요소를 찾아 상대 위치(몇 번째 행) 또는 열을 표시한다.

$$=MATCH(검색 자료, 배열, 검색 유형)$$

검색 유형	• 1 : 검색 자료보다 작거나 같은 값 중에서 최대값(조건 : 오름차순) • 0 : 검색 자료와 같은 첫 번째 값(조건 : 임의 순서) • −1 : 검색 자료보다 크거나 같은 값 중에서 최소값(조건 : 내림차순) • 검색 유형 생략 시 검색 유형은 1임

| E2 | ▼ : × ✓ fx =INDEX(A2:B6,MATCH(E1,A2:A6,0),2) |

	A	B	C	D	E	F	G	H
1	고객명	누적포인트		고객명	김선			
2	한엑셀	10		누적포인트	40			
3	김선	40						
4	곽영일	30						
5	윤진이	25						
6	홍영어	18						
7								

▲ [E1] 셀에 고객명을 입력하면 누적 포인트를 표시함

6) 기타 찾기와 참조 함수 24년 상시, 18년 9월

함수	기능
COLUMN(열 번호를 구하려는 셀이나 셀 범위)	참조의 열 번호를 반환함
COLUMNS(배열이나 배열 수식 또는 열 수를 구할 셀 범위에 대한 참조)	배열이나 참조에 들어 있는 열 수를 반환함
ROW(행 번호를 구할 셀 또는 셀 범위)	참조의 행 번호를 반환함
ROWS(행 수를 구할 배열, 배열 수식 또는 셀 범위의 참조)	참조나 배열에 있는 행 수를 반환함

	A	B	C
1	함수결과	입력함수	
2	1	=COLUMN()	
3	2	=COLUMN(B6)	
4	4	=COLUMN(D2)	
5	3	=COLUMNS(B1:D4)	
6	3	=COLUMNS({1,2,3;4,5,6})	
7			

▲ 배열이나 참조의 열 수를 표시함

| A2 | ▼ : × ✓ fx =ROW( )-1 |

	A	B	C	D	E
1	일련번호				
2	1				
3	2				
4	3				
5	4				
6	5				
7	6				
8	7				

▲ 행 번호에 1을 뺀 값을 표시함

	A	B	C
1	함수결과	입력함수	
2	5	=ROW(B5)	
3	5	=ROWS(C3:E7)	
4	2	=ROWS({1,2,3;4,5,6})	
5			
6			
7			
8			

▲ 행 번호, 행 수를 표시함

03 D(DATABASE) 함수 23년 상시, 22년 상시, 20년 7월, 19년 3월, 18년 3월, 16년 10월, 15년 6월/10월, …

함수	기능
DSUM(데이터베이스, 필드, 조건 범위)	조건을 만족하는 필드의 합계를 구함
DAVERAGE(데이터베이스, 필드, 조건 범위)	조건을 만족하는 필드의 평균을 구함
DCOUNT(데이터베이스, 필드, 조건 범위)	조건을 만족하는 필드의 개수(수치)를 구함
DCOUNTA(데이터베이스, 필드, 조건 범위)	조건을 만족하는 모든 필드의 개수를 구함
DMAX(데이터베이스, 필드, 조건 범위)	조건을 만족하는 필드의 최대값을 구함
DMIN(데이터베이스, 필드, 조건 범위)	조건을 만족하는 필드의 최소값을 구함
DVAR(데이터베이스, 필드, 조건 범위)	조건을 만족하는 필드의 분산값을 구함
DSTDEV(데이터베이스, 필드, 조건 범위)	조건을 만족하는 필드의 표준 편차값을 구함
DGET(데이터베이스, 필드, 조건 범위)	조건을 만족하는 필드의 값을 추출함
DPRODUCT(데이터베이스, 필드, 조건 범위)	조건을 만족하는 데이터들을 곱한 값을 구함

기적의 TIP

D 함수도 곧 잘 출제되는 함수입니다. 조건에 따른 함수의 종류와 바르게 사용된 보기를 고르는 형식의 문제가 출제됩니다.

1) 데이터베이스 범위

- 레코드(행)와 필드(열)로 이루어진 관련 데이터들의 목록이다.
- 데이터베이스의 첫째 행에는 각 열의 레이블이 들어 있다.

2) 열(필드) 제목

어떤 필드가 함수에 사용되는지를 나타낸다. "부서명" 또는 "연금"처럼 열 레이블을 큰따옴표로 묶은 텍스트로 필드 인수를 지정하거나, 첫째 필드는 1, 둘째 필드는 2처럼 필드 번호로 필드 인수를 지정할 수 있다.

3) 조건 범위

▲	A	B	C	D	E	F	G
1	성명	부서명	직책	연금		과장의 연금의 합	=DSUM(A1:D7,D1,A9:A10)★
2	김연아	인사부	과장	150,000		과장의 연금의 평균	=DAVERAGE(A1:D7,4,A9:A10)
3	박지성	홍보부	부장	200,000		연금 160,000 이상 인원수	=DCOUNT(A1:D7,D1,B9:B10)
4	곽영일	전산부	대리	100,000		과장 직책의 총원	=DCOUNTA(A1:D7,C1,A9:A10)
5	홍준기	영업부	과장	160,000		과장 중 최고 연금액	=DMAX(A1:D7,D1,A9:A10)
6	박태환	홍보부	대리	90,000		과장 중 최저 연금액	=DMIN(A1:D7,D1,A9:A10)
7	홍유경	인사부	과장	140,000		과장 연금의 분산값	=DVAR(A1:D7,D1,A9:A10)
8						과장 연금의 표준 편차	=DSTDEV(A1:D7,D1,A9:A10)
9	직책	연금				곽영일 연금 추출	=DGET(A1:D7,D1,A12:A13)
10	과장	>=160000				대리 연금의 곱	=DPRODUCT(A1:D7,D1,B12:B13)
11							
12	성명	직책					
13	곽영일	대리					

★ =DSUM(A1:D7,D1,A9:A10)
=DSUM(A1:D7,"연금",A9:A10)
=DSUM(A1:D7,4,A9:A10)

▲	A	B	C	D	E	F	G
1	성명	부서명	직책	연금		과장의 연금의 합	450,000
2	김연아	인사부	과장	150,000		과장의 연금의 평균	150,000
3	박지성	홍보부	부장	200,000		연금 160,000 이상 인원수	2
4	곽영일	전산부	대리	100,000		과장 직책의 총원	3
5	홍준기	영업부	과장	160,000		과장 중 최고 연금액	160,000
6	박태환	홍보부	대리	90,000		과장 중 최저 연금액	140,000
7	홍유경	인사부	과장	140,000		과장 연금의 분산값	100,000,000
8						과장 연금의 표준 편차	10,000
9	직책	연금				곽영일 연금 추출	100,000
10	과장	>=160000				대리 연금의 곱	9,000,000,000
11							
12	성명	직책					
13	곽영일	대리					

- 찾을 조건이 들어 있는 셀 범위로 최소한 한 개의 열 레이블과 그 아래 한 셀을 포함하는 범위이면 찾을 조건 인수로 사용할 수 있다.
- 조건 범위는 다른 셀에 미리 작성해 놓아야 한다.
- 조건 범위는 첫 번째 행에는 필드명(열 이름표)을 입력하고, 다음 행부터 조건을 입력한다.
- 조건이 동일한 행에 있으면 AND 조건, 서로 다른 행에 있으면 OR 조건이 된다.

➕ 더 알기 TIP

조건 범위 작성 예제

① '부서'가 '영업부'인 경우

부서
영업부

② AND 조건 : '부서'가 '영업부'이고 '점수'가 80점 이상인 경우

부서	점수
영업부	>=80

③ OR 조건 : '부서'가 '영업부'이거나 '점수'가 80점 이상인 경우

부서	점수
영업부	
	>=80

수식 조건 범위
- 데이터베이스 범위의 필드명과 다른 필드명을 사용함
- 조건은 등호(=)로 시작해야 하고, 수식의 결과가 TRUE 또는 FALSE로 평가되어야 함

이론을 확인하는 기출문제

 ▶ 합격 강의

01 다음 중 아래의 워크시트에서 '박지성'의 결석 값을 찾기 위한 함수식은?

▲	A	B	C	D
1	성적표			
2	이름	중간	기말	결석
3	김남일	86	90	4
4	이천수	70	80	2
5	박지성	95	85	5

① =VLOOKUP("박지성", $A$3:$D$5, 4, 1)
② =VLOOKUP("박지성", $A$3:$D$5, 4, 0)
③ =HLOOKUP("박지성", $A$3:$D$5, 4, 0)
④ =HLOOKUP("박지성", $A$3:$D$5, 4, 1)

- =VLOOKUP(찾을 값, 범위, 열 번호, 방법) : 범위의 첫 번째 열에서 찾을 값을 찾아서 지정한 열에서 같은 행에 있는 값을 표시함
- 찾을 값 → 박지성, 범위 → $A$3:$D$5, 열 번호 → 4(결석), 방법 → 0(정확한 값을 찾음), 1이면 찾을 값의 아래로 근사값
- =VLOOKUP("박지성", $A$3:$D$5, 4, 0) → 5

정답 01 ②

02 다음 중 판정 [G2:G5] 영역에 총점이 160 이상이면 '우수', 100 이상 160 미만이면 '보통', 100 미만이면 '노력'으로 입력하려고 할 경우 [G2] 셀에 입력할 수식으로 옳은 것은?

	A	B	C	D	E	F	G
1		번호	이름	영어	상식	총점	판정
2		1	원빈	97	80	177	우수
3		2	장동신	87	72	159	보통
4		3	현자	60	40	100	보통
5		4	한길	40	50	90	노력

① =IF(F2>=160,IF(F2>=100,"우수","보통","노력"))

② =IF(F2>=160,"우수",IF(F2>=100,"보통","노력"))

③ =IF(OR(F2>=160,"우수",IF(F2>=100,"보통","노력"))

④ =IF(F2>=160,"우수",IF(F2>=100,"보통",IF(F2=100,"노력")))

- 조건이 여러 개인 IF문의 형식은 =IF(조건, 참, IF(조건, 참, 거짓))처럼 표현함
- 첫 번째 조건인 총점(F2)이 160 이상(>=)이면 '우수' → =IF(F2>=160, "우수"
- 두 번째, 세 번째 조건인 총점이 100 이상 160 미만이면 '보통', 100 미만이면 '노력' → IF(F2>=100, "보통", "노력"))

03 다음 중 아래의 워크시트에서 몸무게가 70Kg 이상인 사람의 수를 구하고자 할 때 [E7] 셀에 입력할 수식으로 옳지 않은 것은?

	A	B	C	D	E	F
1	번호	이름	키(Cm)	몸무게(Kg)		
2	12001	홍길동	165	67		몸무게(Kg)
3	12002	이대한	171	69		>=70
4	12003	한민국	177	78		
5	12004	이우리	162	80		
6						
7	몸무게가 70Kg 이상인 사람의 수?				2	
8						

① =DCOUNT(A1:D5,2,F2:F3)

② =DCOUNTA(A1:D5,2,F2:F3)

③ =DCOUNTA(A1:D5,3,F2:F3)

④ =DCOUNTA(A1:D5,3,F2:F3)

- =DCOUNT(데이터베이스, 필드, 조건 범위) : 조건을 만족하는 필드 수치의 개수를 구함
- =DCOUNT(A1:D5,2,F2:F3) : 필드가 2이므로 "이름" 필드이며 "이름" 필드는 수치가 아니므로 0이 됨

E7			fx	=DCOUNT(A1:D5,2,F2:F3)		
	A	B	C	D	E	F	G
1	번호	이름	키(Cm)	몸무게(Kg)			
2	12001	홍길동	165	67		몸무게(Kg)	
3	12002	이대한	171	69		>=70	
4	12003	한민국	177	78			
5	12004	이우리	162	80			
6							
7	몸무게가 70Kg 이상인 사람의 수?				0		
8							

오답 피하기

- =DCOUNTA(데이터베이스, 필드, 조건 범위) : 조건을 만족하는 모든 필드의 개수를 구함
- =DCOUNTA(A1:D5,2,F2:F3) : DCOUNTA이므로 필드가 2인 "이름" 필드이더라도 조건에 만족하는 모든 필드의 개수를 구함(결과는 2가 됨)

04 다음 시트에서 함수식의 결과가 잘못된 것은?

	A	B	C	D
1	5	10	15	20
2	10	0.02	0.51	0.78
3	15	0.88	0.44	2.22
4	20	4.33	1.27	3.33
5	25	1.95	2.35	4.44

① =VLOOKUP(28,A1:D5,3) → 2.35

② =VLOOKUP(22,A1:D5,3) → 2.22

③ =HLOOKUP(17,A1:D5,4) → 1.27

④ =INDEX(A1:D5,3,4) → 2.22

=VLOOKUP(22,A1:D5,3) : 셀 영역(A1:D5)에서 찾을 값인 22와 가까운 근사값을 찾은 후 해당 셀 위치에서 3번째 열에 있는 값을 구함 → 1.27

오답 피하기

- =VLOOKUP(찾을 값, 셀 범위 또는 배열, 열 번호, 찾을 방법) : 셀 범위나 배열에서 찾을 값에 해당하는 행을 찾은 후 열 번호에 해당하는 셀의 값을 구함
- =HLOOKUP(찾을 값, 셀 범위 또는 배열, 행 번호, 찾을 방법) : 셀 범위나 배열에서 찾을 값에 해당하는 열을 찾은 후 행 번호에 해당하는 셀의 값을 구함
- =INDEX(셀 범위나 배열, 행 번호, 열 번호) : 특정한 셀 범위나 배열에서 행 번호와 열 번호에 해당하는 데이터를 구함

05 다음 시트에서 [D1] 셀에 아래와 같이 함수식을 입력하고, [D2] 셀까지 자동 채우기를 했을 경우 [D2] 셀의 결과 값으로 옳은 것은?

=IF(NOT(A1)B1),MAX(A1:C1),MIN(A1:C1))

	A	B	C	D	E
1	100	77	66	66	
2	88	89	68		
3					

① 88 ② 89 ③ 68 ④ 66

IF(조건,A,B)	조건이 참이면 A를 실행하고 아니면 B를 실행함
NOT(a)	a가 참이면 거짓으로, 거짓이면 참으로 논리값을 계산함
MAX()	인수의 값 중 최대값을 출력함
MIN()	인수의 값 중 최소값을 출력함

D2	▼	:	×	✓	fx	=IF(NOT(A2 > B2),MAX(A2:C2),MIN(A2:C2))		
▲	A	B	C	D	E	F	G	H
1	100	77	66	66				
2	88	89	68	89				
3								

=IF(NOT(A2>B2),MAX(A2:C2),MIN(A2:C2))

- [A2] 셀의 값(88)이 [B2] 셀(89)보다 크지 않으면(작으면) MAX(A2:C2)를 실행하고, 그렇지 않으면 MIN(A2:C2)를 실행함
- [A2] 셀의 값(88)이 [B2] 셀(89)보다 작으므로 [A2:C2]에서 최대값을 구함 → 89

06 아래 워크시트는 수량과 상품코드별 단가를 이용하여 금액을 산출한 것이다. 다음 중 [D2] 셀에 사용된 수식으로 옳은 것은?(단, 금액 = 수량 × 단가)

▲	A	B	C	D
1	매장명	상품코드	수량	금액
2	강북	AA-10	15	45,000
3	강남	BB-20	25	125,000
4	강서	AA-10	30	90,000
5	강동	CC-30	35	245,000
6				
7		상품코드	단가	
8		AA-10	3000	
9		CC-30	7000	
10		BB-20	5000	

① = C2 * VLOOKUP(B2, $B$8:$C$10, 2)

② = C2 * VLOOKUP($B$8:$C$10, 2, B2, FALSE)

③ = C2 * VLOOKUP(B2, $B$8:$C$10, 2, FALSE)

④ = C2 * VLOOKUP($B$8:$C$10, 2, B2)

- VLOOKUP 함수

기능	표의 가장 왼쪽 열에서 특정 값을 찾아, 지정한 열에서 같은 행에 있는 셀의 값을 표시함	
형식	=VLOOKUP(찾을 값, 셀 범위, 열 번호, 찾을 방법)	
찾을 값	표의 가장 왼쪽 열에서 찾고자 하는 값	
셀 범위	찾고자 하는 값이 있는 범위	
열 번호	같은 행에 있는 값을 표시할 열	
찾을 방법	TRUE(=1) 또는 생략	셀 범위에 똑같은 값이 없을 때는 찾을 값의 아래로 근사값을 찾아주며, 이때 셀 범위는 첫 번째 열을 기준으로 오름차순으로 정렬되어 있어야 함
	FALSE(=0)	정확한 값을 찾아주며, 만약 그 값이 없을 때는 #N/A 오류가 발생함

- VLOOKUP(B2, $B$8:$C$10, 2, FALSE) : 찾을 값인 [B2] 셀의 "AA-10"을 셀 범위인 [$B$8:$C$10] 상품코드 영역의 가장 왼쪽 열에서 찾아서 2열의 단가에 같은 행에 있는 값(3000)을 검색함. 이때 찾을 방법은 FALSE이므로 반드시 똑같은 값을 찾음
- "금액 = 수량 × 단가"이므로 수량이 있는 [C2]셀을 단가를 검색하는 수식에 곱(*)하여 금액을 산출함
- 따라서, 올바른 수식은 =C2 * VLOOKUP(B2, $B$8:$C$10, 2, FALSE)처럼 작성해야 함

07 다음 중 환자번호 [C2:C5]를 이용하여 성별 [D2:D5]을 표시하기 위해 [D2] 셀에 입력할 수식으로 옳지 않은 것은?(단, 환자번호의 4번째 문자가 'M'이면 '남', 'F'이면 '여' 임)

▲	A	B	C	D
1	번호	이름	환자번호	성별
2	1	박상훈	01-M0001	
3	2	서윤희	07-F1002	
4	3	김소민	02-F5111	
5	4	이진	03-M0224	
6				
7	코드	성별		
8	M	남		
9	F	여		

① =IF(MID(C2, 4, 1)="M", "남", "여")

② =INDEX($A$8:$B$9, MATCH(MID(C2, 4, 1), $A$8:$A$9, 0), 2)

③ =VLOOKUP(MID(C2, 4, 1), $A$8:$B$9, 2, FALSE)

④ =IFERROR(IF(SEARCH(C2, "M"), "남"), "여")

---

④ =IFERROR(IF(SEARCH("M",C2), "남"), "여")처럼 수식을 수정하면 올바른 결과가 산출됨

- SEARCH(찾을 텍스트, 문자열, 시작 위치) : 문자열에서 찾을 텍스트의 시작 위치를 반환함
- SEARCH(찾을 텍스트, 문자열, 시작 위치)이므로 SEARCH("M",C2)처럼 입력해야 함
- SEARCH("M",C2) : 01-M0001에서 M의 위치는 4번째이므로 결과가 4가 됨
- SEARCH("M",C3) : 07-F1002에서 M은 없으므로 #VALUE!가 결과가 됨
- IF문에 의해 SEARCH("M",C2)의 결과가 4가 나온 경우 "남"이 됨
- IFERROR문에 의해 #VALUE!인 경우 "여"가 결과가 됨

오답 피하기

① =IF(MID(C2, 4, 1)="M", "남", "여") → 남

- MID(C2, 4, 1) : [C2] 셀의 값 01-M0001의 네 번째에서 첫 글자를 추출하므로 "M"이 됨
- IF문에 의해 "M"이면 참이므로 결과가 "남"이 됨(결과가 거짓이면 "여"가 됨)

② =INDEX($A$8:$B$9, MATCH(MID(C2, 4, 1), $A$8:$A$9, 0), 2) → 남

- MID(C2, 4, 1) : [C2] 셀의 값 01-M0001의 네 번째에서 첫 글자를 추출하므로 "M"이 됨
- MATCH("M", $A$8:$A$9, 0) : [$A$8:$A$9] 범위에서 "M"과 같은 첫 번째 위치를 구하므로 결과는 1이 됨
- INDEX($A$8:$B$9, 1, 2) : [$A$8:$B$9] 범위에서 1행 2열의 값을 구하므로 결과는 "남"이 됨

③ =VLOOKUP(MID(C2, 4, 1), $A$8:$B$9, 2, FALSE) → 남

- MID(C2, 4, 1) : [C2] 셀의 값 01-M0001의 네 번째에서 첫 글자를 추출하므로 "M"이 됨
- VLOOKUP("M", $A$8:$A$9, 2, FALSE) : [$A$8:$A$9] 범위의 첫 열에서 "M"을 찾아서 같은 행 2열의 값을 구하므로 결과는 "남"이 됨

정답 06 ③ 07 ④

CHAPTER 04

데이터 관리 및 분석

학습 방향

정렬의 특징과 고급 필터의 조건 범위, 텍스트 나누기에 대한 학습이 필요합니다. 부분합에서는 [부분합] 대화 상자의 구성 요소와 선행 작업에 대한 내용이 자주 출제되고 있습니다. 데이터 표에 대한 옳고 그름, 데이터 통합의 특징 및 기능, 피벗 테이블의 기초 개념, 목표값 찾기와 시나리오에 대한 특징도 잘 알아두세요.

출제빈도

SECTION 01	중	14%
SECTION 02	상	24%
SECTION 03	하	8%
SECTION 04	상	25%
SECTION 05	중	12%
SECTION 06	하	1%
SECTION 07	중	16%

정렬

출제빈도 상 ⓒ 하
반복학습 1 2 3

▶ 합격 강의

빈출 태그 정렬 • 정렬 옵션

① 정렬(Sort) 24년 상시, 23년 상시, 22년 상시, 21년 상시, 19년 3월/8월, 18년 3월, 16년 10월, 15년 3월/6월/10월,…

기적의 TIP

정렬은 매회 출제되는 매우
중요한 내용입니다. 개념과
기능을 확실히 알아두셔야
합니다. 오름차순과 내림차순
정렬, 정렬 옵션과 사용자 지
정 정렬 순서의 사용 등 전반
적으로 학습하고, 정렬 관련
오류도 유념해서 알아두세요.

정렬 전에 숨겨진 행 및 열 표시
숨겨진 열이나 행은 정렬 시 이동되
지 않으므로 데이터를 정렬하기 전
에 숨겨진 열과 행을 표시해야 함

암기 TIP

오름차순 정렬
외숫기소대한공
오름차순 정렬은 '숫자~기호
문자~영문 소문자~영문 대문
자~한글~공백(빈 셀) 순이다.

날짜의 기본 오름차순 정렬 순서
가장 이전 날짜에서 가장 최근 날
짜의 순서로 정렬됨

영숫자 정렬
영숫자 텍스트는 왼쪽에서 오른쪽
으로 정렬됨
⑩ 오름차순 정렬 A1 → A10 →
A101 → A11

- 목록의 데이터를 특정 필드의 크기 순서에 따라 재배열하는 기능이다.
- 정렬 범위를 지정하지 않고 정렬을 실행하면 현재 셀 포인터를 기준으로 인접한 데이터를 모든 범위로 자동 지정하며, 정렬 범위를 지정하면 다른 열에 영향을 미치지 않고, 선택한 영역에서만 정렬을 수행한다.
- 기본적으로 행 기준(위에서 아래로)으로 정렬된다.
- 데이터를 정렬할 때는 오름차순과 내림차순으로 구분하여 정렬할 수 있다.
- 오름차순 정렬은 숫자일 경우 작은 값에서 큰 값 순서로 정렬되며, 내림차순 정렬은 그 반대로 재배열된다.
- 영문 대/소문자를 구분하여 정렬하는 기능을 제공하며, 오름차순 정렬 시 소문자가 우선순위를 갖는다.
- 오름차순 정렬 시 텍스트 문자열이 하이픈을 제외하고 같으면 하이픈이 있는 텍스트가 뒤에 정렬된다.
- 빈 셀(공백)은 정렬 순서와 관계없이 항상 가장 마지막으로 정렬된다.
- 오름차순 정렬 : 숫자 – 기호 문자 – 영문 소문자 – 영문 대문자 – 한글 – 빈 셀 (단, 대/소문자 구분하도록 설정했을 때)
- 내림차순 정렬 : 한글 – 영문 대문자 – 영문 소문자 – 기호 문자 – 숫자 – 빈 셀 (단, 대/소문자 구분하도록 설정했을 때)

순서	구분	세부 내용(오름차순 정렬 기준)
1	숫자	가장 작은 수에서 가장 큰 수로 정렬함
2	텍스트	기호 → 영문 순서(소문자 → 대문자) → 한글로 정렬함
3	논리값	거짓(FALSE) → 참(TRUE) 순으로 정렬함
4	오류 값	발견된 순으로 정렬함
5	빈 셀	항상 마지막에 정렬함

└─ 오름차순 정렬 시 텍스트 문자열이 하이픈을 제외하고 같으면 하이픈이 있는 텍스트가 뒤에 정렬됨

1) 도구를 이용한 정렬

- 하나의 열을 기준으로 목록을 정렬하고자 할 때 기준이 되는 열 중 한 셀만 선택하고, 정렬 도구를 클릭하면 엑셀 목록 전체에 정렬이 수행된다.
- [홈] 탭–[편집] 그룹–[정렬 및 필터]를 클릭한 후 정렬 방식을 선택하거나 [데이터] 탭–[정렬 및 필터] 그룹에서 정렬 방식을 클릭한다.

아이콘	설명
깅↓	오름차순 정렬을 수행함
힉↓	내림차순 정렬을 수행함

2) 리본 메뉴를 이용한 정렬

• [데이터] 탭-[정렬 및 필터] 그룹-[정렬]을 실행한다. 정렬 범위 내에서 셀 하나를 선택한 경우 자동적으로 블록이 설정되며, [정렬] 대화 상자가 나타난다. 정렬하고 자 하는 필드명을 선택하고 오름차순 또는 내림차순을 지정한 후 [확인]을 클릭한다.

★ 옵션
[정렬 옵션] 대화 상자를 표시함

• 정렬의 기준은 최대 64개까지 지정할 수 있다.
• 정렬 기준으로 셀 값, 셀 색, 글꼴 색, 조건부 서식 아이콘을 사용할 수 있다.

정렬(Sort)의 기준값
• 첫째 기준은 생략할 수 없으나 둘째와 셋째 기준은 필요할 때 만 지정함
• 첫째 기준은 데이터가 같은 경 우 둘째 기준이 적용되며, 첫째 와 둘째 기준의 데이터가 모두 같은 경우 셋째 기준이 적용됨

3) 정렬 옵션

정렬 순서를 사용자가 지정한 순서로 변경하거나 대/소문자 구분 정렬 방식과 정렬 방향 등을 지정한다.

• 글꼴 색 또는 셀 색, 조건부 서식 아이콘의 기본 정렬 순서는 없 으므로 각 정렬 작업에 대해 원 하는 순서를 정의해야 함
• 정렬 기준으로 '조건부 서식 아 이콘'을 선택한 경우 기본 정렬 순서는 '위에 표시'임

❶ 대/소문자 구분	영문 대/소문자를 구별하여 정렬하고자 할 때 선택함
❷ 위쪽에서 아래쪽	열을 기준으로 행을 정렬함(기본 값)
❸ 왼쪽에서 오른쪽	행을 기준으로 열을 정렬함

표에 병합된 셀들이 포함되어 있 는 경우 정렬 작업을 수행하려면 셀의 크기가 동일해야 함

4) 사용자 지정 정렬 순서 04년 11월

• 기본 정렬 순서를 무시하고, 사용자가 순서를 임의로 지정하여 정렬할 때 사용한다.
• 오름차순과 내림차순이 아닌 다른 정렬 순서 사용 시 먼저 사용자 지정 목록으로 등록해야 한다.
• 사용자 지정 목록을 이용하면 월, 화, 수, 목, 금, 토, 일과 같은 방식으로 정렬할 수 있다.

- [정렬] 대화 상자의 [정렬] 항목에서 [사용자 지정 목록...]에서 정렬 순서로 사용할 목록을 목록 항목에 미리 등록해야 한다.
- [사용자 지정 목록]의 추가는 [파일] 탭-[옵션]-[Excel 옵션]을 클릭한 후 [Excel 옵션] 대화 상자가 표시되면 [고급] 탭의 [일반] 항목 내의 [사용자 지정 목록 편집] 단추를 클릭하여 설정한다.
- [사용자 지정 목록] 대화 상자에서 원하는 목록을 선택하고 [확인]을 클릭하여 변경한다.

▲ 목록 항목에 직급 순으로 추가함   ▲ 사용자가 지정한 목록을 선택함

5) 정렬 관련 오류

- 정렬할 표 범위에서 하나의 열만 범위로 선택한 경우 [정렬 경고] 대화 상자가 나타난다.

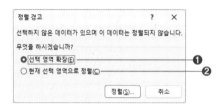

❶ 선택 영역 확장	인접한 데이터를 포함하기 위해 선택 영역을 늘림
❷ 현재 선택 영역으로 정렬	현재 설정한 열만을 정렬 대상으로 선택함

- 정렬 실행 시 표 범위 내에 셀 포인터가 위치해 있지 않을 때 범위 오류 대화 상자가 나타난다.

01 다음 중 엑셀에서 기본 오름차순 정렬 순서에 대한 설명으로 옳지 <u>않은</u> 것은?
▶ 합격 강의

① 날짜는 가장 이전 날짜에서 가장 최근 날짜의 순서로 정렬된다.
② 논리값의 경우 TRUE 다음 FALSE의 순서로 정렬된다.
③ 숫자는 가장 작은 음수에서 가장 큰 양수의 순서로 정렬된다.
④ 빈 셀은 오름차순과 내림차순 정렬에서 항상 마지막에 정렬된다.

논리값의 경우 FALSE 다음 TRUE의 순서로 정렬됨

02 다음 중 정렬에 관한 설명으로 옳지 <u>않은</u> 것은?

① 특정 글꼴 색이 적용된 셀을 포함한 행이 위에 표시 되도록 정렬할 수 있다.
② 사용자 지정 목록을 사용하여 사용자가 정의한 순서대로 정렬할 수 있다.
③ 최대 64개의 열을 기준으로 정렬할 수 있다.
④ 위쪽에서 아래쪽으로 정렬 시 숨겨진 행도 포함하여 정렬할 수 있다.

숨겨진 열이나 행은 정렬 시 이동되지 않으므로 데이터를 정렬하기 전에 숨겨진 열과 행을 표시해야 됨

03 다음 중 오름차순 정렬에 관한 설명으로 옳지 <u>않은</u> 것은?

① 숫자는 가장 작은 음수에서 가장 큰 양수의 순서로 정렬된다.
② 영숫자 텍스트는 왼쪽에서 오른쪽으로 정렬된다. 예를 들어, 텍스트 "A100"이 들어 있는 셀은 "A1"이 있는 셀보다 뒤에, "A11"이 있는 셀보다 앞에 정렬된다.
③ 논리값은 TRUE보다 FALSE가 앞에 정렬되며 오류 값의 순서는 모두 같다.
④ 공백(빈 셀)은 항상 가장 앞에 정렬된다.

공백(빈 셀)은 정렬 순서와 상관없이 항상 가장 마지막으로 정렬됨

04 다음 중 정렬 기능에 대한 설명으로 옳지 않은 것은?
▶ 합격 강의

① 머리글의 값이 정렬 작업에 포함되거나 제외되도록 설정할 수 있다.
② 날짜가 입력된 필드의 정렬에서 내림차순을 선택하면 이전 날짜에서 최근 날짜 순서로 정렬할 수 있다.
③ 사용자 지정 목록을 사용하여 사용자가 정의한 순서대로 정렬할 수 있다.
④ 셀 범위나 표 열의 서식을 직접 또는 조건부 서식으로 설정한 경우 셀 색 또는 글꼴 색을 기준으로 정렬할 수 있다.

날짜가 입력된 필드의 정렬에서 내림차순을 선택하면 최근 날짜에서 이전 날짜 순서로 정렬됨

정답 01 ② 02 ④ 03 ④ 04 ②

필터 기능

▶ 합격 강의

빈출 태그 자동 필터 · 고급 필터

---

01 필터(Filter) 21년 상시, 15년 6월, 12년 9월, 10년 10월, 07년 5월, 04년 2월

└─ '거르다', '여과하다'의 의미로 자료를 검색하여 추출함

- 사용자가 설정하는 특정 조건을 만족하는 자료만 검색, 추출하는 기능을 필터(Filter)라고 한다.
- 단순한 조건 검색은 자동 필터를 사용하고, 보다 복잡한 조건으로 검색하거나 검색 결과를 다른 데이터로 활용하려면 고급 필터를 사용한다.

자동 필터	셀 내용이 일치한다거나 단순한 비교 조건을 지정하여 쉽게 검색함
고급 필터	사용자가 직접 추출하고자 하는 조건을 수식으로 설정하여 검색함

---

02 자동 필터 24년 상시, 23년 상시, 22년 상시, 16년 6월, 15년 3월, 13년 10월, 09년 2월/10월

1) 자동 필터(Ctrl + Shift + L)

- 자동 필터를 이용하여 추출한 데이터는 항상 레코드(행) 단위로 표시된다.
- 같은 열에 여러 개의 항목을 동시에 선택하여 데이터를 추출할 수 있다.
- 숫자로만 구성된 하나의 열에 색 기준 필터와 숫자 필터를 동시에 적용할 수 없다.

- 실행 방법 : [데이터] 탭-[정렬 및 필터] 그룹-[필터]를 클릭하거나 [홈] 탭-[편집] 그룹-[정렬 및 필터]를 클릭한 후 [필터]를 선택한다.
- 해제 방법 : [데이터] 탭-[정렬 및 필터] 그룹-[필터]를 클릭한다.
- 두 개 이상의 필드(열)에 조건이 지정된 경우 『그리고(AND)』 조건으로 필터된다.
- 필드 이름 옆에 [필터 단추](▼)가 생성되며, 필터 단추를 클릭하고 원하는 데이터를 선택하면 필터가 이루어진다.

	A	B	C	D	E	F	G	H
1	전공 ▼	학번 ▼	기말고 ▼	과제물 ▼	수업참 ▼	출석 ▼		
2	무역	20240111	55	45	55	20		
3	무역	20240112	56	50	66	30		
4	무역	20240113	75	67	77	56		
5	무역	20240114	65	56	56	90		
6	무역	20240115	78	89	30	65		
7	경영	20240116	45	80	38	45		
8	경영	20240117	88	70	67	29		
9	경영	20240118	90	90	56	39		
10	경영	20240119	44	65	88	46		
11	경영	20240120	77	78	77	76		
12	전산	20240121	76	88	90	86		
13	전산	20240122	78	44	56	88		
14	전산	20240123	89	67	55	39		
15	전산	20240124	88	32	54	45		
16	전산	20240125	70	89	76	78		
17	전산	20240126	60	66	89	67		
18	전산	20240127	80	87	45	88		

▲ 필터 단추가 생성됨

- [필터 단추]([▼])를 클릭하면 '숫자 오름차순 정렬, 숫자 내림차순 정렬, 색 기준 정렬, 텍스트 필터, 숫자 필터, 색 기준 필터'가 나타난다. 선택된 열의 형식에 따라 열의 내용이 문자일 경우는 텍스트 필터, 열의 내용이 숫자일 경우에는 숫자 필터가 표시된다.

- '날짜 필터' 목록에서 필터링 기준으로 사용할 요일은 지원되지 않음
- 열 머리글의 드롭다운 화살표에는 해당 열에서 가장 많이 입력된 데이터 형식에 해당하는 필터 목록이 표시됨
- 검색 상자를 사용하여 숫자와 텍스트를 검색할 수 있음
- 텍스트나 배경에 색상 서식이 적용되어 있는 경우 셀의 색상을 기준으로 필터링이 가능함

➕ 더 알기 TIP

기말고사가 60점 이상인 레코드를 필터해 보자.

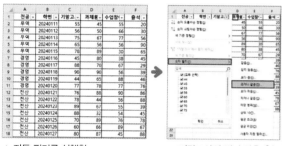

▲ 자동 필터를 실행함   ▲ 기말고사의 필터 단추-[숫자 필터]-[크거나 같음]을 클릭함

▲ '60점 이상' 조건을 입력함   ▲ 기말고사가 60점 이상인 데이터가 필터됨

2) 상위 10 자동 필터
- 숫자 데이터에서만 가능하다.
- 상위/하위, 데이터의 범위, 항목/% 중 값의 방식을 지정하여 필터를 실행한다.

✔️ 개념 체크

1 자동 필터를 이용하여 추출한 데이터는 항상 (　) 단위로 표시된다.

2 두 개 이상의 필드(열)에 조건이 지정된 경우 (　) 조건으로 필터된다.

3 숫자로만 구성된 하나의 열에 색 기준 필터와 숫자 필터를 동시에 적용할 수 있다. (○, ×)

4 자동 필터에서 숫자 오름차순 정렬과 숫자 내림차순 정렬만 사용할 수 있다. (○, ×)

1 레코드(행) 2 그리고(AND)
3 × 4 ×

수업참여가 상위 세 번째 항목에 해당하는 레코드를 필터해 보자.

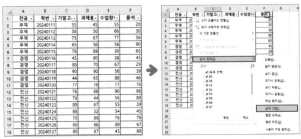

▲ 자동 필터를 실행함   ▲ 수업참여의 필터 단추-[숫자 필터]-[상위 10]을 클릭함

▲ 큰 순서로 3번째까지 항목을   ▲ 수업참여 상위 3등까지 필터함
　 표시함

3) 사용자 지정 자동 필터 15년 6월, 09년 10월

- 실행 방법 : 자동 필터 목록의 [숫자 필터/텍스트 필터/날짜 필터]-[사용자 지정 필터]를 선택한다.
- 텍스트 필터와 숫자 필터에 모두 포함되는 기능이다.
- 하나의 열에 두 개의 조건을 그리고(AND)와 또는(OR) 연산으로 결합할 수 있다.
- 비교 연산자(=, ⟨=, ⟨, ⟩, ⟨ ⟩, ⟩=)나 만능 문자(*, ?)의 사용이 가능하다.
- 수치 데이터가 들어 있는 필드를 일정한 범위를 정하여 필터할 때 유용하다.

과제물이 80점 이상 90점 이하인 데이터를 필터해 보자.

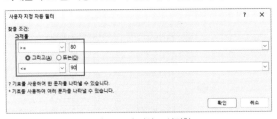

▲ 조건을 80점 이상 그리고 90점 이하로 설정함

▲ 과제물이 80점 이상 90점 이하가 필터됨

03 고급 필터 24년 상시, 23년 상시, 22년 상시, 20년 2월/7월, 19년 8월, 18년 9월, 17년 3월/9월, 16년 3월/6월/10월, 15년 3월/10월, …

- 실행 방법 : [데이터] 탭–[정렬 및 필터] 그룹–[고급]을 실행한다.
- [고급 필터]에 필요한 범위는 [목록 범위], [조건 범위], [복사 위치]가 있다.
- 조건 범위와 복사 위치는 고급 필터 명령을 실행하기 전에 설정해 놓아야 한다.
- 결과를 '현재 위치에 필터'로 선택한 경우 복사 위치를 지정할 필요가 없으며, [자동 필터]처럼 현재 데이터 범위 위치에 고급 필터 결과를 표시한다.
- 결과를 '다른 장소에 복사'로 선택한 경우 복사 위치를 지정해야 한다.
- '동일한 레코드는 하나만'을 선택하면 고급 필터 결과가 동일할 때 한 번만 나타난다.

➕ 더 알기 TIP

'기말고사'가 60점 이상이고 '과제물'이 60점 이상인 레코드만 추출하여 [A20] 셀부터 결과를 복사해 보자.

1) 고급 필터의 조건 범위

- 고급 필터의 조건 범위는 고급 필터 명령을 실행하기 전에 설정한다.
- 조건 범위의 첫 번째 행에는 데이터 범위의 열 이름표(필드명)와 똑같은 필드명을 입력해야 한다. 필드명 다음에 조건 내용을 입력한다.

① 단일 조건 : 첫 행에 필드명을 입력하고, 필드명 아래에 검색할 값을 입력한다.

지점명
동부

▲ 지점명이 동부인 데이터를 필터함

② AND 조건 : 첫 행에 필드명을 나란히 입력하고, 동일한 행에 조건을 입력한다.

지점명	직급
동부	부장

▲ 지점명이 동부이고 직급이 부장인 데이터를 필터함

🅱 기적의 TIP

고급 필터를 중심으로 중점적인 학습이 필요합니다. 자주 출제되는 내용이며 조건 범위에 따른 결과를 산출할 줄 알아야 합니다. 그 점에 유의해서 준비하세요.

✔ 개념 체크

1. 고급 필터에서 결과를 '현재 위치에 필터'로 선택한 경우 ( ) 위치를 지정할 필요가 없다.

2. 조건 범위의 첫 번째 행에는 데이터 범위의 열 이름표(필드명)와 똑같은 ( )을 입력해야 한다.

3. 고급 필터에서는 조건 범위를 설정하지 않아도 필터를 실행할 수 있다. (○, ×)

4. 고급 필터를 사용하여 동일한 레코드가 여러 번 나타나지 않게 할 수 있다. (○, ×)

5. 고급 필터의 조건 범위는 필터 명령을 실행한 후에 설정할 수 있다. (○, ×)

6. 고급 필터에서 AND 조건을 사용하려면 첫 행에 필드명을 나란히 입력하고, 서로 다른 행에 조건을 입력한다. (○, ×)

1 복사 2 필드명 3 ×
4 ○ 5 × 6 ×

③ OR 조건 : 첫 행에 필드명을 나란히 입력하고, 서로 다른 행에 조건을 입력한다.

지점명	직급
동부	
	부장

▲ 지점명이 동부이거나 직급이 부장인 데이터를 필터함

④ 복합 조건(AND, OR 결합) : 첫 행에 필드명을 나란히 입력하고, 동일한 행에 조건을 입력한다. 그리고 다음 동일한 행에 두 번째 조건을 입력한다.

지점명	직급
동부	부장
서부	대리

▲ 지점명이 동부이고 직급이 부장 또는 지점명이 서부이고 직급이 대리인 데이터를 필터함

2) 고급 필터의 복사 위치 05년 2월

- 고급 필터의 복사 위치는 결과 옵션을 '다른 장소에 복사'로 선택했을 경우에 필요하며 현재 시트에만 복사할 수 있다.

▲ 복사 위치 선정 시 다른 시트를 선택한 경우

- 복사 위치로 비어 있는 한 셀을 선택하면 검색된 레코드의 모든 필드를 지정한 위치에 복사한다.
- 복사 위치에 미리 필드명을 입력해 놓고 지정하면 필요한 필드만 복사할 수 있다.

기적의 TIP

만능 문자로의 검색 내용이 자주 출제됩니다. 여러 예를 통해 공부해 두세요.

3) 만능 문자로 검색하기

고급 필터에서 조건 범위를 만들 때 만능 문자(?, *)를 사용할 수 있다.

▲ 성명이 '홍'으로 시작하는 모든 데이터(예 홍길동, 홍유경, 홍준기 등)

▲ 성명이 '홍성'으로 시작하고 세 문자 이상인 데이터(예 홍성신, 홍성격, 홍성경 등)

개념 체크

1 고급 필터의 복사 위치는 결과 옵션을 '다른 장소에 복사'로 선택했을 경우에 필요하며 (   )에만 복사할 수 있다.

2 복사 위치로 비어 있는 한 셀을 선택하면 검색된 레코드의 모든 (   )를 지정한 위치에 복사한다.

3 수식 조건을 사용할 때 조건식이 데이터 범위의 값을 참조하는 경우 첫 번째 (   )의 셀을 참조해야 한다.

1 현재 시트 2 필드 3 레코드

4) 수식 조건 19년 8월, 12년 6월

- 데이터 범위의 필드 이름과 다른 필드 이름을 사용하고 등호(=)로 시작해야 한다.
- 조건식이 데이터 범위의 값을 참조하는 경우 첫 번째 레코드의 셀을 참조해야 한다.
- 수식의 결과는 TRUE 또는 FALSE와 같은 논리값으로 평가되어야 한다.

01 다음 중 아래의 고급 필터 조건에 대한 설명으로 옳은 것은?

▶ 합격강의

국사	영어	평균
>=80	>=85	
		>=85

① 국사가 80 이상이거나, 영어가 85 이상이거나, 평균이 85 이상인 경우

② 국사가 80 이상이거나, 영어가 85 이상이면서 평균이 85 이상인 경우

③ 국사가 80 이상이면서 영어가 85 이상이거나, 평균이 85 이상인 경우

④ 국사가 80 이상이면서 영어가 85 이상이면서 평균이 85 이상인 경우

복합 조건(AND, OR 결합)
• AND(그리고, 이면서) : 첫 행에 필드명(국사, 영어, 평균)을 나란히 입력하고, 다음 행에 첫 조건(>=80, >=85)을 나란히 입력함
• OR(또는, 이거나) : 다른 행에 두 번째 조건(>=85)을 입력함
• 따라서, 국사가 80 이상이면서(AND) 영어가 85 이상이거나(OR), 평균이 85 이상인 경우가 됨

02 아래 시트에서 고급 필터 기능을 이용하여 TOEIC 점수 상위 5위까지의 데이터를 추출하고자 한다. 다음 중 고급 필터의 조건식으로 옳은 것은?

▶ 합격강의

	A	B	C
1	**학과명**	**성명**	**TOEIC**
2	경영학과	김영민	790
3	영어영문학과	박찬진	940
4	컴퓨터학과	최우석	860
5	물리학과	황종규	750
6	역사교육과	서진동	880
7	건축학과	강석우	900
8	기계공학과	한경수	740

①
TOEIC
=RANK.EQ(C2,$C$2:$C$8)<=5

②
TOEIC
=LARGE($C$2:$C$8,5)

③
점수
=RANK.EQ(C2,$C$2:$C$8)<=5

④
점수
=LARGE($C$2:$C$8,5)

고급 필터의 조건으로 수식을 이용하여 입력할 경우에는 조건을 지정할 범위의 첫 행에 입력될 조건 필드 이름을 원본 데이터 범위의 필드 이름과 다른 이름을 사용해야 하며, 순위를 구하는 함수는 RANK.EQ임

03 다음 중 [정렬 및 필터] 그룹─[필터]에서 조건 설정에 관한 설명으로 옳지 <u>않은</u> 것은?

① 문자열 데이터의 경우 와일드카드 문자(*, ?)를 사용하여 조건을 설정할 수 있다.

② 고급 필터에서 다른 필드와의 결합을 OR 조건으로 지정하려면 조건을 모두 같은 행에 입력한다.

③ 자동 필터는 항목이나 백분율로 지정한 범위 안에 들어가는 행을 표시할 수 있다.

④ 고급 필터는 다양한 조건을 사용자가 직접 설정하여 추출할 수 있다.

고급 필터에서 다른 필드와의 결합을 OR 조건으로 지정하려면 조건을 다른 행에 입력함

04 다음 중 아래 그림의 표에서 조건범위로 [A9:B11] 영역을 선택하여 고급 필터를 실행한 결과의 레코드 수는 얼마인가?

▶ 합격강의

	A	B	C	D
1	성명	이론	실기	합계
2	김진아	47	45	92
3	이온경	38	47	85
4	장영주	46	48	94
5	김시내	40	25	65
6	홍길동	49	48	97
7	박승수	37	43	80
8				
9	합계	합계		
10	<95	>90		
11		<70		

① 0 ② 3

③ 4 ④ 6

• AND 조건 : 첫 행에 필드명을 나란히 입력하고, 동일한 행에 조건을 입력함
• OR 조건 : 첫 행에 필드명을 나란히 입력하고, 서로 다른 행에 조건을 입력함
• 조건범위 [A9:B11]에 의해 합계가 "90보다 크고 95보다 작은" 김진아(합계 92), 장영주(합계 94)와 "70보다 작은" 김시내(합계 65)가 필터되므로 결과의 레코드 수는 3이 됨

성명	이론	실기	합계
김진아	47	45	92
장영주	46	48	94
김시내	40	25	65

정답 01 ③ 02 ③ 03 ② 04 ②

기타 데이터 관리 기능

▶ 합격 강의

빈출 태그 텍스트 나누기 • 그룹 및 윤곽 설정 • 데이터 유효성 검사

01 텍스트 나누기 19년 3월, 17년 3월, 14년 10월, 13년 6월, 11년 7월, 07년 7월

🅑 기적의 TIP

텍스트 나누기에 대한 개념과 단계별 기능에 대한 숙지가 필요합니다.

- 워크시트의 한 셀에 입력되어 있는 데이터를 여러 셀로 분리시키는 기능이다.
- 범위에 포함되는 행 수는 제한을 두지 않지만, 열은 반드시 하나만 포함해야 된다.
- 선택한 열의 오른쪽에는 빈 열이 한 개 이상 있어야 되며, 없는 경우 선택한 열의 오른쪽에 있는 데이터가 덮어 써진다.

🏠 따라하기 TIP

따라하기 파일 • Part02_Chapter04_텍스트나누기.xlsx

공백으로 구분된 내용 나누기

'너비가 일정함' – 구분선 이용

① [1단계] '너비가 일정함' 선택
② [2단계] 구분할 위치에서 마우스 클릭함

① 텍스트 값이 들어 있는 셀 범위를 선택한 다음 [데이터] 탭–[데이터 도구] 그룹–[텍스트 나누기]를 선택한다.

② 텍스트 마법사 1단계 : 원본 데이터의 형식을 선택한다.

- 구분선 삭제 : 두 번 클릭
- 구분선 이동 : 드래그

③ 열 데이터 서식–'일반' 선택하고 [마침] 클릭

③ 텍스트 마법사 2단계 : 구분 기호를 선택한다.

④ 텍스트 마법사 3단계 : 열 데이터 서식을 선택한 후 [마침]을 클릭한다.

⑤ 워크시트의 한 셀에 입력되어 있던 데이터가 여러 셀로 나누어 표시된다.

	A	B	C
1	고객명	누적포인트	
2	홍길동	100	
3	곽영일	500	
4	이근철	300	
5	오미아	700	
6			

텍스트 마법사 3단계에서 '열 가져오지 않음(건너뜀)'을 이용하여 일부 열만 가져올 수 있음

★ 고급

숫자 데이터는 [고급]을 클릭하여 소수 구분 기호와 1000 단위 구분 기호를 설정할 수 있음

02 그룹 및 개요 설정 15년 6월, 14년 3월, 08년 5월, 06년 7월

- 필드를 그룹 단위로 묶어서 숨기거나 나타내고 데이터를 요약 관리하는 기능이다.
- 그룹 및 개요 설정은 열(가로 방향)로 그룹을 묶을 수도 있다.
- 그룹으로 묶고자 하는 기준 데이터는 정렬 상태이어야 한다.
- 그룹별로 계산되어야 하는 항목은 사용자가 직접 추가해야 한다.

개요는 이전 버전에서는 윤곽선으로 표시됨

① 그룹

[데이터] 탭-[개요] 그룹-[그룹]을 실행하여 그룹을 설정한다.

❶ [데이터] 탭-[개요] 그룹-[그룹]	하위 수준 데이터를 선택한 상태에서 메뉴를 선택한 후 '행' 또는 '열' 중에서 데이터 방향을 지정하면 개요가 작성됨
❷ [데이터] 탭-[개요] 그룹-[그룹 해제]	선택한 행이나 열의 그룹을 해제함
❸ [데이터] 탭-[개요] 그룹-[그룹]-[자동 개요]	SUM과 같이 데이터를 요약하는 함수가 포함된 수식이 하위 수준 데이터와 인접해 있을 때 자동으로 데이터 개요를 작성함
❹ [데이터] 탭-[개요] 그룹-[그룹 해제]-[개요 지우기]	설정되어 있는 개요를 모두 지움

🅑 기적의 TIP

그룹 및 개요 설정에 대한 기능 정도만 알아두세요.

그룹별로 요약된 데이터에서 [개요 지우기]를 실행하면 설정된 윤곽 기호가 지워지지만 개요 설정에 사용된 요약 정보는 제거되지 않음

▲ 국어, 영어, 수학 데이터를 선택 후 [데이터] 탭-[개요] 그룹-[그룹]을 실행함

▲ 국어, 영어, 수학 데이터가 그룹화됨

▲ 2반 데이터를 선택 후 [데이터] 탭-[개요] 그룹-[그룹]을 실행함

▲ 2반 데이터가 그룹화됨

▲ [데이터] 탭-[개요] 그룹-[그룹]-[자동 개요]를 실행함

▲ 반별, 과목별로 그룹화됨

② 개요 기호

- 개요 기호를 클릭하여 하위 수준 데이터를 숨기거나 표시할 수 있는 개요를 작성한다.
- 개요의 8개까지 하위 수준을 표시할 수 있으며 안쪽 수준은 상위, 바깥쪽 수준은 하위 수준을 표시한다.
- 개요 기호의 사용 방법은 부분합에서와 동일하다.
- [파일] 탭-[옵션]-[Excel 옵션]-[고급] 탭에서 '이 워크시트의 표시 옵션' 항목에서 '윤곽을 설정한 경우 윤곽 기호 표시' 옵션이 설정된 경우만 자동으로 윤곽 기호가 표시된다.
- 개요 기호는 현재 데이터들의 수준을 조절할 때 사용된다.

1	전체 계산 항목을 표시함	−	하위 수준을 숨김
2	그룹별 계산 항목을 표시함	+	하위 수준을 표시함
3	모든 데이터를 표시함		

03 중복된 항목 제거 ^{16년 10월}

- 선택된 범위 내에서 중복된 레코드에 대하여 하나를 제외하고 중복된 레코드를 모두 제거한다.
- [데이터] 탭-[데이터 도구] 그룹-[중복된 항목 제거]로 중복 내용을 제거한다.

🖐 따라하기 TIP

따라하기 파일 • Part02_Chapter04_중복레코드제거.xlsx

주어진 워크시트에서 중복된 레코드를 제거해 보자.

① 데이터 범위에 셀 포인터를 위치시키고 [데이터] 탭-[데이터 도구] 그룹-[중복된 항목 제거]를 클릭한다.

② [중복된 항목 제거] 대화 상자에서 중복 값을 확인할 필드를 선택하고 [확인]을 클릭한다.

③ 지정된 범위에서 중복된 레코드의 개수와 그렇지 않은 개수를 표시하는 대화 상자에서 [확인]을 클릭한다.

④ 중복된 레코드를 삭제한 결과가 표시된다.

04 데이터 유효성 검사 24년 상시, 23년 상시, 22년 상시, 21년 상시, 17년 3월/9월, 16년 3월, 15년 10월, 13년 10월

1) 데이터 유효성 검사 기능

- 데이터 유효성 검사를 통해 데이터의 형식을 제어하거나 사용자가 셀에 입력하는 값을 제어할 수 있다.
- 입력할 수 있는 데이터를 특정 범위의 날짜로 제한하거나, 목록을 사용하여 선택 항목을 제한하거나, 양의 정수만 입력 가능하도록 할 수 있다.
- 셀에 입력할 수 있거나 입력해야 할 데이터에 적용되는 제한 사항을 정의하는 데 사용할 수 있는 기능이다.
- 유효하지 않은 데이터를 사용자가 입력하지 못하도록 데이터 유효성 검사를 구성할 수 있다.
- 셀에 필요한 입력 데이터가 무엇인지 정의하여 사용자가 셀을 선택하면 메시지를 표시하고 오류를 수정하는데 도움이 되는 내용을 표시하도록 할 수 있다.

2) 데이터 유효성 검사 지정하기

① [설정] 탭

> 데이터 유효성 검사 전에 입력된 데이터에 대해 유효성 검사를 설정하는 경우 유효성 조건에 맞지 않는 데이터는 삭제되지 않고 그대로 존재함

▶ 유효성 조건의 제한 대상 종류

정수, 소수점	• 목록에 미리 정의되어 있는 항목으로 데이터를 제한할 수 있음 • 워크시트의 다른 위치에 있는 셀 범위를 사용하여 값 목록을 만들 수 있음
목록	• 지정된 범위를 벗어난 숫자 제한할 수 있음 • 데이터 목록의 범위를 원본 데이터 부분에 직접 입력하거나 시트의 값을 범위로 지정할 수 있음 • 입력 데이터는 콤마(,)로 구분함
날짜, 시간	• 지정된 기간을 벗어난 날짜를 제한할 수 있음 • 특정 날짜부터 시작하여 특정 날짜까지를 기간으로 지정할 수 있음 • 특정 기간을 벗어난 시간을 제한할 수 있음
텍스트 길이	• 한 셀에 허용되는 텍스트의 길이를 제한할 수 있음 • 텍스트의 최소 길이, 최대 길이 또는 특정 길이로 설정할 수 있음
사용자 지정	• 다른 셀의 수식이나 값을 이용하여 제한시킬 수 있음 • 수식을 사용하여 허용 되는 값을 계산할 수 있음 • 사용자가 셀에 값을 초과하여 입력하면 유효성 검사 메시지가 표시되도록 할 수 있음

✓ **개념 체크**

1 (　　　)를 통해 데이터의 형식을 제어하거나 사용자가 셀에 입력하는 값을 제어할 수 있다.

2 데이터 유효성 검사를 사용하여 셀에 입력할 수 있는 데이터를 정수만 입력 가능하도록 제한할 수 있다. (○, ×)

3 텍스트 길이 데이터 유효성 검사에서는 텍스트의 최소 길이만 설정할 수 있다. (○, ×)

4 사용자 지정 데이터 유효성 검사에서는 다른 셀의 수식이나 값을 이용하여 제한시킬 수 있다. (○, ×)

1 데이터 유효성 검사　2 ○
3 ×　4 ○

🔔 **따라하기 TIP**

따라하기 파일 • Part02_Chapter04_데이터유효성검사01.xlsx

① [데이터] 탭–[데이터 도구] 그룹–[데이터 유효성 검사]–[데이터 유효성 검사]를 클릭한다.

② [데이터 유효성] 대화 상자의 [설정] 탭에서 [제한 대상] 목록 단추를 클릭하여 종류별로 제한 방법과 그에 따른 옵션 등을 확인한다.

③ 간단한 예제로 정확한 주민등록번호를 입력하기 위해 [제한 대상]을 '텍스트 길이'로 선택하고, [제한 방법]을 '=', [길이]를 '14'로 입력하고 [확인]을 클릭한다.

② [설명 메시지] 탭

- 셀에 데이터를 입력하기 전에 설명 메시지를 사용자에게 표시하여 입력 오류를 미리 방지할 수 있다.
- 사용자가 셀을 선택하면 '설명 메시지'가 표시되도록 선택할 수 있다.
- '설명 메시지'는 셀 옆에 표시되며, 메시지를 다른 곳으로 이동할 수도 있다.
- '설명 메시지'는 다른 셀을 선택하거나 Esc 를 누르기 전까지 계속 표시된다.

🔔 따라하기 TIP

따라하기 파일 • Part02_Chapter04_데이터유효성검사02.xlsx

① [데이터] 탭-[데이터 도구] 그룹-[데이터 유효성 검사]-[데이터 유효성 검사]를 클릭한다.

② [데이터 유효성] 대화 상자의 [설명 메시지] 탭에서 [셀을 선택하면 설명 메시지 표시] 항목의 확인란에 체크 표시한다. '제목'과 '설명 메시지' 상자에 표시할 메시지 내용을 입력한다.

③ [오류 메시지] 탭

- 사용자가 잘못된 데이터를 입력한 경우에만 나타나는 Windows 팝업 메시지 창으로 '오류 메시지'를 띄울 수 있다.
- 사용자에게 오류 경고 메시지로 표시할 텍스트를 사용자 지정할 수 있다.
- 메시지를 사용자 지정하지 않으면 기본 메시지가 사용자에게 표시된다.
- 설명 메시지와 오류 메시지는 데이터를 셀에 직접 입력한 경우에만 나타난다.

▶ **선택할 수 있는 오류 메시지 '스타일' 종류** 23년 상시, 19년 8월

아이콘	유형	용도
	중지	• 셀에 잘못된 데이터를 입력하지 못하도록 막음 • 중지 경고 메시지에는 '다시 시도' 또는 '취소'라는 두 가지 옵션이 있음
	경고	• 잘못된 데이터를 입력할 경우 입력한 데이터가 유효하지 않다는 사실을 경고로 알려줌 • 경고 메시지가 나타났을 때 '예'를 클릭하여 유효하지 않은 입력을 그대로 적용하거나 '아니요'를 클릭하여 잘못된 입력 내용을 편집하거나 '취소'를 눌러 잘못된 입력 내용을 제거할 수 있음
	정보	• 잘못된 데이터를 입력할 경우 입력한 데이터가 유효하지 않다는 사실을 알려줌 • 정보 경고 메시지가 나타났을 때 '확인'을 클릭하여 유효하지 않은 값을 그대로 적용하거나 '취소'를 클릭하여 해당 값을 제거할 수 있음

따라하기 TIP

따라하기 파일 • Part02_Chapter04_데이터유효성검사03.xlsx

① [데이터] 탭-[데이터 도구] 그룹-[데이터 유효성 검사]-[데이터 유효성 검사]를 클릭한다.

② [데이터 유효성] 대화 상자의 [오류 메시지] 탭에서 '유효하지 않은 데이터를 입력하면 오류 메시지 표시' 항목의 확인란에 체크 표시한 후 [스타일]을 선택한다.

③ '제목'과 '오류 메시지' 상자에 표시할 메시지 내용을 입력한 후 [확인]을 클릭한다.

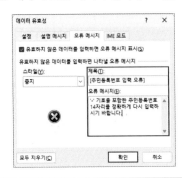

개념 체크

1 오류 메시지 창에는 (   ),
(   ), (   )와 같은 메시지가 있다.

2 '중지' 오류 메시지 스타일에서는 '다시 시도' 또는
'(   )'라는 두 가지 옵션이 있다.

3 '정보' 스타일의 오류 메시지에서는 '확인'을 클릭하여 유효하지 않은 값을 그대로 적용할 수 있다. (○, ×)

4 '경고' 스타일의 오류 메시지는 사용자가 잘못된 데이터를 입력할 수 없도록 막는다. (○, ×)

5 오류 메시지는 사용자가 데이터를 셀에 직접 입력한 경우에만 나타난다. (○, ×)

1 중지, 경고, 정보 2 취소
3 ○ 4 × 5 ○

④ [IME 모드] 탭

한글이나 영문을 입력할 수 있도록 입력 상태를 설정할 수 있다.

따라하기 TIP

① [데이터] 탭–[데이터 도구] 그룹–[데이터 유효성 검사]–[데이터 유효성 검사]를 클릭한다.

② [데이터 유효성] 대화 상자의 [IME 모드] 탭에서 [입력기]의 '모드' 목록을 선택한다.

3) 셀 드롭다운 목록의 값으로 데이터 입력 제한 지정하기

따라하기 TIP

따라하기 파일 • Part02_Chapter04_데이터유효성검사04.xlsx

① 유효성 검사를 지정할 셀을 영역 설정한 후 [데이터] 탭–[데이터 도구] 그룹–[데이터 유효성 검사]–[데이터 유효성 검사]를 클릭한다.

② [데이터 유효성] 대화 상자의 [설정] 탭에서 [제한 대상]을 [목록]으로 선택한 후 [원본] 상자를 클릭하고 목록 값을 목록 구분 문자(쉼표)로 구분하여 입력한다.

③ '공백 무시'와 '드롭다운 표시' 확인란에 체크 표시한다.

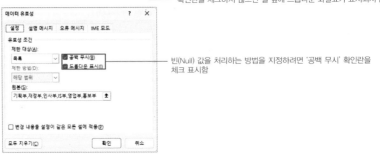

     ┌ 확인란을 체크하지 않으면 셀 옆에 드롭다운 화살표가 표시되지 않음

빈(Null) 값을 처리하는 방법을 지정하려면 '공백 무시' 확인란을 체크 표시함

④ [설명 메시지] 탭에서 '셀을 선택하면 설명 메시지 표시' 항목의 확인란에 체크 표시한다. '제목'과 '설명 메시지' 상자에 표시할 메시지 내용을 입력한다.

     ┌ 사용자가 셀을 클릭했을 때 설명 메시지를 표시함

⑤ [오류 메시지] 탭에서 '유효하지 않은 데이터를 입력하면 오류 메시지 표시' 항목의 확인란을 체크 표시한 후 [스타일]을 선택하고 '제목'과 '오류 메시지' 상자에 표시할 메시지 내용을 입력한 후 [확인]을 클릭한다.

     ┌ 유효하지 않은 데이터를 입력했을 때 Windows 팝업 메시지 창으로 '오류 메시지'를 띄워서 표시함

⑥ 데이터 유효성 검사가 지정된 셀을 확인한다.

01 다음 중 아래의 개요(윤곽) 설정에 대한 설명으로 옳은 것은?

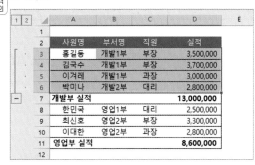

① [A3:D6]의 영역을 선택한 후 [데이터]-[개요]-[그룹]을 '행' 기준으로 실행한 상태이다.
② [A3:D6]의 영역을 선택한 후 [데이터]-[개요]-[그룹]-[자동 개요]을 실행한 상태이다.
③ [A3:D6]의 영역을 선택한 후 [데이터]-[개요]-[그룹 해제]를 '행' 기준으로 실행한 상태이다.
④ [A3:D6]의 영역을 선택한 후 [데이터]-[개요]-[그룹]을 '열' 기준으로 실행한 상태이다.

개요선이 행을 기준으로 행 번호 좌측에 작성되어 있으므로 [개요]-[그룹]이 행 기준으로 작성된 상태임

02 다음 중 데이터 유효성 검사에 대한 설명으로 옳지 않은 것은?

① 목록의 값들을 미리 지정하여 데이터 입력을 제한할 수 있다.
② 입력할 수 있는 정수의 범위를 제한할 수 있다.
③ 목록으로 값을 제한하는 경우 드롭다운 목록의 너비를 지정할 수 있다.
④ 유효성 조건 변경 시 변경 내용을 범위로 지정된 모든 셀에 적용할 수 있다.

[데이터 유효성 검사]에서 목록으로 값을 제한하는 경우 드롭다운 목록의 너비를 지정하는 기능은 지원되지 않음

03 아래 워크시트에서 [A2:B6] 영역을 선택한 후 그림과 같이 중복된 항목을 제거하였다. 다음 중 유지되는 행의 개수로 옳은 것은?

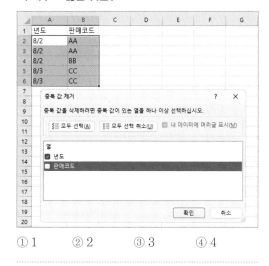

① 1 　　② 2 　　③ 3 　　④ 4

중복된 항목의 제거 기준은 '년도'이므로 8/2, 8/3 각각 하나만 남게 되므로 유지되는 행의 결과는 2가 됨

04 다음 중 데이터 유효성 검사에 관한 설명으로 옳지 않은 것은?

① 유효성 조건에 대한 제한 대상과 제한 방법을 설정할 수 있다.
② 이미 입력된 데이터에 유효성 검사를 설정하는 경우 잘못된 데이터는 삭제된다.
③ 워크시트의 열 단위로 데이터 입력 모드(한글/영문)를 다르게 지정할 수 있다.
④ 유효성 검사에 위배되는 잘못된 데이터가 입력되는 경우 표시할 오류 메시지를 설정할 수 있다.

이미 입력된 데이터에 유효성 검사를 설정하는 경우 잘못된 데이터는 삭제되지 않음

부분합/데이터 표/데이터 통합

▶ 합격 강의

빈출 태그 부분합 • 데이터 표 • 데이터 통합

01 **부분합** 24년 상시, 23년 상시, 21년 상시, 20년 2월/7월, 19년 3월, 14년 6월/10월, 12년 3월/9월, 11년 3월/10월, 10년 6월, …

부분에 해당하는 것을 미리 정렬해 주어야 함

- 워크시트에 있는 데이터를 일정한 기준으로 요약하여 통계 처리를 수행한다.
- 기준이 될 필드(열)로 먼저 정렬(오름차순 또는 내림차순)해야 한다.
- [데이터] 탭-[개요] 그룹-[부분합]을 실행한다.
- 부분합이 실행되면 개요 기호가 표시되므로 각 수준의 데이터를 편리하게 볼 수 있
  으며, 부분합이 적용된 각 그룹을 페이지로 분리할 수 있다.

🔗 따라하기 TIP

따라하기 파일 • Part02_Chapter04_부분합.xlsx

'전공'을 기준으로 '중간고사', '기말고사', '출석'의 합계를 계산해 보자.

① 전공을 기준으로 정렬한 다음 [데이터] 탭-[개요] 그룹-[부분합]을 선택한다.

② 그룹화할 항목은 '전공', 사용할 함수는 '합계', 부분합 계산 항목은 '중간고사', '기말고사',
  '출석'으로 지정한 다음 [확인]을 클릭한다.

	A	B	C	D	E
1	이름	전공	중간고사	기말고사	출석
2	박율식	경영	93	87	46
3	노은경	경영	100	77	67
4	한정희	경영	67	87	87
5	박동길	무역	78	87	56
6	이선철	무역	65	56	82
7	강문성	무역	92	100	98
8	서석영	무역	98	78	87
9	송우현	무역	65	75	66
10	심보석	영문	77	78	85
11	김민석	영문	82	67	89
12	박영서	영문	56	85	75
13	박상민	영문	78	89	54
14	나찬형	전산	65	88	77
15	정순영	전산	56	87	77
16	이미숙	전산	46	98	65
17	김옥순	전산	93	65	67
18	민화숙	전산	89	67	67

부분합

그룹화할 항목(A):
전공

사용할 함수(U):
합계

부분합 계산 항목(D):
☐ 이름
☐ 전공
☑ 중간고사
☑ 기말고사
☑ 출석

☑ 새로운 값으로 대치(C)
☐ 그룹 사이에서 페이지 나누기(P)
☑ 데이터 아래에 요약 표시(S)

[모두 제거(R)] [확인] [취소]

③ 다음과 같이 부분합 실행 결과가 나타난다. 부분합이 구해지면 왼쪽에 부분합 결과를 제어할 수 있는 개요 기호가 표시된다.

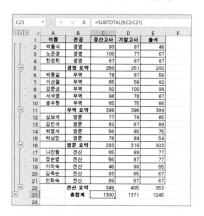

총합계 행의 계산 방법
부분합에서 총합계 행은 부분합 행으로 계산되는 것이 아니라 목록의 데이터로 계산됨

1) [부분합] 대화 상자 23년 상시, 22년 상시, 18년 3월, 16년 6월, 12년 3월, 11년 3월, 10년 3월, 09년 10월, 08년 8월/10월

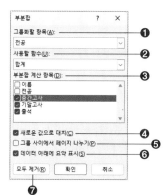

백분율, 중간값, 순위는 사용할 수 없으며 사용자 지정 계산과 수식도 만들 수 없음

❶ 그룹화할 항목	• 부분합을 계산할 기준 필드 • 미리 오름차순 또는 내림차순으로 정렬되어 있어야 함
❷ 사용할 함수	합계, 개수, 평균, 최대값, 최소값, 곱, 숫자 개수, 표본 표준 편차, 표준 편차, 표본 분산, 분산 등 계산 항목에서 선택한 필드를 계산할 방식을 지정함
❸ 부분합 계산 항목	• 그룹화할 항목에서 지정한 필드별로 부분합을 계산하여 표시할 항목을 선택 • 두 개 이상의 필드를 선택할 수 있음
❹ 새로운 값으로 대치	• 이미 부분합이 작성된 목록에서 이전 부분합을 지우고 현재 설정대로 새로운 부분합을 작성하여 삽입함 • 여러 함수를 이용하여 부분합을 만들 경우 이 항목의 선택을 해제하고 만들어야 함
❺ 그룹 사이에서 페이지 나누기	그룹별로 부분합 내용을 표시한 후 페이지 구분선을 삽입함
❻ 데이터 아래에 요약 표시	• 부분합의 내용을 세부 데이터 아래에 표시함 • 이 항목의 선택을 취소하면 부분합 내용을 먼저 표시하고, 세부 데이터를 아래에 표시함
❼ 모두 제거	목록에 삽입된 부분합이 삭제되고, 원래 데이터 상태로 돌아감

✅ 개념 체크

1 부분합을 계산할 기준 필드를 선택할 때, 미리 (　　) 또는 (　　)으로 정렬되어 있어야 한다.

2 부분합 대화 상자에서 여러 함수를 이용하여 부분합을 만들 경우, (　　) 항목의 선택을 해제하고 만들어야 한다.

3 부분합 대화 상자에서 '그룹 사이에서 페이지 나누기'를 선택하면, 그룹별로 부분합 내용을 표시한 후 페이지 구분선을 삽입한다. (○, ×)

1 오름차순, 내림차순
2 새로운 값으로 대치 3 ○

2) 중첩 부분합

- 동일한 데이터베이스에 대하여 두 개 이상의 부분합을 작성하는 것을 의미한다.
- 첫 번째 부분합을 작성한 후 다시 [데이터] 탭-[개요] 그룹-[부분합]을 실행하고 두 번째 부분합에 대한 옵션을 설정, 이때 '새로운 값으로 대치' 항목의 선택을 취소시켜야 한다.

02 데이터 표 24년 상시, 23년 상시, 22년 상시, 20년 7월, 17년 9월, 16년 3월, 15년 10월, 12년 3월, 08년 8월/10월, 07년 2월, …

- 워크시트에서 특정 데이터를 변화시켜 수식의 결과가 어떻게 변하는지 보여 주는 셀 범위를 데이터 표라고 한다.
- 데이터 표 범위를 지정한 다음 [데이터] 탭-[예측] 그룹-[가상 분석]을 클릭한 후 [데이터 표] 메뉴를 실행하고, '행 입력 셀'과 '열 입력 셀'을 지정하여 작성한다.
- 데이터 표의 수식은 데이터 표를 작성하기 위해 필요한 변수가 하나인지 두 개인지에 따라 수식의 작성 위치가 달라진다.
- 변수가 열 또는 행 방향으로 한쪽에만 입력되어 있을 경우 수식은 표 범위의 두 번째 행이나 두 번째 열에 입력한다.

	data1	data2
data1	수식1	수식2
data2		
data3		
data4		

예 수식1 : =A1*10%, 수식2 : =A1*50%

- 변수가 열과 행 방향으로 양쪽에 입력되어 있을 경우 수식은 표가 시작되는 셀에 입력한다.

수식	data1	data2	data3	data4
data1				
data2				
data3				
data4				

예 수식 : =A1*A2

🏠 **따라하기 TIP**

따라하기 파일 • Part02_Chapter04_데이터표01.xlsx

변수가 한 개인 경우 데이터의 표를 이용하여 금액의 할인율을 구해 보자.

① 아래의 시트처럼 데이터를 입력한 후 [B2] 셀에 『=A1*10%』 수식을 입력한다.

B2	▼	:	×	✓	f_x	=A1*10%

◢	A	B	C	D
1		10%할인	50%할인	
2	금액	0		
3	100,000			
4	200,000			
5	300,000			

② [C2] 셀에 『=A1*50%』 수식을 입력한다.

C2	▼	:	×	✓	f_x	=A1*50%

◢	A	B	C	D
1		10%할인	50%할인	
2	금액	0	0	
3	100,000			
4	200,000			
5	300,000			

③ [A2:C5] 범위를 설정한 후 [데이터] 탭–[예측] 그룹–[가상 분석]을 클릭한 후 [데이터 표]를 클릭한다.

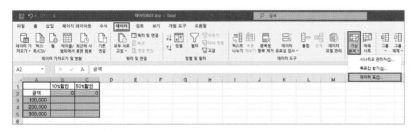

④ [데이터 표] 대화 상자의 [열 입력 셀]에 『A1』을 입력하고 [확인]을 클릭한다.

데이터 테이블 ? ✕
행 입력 셀(R):
열 입력 셀(C): A1
확인   취소

⑤ 금액별 할인 금액이 계산되어 나타난다.

◢	A	B	C	D
1		10%할인	50%할인	
2	금액	0	0	
3	100,000	10000	50000	
4	200,000	20000	100000	
5	300,000	30000	150000	
6				

데이터 표의 특징

• 데이터 표는 복잡한 형태의 상대 참조, 혼합 참조 수식을 보다 편리하게 작성할 수 있음
• 데이터 표는 배열 수식을 이용하여 한 번에 여러 셀에 데이터를 입력하므로, 수식이 입력될 범위를 설정한 후 데이터 표 기능을 실행함
• 데이터 표 기능을 통해 입력된 셀의 일부분만 수정하거나 삭제할 수 없음(데이터 표 범위의 전체를 수정해야 함)

따라하기 TIP

따라하기 파일 • Part02_Chapter04_데이터표02.xlsx

변수가 두 개인 경우 데이터의 표를 이용하여 다음 구구단 표를 작성해 보자.

① 아래의 시트처럼 데이터를 입력한 후 [A3] 셀에 『=A1*A2』 수식을 입력한다.

[A3] 셀에 입력할 수식의 셀은 A1, A2처럼 반드시 빈 셀이어야 함. 따라서 시트에서 임의의 빈 셀을 이용해도 됨(예 =A12*A13)

② [A3:I11] 범위를 설정한 후 [데이터] 탭–[예측] 그룹–[가상 분석]을 클릭한 후 [데이터 표]를 실행한다.

각각의 변수를 수식에 사용된 셀에 값을 대입시켜 계산해 주는 기능임

③ [데이터 표] 대화 상자의 [행 입력 셀]에 『A1』, [열 입력 셀]에 『A2』를 입력하고 [확인]을 클릭한다.

④ 구구단 표가 작성되어 나타난다.

0	2	3	4	5	6	7	8	9
2	4	6	8	10	12	14	16	18
3	6	9	12	15	18	21	24	27
4	8	12	16	20	24	28	32	36
5	10	15	20	25	30	35	40	45
6	12	18	24	30	36	42	48	54
7	14	21	28	35	42	49	56	63
8	16	24	32	40	48	56	64	72
9	18	27	36	45	54	63	72	81

- 통합은 하나 이상의 원본 영역을 지정하여 하나의 표로 데이터를 요약한다.
- 데이터 통합은 다른 워크시트나 통합 문서의 데이터를 사용할 수 있으며, 통합할 문서가 열려 있지 않아도 사용할 수 있다.
- 통합표가 시작될 셀에서 [데이터] 탭-[데이터 도구] 그룹-[통합]을 실행한 후 '참조'에서 원본으로 사용할 범위를 지정하고 [추가]를 클릭하면 '모든 참조 영역'에 원본 영역이 추가된다. 필요한 원본 영역을 모두 추가한 다음, 함수와 레이블 사용 여부 등을 지정하고 [확인]을 클릭한다.

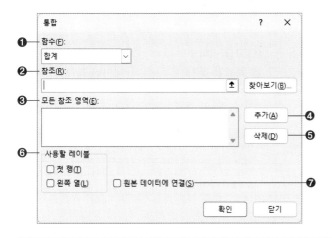

❶ 함수	• 합계, 개수, 평균, 최대값, 최소값, 곱, 숫자 개수, 표본 표준 편차, 표준 편차, 표본 분산, 분산 중에서 선택할 수 있음 • 참조 영역에 대해 하나의 함수만을 적용할 수 있음
❷ 참조	워크시트에서 통합할 데이터 범위를 지정함
❸ 모든 참조 영역	참조에서 범위를 지정하고 [추가]를 클릭하면 여기에 원본 목록이 나타남. 지정한 모든 참조 영역이 표시됨
❹ 추가	'참조'에서 설정한 데이터 범위를 추가함
❺ 삭제	'모든 참조 영역'에서 범위를 선택하여 삭제함
❻ 사용할 레이블	참조 영역으로 설정한 범위에 레이블(열 이름표와 행 이름표)이 포함되어 있는 경우 레이블을 복사해 올 것인지 여부를 선택함 • 첫 행 : 참조된 데이터 범위의 첫 행을 통합된 데이터의 '첫 행(열 이름)'으로 지정함 • 왼쪽 열 : 참조된 데이터 범위의 왼쪽 열을 통합된 데이터의 '첫 열(행 이름)'로 지정함
❼ 원본 데이터에 연결	참조한 원본 영역의 데이터가 변경되면 자동으로 통합 기능을 이용해 구한 계산 결과가 변경되게 할지 여부를 선택함(통합할 데이터가 있는 워크시트와 통합 결과가 작성될 워크시트가 서로 다른 경우만 적용됨)

기적의 TIP

데이터 통합의 방법과 대화 상자 중심으로 익혀두세요.

개념 체크

1 통합표가 시작될 셀에서 [데이터] 탭-[데이터 도구] 그룹-[(   )]을 실행한다.

2 참조 영역에 대해 하나의 (   )만을 적용할 수 있다.

3 데이터 통합은 반드시 동일한 워크시트에서만 사용할 수 있다. (○, ×)

4 '사용할 레이블'에서 첫 행을 선택하면 참조된 데이터 범위의 첫 행을 통합된 데이터의 첫 행(열 이름)으로 지정한다. (○, ×)

5 데이터 통합은 원본 영역을 지정하여 하나의 그래프로 데이터를 요약한다. (○, ×)

1 통합 2 함수 3 ×
4 ○ 5 ×

01 다음 중 이미 부분합이 계산되어 있는 상태에서 새로운 부분합을 추가하고자 할 때 수행해야 할 작업으로 옳은 것은?

① [모두 제거] 단추를 클릭
② '새로운 값으로 대치' 설정을 해제
③ '그룹 사이에 페이지 나누기'를 설정
④ '데이터 아래에 요약 표시' 설정을 해제

'새로운 값으로 대치' 설정을 해제 : 새로운 값으로 대치를 해제한 경우이므로 새로운 값으로 대치되지 않고 이미 부분합이 계산되어 있는 상태에서 새로운 부분합을 추가함

오답 피하기

• ① : 목록에 삽입된 부분합이 삭제되고, 원래 데이터 상태로 돌아감
• ③ : 그룹별로 부분합 내용을 표시한 후 페이지 구분선을 삽입함
• ④ : 요약 표시를 데이터 위에 표시함

02 다음 중 데이터 통합에 관한 설명으로 옳지 않은 것은?

① 데이터 통합은 위치를 기준으로 통합할 수도 있고, 영역의 이름을 정의하여 통합할 수도 있다.
② '원본 데이터에 연결' 기능은 통합할 데이터가 있는 워크시트와 통합 결과가 작성될 워크시트가 같은 통합 문서에 있는 경우에만 적용할 수 있다.
③ 다른 원본 영역의 레이블과 일치하지 않는 레이블이 있는 경우에 통합하면 별도의 행이나 열이 만들어진다.
④ 여러 시트에 있는 데이터나 다른 통합 문서에 입력되어 있는 데이터를 통합할 수 있다.

'원본 데이터에 연결' 기능은 통합할 데이터가 있는 워크시트와 통합 결과가 작성될 워크시트가 다른 경우나 워크시트가 다른 통합 문서에 있는 경우에만 적용할 수 있음

03 다음 중 부분합 기능을 이용하여 구할 수 있는 각 집단의 특성 값이 아닌 것은?

① 합계   ② 평균
③ 중앙값   ④ 개수

부분합에서 사용할 수 있는 함수 : 합계, 개수, 평균, 최대값, 최소값, 곱, 숫자 개수, 표본 표준 편차, 표준 편차, 표본 분산, 분산

04 다음 중 아래 그림과 같이 연 이율과 월 적금액이 고정되어 있고, 적금 기간이 1년, 2년, 3년, 4년, 5년인 경우 각 만기 후의 금액을 확인하기 위한 도구로 적합한 것은?

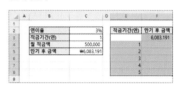

① 고급 필터   ② 데이터 통합
③ 목표값 찾기   ④ 데이터 표

데이터 표 : 워크시트에서 특정 데이터를 변화시켜 수식의 결과가 어떻게 변하는지 보여 주는 셀 범위를 데이터 표라고 함

오답 피하기

• 고급 필터 : 보다 복잡한 조건으로 검색하거나 검색 결과를 다른 데이터로 활용함
• 데이터 통합 : 하나 이상의 원본 영역을 지정하여 하나의 표로 데이터를 요약함
• 목표값 찾기 : 수식의 결과 값은 알고 있으나 그 결과 값을 얻기 위한 입력 값을 모를 때 이용함

05 다음 중 가상 분석 도구인 [데이터 표]에 대한 설명으로 옳지 않은 것은?

① 테스트 할 변수의 수에 따라 변수가 한 개이거나 두 개인 데이터 표를 만들 수 있다.
② 데이터 표를 이용하여 입력된 데이터는 부분적으로 수정 또는 삭제할 수 있다.
③ 워크시트가 다시 계산될 때마다 데이터 표도 변경 여부에 관계없이 다시 계산된다.
④ 데이터 표의 결과 값은 반드시 변화하는 변수를 포함한 수식으로 작성해야 한다.

데이터 표

• 워크시트에서 특정 데이터를 변화시켜 수식의 결과가 어떻게 변하는지 보여 주는 셀 범위를 데이터 표라고 함
• 데이터 표 기능을 통해 입력된 셀의 일부분만 수정하거나 삭제할 수 없음

[정답] 01 ② 02 ② 03 ③ 04 ④ 05 ②

피벗 테이블

▶ 합격 강의

빈출 태그 피벗 테이블 • 피벗 차트 • 레이아웃

---

01 피벗 테이블/피벗 차트 보고서 24년 상시, 22년 상시, 21년 상시, 18년 3월/9월, 15년 3월, 13년 3월/10월, …

1) 피벗 테이블

- 피벗 테이블은 방대한 양의 자료를 빠르게 요약하여 보여 주는 대화형 테이블이다.
- 엑셀의 레코드 목록, 외부 데이터, 다중 통합 범위, 다른 피벗 테이블을 바탕으로 한 새로운 형태의 통계 분석표를 작성한다.
- 엑셀의 레코드 목록으로 피벗 테이블을 작성할 경우 레코드 목록 내부에 셀 포인터를 놓고 [삽입] 탭–[표] 그룹–[피벗 테이블]을 선택하여 작성한다.
- 작성된 피벗 테이블의 레이아웃은 마우스로 드래그하여 다시 수정할 수 있다.
- 피벗 테이블을 작성할 때 데이터로 외부 데이터나 다중 통합 범위를 지정할 수 있다.
- 피벗 테이블 보고서는 각 필드에 다양한 조건을 지정할 수 있으며, 일정한 그룹별로 데이터 집계가 가능하다.

> 🅕 기적의 TIP
>
> 피벗 테이블은 개념부터 마법사를 이용하는 단계와 레이아웃 만들기, 도구 모음에 대한 전반적인 이해와 숙지가 필요합니다. 아울러 옵션 부분도 자주 출제되므로 신경써서 공부해 두세요.

2) 피벗 차트 18년 3월/9월

- 피벗 차트 작성 시 자동으로 피벗 테이블도 함께 만들어진다. 즉, 피벗 테이블을 만들지 않고는 피벗 차트를 만들 수 없다.
- 피벗 테이블과 피벗 차트를 함께 만든 후에 작성된 피벗 테이블을 삭제하면 피벗 차트는 일반 차트로 변경된다.

---

02 피벗 테이블의 구성 요소 19년 8월, 14년 6월, 12년 3월

피벗 테이블은 보고서 필터 필드, 값 필드, 열 레이블, 행 레이블, 값 영역으로 구성된다.

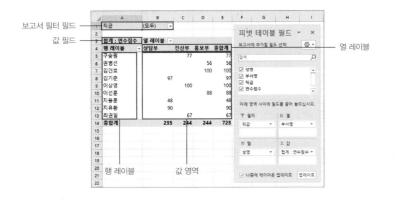

피벗 테이블 보고서는 하위 데이터 집합에 대해 원하는 정보를 강조하기 위해 필터나 정렬, 그룹 및 조건부 서식 등을 적용할 수 있음

- 값 영역의 특정 항목을 마우스로 더블클릭하여 해당 데이터에 대한 세부적인 데이터를 새로운 시트에 표시할 수 있음
- 데이터 그룹 수준을 확장 또는 축소하여 요약 정보만 표시할 수도 있고, 요약된 내용의 세부 데이터를 표시할 수도 있음
- 행을 열로 또는 열을 행으로 이동하여 표시할 수 있음

보고서 필터 필드	• 피벗 테이블 맨 위에 위치하며 페이지별로 나타낼 현재 표시되어 있는 항목으로 필터 조건을 지정할 필드임 • 단일 항목, 여러 항목, 모두를 나타낼 수 있음
값 필드	데이터 원본 목록으로 분석 대상을 나타냄
행 레이블/열 레이블	피벗 테이블에서 행 방향과 열 방향으로 나타내기 위한 제목(레이블)을 나타냄
값 영역	집계된 데이터가 표시되며 합계, 개수, 평균, 최대값, 최소값, 곱, 숫자 개수, 표본 표준 편차, 표준 편차, 표본 분산, 분산 등을 사용할 수 있음

03 피벗 테이블/피벗 차트 작성하기 12년 6월, 11년 7월

🏠 **따라하기 TIP**

따라하기 파일 • Part02_Chapter04_피벗테이블.xlsx

대출상품에 대한 대출기간과 대출가능액을 이용하여 피벗 테이블 보고서를 만들어보자.

① 입력한 [표]안에 마우스를 위치시킨 다음 [삽입] 탭–[표] 그룹–[피벗 테이블]을 실행한다.

② [피벗 테이블 만들기] 대화 상자가 나타나면 분석할 원본 데이터의 위치와 보고서를 넣을 위치를 선택한다.

- 새 워크시트에 피벗 테이블을 생성하면 보고서 필터의 위치는 [A1] 셀에 표시되고 행 레이블은 두 행 아래인 [A3] 셀에서 시작함
- 피벗 테이블과 연결된 피벗 차트가 있는 경우 피벗 테이블에서 [피벗 테이블 분석] 탭–[동작] 그룹의 [지우기]–[모두 지우기] 명령을 사용하면 피벗 테이블과 피벗 차트의 필드, 서식 및 필터가 제거됨

- 원본의 자료가 변경된 경우 [모두 새로 고침]을 이용하여 모두 피벗 테이블에 반영할 수 있음
- 피벗 테이블을 삭제할 때는 피벗 테이블 전체를 범위로 지정한 다음 Delete 를 눌러 삭제함
- 피벗 테이블의 삽입 위치는 새 워크시트 또는 기존 워크시트에서 시작 위치를 선택할 수 있음

- Alt + F5 : 새로 고침
- Ctrl + Alt + F5 : 모두 새로 고침

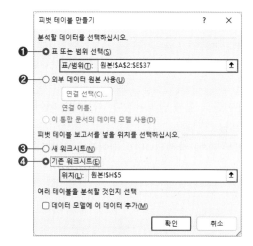

❶ 표 또는 범위 선택	표/범위 상자에 셀 범위나 표 이름 참조를 입력함
❷ 외부 데이터 원본 사용	외부 데이터(엑셀, 데이터베이스, 텍스트 등)인 경우에 사용함
❸ 새 워크시트	새로운 워크시트에 피벗 테이블 보고서를 넣을 수 있음
❹ 기존 워크시트	클릭하면 피벗 테이블 보고서가 위치할 셀의 시작 위치를 지정할 수 있음

③ 피벗 테이블 구조가 나타나면 오른쪽에 [피벗 테이블 필드]가 표시되며 아래 필드로 드래그하여 원하는 위치로 끌어다 놓는다.

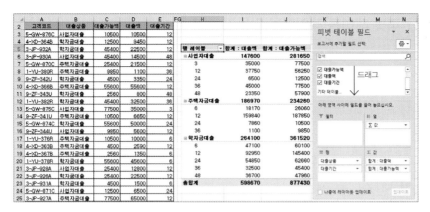

④ 행 레이블, 열 레이블, 값 필드에 각각 필드 단추를 끌어다 놓으면 피벗 테이블이 만들어
진다. [피벗 테이블 필드]에 있는 필드 단추를 마우스로 끌어서 필드 위치를 변경할 수 있
으며, 필드 단추를 바깥쪽으로 드래그하여 필드를 제거할 수 있다.

엑셀 목록 사용
피벗 테이블 원본으로 워크시트
데이터를 사용할 경우 첫째 행에
열 레이블이 있고 나머지 행은 각
열에 비슷한 항목들이 들어 있는
목록 형태이어야 하며, 목록에 빈
행이나 열이 없어야 함

- 상단에 있는 필드 단추를 아래 영역 사이로 끌어다 놓으면서 구조를 만든다.
- 값 필드 단추를 클릭하여 바로 가기 메뉴가 표시되면 [값 필드 설정]을 클릭한다.

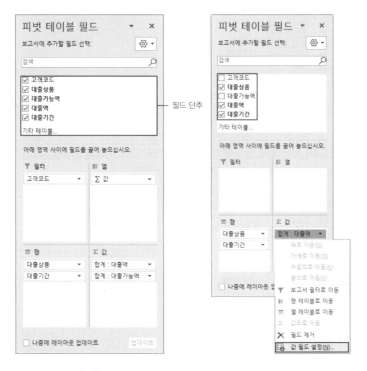

- [값 필드 설정] 대화 상자가 표시되면 선택된 필드의 함수, 이름, 표시 형식을 설정할 수 있다.

05 슬라이서를 이용한 피벗 테이블 분석하기

- 슬라이서(Slicer)의 사전적 의미인 "얇게 베거나 쓰는 기구 또는 사람"처럼 많은 양의 데이터를 부분적으로 슬라이스(Slice : 조각)하여 데이터를 쉽고 빠르게 필터링할 수 있는 기능을 지원한다.
- 슬라이서는 테이블(표(Ctrl+T 또는 Ctrl+L))이나 피벗 테이블을 필터링할 수 있는 단추를 제공하며, 제공된 여러 단추를 사용하여 원하는 데이터를 쉽고 빠르게 대화식으로 필터링할 수 있다.
- 슬라이서는 빠른 필터링 외에도 현재 필터링 상태를 표시하여 현재 표시되는 항목을 쉽게 이해할 수 있도록 하며 피벗 테이블 보고서의 '보고서 필터' 영역을 사용하는 것보다 데이터 필터링이 효율적이다.

따라하기 파일 • Part02_Chapter04_슬라이서.xlsx

슬라이서를 사용하여 부서별 필터링 보고서를 작성해 보자.

① 작성된 피벗 테이블 보고서를 선택하고 [피벗 테이블 분석] 탭–[필터] 그룹에서 [슬라이서 삽입]을 클릭하거나 [삽입] 탭–[필터] 그룹–슬라이서를 클릭하여 실행한다.

② [슬라이서 삽입] 대화 상자에서 슬라이서를 만들 피벗 테이블 필드(부서명)의 확인란을 선택하고 [확인]을 클릭한다.

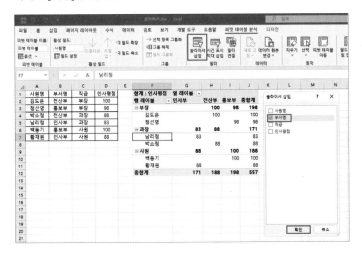

③ [슬라이서 삽입] 대화 상자에서 선택한 부서명(인사부, 전산부, 홍보부)이 슬라이서 대화 상자에 표시된다.

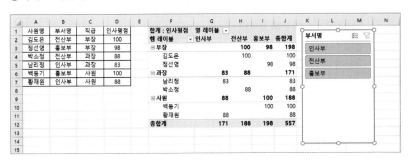

④ 슬라이서에서 필터링할 부서명을 클릭하면 해당하는 데이터가 필터링되어 표시된다.

슬라이서 단추를 클릭하면 해당 필터가 연결된 테이블 또는 피벗 테이블에 자동으로 적용됨

1) 슬라이서 구성 요소

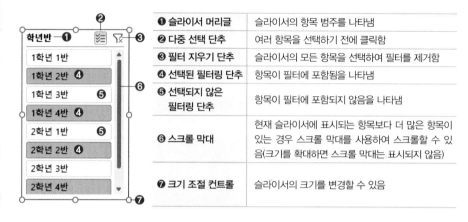

❶ 슬라이서 머리글	슬라이서의 항목 범주를 나타냄	
❷ 다중 선택 단추	여러 항목을 선택하기 전에 클릭함	
❸ 필터 지우기 단추	슬라이서의 모든 항목을 선택하여 필터를 제거함	
❹ 선택된 필터링 단추	항목이 필터에 포함됨을 나타냄	
❺ 선택되지 않은 필터링 단추	항목이 필터에 포함되지 않음을 나타냄	
❻ 스크롤 막대	현재 슬라이서에 표시되는 항목보다 더 많은 항목이 있는 경우 스크롤 막대를 사용하여 스크롤할 수 있음(크기를 확대하면 스크롤 막대는 표시되지 않음)	
❼ 크기 조절 컨트롤	슬라이서의 크기를 변경할 수 있음	

• 바로 가기 메뉴에서 텍스트 오름차순 정렬, 텍스트 내림차순 정렬, 필터 해제, 다중 선택, 보고서 연결, 제거, 크기 및 속성, 슬라이서 설정 등이 가능함
• 매크로 지정은 가능하지만 매크로를 지정하면 슬라이서의 기능은 작동되지 않음

Alt+S(다중 선택)와 Alt+C (필터 지우기)는 슬라이서가 선택된 상태에서만 실행됨

▲ 슬라이서를 클릭하여 선택한 상태

2) 다중 항목 선택

방법 1	다중 선택 단추(☰)를 클릭한 다음 항목을 선택함
방법 2	Ctrl을 누른 채로 표시하려는 항목을 선택함
방법 3	슬라이서를 마우스 오른쪽 버튼으로 클릭한 다음 바로 가기 메뉴에서 ['슬라이서 이름' 다중 선택]을 클릭함
방법 4	슬라이서를 클릭하여 선택한 다음 Alt+S를 누른 후에 항목을 선택함

3) 필터 지우기

방법 1	필터 지우기 단추(☑)를 클릭함
방법 2	슬라이서를 마우스 오른쪽 버튼으로 클릭한 다음 바로 가기 메뉴에서 [슬라이서 이름에서 필터 해제]를 클릭함
방법 3	슬라이서를 클릭하여 선택한 다음 Alt+C를 누름

4) [슬라이서] 탭

• 슬라이서를 클릭하여 선택하면 [슬라이서] 탭이 나타난다.
• [슬라이서], [슬라이서 스타일], [정렬], [단추], [크기] 그룹에서 슬라이서의 여러 옵션을 설정할 수 있다.

❶ 슬라이서	• 슬라이서 캡션 : 슬라이서의 머리글에 표시되는 캡션을 변경함 • 슬라이서 설정 : 슬라이서의 표시 설정을 변경함 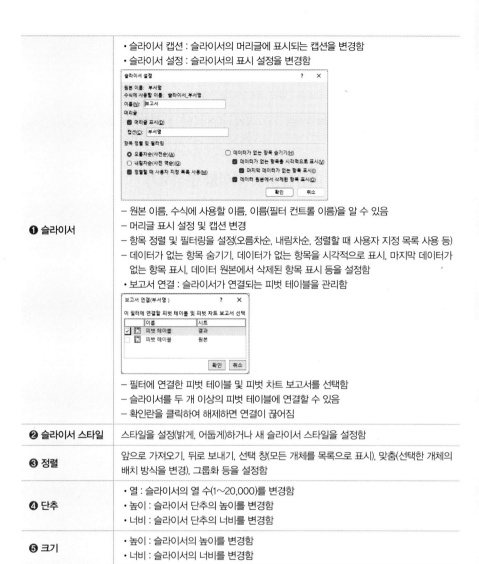 – 원본 이름, 수식에 사용할 이름, 이름(필터 컨트롤 이름)을 알 수 있음 – 머리글 표시 설정 및 캡션 변경 – 항목 정렬 및 필터링을 설정(오름차순, 내림차순, 정렬할 때 사용자 지정 목록 사용 등) – 데이터가 없는 항목 숨기기, 데이터가 없는 항목을 시각적으로 표시, 마지막 데이터가 없는 항목 표시, 데이터 원본에서 삭제된 항목 표시 등을 설정함 • 보고서 연결 : 슬라이서가 연결되는 피벗 테이블을 관리함 – 필터에 연결한 피벗 테이블 및 피벗 차트 보고서를 선택함 – 슬라이서를 두 개 이상의 피벗 테이블에 연결할 수 있음 – 확인란을 클릭하여 해제하면 연결이 끊어짐
❷ 슬라이서 스타일	스타일을 설정(밝게, 어둡게)하거나 새 슬라이서 스타일을 설정함
❸ 정렬	앞으로 가져오기, 뒤로 보내기, 선택 창(모든 개체를 목록으로 표시), 맞춤(선택한 개체의 배치 방식을 변경), 그룹화 등을 설정함
❹ 단추	• 열 : 슬라이서의 열 수(1~20,000)를 변경함 • 높이 : 슬라이서 단추의 높이를 변경함 • 너비 : 슬라이서 단추의 너비를 변경함
❺ 크기	• 높이 : 슬라이서의 높이를 변경함 • 너비 : 슬라이서의 너비를 변경함

▲ 슬라이서 열 수를 3으로 설정한 경우

5) 슬라이서 연결 끊기

- 슬라이서를 클릭하여 선택한 다음 [슬라이서] 탭-[슬라이서] 그룹-[보고서 연결]을 클릭하거나 바로 가기 메뉴의 [보고서 연결]을 클릭한다.
- [보고서 연결] 대화 상자에서 연결을 끊을 피벗 테이블 및 피벗 차트 보고서의 확인란을 클릭하여 체크를 해제하면 연결이 끊어진다.

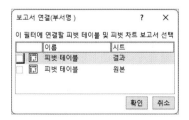

슬라이서는 동일한 데이터 원본을 공유하는 피벗 테이블에만 연결할 수 있음

6) 슬라이서 제거

방법 1	슬라이서를 클릭한 다음 Delete 를 누름
방법 2	슬라이서를 마우스 오른쪽 단추로 클릭한 다음 ["슬라이서 이름" 제거]를 클릭함

※ 제거 후 Ctrl + Z 로 제거를 취소할 수 있음

06 시간 표시 막대를 이용한 피벗 테이블 분석하기

- 피벗 테이블 보고서에서 날짜 데이터가 있는 경우 날짜를 대화식으로 필터링하는 시간 표시 막대 컨트롤을 이용하여 피벗 테이블을 효율적으로 분석할 수 있다.
- 피벗 테이블이나 피벗 차트, 큐브 함수 등의 필터링할 기간을 빠르고 쉽게 선택할 수 있다.

따라하기 TIP

따라하기 파일 • Part02_Chapter04_시간표시막대.xlsx

날짜 데이터가 포함되어 있는 피벗 테이블 보고서를 시간 표시 막대를 이용하여 분석해 보자.

① 작성된 피벗 테이블 보고서를 선택하고 [삽입] 탭–[필터] 그룹–[시간 표시 막대]을 클릭하여 실행한다.

② [시간 표시 막대 삽입] 대화 상자에서 날짜 항목을 클릭하여 설정한 다음 [확인]을 클릭한다.

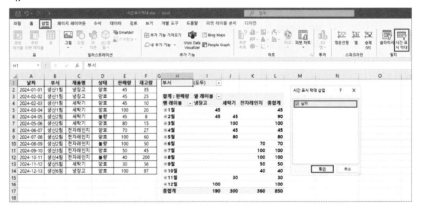

필터링되는 기준을 '년, 분기, 월, 일' 중에서 선택할 수 있음

③ 시간 표시 막대가 표시되며 타임바를 클릭하거나 드래그하여 필터링되는 데이터를 확인할 수 있다.

01 다음 중 아래의 피벗 테이블과 이를 활용한 데이터 추출에 대한 설명으로 옳지 <u>않은</u> 것은?

평균 : TOEIC	열 레이블 ▼	
행 레이블 ▼	경영학과	컴퓨터학과
김경호	880	
김영민	790	
박찬진	940	
최미진		990
최우석		860
총합계	**870**	**925**

① 피벗 테이블 옵션에서 열 총합계 표시가 해제되었다.
② 총합계는 TOEIC 점수에 대한 평균이 계산되었다.
③ 행 레이블 영역, 열 레이블 영역, 그리고 값 영역에 각각 하나의 필드가 표시되었다.
④ 행 레이블 필터를 이용하면 성이 김씨인 사람에 대한 자료만 추출할 수도 있다.

피벗 테이블 옵션에서 열 총합계 표시가 설정되어 있는 상태임

02 다음 중 피벗 테이블에 대한 설명으로 옳지 <u>않은</u> 것은?

📺 합격 강의
① 피벗 테이블 결과가 표시되는 장소는 동일한 시트 내에에만 지정된다.
② 피벗 테이블로 작성된 목록에서 행 필드를 열 필드로 편집할 수 있다.
③ 피벗 테이블 작성 후에도 사용자가 새로운 수식을 추가하여 표시할 수 있다.
④ 피벗 테이블은 많은 양의 데이터를 손쉽게 요약하기 위해 사용되는 기능이다.

피벗 테이블 보고서는 새 워크시트, 기존 워크시트에서 선택할 수 있음

03 다음 중 피벗 테이블에 대한 설명으로 옳지 <u>않은</u> 것은?

① 피벗 테이블 보고서를 작성한 후 원본 데이터를 수정하면 피벗 테이블 보고서에 자동으로 반영된다.
② [피벗 테이블 필드]에서 보고서에 추가할 필드 선택 시 데이터 형식이 텍스트이거나 논리값인 필드를 선택하여 '행' 영역에 추가한다.
③ 값 영역에 추가된 필드가 2개 이상이면 Σ 값 필드가 열 또는 행 영역에 추가된다.
④ 열/행 단추를 클릭하여 레이블 필터나 값 필터를 설정할 수 있다.

• 피벗 테이블 보고서를 작성한 후 원본 데이터를 수정하면 피벗 테이블 보고서에 자동으로 반영되지 않음
• [피벗 테이블 분석] 탭–[데이터] 그룹–[새로 고침]의 [새로 고침]이나 [모두 새로 고침]을 클릭하면 수정된 데이터가 반영됨

04 다음 중 피벗 테이블에 대한 설명으로 옳지 <u>않은</u> 것은?

① 피벗 테이블 보고서를 넣을 위치는 기존 워크시트에서만 가능하다.
② 피벗 테이블로 작성된 목록에서 행 필드를 열 필드로 편집할 수 있다.
③ 피벗 테이블 작성 후에도 사용자가 새로운 수식을 추가하여 표시할 수 있다.
④ 피벗 테이블은 많은 양의 데이터를 손쉽게 요약하기 위해 사용되는 기능이다.

피벗 테이블 보고서를 넣을 위치는 기존 워크시트와 새 워크시트 중에서 선택할 수 있음

출제빈도 상 중 (하)
반복학습 ① ② ③

▶ 합격 강의

빈출 태그 피벗 차트 • 피벗 테이블 옵션

01 피벗 차트 만들기

- 피벗 차트를 작성한 후 각 필드 단추를 이용하여 여러 방식으로 데이터 요약 상황을 차트로 확인할 수 있다.
- 새로운 피벗 차트를 만들 때는 [삽입] 탭-[차트] 그룹-[피벗 차트]에서 [피벗 차트]나 [피벗 차트 및 피벗 테이블]을 선택하여 실행한다.

- [피벗 차트 및 피벗 테이블]은 피벗 차트와 피벗 테이블 보고서가 함께 만들어지며 피벗 차트를 일반 정적 차트로 변경하려면 피벗 테이블을 삭제하면 된다.
- 이미 작성되어 있는 피벗 테이블 보고서를 원본 데이터로 사용하여 피벗 차트를 만들려면 피벗 테이블 보고서 영역에서 [피벗 테이블 분석] 탭-[도구] 그룹-[피벗 차트]를 클릭하여 만든다.
- 피벗 차트의 기본 차트 종류는 세로 막대형 차트이며, 분산형, 주식형, 거품형, 트리맵, 선버스트, 히스토그램, 상자 수염, 폭포 차트, 깔때기형을 제외한 다른 차트로 변경 가능하다.
- 일반 차트의 서식 지정과 차트 종류 선택 등 대부분의 방법이 피벗 차트에서도 동일하게 실행된다.

▲ 피벗 차트(세로 막대형)

02 [피벗 테이블 분석] 탭 07년 7월

피벗 테이블의 옵션(레이아웃 및 서식, 요약 및 필터, 표시, 인쇄, 데이터, 대체 텍스트 등) 설정과 슬라이서 및 시간 표시 막대 삽입, 새로 고침, 데이터 원본 변경, 피벗 테이블 이동, 계산된 필드와 항목 생성 및 수정, 피벗 차트 추가 등의 작업을 수행한다.

🅱 기적의 TIP

피벗 테이블 도구 모음의 이름과 기능을 잘 알아두세요. 특히 데이터 새로 고침은 매우 중요합니다.

❶ 피벗 테이블	피벗 테이블 이름, [피벗 테이블 옵션] 대화 상자를 표시하며, 다양한 옵션을 지정할 수 있음
❷ 활성 필드	선택된 필드의 [값 필드 설정] 대화 상자를 표시함
❸ 그룹	피벗 테이블 보고서에서 그룹을 선택하거나 지정/해제할 때 사용함
❹ 필터	슬라이서 삽입 및 시간 표시 막대를 삽입하고 필터의 연결 및 해제를 설정함
❺ 데이터	변경 내용을 새로 고치거나 데이터 원본을 변경함
❻ 동작	피벗 테이블의 요소를 지우거나 선택, 다른 위치로 이동을 적용함
❼ 계산	계산된 필드와 항목을 만들고 수정함
❽ 도구	피벗 차트, 추천 피벗 테이블 등을 작성함
❾ 표시	필드 목록, +/− 단추, 필드 머리글을 표시하거나 숨김

03 피벗 테이블 옵션

• 바로 가기 메뉴의 [피벗 테이블 옵션]을 선택하면 [피벗 테이블 옵션] 대화 상자가 나타난다.

🅑 기적의 TIP

피벗 테이블 옵션 중 '열의 총 합계'와 '행의 총합계'의 결과 형태에 대해 잘 익혀두세요.

• [피벗 테이블 옵션] 대화 상자에서 피벗 테이블에 관련된 서식 옵션, 데이터 옵션 등을 설정할 수 있다.

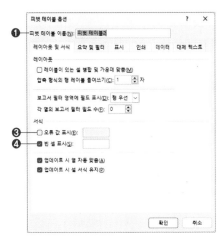

[피벗 테이블 옵션] 대화 상자의 [레이아웃 및 서식] 탭-[서식]에서 오류 값을 빈 셀로 표시하거나 빈 셀에 원하는 값을 지정하여 표시할 수도 있음

❶ 이름	피벗 테이블의 이름을 설정함
❷ 열의 총합계/행의 총합계	열이나 행 방향의 총합계를 산출할지의 여부를 설정함. [요약 및 필터] 탭에서 설정할 수 있음
❸ 오류 값 표시	오류 값을 표시할지의 여부를 설정함
❹ 빈 셀 표시	데이터 영역이 비워 있는 경우 표시할 값을 설정함

04 계산 필드 삽입 및 삭제하기

1) 계산 필드 삽입

계산할 필드를 삽입하는 기능으로 요약 함수 및 사용자 지정 계산에서 원하는 결과가 나오지 않은 경우 계산 필드에 수식을 직접 만들 수 있다.

따라하기 TIP

따라하기 파일 • Part02_Chapter04_계산필드삽입하기.xlsx

시험 점수 합계를 구하고 평균을 누락한 경우 계산 필드를 삽입하여 평균을 구하는 필드를 삽입해 보자.

① 피벗 테이블 보고서를 클릭한 다음 [피벗 테이블 분석] 탭의 [계산] 그룹에서 [필드, 항목 및 집합]을 클릭하고 [계산 필드]를 클릭한다.

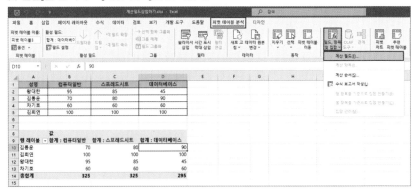

② 이름 상자에 필드 이름을 입력하고 수식 상자에 해당 필드의 수식을 입력한 후 [추가]를 클릭한다.

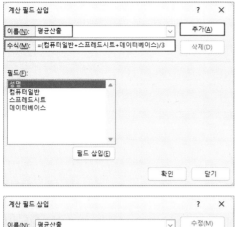

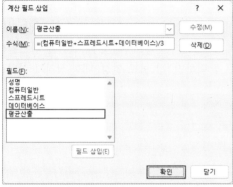

③ 평균산출 값이 계산된 계산 필드가 삽입된다.

	A	B	C	D	E	F
1	성명	컴퓨터일반	스프레드시트	데이터베이스		
2	왕대한	95	85	45		
3	김통운	70	80	90		
4	차기호	60	60	60		
5	김희연	100	100	100		
6						
7						
8		값				
9	행 레이블 ▾	합계 : 컴퓨터일반	합계 : 스프레드시트	합계 : 데이터베이스	합계 : 평균산출	
10	김통운	70	80	90	80	
11	김희연	100	100	100	100	
12	왕대한	95	85	45	75	
13	차기호	60	60	60	60	
14	총합계	325	325	295	315	
15						

2) 계산 필드 삭제

- 피벗 테이블 보고서를 클릭한 다음 [피벗 테이블 분석] 탭의 [계산] 그룹에서 [필드, 항목 및 집합]을 클릭하고 [계산 필드]를 클릭한다.
- 그 다음 이름 상자에서 삭제할 필드를 선택한 다음 [삭제]를 클릭한다.

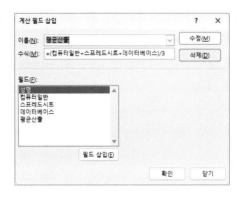

05 피벗 테이블 필드 값 설정 및 그룹화

데이터 새로 고침([Alt]+[F5])
- 피벗 테이블은 원본 데이터와 연결되어 있지만 원본 데이터가 변경될 때 자동으로 피벗 테이블 내용을 변경하지 못함
- 피벗 테이블에서 [피벗 테이블 분석]-[데이터]-[새로 고침]을 실행하면 원본 데이터의 변경 사항을 피벗 테이블에 반영함

- 피벗 테이블 필드의 각 필드 단추에서 마우스 오른쪽 버튼을 클릭하여 [값 필드 설정]을 선택하거나 해당 필드 영역에 셀 포인터를 놓고 [피벗 테이블 분석]-[활성 필드]-[필드 설정](🔲필드 설정) 아이콘을 클릭하면 [값 필드 설정] 대화 상자가 나타난다.

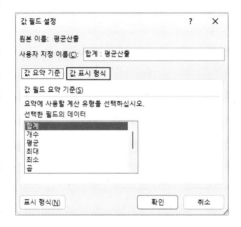

- 값 필드인 경우 필드 이름과 데이터를 요약하기 위하여 사용할 함수 종류 등을 변경할 수 있다. [값 표시 형식] 탭을 클릭한 후 값 표시 형식을 설정할 수 있다.

- 피벗 테이블의 데이터를 그룹화하면 분석할 데이터의 하위 집합을 표시할 수 있다.
- 복잡한 목록의 날짜 또는 시간(피벗 테이블의 날짜 및 시간 필드)을 분기 및 월 단위로 그룹화할 수 있다.
- 그룹화는 문자나 숫자, 날짜와 시간 등의 모든 필드를 그룹화할 수 있다.
- 피벗 테이블에서 값을 마우스 오른쪽 단추로 클릭하고 [그룹]을 선택한다.
- 그룹화 상자에서 시작 및 끝 확인란을 선택하고 필요한 경우 값을 편집한다.
- 단위는 '초, 분, 시, 일, 월, 분기, 연'에서 선택한다.
- 날짜 수(1~32767)는 단위를 '일'로 선택한 경우 활성화된다.

▲ 문자 데이터 그룹 설정

- 그룹화 : Alt + Shift + →
- 그룹 해제 : Alt + Shift + ←
- 선택한 항목 그룹화 : Ctrl 을 누른 채 두 개 이상의 값을 선택한 다음 마우스 오른쪽 단추를 클릭하고 [그룹]을 선택함

▲ 날짜를 그룹 설정

▲ 단위를 분기로 선택

▲ 분기로 그룹화됨

01 다음 중 피벗 차트 보고서에 대한 설명으로 옳지 않은 것은?

① 피벗 차트 보고서는 주식형, 분산형, 거품형, 트리맵, 선버스트 등 다양한 차트로 변경할 수 있다.

② 피벗 차트 보고서를 삭제해도 관련된 피벗 테이블 보고서는 삭제되지 않는다.

③ 피벗 차트에는 표준 차트와 마찬가지로 데이터 계열, 범주, 데이터 표식, 축이 표시된다.

④ 피벗 차트 보고서에 필터를 적용하면 피벗 테이블 보고서에 자동 적용된다.

··

피벗 차트 보고서는 주식형, 분산형, 거품형, 트리맵, 선버스트, 히스토그램, 상자 수염, 폭포 차트 등으로 변경할 수 없음

02 다음 중 피벗 테이블에 대한 설명으로 옳지 않은 것은?

① 예상 값을 계산하는 데 유용하다.

② 원본 데이터가 변경되어도 피벗 테이블은 자동으로 변경되지 않는다.

③ 합계, 평균, 최대값, 최소값을 구할 수 있다.

④ 원본 데이터 목록의 행이나 열의 위치를 변경하여 다양한 형태로 표시할 수 있다.

··

예상 값을 계산하는 데 사용하는 것은 시나리오임

03 다음 중 피벗 테이블 보고서에 대한 설명으로 옳지 않은 것은?

① 피벗 테이블 보고서를 작성한 후에 사용자가 새로운 수식을 추가하여 표시할 수 있다.

② 원본 데이터가 변경되면 피벗 테이블 보고서의 데이터도 자동으로 변경된다.

③ 피벗 테이블 보고서는 현재 작업중인 워크시트나 새로운 워크시트에 작성할 수 있다.

④ 피벗 테이블을 삭제하더라도 피벗 테이블과 연결된 피벗 차트는 삭제되지 않고 일반 차트로 변경된다.

··

원본 데이터가 변경되더라도 피벗 테이블 보고서의 데이터는 자동으로 변경되지 않으므로 [피벗 테이블 도구]-[옵션]-[데이터]-[새로 고침]을 실행하여 업데이트 함(바로 가기 키 : Alt + F5)

04 다음 중 피벗 테이블에 대한 설명으로 옳지 않은 것은?

① 원본의 자료가 변경되면 [모두 새로 고침] 기능을 이용하여 일괄 피벗 테이블에 반영할 수 있다.

② 작성된 피벗 테이블을 삭제하는 경우 함께 작성한 피벗 차트는 자동으로 삭제된다.

③ 피벗 테이블을 삭제하려면 피벗 테이블 전체를 범위로 지정한 후 Delete 를 누른다.

④ 피벗 테이블의 삽입 위치는 새 워크시트뿐만 아니라 기존 워크시트에서 시작 위치를 선택할 수도 있다.

··

작성된 피벗 테이블을 삭제하는 경우 함께 작성한 피벗 차트는 일반 차트로 변경됨

05 다음 중 피벗 테이블과 피벗 차트에 대한 설명으로 옳지 않은 것은?

① 새 워크시트에 피벗 테이블을 생성하면 보고서 필터의 위치는 [A1] 셀, 행 레이블은 [A3] 셀에서 시작한다.

② 피벗 테이블과 연결된 피벗 차트가 있는 경우 피벗 테이블에서 [피벗 테이블 도구]의 [모두 지우기] 명령을 사용하면 피벗 테이블과 피벗 차트의 필드, 서식 및 필터가 제거된다.

③ 하위 데이터 집합에도 필터와 정렬을 적용하여 원하는 정보만 강조할 수 있으나 조건부 서식은 적용되지 않는다.

④ [피벗 테이블 옵션] 대화 상자에서 오류 값을 빈 셀로 표시하거나 빈 셀에 원하는 값을 지정하여 표시할 수도 있다.

··

하위 데이터 집합에도 필터와 정렬을 적용하여 원하는 정보만 강조할 수 있으며 조건부 서식 역시 적용 가능하므로 데이터를 시각적으로 탐색 및 분석할 수 있음

정답 01 ① 02 ① 03 ② 04 ② 05 ③

목표값 찾기/시나리오

▶ 합격 강의

출제빈도 상 (중) 하
반복학습 ①②③

빈출 태그 목표값 찾기 • 시나리오

01 목표값 찾기 24년 상시, 23년 상시, 22년 상시, 21년 상시, 20년 7월, 18년 3월/9월, 17년 9월, 16년 10월, 13년 6월/10월, …

- 수식의 결과 값은 알고 있으나 그 결과 값을 얻기 위한 입력 값을 모를 때 목표값 찾기 기능을 이용한다.
- 수식에서 참조한 특정 셀의 값을 계속 변화시켜 수식의 결과 값을 원하는 값으로 찾는다.
- [데이터] 탭-[예측] 그룹-[가상 분석]을 클릭한 후 [목표값 찾기] 메뉴를 선택하여 수식 셀, 찾는 값, 값을 바꿀 셀을 지정한다.

❶ 수식 셀	특정 값으로 결과가 나오기를 원하는 수식이 들어 있는 셀을 지정함
❷ 찾는 값	수식 셀의 결과로, 원하는 특정한 값을 숫자 상수로 입력함
❸ 값을 바꿀 셀	찾는 값(목표값)에 입력한 결과를 얻기 위해 데이터를 조절할 단일 셀로서, 반드시 수식에서 이 셀을 참조하고 있어야 함

🖐 따라하기 TIP

따라하기 파일 • Part02_Chapter04_목표값찾기.xlsx

단가가 10,000원인 물품을 어느 정도 팔면 1,000,000원의 매출이 될지 알아보자.

① 다음과 같이 시트에 입력한 후 [데이터] 탭-[예측] 그룹-[가상 분석]을 클릭한 후[목표값 찾기]를 실행한다. 단, 매출은 단가*판매수량으로 구하므로 [C5] 셀에는 『=C3*C4』 수식을 입력한다.

② [목표값 찾기] 대화 상자가 나타나면 수식 셀은 C5, 찾는 값은 1000000, 값을 바꿀 셀은 C3을 선택하고 [확인]을 클릭한다.

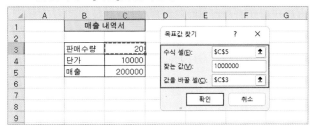

③ [목표값 찾기 상태] 대화 상자가 표시되고, 원하는 값에 대한 해답이 표시되면 [확인]을 클릭한다.

④ 값을 변경할 셀에 새로운 값이 입력됨으로써 수식의 결과 값이 목표값으로 변경된다.

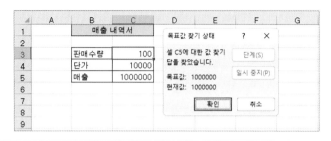

02 시나리오

24년 상시, 23년 상시, 22년 상시, 20년 2월, 19년 3월, 18년 9월, 17년 3월, 14년 3월/6월, 13년 3월/6월, …

Scenario(시나리오)는 영화 각본이나 대본, 개요 등의 의미로 예상되는 결과를 예측하는 기능이 있음

- 변경 요소가 많은 작업표에서 가상으로 수식이 참조하고 있는 셀의 값을 변화시켜 작업표의 결과를 예측하는 기능이다.
- 변경 요소가 되는 값의 그룹을 '변경 셀'이라고 하며, 하나의 시나리오에 최대 32개까지 변경 셀을 지정할 수 있다.
- 변경 셀로 지정한 셀에 계산식이 포함되어 있으면 자동으로 상수로 변경되어 시나리오가 작성된다.
- '결과 셀'은 변경 셀 값을 참조하는 수식으로 입력되어야 한다.
- [데이터] 탭-[예측] 그룹-[가상 분석]을 클릭한 후 [시나리오 관리자]를 선택하여 [시나리오 관리자] 대화 상자를 나타낸 다음, 새 시나리오를 추가하거나 기존 시나리오를 편집 및 삭제한다.
- 시나리오를 별도의 파일로 저장하는 기능은 없다.

▲ [시나리오 추가] 대화 상자

What-if 분석
셀 값의 변경으로 워크시트 수식 결과에 어떤 영향을 줄지 확인하기 위한 과정을 What-if 분석이라고 하며, 목표값 찾기, 시나리오, 데이터 표, 해 찾기 등이 해당됨

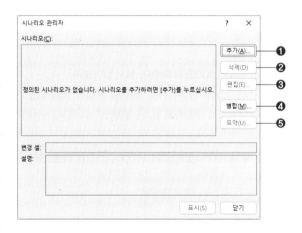

❶ 추가	• 새 시나리오를 정함 • 이 단추를 클릭하고 시나리오 이름, 변경 셀을 지정한 다음 [확인]을 클릭함 • [시나리오 값] 대화 상자가 나오면 변경 셀에 가상값을 지정함	
❷ 삭제	선택한 시나리오를 제거함	
❸ 편집	선택한 시나리오의 이름과 변경 셀, 시나리오 값 등을 수정함	
❹ 병합	열려 있는 다른 통합 문서의 워크시트에서 시나리오를 가져와 현재 시트의 시나리오에 추가함	
❺ 요약	• 시나리오 요약 보고서 또는 시나리오 피벗 테이블을 작성함 • 보고서 종류를 선택하고, 가상값의 변화에 따라 결과를 보고 싶은 결과 셀을 지정한 후 [확인]을 클릭함	

따라하기 TIP

따라하기 파일 • Part02_Chapter04_시나리오.xlsx

평균이 87점인 경우 수학 점수가 현재 70점에서 50점으로 저조한 경우와 100점으로 상승한 경우의 평균을 구하는 시나리오를 작성해 보자.

① 시트에 다음과 같이 입력하고 [E2] 셀에 =AVERAGE(B2:D2) 수식을 입력하여 평균을 구한다.

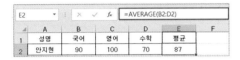

② [데이터] 탭–[예측] 그룹–[가상 분석]을 선택한 후 [시나리오 관리자]를 클릭한다.

③ [시나리오 관리자] 대화 상자에서 [추가]를 선택한다.

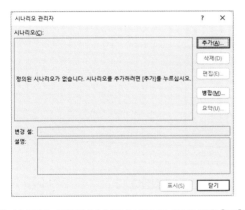

④ 시나리오 이름은 『수학점수저조』로, 변경 셀은 [D2]로 지정하고 [확인]을 클릭한다.

• [시나리오 요약 보고서]를 만들 때 [결과 셀]을 지정하지 않아도 [결과 셀] 없이 만들어지지만, [시나리오 피벗 테이블 보고서]를 만들 때에는 [결과 셀]을 반드시 지정해야 함
• 여러 시나리오를 비교하여 하나의 테이블로 요약하는 보고서를 만들 수 있음
• 변경 셀과 결과 셀의 이름을 시나리오 요약 보고서를 생성하기 전에 정의하면 셀 참조 주소 대신 정의된 이름이 보고서에 표시됨
• 시나리오 요약 보고서는 자동으로 다시 갱신되지 않음
• 변경된 값을 요약 보고서에 표시하려는 경우 새 요약 보고서를 만들어야 함

• '설명'은 시나리오에 대한 추가적인 설명으로 입력하지 않아도 됨
• '보호'의 체크 박스들은 [검토]–[변경 내용]–[시트 보호]를 설정한 경우에만 적용됨

⑤ 변경 셀에 해당하는 값 『50』을 입력하고 [확인]을 클릭한다.

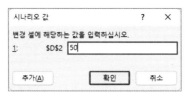

⑥ [시나리오 관리자] 대화 상자의 [추가]를 클릭한다.

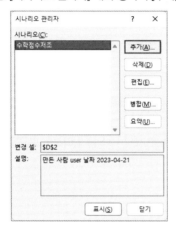

⑦ 시나리오 이름은 『수학점수상승』, 변경 셀은 [D2]로 지정하고 [확인]을 클릭한다.

⑧ 변경 셀에 해당하는 값 『100』을 입력하고 [확인]을 클릭한다.

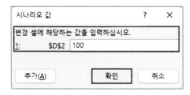

⑨ [시나리오 관리자] 대화 상자의 [요약]을 클릭한다.

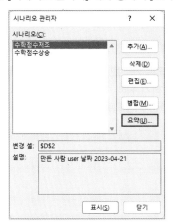

⑩ '시나리오 요약'을 선택하고 [확인]을 클릭하면 시나리오 요약 보고서가 작성된다.

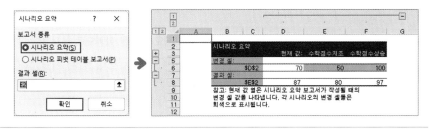

01 아래 시트에서 할인율을 변경하여 "판매가격"의 목표 값을 150000으로 변경하려고 할 때, [목표값 찾기] 대화 상자의 수식 셀에 입력할 값으로 옳은 것은?

▲	A	B	C	D	E
1					
2	할인율	10%			
3	품명	단가	수량	판매가격	
4	박스	1,000	200	180,000	

목표값 찾기 ? ✕

수식 셀(E): |

찾는 값(V): 150000

값을 바꿀 셀(C):

확인 취소

① D4   ② C4
③ B2   ④ B4

수식 셀은 단가와 수량의 곱에 할인율이 적용된 판매가격이므로 [D4] 셀이 수식 셀에 입력되어야 됨

02 다음 중 그림에 표시된 시나리오 요약에 대한 설명으로 옳지 않은 것은?

시나리오 요약			
	현재 값:	판매량 감소	판매량 증가
변경 셀:			
$B$2	1,250	1,100	1,400
결과 셀:			
$D$2	₩6,250,000	₩5,500,000	₩7,000,000

① 현재 2개의 시나리오가 작성되어 있다.
② [B2] 셀의 값이 변경될 때 [D2] 셀 값의 변화를 볼 수 있다.
③ [D2] 셀은 계산식이어야 하고, [B2] 셀은 [D2] 셀의 계산식에 포함되어 있어야 한다.
④ [B2] 셀 외에 최대 63개까지 변경 셀을 추가하여 지정할 수 있다.

하나의 시나리오에 최대 32개까지 변경 셀을 지정할 수 있으므로 [B2] 셀 외에 최대 31개까지 변경 셀을 추가하여 지정할 수 있음

03 다음 중 수식으로 계산된 결과 값은 알고 있지만 그 결과값을 계산하기 위해 수식에 사용된 입력 값을 모를 경우 사용하는 기능으로 옳은 것은?

① 목표값 찾기
② 피벗 테이블
③ 시나리오
④ 레코드 관리

목표값 찾기 : 수식의 결과 값은 알고 있으나 그 결과 값을 얻기 위한 입력 값을 모를 때 목표값 찾기 기능을 이용하며 수식에서 참조한 특정 셀의 값을 계속 변화시켜 수식의 결과 값을 원하는 값으로 찾아줌

04 다음 중 시나리오에 관한 설명으로 옳지 않은 것은?

① 하나의 시나리오에 변경 셀을 최대 32개까지 지정할 수 있다.
② 요약 보고서나 피벗테이블 보고서로 시나리오 결과를 작성할 수 있다.
③ 시나리오 병합을 통하여 다른 통합 문서나 다른 워크시트에 저장된 시나리오를 가져올 수 있다.
④ 입력된 자료들을 그룹별로 분류하고, 해당 그룹별로 원하는 함수를 이용한 계산 결과를 볼 수 있다.

④는 부분합에 대한 설명임

정답 01 ① 02 ④ 03 ① 04 ④

CHAPTER **05**

출력

학습 방향

페이지 설정의 각 탭의 기능과 머리글/바닥글 편집 단추의 쓰임새, 시트 탭에 대한 중점적인 학습이 필요합니다. 아울러 창 나누기와 틀 고정에 대한 내용과 기능은 실습을 통해 익혀두면 문제를 쉽게 풀 수 있습니다.

출제빈도

SECTION 01	하	10%
SECTION 02	상	53%
SECTION 03	중	37%

인쇄

▶ 합격 강의

출제빈도 상 중 (하)
반복학습 ① ② ③

빈출 태그 인쇄 • 인쇄 미리 보기

[페이지 레이아웃] 보기 상태에서 설정 가능한 기능

- 눈금자, 눈금선, 머리글 등을 표시하거나 숨길 수 있음
- 기본 보기에서와 같이 셀 서식을 변경하거나 수식 작업을 할 수 있음
- 머리글과 바닥글을 짝수 페이지와 홀수 페이지에 각각 다르게 지정할 수 있음
- 마우스로 페이지 구분선을 클릭하여 페이지 나누기 위치를 조정할 수 없음(단, [페이지 나누기 미리 보기]에서는 마우스로 페이지 구분선을 클릭하여 끌면 페이지를 나눌 위치를 조정할 수 있음)
- [페이지 레이아웃] 상태에서 워크시트에 머리글과 바닥글 영역이 함께 표시되어 간단히 머리글/바닥글을 추가할 수 있음

[페이지 레이아웃] 보기 상태에서의 머리글/바닥글 작업

- 머리글/바닥글 여백을 충분히 확보하려면 [머리글/바닥글] 탭의 [옵션] 그룹에서 '페이지 여백에 맞추기'를 선택함
- 페이지 여백에 맞추기 : 머리글이나 바닥글의 양쪽을 페이지 여백에 맞춤
- [머리글/바닥글] 탭의 [머리글/바닥글] 그룹에서 미리 정의된 머리글이나 바닥글을 선택할 수 있음

01 인쇄 명령 18년 3월, 06년 9월

메뉴	기능
[파일] 탭-[인쇄]	• 인쇄 및 인쇄 미리 보기가 가능 • 복사본 수 설정(1~32,767), 프린터 속성, 페이지 설정이 가능함 • 인쇄 대상 영역(활성 시트 인쇄, 전체 통합 문서 인쇄, 선택 영역 인쇄, 인쇄 영역 무시)을 설정함 • 단면/양면 인쇄 설정, 한 부씩 인쇄(1,2,3), 한 부씩 인쇄 안함(1,1,1), 방향(세로, 가로), 용지 크기, 여백, 한 페이지에 시트 맞추기 등을 설정
[페이지 레이아웃] 탭-[페이지 설정] 그룹	워크시트를 인쇄하는 각종 옵션을 설정함
[페이지 레이아웃] 탭-[페이지 설정] 그룹-[인쇄 영역]	워크시트 일부만 인쇄 영역으로 설정하거나 설정된 인쇄 영역을 취소함
[페이지 레이아웃] 탭-[페이지 설정] 그룹-[나누기]	현재 셀의 왼쪽과 위쪽에 페이지 구분선을 삽입함
[보기] 탭-[통합 문서 보기] 그룹-[페이지 나누기 미리 보기]	인쇄 영역과 페이지 구분선이 표시되는 페이지 나누기 보기로 전환함
[보기] 탭-[통합 문서 보기] 그룹-[페이지 레이아웃]	• 인쇄된 페이지에 나타나는 대로 문서를 표시함 • 한 페이지씩 표시되므로 워드프로세서처럼 작업이 가능함 • 페이지의 머리글, 바닥글의 삽입이나 수정이 가능함

02 인쇄(Ctrl + P , Ctrl + F2) 15년 10월, 09년 4월

- [파일] 탭–[인쇄]에서 인쇄 미리 보기 창에서 내용을 확인하고 프린터를 통해 출력할 수 있다.
- 인쇄 시 숨기기한 행이나 숨기기한 열은 인쇄되지 않는다.
- 워크시트에서 차트만 인쇄하려면 차트를 선택하고 인쇄 명령을 실행한다.

1) 인쇄 실행 방법

방법 1	[파일] 탭–[인쇄]–[인쇄] 아이콘을 클릭
방법 2	Ctrl + P 나 Ctrl + F2 를 누른 다음 [인쇄] 아이콘을 클릭
방법 3	[빠른 실행 도구 모음]의 [빠른 인쇄]( ) 아이콘을 클릭(단, [빠른 실행 도구 모음 사용자 지정]에서 [빠른 인쇄]가 선택되어 있는 경우)

2) 인쇄 및 인쇄 옵션 설정

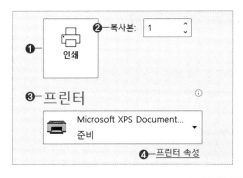

인쇄	❶ 인쇄 아이콘	워크시트 인쇄를 실행함
	❷ 복사본	인쇄 부수를 설정(1~32,767)함
프린터	❸ 프린터 기종	설치되어 있는 프린터 중 인쇄에 사용될 기종을 표시함
	❹ 프린터 속성	레이아웃, 용지, 그래픽 등의 프린터 속성을 설정함

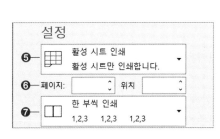

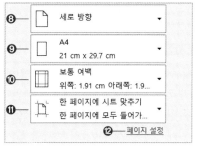

- 워크시트 페이지 위쪽의 머리글 영역을 클릭하면 리본 메뉴에 [머리글/바닥글 도구]가 표시됨
- 머리글 또는 바닥글의 입력을 완료하면 워크시트의 아무 곳이나 클릭함
- (단, [문서에 맞게 배율 조정]은 문서에서 "셀에 맞춤" 기능을 사용할 때 머리글 및 바닥글의 배율을 조정할지 여부를 지정함)

시트의 특정 범위만 항상 인쇄하는 경우

- 인쇄할 영역을 블록 설정한 후 [페이지 레이아웃] 탭–[페이지 설정] 그룹의 [인쇄 영역]–[인쇄 영역 설정]을 클릭함
- 인쇄 영역으로 설정되면 [페이지 나누기 미리 보기]에서는 설정된 부분은 밝게 표시되고 설정되지 않은 부분은 어둡게 표시됨
- 인쇄 영역을 설정하면 자동으로 Print_Area라는 이름이 작성되며, 이름은 Ctrl + F3 혹은 [수식] 탭–[정의된 이름] 그룹–[이름 관리자]에서 확인할 수 있음
- 인쇄 영역 설정은 [페이지 설정] 대화 상자의 [시트]탭에서 지정할 수도 있음

차트만 제외하고 인쇄하기 위해서는 [차트 영역 서식] 대화 상자의 [속성]에서 '개체 인쇄'의 체크를 해제함

페이지 번호를 인쇄하도록 설정된 여러 개의 시트를 출력하면서 전체 출력물의 페이지 번호가 일련번호로 이어지게 하는 방법

- [인쇄 미리 보기 및 인쇄]의 '설정'에서 인쇄 대상을 '전체 통합 문서 인쇄'로 선택하여 인쇄함
- 전체 시트를 그룹으로 설정한 후 인쇄함
- 각 시트의 [페이지 설정] 대화 상자에서 '시작 페이지 번호'를 일련번호에 맞게 설정한 후 인쇄함
- 단, [페이지 설정] 대화 상자에서 '일련번호로 출력' 기능은 지원되지 않음

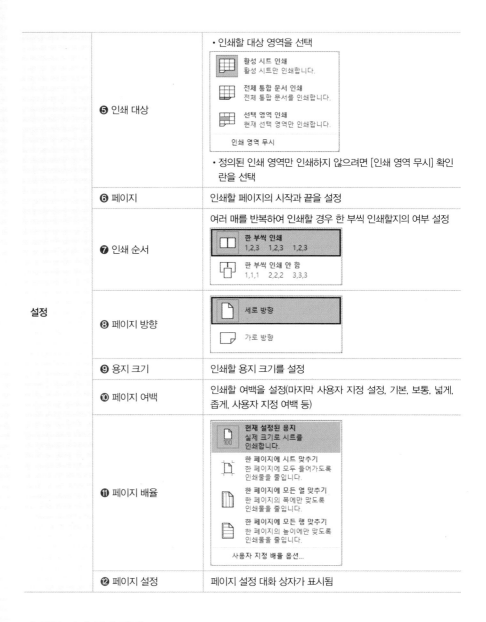

설정	❺ 인쇄 대상	• 인쇄할 대상 영역을 선택 활성 시트 인쇄 - 활성 시트만 인쇄합니다. 전체 통합 문서 인쇄 - 전체 통합 문서를 인쇄합니다. 선택 영역 인쇄 - 현재 선택 영역만 인쇄합니다. 인쇄 영역 무시 • 정의된 인쇄 영역만 인쇄하지 않으려면 [인쇄 영역 무시] 확인란을 선택
	❻ 페이지	인쇄할 페이지의 시작과 끝을 설정
	❼ 인쇄 순서	여러 매를 반복하여 인쇄할 경우 한 부씩 인쇄할지의 여부 설정 한 부씩 인쇄 1,2,3 1,2,3 1,2,3 한 부씩 인쇄 안 함 1,1,1 2,2,2 3,3,3
	❽ 페이지 방향	세로 방향 가로 방향
	❾ 용지 크기	인쇄할 용지 크기를 설정
	❿ 페이지 여백	인쇄할 여백을 설정(마지막 사용자 지정 설정, 기본, 보통, 넓게, 좁게, 사용자 지정 여백 등)
	⓫ 페이지 배율	현재 설정된 용지 - 실제 크기로 시트를 인쇄합니다. 한 페이지에 시트 맞추기 - 한 페이지에 모두 들어가도록 인쇄물을 줄입니다. 한 페이지에 모든 열 맞추기 - 한 페이지의 폭에만 맞도록 인쇄물을 줄입니다. 한 페이지에 모든 행 맞추기 - 한 페이지의 높이에만 맞도록 인쇄물을 줄입니다. 사용자 지정 배율 옵션...
	⓬ 페이지 설정	페이지 설정 대화 상자가 표시됨

3) 영역 지정 인쇄 방법

- 워크시트에서 Ctrl 을 이용하여 여러 인쇄 영역을 지정할 수 있다.
- 각 인쇄 영역은 별도의 페이지로 인쇄된다.
- 설정한 인쇄 영역은 통합 문서를 저장할 때 함께 저장된다.
- 기존 인쇄 영역에 셀 추가 시 추가할 셀이 기존 인쇄 영역에 인접해 있지 않은 경우 추가 인쇄 영역이 만들어지며 인접한 셀만 기존 인쇄 영역에 추가할 수 있다([페이지 레이아웃] 탭-[페이지 설정] 그룹-[인쇄 영역]을 클릭한 다음 [인쇄 영역에 추가]를 클릭).

방법 1	인쇄할 영역을 범위로 지정하고 [파일] 탭-[인쇄]를 실행한 다음 인쇄 대상을 '선택 영역 인쇄'로 지정하여 인쇄함 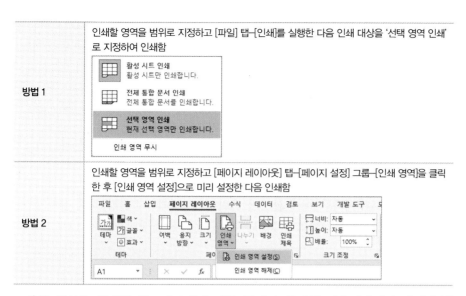
방법 2	인쇄할 영역을 범위로 지정하고 [페이지 레이아웃] 탭-[페이지 설정] 그룹-[인쇄 영역]을 클릭한 후 [인쇄 영역 설정]으로 미리 설정한 다음 인쇄함 

- 인쇄 영역을 해제할 워크시트에서 아무 곳이나 클릭한 다음 [페이지 레이아웃] 탭-[페이지 설정] 그룹-[인쇄 영역]을 클릭한 후 [인쇄 영역 해제]를 클릭하여 인쇄 영역 하나를 해제하면 워크시트의 모든 인쇄 영역이 제거된다.

03 인쇄 미리 보기(Ctrl + P , Ctrl + F2) 17년 9월, 16년 10월, 15년 6월, 14년 3월, 10년 3월/6월/10월, …

- 워크시트를 인쇄하기 전에 화면으로 출력 결과를 미리 확인할 수 있다.
- 백 스테이지 메뉴 위의 ◉를 클릭하거나 Esc 를 누르면 인쇄 미리 보기를 끝내고 통합 문서로 돌아간다.

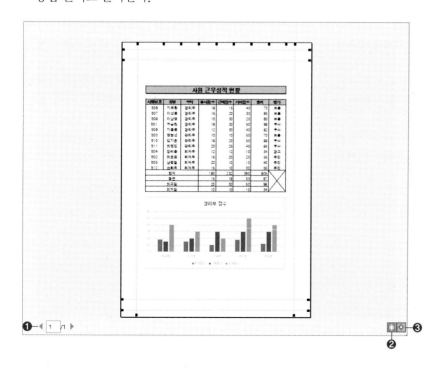

도형 인쇄하지 않기

시트에 작성된 도형을 클릭하여 선택한 다음 바로 가기 메뉴의 [크기 및 속성] 또는 [도형 서식]을 선택한 후 [도형 서식]-[속성]에서 [개체 인쇄]의 설정을 해제함

❶ ◀ ◁ ▷ ▶	• 이전 페이지, 다음 페이지를 표시함 • 여러 개의 워크시트를 선택했거나 워크시트에 여러 페이지의 데이터가 포함된 경우에만 사용할 수 있음
❷ ▣	• 미리 보기 화면에 여백 선을 표시함 • 여백을 변경하려면 원하는 높이와 너비로 여백을 끌면 됨 • 인쇄 미리 보기 페이지의 위쪽이나 아래쪽에 있는 핸들을 끌어 열 너비를 변경할 수도 있음(워크시트에도 변경된 너비가 그대로 적용됨) • 인쇄 미리 보기 창에서 셀의 높이는 조절할 수 없음
❸ ▥	• 인쇄할 페이지를 확대/축소하여 표시함 • 확대/축소 기능은 인쇄 크기에는 영향을 미치지 않음

• [인쇄 미리 보기]에서 [페이지 설정]을 클릭한 경우 [페이지 설정] 대화 상자의 [시트] 탭에서 '인쇄 영역', '반복할 행', '반복할 열'은 비활성 상태가 된다.

이론을 확인하는 기출문제

 ▶ 합격 강의

01 다음 중 [인쇄 미리 보기]에 관한 설명으로 옳지 <u>않은</u> 것은?

▶ 합격 강의

① [인쇄 미리 보기] 창에서 셀 너비를 조절할 수 있으나 워크시트에는 변경된 너비가 적용되지 않는다.

② [인쇄 미리 보기]를 실행한 상태에서 [페이지 설정]을 클릭하여 [여백] 탭에서 여백을 조절할 수 있다.

③ [인쇄 미리 보기] 상태에서 '확대/축소'를 누르면 화면에는 적용되지만 실제 인쇄 시에는 적용되지 않는다.

④ [인쇄 미리 보기]를 실행한 상태에서 [여백 표시]를 체크한 후 마우스 끌기를 통하여 여백을 조절할 수 있다.

[인쇄 미리 보기] 창에서 셀 너비를 조절할 수 있으며, 셀 너비를 조절하면 워크시트에도 변경된 너비가 적용됨

02 다음 중 [페이지 레이아웃] 보기 상태에서의 머리글/바닥글 작업에 대한 설명으로 옳지 <u>않은</u> 것은?

① 머리글/바닥글 여백을 충분히 확보하려면 [머리글/바닥글] 탭의 [옵션] 그룹에서 '문서에 맞게 배율 조정'을 선택한다.

② [머리글/바닥글] 탭의 [머리글/바닥글] 그룹에서 미리 정의된 머리글이나 바닥글을 선택할 수 있다.

③ 워크시트 페이지 위쪽의 머리글 영역을 클릭하면 리본 메뉴에 [머리글/바닥글] 도구가 표시된다.

④ 머리글 또는 바닥글의 입력을 마치려면 워크시트에서 아무 곳이나 클릭한다.

• 머리글/바닥글 여백을 충분히 확보하려면 [머리글/바닥글] 탭의 [옵션] 그룹에서 '페이지 여백에 맞추기'를 선택함
• 페이지 여백에 맞추기 : 머리글이나 바닥글의 양쪽을 페이지 여백에 맞춤

오답 피하기

문서에 맞게 배율 조정 : 문서에서 "셀에 맞춤" 기능을 사용할 때 머리글 및 바닥글의 배율을 조정할 여부를 지정함

정답 01 ① 02 ①

페이지 설정

출제빈도 ⓼ 중 하
반복학습 ① ② ③

▶ 합격 강의

빈출 태그 페이지 설정 • 머리글/바닥글 편집 단추 • [시트] 탭

01 페이지 설정 24년 상시, 21년 상시, 19년 8월, 14년 6월, 13년 3월, 12년 9월, 09년 2월/4월, 08년 2월/8월, 06년 2월, …

1) [페이지] 탭

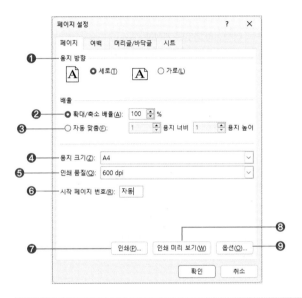

> 🅟 기적의 TIP
>
> 페이지 설정은 각 탭의 기능을 묻는 문제가 자주 출제됩니다. 특히 [머리글/바닥글] 탭의 편집 단추는 매우 중요합니다.

❶ 용지 방향	용지를 세로 또는 가로 방향으로 선택하여 용지 방향을 설정함
❷ 확대/축소 배율	워크시트를 지정한 배율로 축소 또는 확대하여 인쇄함(10~400%)
❸ 자동 맞춤	지정한 용지 너비와 용지 높이에 맞추어 자동으로 인쇄함
❹ 용지 크기	인쇄 용지의 크기를 설정함
❺ 인쇄 품질	인쇄 품질을 높일수록 더 선명한 출력물을 얻을 수 있음
❻ 시작 페이지 번호	인쇄되는 첫 페이지의 페이지 번호를 지정하며, '자동'으로 설정하면 1페이지부터 번호가 매겨짐
❼ 인쇄	[인쇄] 대화 상자가 나타남
❽ 인쇄 미리 보기	[인쇄 미리 보기]가 나타남
❾ 옵션	[프린터 등록 정보] 대화 상자가 나타남

모든 자료를 한 장에 인쇄하기
'자동 맞춤'을 선택하고 용지의 너비와 높이를 각각 1로 설정하면 모든 자료가 한 장에 인쇄됨

2) [여백] 탭 ^{16년 6월}

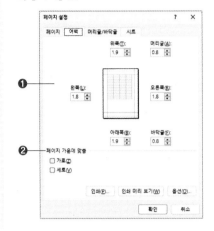

❶ 여백	머리글/바닥글과 용지의 여백(상하 좌우)을 지정함
❷ 페이지 가운데 맞춤	'가로' 또는 '세로' 항목을 체크하면 인쇄 내용이 가로 또는 세로 방향으로 페이지 가운데 맞춰짐

- 여러 워크시트에 동일한 [머리글/바닥글]을 한 번에 추가하려면 여러 워크시트를 선택하여 그룹화한 후 설정함
- 차트 시트인 경우 [페이지 설정] 대화 상자의 [머리글/바닥글] 탭에서 머리글/바닥글을 추가할 수 있음

3) [머리글/바닥글] 탭 ^{20년 2월, 17년 9월, 16년 3월, 14년 10월, 13년 10월, 07년 2월}

[보기] 탭-[통합 문서 보기] 그룹-[페이지 레이아웃]에서 클릭하여 머리글과 바닥글을 추가할 수도 있음

❶ 머리글	인쇄되는 모든 페이지의 상단에 고정적으로 인쇄되는 내용
❷ 바닥글	인쇄되는 모든 페이지의 하단에 고정적으로 인쇄되는 내용

파일 이름과 시간(예 통합 문서, 11:20 PM)을 함께 설정하는 머리글, 바닥글 유형은 없다.

- '머리글', '바닥글'의 목록 단추(∨)를 클릭하고 제공되는 머리글이나 바닥글 중에서 선택하여 사용할 수 있다.
- [머리글 편집] 또는 [바닥글 편집] 단추를 클릭한 다음 사용자가 머리글이나 바닥글 내용을 직접 입력할 수 있다.
- 각종 편집 단추를 이용하여 페이지 번호나 날짜와 시간, 파일 경로, 파일 이름과 시트 이름 등을 코드로 입력해 놓으면 실제 인쇄될 때 해당되는 내용으로 바뀌어 인쇄된다.

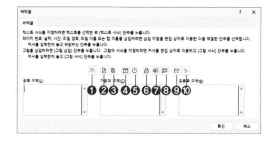

▶ **머리글/바닥글 편집 단추** 24년 상시, 15년 10월, 12년 3월, 11년 7월, 08년 5월, 07년 5월/10월, 05년 5월, 04년 11월, 03년 2월, …

명령 단추	삽입 코드	기능
❶ 텍스트 서식(가)		텍스트의 글꼴 서식을 변경함
❷ 페이지 번호 삽입(🗐)	&[페이지 번호]	현재 페이지 번호를 자동으로 삽입함
❸ 전체 페이지 수 삽입(🗐)	&[전체 페이지 수]	인쇄 범위의 전체 페이지 수를 삽입함
❹ 날짜 삽입(🗓)	&[날짜]	인쇄 당시 시스템의 날짜를 삽입함
❺ 시간 삽입(◎)	&[시간]	인쇄 당시 시스템의 시간을 삽입함
❻ 파일 경로 삽입(🖾)	&[경로]&[파일]	통합 문서 파일의 경로와 이름을 삽입함
❼ 파일 이름 삽입(🖾)	&[파일]	통합 문서 파일의 이름을 삽입함
❽ 시트 이름 삽입(🖽)	&[탭]	해당 워크시트의 이름을 삽입함
❾ 그림 삽입(🖾)	&[그림]	그림을 삽입함
❿ 그림 서식(🖋)		삽입된 그림의 서식을 설정함

& 문자의 사용
머리글/바닥글에 '&' 문자를 넣으려면 '&&'를 사용해야 함

4) [시트] 탭 24년 상시, 23년 상시, 22년 상시, 20년 7월, 19년 3월/8월, 17년 3월, 18년 3월, 16년 6월, 13년 3월/6월, 12년 3월, …

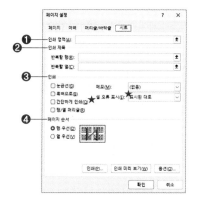

★ 간단하게 인쇄
테두리, 그래픽 등을 인쇄하지 않음

★ 셀 오류 표시
시트에 표시된 오류 값을 제외하고 인쇄하기 위해서는 [페이지 설정] 대화 상자에서 '셀 오류 표시'를 '<공백>'으로 선택함

메모 인쇄
• [페이지 설정] 대화 상자의 [시트] 탭에서 메모의 인쇄 형식을 지정함
• '시트 끝'을 선택하면 각 페이지의 메모가 문서의 마지막에 한꺼번에 인쇄됨
• '시트에 표시된 대로'를 선택하면 워크시트에 메모가 나타나는 위치에 그대로 인쇄됨(이 때 표시된 메모만 인쇄되므로 미리 인쇄할 메모를 모두 표시해야 함)

❶ 인쇄 영역	• 워크시트에서 특정 영역만 선택하여 인쇄하고자 할 때 범위를 지정함 • 인쇄 영역을 지정하지 않으면 기본적으로 워크시트의 모든 내용을 인쇄함
❷ 인쇄 제목	• 모든 페이지에 반복해서 인쇄할 제목 행과 제목 열을 지정함 • 반복할 행은 '$1:$3'과 같이 행 번호로 나타나며, 반복할 열은 '$A:$B'와 같이 열 문자로 나타남
❸ 인쇄	• 눈금선, 행/열 머리글 등 기본적으로 인쇄되지 않는 내용 중 원하는 항목을 선택하여 인쇄 내용에 포함 • 메모의 인쇄 방법(없음, 시트 끝, 시트에 표시된 대로)을 선택함
❹ 페이지 순서	여러 페이지가 인쇄될 경우 페이지 번호를 매기는 순서를 행(행 우선) 또는 열(열 우선) 방향으로 설정함

페이지 나누기
워크시트를 인쇄할 수 있도록 페
이지 단위로 나누는 구분선이며,
용지 크기, 여백 설정, 배율 옵션,
사용자가 삽입한 수동 페이지 나
누기 위치 등에 따라 자동 페이지
나누기가 삽입됨

02 페이지 구분선

- 인쇄 시 페이지 단위로 인쇄하기 위해 페이지 구분선을 삽입한다.
- 페이지 구분선 삽입 : 원하는 위치에서 [페이지 레이아웃] 탭-[페이지 설정] 그룹-[나누기]-[페이지 나누기 삽입]을 실행한다.
- 페이지 구분선 삽입 위치 : 현재 셀 포인터를 기준으로 위쪽과 왼쪽에 동시에 삽입된다.
- [페이지 나누기 미리 보기]에서 인쇄 용지의 크기와 여백 등에 의해 자동으로 생성된 자동 페이지 구분선은 파란색 점선으로 표시된다.
- [페이지 나누기 미리 보기]에서 사용자가 임의 위치에서 삽입한 사용자 정의 페이지 구분선은 파란색의 굵은 실선으로 표시된다.
- 페이지 구분선 삭제 : 페이지 구분선 바로 아래나 오른쪽에 셀 포인터를 놓고 [페이지 레이아웃] 탭-[페이지 설정] 그룹-[나누기]를 선택한 후 [페이지 나누기 제거]를 실행한다.

03 페이지 나누기 미리 보기 22년 상시, 20년 2월/7월, 18년 9월, 16년 6월, 15년 3월, 14년 10월

- [보기] 탭-[통합 문서 보기] 그룹-[페이지 나누기 미리 보기]를 실행하면 현재 워크시트의 인쇄 모양을 워크시트 상태에서 보여주는 [페이지 나누기 미리 보기]로 전환한다.
- 원래 보기 상태로 돌아가려면 [보기] 탭-[통합 문서 보기] 그룹-[기본]을 실행한다.
- [페이지 나누기 미리 보기] 상태에서는 페이지 구분선과 페이지 번호가 나타나며, 마우스로 페이지 구분선을 끌어 원하는 위치로 이동할 수 있다. 수동으로 삽입된 페이지 나누기는 실선으로 표시된다(자동은 파선).
- 수동으로 삽입한 페이지 나누기를 제거하려면 페이지 나누기를 페이지 나누기 미리 보기 영역 밖으로 끈다.
- [페이지 나누기 미리 보기]에서도 데이터 입력 및 편집 작업이 가능하다.
- [파일] 탭-[옵션]을 클릭한 후 [Excel 옵션] 대화 상자가 표시되면 [고급] 탭-[이 워크시트의 표시 옵션(S)]에서 '페이지 나누기 표시'를 체크하면 기본 보기에서도 페이지 나누기가 나타난다.

자동 페이지 나누기
- 페이지 나누기 미리 보기에서 파선으로 표시되는 자동 페이지 나누기는 용지 크기, 방향, 여백 설정, 배율 옵션 등에 의해 결정됨
- 사용자 지정 페이지 나누기를 삽입하면 자동 페이지 나누기는 다시 계산되어 표시됨
- 행 높이와 열 너비를 변경하면 자동 페이지 나누기 위치도 같이 변경됨

01 다음 중 '페이지 나누기'에 대한 설명으로 옳지 <u>않은</u> 것은?

① [페이지 나누기 미리 보기]에서 행 높이와 열 너비를 변경하면 '자동 페이지 나누기'의 위치도 변경된다.

② [페이지 나누기 미리 보기]에서 수동으로 삽입된 페이지 나누기는 점선으로 표시된다.

③ 수동으로 삽입한 페이지 나누기를 제거하려면 페이지 나누기 선 아래 셀의 바로 가기 메뉴에서 [페이지 나누기 제거]를 선택한다.

④ 용지 크기, 여백 설정, 배율 옵션 등에 따라 자동 페이지 나누기가 삽입된다.

[페이지 나누기 미리 보기]에서 수동으로 삽입된 페이지 나누기는 실선으로 표시됨

02 다음 중 [페이지 설정] 대화 상자에서 워크시트에 포함된 메모의 인쇄 여부 및 인쇄 위치를 지정하기 위해 선택해야 할 탭은?

① [페이지] 탭   ② [여백] 탭

③ [머리글/바닥글] 탭   ④ [시트] 탭

[시트] 탭의 인쇄에서 눈금선, 흑백으로, 간단하게 인쇄(테두리, 그래픽 등을 인쇄하지 않음), 행/열 머리글, 메모의 인쇄 여부 및 인쇄 위치(시트 끝, 시트에 표시된 대로)를 지정할 수 있음

03 다음 중 [페이지 설정]-[시트] 탭에 대한 설명으로 옳지 <u>않은</u> 것은?

① '행/열 머리글' 항목은 행/열 머리글이 인쇄되도록 설정하는 기능이다.

② '인쇄 제목' 항목을 이용하면 특정 부분을 매 페이지마다 반복적으로 인쇄할 수 있다.

③ '눈금선' 항목을 선택하면 작업 시트의 셀 구분선은 인쇄되지 않는다.

④ '메모' 항목에서 '없음'을 선택하면 셀에 메모가 있더라도 인쇄되지 않는다.

'눈금선' 항목을 선택하면 워크시트의 셀 구분선이 인쇄됨

04 다음 중 머리글 또는 바닥글에 인쇄할 '전체 페이지 수'를 표시하려고 할 때 사용하는 것으로 옳은 것은?

②는 전체 페이지 수 삽입 도구임

오답 피하기

①은 페이지 번호 삽입, ③은 파일 이름 삽입, ④는 시트 이름 삽입 도구임

05 다음 시트에서 [A1:F3] 영역을 제목으로 설정하여 페이지마다 반복 인쇄하기 위한 페이지 설정 방법으로 옳은 것은?

	A	B	C	D	E	F
1		컴퓨터 활용능력 필기 상시 검정 점수 현황				
2						
3		응시자명	컴퓨터일반	스프레드시트	데이터베이스	평균
4		최영진	60	75	86	74
5		황상공	78	88	90	85
6		성정희	37	80	72	63
7		이수정	58	69	33	53
8		허은혜	77	62	56	65

① [페이지 설정] 대화 상자의 [머리글/바닥글] 탭에서 '머리글'에 A:G를 입력한다.

② [페이지 설정] 대화 상자의 [시트] 탭에서 '반복할 행'에 $1:$3을 입력한다.

③ [페이지 설정] 대화 상자의 [머리글/바닥글] 탭에서 '머리글'에 $1:$3을 입력한다.

④ [페이지 설정] 대화 상자의 [시트] 탭에서 '인쇄 영역'에 A:G를 입력한다.

'반복할 행'은 페이지마다 반복해서 인쇄될 행을 지정하는 기능으로, [페이지 설정] 대화 상자의 [시트] 탭에서 '반복할 행'에 $1:$3을 입력하면 1행부터 3행까지의 내용이 페이지마다 반복되어 인쇄됨

SECTION 03 리본 메뉴와 창 다루기

▶ 합격 강의

출제빈도 상 **중** 하
반복학습 1 2 3

빈출 태그 리본 메뉴 • 화면 제어 • 틀 고정

01 리본 메뉴 다루기

1) 리본 메뉴 축소([Ctrl]+[F1])

- 리본에 탭 이름만 표시해 준다.

방법 1	리본 메뉴 축소 아이콘([∧])을 클릭함
방법 2	[파일] 탭을 제외한 리본 탭을 마우스로 더블클릭함
방법 3	각 탭에서 마우스 오른쪽 단추를 누른 다음 [리본 메뉴 축소]를 클릭함
방법 4	바로 가기 키 [Ctrl]+[F1]을 누름

▲ '리본 메뉴 축소' 상태

- 축소된 리본 메뉴를 사용하려면 사용하려는 [탭] 메뉴를 클릭한 다음 원하는 옵션이나 명령을 클릭한다.

[리본 메뉴 표시 옵션] 단추

① 리본 메뉴 자동 숨기기
  - 리본 메뉴를 숨김
  - 리본 메뉴 자동 숨기기를 실행한 경우

  - 위쪽의 ███████ ┄┄ 클릭하면 다시 표시됨(시트 작업 시 다시 사라짐)
② 탭 표시
  - 탭만 표시됨
  - 탭을 클릭하면 명령이 표시됨 (시트 작업 시 다시 사라짐)
③ 탭 및 명령 표시
  - 리본 메뉴 탭과 명령을 항상 표시함

리본 메뉴를 숨겼을 때 리본 메뉴 탭과 명령을 항상 표시하는 방법
리본 메뉴 표시 옵션 단추([▣])를 클릭, [탭 및 명령 표시]를 클릭함

2) 리본 메뉴 사용자 지정

- 리본 메뉴를 개인이 업무에 맞게 자주 사용하는 명령을 원하는 방식으로 설정할 수 있다.
- 기본적으로 제공되는 기본 탭과 그룹의 이름을 바꾸거나 순서를 변경할 수 있다. 그러나 기본 명령은 이름을 바꾸거나, 명령과 연결된 아이콘을 변경하거나, 명령의 순서를 변경할 수 없다.
- 그룹에 명령을 추가하려면 기본 탭이나 새 탭에 사용자 지정 그룹을 추가해야 한다.
- 리본 메뉴 사용자 지정 목록에서는 사용자 지정 탭 및 그룹 이름 뒤에 (사용자 지정)이 오지만 리본 메뉴에서는 (사용자 지정)이라는 단어가 나타나지 않는다.
- [개발 도구]을 선택하면 리본 메뉴에 [개발 도구] 탭이 표시된다.

방법 1	[파일] 탭–[옵션]–[Excel 옵션]에서 [리본 사용자 지정]을 클릭함
방법 2	각 탭에서 마우스 오른쪽 단추를 누른 다음 [리본 메뉴 사용자 지정]을 클릭함

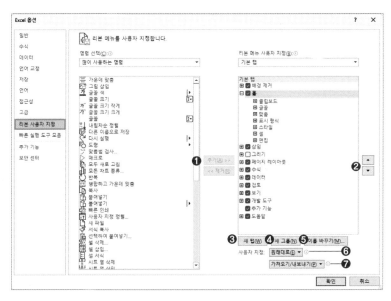

❶ 추가/제거	• 사용자 지정 그룹에만 명령을 추가함 • 사용자 지정 탭 또는 기본 탭에 있는 그룹을 제거할 수 있음 • 사용자 지정 그룹에서만 명령을 제거할 수 있음
❷ 위로 이동/아래로 이동	리본 메뉴 사용자 지정 목록에서 탭 또는 그룹을 위로/아래로 이동함
❸ 새 탭	• 사용자 지정 탭 및 사용자 지정 그룹이 추가됨 • 사용자 지정 그룹에만 명령을 추가할 수 있음
❹ 새 그룹	사용자 지정 탭 또는 기본 탭에 사용자 지정 그룹을 추가할 수 있음
❺ 이름 바꾸기	• 리본 메뉴 사용자 지정 목록에서 탭 또는 그룹의 이름을 변경함 • 사용자 지정 그룹에 추가한 명령만 이름을 바꿀 수 있음 • 사용자 지정 그룹의 이름을 바꿀 때 해당 그룹을 나타내는 아이콘을 클릭할 수도 있음
❻ 원래대로	선택한 리본 메뉴 탭만 다시 설정하거나 모든 사용자 지정 다시 설정이 가능함
❼ 가져오기/내보내기	사용자 지정 파일 가져오기나 모든 사용자 지정 항목 내보내기가 가능함

3) 빠른 실행 도구 모음 편집하기 14년 10월, 05년 7월

따라하기 TIP

① [파일] 탭-[옵션]-[Excel 옵션]을 실행한다.

② [Excel 옵션] 대화 상자에서 [빠른 실행 도구 모음] 항목의 [명령 선택] 목록에 있는 명령 항목을 선택하고 [목록 상자]에 있는 메뉴를 클릭하여 [추가]를 클릭하면 [빠른 실행 도구 모음 사용자 지정] 목록의 위치로 삽입이 가능하게 된다.

③ [Excel 옵션] 대화 상자에서 [빠른 실행 도구 모음] 항목의 [빠른 실행 도구 모음 사용자 지정] 목록에 있는 명령 항목을 선택하고 [목록 상자]에 있는 메뉴를 클릭하여 [제거]를 클릭하면 삭제된다.

4) 빠른 실행 도구 모음 사용자 지정 이용하기

[빠른 실행 도구 모음 사용자 지정](⬇) 단추를 클릭하여 추가할 메뉴를 선택하면 [빠른 실행 도구 모음]에 나타나고 체크 표시가 설정된다.

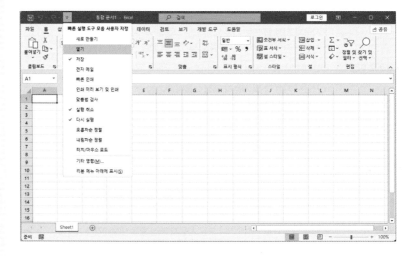

5) 리본 메뉴의 탭 종류 및 기능

① [파일] 탭

Microsoft Office Backstage 보기가 나타나며 Backstage 보기는 새로 만들기,
열기, 정보, 저장, 다른 이름으로 저장, 사용 기록, 인쇄, 공유, 내보내기, 게시, 닫기,
계정, 피드백, 옵션 등의 기능을 제공해 준다.

② [홈] 탭

클립보드, 글꼴, 맞춤, 표시형식, 스타일, 셀, 편집 작업에 대한 명령을 제공한다.

③ [삽입] 탭

표, 일러스트레이션, 추가 기능, 차트, 투어, 스파크 라인, 필터, 링크, 텍스트, 기호
에 대한 명령을 제공한다.

④ [페이지 레이아웃] 탭

테마, 페이지 설정, 크기 조정, 시트 옵션, 정렬과 같은 전체적인 형태에 대한 설정 명
령을 제공한다.

⑤ [수식] 탭

함수 라이브러리, 정의된 이름, 수식 분석, 계산 작업에 필요한 명령을 제공한다.

⑥ [데이터] 탭

데이터 가져오기 및 변환, 쿼리 및 연결, 정렬 및 필터, 데이터 도구, 예측, 개요 분석 등의 명령을 제공한다.

⑦ [검토] 탭

언어 교정, 접근성, 정보 활용, 언어, 메모, 보호, 잉크 등의 기능을 제공해 준다.

⑧ [보기] 탭

통합 문서 보기, 표시, 확대/축소, 창, 매크로 등의 기능을 제공해 준다.

⑨ [개발 도구] 탭

- 코드, 추가 기능, 컨트롤, XML 등의 기능을 제공해 준다.
- [파일] 탭-[옵션]-'Excel 옵션'의 [리본 사용자 지정]-[개발 도구] 확인란에 체크가 설정되어 있는 경우에만 표시된다.

02 화면 제어 19년 3월, 12년 6월, 11년 10월

확대/축소는 실행 취소 기능이 지원되지만 창 숨기기, 창 정렬, 창 나누기, 틀 고정은 실행 취소 기능이 지원되지 않음

1) 확대/축소

▲ [확대/축소] 대화 상자

- 현재 워크시트를 확대 또는 축소시켜 표시한다(출력 인쇄와는 상관 없음).
- [보기] 탭-[확대/축소] 그룹-[확대/축소]를 실행한 후 배율을 선택한다.
- '사용자 지정' 옵션을 선택하고 배율을 10~400% 범위 내에서 직접 입력할 수 있다.
- 워크시트 일부를 범위로 지정한 다음 확대/축소 배율을 '선택 영역에 맞춤'으로 지정하면 범위로 지정한 부분이 최대한 크게 보이도록 배율을 자동으로 설정해 준다.
- Ctrl을 누른 채 마우스의 스크롤을 위로 올리면 화면이 확대되고, 아래로 내리면 화면이 축소됨
- 설정한 확대/축소 배율은 통합 문서의 모든 시트에 자동으로 적용되지 않고 통합 문서의 해당 시트에만 적용됨

2) 창 숨기기 13년 6월, 11년 10월

[보기] 탭-[창] 그룹-[숨기기]	현재 통합 문서를 보이지 않게 숨김
[보기] 탭-[창] 그룹-[숨기기 취소]	숨어 있는 창 중에서 선택하여 다시 화면에 표시함

3) 창 정렬 16년 3월, 12년 6월, 11년 3월/10월, 08년 10월, 03년 2월

여러 개의 통합 문서를 배열하여 비교하면서 작업할 수 있는 기능이다.

[보기] 탭-[창] 그룹-[모두 정렬]	• 창의 정렬 방식을 변경함 • '현재 통합 문서 창' 항목을 선택하고 [확인]을 클릭하면 현재 작업 중인 통합 문서에 해당되는 창만 지정한 방식으로 배열함
[보기] 탭-[창] 그룹-[새 창]	• 현재 창을 새로운 창으로 다시 엶 • 같은 통합 문서의 서로 다른 워크시트를 각각의 창에 표시하여 작업할 수 있음

4) 창 나누기 24년 상시, 23년 상시, 21년 상시, 18년 9월, 17년 3월, 16년 3월/6월, 15년 6월, 14년 6월, 12년 9월, 11년 3월, ...

- 워크시트의 내용이 많아 하나의 화면으로는 모두 표시하기가 어려워 불편할 때 멀리 떨어져 있는 데이터를 한 화면에 표시할 수 있도록 분할하는 기능이다.
- [보기] 탭-[창] 그룹-[나누기]를 실행하여 현재 화면을 수평이나 수직 또는 수평/수직으로 나눈다(최대 4개로 분할 가능).
- 현재 셀의 위쪽과 왼쪽에 창 분할선이 생긴다.

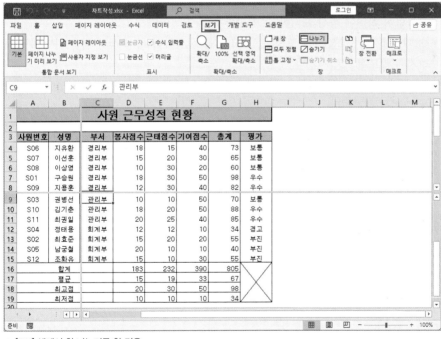

▲ [D11] 셀에서 창 나누기를 한 경우

창 정렬 방식
창은 바둑판식, 가로, 세로, 계단식의 4가지 방식으로 정렬할 수 있음

▲ [창 정렬] 대화 상자

[새 창] : 동시에 여러 곳에서 작업할 수 있도록 문서를 다른 창에서 열기함

기적의 TIP

창 나누기는 항상 4개가 아닌 최대 4개까지 분할할 수 있다는 점에 유의하세요.

창 숨기기, 창 정렬, 창 나누기, 틀 고정 등은 실행 취소를 할 수 없음

개념 체크

1 창 나누기 기능을 실행하려면 [보기] 탭에서 [창] 그룹을 선택한 후 ( )를 클릭한다.

2 창 나누기가 실행되면 현재 셀의 위쪽과 왼쪽에 ( )이 생긴다.

3 창이 나누어진 상태에서 창 분할선을 워크시트 밖으로 드래그하거나 더블클릭하면 ( )가 취소된다.

4 창 나누기를 사용하면 워크시트를 최대 3개로 분할할 수 있다. (○, ×)

5 수평으로 나누기가 된 상태에서 A열([A1] 셀 제외)에서 명령을 실행하면 수직으로만 나누어진다. (○, ×)

1 나누기 2 창 분할선
3 창 나누기 4 × 5 ×

- 셀을 A열([A1] 셀 제외)에 두고 명령을 실행하면 수평으로만 나누어지며, 1행([A1] 셀 제외)에서 명령을 실행하면 수직으로만 나누어진다.

▲ 수평으로 나누기가 된 상태　　　　　　　　　　　▲ 수직으로 나누기가 된 상태

- 창이 나누어진 상태에서는 창 분할선을 마우스로 드래그하여 분할된 지점을 변경할 수 있으며, 분할선을 워크시트 밖으로 드래그하거나 더블클릭하면 창 나누기가 취소된다.
- 창 나누기가 실행된 상태에서 다시 [보기] 탭-[창] 그룹-[나누기]를 실행하면 창 나누기가 해제된다.
- 화면에 표시된 창 분할 형태는 인쇄 시 적용되지 않는다.

5) 틀 고정 24년 상시, 22년 상시, 17년 3월, 16년 3월/6월/10월, 15년 3월, 13년 10월, 11년 3월, 10년 10월, 09년 10월, 06년 7월, …

- 데이터 양이 많은 경우, 특정한 범위의 열 또는 행을 고정시켜 셀 포인터의 이동과 상관없이 화면에 항상 표시할 수 있도록 하는 기능이다.
- [보기] 탭-[창] 그룹-[틀 고정]-[틀 고정]을 실행하여 특정 행과 열을 화면에서 사라지지 않도록 고정시킨다.
- [보기] 탭-[창] 그룹-[틀 고정]-[틀 고정]을 실행한 후 [틀 고정 취소]를 선택하여 틀 고정을 해제한다.
- 현재 셀의 위쪽과 왼쪽에 틀 고정 선이 생긴다. A열([A1] 셀 제외)에서 명령을 실행하면 특정 행만, 1행([A1] 셀 제외)에서 명령을 실행하면 특정 열만 고정된다.
- 틀 고정선은 창 나누기와는 달리 고정선을 이용하여 고정선의 위치를 조절할 수 없다.
- 화면에 틀이 고정되어 있어도 인쇄에는 영향을 끼치지 않는다.

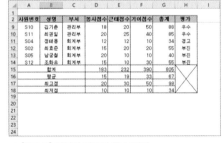

▲ [A3] 셀에서 틀 고정시킨 경우　　　　　　　　　　▲ [A2:H2] 영역의 제목이 틀 고정됨

01 다음 중 [보기] 탭의 [창] 그룹에 대한 설명으로 옳지 <u>않은</u> 것은?

① [나란히 보기]를 클릭하면 2개의 통합 문서를 동시에 비교 보기 할 수 있다.
② [숨기기]를 클릭하면 선택되어 있는 현재 워크시트를 숨긴다.
③ [나누기]를 취소하려면 창을 나누고 있는 창 구분선을 더블클릭한다.
④ [모두 정렬]은 현재 열려진 여러 개의 통합 문서를 한 화면에 모두 표시할 때 사용한다.

[숨기기] : 현재 워크시트가 아닌 현재 통합 문서를 보이지 않게 숨김

02 다음 중 틀 고정 및 창 나누기에 대한 설명으로 옳지 <u>않은</u> 것은?

▶ 합격 강의

① 화면에 나타나는 창 나누기 형태는 인쇄 시 적용되지 않는다.
② 창 나누기를 수행하면 셀 포인트의 오른쪽과 아래쪽으로 창 구분선이 표시된다.
③ 창 나누기는 셀 포인트의 위치에 따라 수직, 수평, 수직·수평 분할이 가능하다.
④ 첫 행을 고정하려면 셀 포인트의 위치에 상관없이 [틀 고정]-[첫 행 고정]을 선택한다.

창 나누기를 수행하면 셀 포인트의 왼쪽과 위쪽으로 창 구분선이 표시됨

03 다음 중 창 나누기에 대한 설명으로 옳지 <u>않은</u> 것은?

합격 강의

① 창 나누기를 실행하면 하나의 작업 창은 최대 4개 부분으로 나눌 수 있다.
② 첫 행과 첫 열을 제외한 나머지 셀에서 창 나누기를 수행하면 현재 셀의 위쪽과 왼쪽에 창 분할선이 생긴다.
③ 현재의 창 나누기 상태를 유지하면서 추가로 창 나누기를 지정할 수 있다.
④ 화면에 표시되는 창 나누기 형태는 인쇄 시 적용되지 않는다.

현재의 창 나누기 상태를 유지하면서 추가로 창 나누기를 지정할 수 없음

04 아래의 그림과 같이 [C] 열과 [1] 행을 틀 고정하려고 한다. 셀 포인터를 어디에 위치시킨 후 [보기]-[창]-[틀 고정]-[틀 고정]을 실행해야 하는가?

◢	C	D	E	F	G
1	총점	태도	수행	중간	기말
2	90	10	30	30	20
3	99	15	20	34	30
4	100	20	25	23	32
5	96	11	15	42	28
6					

① [C1] 셀
② [D1] 셀
③ [C2] 셀
④ [D2] 셀

선택한 [D2] 셀의 왼쪽 상단 모서리를 중심으로 [틀 고정]이 설정됨

정답 01 ② 02 ② 03 ③ 04 ④

05 다음 중 엑셀의 화면 설정에 대한 설명으로 옳은 것은?

① 워크시트 화면의 확대/축소 배율 지정은 모든 시트에 같은 배율로 적용된다.
② 틀 고정과 창 나누기를 동시에 수행할 수 있다.
③ 화면에 표시되는 틀 고정 형태는 인쇄 시 적용되지 않는다.
④ 틀 고정 구분선은 마우스를 드래그하여 위치를 변경할 수 있다.

틀 고정 형태는 인쇄 시 적용되지 않음

오답 피하기
• ① : 워크시트 화면의 확대/축소 배율 지정은 모든 시트에 같은 배율로 적용되지 않음
• ② : 틀 고정과 창 나누기를 동시에 수행할 수 없음
• ④ : 틀 고정 구분선은 마우스를 드래그하여 위치를 변경할 수 없음

06 다음 중 화면 제어 방법에 대한 설명으로 옳지 <u>않은</u> 것은?

① 창 나누기는 워크시트의 내용이 많은 경우 하나의 화면으로는 모두 표시하기 어려울 때 워크시트를 여러 개의 창으로 분리하는 기능으로 화면은 최대 4개로 분할할 수 있다.
② 창 나누기를 위해서는 셀 포인터를 창을 나눌 기준 위치로 옮긴 후 [창]–[나누기]를 클릭하면 셀 포인터의 위치에 따라 화면이 수평/수직으로 분할된다.
③ 틀 고정은 셀 포인터의 이동과 관계 없이 항상 제목 행이나 제목 열을 표시하고자 할 때 설정한다.
④ 통합 문서 창을 [창]–[숨기기]를 이용하여 숨긴 채로 엑셀을 종료하면 다음에 파일을 열 때 숨겨진 창에 대해 숨기기 취소를 할 수 없으므로 주의하여야 한다.

통합 문서 창을 [창]–[숨기기]를 이용하여 숨긴 채로 엑셀을 종료하더라도 다음에 파일을 열고 난 다음 숨겨진 창에 대해 숨기기 취소를 실행할 수 있음

07 다음 중 [보기] 탭–[창] 그룹의 각 기능에 대한 설명으로 옳지 <u>않은</u> 것은?

① [새 창]은 현재 활성화되어 있는 문서를 새 창에 하나 더 열어서 두 개 이상의 창을 통해 볼 수 있게 해준다.
② [틀 고정] 기능으로 열을 고정하려면 고정하려는 열의 왼쪽 열을 선택한 후 틀 고정을 실행한다.
③ [나누기]는 워크시트를 여러 개의 창으로 분리하는 기능으로 최대 4개까지 분할할 수 있다.
④ [모두 정렬]은 [창 정렬] 창을 표시하여 화면에 열려있는 통합 문서 창들을 선택 옵션에 따라 나란히 배열한다.

[틀 고정] 기능으로 열을 고정하려면 고정하려는 열의 오른쪽 열을 선택한 후 틀 고정을 실행함

08 아래 그림은 [보기] 탭 [창] 그룹의 일부이다. 이에 대한 설명으로 옳지 <u>않은</u> 것은?

① [나란히 보기]를 클릭하면 두 개의 통합 문서를 한 화면의 위, 아래에 열어 놓고 비교할 수 있다.
② [숨기기]를 클릭하면 현재 통합 문서에서 선택된 워크시트만 숨겨진다.
③ [나누기]를 취소하려면 창을 나누고 있는 분할 줄을 더블 클릭한다.
④ [모두 정렬]은 창을 정렬하는 방식으로 바둑판식/가로/세로/계단식 중에서 선택할 수 있다.

[숨기기]를 클릭하면 현재 통합 문서를 보이지 않게 숨김

CHAPTER 06

차트의 생성 및 수정

학습 방향

차트 구성 요소의 기본 이름과 편집 방법, 차트 모양에 따른 옵션 설정 방법, 꺾은선형, 원형, 분산, 표면형, 도넛 차트와 추세선 등에 관련된 내용과 차트의 사용 용도에 대해 알아두셔야 합니다.

출제빈도

SECTION 01	중	20%
SECTION 02	상	35%
SECTION 03	중	23%
SECTION 04	중	22%

SECTION

01 차트의 기본

출제빈도 상 ⓒ 하
반복학습 ①②③

빈출 태그 차트의 개념 • 차트 작성

▶합격 강의

01 차트 기본 개념과 구성 요소

기적의 TIP

차트의 개념과 구성 요소, 차트 작성은 엑셀로 직접 실습하여 익혀두세요.

1) 차트의 개념 12년 3월, 06년 2월, 03년 2월

- 특정 항목의 구성 비율을 살펴보기 위하여 워크시트에 입력된 수치 값들을 막대나 선, 도형, 그림 등을 사용하여 시각적으로 표현한 것으로 데이터의 상호 관계나 경향 또는 추세를 쉽게 분석할 수 있다.
- 원본 데이터가 변경되면 차트도 자동으로 변경된다.
- 하나의 데이터 원본에 대하여 여러 개의 차트를 작성할 수 있다.
- 2차원 차트, 3차원 차트, 혼합형 차트 등을 작성할 수 있다.
- 차트의 위치는 원본 데이터가 있는 워크시트, 새로운 워크시트, 별도의 차트 시트로 지정할 수 있다.

2) 차트의 구성 요소 24년 상시, 23년 상시, 22년 상시, 21년 상시, 18년 3월/9월, 17년 3월/9월, 16년 3월, 15년 6월/10월, 14년 3월,…

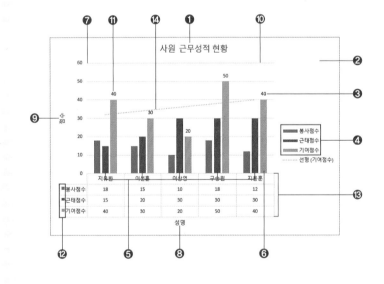

개념 체크

1 워크시트에 입력된 수치 값들을 막대나 선, 도형, 그림 등을 사용하여 시각적으로 표현한 것을 (   )라고 한다.

2 차트의 위치는 원본 데이터가 있는 워크시트, 새로운 워크시트, 별도의 (   )로 지정할 수 있다.

3 차트는 원본 데이터가 변경되어도 차트가 자동으로 변경지지 않는다. (○, ×)

4 하나의 데이터 원본에 대하여 여러 개의 차트를 작성할 수 없다. (○, ×)

1 차트 2 차트 시트 3 × 4 ×

❶ 차트 제목	차트의 제목을 표시함
❷ 차트 영역	• 차트의 전체 영역을 의미하며 차트의 모든 구성 요소를 포함함 • 차트 영역의 서식을 사용하여 모든 구성 요소의 서식을 한 번에 변경할 수 있음
❸ 그림 영역	• 가로(항목) 축과 세로(값) 축으로 형성된 영역 • 그림 영역 서식을 사용하여 무늬(테두리, 스타일, 색, 두께), 영역 표시 및 채우기 효과(그라데이션, 질감, 무늬, 그림)를 설정함
❹ 범례	차트를 구성하는 데이터 계열의 무늬 및 색상과 데이터 계열의 이름을 표시함
❺ 데이터 계열	• 차트로 나타낼 값을 가진 항목들을 의미하며 막대나 선으로 표현함 • 항목별 계열마다 서로 다른 색이나 무늬로 구분함 • 범례에 있는 항목은 데이터 계열의 항목과 일치함 • 한 개의 데이터 계열만 표현하는 차트로는 원형 차트가 있음
❻ 가로(항목) 축	데이터 항목을 나타내는 축
❼ 세로(값) 축	데이터 계열의 값을 나타내는 축
❽ 가로(항목) 축 제목	가로(항목) 축 항목들의 전체 의미를 나타내는 제목
❾ 세로(값) 축 제목	세로(값) 축에 표현하는 숫자들의 전체 의미를 나타내는 제목
❿ 눈금선	• 가로(항목) 축과 세로(값) 축의 눈금을 그림 영역 부분에 표시함 • 가로(항목) 축과 세로(값) 축 모두 주 눈금선과 보조 눈금선을 그릴 수 있음
⓫ 데이터 레이블	그려진 막대나 선이 나타내는 표식에 대한 데이터 요소 또는 값 등의 추가 정보를 표시함
⓬ 범례 표지	데이터 표에 해당 범례에 해당하는 범례 표지를 표시함
⓭ 데이터 테이블	차트 작성 시 사용된 원본 데이터를 표 형태로 아래에 표시함
⓮ 추세선	데이터의 추세를 표시하는 선으로, 데이터를 분석하고 예측하는 데 사용됨

셀의 텍스트를 차트 제목으로 연결
차트 제목을 클릭한 후 수식 입력 줄에서 등호(=)를 입력한 후 해당 셀을 선택함

차트의 구성 요소 제거
• 차트의 구성 요소를 클릭하여 선택한 후 Delete를 누르면 해당 요소가 제거됨
• 차트 영역을 선택하고 Delete를 누르면 차트 전체가 제거됨

└ 원형 차트와는 달리 도넛형 차트는 여러 데이터 계열을 표시할 수 있음

3) 엑셀의 기본 차트 17년 9월, 16년 10월, 05년 2월, 03년 9월

• 엑셀의 기본 차트는 세로 막대형 차트이며, 사용자가 기본 차트를 바꿀 수도 있다.
• 기본 차트는 F11을 누르면 별도의 차트 시트에 삽입되고, Alt+F1을 누르면 현재 시트에 삽입된다.
• 기본 차트는 현재 워크시트 앞에 새로운 차트 시트를 생성하여 작성된다.
• 차트 시트의 이름은 Chart1, Chart2, … 등으로 설정되며, 워크시트와 동일한 방법으로 이름을 바꾸거나 이동 및 복사할 수 있다.

02 차트 작성하기 19년 8월, 08년 8월, 06년 2월, 05년 5월, 04년 2월/5월/11월

1) 데이터 선택

• 차트로 만들 데이터를 범위로 지정한다. 일반적으로 각 필드의 이름표를 포함하여 선택한다.
• 서로 떨어져 있는 범위를 선택할 때는 Ctrl을 이용한다. 이때 선택한 범위가 모두 사각형을 이루어야 한다.
• 워크시트의 데이터를 변경하면 차트도 영향을 받아 변경된다.

• 차트에 사용할 범위를 수정할 수 있음
• 숨겨진 행이나 열은 차트에 표시되지 않음
• 범례의 표시 순서를 변경할 수 있음
• [행/열 전환]을 이용하여 가로(항목)축의 데이터 계열과 범례 항목(계열)을 바꿀 수 있음
• 차트와 연결된 워크시트의 데이터에 열을 추가하면 차트에 자동적으로 반영되지 않음
• 데이터 계열의 순서가 변경되면 범례의 순서도 자동으로 변경됨
• 차트에 적용된 원본 데이터의 행이나 열을 숨기면 차트에 반영됨

2) 차트 작성

따라하기 TIP

따라하기 파일 • Part02_Chapter06_차트작성.xlsx

① [B3:B11] 영역을 마우스로 드래그하여 범위를 설정한 다음 Ctrl 을 누르고 [D3:F11] 영역을 범위로 설정한다.

	A	B	C	D	E	F	G	H	I
1			사원 근무성적 현황						
2									
3	사원번호	성명	부서	봉사점수	근태점수	기여점수	총계	평가	
4	S06	지유환	경리부	18	15	40	73	보통	
5	S07	이선훈	경리부	15	20	30	65	보통	
6	S08	이상영	경리부	10	30	20	60	보통	
7	S01	구승원	경리부	18	30	50	98	우수	
8	S09	지용훈	경리부	12	30	40	82	우수	
9	S03	권병선	관리부	10	10	50	70	보통	
10	S10	김기춘	관리부	18	20	50	88	우수	
11	S11	최권일	관리부	20	25	40	85	우수	
12	S04	정태용	회계부	12	12	10	34	경고	
13	S02	최효준	회계부	15	20	20	55	부진	
14	S05	남궁철	회계부	20	10	10	40	부진	
15	S12	조화유	회계부	15	10	30	55	부진	
16		합계		183	232	390	805		
17		평균		15	19	33	67		
18		최고점		20	30	50	98		
19		최저점		10	10	10	34		
20									

② [삽입] 탭-[차트] 그룹에서 [추천 차트]를 클릭한다.

③ [차트 삽입] 대화 상자의 [추천 차트] 탭에서 '묶은 세로 막대형'을 선택하고 [확인]을 클릭한다.

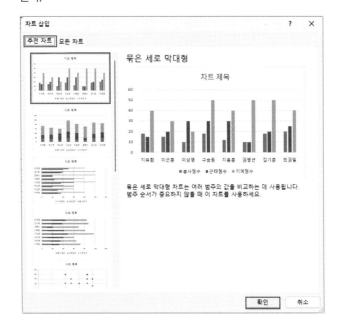

④ 묶은 세로 막대형 차트가 데이터가 있는 워크시트에 삽입된다.

⑤ [차트 요소] 단추(⊞)를 클릭한 다음 축, 축 제목, 차트 제목, 데이터 레이블, 데이터 테이블, 오차 막대, 눈금선, 범례, 추세선 같은 차트 요소를 추가, 제거 또는 변경할 수 있다.

차트 요소
- ☑ 축
- ☐ 축 제목
- ☑ 차트 제목
- ☐ 데이터 레이블
- ☐ 데이터 테이블
- ☐ 오차 막대
- ☑ 눈금선
- ☑ 범례
- ☐ 추세선

⑥ [차트 스타일] 단추(✎)를 클릭한 다음 차트에 대한 스타일 및 색 구성표를 설정할 수 있다.

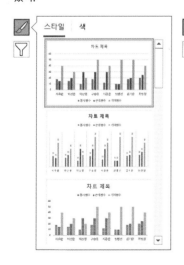

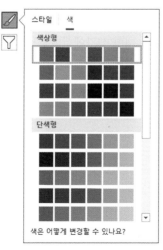

⑦ [차트 필터] 단추(▽)를 클릭한 다음 차트에 표시할 데이터 요소 및 이름을 편집할 수 있다.

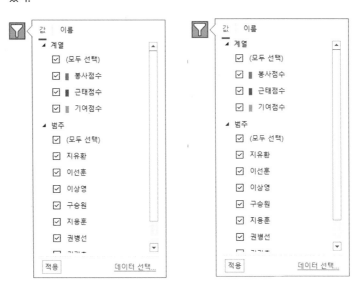

⑧ [차트 디자인] 탭-[데이터[] 그룹-[데이터 선택]을 클릭하면 [데이터 원본 선택] 대화 상자가 열리고 [행/열 전환]을 클릭하면 행과 열이 전환되어 차트에 표시된다.

 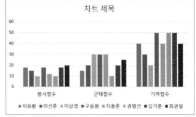

차트 시트에 삽입한 경우
• 워크시트에 삽입한 경우 차트의 크기나 위치 이동이 가능하지만, 차트 시트에 삽입한 경우에는 차트의 크기를 조절할 수 없음
• 워크시트에 삽입된 차트는 [차트 이동] 기능을 이용하는 경우 [현재 통합 문서]의 [차트 시트]로는 배치할 수 있으나 [새 통합 문서]의 [차트 시트]로 배치할 수는 없음

3) 차트 위치 변경

• 차트의 위치를 변경하거나 새 시트에 삽입을 원하는 경우 [차트 디자인] 탭-[위치] 그룹의 [차트 이동] 대화 상자에서 [새 시트]나 [워크시트에 삽입] 중에서 선택할 수 있다.

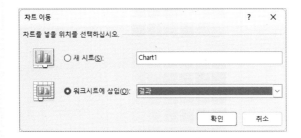

• [새 시트]의 경우 사용자가 원하는 시트명을 직접 입력할 수도 있다.

4) 차트 종류 변경

- 차트를 선택하고 [차트] 그룹 오른쪽 아래의 [모든 차트 보기] 아이콘()을 클릭한다.

- 모든 종류의 차트가 나타나는 [차트 종류 변경] 대화 상자에서 변경을 원하는 차트를 선택한 다음 [확인]을 클릭한다.

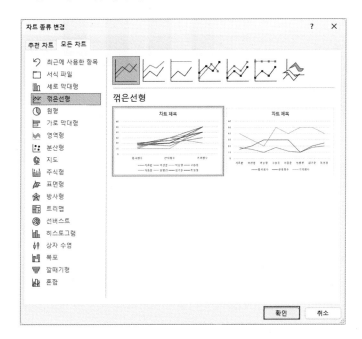

차트 종류를 변경하는 다른 방법

차트를 선택하고 [차트 디자인] 탭-[종류] 그룹-[차트 종류 변경]을 클릭함

01 다음 중 차트 작업에 대한 설명으로 옳지 <u>않은</u> 것은?

합격
강의
① 차트에 표시되는 계열의 순서는 차트 생성 후에도 변경할 수 있다.
② 데이터 계열 값으로 참조되는 셀 영역에서 표시 형식을 변경하는 경우 차트에 표시되는 값에도 적용된다.
③ 사용자가 차트 요소에 지정한 서식은 해당 요소 선택 후 [홈]-[편집]-[지우기]-[서식 지우기]를 이용하여 원래 스타일로 되돌릴 수 있다.
④ 데이터 계열 값으로 참조되는 셀 영역에서 값을 변경하는 경우 차트에 표시되는 값도 함께 변경된다.

[홈]-[편집]-[지우기]-[서식 지우기]는 선택한 셀에 적용된 서식만 지우며 차트 요소에 지정한 서식은 반전 상태로 [서식 지우기] 기능을 사용할 수 없음

02 다음 아래의 차트에서 선택된 [레이블 옵션]으로 모두 옳은 것은?

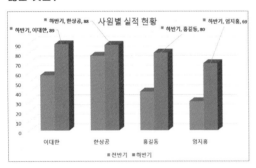

① 계열 이름, 가로 항목 이름, 값, 메모
② 계열 이름, 항목 이름, 값, 지시선 표시, 범례 표지
③ 계열 이름, 항목 이름, 구분 기호(,), 범례, 윗주
④ 축 제목, 항목 이름, 백분율, 구분 기호(,)

[레이블 옵션]으로 계열 이름(하반기), 항목 이름(이대한, 한상공, 홍길동, 엄지홍), 값(89, 88, 80, 69), 지시선 표시, 범례 표지가 선택된 상태임

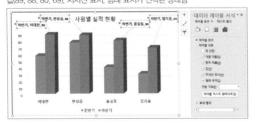

03 다음 중 아래의 차트에 표시되지 않은 차트의 구성 요소는?

합격
강의

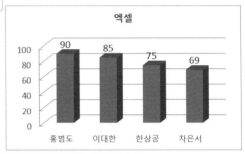

① 데이터 레이블
② 데이터 계열
③ 데이터 테이블
④ 눈금선

데이터 테이블 : 차트 작성 시 사용된 원본 데이터를 표 형태로 아래에 표시함

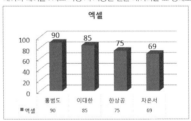

오답 피하기
• 데이터 레이블 : 그려진 막대나 선이 나타내는 표식에 대한 데이터 요소 또는 값을 의미
• 데이터 계열 : 차트로 나타낼 값을 가진 항목들을 의미
• 눈금선 : 가로(항목) 축과 세로(값) 축의 눈금을 그림 영역 부분에 표시

정답 01 ③ 02 ② 03 ③

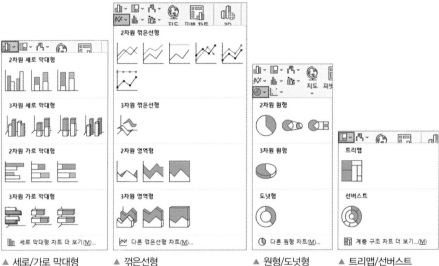

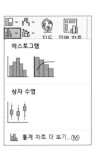

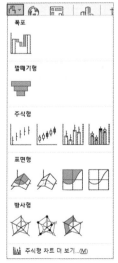

SECTION

02

차트의 종류

출제빈도 ㉠ 중 하
반복학습 1 2 3

▶ 합격 강의

빈출 태그 세로 막대형 차트 • 가로 막대형 차트 • 꺾은선형 차트 • 원형 차트 • 주식형 차트 • 표면형 차트 • 도넛형 차트 •
거품형 차트 • 방사형 차트 • 혼합 차트 • 이중 축 차트

01 차트 종류 선택 방법 08년 8월

[삽입] 탭-[차트] 그룹에서 원하는 차트의 스타일을 클릭하면 각 차트 스타일에 해당
하는 세부 차트가 나타난다.

▲ 세로/가로 막대형   ▲ 꺾은선형   ▲ 원형/도넛형   ▲ 트리맵/선버스트

▲ 히스토그램/상자 수염   ▲ 분산형/거품형   ▲ 폭포/깔때기형/주식형/표면형/방사형

▲ 혼합

▲ 지도

02 차트 종류 보기

- 워크시트에서 차트로 작성할 범위를 설정한 다음 [삽입] 탭-[차트] 그룹에서 [추천 차트]를 클릭하거나 [차트] 그룹 오른쪽 아래의 [모든 차트 보기] 아이콘(🖿)을 클릭한 후 [차트 삽입] 대화 상자에서 [모든 차트] 탭을 클릭한다.
- [차트 삽입] 대화 상자에서 세로 막대형, 꺾은선형, 원형, 가로 막대형, 영역형, 분산형, 지도, 주식형, 표면형, 방사형, 트리맵, 선버스트, 히스토그램, 상자 수염, 폭포, 깔때기형, 혼합 등의 차트를 삽입할 수 있다.

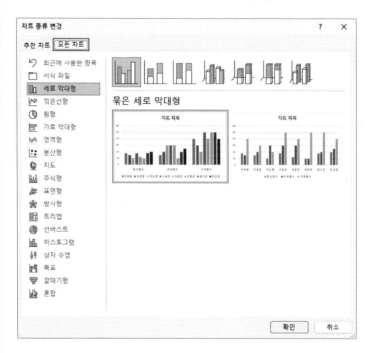

- [최근에 사용한 항목] : 최근에 사용한 차트 유형을 표시해 준다.
- [서식 파일] : 기존의 작성된 차트에서 마우스 오른쪽 버튼을 클릭, 바로 가기 메뉴에서 [서식 파일로 저장]을 이용하여 서식 파일을 저장해 놓은 경우 서식 파일을 표시해 준다.
- [서식 파일 관리](서식 파일 관리(M)...) : 서식 파일이 저장된 폴더에서 서식 파일을 삭제 및 이동하거나 파일의 이름을 변경할 수 있다.

- 차트 서식 파일의 기본 파일 이름과 파일 형식(확장자)은 Chart1.crtx이며 저장 시 이름을 변경할 수 있다.
- 서식 파일은 내 PC 〉 로컬 디스크 (C:) 〉 사용자 〉 사용자명 〉 AppData 〉 Roaming 〉 Microsoft 〉 Templates 〉 Charts 폴더에 저장된다.

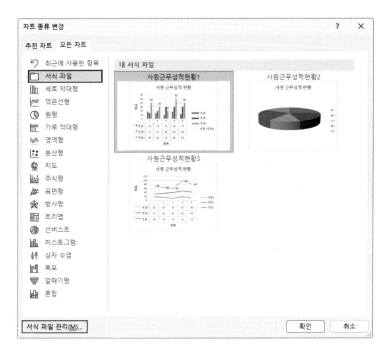

① 세로 막대형 19년 3월, 03년 5월

- 각 항목 간의 값을 비교하는 데 사용한다.
- 2차원, 3차원 차트로 작성할 수 있으며 누적과 비누적 형태로 구분된다.

묶은 세로 막대형		• 세로 직사각형을 사용하여 항목 간의 값을 비교함 • 항목 순서가 중요하지 않거나 히스토그램과 같은 항목 개수를 표시할 때 사용함 • 값 범위, 특정 척도 배열, 일정한 순서가 없는 이름 등에 사용함
누적 세로 막대형		• 전체 항목 중에서 각 값의 기여도를 비교함 • 한 항목에 대한 계열 합계를 강조할 때 사용함
100% 기준 누적 세로 막대형		• 전체 항목 중에서 각 값의 백분율을 비교함 • 각 데이터 계열의 비율을 강조할 때 사용함
3차원 묶은 세로 막대형		• 항목 간의 값을 비교함 • 묶은 세로 막대형을 3차원 형식으로 표시함
3차원 누적 세로 막대형		• 전체 항목 중에서 각 값의 기여도를 비교함 • 누적 세로 막대형을 3차원 형식으로 표시함
3차원 100% 기준 누적 세로 막대형		• 전체 항목 중에서 각 값의 백분율을 비교함 • 100% 기준 누적 세로 막대형을 3차원 형식으로 표시함
3차원 세로 막대형		• 세 축에서 계열 및 항목 간의 값을 비교함 • 항목과 계열의 중요도가 동일할 때 사용함

묶은 세로 막대형

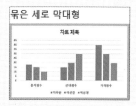

누적 세로 막대형

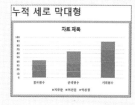

100% 기준 누적 세로 막대형

3차원 세로 막대형

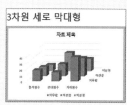

② **꺾은선형** 22년 상시, 19년 3월/8월, 15년 3월, 13년 6월, 09년 2월, 07년 5월, 04년 2월/11월, 03년 2월

- 시간이나 항목에 따라 일정한 간격으로 데이터의 추세나 변화를 표시한다.
- 데이터 계열 하나가 하나의 선으로 표시된다.

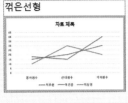

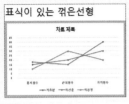

꺾은선형		• 시간(날짜, 연도)이나 정렬된 항목에 따른 추세를 보여줌 • 데이터 요소가 많고 순서가 중요할 때 유용함
누적 꺾은선형		• 시간이나 정렬된 항목에 따른 각 값의 기여도를 추세로 보여줌 • 누적 영역형 차트를 대신 사용할 수 있음
100% 기준 누적 꺾은선형		• 시간이나 정렬된 항목에 따른 각 값의 백분율 추세를 보여줌 • 100% 기준 누적 영역형 차트를 대신 사용할 수 있음
표식이 있는 꺾은선형		• 시간(날짜, 연도)이나 정렬된 항목에 따른 추세를 보여줌 • 데이터 요소가 몇 개밖에 없을 때 유용함
표식이 있는 누적 꺾은선형		• 시간이나 정렬된 항목에 따른 각 값의 기여도 추세를 보여줌 • 누적 영역형 차트를 대신 사용할 수 있음
표식이 있는 100% 기준 누적 꺾은선형		• 시간이나 정렬된 항목에 따른 각 값의 백분율 추세를 보여줌 • 100% 기준 누적 영역형 차트를 대신 사용할 수 있음
3차원 꺾은선형		세 축에서 각 데이터 행 또는 열을 3차원 리본으로 표시함

③ **원형** 24년 상시, 23년 상시, 22년 상시, 21년 상시, 19년 3월/8월, 18년 9월, 16년 6월, 15년 10월, 13년 3월/10월, 10년 6월, …

- 전체에 대한 각 값의 기여도를 표시한다.
- 항목의 값들이 합계의 비율로 표시되므로 중요한 요소를 강조할 때 사용한다.
- 항상 한 개의 데이터 계열만을 가지고 있으므로 축이 없다.
- 데이터 계열 요소 하나만 선택한 다음, 바깥쪽으로 드래그하여 조각을 분리할 수 있다.
- 첫째 조각의 시작 각도를 변경할 수 있으며, 조각마다 다른 색을 지정할 수 있다.
- 원형 차트의 계열 요소들의 값은 '데이터 테이블'로 나타낼 수 없다.

도넛형 차트의 표시 옵션
- 도넛형 차트의 고리를 클릭한 후 바로 가기 메뉴의 [데이터 계열 서식]-[계열 옵션]에서 설정함
- 첫째 조각의 각도(0~360), 쪼개진 요소(0%~400%), 도넛 구멍 크기(0%~90%), 조각마다 다른 색 사용 등의 옵션을 설정함

원형		전체에 대한 각 값의 기여도를 보여줌
3차원 원형		전체에 대한 각 값의 기여도를 표시함
원형 대 원형		• 주 원형에서 일부 값을 추출하여 두 번째 원형에 결합함 • 작은 백분율을 더 쉽게 알아 볼 수 있도록 할 때 사용함 • 값 그룹을 강조할 때 사용함
원형 대 가로 막대형		• 주 원형에서 일부 값을 추출하여 누적 가로 막대형에 결합함 • 작은 백분율을 더 쉽게 알아 볼 수 있도록 할 때 사용함 • 값 그룹을 강조할 때 사용함 • 원 조각은 마우스 끌기로 서로 분리 가능하나 막대 조각은 분리할 수 없음
도넛형		• 전체 합계에 대한 각 항목의 구성 비율을 표시함 • 원형 차트와 비슷하지만 여러 데이터 계열을 표시할 수 있다는 점이 다름 • 도넛 구멍의 크기를 조정할 수 있으며, 가장 바깥쪽의 고리는 분리가 가능함 • 도넛형 계열마다 서로 다른 색상을 줄 수 있음 • 3차원 차트로 작성할 수 없음

④ **가로 막대형** 22년 상시, 08년 8월

- 세로 막대형 차트와 유사한 용도로 이용되며 값 축과 항목 축의 위치가 서로 바뀌어 나타난다.
- 가로 막대형 차트는 여러 값을 가장 잘 비교할 수 있는 차트이다.
- 축 레이블이 긴 경우나 표시되는 값이 기간인 경우에 사용된다.

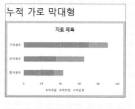

묶은 가로 막대형

묶은 가로 막대형		• 가로 직사각형을 사용하여 항목 간의 값을 비교함 • 차트의 값이 기간을 나타낼 때 사용함 • 항목 텍스트가 매우 긴 경우 사용함
누적 가로 막대형		• 전체 항목 중에서 각 값의 기여도를 비교함 • 차트의 값이 기간을 나타낼 때 사용함 • 항목 텍스트가 매우 긴 경우 사용함
100% 기준 누적 가로 막대형		• 전체 항목 중에서 각 값의 백분율을 비교함 • 차트의 값이 기간을 나타낼 때 사용함 • 항목 텍스트가 매우 긴 경우 사용함
3차원 묶은 가로 막대형		• 항목 간의 값을 비교함 • 묶은 가로 막대형을 3차원 형식으로 표시함
3차원 누적 가로 막대형		• 전체 항목 중에서 각 값의 기여도를 비교함 • 누적 가로 막대형을 3차원 형식으로 표시함
3차원 100% 기준 누적 가로 막대형		• 전체 항목 중에서 각 값의 백분율을 비교함 • 100% 기준 누적 가로 막대형을 3차원 형식으로 표시함

누적 가로 막대형

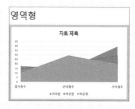

100% 기준 누적 가로 막대형

⑤ **영역형** 19년 8월

- 일정한 시간에 따라 데이터의 변화 추세(데이터 세트의 차이점을 강조)를 표시한다.
- 데이터 계열값의 합계를 표시하여 전체 값에 대한 각 값의 관계를 표시한다.

영역형		시간이나 항목에 따른 값의 추세를 보여줌
누적 영역형		• 시간이나 항목에 따른 값의 추세를 보여줌 • 한 항목에 대한 계열 합계에서 추세를 강조할 때 사용함
100% 기준 누적 영역형		• 시간이나 항목에 따른 각 값의 백분율 추세를 보여줌 • 각 계열의 비율 추세를 강조할 때 사용함
3차원 영역형		세 축에서 영역을 사용하여 시간이나 항목에 따른 값의 추세를 보여줌
3차원 누적 영역형		시간이나 항목에 따른 각 값의 기여도 추세를 보여줌
3차원 100% 기준 누적 영역형		시간이나 항목에 따른 각 값의 백분율 추세를 보여줌

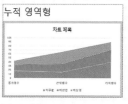

영역형

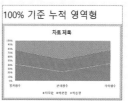

누적 영역형

100% 기준 누적 영역형

분산형

곡선 및 표식이 있는 분산형

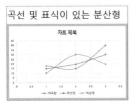

거품형

3차원 거품형

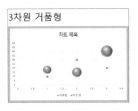

고가-저가-종가

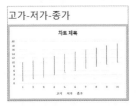

거래량-고가-저가-종가

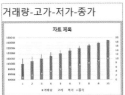

⑥ **분산형(XY 차트)** 23년 상시, 21년 상시, 20년 2월, 19년 8월, 18년 3월, 15년 10월, 14년 3월, 09년 7월, 06년 5월, 05년 10월, …

- 데이터의 불규칙한 간격이나 묶음을 보여주는 것으로, 데이터 요소 간의 차이점보다는 큰 데이터 집합 간의 유사점을 표시하려는 경우에 사용한다.
- 각 항목이 값을 점으로 표시한다.
- 두 개의 숫자 그룹을 XY 좌표로 이루어진 한 계열로 표시한다(XY 차트라고도 함).
- 주로 과학, 공학용 데이터 분석에서 사용한다.
- 3차원 차트로 작성할 수 없다.
- 가로 축은 항목 축이 아닌 값 축 형식으로 나타난다.

분산형		값을 점으로 비교, 값이 가로 축 순서에 없거나 별도의 단위를 나타낼 때 사용함
곡선 및 표식이 있는 분산형		가로 축 순서에 몇 개의 데이터 요소만 있고 데이터가 함수를 나타내는 경우 사용함
곡선이 있는 분산형		가로 축 순서에 데이터 요소가 많이 있고 데이터가 함수를 나타내는 경우 사용함
직선 및 표식이 있는 분산형		가로 축 순서에 몇 개의 데이터 요소만 있고 데이터가 별도의 값을 나타내는 경우 사용함
직선이 있는 분산형		가로 축 순서에 데이터 요소가 많이 있고 데이터가 별도의 예제를 나타내는 경우 사용함
거품형		• 분산형 차트의 한 종류로 데이터 계열 간의 항목 비교에 사용됨 • 세 개의 데이터 계열이 필요함 • 분산형 차트와 비슷하지만 두 값이 아닌 세 집합을 비교함 • 세 번째 데이터를 거품 크기로 표시함 • 다른 차트와 혼합하여 표현할 수 없음
3차원 효과의 거품형		거품형과 같은 기능으로 세 번째 값을 3D 효과로 표시되는 거품의 크기를 결정함

⑦ **주식형** 19년 8월, 15년 10월, 07년 2월

- 주식 가격을 표시할 때 사용하며, 온도 변화와 같은 과학 데이터를 나타내는 데 사용되기도 한다.
- 주식 차트를 작성하려면 데이터를 정해진 순서대로 정확하게 구성해야 한다.
- 3차원 차트로 작성할 수 없다.

고가-저가-종가		고가, 저가, 종가의 순서에 따라 세 계열이 필요함
시가-고가-저가-종가		시가, 고가, 저가, 종가의 순서에 따라 네 계열이 필요함
거래량-고가-저가-종가		거래량, 고가, 저가, 종가의 순서에 따라 네 계열이 필요함
거래량-시가-고가-저가-종가		거래량-시가-고가-저가-종가의 순서에 따라 다섯 계열이 필요함

⑧ **표면형** 24년 상시, 18년 3월, 14년 3월, 13년 10월

- 두 개의 데이터 집합에서 최적의 조합을 찾을 때 사용한다.
- 표면형 차트는 데이터 계열이 두 개 이상일 때만 작성이 가능하다.

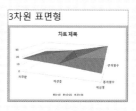

3차원 표면형

3차원 표면형		• 2차원을 교차하는 값의 추세를 연속되는 곡선으로 나타냄 • 항목과 계열이 둘 다 숫자인 경우 사용함
3차원 표면형(골격형)		• 2차원을 교차하는 값의 추세를 연속되는 곡선으로 나타냄 • 항목과 계열이 둘 다 숫자이고 데이터가 자신의 뒤로 휘어지는 곡선인 경우 사용함
표면형(조감도)		위에서 내려다본 표면형 차트, 값 범위는 색으로 구분함
표면형(골격형 조감도)		• 색으로 채워져 있지 않은 조감도 차트 • 색을 사용하여 상세 정보를 추가가 가능하므로 표면형(조감도)대신 사용함

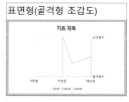

표면형(골격형 조감도)

⑨ **방사형** 23년 상시, 22년 상시, 19년 3월, 18년 3월, 16년 10월, 15년 6월, 14년 3월

- 많은 데이터 계열의 합계 값을 비교할 때 사용한다.
- 각 항목마다 가운데 요소에서 뻗어나온 값 축을 갖고, 선은 같은 계열의 모든 값을 연결한다(가로, 세로 축 없음).
- 3차원 차트로 작성할 수 없다.

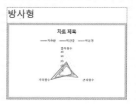

방사형

방사형		• 중간 지점에 상대적인 값을 보여줌 • 항목을 직접 비교할 수 없을 경우 사용함
표식이 있는 방사형		• 중간 지점에 상대적인 값을 보여줌 • 항목을 직접 비교할 수 없을 경우 사용함 • 방사형에 데이터 표식이 나타냄
채워진 방사형		• 중간 지점에 상대적인 값을 보여줌 • 항목을 직접 비교할 수 없으며 계열이 한 개만 있을 경우 사용함 • 데이터 계열이 색으로 채워져서 나타남

채워진 방사형

⑩ **트리맵**

- 데이터를 계층 구조 보기로 제공하므로 다른 범주 수준을 비교하는 간편한 방법이 될 수 있다.
- 색과 근접성을 기준으로 범주를 표시하며 다른 차트 유형으로 표시하기 어려운 많은 양의 데이터를 쉽게 표시할 수 있다.
- 트리맵 차트는 계층 구조 안에 빈(공백) 셀이 있는 경우에만 그릴 수 있으며 계층 안에서 비율을 비교하는 데 유용하다.
- 트리맵 차트에는 하위 차트 종류가 없다.

트리맵

하위 차트 종류가 없는 차트
트리맵 차트, 선버스트 차트, 상자 수염 차트, 폭포 차트

⑪ **선버스트**

- 계층적 데이터를 표시하는 데 적합하며, 계층 구조 내에 빈 셀이 있는 경우 그릴 수 있다.
- 하나의 고리 또는 원이 계층 구조의 각 수준을 나타내며 가장 안쪽에 있는 원이 계층 구조의 가장 높은 수준을 나타낸다.

- 계층 구조가 없는(하나의 범주 수준) 선버스트 차트는 도넛형 차트와 모양이 유사하다.
- 범주 수준이 여러 개인 선버스트 차트는 외부 고리와 내부 고리의 관계를 보여준다.
- 선버스트 차트는 하나의 고리가 어떤 요소로 구성되어 있는가를 보여주는 데 가장 효과적이다.
- 선버스트 차트에는 하위 차트 종류가 없다.

⑫ 히스토그램

- 히스토그램 차트에 그려진 데이터는 분포 내의 빈도를 나타낸다.
- 계급구간이라고 하는 차트의 각 열을 변경하여 데이터를 보다 세부적으로 분석할 수 있다.
- 히스토그램 차트의 종류

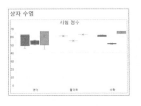

히스토그램		빈도 계급 구간으로 그룹화된 데이터 분포를 보여줌
파레토 차트		내림차순으로 정렬된 열과 총 누적 백분율을 나타내는 선을 모두 포함하는 순차적 히스토그램 차트

⑬ 상자 수염

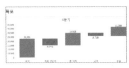

- 데이터 분포를 사분위수로 나타내며 평균 및 이상값을 강조하여 표시한다.
- 상자에는 수직으로 확장되는 '수염'이라는 선이 포함될 수 있다.
- 수염 선은 제1사분위수와 제3사분위수 외부의 변동성을 나타내며 이와 같은 선 또는 수염 외부의 모든 점은 이상값으로 간주된다.
- 이 차트 종류는 서로 특정 방식으로 관계가 있는 여러 데이터 집합이 있는 경우에 사용한다.
- 상자 수염 차트에는 하위 차트 종류가 없다.

⑭ 폭포

- 값이 더하거나 뺄 때 재무 데이터의 누계 합계가 표시된다.
- 초기 값이 양의 양수 및 음수 값에 영향을 주는 방식을 이해하는 데 유용하다.
- 막대는 색으로 구분되므로 양수와 음수를 빠르게 구분할 수 있다.
- 폭포 차트에는 하위 차트 종류가 없다.

⑮ 깔때기형

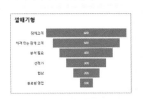

- 깔때기형 차트에는 프로세스 내 여러 단계의 값이 표시된다.
- 일반적으로 값이 점차 감소하여 가로 막대가 깔때기 모양이 된다.

⑯ 혼합

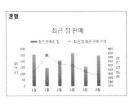

- 여러 열과 행에 있는 데이터를 혼합 차트로 그릴 수 있다.
- 특히 데이터 범위가 광범위한 경우 데이터를 쉽게 이해할 수 있도록 만들기 위해 두 개 이상의 차트 종류를 결합한다.
- 보조 축과 함께 표시되므로 차트 분석이 용이하고 쉽다.
- 2차원 차트에서만 가능하며, 3차원 차트를 혼합하여 사용할 수 없다.

- 종류
  - 묶은 세로 막대형 + 꺾은선형
  - 묶은 세로 막대형 + 꺾은선형, 보조 축
  - 누적 영역형 + 묶은 세로 막대형
  - 사용자 지정 조합

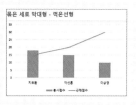

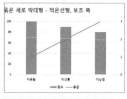

작성된 차트의 특정 데이터 계열을 선택한 후 마우스 오른쪽 버튼을 클릭, 바로 가기 메뉴에서 [계열 차트 종류 변경]을 선택하면 혼합 차트의 [사용자 지정 조합] 대화 상자가 표시됨

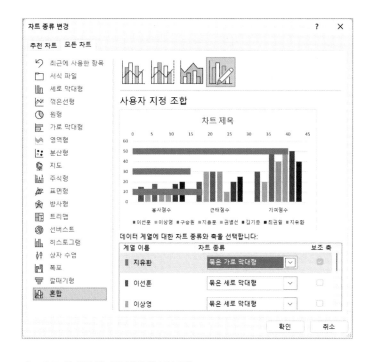

⑰ **이중 축** 18년 3월, 14년 3월/10월, 09년 10월

- 이중으로 값 축을 나타낼 수 있는 차트로 데이터 계열 간 차이가 많은 경우나 데이터 계열이 두 가지 이상일 때 사용된다.
- 이중 축으로 나타낼 데이터 계열을 선택한 다음 바로 가기 메뉴의 [데이터 계열 서식]을 선택한다.
- [데이터 계열 서식] 대화 상자의 [계열 옵션]에서 [데이터 계열 지정]의 '보조 축'을 설정하거나 혼합 차트에서 '보조 축'을 설정한다.

보조 축 사용
2차원 차트에서 각 데이터 계열값의 범위가 크게 다르거나 다른 종류의 데이터가 섞여 있을 때 사용함

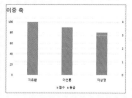

⑱ **지도 차트**

- 지도 차트를 사용하여 값을 비교하고 여러 지역의 범주를 표시할 수 있다.
- 데이터에 국가/지역, 시/도, 군 또는 우편 번호와 같은 지리적 지역이 있는 경우 사용한다.

03 스파크라인

- 스파크라인은 데이터의 추세를 시각적으로 요약 표시하는 한 셀의 크기에 맞는 작은 차트이다.
- 월별, 년별, 분기별, 계절별 증감이나 경기 순환과 같은 값 계열의 추세를 나타낼 때 사용한다.

	A	B	C	D	E	F	G	H
1	사원명	1사분기	2사분기	3사분기	4사분기	실적 추이	실적 비교	
2	김도은	70	80	90	100			
3	정선영	100	80	60	40			
4	박소정	60	100	50	100			
5	황재원	90	60	50	90			
6								

- 최대값 및 최소값을 강조하여 표시할 수도 있다.
- 스파크라인 셀은 반드시 원본 데이터 바로 옆에 표시해야 하는 것은 아니다.
- 원본 데이터 간의 관계를 쉽게 파악하고 데이터가 변경된 경우 스파크라인에서 변경 내용을 즉시 확인할 수 있게 일반적으로 원본 데이터 바로 옆에 표시하는 것이 가장 좋다.
- 스파크라인은 개체가 아닌 셀에 포함된 작은 차트이므로 셀에 텍스트, 숫자, 수식을 입력하고 스파크라인을 셀 배경으로 사용할 수 있다.
- [삽입] 탭-[스파크라인] 그룹에서 만들려는 스파크라인 종류를 클릭한다.

종류	기능
꺾은선형	단일 셀 안에 선 차트를 삽입함
열	단일 셀 안에 세로 막대형 유형의 열 차트를 삽입함
승패	단일 셀 안에 증가(양수), 감소(음수)를 나타내는 승패 스파크라인을 삽입함

- 원본 데이터에 해당하는 여러 셀을 선택하여 동시에 여러 스파크라인을 만들 수 있다.
- 스파크라인이 포함된 인접 셀에서 채우기 핸들을 사용하여 나중에 추가한 데이터의 행에 대한 스파크라인을 만들 수도 있다.

따라하기 TIP

따라하기 파일 • Part02_Chapter06_스파크라인.xlsx

사원의 분기별 실적에 따른 실적 추이와 실적 비교를 스파크라인을 이용하여 작성해 보자.

① 데이터 범위를 선택하기 위해 마우스로 드래그하여 [B2:E2] 범위를 설정한다.

② [삽입] 탭–[스파크라인] 그룹–[꺾은선형]을 클릭한다.

③ [스파크라인 만들기] 대화 상자가 나타나면 [위치 범위] 상자에서 스파크라인이 들어갈 셀 (F2)을 클릭하고 [확인]을 클릭한다.

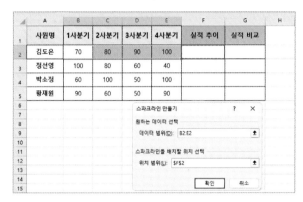

데이터 범위	스파크라인의 원본 데이터 범위를 지정함 ⑩ [B2:E2] 또는 [B2:E5]
위치 범위	스파크라인이 표시될 셀을 지정함 ⑩ [F2] 또는 [F2:F5]

④ [스파크라인] 탭–[표시] 그룹에서 '표식'을 클릭하여 선택한다.
(표식 : 각 점을 표식으로 나타내어 강조함)

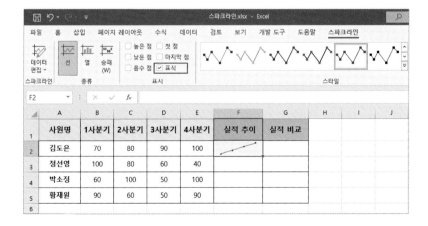

⑤ [F2] 셀의 채우기 핸들을 [F5] 셀까지 드래그하여 나머지 셀에 스파크라인을 복사한다.
　(주의) 채우기 핸들을 더블클릭하는 경우 나머지 셀에 스파크라인이 복사되지 않음

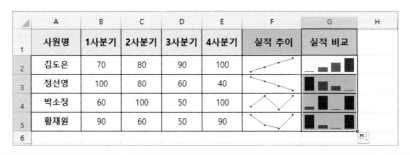

⑥ [B2:E2] 범위를 설정. [삽입] 탭–[스파크라인] 그룹–[열]을 클릭한다.
⑦ [위치 범위] 상자에서 스파크라인이 들어갈 셀(G2)을 클릭하고 [확인]을 클릭한다.
⑧ [스파크라인] 탭–[표시] 그룹에서 '높은 점'을 클릭하여 선택한다. (높은 점 : 데이터의 가
　장 높은 점을 강조함)
⑨ [G5] 셀까지 드래그하여 나머지 셀에 스파크라인을 복사한다.

	사원명	1사분기	2사분기	3사분기	4사분기	실적 추이	실적 비교
2	김도은	70	80	90	100		
3	정선영	100	80	60	40		
4	박소정	60	100	50	100		
5	황재원	90	60	50	90		

- 스파크라인이 있는 셀을 선택하면 나타나는 [스파크라인] 탭의 스타일 갤러리에서
  기본 제공 서식을 선택하여 스파크라인에 색 구성표를 적용할 수 있다.
- 차트와 달리 스파크라인은 해당 워크시트를 인쇄할 때 함께 인쇄된다.
- 작성된 스파크라인을 선택하면 [스파크라인] 탭이 표시된다.

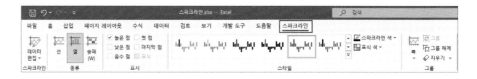

스파크라인	그룹 위치 및 데이터 편집	선택한 스파크라인 그룹의 위치 및 데이터 원본을 편집함		
	단일 스파크라인의 데이터 편집	선택한 스파크라인의 데이터 원본만 편집함		
	숨겨진 셀 /빈 셀	• 선택한 스파크라인 그룹에서 숨겨진 값 및 null 값을 표시하는 방법을 변경함 • 빈 셀 표시 형식		
		간격	빈 셀이 있는 경우 빈 간격으로 표시함	
		0으로 처리	빈 셀이 있는 경우 0으로 처리하여 표시함	
		선으로 데이터 요소 연결	데이터 요소를 선으로 연결함	
		• 숨겨진 행 및 열에 데이터 표시 : 숨겨진 행 및 열의 데이터가 있는 경우라도 스파크라인으로 표시함 숨겨진 셀/빈 셀 설정 ? ✕ 빈 셀 표시 형식: ⦿ 간격(G) 　　　　　　　 ○ 0으로 처리(Z) 　　　　　　　 ○ 선으로 데이터 요소 연결(C) ☐ 숨겨진 행 및 열에 데이터 표시(H) 　　　　　　　 확인　　　취소		
	행/열 전환	• 동일한 행 및 열 수를 가지는 경우에만 적용됨 • 행별 표시와 열별 표시 간을 바꿈		
종류	작성된 스파크라인 종류를 선, 열, 승패 중에서 선택하여 변경함			
표시	높은 점	선택한 스파크라인 그룹에서 데이터의 가장 높은 점을 강조함		
	낮은 점	선택한 스파크라인 그룹에서 데이터의 가장 낮은 점을 강조함		
	음수 점	선택한 스파크라인 그룹에서 음수값을 다른 색 또는 표식으로 강조함		
	첫 점	선택한 스파크라인 그룹에서 첫 데이터 점을 강조함		
	마지막 점	선택한 스파크라인 그룹에서 마지막 데이터 점을 강조함		
	표식	선택한 선 스파크라인 그룹의 각 선 스파크라인에서 각 점을 강조함		
스타일	스타일 갤러리에서 스타일을 선택하고 스파크라인 색 및 표식 색을 변경함			
그룹	• 축 : 가로 축 옵션(일반 축 종류, 날짜 축 종류), 축 표시(0 축을 교차하는 데이터가 있는 경우 가로 축이 표시됨) • 오른쪽에서 왼쪽으로 데이터 표시, 세로 축 최소값, 최대값 옵션을 설정 • 그룹, 그룹 해제, 지우기(선택한 스파크라인 지우기, 선택한 스파크라인 그룹 지우기)			

01 다음 중 아래의 데이터를 이용하여 각 데이터 간 값을 비교하는 차트를 작성하려고 할 때 가장 적절하지 않은 차트는?

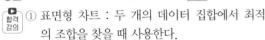

▲	A	B	C	D	E
1	성명	1사분기	2사분기	3사분기	4사분기
2	홍길동	83	90	95	70
3	성춘향	91	70	70	88
4	이몽룡	93	98	91	93

① 세로 막대형
② 꺾은선형
③ 원형
④ 방사형

원형 차트
• 항목의 값들이 합계의 비율로 표시되므로 중요한 요소를 강조할 때 사용함
• 항상 한 개의 데이터 계열만을 가지고 있으므로 축이 없으며 각 데이터 간 값을 비교하는 차트로 적절하지 않음

오답 피하기
• 세로 막대형 : 각 항목 간의 값을 비교하는데 사용함. 2차원, 3차원 차트로 작성할 수 있으며 누적과 비누적 형태로 구분함
• 꺾은선형 : 시간이나 항목에 따라 일정한 간격으로 데이터의 추세나 변화를 표시함
• 방사형 : 많은 데이터 계열의 합계 값을 비교할 때 사용함. 각 항목마다 가운데 요소에서 뻗어 나온 값 축을 갖고, 선은 같은 계열의 모든 값을 연결함

02 다음 중 차트에 대한 설명으로 옳지 않은 것은?

▶ 합격 강의
① 표면형 차트 : 두 개의 데이터 집합에서 최적의 조합을 찾을 때 사용한다.
② 방사형 차트 : 분산형 차트의 한 종류로 데이터 계열 간의 항목 비교에 사용된다.
③ 분산형 차트 : 데이터의 불규칙한 간격이나 묶음을 보여주는 것으로 주로 과학이나 공학용 데이터 분석에 사용된다.
④ 이중축 차트 : 특정 데이터 계열의 값이 다른 데이터 계열의 값과 현저하게 차이가 날 경우나 두 가지 이상의 데이터 계열을 가진 차트에 사용한다.

분산형 차트의 한 종류로 데이터 계열 간의 항목 비교에 사용되는 차트는 거품형 차트임

오답 피하기
방사형 차트 : 많은 데이터 계열의 합계 값을 비교할 때 사용하며 각 항목마다 가운데 요소에서 뻗어나온 값 축을 갖고, 선은 같은 계열의 모든 값을 연결함. 3차원 차트로 작성할 수 없음

03 다음 중 도넛형 차트에 대한 설명으로 옳지 않은 것은?

합격 강의
① 전체에 대한 각 데이터 계열의 관계를 보여주며, 하나의 고리에 여러 데이터 계열을 색상으로 구분하여 표시한다.
② 도넛의 바깥쪽에 위치한 데이터 계열의 모든 조각을 한 번에 분리하거나 개별적으로 조각을 선택하여 분리할 수도 있다.
③ [데이터 계열 서식] 대화 상자의 [계열 옵션]에서 첫째 조각의 위치를 지정하는 회전 각을 변경할 수 있다.
④ 데이터 계열이 많아 알아보기가 쉽지 않은 경우 누적 세로 막대형 차트나 누적 가로 막대형 차트로 변경하는 것이 좋다.

도넛형 차트 : 전체 합계에 대한 각 항목의 구성 비율을 표시함

오답 피하기
영역형 차트 : 데이터 계열값의 합계를 표시하며 전체 값에 대한 각 값의 관계를 표시함

04 시간의 흐름에 따라 각 항목의 변화나 경향을 파악하고자 할 때 가장 적합한 차트는?

① 원형
② 꺾은선형
③ 영역형
④ 가로 막대형

오답 피하기
• 원형 차트 : 데이터 계열을 구성하는 항목을 항목 합계에 대한 크기 비율로 표시함
• 영역형 차트 : 시간에 따른 변화나 추세를 영역으로 표시함
• 가로 막대형 차트 : 범주는 수직으로 구성되고, 값은 수평으로 구성되어 비교하는 값들을 강조함

정답 01 ③ 02 ② 03 ① 04 ②

05 다음 차트에서 무, 배추, 시금치 순서를 시금치, 배추, 무 순서로 변경하려고 할 때 사용하는 것은?

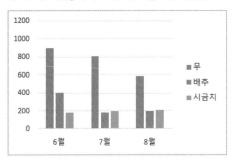

① 차트 영역 서식
② 그림 영역 서식
③ 데이터 선택
④ 축 서식

[데이터 선택]-[데이터 원본 선택]-범례 항목(계열)의 [위로 이동] 및 [아래로 이동] 단추를 이용함

06 다음 중 아래 차트에 대한 설명으로 옳지 <u>않은</u> 것은?

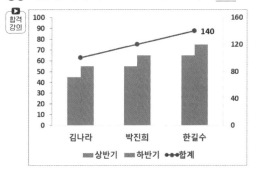

① '합계' 계열이 보조 축으로 설정된 이중 축 차트이다.
② 범례 위치는 '아래쪽'으로 설정되어 있다.
③ '하반기' 계열의 '한길수' 요소에 데이터 레이블이 표시되어 있다.
④ 보조 세로 (값) 축의 주 단위는 '40'으로 설정되어 있다.

'합계' 계열의 '한길수' 요소에 데이터 레이블이 표시되어 있음

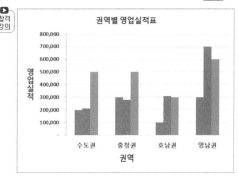

④ 주 단위 '40'
② 상반기 / 하반기 / 합계
① 이중 축 차트

범례 위치 : 아래쪽

07 다음 중 아래 차트에 관한 설명으로 옳지 <u>않은</u> 것은?

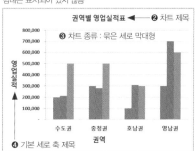

① 범례가 표시되어 있다.
② 차트 제목이 표시되어 있다.
③ 차트 종류는 묶은 세로 막대형이다.
④ 기본 세로 축 제목이 표시되어 있다.

범례는 표시되어 있지 않음

② 차트 제목
③ 차트 종류 : 묶은 세로 막대형
④ 기본 세로 축 제목

▶ 합격 강의

빈출 태그 차트 도구 모음

01 차트 선택 및 차트 도구 18년 3월, 14년 3월/10월, 13년 3월, 12년 9월, 11년 7월/10월, 10년 10월, 09년 7월, …

1) 차트의 선택

- 워크시트에 삽입된 차트를 마우스로 클릭하면 8개의 크기 조절점이 생기고 차트가 선택된다.
- 차트가 선택된 경우 [차트 디자인], [서식]과 같은 탭이 표시된다.

차트만 용지 전체에 인쇄하는 방법
차트를 선택한 후 [파일] 탭-[인쇄]에서 '인쇄 대상'을 '선택한 차트 인쇄'로 선택함

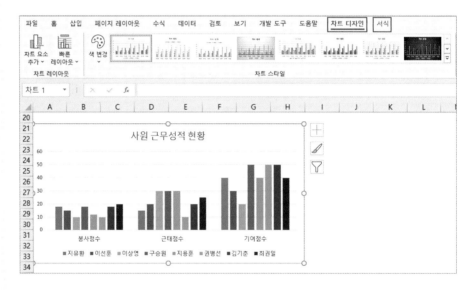

- 차트 선택을 해제하려면 워크시트에서 차트 부분이 아닌 다른 셀을 클릭하거나 Esc 를 눌러 선택을 취소한다.

2) [차트 디자인], [서식] 탭 10년 6월

워크시트에 삽입되어 있는 차트를 선택하면 [차트 디자인], [서식] 같은 탭이 표시된다.

① [차트 디자인] 탭 19년 3월, 18년 3월

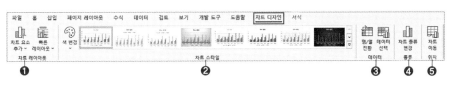

❶ 차트 레이아웃	• 차트 요소 추가 : 축, 축 제목, 차트 제목, 데이터 레이블, 데이터 표, 오차 막대, 눈금선, 범례, 선, 추세선, 양선/음선 등의 요소를 추가함 • 빠른 레이아웃 : 마우스를 위치시키면 레이아웃대로 차트가 변하고 클릭하면 레이아웃이 설정됨
❷ 차트 스타일	• 색 변경 : 색상형, 단색형 중에서 선택할 수 있음 • 차트 스타일 : 마우스를 위치시키면 스타일이 변하고 클릭하면 스타일이 설정됨
❸ 데이터	• 행/열 전환 : 차트의 행과 열이 전환됨 • 데이터 선택 : [데이터 원본 선택] 대화 상자가 표시됨
❹ 종류	차트 종류 변경 : [차트 종류 변경] 대화 상자가 표시됨
❺ 위치	[차트 이동] 대화 상자가 표시되며 '새 시트'와 '워크시트에 삽입' 중에 선택할 수 있음 (단, 현재 통합 문서에서만 이동 가능함)

② [서식] 탭

❶ 현재 선택 영역	• 차트 요소 선택 상자 : 차트 요소를 선택함 • 선택 영역 서식 : 선택한 차트의 요소의 서식 작업창을 표시함 • 스타일에 맞게 다시 설정 : 사용자 지정한 서식을 지우고 차트에 적용된 전체 표시 스타일로 되돌림
❷ 도형 삽입	최근에 사용한 도형, 선, 사각형, 기본 도형, 블록 화살표, 수식 도형, 순서도, 별 및 현수막, 설명선 등을 삽입함
❸ 도형 스타일	도형 스타일 선택, 도형 채우기, 도형 윤곽선, 도형 효과 등을 설정함
❹ WordArt 스타일	WordArt 스타일 선택, 텍스트 채우기, 텍스트 윤곽선, 텍스트 효과 등을 설정함
❺ 접근성	대체 텍스트 창을 표시함
❻ 정렬	앞으로 가져오기, 뒤로 보내기, 선택 창(모든 개체를 목록으로 표시), 맞춤 등을 설정함
❼ 크기	높이와 너비를 설정함

⓶ 차트의 크기 조정과 이동 및 삭제

1) 차트 크기 조정하기 16년 6월, 15년 10월

- 차트를 선택하면 나타나는 크기 조절점을 드래그하면 차트 크기가 조절된다.
- 차트에 포함되어 있는 그림 영역, 범례 등을 따로 선택하여 크기를 조절할 수 있다.
- 차트 시트로 만들어진 차트의 크기는 조절할 수 없지만 차트 시트에 있는 차트 구성 요소의 크기 조절은 워크시트에 삽입된 차트와 동일한 방법으로 작업한다.

- Alt 를 누른 상태에서 차트 크기를 조절하면 차트의 크기가 셀에 맞춰 조절됨
- Shift 를 누른 상태에서 차트 크기를 조절하면 정사각형 형태로 수평, 수직으로 크기가 조절됨
- Ctrl 을 누른 상태에서 차트 크기를 조절하면 차트의 중심을 그대로 유지한 채 크기가 조절됨

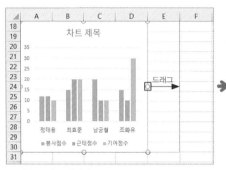

▲ 차트 크기 조절하기

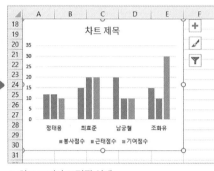

▲ 차트 크기가 조절된 상태

2) 차트 이동하기

- 차트를 선택하고 차트 영역에서 마우스 왼쪽 단추를 클릭한 채 움직여 차트를 원하는 위치로 이동한다. 워크시트에 삽입된 차트에서만 가능하다.
- 차트 영역에 포함되어 있는 각종 제목과 그림 영역, 범례 등도 선택하여 이동이 가능하다. 차트에 포함된 개체의 이동은 차트 영역 안에서만 가능하다.
- Alt 를 누른 상태에서 차트를 이동하거나 크기를 조절하면 셀 눈금선에 맞추어 이동하거나 크기를 조절할 수 있다.
- Ctrl 을 누른 상태에서 차트를 이동하면 차트가 복사된다.

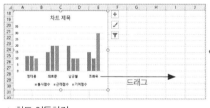

▲ 차트 이동하기

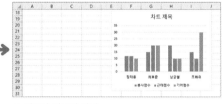

▲ 차트가 이동된 상태

3) 차트 삭제하기 03년 2월, 18년 9월, 19년 3월

- 차트를 삭제하려면 차트 영역을 선택하고 Delete 를 누른다.
- 차트 영역에 포함된 개체를 선택하고 Delete 를 누르면 선택한 개체만 삭제된다.
- 차트에서 삭제 작업은 워크시트에 있는 원본 데이터에 영향을 미치지 않지만, 워크시트 데이터를 삭제하면 차트도 영향을 받아 새로 변경된다.

- 차트가 선택된 상태에서 [홈] 탭-[편집] 그룹-[지우기]에서 [모두 지우기], [내용 지우기] 중에서 선택하여 지울 수 있다. 단, 차트가 선택된 상태에서는 [서식 지우기]와 [메모 지우기]는 반전되어 나타난다.

03 차트의 종류 변경 및 특정 계열의 차트 변경 19년 8월, 17년 9월, 07년 2월/7월

1) 차트 종류 변경

[삽입] 탭-[차트] 그룹에서 변경하고자 하는 차트를 클릭하거나, 바로 가기 메뉴의 [차트 종류 변경]을 선택하여 [차트 종류 변경] 대화 상자에서 차트 종류를 변경한다.

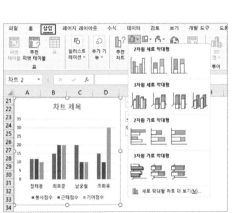

▲ [삽입] 탭-[차트] 그룹-차트를 선택함

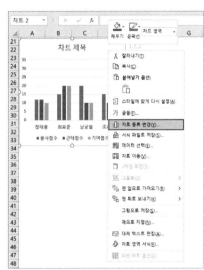

▲ 바로 가기 메뉴의 [차트 종류 변경]을 선택함

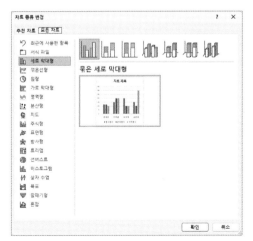

▲ [차트 종류 변경]의 [모든 차트] 탭에서 차트 종류를 변경함

2) 특정한 데이터 계열만 차트 종류 변경

🏠 따라하기 TIP

따라하기 파일 • Part02_Chapter06_차트종류변경.xlsx

① 특정 데이터 계열(수학)을 클릭하여 선택한 다음 바로 가기 메뉴의 [계열 차트 종류 변경]을 클릭한다.

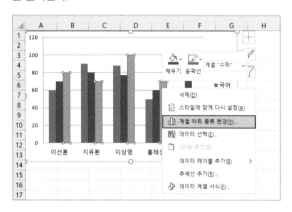

② [차트 종류 변경] 대화 상자의 [혼합]–[사용자 지정 조합]에서 수학 계열의 차트 종류를 [꺾은선형]–[표식이 있는 꺾은선형]으로 변경하고 [확인]을 클릭한다.

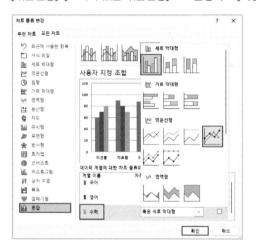

③ 수학 데이터 계열이 '표식이 있는 꺾은선형'으로 변경된다.

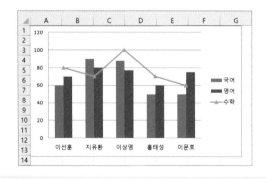

04 차트 원본 데이터 변경 22년 상시, 16년 10월, 14년 6월, 12년 9월, 10년 3월, 08년 8월, 07년 10월, 06년 2월, …

- 차트 데이터 범위에 항목을 삽입하거나 삭제하면 차트에서도 항목이 삽입되거나 삭제된다.
- 데이터 범위의 중간에 데이터 계열이 삽입되어도 차트는 변경되지 않는다.
- 데이터 계열을 삭제하면 차트에서 데이터 계열이 삭제되고, 범례에는 #REF! 오류가 표시된다.
- 방법 1 : [차트 디자인] 탭-[데이터] 그룹-[데이터 선택]을 선택한 다음 [데이터 원본 선택] 대화 상자에서 '차트 데이터 범위'를 다시 지정하거나 범례 항목(계열)의 [추가] 단추를 클릭하여 '계열 이름'과 '계열 값'을 추가한다.

[데이터 원본 선택] 대화 상자
- [차트 데이터 범위]에서 차트에 사용하는 데이터 전체의 범위를 수정할 수 있음
- [행/열 전환]을 클릭하여 가로(항목) 축의 데이터 계열과 범례 항목(계열)을 바꿀 수 있음
- 범례에서 표시되는 데이터 계열의 순서를 바꿀 수 있음
- [데이터 원본 선택] 대화 상자의 [범례 항목(계열)]에서 ⌃, ⌄을 이용하여 범례의 데이터 계열 순서를 변경할 수 있음
- 데이터 범위 내에 숨겨진 행이나 열의 데이터도 차트에 표시할 수 있음

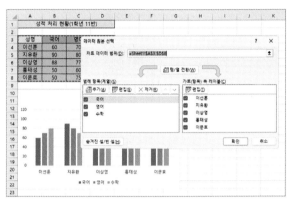

- 방법 2 : 차트 영역에서 [바로 가기 메뉴]의 [데이터 선택]을 실행하여 '차트 데이터 범위'를 다시 지정한다.

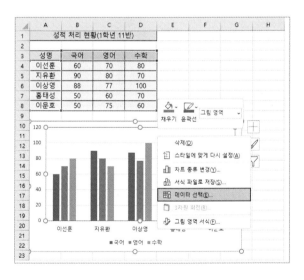

- 방법 3 : 원본 데이터가 차트와 같은 워크시트에 있을 경우 차트를 선택하면 데이터 범위에 색 범위가 표시된다. 색 범위의 선택 핸들을 마우스로 끌어 데이터를 변경한다.

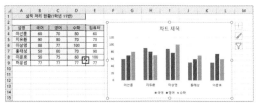

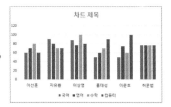

▲ 컴퓨터 과목과 허문범 학생을 원본 데이터에서 마우스로
　끌어서 추가함

▲ 차트에 컴퓨터 과목과 허문범 학생이
　추가되어 표시됨

➕ 더 알기 TIP

데이터 범위에 항목을 삽입하거나 삭제하면?

데이터 범위에 항목을 삽입하거나 삭제하면 차트에서도 항목이 삽입되거나 삭제된다.

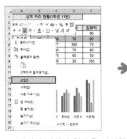
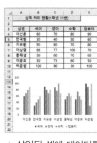

▲ 데이터 범위에 항목을 삽입함 　　▲ 차트에 삽입될 부분이 표시됨 　　▲ 삽입된 셀에 데이터를 입력하면
　　　　　　　　　　　　　　　　　　　　　　　　　　　　　　　　차트에 항목이 삽입되어 표시됨

데이터 범위 중간에 데이터 계열을 삽입하면?

데이터 범위의 중간에 데이터 계열이 삽입되어도 차트는 변경되지 않는다.

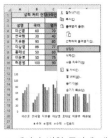
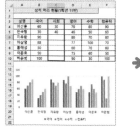
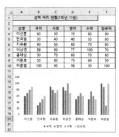

▲ 데이터 범위 중간에 계열을 　　　▲ 삽입될 셀에 사회 계열의 데 　　▲ 차트에 사회 계열이 추가되어
　삽입함 　　　　　　　　　　　　　이터를 입력함 　　　　　　　　　나타나지 않음

데이터 계열을 삭제하면?

데이터 계열을 삭제하면 차트에서 데이터 계열이 삭제되고, 범례에는 #REF! 오류가 표시된다.

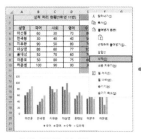

▲ 수학 계열을 삭제함 　　　　　　▲ 참조 오류 메시지가 표시됨 　　　▲ 차트의 범례에 수학
　　　　　　　　　　　　　　　　　　　　　　　　　　　　　　　　대신 #REF!가 표시됨

01 다음 중 차트에 대한 설명으로 옳지 <u>않은</u> 것은?

① 기본적으로 워크시트의 행과 열에서 숨겨진 데이터는 차트에 표시되지 않는다.

② 차트 제목, 가로/세로 축 제목, 범례, 그림 영역 등은 마우스로 드래그하여 이동할 수 있다.

③ Ctrl 을 누른 상태에서 차트 크기를 조절하면 차트의 크기가 셀에 맞춰 조절된다.

④ 사용자가 자주 사용하는 차트 종류를 차트 서식 파일로 저장할 수 있다.

Alt 를 누른 상태에서 차트 크기를 조절하면 차트의 크기가 셀에 맞춰 조절됨

오답 피하기

Ctrl 을 누른 상태에서 차트 크기를 조절하면 차트의 중심을 그대로 유지한 채 크기가 조절됨

02 다음 중 아래의 <수정 전> 차트를 <수정 후> 차트와 같이 변경하려고 할 때 사용해야 할 서식은?

〈수정 전〉

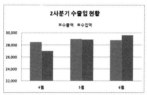

〈수정 후〉

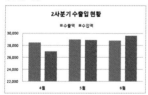

① 차트 영역 서식

② 그림 영역 서식

③ 데이터 계열 서식

④ 축 서식

[데이터 계열 서식]의 [계열 옵션]-[계열 겹치기]에서 <수정 후>처럼 변경 가능함

03 다음 중 차트에서 계열의 순서를 변경할 때 선택해야 할 바로가기 메뉴는?

① 차트 이동

② 데이터 선택

③ 차트 영역 서식

④ 그림 영역 서식

차트 영역에서 [바로 가기 메뉴]의 [데이터 선택]을 실행하여 계열의 순서를 변경함

04 다음 중 아래 차트와 같이 X축을 위쪽에 표시하기 위한 방법으로 옳은 것은?

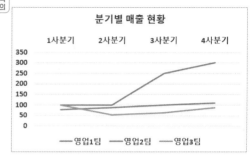

① 가로 축을 선택한 후 [축 서식]의 축 옵션에서 세로 축 교차를 '최대 항목'으로 설정한다.

② 가로 축을 선택한 후 [축 서식]의 축 옵션에서 '항목을 거꾸로'를 설정한다.

③ 세로 축을 선택한 후 [축 서식]의 축 옵션에서 가로 축 교차를 '축의 최대값'으로 설정한다.

④ 세로 축을 선택한 후 [축 서식]의 축 옵션에서 '값을 거꾸로'를 설정한다.

세로 축을 선택한 후 [축 서식]의 [축 옵션]에서 '가로 축 교차'를 '축의 최대값'으로 설정하면 가로 축 교차가 축의 최대값으로 위치하게 됨

정답 01 ③ 02 ③ 03 ② 04 ③

차트의 요소 추가와 서식 지정

▶ 합격 강의

빈출 태그 추세선 • 오차 막대

01 데이터 레이블 추가

- [차트 디자인] 탭–[차트 레이아웃] 그룹의 [차트 요소 추가]–[데이터 레이블]에서 레이블을 추가한다.
- [차트 요소] 단추(⊞)를 클릭한 다음 데이터 레이블을 추가한다.
- 데이터 레이블 삽입을 원하는 계열을 클릭한 다음 바로 가기 메뉴의 [데이터 레이블 추가]에서 [데이터 레이블 추가]를 클릭한다.

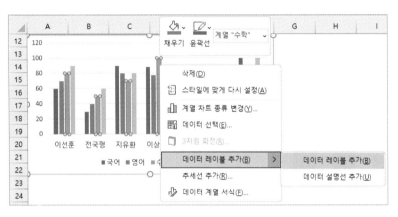

- 데이터 레이블이 겹치지 않고 읽기 쉽도록 차트에서 데이터 레이블의 위치를 조정할 수 있다.
- 기본적으로 데이터 레이블은 워크시트의 값에 연결되며 변경될 때 자동으로 업데이트된다.
- 계열별 데이터 레이블 제거는 삭제를 원하는 계열의 데이터 레이블을 한 번 클릭하여 선택한 후 Delete 를 누른다.
- 레이블 내용은 셀 값, 계열 이름, 항목 이름, 값 중에서 한 가지를 선택하여 표시할 수 있다.

02 추세선과 오차 막대

1) 추세선 24년 상시, 23년 상시, 21년 상시, 14년 6월, 13년 3월, 09년 4월, 08년 10월, 06년 5월, 04년 11월

- 계열의 데이터 추세나 방향을 그림으로 표시하는 것을 의미하며, 회귀 분석과 같은 예측 문제에서 사용된다.
- 비누적 2차원 영역형, 가로 막대형, 세로 막대형, 꺾은선형, 주식형, 분산형, 거품형 차트에서 데이터 계열에 추세선을 추가할 수 있다.
- 누적 2차원 영역형, 3차원 효과의 영역형, 원형, 도넛형, 방사형, 표면형, 원통형, 원뿔형, 피라미드형 차트에서는 추가할 수 없다.
- 추세선의 종류에는 선형, 로그, 다항식, 거듭제곱, 지수, 이동 평균이 있다.
- 추세선이 추가된 데이터 계열의 차트 종류를 3차원으로 바꾸면 추세선이 사라진다.
- 추세선을 하나의 데이터 계열에 두 개 이상 동시에 나타낼 수 있다.

🎯 따라하기 TIP

따라하기 파일 • Part02_Chapter06_추세선.xlsx

① [차트 디자인] 탭-[차트 레이아웃] 그룹-[차트 요소 추가]-[추세선]을 클릭하여 원하는 추세선을 선택한다.

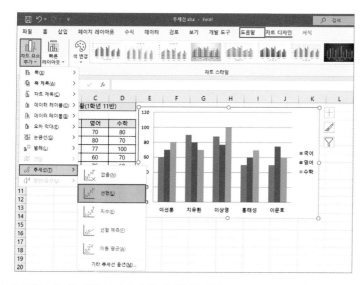

② [추세선 추가] 대화 상자에서 추세선을 추가할 계열을 선택하고 [확인]을 클릭한다.
추세선을 추가할 계열을 미리 클릭하여 선택한 경우 [추세선] 대화 상자가 표시되지 않는다.

🅵 기적의 TIP

추세선은 자주 출제되는 내용입니다. 추세선 추가가 가능한 차트에는 무엇이 있는지는 꼭 암기해 두세요.

추세선 추가
추세선을 추가할 데이터 계열을 선택한 다음 바로 가기 메뉴의 [추세선 추가]를 클릭한 후 [추세선 서식] 대화 상자에서 [추세선 옵션]의 지수, 선형, 로그, 다항식, 거듭제곱, 이동 평균 중 하나를 선택해서 추세선을 추가할 수도 있음
- **가능한 차트** : 비누적 2차원 영역형, 가로 막대형, 세로 막대형, 꺾은선형, 주식형, 분산형, 거품형 차트
- **불가능한 차트** : 누적 2차원 영역형, 3차원 효과의 영역형, 원형, 도넛형, 방사형, 표면형, 원통형, 원뿔형, 피라미드형 차트

③ 추세선이 표시되어 나타난다.

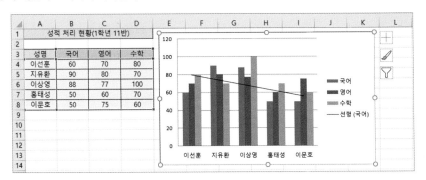

④ 추세선을 선택하고 바로 가기 메뉴의 [추세선 서식]을 선택한다.

⑤ 추세선 옵션에서 '수식을 차트에 표시'와 'R−제곱 값을 차트에 표시'를 설정하면 추세선에 사용된 수식과 R−제곱 값을 차트에 표시해 준다.

추세선 삭제
차트에 표시된 추세선을 클릭하여 선택한 다음 Delete 를 누르거나 바로 가기 메뉴의 [삭제]를 선택하면 추세선이 삭제됨

▲ '수식을 차트에 표시'와 'R−제곱 값을 차트에 표시'에 체크함

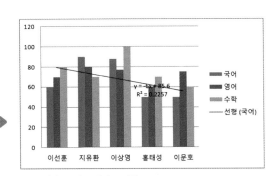

▲ 수식과 R−제곱 값이 표시됨

2) 오차 막대

- 데이터 계열에 있는 각 데이터 표식의 잠정 오차나 불확실도를 그림으로 나타내는 막대이다.

🔵 따라하기 TIP

따라하기 파일 • Part02_Chapter06_오차막대.xlsx

① 특정 계열(국어)을 클릭하여 선택한 후 [차트 디자인] 탭–[차트 레이아웃] 그룹–[차트 요소 추가]–[오차 막대]에서 [표준 오차]를 선택한다.

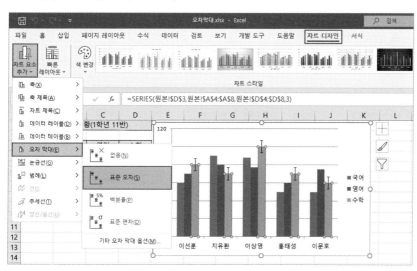

② 국어 계열에 오차 막대가 표시된다.

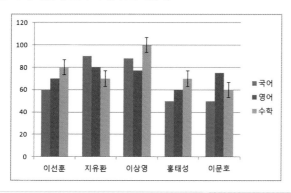

- 2차원 영역형, 가로 막대형, 세로 막대형, 꺾은선형, 분산형, 거품형 차트 등의 데이터 계열에 오차 막대를 추가할 수 있다.
- 3차원 차트는 오차 막대를 표시할 수 없다.

03 차트의 서식 지정 16년 3월/6월, 13년 6월, 12년 9월, 11년 7월, 09년 2월/10월, 08년 5월/8월

차트를 구성하고 있는 각 개체의 서식을 지정하려면 다음 방법 중 하나를 실행한다.
모든 방법을 실행한 후에는 각 개체의 서식 대화 상자가 나타난다.

방법 1	차트 구성 개체를 마우스 오른쪽 단추로 클릭하고 [개체 이름 서식] 메뉴를 선택함
방법 2	[차트 도구] 리본에 있는 [서식] 탭–[현재 선택 영역] 그룹–[선택 영역 서식]을 실행함
방법 3	바로 가기 키 Ctrl + 1 을 누름

1) 차트 영역 서식 10년 10월

차트 영역 서식에는 채우기 및 선(🖌), 효과(🔲), 크기 및 속성(🔳) 등이 있다.

▲ 채우기 및 선(🖌)

▲ 효과(🔲)

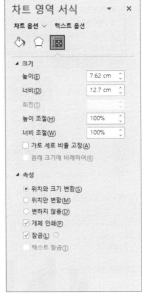

▲ 크기 및 속성(🔳)

차트만 제외하고 인쇄하기 위해서는 [차트 영역 서식] 대화 상자의 [속성]에서 '개체 인쇄'의 체크를 해제함

채우기 및 선	• 채우기 : 채우기 없음, 단색 채우기, 그라데이션 채우기, 그림 또는 질감 채우기, 패턴 채우기, 자동 등을 설정함 • 테두리 : 선 없음, 실선, 그라데이션 선, 자동, 색, 투명도, 너비, 선 종류, 둥근 모서리 등을 설정
효과	• 그림자, 네온, 부드러운 가장자리, 3차원 서식, 3차원 회전 등을 설정함
크기 및 속성	• 크기 : 높이, 너비, 회전, 높이 조절, 너비 조절 등을 설정함 • 속성 : 위치의 크기 변함, 위치만 변함, 변하지 않음, 개체 인쇄, 잠금 등을 설정함

2) 데이터 계열 서식 24년 상시, 23년 상시, 20년 7월, 19년 3월, 17년 3월/9월, 16년 6월, 15년 3월, 13년 6월, 12년 9월, …

데이터 계열 서식에는 채우기 및 선(🪣), 효과(⬠), 계열 옵션(📊) 등이 있다.

▲ 채우기 및 선(🪣)

▲ 효과(⬠)

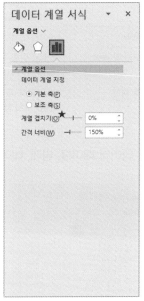

▲ 계열 옵션(📊)

채우기 및 선	• 채우기 : 채우기 없음, 단색 채우기, 그라데이션 채우기, 그림 또는 질감 채우기, 패턴 채우기, 자동, 음수이면 반전 등을 설정함 • 테두리 : 선 없음, 실선, 그라데이션 선, 자동, 색, 투명도, 너비, 선 종류 등을 설정
효과	• 그림자, 네온, 부드러운 가장자리, 3차원 서식 등을 설정함
계열 옵션	• 데이터 계열 지정 : 기본 축, 보조 축 등을 설정 • 계열 겹치기 : −100%~100%까지 설정 가능하며 양수로 지정하면 데이터 계열이 겹침 • 간격 너비 : 0%~500%까지 설정 가능하며 계열 간 간격을 설정함

3) 축 서식 21년 상시, 20년 7월, 11년 3월/10월

축 서식에는 채우기 및 선(🪣), 효과(⬠), 크기 및 속성(📐), 축 옵션(📊) 등이 있다.

▲ 채우기 및 선(🪣)

▲ 효과(⬠)

▲ 크기 및 속성(📐)

▲ 축 옵션(📊)

★ 계열 겹치기

▲ 계열 겹치기 −100%
계열 겹치기를 음수로 지정하면
데이터 계열 사이가 벌어짐

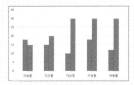

▲ 계열 겹치기 0%

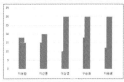

▲ 계열 겹치기 70%
계열 겹치기를 양수로 지정하면
데이터 계열 사이가 겹쳐짐

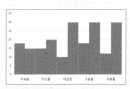

▲ 간격 너비 0%

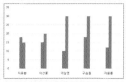

▲ 간격 너비 500%

★ 가로 축 교차
세로 축을 선택한 후 [축 서식]의
축 옵션에서 가로 축 교차를 '축의
최대값'으로 설정하면 가로 축 교
차가 축의 최대값으로 위치하게 됨

★ 로그 눈금 간격
• 차트에 표시한 데이터 계열의
요소 간 값의 차이가 큰 경우 값
의 차이를 표시할 수 있게 함
• 로그 눈금 간격은 2~1000까지
의 숫자를 입력함

3차원 차트의 경우 세로 막대 모양을 상자, 전체 피라미드형, 부분 피라미드형, 원통형, 전체 원뿔형, 부분 원뿔형 등으로 설정 가능함

▲ 3차원 차트의 계열 옵션

채우기 및 선	• 채우기 : 채우기 없음, 단색 채우기, 그라데이션 채우기, 그림 또는 질감 채우기, 패턴 채우기, 자동, 색 등을 설정함 • 선 없음, 실선, 그라데이션 선, 자동, 색, 투명도, 너비, 겹선 종류, 대시 종류, 끝 모양 종류(사각형, 원형, 평면), 연결점 종류(원형, 빗면, 미터), 화살표 머리의 유형과 크기 및 꼬리 유형 등을 설정
효과	• 그림자, 네온, 부드러운 가장자리, 3차원 서식 등을 설정함
크기 및 속성	• 세로 맞춤, 텍스트 방향, 사용자 지정 각 등을 설정함
축 옵션	경계(최소, 최대), 단위(주, 보조), 가로 축 교차(자동, 축 값, 축의 최대값), 표시 단위, 로그 눈금 간격, 값을 거꾸로, 눈금(주 눈금, 보조 눈금), 레이블 위치(축의 옆, 높은 쪽, 낮은 쪽, 없음), 표시 형식 등을 설정함

4) 데이터 레이블, 범례, 데이터 표 서식 20년 2월, 19년 3월/8월, 12년 6월

▲ 레이블 옵션(📊)

▲ 범례 옵션(📊)

▲ 표 옵션(📊)

마우스로 범례를 이동하거나 크기를 변경하더라도 그림 영역의 크기 및 위치는 자동으로 조정되지 않음

데이터 레이블	• 레이블 내용(셀 값, 계열 이름, 항목 이름, 값, 지시선 표시, 범례 표지, 구분 기호 등)을 설정 • 레이블 위치(가운데,안쪽 끝에, 축에 가깝게, 바깥쪽 끝에) 설정 • 표시 형식(범주 설정 및 서식 코드 추가) 설정
범례	범례 위치(위쪽, 아래쪽, 왼쪽, 오른쪽, 오른쪽 위), 범례를 차트와 겹치지 않게 표시
데이터 표	테이블 표 옵션(테이블 테두리(가로, 세로, 윤곽선 등) 설정, 범례 표지 표시) 설정

01 다음 중 차트의 데이터 계열 서식에 대한 설명으로 옳지 <u>않은</u> 것은?

① 계열 겹치기 수치를 양수로 지정하면 데이터 계열 사이가 벌어진다.

② 차트에서 데이터 계열의 간격을 넓게 또는 좁게 지정할 수 있다.

③ 특정 데이터 계열의 값이 다른 데이터 계열 값과 차이가 많이 나거나 데이터 형식이 혼합되어 있는 경우 하나 이상의 데이터 계열을 보조 세로 (값) 축에 표시할 수 있다.

④ 보조 축에 그려지는 데이터 계열을 구분하기 위하여 보조 축의 데이터 계열만 선택하여 차트 종류를 변경할 수 있다.

계열 겹치기 수치를 양수로 지정하면 데이터 계열 사이가 겹쳐짐

02 다음 중 차트의 범례 설정에 대한 설명으로 옳지 <u>않은</u> 것은?

① 범례 위치는 [범례 서식] 대화 상자나 [차트 디자인] 탭 [차트 레이아웃] 그룹에서 쉽게 변경할 수 있다.

② 차트에서 범례 또는 범례 항목을 클릭한 후 Delete 를 누르면 범례를 쉽게 제거할 수 있다.

③ 기본적으로 범례의 위치는 차트의 다른 구성요소와 겹치지 않게 표시된다.

④ 마우스로 범례를 이동하거나 크기를 변경하면 그림 영역의 크기 및 위치는 자동으로 조정된다.

마우스로 범례를 이동하거나 크기를 변경하더라도 그림 영역의 크기 및 위치는 자동으로 조정되지 않음

03 다음 중 [Before] 차트를 [After] 차트와 같이 변경하기 위한 축 옵션으로 옳은 것은?(차트에 표시할 데이터 계열의 요소 간 값의 차이가 큰 경우 [Before] 차트와 같이 그 차이를 차트에 표시하기가 어려운데, [After] 차트처럼 변경하면 값의 차이를 표시할 수 있게 된다.)

[Before] 차트   [After] 차트

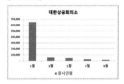 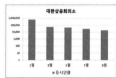

① 표시 단위를 백만으로 설정한다.

② 최소값과 최대값을 각각 1과 1,000,000으로 설정한다.

③ 주 단위를 1,000,000으로 설정한다.

④ 로그 눈금 간격을 10으로 설정한다.

데이터 계열의 요소 간 값의 차이가 큰 경우 [축 옵션]의 [로그 눈금 간격]을 "10"으로 설정하면 값의 차이를 표시할 수 있게 됨

04 아래 그림과 같이 차트에서 '전기난로' 계열의 직선을 부드러운 선으로 나타내는 방법은?

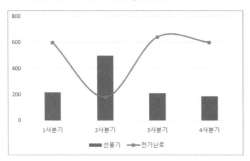

① [데이터 계열 서식] 대화 상자의 [채우기 및 선]에서 [완만한 선]을 설정한다.
② [데이터 계열 서식] 대화 상자의 [효과]에서 [완만한 선]을 설정한다.
③ [데이터 계열 서식] 대화 상자의 [계열 옵션]에서 [곡선]을 설정한다.
④ [데이터 계열 서식] 대화 상자의 [계열 옵션]에서 [부드러운 선]을 설정한다.

[계열 차트 종류 변경]을 이용하여 꺾은선형으로 변경한 다음 [데이터 계열 서식] 대화 상자의 [채우기 및 선]에서 [완만한 선]을 설정함

05 다음 중 막대형 차트에서 각 데이터 계열을 그림으로 표시하는 방법으로 옳지 <u>않은</u> 것은?

① 막대에 채워질 그림은 저장된 파일, 클립보드에 복사되어 있는 파일, 온라인에서 선택할 수 있다.
② 늘이기는 값에 비례하여 그림의 너비와 높이가 증가한다.
③ 쌓기는 원본 그림의 크기에 따라 단위/사진이 달라진다.
④ '다음 배율에 맞게 쌓기'는 계열 간의 원본 그림 크기가 달라도 단위/사진을 같게 설정하면 같은 크기로 표시된다.

• 늘이기는 값에 비례하여 그림의 너비와 높이가 증가하지 않음
• 늘이기는 [오프셋 왼쪽], [오프셋 오른쪽], [오프셋 위쪽], [오프셋 아래쪽] 옵션을 이용하여 너비와 높이를 조절할 수 있음

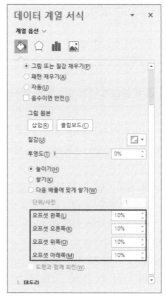

[정답] 04 ① 05 ②

CHAPTER 07

매크로 작성

 학습 방향

매크로의 개념 파악을 통한 기록 방법과 매크로 이름 정의의 특징, 바로 가기 키와 대화 상자의 기능 파악이 중요합니다. 또한 프로그램의 결과를 구할 수 있는 명령어의 이해도 필요합니다.

출제빈도

| SECTION 01 | 상 | 100% |

매크로 작성

▶ 합격 강의

빈출 태그 매크로 기록 • 매크로 실행 • 매크로 편집 • 매크로 형식

매크로는 반복적인 작업을 단순화하기 위해 작업 과정을 자동화하는 기능임

리본 메뉴에 [개발 도구] 탭 표시
[파일] 탭-[옵션]-[Excel 옵션]-[리본 사용자 지정]-[개발 도구] 확인란을 체크하면, 리본 메뉴에 [개발 도구] 탭을 표시함([개발 도구] 탭을 사용하면 매크로와 양식 컨트롤을 쉽게 사용할 수 있음)

Auto_Open
통합 문서를 열 때마다 특정 작업이 자동으로 수행되는 매크로 이름

Auto_Close
파일을 닫을 때 자동으로 수행되는 매크로 이름

같은 통합 문서 내에서 시트가 다르더라도 동일한 매크로 이름으로 기록할 수 없음

01 매크로 개요
23년 상시, 19년 3월, 15년 3월, 06년 5월/7월/9월, 05년 2월/5월/7월, 04년 2월, 03년 2월/5월

- 자주 사용하는 명령, 반복적인 작업 등을 매크로로 기록하여 해당 작업이 필요할 때마다 바로 가기 키(단축키)나 실행 단추를 클릭하여 쉽고, 빠르게 작업을 수행할 수 있다.
- 매크로는 해당 작업에 대한 일련의 명령과 함수를 Microsoft Visual Basic 모듈로 저장한 것으로 Visual Basic 언어를 기반으로 한다(따로 설치하지 않아도 됨).
- 매크로는 통합 문서에 첨부된 모듈 시트로 하나의 Sub 프로시저로 기록된다.
- Sub로 시작하고 End Sub로 끝난다.

02 매크로 기록
24년 상시, 23년 상시, 22년 상시, 21년 상시, 20년 2월/7월, 19년 3월/8월, 18년 3월/9월, 17년 3월/9월, …

👆 **따라하기 TIP**

① [보기] 탭-[매크로] 그룹-[매크로 기록]을 선택한다.

② [매크로 기록] 대화 상자에서 매크로 이름, 바로 가기 키, 매크로 저장 위치, 설명을 지정하고 [확인]을 클릭한다.

❶ 매크로 이름	• 기록할 매크로 이름을 지정하는 것으로 기본적으로는 매크로1, 매크로2와 같이 붙여짐 • 첫 글자는 반드시 문자이어야 하며, 나머지는 문자, 숫자, 밑줄 등을 사용하여 입력할 수 있음(매크로 이름은 영문자의 경우 대/소문자를 구분하지 않음) • 매크로 이름에 공백이나 #, @, $, %, & 등의 기호 문자를 사용할 수 없음
❷ 바로 가기 키	• 기본적으로 Ctrl 이 지정되어 있으며, 바로 가기 키 조합 문자는 영문자만 가능함 　– 소문자로 지정하면 Ctrl 을 누른 상태에서 해당 문자를 눌러 매크로를 실행함 　– 대문자로 지정하면 Ctrl + Shift 를 누른 상태에서 해당 문자를 누름 • 바로 가기 키로 엑셀에서 지정되어 있는 바로 가기 키를 지정할 수 있으며, 매크로 실행 바로 가기 키가 엑셀의 바로 가기 키보다 우선하며 수정이 가능함 • 매크로 기록 시 바로 가기 키는 지정하지 않아도 됨

❸ 매크로 저장 위치	• 매크로 저장 위치를 현재 통합 문서, 새 통합 문서, 개인용 매크로 통합 문서 중에서 선택함 • 작성한 매크로를 엑셀을 실행할 때마다 모든 통합 문서에서 사용하려면 저장 위치를 개인용 매크로 통합 문서(Personal.xlsb)로 지정함 • 매크로 저장 위치 XLStart 폴더에 Personal.xlsb가 저장되어 있는 경우 엑셀이 실행될 때 자동으로 열림
❹ 설명	매크로에 대한 설명이 필요한 경우에만 입력하며, 매크로 실행과는 관계가 없는 주석을 기록하는 것으로, 비주얼 편집기 창에서 보면 작은따옴표(')로 시작함

③ 매크로에 기록할 작업을 순서대로 수행한다.

④ [보기] 탭-[매크로] 그룹-[기록 중지]를 선택하여 매크로 기록을 종료한다.

03 매크로 실행 22년 상시, 18년 9월, 17년 9월, 14년 10월, 13년 3월/6월, 10년 6월/10월, 09년 2월/4월, 08년 2월, …

1) 바로 가기 키를 이용한 실행

매크로를 기록할 때 지정한 바로 가기 키를 눌러 실행한다.

2) 개체를 이용한 실행

• [개발 도구] 탭-[컨트롤] 그룹-[삽입]을 클릭한 후 '양식 컨트롤'의 ▭(단추) 도구로 작성한 실행 단추나 클립 아트, 그리기 개체, 차트 개체 등에 매크로를 연결한 후 해당 개체를 클릭한 후 실행한다.
• 개체를 마우스 오른쪽 단추로 클릭한 후 [매크로 지정]을 실행한 다음 [매크로 지정] 대화 상자에서 연결할 매크로를 선택하고 [확인]을 클릭하면 매크로가 연결된다.
• ▭ 도구로 단추를 그리면 바로 [매크로 지정] 대화 상자가 나타난다.
• 셀이나 텍스트 등에는 매크로를 지정할 수 없다.

3) [매크로] 대화 상자를 이용한 실행 23년 상시, 20년 2월, 19년 3월, 18년 3월, 16년 6월, 15년 10월, 06년 7월, …

[보기] 탭-[매크로] 그룹-[매크로 보기]를 실행한 후 [매크로] 대화 상자에서 실행할 매크로를 선택하고 [실행]을 클릭하여 실행한다(Alt + F8).

매크로 작성 SECTION 01 1-447

매크로에서의 셀 참조
• 매크로를 기록할 때 기본적으로 절대 참조가 사용되며, 절대 참조로 기록된 매크로는 현재 셀의 위치와 상관없이 매크로를 기록할 때 지정한 셀에서 매크로가 실행됨
• 상대 참조로 매크로를 기록하려면 [개발 도구] 탭-[코드] 그룹-[상대 참조로 기록]을 선택해야 하며, [상대 참조로 기록]을 다시 선택하여 해제할 때까지 매크로는 상대 참조로 기록됨. 상대 참조로 기록된 매크로는 선택된 셀의 위치에서 매크로가 실행됨

매크로를 기록하는 경우 실행하려는 작업을 완료하는 데 필요한 모든 단계가 매크로 레코더에 기록되며, 리본 메뉴에서의 탐색은 기록된 단계에 포함되지 않음

양식 컨트롤 유형 중 '텍스트 필드'는 매크로를 연결할 수 없음

• Ctrl + F11 : 매크로 시트 삽입
• F5 : 매크로 실행
• F8 : 한 단계씩 코드 실행
• Shift + F8 : 프로시저 단위 실행
• Ctrl + Shift + F8 : 프로시저 나가기
• Ctrl + F8 : 커서까지 실행
• Ctrl + W : 조사식 편집
• Shift + F9 : 간략한 조사식
• F9 : 중단점 설정/해제
• Ctrl + Shift + F9 : 모든 중단점 지우기
• Ctrl + F9 : 다음 문 설정

매크로 실행 중단
• 매크로가 실행 중일 때 Esc 를 누르면 [Microsoft Visual Basic] 메시지가 나타남
• [종료]를 클릭하면 실행 중인 매크로가 중지됨

실행	선택한 매크로를 실행함
한 단계씩 코드 실행	선택한 매크로를 한 단계씩 실행함
편집	선택한 매크로를 편집하기 위해 Visual Basic Editor를 실행함(매크로 이름 수정 가능)
만들기	새로운 매크로를 작성하기 위해 Visual Basic Editor를 실행함
삭제	선택한 매크로를 삭제함
옵션	• 매크로의 바로 가기 키와 설명을 편집할 수 있음 • 매크로 이름은 이 대화 상자에서 수정할 수 없으며, Visual Basic Editor를 열고 수정해야 함

4) [개발 도구] 탭의 코드 및 컨트롤 그룹 08년 8월

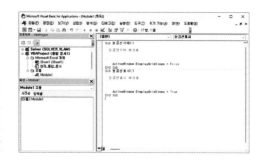

Visual Basic	Visual Basic 편집기를 실행함
매크로	매크로 대화 상자를 표시함
매크로 기록	매크로를 기록함
상대 참조로 기록	• 매크로 기록 시에 셀 주소를 상대 참조 형태로 기록함 • 상대 참조로 기록된 매크로는 현재 선택된 셀의 위치에 따라 변경되는 범위가 달라짐
매크로 보안	매크로 보안에 관련된 설정을 함
삽입	워크시트에 삽입할 양식 컨트롤과 ActiveX 컨트롤 목록을 표시함
디자인 모드	디자인 모드로 전환함
속성	속성 창을 표시함
코드 보기	선택된 컨트롤의 코드를 Visual Basic Editor로 표시함
대화 상자 실행	사용자 지정 대화 상자를 실행함

[보안 센터]의 [매크로 설정]은 [알림이 없는 매크로 사용 안 함], [알림이 포함된 VBA 매크로 사용 안 함], [디지털 서명된 매크로를 제외하고 VBA 매크로 사용 안 함], [VBA 매크로 사용(권장 안 함, 위험한 코드가 시행될 수 있음)] 등이 있음

04 매크로 편집 23년 상시, 17년 3월, 08년 8월

기적의 TIP

매크로 편집 방법과 바로 가기 키, 매크로 형식을 묻는 문제가 곧 잘 출제되므로 이 부분을 중점적으로 학습해 두세요.

• PERSONAL.XLSB 파일을 삭제하면 통합 문서에 있는 모든 매크로를 삭제할 수 있음
• Visual Basic 편집기에서 삭제할 매크로의 코딩 부분을 범위로 지정한 뒤 Delete 를 눌러 여러 매크로를 한 번에 삭제할 수 있음

• Visual Basic Editor를 사용하여 매크로를 편집할 수 있다.
• 실행 방법 : [개발 도구] 탭-[코드] 그룹-[Visual Basic]을 실행하거나 바로 가기 키 Alt + F11 을 누른다. 또는 [개발 도구] 탭-[코드] 그룹-[매크로]를 실행한 후 편집할 매크로를 선택하고 [편집]을 클릭해도 된다.

1) 매크로 형식 ^{07년 2월}

```
Sub 매크로 이름( )
수행할 명령문
End Sub
```

- 작은따옴표(')가 붙은 문장은 주석문으로 처리된다. 주석문은 코드 내용을 쉽게 파악할 수 있도록 프로시저나 명령의 내용을 설명할 때 사용한다.
- 주석문은 매크로 실행에 영향을 주지 않는다. 단, 매크로 이름, 바로 가기 키 정보는 주석 처리해도 실행과는 무관하다.
- 매크로는 모듈 시트에 기록되며, 모듈 시트의 이름은 Module1, Module2,⋯ 순서대로 자동 설정된다. 모듈 시트의 이름은 속성 창을 이용하여 변경할 수 있다.
- 하나의 모듈 시트에 여러 개의 매크로가 기록될 수 있다.

Sub 프로시저
- 작업 수행 후 결과 값을 반환하지 않는 프로시저
- Sub 문으로 시작하여 End Sub 문으로 끝남

Function 프로시저
- 작업 수행 후 결과 값을 반환하는 프로시저
- Function 문으로 시작하여 End Function 문으로 끝남

05 프로그래밍 기초 ^{08년 10월}

1) VBA(Visual Basic for Application) 구문
- VBA 구문은 한 가지 종류의 수행, 선언, 정의 등을 표현할 수 있는 명령문이다.
- REM은 문장의 주석으로 처리되면 매크로의 실행과는 상관이 없고 코드 창에 녹색으로 나타내 준다.

2) 프로그래밍의 기본 개념

① 프로시저(Procedure)
- 특정한 기능을 수행할 수 있는 명령문들이다.
- 사용자가 직접 기록한 매크로도 프로시저로 기록된다.
- Sub 프로시저(Sub⋯End Sub) : 특정 동작을 수행하는 매크로로 결과 값을 반환하지 않는다.

② 모듈(Module)
프로젝트를 구성하는 기본 단위(표준 모듈, 폼 모듈, 클래스 모듈)로 프로시저의 집합이 된다.

매크로 명령
현재 셀 기준 아래로 3행, 왼쪽으로 1열 이동한 위치 셀에 3300을 입력하는 매크로 명령
예 ActiveCell.Offset(3, −1).Value =3300

선택된 영역을 삭제
selection.Delete

3) 변수와 상수

변수	프로그래밍에서 특정한 값을 저장할 수 있는 공간
상수	숫자나 문자열을 대신하여 사용되는 것으로 프로그래밍 과정에서 변하지 않는 값

4) 기본 문법

① 제어문

특정 조건에 따라 프로그램의 순서를 변경(제어)하는 명령문이다.

If문(If ~ Then ~ Else ~ End If)

사용 형식	프로그램 예	의미

If 조건식 Then
　　참 조건 수행
Else
　　거짓 조건 수행
End If
	If Cells(3,3).Value >=60 Then
	　　Msgbox "합격"
	Else
	　　Msgbox "불합격"
	End If
		C3셀의 점수가 60점 이상이면 "합격"을, 아닐 경우 "불합격"을 표시

Select문(Select Case ~ End Select)

사용 형식	프로그램 예	의미
Select Case 값(또는 수식) 　Case 값1 　　수행문1 　Case 값2 　　수행문2 　Case Else 　　수행문3(값이 없는 경우) End Select	Select Case Rankk 　Case 1 　　MsgBox "금메달" 　Case 2 　　MsgBox "은메달" 　Case Else 　　MsgBox "동메달" End Select	Rankk가 1인 경우 "금메달", 2인 경우 "은메달", 그 외는 "동메달"을 표시

② 반복문 08년 8월, 08년 5월

- 주어진 조건을 만족할 때까지 특정 부분을 반복, 처리하는 명령문이다.
- For문(For ~ Next)의 경우 단계값이 1인 경우 생략할 수 있다.
- Do While문(Do While ~ Loop)은 반복 전에 조건을 판단하므로 처음 조건식이 거짓인 경우 수행문은 한 번도 실행되지 않는다.

> **For 반복문**
> - For I = 0 To 10 Step 2 : 0부터 10까지의 짝수의 합을 구함
> - For I = 1 To 10 Step 2 : 1부터 10까지의 홀수의 합을 구함

For문(For ~ Next)

사용 형식	프로그램 예	의미
For 변수 = 시작값 To 종료값 　Step 단계값 　반복 수행할 명령문 Next 변수	For i = 1 To 10 Step 1 　sum = sum + i Next i	1부터 10까지의 합을 구함

Do While문(Do While ~ Loop)

사용 형식	프로그램 예	의미
Do While 조건식 　수행문 Loop	h = 1 Do While h <= 10 sum = sum + h h = h + 1 Loop	1부터 10까지의 합을 구함

5) 입출력문 08년 8월

MsgBox	대화 상자에 주어진 메시지를 출력해 주는 명령
InputBox	특정 값을 입력받을 때 사용하는 명령

01 다음 중 매크로를 실행하는 방법으로 옳지 <u>않은</u> 것은?

① 매크로 기록 시 Alt 조합 바로 가기 키를 지정하여 매크로를 실행한다.

② 빠른 실행 도구 모음에 매크로 아이콘을 추가하여 매크로를 실행한다.

③ Alt + F8을 눌러 매크로 대화 상자를 표시한 후 매크로를 선택하고 [실행] 단추를 클릭하여 실행한다.

④ 그림, 클립아트, 도형 등의 그래픽 개체에 매크로 이름을 연결한 후 그래픽 개체 영역을 클릭하여 실행한다.

• 매크로 기록 시 바로 가기 키는 기본적으로 Ctrl 이 지정되며, 바로 가기 키 조합 문자는 영문자만 가능함
• 소문자로 지정하면 Ctrl 을 누른 상태에서 해당 문자를 눌러 매크로를 실행함
• 대문자로 지정하면 Ctrl + Shift 를 누른 상태에서 해당 문자를 눌러 매크로를 실행함

02 다음 중 매크로의 바로 가기 키에 대한 설명으로 옳지 <u>않은</u> 것은?

① 매크로 생성 시 설정한 바로 가기 키는 [매크로] 대화 상자의 [옵션]에서 변경할 수 있다.

② 기본적으로 바로 가기 키는 Ctrl 과 조합하여 사용하지만 대문자로 지정하면 Shift 가 자동으로 덧붙는다.

③ 바로 가기 키의 조합 문자는 영문자만 가능하고, 바로 가기 키를 설정하지 않아도 매크로를 생성할 수 있다.

④ 엑셀에서 기본적으로 지정되어 있는 바로 가기 키는 매크로의 바로 가기 키로 지정할 수 없다.

• 엑셀에서 기본적으로 지정되어 있는 바로 가기 키라도 매크로의 바로 가기 키로 지정할 수 있음
• 매크로의 바로 가기 키로 지정되면 엑셀의 기본 지정보다 우선함

03 다음은 1부터 100까지 홀수의 합을 구하기 위한 프로그램이다. (㉮)와 (㉯)에 들어갈 내용으로 옳은 것은?

```
Sub ODD( )
    For ( ㉮ )
        ( ㉯ )
    Next I
    MsgBox Sum
End Sub
```

① ㉮ I = 1 To 100 By 2 ㉯ Sum = Sum+2

② ㉮ I = 0 To 100 Step 2 ㉯ Sum = I+Sum

③ ㉮ I = 1 To 100 Step 2 ㉯ Sum = Sum+I

④ ㉮ I = 1 To 100 By 2 ㉯ Sum = Sum+I

For I = 1 To 100 Step 2 : 1, 3, 5, 7, ⋯, 99가 I에 대입됨
Sum = Sum + I : 변수 I에 각 값이 대입되어 홀수의 합을 구함

04 Visual Basic 편집기에 대한 설명으로 옳지 <u>않은</u> 것은?

① 단축키 Alt + F11을 클릭하면 Visual Basic Editor가 실행된다.

② 작성된 매크로를 삭제할 수 없다.

③ 실행하고자 하는 매크로 구문 내에 커서를 위치시키고 단축키 F5를 클릭하면 매크로가 바로 실행된다.

④ 작성된 매크로를 한 단계씩 실행할 수 있다.

[매크로] 대화 상자에서 작성된 매크로를 삭제할 수 있음

정답 01 ① 02 ④ 03 ③ 04 ②

INDEX